本丛书由澳门基金会策划并资助出版

澳门研究丛书　MACAU STUDIES

澳门研究丛书 MACAU STUDIES

澳门道路交通事故民事责任研究

A Study on Tort Liability of Road Traffic Accidents in Macau

吕冬娟 / 著

社会科学文献出版社
SOCIAL SCIENCES ACADEMIC PRESS (CHINA)

澳門基金會
FUNDAÇÃO MACAU

序　言

　　这是我为吕冬娟所著的《澳门道路交通事故民事责任研究》所写的序。冬娟是一个非常勤奋、非常执着的人，这点从本书的写作中就可以看出。要完成本书的写作并不是件容易的事，一方面是因为澳门道路交通事故民事责任制度本身所涉猎的范围很广，另一方面还不能孤零零地研究道路交通肇事侵权，要将其置于整个澳门民法体系中才能理解和诠释。然而，在几年前，无论是葡萄牙语还是澳门民法以及葡萄牙民法，对她而言都是一个考验和挑战。为了撰写本书，冬娟不仅花了很大的精力去学澳门民法，还花了很多时间去学葡萄牙语，她说她要去看第一手的材料。因为对于澳门侵权法方面，可以参考的中文文献并不是太多，需要收集一些相关的英语和葡萄牙语的第一手资料来支撑、充实本书的写作。而在收集、消化、翻译这些资料的过程中，冬娟的焦虑和惶恐是双重的，因为英语和葡萄牙语都不是她的母语，尤其是她葡萄牙语的水平非常有限，她认为现有的语言水平会对她展开相关研究存在一定程度的影响，客观上会限制她所研究课题论述内容的全面性和完整性。尽管如此，她仍然固执地认为，语言问题不应成为桎梏，大量地阅读英语和葡萄牙语原著仍是她在研究中无法回避的也是相当重要的正确路径，因为研究者需要在更为宽阔的视野中进行学术研究，尤其是进行相关制度的比较研究时。当然，阅读、翻译、消化这些文献资料本身就是一项极为艰巨的工作，而做到精准、透彻地领悟英语和葡语法律原文的意义需要痛苦而漫长的过程，但冬娟仍然努力地学习葡萄牙语，坚持精读原文，透过不断揣摩和领悟来减少不易克服的语言上的障碍，力争使这项颇富挑战性的研究工作能够得以顺利进行。她不怕苦不怕累的精神弥足珍贵。

　　如何预防和处理道路交通事故，从民法的视角是一个至关重要的问题。

为了加强对道路交通事故中受害人的保护，除了《澳门民法典》之规定，澳门也出台了一些专门的法律法规，如《道路交通法》《汽车民事责任之强制性保险制度》等。然而，道路交通侵权责任制度领域仍然存在一些亟待克服的缺点。鉴于此，冬娟试图对道路交通事故侵权责任制度进行概述，并努力寻求解决这些薄弱环节，以促进道路交通事故侵权责任制度的理论和实践的发展。希望本书能够为立法者、司法工作人员以及相关学术研究人员提供一些有益的参考和借鉴，同时希望本书富有尝试性的写作可以达到抛砖引玉之效果，以期能有更多深层次的研究成果涌现。

是以为序。

唐晓晴

2018 年 1 月

目 录

导 论 ………………………………………………………………… 001

第一章 澳门道路交通事故的概念和内涵 ……………………… 031
  第一节 道路交通事故的界定 ………………………………… 032
  第二节 道路交通事故的内涵 ………………………………… 034

第二章 交通事故致人损害的非合同民事责任的归责原则 …… 049
  第一节 澳门侵权行为法归责原则体系概述 ………………… 049
  第二节 道路交通事故损害赔偿责任的归责原则 …………… 058
  第三节 车辆碰撞情形下的归责原则 ………………………… 095

第三章 交通事故致人损害的民事责任的构成要件和责任主体 … 105
  第一节 交通事故致人损害的民事责任的构成要件 ………… 105
  第二节 交通事故致人损害的民事责任的责任主体 ………… 170

第四章 抗辩事由 ………………………………………………… 212
  第一节 《澳门民法典》总则部分规定的抗辩事由 ………… 213
  第二节 《澳门民法典》第498条所规定的抗辩事由 ……… 234
  第三节 其他情形 ……………………………………………… 242

第五章　侵权损害赔偿机制 253
第一节　道路交通事故民事损害赔偿责任的立法状况 253
第二节　损害赔偿的救济方式 254
第三节　损害赔偿请求权利的主体 262
第四节　损害赔偿原则 268
第五节　存在的问题及处理方式 292

第六章　社会化赔偿机制 308
第一节　强制汽车责任保险制度 309
第二节　汽车保障基金制度 366

第七章　结论 390

参考文献 426

后　记 437

导 论

第一节 研究背景

车辆的广泛使用好似一把双刃剑，使人类在享受车辆带来的前所未有的便利和舒适方便的同时，亦要不断面对环境污染、噪声污染、交通事故等副产品，尤其是车辆交通事故，可能不仅导致巨大的人身伤亡和财产损失，也往往会给受害人带来极大的精神痛苦。损害发生后，对损失的承担就是车辆损害赔偿的民事责任。道路交通事故似乎随时都有可能发生，是人们挥之不去的梦魇，因为几乎每个人都有可能成为道路交通事故的受害人，而车辆交通事故可能带来巨大的威胁和灾难，由此引发的交通事故纠纷也是不可小觑的社会问题。说"车祸猛于虎"并不过分，对陆地面积仅有30.4平方千米（截至2015年）的澳门来说更是如此。澳门是世界上人口密度最高的城市之一，其车辆密度也堪称世界之最。交通安全问题是横亘在人类社会中令人困扰的问题，交通事故已经成为人类面临的一大难题。当前，道路交通肇事已经成为案发率较高的民事侵权行为，日益凸显的道路交通事故在侵权法领域越来越受关注和重视，道路交通侵权民事责任已逐渐成为国际社会的普遍性问题和重要课题。对交通安全问题的法律应对是永恒的话题，而世界各个国家和地区对车辆可能带来的危险后果都给予高度重视，普遍透过相应的立法给予预防与救济。一个国家或地区在这方面的立法完善与否，不仅能体现这个国家或地区的法制建设构筑发展程度，更能体现这个国家或地区对人权的尊重和维护程度。

根据澳门自2007年10月1日开始正式实施的第3/2007号法律《道路

交通法》（Lei do Trânsito Rodoviário）的基本法则，倘若有人违反该法，则根据其违反的类型承担道路交通事故民事责任、刑事责任或行政责任。本书研究的重点是道路交通事故而肇致的侵权损害，主要探讨《道路交通法》和民法的交叉领域——道路交通事故侵权民事责任制度。毋庸置疑，日趋严峻的道路交通事故侵权问题使道路交通事故侵权民事责任之研究日益成为侵权法理论体系中的重要章节。在运用法律手段对道路交通安全进行综合保护时，民法在道路交通安全保护方面起着非常独特的作用，其透过调整平等主体之间因道路交通肇事致害而引起的民事责任关系，通过追究车辆侵权者的民事责任，使侵权行为人为其加害行为付出代价，这既是对民事权利的一种保护，也是对民事责任的一种限制，目的是实现社会公平正义。

不像英美法系国家一般有单独的侵权行为法，赋予侵权法广阔的发展空间，大陆法系一般将侵权法置于债法之中，中国澳门也不例外，目前没有专门的侵权行为法。而且侵权行为法非但没有独立，甚至在《澳门民法典》中都没有独立成编或成章。澳门侵权行为的主要法律规定散见于《澳门民法典》《澳门商法典》和各种单行法中，显得有些杂乱。而对于交通事故侵权及其损害赔偿，澳门更是缺乏系统的规定。严格地讲，澳门还没有一部真正的有关道路交通事故赔偿的民事法律，相关交通事故致人损害的民事责任之归责原则、构成要件、责任主体、车辆侵权责任中的受益人、免责事由、车辆碰撞问题、侵权损害赔偿机制、强制汽车责任保险制度和汽车保障基金等与社会化赔偿机制有关的法律制度，分散于《澳门民法典》《道路交通法》《澳门民事诉讼法典》《修正汽车民事责任之强制性保险制度》及其他法律法规之中，这些松散的规定过于具原则性和模糊，给适用法律带来困难。再者，由于澳门的特殊历史，其侵权行为法制度与葡萄牙有着紧密的联系，同时为了实现本土化也略微做了一些调整，但有些调整的可行性尚存在斟酌商榷的余地。以上因素导致澳门法学界和实务界对道路交通事故损害赔偿责任的归责原则等一系列法律问题争议颇多，造成司法的严重不统一。这种状况显示出澳门有关道路交通事故民事责任的相关制度还不够成熟和完善，仍有很大的进步空间。

显然，法律的制定、发展和完善离不开理论研究，依赖于法学研究之配合，但令人遗憾的是，到目前为止，法学界对澳门地区道路交通事故民

导 论

事责任制度的理论研究不仅不够深入，而且极为薄弱，令人担忧。因为除了几篇文章之外，笔者看不到系统的研究成果可供参考和借鉴，这也正是本书写作的基本出发点。毋庸置疑，澳门地区道路交通事故民事责任制度理论研究的严重滞后会对澳门民事责任法律制度的进步与成长造成相当不利的影响，基础理论的欠缺必然会成为澳门道路交通事故民事责任制度设立的根本性障碍，因此对这一问题的研究和探讨具有必要性和紧迫性。有感于此，作为一名致力于研究澳门侵权法的学者，笔者深感焦虑并觉使命之沉重。笔者认为，结合澳门的实际状况，对澳门地区道路交通事故民事责任制度的理论进行深入探讨，是一件具有很强理论和现实意义的工作。正是基于此，笔者在广泛涉猎葡萄牙、其他欧美国家及地区，以及中国内地、台湾、香港地区有关理论学说与法律法规的基础上，尝试对澳门地区道路交通事故民事责任制度进行深入系统的梳理，并展开研究探讨。研究的重点不仅包含侵权行为的构成要件、归责原则、免责事由和侵权损害赔偿制度等，而且将研究的视角延伸至社会化赔偿机制领域，以求对侵权法进行全面系统的分析和论证，这无疑对构筑道路交通事故民事责任的规则体系有着极其重要的现实意义。在此基础上，笔者将借鉴其他国家和地区的先进经验，并结合域内外的实际发展状况，针对法学界和实务界颇有争议的问题做出粗浅之研究，在目标选择和立法实践方面提出一些自己的见解与建议，希望能有助于澄清部分错误认识和适用法律上的混乱。因为在不断推进法制进程的今天，根据澳门的实际状况，借鉴世界各国和地区先进的研究成果和立法是完善澳门道路交通事故民事责任制度的必由之路。而且现实的需要迫切要求我们为最大限度地实现救济交通事故损害的目标，而不断地完善事故赔偿的相关法律制度。出于对澳门交通事故损害赔偿制度体系化的期待，统一道路交通事故民事责任制度是整合澳门有关交通事故损害赔偿制度的需要，制定一部统一的道路交通事故损害赔偿的民事法律是当务之急。笔者期待透过本书的写作能厘清澳门道路交通事故民事责任制度的一些基本理论问题，希望本书能为道路交通损害赔偿的处理提供参考意见，从而为完善相关立法和促进法律公平的实践略尽绵薄之力，同时也对受害人权利的保护问题做出呼吁和推动，冀可促进澳门地区道路交通事故民事责任制度的发展和完善。以下拟从四个方面来解读本书的选题背景。

一 对澳门侵权行为法的历史梳理

笔者首先拟对澳门侵权行为法和道路交通事故民事责任制度进行一个简单的梳理或回顾。澳门现行的法律模式主要是以葡萄牙法为蓝本而建立起来的，是从葡萄牙移植过来的，以其为主要法源。因为葡萄牙在法律制度上秉承大陆法系的法律传统，[①] 遵循罗马日耳曼式的系统化，凸显成文法的重要性，重视法典的编纂工作，法律基本上是成文法，都由立法机关按立法程序，以条文的形式制定并公布实施，故而承袭于葡萄牙法律制度的澳门法律制度也表现出鲜明的大陆法系特征，以法典法为主，这与香港法不同。现行《澳门民法典》也以葡萄牙法律制度为模式，以1966年的《葡萄牙民法典》及有关制定法为主要法律渊源，当然不限于此，澳门现行民法还体现在法律本土化过程中对该法典进行修订的相应法令之中。

澳门于1999年12月回归祖国，但其法律制度，尤其是私法制度仍沿袭旧制。[②] 由于澳门的特殊历史，其私法制度与葡萄牙有着紧密的联系，澳门现行的私法制度就是由葡萄牙法律和澳门当地法律构成的。[③] 现行《葡萄牙法典》的前身是1867年作为葡萄牙第一部现代意义民法典的《塞亚布拉法典》（Seabra's Civil Code），该民法典是由当时科英布拉大学著名的法学家安东尼奥·路易斯·塞亚布拉教授起草的，其在很多方面均参考了科埃略·达·拉奇（Coelho da Rocha）的《葡萄牙民法阶梯》。[④]《塞亚布拉法典》追随罗马法的传统，并受到《法国民法典》及其法律思想的影响，被认为弥漫着理性自然法思想的气息，该法典依照1879年11月18日的法令将其延伸到澳门适用。[⑤] 但随着时间的流逝，该法典越来越不适应社会发展的需

[①] 大陆法系是19世纪初以古罗马法为基础建立起来的，以1804年的《法国法典》和1900年的《德国民法典》为代表的法律制度体系，其主要的法律渊源是成文法典。
[②] 根据中葡两国政府于1987年4月13日签订的《中葡联合声明》，中国政府将于1999年12月20日恢复对澳门行使主权，澳门回归祖国，但根据《中华人民共和国澳门特别行政区基本法》第8条的规定，澳门原有的法律将予以保留。《澳门基本法》第8条规定，"澳门原有的法律、法令、行政法规和其他规范性文件，除同本法相抵触或经澳门特别行政区的立法机关或其他有关机关依照法定程序作出修改者外，予以保留"。
[③] 参见米也天《澳门民商法》，中国政法大学出版社，1996，第10~23页。
[④] 唐晓晴：《民法基础理论与澳门民法的研究》，中山大学出版社，2008，第261~272页。
[⑤] 参见《〈葡萄牙民法典〉简介》，载《葡萄牙民法典》，唐晓晴等译，北京大学出版社，2009。

要，随之，1966年《葡萄牙民法典》诞生了，即现行的《葡萄牙民法典》，该法典借鉴了《德国民法典》和《意大利民法典》的成果，并深受它们的影响。[①] 在结构上，1966年的《葡萄牙民法典》采用《德国民法典》总分则的五编制体例，即将民法典分为总则、债法、物权法、亲属法、继承法五个部分，但在实质内容上，仍对以《法国民法典》与《意大利民法典》为代表的拉丁法族多有继承，从而更靠近它们，故1966年的《葡萄牙民法典》被认为是德意志法系与拉丁法系的大胆结合。[②] 这部法典于1967年9月4日正式延伸到澳门，并于1968年8月1日在澳门正式生效。在澳门回归之前，理论上它一直是澳门民法的主要依据或渊源。为使其更好地适应澳门地区的实际情况，在澳门法律当地语系化进程中，根据《中华人民共和国澳门特别行政区基本法》的规定，澳门特别行政区立法机关依照法定程序，对1966年的《葡萄牙民法典》进行了修订，并依照立法转换程序，在1999年8月3日颁布了现行的《澳门民法典》，该法典是澳门现行民事法律的主要或基本渊源。简言之，现行的《澳门民法典》是以1966年制定的《葡萄牙民法典》为蓝本制定的，《澳门民法典》秉承《葡萄牙民法典》的体例结构，后者是前者的基础，尽管前者在某些具体制度的设计上可能与后者呈现出了不同的特点，但总体而言，无论在体系上还是在内容上，现行的《澳门民法典》与1966年的《葡萄牙民法典》都有着千丝万缕的联系，二者不仅体系编制相同，而且《澳门民法典》中的很多条文都是照搬《葡萄牙民法典》的规定，甚至在表述内容和方式上都丝毫不差，故而《澳门民法典》也同时蕴含着德意志法系和拉丁法系的因素。[③]

债法在澳门民法中占据着十分重要的地位，《澳门民法典》第二卷"债法"共计784个条文，是整本法典中篇幅最长的一卷。根据《澳门民法典》第391条之规定，"债为法律上之拘束，使一人须对他人作出一项给付"。《澳门民法典》第392条（给付之内容）规定，"一、当事人得在法律限制范围内自由设定给付之积极或消极内容。二、给付不以具金钱价值为必要，但应符合债权人受法律保护之某种利益"。债的渊源，即债所产生之来源，又称债的

---

① 参见《〈葡萄牙民法典〉简介》，载《葡萄牙民法典》，唐晓晴等译，北京大学出版社，2009。
② 参见《〈葡萄牙民法典〉简介》，载《葡萄牙民法典》，唐晓晴等译，北京大学出版社，2009。
③ 参见《〈葡萄牙民法典〉简介》，载《葡萄牙民法典》，唐晓晴等译，北京大学出版社，2009。

发生原因或发生根据,是债形成的法律事实。澳门民法承袭了大陆法系民法对债的来源规定——债的渊源有合同[1]、单方法律行为[2]、无因管理[3]、不当得利[4]和《澳门民法典》第477~503条规定之"民事责任"等。囿于本书的研究目的和方向,笔者对前面四种债之渊源在此不做讨论,直接切入正题。

民事责任也是债的发生根据之一,澳门民法中的民事责任包括违反合同产生的责任和合同外的民事责任,换言之,民事责任分为契约责任和侵权责任二元结构。如Antunes Varela所说,"'民事责任'(responsabilidade civil)这个标题既可以涵盖合同、单方法律行为或法律所生之债的不履行而产生的责任(合同责任),也可以包括侵害绝对权或做出一些虽然合法但是造成他人损失的行为所导致的责任(非合同责任)"[5],即民事责任涵盖合同责任(或契约责任)和非合同责任。非合同责任就其本质而言,其实就是别的法域所说的侵权责任。严格来讲,澳门并没有侵权责任或侵权行为这一说法,但笔者在本书中一直有用到这些概念,这只是为了行文的方便和写作的需要,即与别的法域进行统一,表述上可能是不太严谨的。澳门民法对民事责任的规定没有独立成章,较为分散,在《澳门民法典》中涵盖民事责任的规定主要有三个方面:第一,"债法"第一编"债之通则"第二章"债之渊源"中第五节"民事责任"(《澳门民法典》第477~503条);第二,"债之通则"第三章"债之类型"中第八节"损害赔偿之债"(《澳门民法典》第556~566条);第三,"债之通则"第七章"债务之履行及不履行"中对违约的民事责任做了一般性的规定(《澳门民法典》第799~806条)。而本书所探讨的道路交通事故民事责任(《澳门民法典》第496~

---

[1] 合同是债的发生根据之一,在《澳门民法典》"债法"第一编第二章"债之渊源"的第一分节至第十节,首先对合同做了一般性的规定,接着在"债法"第二编专门对各种合同(规定了14种典型的合同)做出了详细的规定。
[2] 单方法律行为也是债的发生根据之一,根据《澳门民法典》第451条,单方法律行为是指"单方许诺作出一项给付时,仅在法律规定之情况下该许诺方具约束力"。
[3] 根据《澳门民法典》第458条,"一人未经许可而管理他人事务,且此管理系为事务本人之利益,并本于为该人管理之意思为之者,即属无因管理"。
[4] 根据《澳门民法典》第467条第1款,"无合理原因,基于他人受有损失而得利者,有义务返还其不合理取得之利益"。
[5] 〔葡〕João de Matos Antunes Varela:《债法总论》(第十版)(第一卷),唐晓晴译,未出版,第446~448页。

501条）作为一种特殊的侵权责任涉及前两个方面。

侵权行为法是《澳门民法典》或《葡萄牙民法典》债法的重要组成部分。在侵权行为法上，《葡萄牙民法典》继承罗马法的传统，将其视为债法发生的依据之一，列入债法范畴，而现行的《澳门民法典》也是将侵权行为当作债之渊源而把其规定在"债法"编中，将侵权行为视为合同之债（或契约之债）之外引致债之发生的另外一个重要原因，主要以"债法"第一编"债之通则"第二章"债之渊源"中第五节"民事责任"单独规定之，分为因不法事实所生之责任（第477～491条）与风险责任（第492～503条）。而非合同责任或合同外的民事责任或侵权责任主要包括因不法事实所生之责任和风险责任。①

在立法层面上，对于直接来源于罗马法的私犯概念的侵权行为之概念，大陆法系国家多会以成文法的形式对侵权行为做出规定，只是各国的表达方式不尽相同。② 侵权行为③（factos ilícitos）或侵权责任或民事责任，是侵

---

① 另外，值得注意的是，Antunes Varela还指出，非合同责任除了因不法事实所生之责任与风险责任外，还有"因损害性的合法事实而生的责任"。他还进一步对此予以说明，认为这种情况散落在民法典和一些单行法中。例如，《澳门民法典》第1268条第2款和第1269条第3款（《葡萄牙民法典》第1348条第2款和第1349条第3款）都是因造成损害之合法事实而产生的民事责任。参见〔葡〕João de Matos Antunes Varela《债法总论》（第十版）（第一卷），唐晓晴译，未出版，第374～375页。

② 例如，K. 茨威格特、H. 克茨在《比较法导论》第二卷中指出："罗马法将侵权行为定位在'违反约定义务的行为'和'直接违反法律的行为'。"1804年的《法国民法典》第1382条规定："任何行为使他人受损害时，因自己的过失而致使损害发生的人，对他人负损害赔偿责任。"第1383条规定："任何人不仅对因其行为所引起的损失，而且对因其过失或疏忽所造成的损失负赔偿责任。"《德国民法典》第823条第1款规定，"因故意或过失侵害他人生命、身体、健康、自由、所有权或其他权利者对所生损害应负赔偿之责"；该条第2款规定，"违反保护他人为目的法律者，负同样的义务"。第826条规定："以违背善良风俗的方法故意加害他人，应负损害赔偿责任。"《瑞士债法典》第41条规定："任何人由于故意、过失或者不谨慎地实施不法行为给他人造成损害的，应当承担赔偿责任。违背善良风俗，故意造成他人损害的，应当承担赔偿责任。"《意大利民法典》第2043条规定："任何故意或者过失给他人造成不法损害的行为，行为实施者要承担损害赔偿责任。"《日本民法典》第709条规定："因故意或过失侵害他人权利者，负因此而产生损害的赔偿责任。"《荷兰民法典》第162条规定，"侵权行为是指对权利的违反和违反法律上的义务或不成文法的利益的作为或不作为，但有合法或正当理由的除外"；"对他人实施了可归责侵权行为的人有义务对该侵权行为对他人造成的损害进行赔偿"；"加害人因自己的过错造成的损失或者依据法律或社会观念对损害负有责任的，加害人对侵权行为承担责任"。

③ 从严格意义上讲，澳门民法中没有"侵权行为"或"侵权责任"等概念，其用的是"非合同民事责任"这个概念，这里沿用"侵权行为""侵权责任"等概念，是为了与别的法域相统一。

权行为法中一个最为重要的概念，[1]侵权行为的含义是研究和探讨侵权民事责任法律制度其他问题的基础与前提，是侵权民事责任法理论研究中首先需要解决的问题，因为它直接关系到侵权民事责任的构成要件、侵权民事责任归责原则等一系列问题的界定。德国学者克雷斯蒂安·冯·巴尔将侵权行为表述为："在一定条件下，一方当事人如果没有对对方的权利和利益予以必要的尊重，无论是故意的，还是过失的，他将要承担责任。"[2]

根据《澳门民法典》第477条（一般原则）之规定，"一、因故意或过失不法侵犯他人权利或违反旨在保护他人利益之任何法律规定者，有义务就其侵犯或违反所造成之损害向受害人作出损害赔偿。二、不取决于有无过错之损害赔偿义务，仅在法律规定之情况下方存在"，可知所谓侵权民事责任或非合同民事责任，是指行为人故意或过失地不法侵害他人人身或财产而造成损害，从而依法应当承担的法律后果，非合同民事责任认定以过错责任原则为基本，并以无过错责任原则为例外。侵权行为的直接后果是产生相应的民事责任，即侵权人由于其不法侵权行为，侵害受害人的合法权益，从而与受害人之间产生债权债务关系。他人的加害行为肇致自己合法权益受到损害的人是债权人，即受害人为债权人，享有要求加害人承担民事责任之请求权；实施侵权行为的人是债务人，则须承担相应的民事责任。民事责任法或侵权法的目标或功能就是为了在保障行为人的行为自由与保护他人的合法权益或社会公共利益之间达致平衡，当然这也是每一部民事责任法或侵权法都无法回避的必须要承担的使命。由于人们对交通安全问题的重视，道路交通肇事及交通肇事发生后的处理，尤其是交通肇事导致的交通事故侵权行为及责任问题成为侵权民事责任研究领域的重点。很多国家或地区都采用无过错责任原则，将道路交通事故侵权行为与一般的侵权行为区分开来，成为现代民法上特殊侵权行为法的重要构成部分。

---

[1] 关于"侵权行为"，各国有不同的文字表达方式。现在国际上通用的是"tort"一词，该词源于拉丁语中的"tortus"，在法语中，"tortum""tort"都是源于拉丁语的"delictum"。除此之外，德语中的"Unerlaubte handlungen"、意大利语中的"fatti illeciti"、荷兰语中的"onrechtmatige"等都是侵权行为的表述方式。参见〔德〕克雷斯蒂安·冯·巴尔《欧洲比较侵权行为法》（上），张新宝译，法律出版社，2001，第5~7页。

[2] 〔德〕克雷斯蒂安·冯·巴尔：《欧洲比较侵权行为法》（上），张新宝译，法律出版社，2001，第6页。

在澳门交通事故中，在应对陆地行驶之交通工具所肇致之损害中也采用无过错责任原则，将其归入风险责任的范围，适用以风险为基础之客观责任，① 即实行道路交通事故风险责任原则，也就是除非车辆持有人可以证明自己具有法律规定的免责事由，否则其必须履行向受害人赔偿的义务，关于道路交通事故的相关规定见《澳门民法典》第496条及后续数条。②

二 澳门与交通安全有关的主要立法

首先，澳门道路交通法律制度之法律体制基础为《中华人民共和国澳门特别行政区基本法》。其次，2007年澳门立法会通过了《道路交通法》（第3/2007号法律，2007年10月1日生效），制定了澳门道路交通政策必须遵守的基本原则。为了交通安全和道路畅行无阻，澳门就多个方面以法律、法令及行政法规的方式颁布了多个道路交通法例。③ 最后，还有多项适

---

① 《澳门民法典》《道路交通法》对机动车交通事故侵权采用客观责任归责原则。
② 《葡萄牙民法典》关于道路交通事故归责原则的相关规定见第503~507条。
③ 参见第17/93/M号法令《核准道路法典规章——废止一九六一年十二月二十八日第6851号训令及所有与本法规相抵触之法律》。
第58/95/M号法令《核准〈澳门刑法典〉》。
第52/99/M号法令《订定行政上之违法行为之一般制度及程序》。
第29/90/M号法令《订定运送气体瓶及液体燃料鼓有车厢之汽车应遵之规格事宜》。
第73/90/M号法令《制订管制三条或以上轮轴之重型车及货柜车在澳门市行走及停泊》。
第17/93/M号法令《核准道路法典规章——废止一九六一年十二月二十八日第6851号训令及所有与本法规相抵触之法律》。
第49/93/M号法令《核准汽车登记制度》。
第57/94/M号法令《修正汽车民事责任之强制性保险制度》。
第274/95/M号训令《规范酒精影响下驾驶之监管条件及方法》。
第70/95/M号法令《核准〈嘉乐庇大桥、友谊大桥及引桥规章〉——废止九月十八日第26/74号省令》。
第366/99/M号训令《核准〈轻型出租汽车（的士）客运规章〉》。
第7/2002号法律《规范澳门特别行政区车辆的一般原则》。
第35/2003号行政法规《核准〈公共泊车服务规章〉》。
第21/2005号行政法规《核准西湾大桥规章》。
第15/2007号行政法规《修改及增加道路法例的条文》。
第271/2007号行政长官批示《核准〈道路交通法〉第66条第2款所指识别标志》。
第272/2007号行政长官批示《订定为申请〈道路交通法〉第80条第1款（四）项所指的特别驾驶考试，申请人必须符合的要件，以及核准有关的许可证式样》。
第13/2008号行政法规《修改四月二十八日第17/93/M号法令核准的〈道路交通规章〉》。
第20/2013号行政法规《修改〈道路交通规章〉》。
第24/2016号行政法规《修改〈道路交通规章〉》。

用于澳门有关领域的国际公约。澳门对于涉及道路交通侵权的民事救济制度的法律规范主要体现在《澳门民法典》《道路交通法》《修正汽车民事责任之强制性保险制度》中。

自2007年10月1日之后，澳门关于交通事故侵权责任的规定主要依据的是《澳门民法典》和新的《道路交通法》的相关规定。在2007年10月1日之前，澳门道路交通管理的主要法律规范是1993年4月28日第16/93/M号法令所核准的《道路法典》及《道路法典规章》。如果要追溯得更早更远，在第16/93/M号法令所核准的《道路法典》及《道路法典规章》生效之前，管制澳门道路交通的法律规范是葡萄牙1954年5月20日第39672号法令核准之《道路法典》和1991年4月22日第29/91/M号法令及附于其内之《道路法典》。① 根据现行《道路交通法》的第152条，经4月28日第16/93/M号法令核准的《道路法典》被废止，而《道路法典规章》经第15/2007号行政法规被更名为《道路交通规章》。2007年10月1日澳门开始正式实施新的《道路交通法》，即澳门特别行政区第3/2007号法律《道路交通法》。其是澳门于2005年以实施了十余年的《道路法典》为基础，修订原有交通法例之相关法律条文而制定的新法例，于2007年10月1日开始正式实施。② 第3/2007号法律《道路交通法》进一步细化了各项措施，对严重违规行为加大了处罚力度，新交通法的革新内容主要有：禁止驾驶员于驾驶车辆时使用移动电话，但利用免提功能通话者除外（第16条）；规定轻型汽车驾驶员及前位乘客必须使用安全带（第51条）；禁止具摩托车驾驶资格不足1年的驾驶员运载乘客（第66条）；将轻型摩托车的最低报考年龄由16岁提升为18岁（第81条）；醉酒驾驶及滥用药物后驾驶被刑事化（第90条）。再者，新法案还增加了对无牌驾驶和酒后驾车等方面的罚金及停牌时间的规定，增设了吊销驾驶执照等附加处罚措施等。另外，根据新法案第148条之规定，该法的规定只适用于在该法生效后实施的违法行为，而对于在该法生效前所做出的违

---

① 参见4月28日第16/93/M号法令。
② 参见《澳门正式实施新道路交通法》，新华网，http://news.sina.com.cn/c/2007-10-01/133514012040.shtml，最后访问日期：2016年12月1日。

法行为，按轻微违反诉讼程序及现在被废止的《道路法典》中的特别规定处理。而新的《道路交通法》当中没有涉及归责原则，因此，可以认为仍采用风险责任原则。

澳门地区还规定了车辆第三者责任强制保险。基于车辆所导致的交通事故，根据现行《澳门民法典》第496条，肇事车辆所负的责任是一种不以其就损害发生有过错为必要的无过错责任。民事责任严格化的发展趋势，促进责任保险制度的发展，透过强制保险来协助被害人损害赔偿请求权的实现，以维护侵权行为法的完整性。为了使受害人的损害赔偿请求之权利能够真正地得到实现，葡萄牙和中国澳门地区都建立了强制汽车责任保险制度。在解决交通事故损害赔偿的问题上，强制汽车责任保险制度和汽车保障基金（葡文缩写为FGA）成为风险责任重要的配套机制。

在澳门，第一部汽车保险法律——《订定汽车民事责任强制性投保》（7月9日第7/83/M号法律），颁布于1983年。1994年颁布了新修订的《修正汽车民事责任之强制性保险制度》（11月28日第57/94/M号法令），于1995年1月1日开始生效。为了保护交通事故受害者的合法利益，新法例除大幅度提高了保险金额之最低限额外，亦将强制保险之保障范围扩展至被撞车辆上的免费乘客。

理论上，上述以风险责任为主轴，辅以自1983年起颁布实施的车辆第三者责任强制保险制度，所共同组成的确保受害人损害可以实际得到赔偿的法制，应该是相当完美的。但是在实践中，仍可能发生以下导致受害人的损害无法获得填补的情况，如交通事故肇事汽车不明（如因驾驶者交通肇事逃逸，肇事汽车无法查知）；或车辆驾驶人或所有人违法未投责任保险；或责任保险合同无效（如因损害系投保人故意促使保险事故发生的责任保险合同无效）；或责任保险人被宣告破产，其自身丧失清偿能力；或保险公司不愿意承保等。此时如果只依赖于强制保险制度，受害人的合法权益仍然得不到有效的保障。[①] 因此，鉴于车辆第三者责任强制保险制度可能出现的缺失或局限性，为了确保交通事故受害人的损害可以得到弥补，汽

[①] 笔者在这里并不是否认车辆第三者责任强制保险的重要性，只是在以上情形下，它的确发挥不了应有之作用。

车保障基金制度（FGA）①应运而生。FGA 是根据《修正汽车民事责任之强制性保险制度》（11 月 28 日颁布第 57/94/M 号法令）第 23 条第 1 款设立的，适用于《修正汽车民事责任之强制性保险制度》所叙述的汽车类型于交通事故中造成的死亡及身体损害支付赔偿。FGA 的主要任务是，在交通事故发生后，当责任保险制度运作上有盲点或疏漏时，如交通事故责任者未投责任保险且无赔偿损害的财力，由 FGA 出面负责填补受害人的人身损害，体现了一种对人权的尊重和保障。为避免在类似情形下被害人的损害无法获得填补，其保障的对象原则上与车辆第三者责任强制保险相同，但在保障内容上具有从属性与补充性。根据第 57/94/M 号法令第 39 条的规定，由澳门金融管理局负责管理"汽车保障基金"的运作。②

　　澳门特别行政区刑事法律方面最重要的渊源，就是 1995 年 11 月 14 日经第 58/95/M 号法令核准的《澳门刑法典》，澳门刑法中并没有中国内地刑法第 133 条规定之交通肇事罪的罪名，但有包含交通肇事罪的各类危险驾驶犯罪。《澳门刑法典》依据不同的驾驶工具而规定了两种不同的交通犯罪，分别为《澳门刑法典》第 277 条规定的针对空中、水路或铁路运输的交通工具之"危险驾驶交通工具罪"和同法典第 279 条规定的针对公共道路上行驶的车辆之"危险驾驶道路上之车辆罪"。此外，为了有效地遏制各类道路交通的违法犯罪行为，《道路交通法》及其他有关法律还对道路交通中可能发生的情形进行了规定，设立了专门的罪名以规制其他相关犯罪，主要集中体现在《道路交通法》第六章第三节中，具体涵盖第 88 条规定之"遗弃受害人罪"、第 89 条规定之"逃避责任罪"、第 90 条规定之"醉酒驾驶或受麻醉品或精神科物质影响下驾驶罪"、第 91 条规定之"举办或参加未经许可的车辆体育比赛罪"、第 92 条规定的"禁止驾驶期间驾驶"以加重违令罪论处。同时，《道路交通法》第 93 条针对驾驶时的过失犯罪做出了规定。另外，同法第 94 条还对因犯罪而被禁止驾驶做出了处罚规定。

---

① 设立游艇民事责任强制保险之法律制度（12 月 13 日颁布第 104/99/M 号法令）生效后，为将汽车保障基金的保障范围扩大适用于该法令内所述的游艇类型于事故中对第三人造成损害的赔偿，原"汽车保障基金"的名字修改为"汽车及航海保障基金"。但在这里为了本书的需要，笔者在下文仍称之为"汽车保障基金"。

② 保险监察处须支援该基金的行政运作，并就财务及预算管理方面提供一切所需要的协助。

三 目前存在的问题

道路交通事故侵权责任的归责原则是道路交通事故民事责任制度中的基础性问题，也是处理道路交通事故的主要实践问题之一，如果道路交通事故责任的归责原则存在问题，就意味着基础性或根本性要素出现了偏差，那么也就很难保证建基于、依赖于该要素的问题得到妥善解决。《澳门民法典》第496条第3款是对《葡萄牙民法典》第503条第3款的修改，将《葡萄牙民法典》所规定的雇佣驾驶人的过错推定的归责方式改为风险责任（即客观责任），只是驾驶人比车主多一个免责事由。《澳门民法典》第496条第1款所说的"为本身利益而使用"旨在排除雇佣驾驶员的客观责任，可是第496条第3款又规定了雇佣驾驶人的客观责任。《澳门民法典》第496条第1款和第3款之规定的互相矛盾不仅会肇致实务中适用上的矛盾、混乱和归责不明确，而且给受雇佣的驾驶人加上过重的责任的合理性本身也是令人十分置疑的。

当然，澳门道路交通事故民事责任制度除了存在上述归责原则的问题外，还存在其他问题。例如，受成文法传统的影响，澳门对案件类型化研究的重要性的认识仍然不足。针对交通事故损害赔偿有关规定的原则性与复杂性，笔者认为，有必要通过类型化研究进一步明确法律和法理的具体应用，类型化研究有助于加强理论的实用性，并有助于理论的不断丰富与发展。通过对道路交通事故损害赔偿责任主体的分类研究可以看出，澳门对此类损害赔偿责任主体的规定还不完善，澳门进行道路交通事故的专门立法时应当将不同情形下的赔偿责任主体分类，并且明确各类赔偿责任主体应当承担的相应责任性质，使司法实践有统一的审理标准，为受害人得到及时赔偿和交通事故赔偿责任主体的合法权益提供保障。在立法模式上，可以透过制定专门的车辆交通事故侵权损害赔偿法律，在现有的《澳门民法典》所规定的确立判断交通事故损害赔偿责任主体的一般原则与具体标准的基础上，采取列举方式对部分交通事故侵权类型中的责任主体进行规定。道路交通事故责任主体的确定是侵权责任法当中一个至关重要的问题，也是道路交通事故损害赔偿的核心和关键。科学界定归责原则与责任主体，可为道路交通事故民事责任制度体系的构建、改进和完善奠定基础。

另外，在社会化赔偿领域，经过数年的努力，澳门车辆强制责任保险和汽车保障基金的法律制度逐步发展，取得了一定的成效。澳门车辆交通事故侵权损害赔偿中的保险、基金等救助机制的作用日益得到强化，车辆强制责任保险和道路交通事故汽车保障基金在填补损害、救济交通事故受害人方面发挥着越来越重要的作用。但由于理论研究的不足和实践经验的匮乏，澳门车辆强制责任保险法律制度和汽车保障基金制度在条款内容与制度设计方面存在一些不容忽视的问题，如立法原则及体系并不一致，经过实务运作后产生诸多问题，这样不利于更好地保护交通事故受害第三人的利益，所以应弥补当前立法的疏失，重新架构此制度，以健全道路交通事故受害人保障体系。

为了完善交通事故损害赔偿的有关制度，实现归责结果的正当性，有必要对上述问题进行研究。本书在对中外有益成果进行分析与吸收的基础上，结合司法实际，对上述问题进行了理论探讨。当然，需要改进的远不止以上这些问题，完善的道路交通事故侵权民事责任制度对澳门社会的重要意义是不言而喻的，改进工作任重而道远，也许永无止境。笔者希望通过本书的研究，对澳门现行道路交通事故侵权民事责任制度以后的调整或完善提出一些建议。

四 以时机为视角

本书写作之时，正值美国侵权法一再重述、欧洲统一侵权法、中国内地的《侵权责任法》刚刚出台、东亚尝试建立《东亚侵权法示范法》（Model East-Asian Tort Law）之际，本书是在这种大背景下做的选题，笔者认为这个大环境对澳门的道路交通事故民事责任制度乃至整个侵权行为法的发展及完善是一个契机。当然，它既是千载难逢的机遇，为侵权法学界提供大有可为的空间，也是严峻的挑战。

美国法律研究院（American Law Institute，以下简称 ALI）多年来一直致力于制定侵权法重述（torts）。侵权法重述是对美国有关民事侵权法律的著述，前后一共有三个不同的版本，即《第一次侵权法重述》《第二次侵权法重述》，以及现在的《第三次侵权法重述》[①]。《第三次侵权法重述》分为两个部分，一部分是关于故意和过失总则部分的内容，另一部分更新了产品责任的内容。

---

① 参见美国法律研究院《侵权法重述第三版：产品责任》，肖永平、龚乐凡、汪雪飞译，肖永平审校，法律出版社，2006。

导 论

以罗马法为基础的欧洲在统一侵权法方面，H. 考茨欧（Helmut Koziol）和克雷斯蒂安·冯·巴尔（Christian von Bar）各自创立的两个小组做出了杰出的贡献。[①] 1992 年，奥地利科学院欧洲侵权法研究所的学者 H. 考茨欧成立了"欧洲侵权行为法小组"（European Group on Tort Law），其成员主要来自欧盟各成员国，当然也邀请了美国专家和南非专家。该小组自 2001 年起开始举办"欧洲侵权法年会"。欧洲侵权行为法小组的成果主要有两个方面：一是"欧洲侵权法的统一"（Unification of Tort Law）丛书；二是 2005 年正式出版的《欧洲侵权法原则》（*Principles of European Tort Law*）。该成果由来自欧洲十多个国家的学者合著，他们不仅介绍了本国行为法的相关制度，而且就许多比较法的问题表达了自己独特的见解。而德国奥斯纳布吕克大学教授克雷斯蒂安·冯·巴尔于 1998 年创立了"欧洲民法典研究小组"（Study Group on a European Civil Code），小组下设之"契约外债务工作小组"（Working Team on Extra-Contractual Obligations）于 2006 年 11 月公布了《造成他人损害的契约外责任》（*Non-Contractual Liability Arising out of Damage Caused to Another*）。

另外，历时七年打磨，跨越两届人大，经四次审议，与每个中国公民的切身利益密切相关，作为中国法律体系中支架性法律的《侵权责任法》于 2009 年 12 月 26 日通过，于 2010 年 7 月 1 日正式施行。该法与每个中国公民的切身利益密切相关，被誉为彰显人权进步的标志，对包括生命权、健康权、隐私权、继承权等一系列公民的人身、财产权利提供保护。在中国内地侵权法施行三天之际，即 2010 年 7 月 3 日，东亚统一侵权法国际研讨会暨东亚侵权法学会第一次年会在黑龙江省伊春市召开。中国内地《侵权法草案建议稿》的起草人、侵权责任法起草的主要参与人、中国法学会副会长、中国人民大学民商事法律科学研究中心主任杨立新教授在会上提出成立"东亚侵权法学会"（Academy for East-Asian Tort Law，缩写"AETL"）这一学术团体的建议。该会议通过了这一提议，即成立了"东亚侵权法学会"，并通过了东亚侵权法学会《伊春宣言》，其宗旨是"团结东亚各法域以及亚洲其他法域的侵权法学者和司法工作者，研究东亚各法域侵权法，

[①] 谢鸿飞：《欧洲侵权法的统一何以可能——〈欧洲侵权法的统一〉总译序》，载〔奥〕H. 考茨欧主编《侵权法的统一——违法性》，张家勇译，法律出版社，2009，第 3 页。

制定'东亚侵权法示范法',促进东亚各领域侵权法的统一,为亚洲侵权法的统一奠定基础"。① 此次会议标志着《东亚侵权法示范法》开始进入我们的视野,将制定一部统一的东亚侵权法正式提上议事日程,东亚侵权法学会拟先对东亚侵权法进行统一,再逐渐推进亚洲整体的侵权法的统一。随后,东亚侵权法学会的学者们以这一决议为依据开始进入学术研究阶段,以比较法研究为依托,致力于未来的《东亚侵权法示范法》的建设,透过各种各样的学术工作试图构建这一示范法的理论框架,从而积极推动这一目标的实现,终于使这一项关乎亚洲法律制度建设之貌似不切实际且雄心勃勃的学术构想发展成一种不可阻挡的趋势。

在笔者的导师唐晓晴教授的主导下,笔者有幸参与了这个比较法项目,我们共同完成了《东亚侵权法示范法》澳门法域报告,该报告涵盖了侵权法的保护范围、侵权责任的归责原因体系及调整范围、行为与违法性、损害、因果关系、故意与损失、共同侵权行为、侵权责任形态、损害赔偿、抗辩事由与消灭时效、产品责任、环境污染责任和网络侵权责任13个专题,② 从而得以参加于2011年8月16~17日,在上海复旦大学美国研究中心召开的由中国法学会民法学研究会、复旦大学法学院民商法学科、中国人民大学民商事法律科学研究中心、复旦大学医事法研究中心、东亚侵权法学会共同举办的"借鉴与融合:侵权法的统一——第二届国际民法论坛暨东亚侵权法学会2011年年会"。③

杨立新教授的理想远不只"东亚侵权法学会"和《东亚侵权法示范

---

① 《东亚统一侵权法国际研讨会暨东亚侵权法学会第一次年会简报》,东亚侵权法学会,http://www.aetl.org/article/default.asp? id =14。
② 这个项目所采用的案例是由澳门大学艾林芝老师归纳、整理或总结的。
③ 会议分六场,分别探讨了侵权法的现状与发展趋势、侵权责任构成要件与损害赔偿、医疗侵权责任、名誉侵权及其他特殊侵权、东亚侵权示范法起草的疑难问题、东亚侵权示范法的框架。笔者非常荣幸地代表唐晓晴教授参加了这次会议并做题为"环境侵权的民事责任"的主题报告。来自美国、欧盟侵权法研究中心、英国、澳大利亚、日本、韩国及中国台湾、中国香港、中国澳门的侵权法专家学者30余人参加了这次研讨会。会议主要研讨了世界各国不同地区不同法系的侵权责任法的相互借鉴与融合及世界侵权法的共同规则,讨论了《东亚侵权法示范法》的13个专题的起草大纲,并探讨了制定东亚侵权法统一示范法的可能性。会议极力展示了不同文化背景下侵权法的共性和差异,探讨了不同国家和地区侵权法发展的新课题。

法》，其也正在酝酿成立"世界侵权法学会"。在该次会议中，杨立新教授代表东亚侵权法学会和奥地利欧盟侵权法研究中心主任 Ken Oliphant 教授、美国法学会侵权法第三次重述第三次协调人兼报告人 Ellen Pryor 教授、英国牛津大学伍斯特学院 Donal Nolan 教授、澳大利亚国立大学法学院 Mark Lunney 教授、澳大利亚西悉尼大学法学部部长 Carolyn Sappideen 教授等一起发起了以中国人民大学民商事法律科学研究中心和欧洲侵权法研究中心为实体机构的"世界侵权法学会"，介绍产品责任法的基本情况和典型案例，同时研究世界侵权法的融合和统一的问题。① 对于澳门的产品责任法，唐晓晴教授和笔者也做了深入研究。在 2013 年 9 月，"世界侵权法学会成立暨第一届学术研讨会"在黑龙江召开。唐晓晴教授成为"世界侵权法学会"的成员，② 唐教授希望为澳门的产品责任法的发展和完善贡献出自己的力量，更加重要的是，唐教授希冀透过东亚侵法学会和"世界侵权法学会"等平台使澳门成为国际社会侵权法学术研究中相当活跃的一分子。

以比较法研究为基础汲取东亚侵权法制度的共同核心，从而制定《东亚侵权法示范法》颇富探索性和艰巨性，虽然示范法的立法取向是基于对法的示范力而非强制力的追求，但由于各个国家或地区的历史文化背景各不相同，所以在这一进程中可能会遇到很多问题和障碍，特别是关于在一个超国家跨地域的共同体层面上制定统一侵权法的可行性、内容框架体系、方式选择和调整范围，东亚侵权法的多样性与统一性的矛盾，英美法系与大陆法系的冲突与融合等。它对当今侵权法学的一系列重大命题均提出了严峻的挑战，对东亚各国或各地区乃至整个亚洲的侵权法立法、司法实务和学术研究必定会产生重大而深远的影响。但无论如何，笔者相信，中国内地制定《侵权责任法》和正在进行的《东亚侵权法示范法》的制定经验必将十分有利于澳门统一的道路交通事故民事法律和澳门侵权责任法的制定、发展与完善，希望澳门能把握这一契机。

以上述四个方面为选题背景，本书拟以立足澳门的实际状况为前提，

---

① 《"第二届国际民法论坛暨东亚侵权法学 2011 年年会"在上海举行》，中国法学创新网，http://www.lawinnovation.com/index.php/home/benwang/artindex/id/6181.html。
② 《"世界侵权法学会成立大会暨第一届学术研讨会"成功举行》，http://www.worldtortlawsociety.com/article/default.asp?id=3769，最后访问日期 2016 年 10 月 10 日。

借鉴域外先进的立法与学说，以多视角对澳门道路交通事故之民事责任制度进行分析研究。本书总的思路是详细地介绍和解读澳门道路交通事故之民事责任的立法成就和主要内容，全景勾画出澳门交通事故之民事责任法律体系的架构；同时，深入剖析澳门现行交通事故之民事责任法律制度在条款内容与制度设计方面亟待解决的问题，并针对各项制度的适用提出改进或完善的建议，以求解决争议，并期为澳门道路交通事故赔偿的民事法律的统一制定乃至澳门整个侵权行为法的制定贡献绵薄之力，并为实务提供可操作的参考。

第二节 选题研究现状及文献综述

一 选题研究现状

如前所述，澳门道路交通事故民事责任中存在一些问题，如澳门道路交通事故民事责任制度的归责原则问题、澳门学界对案件类型化的研究甚少涉足的问题，以及在社会化赔偿领域，澳门车辆强制责任保险和汽车保障基金的法律制度仍有不少可以完善的空间。但是，根据笔者目前掌握的资料，现今对澳门道路交通事故民事责任制度之系统的可供参考和借鉴的研究成果并不多见，也还没有专著或硕士或博士学位论文，该课题的研究仍处于初级起步阶段，理论、制度设计与司法实践之间还存在较大的距离与隔阂。

二 域内外研究现状

（一）侵权法

法学界对于侵权法的研究广泛且富有成果，许多学者在有关论文和专著中对侵权法进行了大量研究。具体来说，关于英美法系主要国家的侵权法的专著，主要有文森特·R.约翰逊著、赵秀文等译的《美国侵权法》[1]，爱德华·J.柯恩卡的《侵权法》[2]，肯尼斯·S.亚伯拉罕和阿尔伯特·C.泰

---

[1]〔美〕文森特·R.约翰逊：《美国侵权法》，赵秀文等译，中国人民大学出版社，2004。
[2]〔美〕爱德华·J.柯恩卡：《侵权法》（影印本），法律出版社，1999。

特选编、许传玺和石宏等译的《侵权法重述——纲要》[1]，李亚虹的《美国侵权法》[2]，徐爱国的《英美侵权行为法学》[3]，李响的《美国侵权法原理及案例研究》[4] 等。而对于大陆法系主要国家的侵权法研究，主要有于敏的《日本侵权行为法》[5]、张民安的《现代法国侵权责任制度研究》[6]，另外还有由 D. F. 比亚斯和 B. S. 马克西尼斯撰写的关于德国侵权法的专著[7]等。关于欧洲各国对侵权法具体立法、司法和主要学说的概况与整理，主要有由欧洲侵权和保险法中心组织编写、B. A. 考柯（B. A. Koch）和 H. 考茨尔（H. Koziol）主编的"欧洲侵权法的统一"丛书[8]和《欧洲侵权法原则》，以及由克雷斯蒂安·冯·巴尔撰写、张新宝和焦美华译为中文的《欧洲比较侵权行为法》（上、下册）一书[9]。

另外，还有一些专题研究的成果，如中国学术界对侵权严格责任制度之研究的探索主要包括王军先生的专著《侵权法上严格责任的原理和实

---

[1] 〔美〕肯尼斯·S. 亚伯拉罕、阿尔伯特·C. 泰特选编《侵权法重述——纲要》，许传玺、石宏等译，法律出版社，2006。

[2] 李亚虹：《美国侵权法》，法律出版社，1999。

[3] 徐爱国：《英美侵权行为法学》，北京大学出版社，2004。

[4] 李响：《美国侵权法原理及案例研究》，中国政法大学出版社，2004。

[5] 于敏：《日本侵权行为法》（第二版），法律出版社，2006。

[6] 张民安：《现代法国侵权责任制度研究》，法律出版社，2003。

[7] D. F. 比亚斯、B. S. 马克西尼斯：《侵权法》（第四版），牛津大学出版社印刷所，1999。

[8] 该丛书可分为两部分，一是《欧洲侵权法原则：文本与评注》，是《欧洲侵权法原则》的条文及其解释；二是制定《欧洲侵权法原则》的基础，是各国侵权法制专题比较研究丛书，专题涉及侵权责任的确定和损害赔偿中的几个最主要的因素，如严格责任、违法性、因果关系、损害和损害赔偿等。参见〔荷〕J. 施皮尔（Jaap Spier）主编《侵权法的统一：因果关系》，易继明等译，法律出版社，2009；〔奥〕H. 考茨欧（Helmut koziol）主编《侵权法的统一：违法性》，张家勇译，法律出版社，2009；〔德〕U. 马格努斯（Ulrich Magnus）主编《侵权法的统一：损害与损害赔偿》，谢鸿飞译，法律出版社，2009；〔德〕U. 马格努斯（Ulrich Magnus）、〔西〕M. 马丁-卡萨尔斯（Miquel Martin-Casals）主编《侵权法的统一：共同过失》，叶名怡、陈鑫译，法律出版社，2009；〔荷〕J. 施皮尔（Jaap Spier）主编《侵权法的统一：对他人造成的损害的责任》，梅夏英、高圣平译，法律出版社，2009；欧洲侵权法小组：《欧洲侵权法原则：文本与评注》，于敏、谢鸿飞译，法律出版社，2009。

[9] 〔德〕克雷斯蒂安·冯·巴尔：《欧洲比较侵权行为法》（上），张新宝译，法律出版社，2001；〔德〕克雷斯蒂安·冯·巴尔：《欧洲比较侵权行为法》（下），焦美华译，张新宝审校，法律出版社，2001。

践》①、吴兆祥先生的博士论文《侵权法上的严格责任研究》②。另外,涵盖有严格责任章节的侵权法论著的主要代表作有张新宝先生的《侵权责任法》③、王利明先生的《侵权行为法归责原则研究》④、杨立新先生的《侵权责任法》⑤、胡雪梅女士的《过错的死亡——中英侵权法宏观比较研究及思考》⑥ 等,以及台湾地区的王泽鉴先生的《侵权行为法》⑦、陈聪富先生的《侵权归责原则与损害赔偿》⑧、丘聪智先生的《从侵权行为归责原理之变动论危险责任之构成》⑨。关于因果关系的专著主要有 H. L. A. 哈特、托尼·奥诺尔著,张绍谦、孙战国译的《法律中的因果关系》⑩ 和陈聪富的《因果关系与损害赔偿》⑪;论文主要有罗伯特·J. 皮斯里的《复合因果关系及赔偿》⑫、王旸的《侵权行为法上因果关系理论研究》⑬、左传卫的《质疑侵权法中因果关系的二分法》⑭,以及闫仁河的《论侵权损害赔偿责任中的因果关系与过错——一种关系论的考察》⑮。关涉损害赔偿的专著主要有李昊的《纯经济上损失赔偿制度研究》⑯,意大利教授毛罗·布萨尼和美国教授弗

---

① 王军:《侵权法上严格责任的原理和实践》,法律出版社,2006。
② 吴兆祥:《侵权法上的严格责任研究》,博士学位论文,中国人民大学,2001。
③ 张新宝:《侵权责任法》,中国人民大学出版社,2006。
④ 王利明:《侵权行为法归责原则研究》,中国政法大学出版社,2003。
⑤ 杨立新:《侵权责任法》,法律出版社,2010。
⑥ 胡雪梅:《过错的死亡——中英侵权法宏观比较研究及思考》,中国政法大学出版社,2004。
⑦ 王泽鉴:《侵权行为法》,中国政法大学出版社,2001。
⑧ 陈聪富:《侵权归责原则与损害赔偿》,北京大学出版社,2005。
⑨ 丘聪智:《从侵权行为归责原理之变动论危险责任之构成》,中国人民大学出版社,2006。
⑩ 〔美〕H. L. A. 哈特、托尼·奥诺尔:《法律中的因果关系》,张绍谦、孙战国译,中国政法大学出版社,2005。
⑪ 陈聪富:《因果关系与损害赔偿》,北京大学出版社,2006。
⑫ 〔美〕罗伯特·J. 皮斯里:《复合因果关系及赔偿》,林海译,载《哈佛法律评论·侵权法学精粹》,法律出版社,2005。
⑬ 王旸:《侵权行为法上因果关系理论研究》,载梁慧星主编《民商法论丛》(第11卷),法律出版社,1999。
⑭ 左传卫:《质疑侵权法中因果关系的二分法》,《法学》第4期,2007,第82~88页。
⑮ 闫仁河:《论侵权损害赔偿责任中的因果关系与过错——一种关系论的考察》,《河南省政法管理干部学院学报》第6期,2006,第128~132页。
⑯ 李昊:《纯经济上损失赔偿制度研究》,北京大学出版社,2004。

农·瓦伦丁·帕尔默主编、由张小义和钟洪明翻译的《欧洲法中的纯粹经济损失》[1];论文主要有朱凯的《惩罚性损害赔偿制度在侵权法中的基础及其适用》[2]等。

(二) 道路交通事故侵权责任

1. 葡萄牙

葡萄牙著名学者 Antunes Varela 在其发行过十余版的经典著作《债法总论》中用一个章节对葡萄牙道路交通事故民事责任制度进行了较为全面的介绍,[3] 主要针对由车辆造成之损害的责任人、可赔偿之损害、责任的受益人、排除责任的原因、车辆碰撞、责任的限制、复数责任人、责任的竞合、汽车民事责任的强制保险及汽车保障基金(FGA)等方面进行分析。该书由唐晓晴教授等翻译,对本书的基础性研究来说是不可或缺的,使本书对葡萄牙道路交通事故民事责任制度做较全面的研究成为可能。Dario Almeida 的专著《交通意外手册》(*Manual de Acidentes de Viação*) 极大地丰富了本书研究的资料来源,不仅如此,Dario Almeida 对一般问题的深刻见地对本书中许多观点的形成有着重要作用。[4] Eurico Consciência 在其两本著作《关于交通事故和汽车保险——法律、学说和判例》(*Sobre Acidentes de Viação e Seguro Automóvel – Leis, Doutrina e Jurisprudência*) 和《汽车民事责任强制保险》(*Seguro Obrigatório de Responsabilidade Civil Automóvel*) 中有对葡萄牙汽车民事责任强制保险详细而深入的探讨。[5] 对本书的研究有直接帮助的资料还包括 Pires de Lima 和 Antunes Varela 教授的《葡萄牙民法典之注释》(*Código Civil Anotado*),该书对《葡萄牙民法典》中葡萄牙车辆交通事故民事责任

---

[1] 〔意〕毛罗·布萨尼、〔美〕弗农·瓦伦丁·帕尔默主编《欧洲法中的纯粹经济损失》,张小义、钟洪明译,法律出版社,2005。此书对债法中的纯粹经济损失制度进行了比较法的研究。

[2] 朱凯:《惩罚性损害赔偿制度在侵权法中的基础及其适用》,《中国法学》第 3 期,2003,第 84~91 页。

[3] 〔葡〕João de Matos Antunes Varela:《债法总论》(第十版)(第一卷),唐晓晴译,未出版。

[4] Dario Almeida, *Manual de Acidentes de Viação*, 3ª Edição, Comi bra: Livraria Almedina, 1995.

[5] Eurico Heitor Consciência, *Sobre Acidentes de Viação e Seguro Coim bra: Livraria Automóvel – Leis, Doutrina e Jurisprudência*, 3ª Edição-Revista e Actualizada, Coim bra: Livraria Almedina, 2005. Eurico Heitor Consciência, *Seguro Obrigatório de Responsabilidade Civil Automóvel*, Coim bra: Livraria Almedina, 2003.

制度所适用的法条进行了相当透彻的诠释。① 此外，Carlos Alberto da Mota Pinto 所著的《民法总论》(*Teoria Geral do Direito Civil*) 对侵权行为法中的一些基本概念、原理的诠释也给本书的写作提供了相当大的支撑。② 最后，唐晓晴教授等翻译的《葡萄牙民法典》也是本书研究工作的"宝典"之一。③

2. 中国内地及台湾地区

对中国内地道路交通事故侵权问题进行专题研究的专著主要有杨立新先生的《道路交通事故责任研究》④、杨秀清女士的《交通事故损害赔偿》⑤、廖焕国先生的《道路交通事故侵权责任》⑥。另外有对其他国家和地区介绍性的研究成果，如李薇的《日本机动车事故损害赔偿法律制度研究》⑦和于敏的《机动车损害赔偿责任与过失相抵——法律公平的本质及其实现过程》⑧都对日本机动车事故损害赔偿制度进行了全方位的介绍和剖析。

在机动车侵权研究方面，中国内地主要有梁慧星先生的《关于中国道路交通事故赔偿的法律制度》及《"行人违章撞了白撞"是违法的》两篇论文⑨；而刘晓红的《机动车交通事故损害赔偿归责原则研究》⑩ 和张华薇的《道路交通事故归责原则的比较研究》是对机动车交通事故损害赔偿归责原

---

① Pires de Lima e Antunes Varela, *Código Civil Anotado*, Volume I, 4ª Edição Revista e Actualizada, Coimbra Editora, Limitada, 1987.
② 〔葡〕Carlos Alberto da Mota Pinto：《民法总论》，林炳辉等译，澳门法律翻译办公室、澳门大学法学院及法务局，2001。
③ 《葡萄牙民法典》，唐晓晴等译，北京大学出版社，2009。
④ 杨立新：《道路交通事故责任研究》，法律出版社，2009。
⑤ 杨秀清：《交通事故损害赔偿》，人民法院出版社，2000。
⑥ 廖焕国：《道路交通事故侵权责任》，法律出版社，2010。
⑦ 李薇：《日本机动车事故损害赔偿法律制度研究》，法律出版社，1997。
⑧ 于敏：《机动车损害赔偿责任与过失相抵——法律公平的本质及其实现过程》，法律出版社，2004。
⑨ 梁慧星：《关于中国道路交通事故赔偿的法律制度》，《安徽大学学报》（哲学社会科学版）第6期，1995，第40~46页。梁慧星：《"行人违章撞了白撞"是违法的》，《人民法院报》2001年2月23日，第3版。
⑩ 刘晓红：《机动车交通事故损害赔偿归责原则研究》，《当代法学》第8期，2002，第131~133页。

则的阐述分析①；程啸的《机动车损害赔偿责任主体研究》是对道路交通事故侵权责任主体的剖析②；于敏的另外三篇论文《机动车损害赔偿责任保险的定位与实务探讨》《机动车损害赔偿与交通灾害的消灭》《机动车交通事故损害赔偿责任若干问题研究》则对机动车损害赔偿责任、损害赔偿责任保险的定位与实务中的一系列问题进行了探讨。③ 在机动车责任保险制度方面，有马永伟先生主编的《各国保险法规制度对比研究》及周延礼先生主编的《机动车辆保险理论与实务》，④ 刘锐先生的《机动车交通事故侵权责任与强制保险》，⑤ 张新宝、陈飞的《机动车第三者责任强制保险制度研究报告》，丁凤楚的《机动车交通事故侵权责任强制保险制度》，⑥ 以及赵明昕的文章《机动车第三者责任强制保险的利益衡平问题研究》。⑦ 关于道路交通事故社会救助基金制度，有侯永康、黄民主的《道路交通事故社会救助基金的建立与运行之构想》，⑧ 以及华东政法学院刘万江2007年的硕士学位论文《论强制保险和社会救助——对道路交通事故社会救助基金制度的思考》。⑨ 另外，还有对其他国家汽车保险制度的探讨，如张栓林的《美国机动车辆第三者责任强制保险法规窥查》⑩、段昆的《美国的无过失汽车保

---

① 张华薇：《道路交通事故归责原则的比较研究》，《中国律师》第6期，2001，第38~39页。
② 程啸：《机动车损害赔偿责任主体之研究》，《法学研究》第4期，2006，第127~140页。
③ 于敏：《机动车损害赔偿责任保险的定位与实务探讨》，《法律适用》第12期，2005，第3~8页。于敏：《机动车损害赔偿与交通灾害的消灭》，载张新宝主编《侵权法评论》（第1辑），人民法院出版社，2004。于敏：《机动车交通事故损害赔偿责任若干问题研究》，载梁慧星主编《民商法论丛》（第11卷），法律出版社，1998。
④ 马永伟主编《各国保险法规制度对比研究》，中国金融出版社，2001。周延礼主编《机动车辆保险理论与实务》，中国金融出版社，2001。
⑤ 刘锐：《机动车交通事故侵权责任与强制保险》，人民法院出版社，2006。
⑥ 张新宝、陈飞：《机动车第三者责任强制保险制度研究报告》，法律出版社，2005。丁凤楚：《机动车交通事故侵权责任强制保险制度》，中国人民公安大学出版社，2007。
⑦ 赵明昕：《机动车第三者责任强制保险的利益衡平问题研究》，《现代法学》第27卷第4期，2005，第153~165页。
⑧ 侯永康、黄民主：《道路交通事故社会救助基金的建立与运行之构想》，《公安研究》第3期，2005，第75~80页。
⑨ 刘万江：《论强制保险和社会救助——对道路交通事故社会救助基金制度的思考》，硕士学位论文，华东政法大学，2007。
⑩ 张栓林：《美国机动车辆第三者责任强制保险法规窥查》，《上海保险》第10期，1999，第46~47页。

险》①、郭丽军的《英国车险业对我国的启示》② 等都是对他国汽车保险进行特别研究的成果。

台湾地区对汽车责任侵权及保险的研究主要有以下成果。江朝国先生在其著作《强制汽车责任保险法》中全面探讨了中国台湾现行的"汽车强制责任保险法",同时对德国和日本的强制责任保险制度也进行了介绍。③ 另外,江朝国先生在《汽车交通事故特别补偿基金之功能及补偿关系之厘清》一文中,以台湾高等法院高雄分院2001年度易字第二二号民事判决为对象,分析了特别补偿基金在现行实务的运作情形,透过对判例的探讨,希冀能有助于相关问题的厘清,从而达到健全汽车交通事故受害人保障体系之目的。④ 邱瑞利先生在《汽车交通事故特别补偿基金之运作及检讨》及《汽车交通事故特别补偿基金之研究》中,介绍了台湾汽车交通事故特别补偿基金的业务内容,并探讨了法律规定与实务操作之间的争议。⑤ 而陈忠五先生的《法国侵权责任法上损害之概念》《法国交通事故损害赔偿法的发展趋势——以一九八五年七月五日法律的改革为中心》《论法国交通事故损害赔偿责任的成立要件》⑥ 则是以法国交通事故损害赔偿制度为视角的专题研究。

3. 中国澳门地区

作为欧盟与中国澳门在法律范畴的合作项目,法律改革及国际法事务局对澳门立法会通过的第3/2007号法律《道路交通法》做了解说和评论,于2011年出版了《〈道路交通法〉注释》。⑦ 澳门理工学院公共行政高等学

---

① 段昆:《美国的无过失汽车保险》,《保险研究》第11期,2001,第46~47页。
② 郭丽军:《英国车险业对我国的启示》,《中国保险报》,2001年1月9日。
③ 江朝国:《强制汽车责任保险法》,台北元照出版有限公司,2006。
④ 江朝国:《汽车交通事故特别补偿基金之功能及补偿关系之厘清——评台湾高等法院高雄分院九十年度上易字第二二号民事判决》,《月旦法学杂志》第78期,2001,第58~72页。
⑤ 邱瑞利:《汽车交通事故特别补偿基金制度之运作及检讨》,《月旦法学杂志》第78期,2001,第46~57页。邱瑞利:《汽车交通事故特别补偿基金之研究》,硕士学位论文,台湾淡江大学,2005。
⑥ 陈忠五:《法国侵权责任法上损害之概念》,《台大法学论丛》第30卷第4期,2001,第111~214页。陈忠五:《法国交通事故损害赔偿法的发展趋势——以一九八五年七月五日法律的改革为中心》,《台大法学论丛》第34卷第1期,2005,第81~184页。陈忠五:《论法国交通事故损害赔偿责任的成立要件》,《政大法学评论》第97期,2001,第26~50页。
⑦ 《〈道路交通法〉注释》,《澳门法律学刊》专刊,法律改革及国际法事务局,2011。

校李莉娜老师的论文《论车辆驾驶人在非公共道路上的侵权责任——从澳门法的规定出发》探究了车辆驾驶人在澳门非公共道路上的民事责任问题。[1] 澳门大学 Manuel Trigo（尹思哲）教授所著的《债法概要》对车辆造成之事故的民事责任进行了较为深入的分析和探讨，给本书的道路交通事故之民事责任理论思考提供了一些视角和论据。[2] 澳门大学艾林芝老师在他的专题论文《车辆碰撞的民事责任——以澳门民法典之规定为中心》中对澳门车辆碰撞的民事责任进行了剖析。[3] 澳门大学谭新美的硕士学位论文《论澳门侵权行为法的归责原则》对澳门侵权行为法的归责原则体系及其适用范围进行了研究。[4] 华侨大学林伟 2004 年的硕士学位论文《澳门精神损害赔偿制度研究》则主要从澳门精神损害赔偿的一般理论、赔偿的范围、赔偿金的确立及澳门精神损害赔偿制度的现状和完善四个方面探究了澳门精神损害赔偿制度。[5]

4. 其他

由克雷斯蒂安·冯·巴尔著、张新宝和焦美华译为中文的《欧洲比较侵权行为法》（上、下册）一书比较简单地对欧洲主要国家的机动车交通事故侵权问题的基本内容，如交通事故侵权损害赔偿、归责原则、免责事由等方面进行了比较研究。[6]

上述研究成果对本书的写作起了非常大的启发作用，没有上述较为丰富的资料作为研究的基础，本书的研究目的即便不能说无法实现也可以说是相当困难的。但毋庸讳言，由于受多种因素制约，上述研究成果也存在

---

[1] 李莉娜：《论车辆驾驶人在非公共道路上的侵权责任——从澳门法的规定出发》，《法商研究》第 5 期，2005，第 141~144 页。
[2] 〔葡〕Manuel Trigo（尹思哲）：《债法概要》（最新修订本），朱琳琳译，杜慧芳校，澳门大学法律系三年级教材，未发行，1997~1998 年。
[3] 艾林芝：《车辆碰撞的民事责任——以澳门民法典之规定为中心》，《法学论丛》第 6 期，2007，第 129~146 页。
[4] 谭新美：《论澳门侵权行为法的归责原则》，载《硕士论文集Ⅰ》，澳门大学法学院，2007，第 3~75 页。
[5] 林伟：《澳门精神损害赔偿制度研究》，硕士学位论文，华侨大学，2004。
[6] 〔德〕克雷斯蒂安·冯·巴尔：《欧洲比较侵权行为法》（上），张新宝译，法律出版社，2001。〔德〕克雷斯蒂安·冯·巴尔：《欧洲比较侵权行为法》（下），焦美华译，张新宝审校，法律出版社，2001。此套书比较系统全面地对欧洲主要国家的侵权法的基本范畴、架构及基本内容，如侵权损害赔偿、归责原则、免责事由等方面进行了比较研究。

不足之处，最为显著的问题就是法学界大多注重侵权行为法制度的讨论研究，并在此方面有丰硕的成果，但对道路交通事故民事责任制度的探讨剖析还是极为薄弱的。澳门道路交通事故民事责任制度的研究虽有学者涉及，但系统全面地论证其归责原则、责任原理、存在基础、侵权法赔偿机制及社会化赔偿机制，同时密切结合司法实践对其进行研究的还较为少见。换言之，即便是研究道路交通事故民事责任制度的，他们也大多只是关注道路交通事故损害赔偿构成要件的构建或归责原则的探讨，对其法律适用少有关注；研究的视域大多局限于交通事故民事责任制度框架下的某一种制度的解读或探讨，缺少对澳门交通事故民事责任制度内在逻辑体系的系统研究，对其他相关制度，如道路交通事故社会化保障制度的研究较为欠缺。以法律适用为视角的论著则寥若晨星，运用案例方式展开分析的虽然不能说完全没有，但那些案例基本都来自域外，对发生在澳门现实生活中的交通肇事侵权案件加以评析的尚不多见。

有鉴于此，本书试图站在前人辛勤探索得出的研究成果的基础之上，力图通过一定程度的理论创新弥补这一不足。本书的研究力求对相关理论问题有自己的看法，如在归责原则基础理论上主张受雇佣驾驶人的过错推定责任观点等，这种理论认识上的不同会直接影响澳门道路交通事故民事责任制度的具体构建，因而在具体制度的设计上本书将有不同的观点和见解。进一步而言，本书将以澳门的道路交通事故民事责任制度为依托，尝试以法律的适用、解释的维度，从多角度对道路交通事故民事责任问题进行分析研究，结合审判实务剖析道路交通事故民事责任制度之特色与缺陷，并在借鉴澳门域外的相关法律制度的基础上提出改进或完善之建议，以期通过这种饱含尝试性的理论探讨为澳门道路交通事故民事责任制度的系统研究及侵权行为法体系的发展与完善尽自己的微薄之力，并为司法实践提供有益的帮助。笔者相信本书的研究是有自己独特的视角和价值的。

第三节 研究方法与思路

一 研究方法

本书主要运用历史分析、比较研究、实证研究、法经济学分析及交叉学科分析等多种研究方法对澳门道路交通事故民事责任制度做一个全景式的扫描。

首先，本书采用历史研究的分析方法，因为我们只有了解过去，才能知晓现在、把握未来，割裂历史可能会导致一叶障目。对域内外的车辆交通事故民事责任制度的发展变迁演进和现状进行研究，洞察其发展趋势，进而对澳门道路交通事故民事责任制度提出建议，并以此为基础对该制度的未来进行展望。这种研究方法有利于把握事物发展规律和特征，透过历史研究的分析方法可以洞窥或见证一个法域法律生命的成长，力图在历史的隧道中发现澳门道路交通事故民事责任制度的症结所在，从而使自己的理论研究建立在对实际问题之探究分析基础之上，具有针对性和可行性。

其次，比较研究是本书最主要的研究方法，永恒存在的共性和差别构成了比较法研究的基础或前提。比较分析方法是法学研究不可或缺的一种方法，没有比较的法学可能会显得有些狭隘。因为在全球化的大背景下，借鉴学习域外的优秀成果早已成为不可阻挡的趋势，当然，这也是我们现实的选择，尤其是在法学研究尚显薄弱的交通事故民事责任领域，通过比较分析共性和差别，能够为丰富和完善澳门道路交通事故民事责任制度的理论与立法提供方法和途径，所以在本书的研究过程中，比较分析是贯穿始终的研究方法，希冀在比较的基础上寻找出对澳门最为适宜的道路交通事故民事责任制度。道路交通事故民事责任问题不仅是澳门面临的现实问题，这也是一个世界性的难题。由于澳门在道路交通事故民事责任方面的理论研究严重欠缺、立法滞后，因此，通过比较澳门法域内外的交通事故民事责任方面之异同，学习、吸收和借鉴其他国家或地区先进成功的立法经验显得尤为重要。正是基于"他山之石，可以攻玉"这种观念，本书运用比较法的研究方法，上述历史研究方法是透过纵向的剖析来寻找规律，而比较研究分析则是通过从横向上根据来自域外的思想资源找出解决相比较之问题的最好方法。透过比较法的研究方法，考察主要发达国家及地区的制度内容，寻求大陆法系和英美法系国家或地区在解决道路交通事故民事责任损害赔偿问题上的最佳解决方案，同时在比较和借鉴域外经验的基础上，针对澳门道路交通事故民事责任制度方面存在的问题，提出解决问题的构想和思路，建构理论依据和提出立法完善的建议，以使本研究命题更具理论意义和实践意义。由于澳门现行的法律模式主要是以葡萄牙法为蓝本而建立起来的，所以本书使用得较多的是葡萄牙的法律规定和学说观点，其次是日本和中国内地、中国香港及中国台湾地区的相关法律规定与研究成果。欧美国家的法律规定和理论见解也是本书的资料来源，这些资料主要是从有关译著和法律草案文本上获取的。

再次，实证研究的方法也是本书写作过程中重要的研究方法之一。实证研究即是理论联系实际的方法，在法学研究中仅仅解读制定法是远远不够的，尤其是对民法中最贴近时代前进步伐的民事责任法而言，无论我们对道路交通事故民事责任的理论做多么深入的探讨，我们终将面临的是如何解决客观实际问题，我们不能离开实例空谈理论架构，还需要对案例进行研究，因为法学的基本任务是揭示法的实然状态，法学理论要对现实中的疑难案例做出合理解释，理论的存在就是为了深入指导实践，为实践之船保驾护航，所以我们需要考察法律实践，即这些制定法事实上是如何被法官适用以解决交通肇事侵权问题的。从具体案例中我们才能发现处理交通肇事民事责任时所面临的实际问题及其产生之深层原因。判例研究之重要性也是不言而喻的，判例体现着法官观念和法学理论的进步与发展，每一个判例都有它的法律灵魂，从个案、具体的情境中去探求理念贯彻过程中的合理性问题，有利于深化对抽象问题的理解，而且通过对不同判例的分析解读研究可臻法制健全或完善。所以笔者始终注意让本书的分析研究探讨都建立在实践的基础上，将有关理论和制度设计与澳门的司法实践结合起来分析，揭示出文本的法律与现实的法律之间的差距，以冀探讨研究能够最大限度地联系澳门当前的实际状况，以实现有关制度的规范化和具体化，使澳门的交通肇事民事责任制度趋于科学合理。

最后，法经济学分析的方法也是本书的重要研究方法，其是将法律分析与经济分析相结合的研究方法。理查·A.波斯纳的《法律的经济分析》引发了一场用经济学方法分析研究法学的热潮，经济分析方法逐渐成为法学界相当热门的研究分析方法。法律是一种社会控制和调整方式，亦是对社会生活现象的解释，法律制度的本质在于解决现实的社会问题，平衡各方利益。人类社会生活中没有一个方面是与法律无关的，对同一社会现象的解释应是多角度的，不同视角的诠释可以给法律理论提供更多养分，尤

导 论

其是在现代社会，无法忽略的是经济成本问题，故而经济分析方法无疑已成为一种至关重要的思考工具，其在学术研究和法律适用中的重要意义是不容抹杀、否定的。的确，法律是理性的，法律的设定并不是一种随性的武断安排，法律的适用也绝非一种粗糙的对应涵摄，这便凸显了法的经济学分析方法的重要性，这种方法主要是以经济学中的"效率"和"均衡"等概念与原理作为核心判断标准，透过"成本—效益"及效率最大化方法作为基本分析工具来进行法律问题的研究。例如，道路交通事故民事责任之免责事由作为法律制度，符合效益最大化的经济学要求，经济学中的"效率"和"均衡"等原理可为探讨与诠释道路交通事故民事责任免责事由的正当性提供正确的方法和路径。又如，在惩罚性损害赔偿制度的分析过程中，笔者也尝试用经济学的方法探讨剖析与强迫性金钱处罚等惩罚性损害赔偿制度有关的内容，认为其有在澳门道路交通事故民事责任制度中适用的空间。因为从成本效益角度看，惩罚性损害赔偿制度可以透过加大道路交通事故侵害人的不法行为成本，遏制其侵权行为以维护道路交通的安全和顺畅，所以，笔者在探讨惩罚性损害赔偿的功能时试图以经济学为视角，对强迫性金钱处罚等惩罚性损害赔偿制度的合理性和正当性在理论上给予支撑。

除此之外，笔者也将体系性的研究方法和交叉学科分析研究的方法贯穿于本书写作研究的过程之中。所谓体系性的研究方法，是指本书所探讨的主题本身是建立在公认的侵权法上的基本概念和理论制度基础之上的，绝非闭门造车，欲准确把握澳门交通事故民事责任制度的具体内容，脱离了以上基本概念和理论制度是无法想象的，[①] 同时本书的主题也合理地融于现有的法律制度和法学理论的有机体中。另外，还注重厘清本书所研究的课题与其他相关制度之间的区别和顺应它们之间的客观联系，避免部门法研究过程中可能会出现的以偏概全、整体不和谐等问题。本书也将借助于涵盖其他学科的理论和实践知识来丰富与深化对澳门道路交通事故民事责任制度的认识和理解。例如，在本书中表现为对侵权法矫正正义功能目标及安全正义价值目标探讨的法哲学分析方法的运用，因为如果将侵权法领

---

① 例如，侵权行为法归责体系的五个构成要件对外可以看作一个整体服务于归责目的，但对内而言，这个体系中的各个构成要件又各自具有不同的作用或功能。

域之外的内容剔除，则难免会牺牲研究的全面性和客观性。

二 研究思路

随着澳门车辆保有量的急剧增加，澳门道路交通的安全形势十分严峻，但和域外一些法域道路交通事故赔偿立法相比，澳门尚未制定专门的道路交通事故民事责任法，为此，本书选取道路交通事故民事责任制度作为研究课题。本书主要围绕澳门交通事故致人损害的民事责任之归责原则和构成要件、交通事故致人损害的民事责任之责任主体、交通事故致人损害的民事责任之免责事由、侵权损害赔偿机制、强制汽车责任保险制度及汽车保障基金等社会赔偿机制等方面进行探讨。值得指出的是，笔者在写作准备过程中非常注重资料，尤其是第一手资料的收集，强调引文的权威性。本书主要依托澳门大学及澳门大学法学院图书馆（含数字资源）丰厚的藏书资源，收集相关的研究材料，为本课题的研究提供资料支撑。

第一章　澳门道路交通事故的概念和内涵

要探究澳门道路交通事故民事责任，讨论交通事故的侵权责任的一系列问题，首先应当明确澳门道路交通事故的概念。道路交通事故的概念是所有关于道路交通事故民事责任研究的理论基础或前提，也是对道路交通事故的本质概括。准确地分析和界定道路交通事故的定义和内涵，是研究澳门道路交通事故的民事责任等一系列问题的基础性工作，是道路交通事故认定内容和范围的前提。其中，"车辆""道路"等概念是讨论和界定道路交通事故概念无法回避的问题，只有清晰地把握这些基础理论才能对澳门道路交通事故民事责任体系展开深入研究。遗憾的是，澳门第3/2007号法律《道路交通法》对道路交通事故的概念并没有进行界定，道路交通事故是一个宽泛而没有统一标准的概念。即使在"车辆""道路"等范围的认定上，《澳门民法典》和第3/2007号法律《道路交通法》也存有分歧，这显然会肇致在具体的道路交通事故的认定上存有争议。

根据澳门第3/2007号法律《道路交通法》，道路交通事故中的责任可能是民事责任、行政责任、刑事责任，本书仅研究其中的民事责任。道路交通事故侵权民事责任是指道路交通肇事致使受害人人身或财产损害而生之民事责任，交通肇事形成的是受害人与加害人之间特定的债权债务关系，这种债权债务关系不是基于事先的特别约定，而是由交通事故加害人的侵权行为而产生的，是一种风险责任，属民法范畴。道路交通事故侵权责任在现代社会越来越受到重视，它是汽车时代很难避免的副产品。在道路交通事故侵权责任中，法律一方面要考虑如何实现受害人的充分赔偿，另一方面又不得不考虑现代社会汽车时代面临的特殊问题：如何对加害人科以适当的责任，同时如何透过法律的规定创设配套的机制，以尽可能地减少交通事故和保障他人的人身或财产安全，以及使澳门车辆通行效率提高至最大化。这几方面的考虑博弈实质上是法律价值理念中社会正义与个人正义之间的冲突问题，如何平衡二者的关系，贯穿于道路交通事故侵权责任制度的始终，也贯穿于本书研究的始末。道路交通事故致人损害民事责任含有极为丰富的内容，如道路交通事故侵权责任的归责原则、构成要件、交通事故致人损害的民事责任之责任主体、免责事由、侵权赔偿机制及社会化赔偿机制等。本书希望透过对上述内容的研究，最大限度地展现澳门道路交通事故民事责任制度的全貌，同时指出其不足之处。在本书研究开始前，先介绍澳门道路交通事故的概念和内涵，为后面的研究探讨打下基础。

第一节　道路交通事故的界定

道路交通事故是一个复杂的研究课题，是综合多个因素的构成体。那什么是道路交通事故呢？这是任何国家或地区的道路交通法律制度都无法回避的问题，正如克雷斯蒂安·冯·巴尔所言，"并非任何汽车或其他车辆发生了作用力的事故就一定属于交通事故，相反也存在一些汽车和受害者之间根本无物理接触却能肯定道路交通赔偿责任法之适用的情形"。[1] 由于各国或各地区的道路交通状况不同，交通管理规则也不尽相同，所以不同的法域可能对交通事故的概念有不同的诠释。例如，对日本来说，《日本道路交通安全法》将交通事故定义为："凡在道路或供一般交通使用的场所，因车辆之类的交通工具所引起的人身伤亡或物品的损坏，均称为交通事故。"[2] 对丹麦而言，"丹麦道路交通法根据其第101条第1款规定适用于'由车辆导致的交通事故或与车辆燃料系统有关的爆炸及火灾引发'的损

---

[1] 〔德〕克雷斯蒂安·冯·巴尔：《欧洲比较侵权行为法》（下），焦美华译，张新宝审校，法律出版社，2001，第494~495页。
[2] 转引自管满泉《道路交通事故损害赔偿》，中国人民公安大学出版社，2009，第1页。

害，就其他损害'对车辆负有责任者仅根据赔偿法一般规定承担责任'（第102条）"。① 对于荷兰而言，"荷兰道路交通法第185条下的责任仅适用于行驶中的车辆。但对为保证他人的优先行使权而停止或为擦挡风玻璃而停在边线上的车辆也还适用；而那些已经停靠——即使是非法停车——的车辆则不再适用了"。② 美国国家安全委员会则认为："交通事故是在道路上所发生的意料不到的有害或危险的事件，这些有害的或危险的事件妨碍着交通行为的完成，其原因常常是由于不安全的行动或不安全条件，或者是两者的结合，或者是一系列不安全行动或一系列不安全因素。所谓不安全的行动，是指精神方面的，就是我们通常所说的不注意交通安全；不安全的因素，是指客观物质基础条件。"③ 2004年5月1日开始实施的《中华人民共和国道路交通安全法》第119条第5项则规定，"交通事故，是指车辆在道路上因过错或者意外造成的人身伤亡或者财产损失的事件"。但澳门第3/2007号法律《道路交通法》和《澳门民法典》都没有给出"道路交通事故"的概念。交通事故可以发生在地面，亦可以发生在空中、水上等，因而交通事故一般又可以分为空中交通事故、海上交通事故、道路交通事故及铁路交通事故。广义的交通事故涵盖航空器运行造成的交通事故、海上船舶交通事故、铁路机车车辆所致的交通事故及道路交通事故几种，而狭义的交通事故是指在公路运输和城市交通中由车辆（机动车或非机动车）造成的人或财产的损害，本书所要探讨的道路交通事故介于广义和狭义之间，但不包括空中交通事故和海上交通事故。

笔者认为，根据澳门第3/2007号法律《道路交通法》的相关规定，以及《澳门民法典》第496条第1款（由车辆造成之事故）之规定，"实际管理并为本身利益而使用任何在陆上行驶之车辆之人，即使使用车辆系透过受托人为之，亦须对因该车辆本身之风险而产生之损害负责，而不论该车辆是否在行驶中"，道路交通事故是指车辆在陆地上发生交通事故造成他人

---

① 〔德〕克雷斯蒂安·冯·巴尔：《欧洲比较侵权行为法》（下），焦美华译，张新宝审校，法律出版社，2001，第495~496页。
② 〔德〕克雷斯蒂安·冯·巴尔：《欧洲比较侵权行为法》（下），焦美华译，张新宝审校，法律出版社，2001，第496页。
③ 转引自段里仁主编《道路交通事故概论》，中国人民公安大学出版社，1997，第1页。

身心完整权①或生命权②受损（人身损害）或财产损失的事件。而道路交通事故的侵权责任则是指，车辆在陆地上发生交通事故造成他人人身伤亡或财产损失的，根据《澳门民法典》的侵权责任章节和澳门第3/2007号法律《道路交通法》的相关规定，事故的责任主体所应承担的损害赔偿责任。

第二节　道路交通事故的内涵

交通事故之产生是由多个因素构成的综合体。道路交通事故中"车辆""道路"的概念直接决定了对道路交通事故的法律分析，其作用至关重要，这些概念的内涵、外延在法学界仍存有争议。为了准确界定道路交通事故的含义，必须明确以下几点。

一　关于道路的界定

（一）比较法上的分析

道路交通事故必须是道路上发生的交通事故，道路作为交通的载体，是构筑交通和交通事故不可或缺的空间上之基础设施。③没有道路就没有道路交通事故，综观世界道路交通立法，有的对道路之界定较为宽泛，如1949年《国际道路交通公约》将道路界定为"对外开放并适于车辆通行的任何途径"，④ 1968年《国际交通公约》将道路界定为"供公众通行的任

---

① 《澳门民法典》第71条（身心完整权）："一、任何人均有身心完整受尊重之权利。二、未经本人同意，不得对其施以可影响其身心完整之医学或科学方面之行为或试验。三、禁止以人体器官及其他人体组成部分作交易，即使已与人体分离且取得有关权利人之同意亦然。四、对身心完整权所作之自愿限制，如可预料对生命构成严重危险，或可能对权利人之健康造成严重及不可复原之损害后果，均为无效；但后者具应予重视之理由时，不在此限。"
② 《澳门民法典》第70条（生命权）："一、任何人均有生命权。二、生命权不得放弃或转让，亦不得受法定或意定之限制。"
③ 杨立新：《侵权法论》（第四版），人民法院出版社，2011，第522页。
④ 指1949年9月19日在日内瓦所协定的有关汽车交通的国际通行的国际公约。Convention of Road Traffic signed at Geneva on 19 September, 1949. Article 4: For the purpose of this Convention the following expressions shall have the meanings hereby assigned to them: …"Road" means any way open to the public for the circulation of vehicles; …

何通道或街道的全部路面";① 又如,《加拿大安大略省道路交通法》第 1 条第 1 款第 14 项对道路所做之界定为,"包括一般公众道路、街道、场院、桥梁、栈道及栈桥,上述各处都是供一般大众使用并供车辆通行的,另外还包括各房产边缘地界线之间的区域"。② 根据德国《道路交通法》第 7 条的规定,"车辆在行驶过程中致人死亡、受伤或者损害人的健康和财物时,由车辆所有人就所生损害向受害人负赔偿责任,如果事故是因不可避免的事件所引起的,而这种不可避免的事件既不是因车辆故障,也不是因操作失灵而起,则不负赔偿责任",③ 可见,德国界定交通事故是在"车辆行驶中",并不限于道路上。有的对于道路之界定较为严格,如《中华人民共和国道路交通安全法》第 119 条第 1 项规定,"道路是指公路、城市道路和虽在单位管辖范围但允许社会机动车通行的地方,包括广场、公共停车场等用于公众通行的场所"。另外,日本的道路交通法中对道路的定义是:道路是供一般交通用的道路即高速道路、国道、都道、府县道以及市镇村道。与道路成为一体的桥梁、隧道、轮渡设施以及作为道路用的电梯等统一包含在"道路"中,作为道路的附属设施。④

(二) 澳门的道路界定

在空中、海上所发生的交通事故等不属于道路交通事故,其所产生的损害赔偿不适用澳门第 3/2007 号法律《道路交通法》之规定。因为交通事故是发生在"道路"上这一特殊区域的,所以对区域范围的界定就显得非常重要。交通事故是不是只能发生在道路上或只有发生在特定的道路上,才构成交通事故损害赔偿责任呢?

澳门在交通法规中对道路的定义没有明确的规定。根据澳门第 3/2007

---

① Convention on Road Traffic, done at Vienna on 8 November 1968. Article 1: Definitions—For the purpose of this Convention the following expressions shall have the meanings hereby assigned to them: ... (d) "Road" means the entire surface of any way or street open to public traffic; ...
② 参见 Highway Traffic Act 2009 (Ontario)。
③ 转引自管满泉《道路交通事故损害赔偿》,中国人民公安大学出版社,2009,第 31 页。
④ 转引自段里仁主编《道路交通事故概论》,中国人民公安大学出版社,1997,第 2 页。

号法律《道路交通法》第 2 条之规定，① 以及同法第 4 条（适用范围）之规定，"一、本法律适用于澳门特别行政区公共道路上的交通。二、本法律亦适用于等同公共道路的道路上的交通，但特别法、行政合同或主管当局与该等道路所有人的协议另有规定除外"，② 可知，澳门道路交通事故中的"道路"泛指公共道路，以及等同公共道路的道路等。一般而言，只有在道路上发生的交通事故，才能被称为道路交通事故。道路一般是指具有公共性质的，供行人和车辆通行的地方，然而也不排除处于属于私有产权的地方但开放给予公众陆上通行的道路。③ 前述澳门第 3/2007 号法律《道路交

---

① 根据澳门第 3/2007 号法律《道路交通法》第 2 条的规定，"（一）公共道路：属澳门特别行政区的公产或私产且开放予公众陆上通行的道路；（二）等同公共道路的道路：开放予公众陆上通行的私人道路；（三）快速道路：最高车速限制超过一般规定的最高车速限制的公共道路；（四）高速公路：用于快速行车并有限制进入的公共道路，其上装有车行道分隔设施及有信号标明为高速公路，且在同一平面无交叉路口及不通往沿途路边的建筑物；（五）路缘：车行道旁非专供车辆通行的公共道路路面；（六）简易道路：非都市化区域内专供本区交通之用的道路；（七）专用车道：专供特定类别车辆或特定运输使用的车道；（八）车行道：公共道路上专供车辆通行的部分；（九）车行道中心线：将一条车行道分成两部分的纵向线，且每部分只供一个方向行车，而不论有否以信号划定；（十）T 字形交叉路口：公共道路的接合或岔口区；（十一）交汇处：两条或以上公共道路在同一平面接合或相交的车行道连接区；（十二）十字形交叉路口：属同一平面的公共道路的交汇区；（十三）圆形地：由十字形或 T 字形交叉路口形成的、供环形方向行车并有信号标明为圆形地的地带；（十四）车道：只供一排车辆通行的车行道纵向区；（十五）减速道：由车行道扩阔而成的、供拟驶离公共道路的车辆在主线之外减速的车道；（十六）加速道：由车行道扩阔而成的、供拟驶进公共道路的车辆适当加速以驶入主线的车道；（十七）特别路径：有信号标明的、局部或全部专供行人或特定类别车辆通行的公共道路；（十八）人行横道：有适当信号标明供行人横过车行道的、以白色平行条纹划定的条状地带；（十九）行人道：车行道旁专供行人通行的公共道路路面，该路面一般高出地面；（二十）行人区：专供行人通行的区域，除优先通行车辆或其他获适当许可的车辆外，其余车辆一律禁止在该区域内通行；（二十一）城镇：设有建筑物并以规章性法规所订信号标明范围的区域；（二十二）泊车处：专供泊车的地方；（二十三）泊车区：在公共道路上建造的专供泊车的地方或有信号标明为专供泊车的地方；（二十四）住宅区：供居住用途并受本身通行规则约束的特别规划区域，其出入口均有适当信号标明"。
② 参见《葡萄牙道路法典》第 2 条和《巴西交通法典》第 51 条之规定。
③ 参见第 6/80/M 号法律《土地法》第 1 条（土地按其法律地位的划分），"澳门土地，得分为本地区公产土地、本地区私产土地及私有财产土地"，而同法第 5 条（私有财产）第 1 款，"土地系由非公法人之他人确定设立一项所有权者，一概视为受私有产权制度约束"。

通法》第 2 条给出了"公共道路"及"等同公共道路的道路"的定义，① 公共道路是指"属澳门特别行政区的公产或私产且开放予公众陆上通行的道路"，包括公路、城镇街道、公共道路的接合或岔口区等，而"等同公共道路的道路"是指开放予公众陆上通行的私人道路。2011 年 12 月出版的《〈道路交通法〉注释》亦对澳门第 3/2007 号法律《道路交通法》第 2 条所指的"公共道路"及"等同公共道路的道路"做出了诠释。②《〈道路交通法〉注释》③中指出，"公共道路"是指"所有向公共交通开放的地面通路，不论是否属于澳门特区的公产或私产道路"，而"等同公共道路的道路"则是指"所有向公共交通开放的私人地面通路"。它亦指出，"确定是否适用规范道路交通的各个法律的主要标准，空间是否向公共道路开放。亦即，'公共道路的特征就是交通自由，因而容许行人、汽车及其他车辆自由流通的都是公共道路，但若不具有可以作自由交通的，就不具有公共道路的特征'"。④ 葡萄牙的一些判例也支持上述对"公共道路"的理解，如科英布拉中级法院在 1985 年 11 月 27 日做出的合议庭裁判中指出，"一条因维修而停止向车辆开放但仍向行人开放的道路，应继续视为公共道路"。⑤ 埃武拉中级法院 1999 年 3 月 23 日做出的合议庭裁判表明，"一个位于私人地方但任何人均可进出的停车场，应被视为公共道路"。⑥ 波尔图中级法院 2002 年 5 月 16 日做出的合议庭裁判表明，"只要道路的部分路段毫无区别地开放给予所有人士通行，即

---

① 另外，参见 6 月 27 日第 5/81/M 号法律、2 月 6 日第 2/82/M 号法律、8 月 13 日第 8/83/M 号法律、7 月 29 日第 8/91/M 号法律、11 月 18 日第 13/91/M 号法律、7 月 4 日第 2/94/M 号法律，以及 7 月 21 日第 78/84/M 号法令修改的 7 月 5 日第 6/80/M 号法律《土地法》（见附件三第 1/1999 号法律）。
② 《〈道路交通法〉注释》，《澳门法律学刊》特刊，法律改革及国际法事务局，2011，第 12 页。
③ 作为"欧盟与澳门在法律范畴合作项目"，澳门法律改革及国际法事务局出版了《〈道路交通法〉注释》。
④ 《〈道路交通法〉注释》，《澳门法律学刊》特刊，法律改革及国际法事务局，2011，第 12 页。另外，参见 António Augusto Tolda Pinto, *Código da Estrada (Anotado)*, 2ª Edição, Coimbra Editora, 2005, p. 14.
⑤ 参见 1985 年《司法见解汇编》（第 5 册），第 58 页，转引自《〈道路交通法〉注释》，《澳门法律学刊》特刊，法律改革及国际法事务局，2011，第 13 页。
⑥ 参见 2004 年《司法见解汇编》（第 2 册）第 277 页，转引自《〈道路交通法〉注释》，《澳门法律学刊》特刊，法律改革及国际法事务局，2011，第 13 页。

可将该道路定性为公共道路"。① 澳门理工学院李莉娜教授也持这种观点，其主张，鉴于《澳门民法典》第 496 条第 1 款对车辆在陆地上造成之事故科以风险责任，如果车辆所有人或其他驾驶人员肇致的侵权行为发生之场所不是在公共道路上而是在私人道路上，即若车辆驾驶人的侵权行为发生之场合在私人道路上，其性质之认定和责任之考量均须参照《澳门道路法典》② 之规定来进行权衡和处理，据以确定车辆所有人或其他驾驶人员侵权责任之认定与处理程序。③

概言之，根据澳门第 3/2007 号法律《道路交通法》第 4 条可知，道路的大前提是公共道路，以及等同公共道路的道路，该法适用于澳门特别行政区道路上之交通，同时也适用于等同公共道路的道路上的交通，"但特别法、行政合同或主管当局与该等道路所有人的协议另有规定除外"。④ 换言之，只有在"公共道路"及"等同公共道路的道路"等这些区域范围内行驶之车辆所有人或其他驾驶人之侵权行为才可能被认定为交通事故，其性质的认定和责任的判定都须以第 3/2007 号法律《道路交通法》之规定为基准；其他区域发生的车辆所有人或其他驾驶人之侵权行为只能被认定为非交通事故，不能按照第 3/2007 号法律《道路交通法》的相关规定来确定车辆所有人或其他驾驶人侵权责任之认定与处理程序。

但依据《澳门民法典》第 496 条（由车辆造成之事故）第 1 款，"实际管理并为本身利益而使用任何在陆上行驶之车辆之人，即使使用车辆系透过受托人为之，亦须对因该车辆本身之风险而产生之损害负责，而不论该车辆是否在行驶中"，概括地规定了车辆驾驶人之侵权责任，将车辆所造成的事故认为是交通事故，而没有限定"在道路上"，只是规定道路交通事故之发生的地点必须是在陆地上，没有对场所做出限定，事故发生地

---

① 参见文件编号 RP200205160230661（http://www.dgsi.pt/jtrp.nsf），转引自《〈道路交通法〉注释》，《澳门法律学刊》特刊，法律改革及国际法事务局，2011，第 13 页。
② 澳门《道路交通法》对原来的《道路法典》进行了修订。
③ 李莉娜：《论车辆驾驶人在非公共道路上的侵权责任——从澳门法的规定出发》，《法商研究》第 5 期，2005，第 141~144 页。
④ 对于行政合同，参见《澳门行政程序法典》第四章第 165~176 条。

第一章 澳门道路交通事故的概念和内涵

不仅囊括公路，甚至还涉及铁路。① 笔者认为，相比较澳门第3/2007号法律《道路交通法》第4条（适用范围）之规定，《澳门民法典》最大限度地扩展或扩划了道路的范围，认为在交通中发生的对加害人施加的风险责任，并不仅限于道路上发生的交通事故中，即不限于在公共道路及等同于公共道路的道路上发生的交通事故中，在别的环境下所发生的交通肇事同样被科以风险责任，毋庸置疑，这更有利于受害人之保护。也正如澳门大学 Manuel Trigo 教授所说的，"这是一项使用以任何方式发动的在陆上（无论是在公路上或铁路上）行驶的车辆之人须负的责任，并不包括使用在海上或空中航行的交通工具之人的责任，后者是特别法例的标的"。②

对此，Vaz Serra 亦支持"扩大公共道路的概念，以涵盖人有可能被车辆伤害到的所有地点"。③ 笔者也赞同 Vaz Serra 的观点，首先是为了立法的统一。如上所述，与第3/2007号法律《道路交通法》第4条（适用范围）之规定不同，《澳门民法典》第496条第1款将道路的范围扩展至极限，体现了对受害人之保护，只有这样才能充分保障人身安全并减少事故的发生。笔者认为，第3/2007号法律《道路交通法》或在澳门以后的车辆侵权损害赔偿法中对道路的定义应与《澳门民法典》第496条第1款的规定一致，不应对交通肇事所发生的场所做限定，只要车辆在陆地上造成事故都应承担风险责任。其次，随着社会经济（主要是赌博业）的发展，被冠以"东方蒙特卡洛"之称的澳门自2006年以来成为超过拉斯维加斯（就赌场收益而言）的世界第一赌城，随之，车辆持有量增加和人们出行之增多，与此同时，旅游业也是澳门未来发展的目标定位，是"世界旅游休闲中心"澳门的支柱产业，小小的澳门将接待越来越多的来自世界各地的游客。④ 以上

---

① 在车辆的界定部分，笔者会探讨这个问题，笔者并没有将在陆地上借助铁轨运行的机动车辆（有轨电车、火车）所发生的交通事故归属于本书所探讨的道路交通事故。
② 〔葡〕Manuel Trigo（尹思哲）：《债法概要》（最新修订本），朱琳琳译，杜慧芳校，澳门大学法律系三年级教材，未发行，1997~1998，第111页。
③ 参见《立法与司法见解杂志》第104期，第46页，转引自《〈道路交通法〉注释》，《澳门法律学刊》特刊，法律改革及国际法事务局，2011，第12页。
④ 2010年11月16日，行政长官崔世安在立法会发表的《2011年财政年度施政报告》提出落实澳门"世界旅游休闲中心"的发展定位。

039

这些原因使澳门的人口密度、车辆密度均为世界之最，而且澳门格兰披治大赛车是澳门自1954年以来每年都举行的体坛盛事，而以危险著称的东望洋跑道还是全世界唯一一个同时举行房车赛和电单车赛的街道赛场地。综合上述因素可知，在澳门，车辆的轨迹几乎无处不在，从车辆作为危险工具之视角去考察理应将车辆的轨迹所能达至之区域都视为危险的场所，即都称为"道路"，以囊括致他人受损的肇事车辆可能出现的所有场合，在其上发生之事故都归于交通事故，对其施加风险责任。最后，以行人的利益为视角，既然车辆所有人或其他驾驶人员在道路上行驶车辆都应承担较高的注意义务，那么在其他场合呢？道路是专门用于交通的，其他场合本用作他途，不允许车辆的出入（如冲入澳门东望洋跑道观众席位的赛车）或至少说并不支持鼓励汽车的进入，但车辆偏偏涉足并引致事故给他人造成人身或财产损害，如在实际中将车辆违规停在道路边打开车门时发生事故等。若在专门供驾驶运行的道路上对责任主体科以风险责任，其性质的认定和责任的考量尚须以澳门第3/2007号法律《道路交通法》和《澳门民法典》的规定为标准，而在不许车辆涉足的其他场合却不将其认定为交通肇事，对其不按交通事故处理而按一般侵权行为对待，那么处理过程、程序和结果就可能会完全不同，这样明显不利于受害人之保护，后者之处理方式之合法、合理性显然是令人置疑的。再者，区分道路和道路以外等不同情况下的危险性程度并不是那么容易的，所以《澳门民法典》并未对此加以区别规定。

综上，笔者认为，只要是发生在陆地交通中因车辆（并不限于机动车）而起的侵权行为都应按交通事故处理，只有如此才能更有力地强化对受害人之保护，并促使车辆所有人或其他驾驶人员谨慎驾驶，减少事故发生。同时，值得指出的是，道路交通事故之发生的地点必须是在陆地上，空中运输、海上运输中所发生的交通事故不属于道路交通事故。

二　车辆的定义

从事故发生方的角度来看，道路交通事故必须是车辆所肇致的交通事故，即发生交通事故的主体一方必须是车辆，要么是车辆与车辆之间发生的，要么是车辆与行人及其他交通参与者之间发生的，离开车辆一方发生的交通事故不属于道路交通事故。① 在第 3/2007 号法律《道路交通法》调整下之交通事故的一方必须是车辆，而行人、其他交通参与者之间在道路上发生之事故则应按《澳门民法典》所规定之因不法事实所生之一般侵权行为来处理。

简言之，道路交通肇事必须有车辆的存在或者说必须与车辆有关。对于车辆，不同的法域对其有不同的诠释。如根据《中华人民共和国道路交通安全法》第 119 条可知，中国内地将车辆分为机动车和非机动车。②《意大利民法典》第 2054 条没有采用机动车一词，只是使用"非运行于轨道上的车辆"这一表述，其车辆的范围涵盖马车和自行车等。③《奥地利铁路及机动车辆赔偿责任法》从其名称上来说显然就已涵盖了铁路和机动车辆。④ 对于葡萄牙，克雷斯蒂安·冯·巴尔指出，《葡萄牙民法典》第 503 条笼统地规定了"地面运输之车辆"，即车辆也并非仅指机动车辆，自行车也归入其中，根据葡萄牙最高法院 1971 年 3 月 19 日之判决，载重车与自行车之间发生的事故系属于车辆碰撞，在该起交通事故中，双方都没有过错，法院判定载重车应承担 6/7 的责任。⑤ 同时，克雷斯蒂安·冯·巴尔亦指出，《葡萄牙民法典》中的车辆"并由此而包括了铁路（《葡萄牙民法典》第 508 条第 3 款再次证明了这一点，该条对铁路规定了高于其他'为集体运输

---

① 杨立新：《侵权法论》（第四版），人民法院出版社，2011，第 519 页。
② 《中华人民共和国道路交通安全法》第 119 条：
本法中下列用语的含义：
……
（二）"车辆"，是指机动车和非机动车。
（三）"机动车"，是指以动力装置驱动或者牵引，上道路行驶的供人员乘用或者用于运送物品以及进行工程专项作业的轮式车辆。
（四）"非机动车"，是指以人力或者畜力驱动，上道路行驶的交通工具，以及虽有动力装置驱动但设计最高时速、空车质量、外形尺寸符合有关国家标准的残疾人机动轮椅车、电动自行车等交通工具……
③ 〔德〕克雷斯蒂安·冯·巴尔：《欧洲比较侵权行为法》（下），焦美华译，张新宝审校，法律出版社，2001，第 494 页。
④ 〔德〕克雷斯蒂安·冯·巴尔：《欧洲比较侵权行为法》（下），焦美华译，张新宝审校，法律出版社，2001，第 494 页。
⑤ 〔德〕克雷斯蒂安·冯·巴尔：《欧洲比较侵权行为法》（下），焦美华译，张新宝审校，法律出版社，2001，第 489～494 页（注解 508）。

所使用之车辆'的最高责任限额)"。①

澳门效仿葡萄牙,其车辆的范围亦涵盖机动车辆和非机动车辆。澳门第3/2007号法律《道路交通法》对"车辆"做了明确的界定,其中将车辆交通事故与空中、海上、铁路交通事故区别开来。根据澳门第3/2007号法律《道路交通法》第3条(车辆的定义)之规定②可知,道路交通事故中的

---

① 〔德〕克雷斯蒂安·冯·巴尔:《欧洲比较侵权行为法》(下),焦美华译,张新宝审校,法律出版社,2001,第494页。
另外,参见《葡萄牙民法典》第503条(由车辆造成之事故)第1款,"实际管理并为本身利益而使用任何在陆上行驶之车辆之人,即使使用车辆系透过受托人为之,亦须对因该车辆本身之风险而产生之损害负责,而不论该车辆是否在行驶中"。《葡萄牙民法典》第508条(最高限额)第3款,"倘事故系由铁路运输工具所造成,赔偿最高限额,为特别法对该情况所规定之汽车民事责任强制保险之最低金额"。引自《葡萄牙民法典》,唐晓晴等译,北京大学出版社,2009,第89~90页。
② 澳门第3/2007号法律《道路交通法》第3条:"(一)汽车:装有发动机并具三个或以上车轮的车辆,其设计最高车速超过25km/h且在公共道路上无需使用路轨而通行;(二)轻型汽车:设计总重量不少于350kg但不多于3500kg的、连驾驶员在内载客量不超过九人的车辆,并可作如下分类:用于载货者属轻型货车、用于载客者属轻型客车、兼载客货者属轻型客货车;(三)重型汽车:设计总重量超过3500kg或连驾驶员在内载客量超过九人的车辆,并可作如下分类:用于载货者属重型货车、用于载客者属重型客车、兼载客货者属重型客货车;(四)轻型摩托车:装有汽缸容量不超过50cm³的热能发动机或输出功率不超过4kW的电动机的两轮或三轮车辆,其设计最高车速在平地上不超过45km/h;(五)重型摩托车:设或不设旁卡车的、装有汽缸容量超过50cm³的内燃机或输出功率超过4kW的电动机的两轮或三轮车辆,其设计最高车速在平地上超过45km/h;(六)轻型四轮摩托车:装有汽缸容量不超过50cm³的强制点火式发动机或最大输出功率不超过4kW的其他内燃机或电动机的四轮车辆,其设计最高车速在平地上不超过45km/h,且无负载重量不超过350kg;如属电动车辆,其电池的重量不计入无负载重量内;(七)重型四轮摩托车:装有输出功率不超过15kW的发动机的四轮车辆,如用于载客,其无负载重量不超过400kg,如用于载货,其无负载重量不超过550kg;如属电动车辆,其电池的重量不计入无负载重量内;(八)工业机器车:非经常性在公共道路上通行且用于工业性质的工程或作业的、装有发动机的两轮轴或以上的车辆,总重量超过3500kg者属重型工业机器车,总重量不超过3500kg者属轻型工业机器车;(九)挂车:拴挂于另一机动车辆并由其拖带的车辆;(十)半挂车:前端拴挂于另一机动车辆并由其分担重量及拖带的车辆;(十一)牵引车:装有发动机且不具有效载荷的两轮轴或以上的车辆,其设计主要用于产生牵引力,总重量超过3500kg者属重型牵引车,总重量不超过3500kg者属轻型牵引车;(十二)铰接车:由两个以铰接装置连结的硬节部分组成的车辆;(十三)优先通行车辆:执行警务、紧急救援任务或紧急公益任务且以适当信号显示其行进的车辆;(十四)脚踏车:靠驾驶员以脚蹬或类似装置自力驱动的两轮或三轮车辆;(十五)机动脚踏车:装有最大持续输出功率为0.25kW的辅助电动机的脚踏车,其电动机因应车速的增加而递减供电,且当车速达25km/h时中断供电或当驾驶员于车速达25km/h前停止脚踏时中断供电。"

"车辆"是指陆上车辆，包括汽车、轻型汽车、重型汽车、轻型摩托车、重型摩托车、轻型四轮摩托车、重型四轮摩托车、工业机器车、挂车、半挂车、牵引车、铰接车、优先通行车辆①、脚踏车、机动脚踏车，但不包括火车、缆车等。根据该条可知，在澳门，不管是机动车还是非机动车都属于道路交通事故中所指的车辆，不像别的法域那样区分机动车和非机动车，但不涵盖火车、有轨电车、缆车等。②但如上所述，依据《澳门民法典》第496条（由车辆造成之事故）第1款，"实际管理并为本身利益而使用任何在陆上行驶之车辆之人……"，可知同葡萄牙一样，澳门对车辆的界定非常宽泛，本条所指车辆甚至还包括澳门第3/2007号法律《道路交通法》第3条没有涵盖之火车、有轨电车等，只是澳门目前尚没有火车、有轨电车等。在陆地上借助铁轨运行的机动车辆（有轨电车、火车）所发生的交通事故也属于本书所探讨的道路交通事故，虽然澳门第3/2007号法律《道路交通法》第3条没有囊括火车、有轨电车等，但原则上，若火车、有轨电车等发生事故，亦归属于《澳门民法典》第496条所规定之由车辆造成之事故，适用风险责任。

鉴于以上分析，本书所探讨的交通肇事车辆责任的"车辆"包括机动车和非机动车，其在涵盖汽车的同时也包括自行车，同时也囊括了借助铁轨运行的机动车辆（有轨电车、火车），在陆地上借助铁轨运行的机动车辆（有轨电车、火车）所发生的交通事故也属于本书所研究的道路交通事故，尽管澳门目前还没有火车、有轨电车。对自行车和汽车适用同一归责原则（《澳门民法典》第496条所规定之风险责任）。从表面上看，将自行车等非机动车同汽车等机动车一样适用同一归责原则似乎有不妥之处。其原因在

---

① 《〈道路交通法〉注释》中指出，"正如立法会第三常设委员会第1/III/2007号意见书所指出的，第十三项规定扩大了车辆概念的范围"，扩充到执行"紧急公益任务"的车辆。参见《〈道路交通法〉注释》，《澳门法律学刊》特刊，法律改革及国际法事务局，2011，第11页。

② 值得指出的是，对于机动脚踏车、轻型四轮摩托车及重型四轮摩托车，尽管澳门第3/2007号法律《道路交通法》第12条第2款同时亦规定，禁止机动脚踏车、轻型四轮摩托车及重型四轮摩托车等的通行，除非符合补充法规的规定，但它并没有排除机动脚踏车以及四轮摩托车通行的可能性，亦没有将它们剔除在车辆的概念范围之外。

于,从国际上通行的做法来看,一般只将机动车认定为高速运输工具,换言之,有高度风险的交通运行工具一般仅限于机动车,而不涵盖自行车等非机动车。也正因为把交通运行认定为高度危险的活动,在发生道路交通事故侵权纠纷时才对其加以最为严格的责任——适用《澳门民法典》第496条所规定之风险责任,而自行车等非机动车的危险性显然小于汽车等机动车,但对机动车和非机动车施以同样的注意义务,采用风险责任原则来确定责任,对非机动车有失公平。但实际上,这样的处理也并无不当,因为责任范围最终是由车辆的风险大小来决定的,而自行车的风险显然小于汽车的风险。

笔者认为,澳门第3/2007号法律《道路交通法》或澳门以后的车辆侵权损害赔偿法,对车辆的定义和范围应与《澳门民法典》第496条第1款的规定一致,涵盖借助铁轨运行的机动车辆(有轨电车、火车)等,尽管澳门目前尚没有火车、有轨电车,但根据《中华人民共和国澳门特别行政区政府2013年财政年度施政报告》,轻轨将于年内落成通车。①

三 道路交通事故的发生不必是在车辆的运行过程中

机动车处于静止状态发生的事故亦属于机动车道路交通事故。值得注意的是,这里所说的车辆所有人或使用人的交通侵权行为,并不一定是处在运行状态中的车辆致人损害,如启动、行驶、转弯、倒车等,立法者也将车辆静止时发生的事故囊括在内。根据《澳门民法典》第496条第1款(由车辆造成之事故)之规定,"须对因该车辆本身之风险而产生之损害负责,而不论该车辆是否在行驶中",即车辆侵权行为既可能发生于车辆行驶之时,也有可能发生在车辆处于停靠状态下而产生的损害。车辆交通事故一般发生在车辆的运行阶段,但并不一定以车辆的运行为必要前提,即该行为既可以是作为,也可以是不作为,② 即停靠之车辆所肇致事故之残局也适用客观责任制度,无论是停靠在公共道路上还是在私人空间里,立法者都扩展了风险责任适用之空间,可见其对强化交通事故受害人保护之良苦

---

① 参见《中华人民共和国澳门特别行政区政府2013年财政年度施政报告》,第117页。
② 《澳门民法典》第479条(不作为)。

用心。《〈道路交通法〉注释》也指出,澳门第3/2007号法律《道路交通法》第4条第1款中的"交通"是"广义的交通,包括动态的交通(行驶、通行等)和静态的交通(停、泊等)"。① 由此可知,如果车主或车辆使用人将车停在漆黑的路口或不该停的地方,而又不开警示灯,行人撞上它而引致人身或财产损害的,车主或车辆使用人也要承担损害赔偿之债。②

道路交通事故不一定是车辆在运行过程中发生的交通事故,即便是机动车在非运行状态下发生事故,仍属于机动车道路交通事故,均要根据机动车道路交通事故损害赔偿制度的规定承担损害赔偿责任。笔者认为,将车辆在静止状态所发生的事故也纳入车辆道路交通事故的处理方式是值得肯定的,首先是因为运行与静止的状态本就是相对而言的;其次,毋庸置疑,将车辆在静止状态所发生的事故也涵盖在道路交通事故中强化了对受害人的保护,与现代私法的理念相契合。

四 交通事故损害赔偿的责任主体和车辆侵权责任中的受益人

构成道路交通事故,除了道路、车辆等要素之外,还有一个更加重要的要素,那就是人。人作为主体元素,是权利的享有者和义务的承担者,在交通领域即是车辆侵权责任中的受益人和交通事故损害赔偿的责任主体。

(一)交通事故损害赔偿的责任主体

对于"交通事故损害赔偿的责任主体",首先就是要将交通事故中"交通事故损害赔偿的行为主体"与其甄别区分,这是两个不同的概念。"交通事故损害赔偿的行为主体"是指对交通事故的发生或对交通事故的客观损害后果负有责任的人,此类主体不受年龄和归责能力的限制。交通事故损害赔偿责任本质上是民事责任的一种,"交通事故损害赔偿的责任主体"即

---

① 《〈道路交通法〉注释》,《澳门法律学刊》特刊,法律改革及国际法事务局,2011,第12页。
② 其他的例子,如 Antunes Varela 所说的,"停车时没拉手掣或停在不适当的地方,或虽然拉了手掣但没有做出适当的标志而造成之擦碰或碰撞;不当打开车门,或油箱爆炸造成的事故;突然放开手掣造成的车辆碰撞等"。参见〔葡〕João de Matos Antunes Varela《债法总论》(第十版)(第一卷),唐晓晴译,未出版,第470页。

道路交通事故责任的狭义的赔偿义务人,[①]是依法应当承担道路交通事故民事责任之人。在很多情况下,它就是"交通事故损害赔偿的行为主体",如车辆所有人自主驾驶车辆发生交通事故造成他人人身或财产损害的,毋庸置疑,交通事故损害赔偿的行为主体与交通事故损害赔偿的责任主体是同一人,即车辆的所有人。但是现实生活中,车辆所有人与车辆驾驶人分离的情况也屡见不鲜,如委托关系中,车辆出租、出借等情形,车辆送交寄托期间,抢劫、盗窃、盗用车辆驾驶的情形,擅自驾驶的情形,交通肇事基于车辆故障时,送修期间车辆致使交通事故的发生,转让而未过户登记的情形,分期付款所有权保留之买卖的情形,融资租赁的情形,无偿之运送的情况,在体育竞赛过程中等特殊情况下发生道路交通肇事的,这就需要准确地界定损害赔偿责任主体是谁。葡萄牙和中国澳门都没有对道路交通事故损害赔偿的责任主体给出一个固定的称谓,葡萄牙学者 Antunes Varela 建议用车辆"持有人"来"称呼那些对车辆实际管理之人——这是法律规定应对陆上行驶之车辆负客观责任的基础条件",[②] 笔者也想借用这一称呼。澳门采用对车辆的"实际管理"和"为本身利益而使用"此种二元论的理论来把握与确定道路交通事故损害赔偿的责任主体——车辆持有人。值得指出的是,"道路交通事故损害赔偿的责任主体"不应包括保险人或汽车保障基金管理机构,因为保险人或汽车保障基金管理机构是基于其他法律关系而对交通事故损害赔偿负责的。将保险公司和汽车保障基金管理机构剔除在交通事故损害赔偿的责任主体之外,是为了确保原有概念研究范围的精准。本书拟使用交通事故损害赔偿中的"赔偿义务人"这一概念来界定保险公司和汽车保障基金管理机构的身份或角色。笔者认为,在交通事故损害赔偿中,赔偿义务人在澳门现有的立法框架下主要包括车辆持有人、保险公司和汽车保障基金管理机构,赔偿义务人的概念涵盖了"交通事故损害赔偿的责任主体"之内容。保险公司[③]和汽车保障基金管理机构成

[①] 广义的赔偿义务人还包括后面将会探讨的社会化赔偿机制中的保险公司、汽车保障基金管理机构等。

[②] 〔葡〕João de Matos Antunes Varela:《债法总论》(第十版)(第一卷),唐晓晴译,未出版,第464页。

[③] 在实行车辆第三者强制责任保险的情况下,保险公司亦是交通事故损害赔偿义务主体。

为损害赔偿义务主体主要依据澳门第 3/2007 号法律《道路交通法》和第 57/94/M 号法令《修正汽车民事责任之强制性保险制度》之规定。[①]

（二）车辆侵权责任中的受益人

根据现行《澳门民法典》第 497 条第 1 款的规定，"由车辆造成之损害而产生之责任，其受益人包括第三人及被运送之人"。此款规定，车辆侵权责任中的受益人，生命、健康或身体完整性受到不法侵犯而遭受损害的人，既可以是交通事故车辆内的被运送之人，即乘客；也可以是除驾驶者和被运送之人之外的严格意义上的第三人，即指处于侵权责任车辆之外的人，如被撞的行人或遭到运送人侵权的其他车辆上的人。乘客是指乘坐机动车和非机动车的人员，其既可以是基于运输合同而被有偿运送的乘客，也可以是得到车辆所有人或使用人的允许而被车辆无偿运送的乘客。依据《澳门民法典》第 497 条第 2 款的规定，"如运送系基于合同而作出，有关责任之范围仅涉及对被运送之人本人及对其所携带之物所造成之损害"，此款规定的是被有偿运送的乘客。对于此种被有偿运送的第三人，运送人必须要承担的损害赔偿责任包括人身损害和其所携带的财物的毁损。按照《澳门民法典》第 497 条第 3 款之规定，"如属无偿之运送，有关责任之范围仅涉及对被运送之人造成之人身损害"，此款规定的是被无偿运送的乘客。对于无偿之运送，运送人必须要承担的损害赔偿责任仅限于被运送之人的人身损害，但运送人对被运送人随身所携带财物的毁损之风险责任被排除。综上，对于乘客而言，无论是有偿搭乘人还是无偿搭乘人，相对于车辆所有人或使用人而言，根据《澳门民法典》第 496 条第 1 款，其对该特定车辆并无"实际管理"支配权，亦非"为本身利益而使用"车辆，因而乘客不是道路交通事故损害赔偿责任的责任主体。相反，一般而言，乘客是交通肇事中的受害人，是赔偿权利人。行人是指在陆地上的车辆之外的自然人，

[①] 保险公司和道路交通事故社会救助基金是不是交通事故民事责任的承担主体呢？笔者认为，保险公司和道路交通事故社会救助基金并不是交通事故民事责任的承担主体，而是交通事故民事责任法律关系的重要参与者，是保护公民权益的重要手段。在交通事故发生后，如果机动车参加了汽车强制保险，保险公司就要在强制保险额度内予以赔偿。当机动车逃逸或者机动车未参加强制保险时，道路交通事故社会救助基金既要履行公力救济的义务，也要给予受害人经济上的帮助，道路交通事故社会救助基金的经济支付是出于公力救济的目的。

是道路交通肇事的主要受害人。保护行人的安全是旨在保护道路交通之参与者的澳门第3/2007号法律《道路交通法》及澳门车辆侵权民事责任法的主要目标之一。

澳门第3/2007号法律《道路交通法》的实施是完善澳门道路交通管理的重要举措，其对规范道路交通事故责任之认定和归责，以及对受害人予以及时救济具有的重要性是不言而喻的，但其毕竟不是对道路交通事故损害赔偿的专门立法，没有给出道路交通事故的定义。对此，笔者建议，在澳门以后的道路交通事故损害赔偿的专门立法中，对澳门道路交通事故的概念和内涵做出界定，并对"车辆""道路"概念的内涵和外延做出阐释，以避免在具体的道路交通事故认定上的分歧。

第二章　交通事故致人损害的非合同民事责任的归责原则

在澳门道路交通事故民事责任里存在的一系列问题中，道路交通事故中雇佣驾驶人的归责原则存在比较严重的漏洞。《澳门民法典》第496条第3款是对《葡萄牙民法典》第503条第3款的修改，将《葡萄牙民法典》所规定的雇佣驾驶人的过错推定的归责方式改为风险责任（即客观责任），尽管雇佣驾驶人比车辆持有人多一个免责事由。《澳门民法典》第496条第1款所说的"为本身利益而使用"是为了排除受托驾驶人的风险责任，可是第496条第3款却规定了受托驾驶人的风险责任，《澳门民法典》第496条第1款和第3款之规定的互相矛盾可能会肇致司法实践中适用上的矛盾混乱。要研究澳门道路交通事故民事责任，首先要研究道路交通事故赔偿的归责原则，因为归责原则是侵权责任的核心规则，是侵权行为法的灵魂，是确认道路交通事故赔偿责任主体的前提和基础，也是确定行为人是否应承担责任的依据，一旦这一基础性要素出现错误，就很难保障道路交通事故损害赔偿制度其他问题的合理解决。鉴于此，笔者在探讨道路交通事故侵权责任（包括非车辆碰撞和车辆碰撞）的归责原则的同时，会重点探讨对受托驾驶人归责原则存有的问题以及修正意见。

第一节　澳门侵权行为法归责原则体系概述

在道路交通事故发生后，可能会产生一系列的责任，包括行政责任、刑事责任及民事责任，而道路交通事故民事损害赔偿责任作为上述责任中的一种，是发生了道路交通事故侵权纠纷后，道路交通事故侵权人的行为肇致他人人身或财产损害时，平等主体之间产生的一种责任，而道路交通事故损害赔偿责任的归责原则就是为了解决应该以何种原则和标准来确定侵权行为人对这种责任的承担问题。与一般侵权行为不同，车辆交通肇事侵权行为作为一种特殊的侵权行为，对其适用的归责原则区别于一般侵权行为的归责原则。鉴于此，为了对交通事故损害赔偿责任的归责原则有一个更为宏观、整体的把握，在探讨道路交通事故损害赔偿责任的归责原则之前，笔者先介绍一下澳门侵权行为法归责原则体系。

如谭新美在她的硕士学位论文中指出的那样，目前澳门侵权民事责任的归责原则采用二元归责原则：第一，过错责任原则，包括《澳门民法典》第477条第1款规定之一般过错责任和第480条第1款规定之过错推定责任；第二，第492条规定之风险责任原则，各归责标准组成了一个逻辑比较严密的体系。[①]

归责原则在侵权民事责任理论中占据最重要的核心地位，准确把握归责原则是正确适用法律的基础或前提，其决定或影响着侵权责任的构成要件、免责条件、赔偿范围、适用范围等重要内容，也是处理侵权民事责任纠纷的基本依据，并作为损害赔偿之债的准则。归责原则在侵权民事责任法律制度中具有重要意义，主要体现在以下几个方面。第一，归责原则决定着侵权责任的构成要件。对于过错责任原则，过错是侵权责任的构成要件；而对于风险责任原则，[②]过错不是侵权责任的构成要件。第二，归责原则影响着免责事由的适用。对于过错责任原则，没有过错可以成为行为人的免责事由；而对于风险责任原则，免责事由只能基于法律做出特别明确之规定，行为人只能以法定的免责事由得以免责，而不能以自己没有过错作为自己的免责事由。第三，归责原则影响着赔偿之范围。过错责任中一般以全部赔偿为原则，无过错责任或风险责任中以限额赔偿为原则，如《澳门民法典》第501条和第503条规定的责任之最高限额。第四，归责原

---

① 谭新美：《论澳门侵权行为法的归责原则》，载《硕士论文集Ⅰ》，澳门大学法学院，2001，第28~31页。
② 在这里，笔者并没有尝试将风险责任、无过错责任、客观责任或严格责任做出区分，而是将它们视为相似的概念。

则决定着两者的适用范围,过错责任的适用范围无须法律特别规定,而风险责任的适用范围须法律特别规定。另外,其不同还体现在举证责任的分配上。

《澳门民法典》第477条第1款规定之过错责任原则居于主要地位,是最基本的归责标准,对于侵权民事纠纷首先必须适用该归责标准,而根据《澳门民法典》第477条第2款的规定,只有在法律有特别规定时才适用第492条规定之风险责任原则。简言之,现在侵权民事责任制度是以过错责任原则为主,风险责任原则为辅。由此可知风险责任归责原则处于次要地位,基于过错责任原则不足以应付新型风险社会,风险责任原则的出现和广泛应用是对过错责任原则的补充与修正,以弥补过错责任原则的不足,但无法完全取代过错责任原则的作用。尽管如此,风险责任原则在现代化的工业社会中也越来越彰显出重要作用,其同过错责任原则一样也是不可或缺的,而且已成为一项基本归责原则,与过错责任原则一起构成现代侵权行为法的基础。

一 过错责任原则

(一)过错责任原则

过错责任原则又称过失责任原则、过错责任,是指以过错作为价值判断的标准或基础,判断行为人对其所造成的损害应否承担民事责任的归责原则。过错责任原则作为一项归责原则,最早出现在1804年的《法国民法典》第1382条和第1383条中,1900年的《德国民法典》(第823条)采用了这一归责原则,这一过程对大陆法系其他国家的民事立法产生了深远的影响,随后,它们也陆续将其确认为侵权损害赔偿责任的归责标准或原则。[1]《澳门民法典》第477条规定了过错责任的基本原则:"一、因故意或过失不法侵犯他人权利或违反旨在保护他人利益之任何法律规定者,有义务就其侵犯或违反所造成之损害向受害人作出损害赔偿。二、不取决于有无过错之损害赔偿义务,仅在法律规定之情况下方存在。"[2] 其基本含义是

---

[1] 杨立新:《侵权法论》(第四版),人民法院出版社,2011,第133页。
[2] 该条款明确规定了《澳门民法典》已将过错责任原则列为归责原则的一种,并确认了其基本归责原则的法律地位。

指，行为人基于故意或过失的主观心理状态不法侵害他人权利时（行为人在实施某种作为或不作为的情况下），因行为人主观上具有可归责的事由，所以应就基于其过错所生之损害负民事责任。反之，如果加害人在主观上不存在故意或过失，即使其行为造成了他人的人身或财产损害，也不必承担民事责任。过错责任以行为人的主观过错责任成立与否为根本依据，这意味着，一般而言，侵权行为人承担民事责任必须以行为人有故意或过失为条件，有过错才有责任，无过错一般不负责任。[1] 过错责任原则中的"过错"有两个特点，一是过错为行为人的某种心理状态，二是将"过错"与"不法性"区别开来。另外，对于过错的判断标准，根据《澳门民法典》第480条第2款之规定，"在无其他法定标准之情况下，过错须按每一具体情况以对善良家父之注意要求予以认定"。[2] 至于其适用范围，过错责任原则适用于一般的侵权行为，适用于法律法规没有做出特别规定的侵权行为。

（二）过错推定责任

过错推定是一般过错责任原则相当重要之发展。[3] 《澳门民法典》第477条第1款规定了过错责任的基本原则，又依照《澳门民法典》第480条第1款之规定，"侵害人之过错由受害人证明，但属法律推定有过错之情况除外"，可知"过错责任"有两种形式，第一种是"一般过错责任"，第二种是"过错推定责任"。过错推定是指在法律特别规定的场合，基于损害事实的本身而推定被告有过错的归责方式。过错推定中行为人可以以自己无过错作为免责事由，但过错推定以行为人有过错为适用要件之一，过错推

---

[1] 过错责任属于侵害行为的一种无法原有性或者说是应受谴责性，将加害人的主观过错程度和责任承担捆绑在一起，世界上大多数国家在其法律中都确立了过错责任的归责原则。例如，《法国民法典》第1382条和第1383条；《荷兰民法典》第1401条；《意大利民法典》第2043条；《西班牙民法典》第1902条；《葡萄牙民法典》第483条；《巴西民法典》第159条；《瑞士债法典》第41条；《希腊民法典》第914条；《日本民法典》第709条；《德国民法典》第823条、第826条等。

[2] 早在查士丁尼法典时期，盖尤斯将故意和过失归入抽象的过错责任理论之中，其认为过错是一种客观性的标准，是一种善良家父的标准。

[3] 过错推定首创于17世纪法国法学家让·多马的过错理论，其后为《法国民法典》（第1147条）和《德国民法典》（第837条）所采纳。另外，英国法中的"事实本身说明"也包含过错推定内容。参见朱宣峰、吉峰主编《中国赔偿法律实务全书》，科学普及出版社，1995，第25页。

定的责任承担仍以行为人的过错为基础或前提。这与一般过错责任原则一样，两者并没有本质区别，所以说前者是后者的一种特殊情形，而不是一种独立的民事责任归责原则。一般过错责任原则与过错推定的根本区别在于举证责任不同，即在举证程序上存在区别。依据一般过错责任原则，行为人主观上是否存在过错的举证责任由受害人承担，即我们耳熟能详的"谁主张，谁举证"原则，而被告不承担证明自己的行为没有过错的责任。但根据《澳门民法典》第480条所说的"但属法律推定有过错之情况除外"的"但书"情形可知，在侵权不法行为人肇致他人人身权、财产权受到损害时，即在侵权行为发生后，法律从一开始就推定行为人是有过错的，原告不必就被告的主观过错负举证责任；相反，过错的举证责任由侵权行为人，即由被告负担，由被告自己举证反驳，证明自己没有过错，推定过错是透过《澳门民法典》第337条第1款规定之"举证责任之倒置"的方式来实现的。① 又依照《澳门民法典》第342条，过错推定中的所谓推定"系指法律或审判者为确定不知之事实而从已知之事实中作出之推论"，可知推定的过错不具有确定性，如果加害人不证明或者不能证明自己主观上没有过错，被告将被推定为对原告的损害有过错，进而应承担相应的侵权民事责任，有义务弥补其对他人造成的损害；推定的过错是可以被推翻的，如果加害人能够证明自己没有过错，则无须承担民事责任。简言之，过错推定意味着如果加害人对其行为给他人所造成的损害不能证明自己主观无过错，就会被推定为其主观上存有过错并承担相应的侵权民事责任。② 受害人的过错举证责任被免除，无须对行为人的过错加以举证，这突破了一般过错责任原则所采用的"谁主张，谁举证"原则，适用的是过错责任原则中的过错推定，将侵权受害人的举证责任倒置给加害人，对其给予倾斜性的保护。但是，应该注意的是，我们这里所说的举证责任倒置并不是全部举证责任的倒置，只是行为人对自己的主观过错方面进行举证，而受害人被免除的仅是对加害人的主观过错举证，而不是全部举证责任，受害人仍负

---

① 《澳门民法典》第337条第1款，"如存在法律上之推定、举证责任之免除或解除，或存在具上述意义之有效约定，则以上各条规则中之责任倒置；在一般情况下，法律每有此倒置责任之规定时亦然"。
② 过错推定仅仅是对"过错"的推定，而不是对其他事项的推定。

有其他部分的举证责任，如对损害事实、加害人的行为或对象与损害事实之间的因果关系承担举证责任，即只有在受害人提出有损害事实、加害人的行为与损害事实因果关系成立的前提下，并且在加害人没有法定抗辩事由和法定免责事由的情况下，才能推定加害人有过错。

过错推定仍是以过错为基础的，行为人的主观过错仍是确定其民事责任的主要依据，将过错作为民事责任的不可或缺的最终构成要件或归责的根本理由，[1] 主观上的过错和过错程度仍是其承担责任及责任大小的必要条件。[2] 但将过错推定运用到一些特殊侵权领域所具有的优越性是无法轻视的，更是无法抹杀的。虽然法律并没有剔除以加害人的过错作为最终构成要件，即它没有从根本上改变过错归责，但是其免除了受害人证明加害人有过错的举证责任，同时保留了对损害事实和行为与损害事实有因果关系等其他方面的证明，在行为人与受害人之间更合理地分配了损害，加强了对特殊侵权领域的受害人利益的保护，进而使其有了更多的受偿机会。在捍卫受害人权益的同时，也给予加害人申辩、免除民事责任的机会，除了其他的法定抗辩事由和法定免责事由之外，行为人还是可以通过证明自己没有过错而排除责任的。

这种情况下，在肇致他人损害的民事责任领域程序法上确立过错推定可以加强对一些特殊侵权案件中受害人权益的保护。然而，过错推定在侵权致人损害领域的适用也并不是无懈可击的，因为其效果终究只不过是使过错举证责任发生移转，加害方仍可凭借自己的财力或科学技术水平等让受害人望尘莫及的强大优势证明自己"无过错"，从而可能会导致对受害人救济的美好愿望落空，[3] 由此引致我们后面要说的风险责任。

过错推定的适用范围包括有管束他人义务之人之责任（《澳门民法典》第484条），由楼宇或其他工作物造成之损害（第485条），由物、动物或活动造成之损害（第486条）等。

---

[1] 如上所述，行为人只要能证明自己无过错，无须承担责任。
[2] 只不过这个过错是推定的，其突破了一般过错责任原则举证责任方面的限制，没有一般过错责任严格，由被告承担过错的举证责任，是过错责任的一种特殊表现形式。
[3] 法律对此似乎束手无策而最终由弱势的受害人自己承担这种不利后果，如此一来，法律的"理"何以堪呢？法律的公平正义受到他人的质疑姑且不论，更重要的是该如何去面对受害人的怀疑和诘问。

第二章　交通事故致人损害的非合同民事责任的归责原则

二　风险责任原则

（一）风险责任

根据《澳门民法典》第477条第2款之规定，"不取决于有无过错之损害赔偿义务，仅在法律规定之情况下方存在"，即属第492条和后续数条所规定之风险责任的情形。风险责任的一个重要特点就是法定性，即风险责任的适用范围须法律特别规定。风险责任原则要求没有过错的行为人承担民事责任时，仅限于法律有特别规定的情形，即只有在法律明文规定的情况下才能适用，不得随意滥用。风险责任原则，或无过错责任原则，抑或严格责任原则，是在法律特别规定的情况下，只要行为人实施了加害行为，不管其主观上有无过错，都应承担侵权责任的归责原则。风险责任原则与过错责任原则是以是否以有"过错"为最终责任根据作为区别的。作为与过错责任原则相对立的概念，风险责任原则不以加害人主观上具有的过错作为承担侵权民事责任的构成要件，行为人主观上既可能有过错，也可能完全无过错，但受害人和行为人都不需要对行为人有无过错进行举证证明，受害人只需证明民事责任其他构成要件成立，即可得到损害赔偿。风险责任的抗辩理由、免责事由是由法律严格规定的，行为人必须通过援引并证明法定免责事由才能免于承担责任，不能以无过错为抗辩理由，没有过错仍要承担责任。

不可否认，现代社会因工业化而致经济迅猛发展，风险也随之而生，这一趋势引起了侵权法学界的考量与重视。以过错责任原则为核心的归责原则在现今风险社会已显出不足之处，虽然它有过彷徨与挣扎，并据此适时衍生出过错推定，但在人们遭受来自无法预测的现代高度工业化与科技化和其他方面的社会风险时，其无法做出适当回应。因为，一方面，行为人即使尽到合理的注意义务也难以避免风险活动与事故发生，常常并不存在主观的过错；另一方面，受害人的损失往往十分巨大，不对之加以救济显失公平。再者，如果问题是因果关系无法认定或难以确定，无论是一般过错责任原则还是过错推定都显得有些不堪重负，只好转而求助于风险责任（responsabilidade pelo risco）。[1] 基于分摊风险的考量，葡萄牙把风险责任

---

[1] 〔葡〕João de Matos Antunes Varela：《债法总论》（第十版）（第一卷），唐晓晴译，未出版，第446~448页。

嵌入《民法典》中，采用因不法事实所生之责任与风险责任二元制，风险责任正是为弥补过错责任的不足而设的制度。其认为虽然风险是难以避免的，但它同样是社会无法容忍的，所以应采用风险责任来伺候和对抗风险。① 归责原则的变化表现出现代侵权法的价值理念从矫正正义（Corrective Justice）到分配正义（Distributive Justice）的变迁，与诠释道义责任的过错责任原则相比，它被认为更多地体现了社会责任，这无疑为侵权法挖掘出了符合时代的意义内蕴。②

风险责任原则就是以"风险"作为侵权民事责任的归责标准，法律之所以规定某些特殊侵权行为的责任主体即使没有过错也要承担责任，是因为把风险责任原则作为侵权民事责任的归责原则的法理基础在于风险利益一致原则，如 Antunes Varela 所说："谁为本人之利益而使用危险物品，谁将使用时带有风险的东西引入企业，或者说，谁为本身利益创造或保留风险，谁就应该承担使用这些东西所造成的损害后果，因为他们从中收取了主要利益（ubi emolumentum, ibi onus; ubi commodum, ibi incommodum）。谁收取工业生产的（主要）利润，那么由他来承受该生产的负担（当中包括工作意外，这是一种正常并不可避免的现象）就是公平的。"③ 以"风险"作为归责标准不是因为行为人有侵害他人合法权益的故意或过失，也不是因为行为人有道义上的可责难性，而是因为行为人制造了危险来源并且透过支配或控制某种危险物或从事某项危险活动而受益，并且受害人受损与行为人受益有关联，故法律要求该行为人即使没有过错也要为给社会造成的"风险"付出代价。这在某种程度上是强调保护社会弱势群体、注重整体社会利益的体现，兼顾不同利益群体的利益，体现和诠释了法律公平与公正的价值观。

---

① 〔葡〕João de Matos Antunes Varela：《债法总论》（第十版）（第一卷），唐晓晴译，未出版，第 446~448 页。
② 〔古希腊〕亚里士多德：《尼各马科伦理学》，苗力田译，中国社会科学出版社，1990，第 95 页。〔美〕E. 博登海默：《法理学：法律哲学与法律方法》，邓正来译，中国政法大学出版社，2004，第 298 页。杨立新：《侵权行为法专论》，高等教育出版社，2005，第 83 页。张新宝：《侵权责任法原理》，中国人民大学出版社，2005，第 35 页。张骐：《在效益与权利之间》，《中国法学》第 6 期，1997，第 108~110 页。
③ 〔葡〕João de Matos Antunes Varela：《债法总论》（第十版）（第一卷），唐晓晴译，未出版，第 448 页。

值得注意的是，风险责任并不代表绝对责任，绝不意味着行为人不能以抗辩事由或免责事由来抗辩，即使按照《澳门民法典》关于风险责任之规定，行为人无过错也要承担责任，行为人还是可以根据民事责任的抗辩事由之相关条款被减轻或免除责任，只是行为人不能以证明自己没有过错而要求免于承担责任。民事责任的抗辩事由涵盖自助行为、正当防卫行为、紧急避险行为、受害人之同意、受害人之过错、第三人之过错及不可抗力等。抗辩事由作为免除或减轻责任的事由的作用就是破坏民事责任之构成要件，肇致民事责任成立要件的缺少，从而使行为人免除责任。

风险责任的适用范围主要涵盖委托人之责任（《澳门民法典》第493条）、公法人之责任（第494条）、由动物造成之损害（第495条）、由车辆造成之事故（第496条）、由电力或气体之设施造成之损害（第502条）及产品责任（《澳门商法典》第85条第1款）[1] 等。

（二）风险责任的社会化

现代侵权民事责任制度更加关注受害人的利益保护和救济，更注重风险分配与责任承担。风险责任原则的适用正是为了加强对受害人的保护，向分配正义的价值目标靠近，从而尽可能地在社会成员或群体的权利、义务和责任之间实现最优化的配置。[2] 但风险责任原则的适用同时也加重了加害人的负担，为了消除风险责任所带来的不良后果，立法者开始在责任制度之外寻求弥补方法。借此契机，作为损失分散机制的责任保险制度[3]和专项赔偿基金[4]等社会保障制度便应运而生，透过实现责任主体和赔偿主体的

---

[1] 《澳门商法典》第一卷第八编"商业企业主之民事责任"第85~94条对生产商的产品责任做了规定。

[2] 〔葡〕João de Matos Antunes Varela：《债法总论》（第十版）（第一卷），唐晓晴译，未出版，第449~410页。

[3] 例如，澳门1994年颁布了新修订的《修正汽车民事责任之强制性保险制度》（11月28日第57/94/M号法令）。

[4] 例如，汽车保障基金（FGA），FGA是根据《修正汽车民事责任之强制性保险制度》（11月28日第57/94/M号法令）第23条第1款的规定设立的。另外，值得注意的是，《设立游艇民事责任强制保险之法律制度》（12月13日第104/99/M号法令）生效后，为将汽车保障基金的保障范围扩大适用于该法令内所述的游艇类型于事故中对第三人造成损害的赔偿，原"汽车保障基金"的名字修改为"汽车及航海保障基金"。

逐渐分离，以适当的方式分散风险、转移损失，这在一定程度上减轻了加害人的负担。

在适用风险责任制度的领域，往往是限额赔偿（《澳门民法典》第501条或第503条），这在客观上也刺激和促进了责任保险的兴起与发展，而责任保险制度的确立与发展也为风险责任原则的实现提供了坚实的基础。责任保险制度与风险责任两者相辅相成，共同在解决侵权民事责任纠纷中发挥作用。

总而言之，鉴于现代工业之风险社会逐渐形成，澳门已建立起以一般过错责任原则为主轴中心，透过起过渡作用的过错推定，最后与风险责任原则相结合的逻辑严密的侵权法归责体系，以便更充分地发挥侵权民事责任制度的各项功能。

第二节 道路交通事故损害赔偿责任的归责原则

侵权法的归责是个难题，道路交通事故责任的归责原则在世界范围内都是一个颇富争议的问题。道路交通事故损害赔偿责任的归责原则是指道路交通事故加害人的侵权行为肇致他人人身、财产损害后，用以确认、判定和追究道路交通事故中肇事车辆侵权行为人的民事责任的规则与标准，其是侵权责任法的一个基础性问题，是决定侵权行为是否可以被追究责任的合理性基础。道路交通事故侵权责任的归责原则是道路交通事故民事责任制度的核心、精髓和灵魂，也是处理道路交通事故主要的实践问题之一。而道路交通事故责任主体的确定也是侵权责任法中一个至关重要的问题，是道路交通事故民事损害赔偿的核心。科学界定归责原则与责任主体，可以为道路交通事故民事责任制度和体系的构建、改进和完善奠定基础。

一 域外规定

作为特殊的侵权行为，道路交通事故的归责原则表现出多样性，一个侵权行为采取多个归责原则，这主要体现在：一方面，机动车与机动车相

第二章 交通事故致人损害的非合同民事责任的归责原则

互碰撞引致交通肇事的情形,[①] 一般适用过错责任原则,世界各国或各地区对此之规定相对而言日益趋于一致;另一方面,机动车与非机动车、行人之间发生交通肇事的场合,究竟是采取无过错责任原则还是过错责任原则,世界各国或各地区的立法和实践不尽一致。英美法系的国家或地区一般采用过错责任原则,如英国、美国的部分州、澳大利亚、加拿大、印度等国家,其强调交通事故的侵权责任必须以交通肇事者的过错为前提。另外,中国香港地区的法律属于英美法系,对于道路交通事故赔偿的归责原则亦适用过错责任原则。[②] 采用过错推定原则的国家和地区主要有日本、中国台湾地区。例如,根据日本1955年的《机动车损害赔偿保障法》第3条之规定和日本1965年的《关于交通工具的使用和驾驶》第122号法令第39条之规定可知,日本对道路交通事故损害赔偿采用过错推定的归责原则。[③] 另外,大陆法系的很多国家或地区都采取严格责任原则、无过错责任原则或风险责任原则,如德国于1952年制定的《道路交通法》第7条规定,德国对交通事故侵权责任的确定不以加害人的过错为要件,属于无过错责任原则;[④] 根据《俄罗斯联邦民法典》第1079条之规定,俄罗斯对交通事故侵

[①] 值得注意的是,与域外法不同,澳门没有区分机动车与非机动车。

[②] 参见张新宝《侵权责任法原理》,中国人民大学出版社,2005,第350页。

[③] 日本于1955年颁布的《机动车损害赔偿保障法》第3条规定:"为自己而将机动车供运行之用者,因该运行侵害了他人生命或身体时,负赔偿由此发生的损害之责。但在证明了自己及驾驶者没有懈怠有关机动车运行的注意的情况,受害者或驾驶者以外的第三人有故意或过失的情况以及机动车没有构造上的缺陷或机能上的障碍的情况时,不在此限。"日本1965年生效的《关于交通工具的使用和驾驶》第122号法令第39条规定:"交通工具的驾驶员因其驾驶原因而造成人身和财产损害,如不能证明损害系由受害人的过错和过失、或超出交通工具的运转和性能以外的不可抗力所致,应负损害赔偿责任。"

[④] 德国《道路交通法》第7条规定:"车辆在驾驶过程中致人死亡、受伤或者损害人的健康和财产时,由车辆所有人就所生损害向受害人负赔偿责任。如果事故是由于不可避免的事件所引起,则不负赔偿责任。"德国的道路交通事故归责原则有一个逐步演变的过程。德国于1909年公布了《汽车交通法》,1952年修改为《道路交通法》,该法第7条规定对交通事故损害赔偿采用过错推定原则。1987年又将该法第7条改为无过错责任,规定车辆在交通肇事中致人损害的,由车辆保有人负赔偿责任,但因受害人或第三人或动物引致的则除外。

权责任的确定也属于无过错责任原则。① 除德国、俄罗斯外，还有许多国家或地区适用无过错责任原则，如法国、奥地利、意大利、瑞典、荷兰、捷克、芬兰、挪威、丹麦、瑞士、埃塞俄比亚、越南、希腊、西班牙、葡萄牙等。②

澳门道路交通事故损害赔偿责任并不采用单一的归责原则，而是根据不同主体间发生的交通事故，采用不同的归责原则。

二 葡萄牙和澳门法——非车辆碰撞的情形

根据《澳门民法典》第 496 条第 1 款之规定，"实际管理并为本身利益而使用任何在陆上行驶之车辆之人，即使使用车辆系透过受托人为之，亦须对因该车辆本身之风险而产生之损害负责，而不论该车辆是否在行驶中"，道路交通事故适用的是风险责任原则，道路交通事故的损害赔偿责任不以车辆所有人或使用人一方违反交通规则的行为的存在为必要条件，不以车辆所有人或使用人一方有过错为要件，即不论车辆持有人或使用人主观上有无过错，只要其加害行为导致他人人身或财产遭受损害，就要承担赔偿责任，车辆所有人或使用人也不能通过证明自己无过错而免责。对车辆与行人等之间的道路交通事故的归责原则之所以适用风险责任原则，主要的理由是车辆作为危险源，应当为车辆本身的风险负有较高的注意义务，并担负由此造成损害之侵权损害赔偿责任。而且在发生交通事故后，要求受害人必须举证证明加害人具有过错，即采用一般过错责任原则，常常会使无辜的受害人由于自身原因难以举证而很难得到赔偿，或者采取过错推

---

① 《俄罗斯联邦民法典》第 1079 条规定："从事对周围环境有高度危险的活动之人损害的责任：1、从事对周围环境有高度危险活动（使用交通工具、机械装置、高压电力、原子能、爆炸物、剧毒品等；从事建筑和其他与建筑有关的活动等）的法人和公民，如果不能证明损害是因不可抗力或受害人故意所致，应赔偿高度危险来源所造成的损害。法院也可依本法第 3 条第 2 款和第 3 款的规定，全部或部分免除高度危险来源占有人的责任。对高度危险来源的占有所有权、经营权或业务管理权或者其他占有法律依据的（租赁权、依委托书对交通工具的管理权、依有关机关关于交付高度危险来源的指令等）法人或者公民负损害赔偿责任。"参见黄道秀《俄罗斯联邦民法典》，中国大百科全书出版社，1999，第 446 页。

② 〔日〕加藤一郎：《侵权行为法研究》（1983），转引自李薇《日本机动车事故损害赔偿法律制度研究》，法律出版社，1997，第 5 页。

第二章　交通事故致人损害的非合同民事责任的归责原则

定，但加害人很容易通过举例证明自己没有过错而免责，因而对受害人是极为不公平的，因此，最终选择风险责任作为车辆与行人等之间的道路交通事故的归责原则。另外，若 A 车有过错，造成交通肇事，给行人 C 造成损害，此时会出现《澳门民法典》第 477 条和第 496 条的责任竞合的问题，受害人可以根据上述任一条款主张构成交通肇事侵权责任，前者需要证明加害人有过错，后者固然不需要证明加害人有过错，但有《澳门民法典》第 501 条所规定之最高责任限额。

但也不是在任何情况下都由车辆所有人或使用人承担全部的损害赔偿责任，《澳门民法典》也对车辆持有人的减责和免责事由做出了规定，在符合法定的条件时，车辆持有人可以减轻或免除责任，如《澳门民法典》第 564 条（受害人之过错）规定："一、如受害人在有过错下作出之事实亦为产生或加重损害之原因，则由法院按双方当事人过错之严重性及其过错引致之后果，决定应否批准全部赔偿，减少或免除赔偿。二、如责任纯粹基于过错推定而产生，则受害人之过错排除损害赔偿之义务，但另有规定者除外。"再者，《澳门民法典》第 498 条（责任之排除）规定，"第四百九十六条第一款及第三款所定之责任，仅在就事故之发生可归责于受害人本人或第三人时，或事故系由车辆运作以外之不可抗力原因所导致时，方予排除，但不影响第五百条之规定之适用"，可知在存有法律明确规定之免责事由时可以免除车辆所有人或使用人之责任，如在受害人一方故意造成损害发生之情况下（如受害人企图自杀），车辆所有人或使用人则可以据此完全免责。

在汽车业高度发达的现在，源自机动车这一危险源的风险无处不在，道路交通肇事作为一个无法避免的社会公害，时刻威胁着人们的生命与健康，在车辆交通事故中，根据车辆的"实际管理"和"为本身利益而使用车辆"的二元判断基准对车辆持有人[①]适用风险责任原则有其独特的价值，笔者对此没有异议。笔者有疑问的是《澳门民法典》第 496 条第 3 款所规定的对于受托之驾驶人所采用的风险责任原则。笔者没有怀疑法律为强化对受害人的保护之决心，但笔者认为将《葡萄牙民法典》第 503 条第 3 款所规

[①] 葡萄牙学者 Antunes Varela 提出用"持有人"来表达承担风险责任的主体，笔者想借用这一表达方式。参见〔葡〕João de Matos Antunes Varela：《债法总论》（第十版）（第一卷），唐晓晴译，未出版，第 464 页。

定之过错推定责任更改为风险责任是欠妥的，对受托之驾驶人是有失公正的。车辆受托之驾驶人是受车辆所有人或使用人委托或是法人的工作人员，即车辆所有人或使用人与受托人之间存有委托关系，这种情形非常特殊，它同时属于《澳门民法典》第493条所规定之委托人之责任和第496条所规定之道路交通侵权责任，这两种责任形式同处于一种侵权行为中。所谓委托人之责任是指委托人对受托人实施不法行为给他人造成的损害承担的责任，委托人之责任采取的是风险责任，其法律后果是加害人与责任人相分离，赔偿义务人不是直接的致害人。车辆作为一种危险工具，在车辆所有人与驾驶人分离的状态下，受托之驾驶人是行为主体，当机动车受托之驾驶人驾车发生交通事故致他人损害时，应由行为主体受托之驾驶人自负责任，还是由作为委托人的车主为受托人之肇事行为承担替代责任呢？受托之驾驶人在什么情形下应承担责任？应适用什么样的归责原则？为了更好地诠释对受托之驾驶人应适用的归责原则，在谈论委托关系中道路交通肇事对于受托之驾驶人所采用的归责原则之前，笔者想重点探讨一下委托人之责任。

（一）委托人之责任

在澳门，《澳门民法典》第493条所规定之委托人之责任作为现代侵权法中一项重要的制度，是指在委托关系中，委托人对其受托人在执行职务时致第三人损害所应承担的民事责任，委托人之责任制度的设立在于平衡委托人、受托人和受害人三者之间的利益。受托人在执行委托人交付的工作任务时，[①] 很可能肇致他人人身或财产等合法权益的损害。按照民事（侵权）责任的传统法理，被害人获得赔偿的机会在相当大的程度上取决于受托人的资产实力或者实际履行能力。倘若受托人的经济状况较差，被害人获得赔偿的机会就会减少，而受害人一般是无辜的。鉴于在这种关系中，委托人是最终的受益者，而且很多时候具有雇主的身份，所以经济能力较强。为保障受害人的利益，法律在这个领域设置了特殊的民事责任制度。委托人之责任是以委托关系为基础的一种特殊的非合同民事责任，不同于一般侵权责任，因为根据侵权行为法的基本原则，任何人只对自己的行为负责，一般侵权责任只需要加害人对自己的侵权行为承担责任，而委托人之责任不是委

[①] 因为现在是个个人不必事必躬亲的时代，在法律允许的范围内，委托他人担任某项职务或完成某项工作日益成为现代社会的一个重要特征。

托人为自己的侵权行为承担责任，是为其受托人在执行职务过程中对第三人的致害行为承担责任，其责任人和侵权行为人不是同一人，受害人可以直接向符合委托关系的侵权行为人的委托人请求侵权损害赔偿。以委托人之责任制度规范委托人、受托人和受害人三者之间的关系，权衡三方利益，使委托人之责任制度的建构不仅具有理论意义，而且具有现实意义。世界很多国家或地区的法律都规定了委托人之责任，但表述方式可能不尽一致，如使用者的责任或雇佣人之责任[①]、雇主责任[②]、替代责任[③]、指示者责任[④]，虽然其概念的内涵与外延可能会有所不同，但究其本质都是同一种制度。[⑤]

受托人的侵权行为既可以发生在因不法事实所生之责任领域，[⑥] 也可能发生在特殊侵权即风险责任领域，[⑦] 当然也包括我们这里所探讨的《澳门民法典》第496条所规定的由车辆造成之事故，但无论受托人的侵权行为是

[①] 参见《日本民法典》第715条、中国台湾地区"民法"第188条。

[②] 参见周枏《罗马法原论》（下），商务印书馆，2005，第868～869页。毛瑞兆：《论雇主的替代责任》，《政法论坛》第3期，2004，第129页。

[③] 普通法将其性质界定为"替代责任"。参见〔德〕克雷斯蒂安·冯·巴尔《欧洲比较侵权行为法》（上），张新宝译，法律出版社，2001，第419页。

[④] 〔荷〕J. 施皮尔：《侵权法的统一：对他人造成的损害的责任》，梅夏英、高圣平译，法律出版社，2009，第261页。

[⑤] 参见《法国民法典》第1384条规定："任何人不仅对其自己的行为所造成的损害，并且对应由其负责的他人的行为或在其管理下的物体所造成的损害，均应付赔偿的责任。"

《德国民法典》第831条第1款规定："为某事务而使用他人的人就该他人在执行事务中不法加给第三人的损害，负赔偿义务。使用人在挑选被使用人时，并且，以使用人须置办机械或器具或须指挥事务的执行为限，使用人在置办或指挥时尽了交易上必要的注意，或即使尽此注意损害也会发生的，不负赔偿责任。"

《日本民法典》第715条第1款规定："为某事业使用他人的人，对于被使用人在其事业的执行中对第三人造成的损害，负赔偿责任。但使用人对于被用人的选任及其事业执行的监督已尽到相当注意，或者即便尽到相当注意，损害仍不免要发生时，不在此限。"

中国台湾地区"民法"第188条规定："（1）受雇人因执行职务，不法侵害他人之权利者，由雇佣人与行为人连带负损害赔偿责任，但选任受雇人及监督其职之执行已尽相当注意，或纵加以相当之注意仍不免发生损害时，雇佣人不负赔偿责任。（2）被害人依前项但书之规定不能受损害赔偿时，法院因其声请，得斟酌雇佣人与被害人之经济情况，令雇佣人为全部或一部之赔偿。（3）雇佣人赔偿时，对于侵权行为之受雇人，有求偿权。"

[⑥] 《澳门民法典》第二卷"债法"第一编"债之通则"第二章"债之渊源"第五节"民事责任"第一分节"因不法事实所生之责任"。

[⑦] 《澳门民法典》第二卷"债法"第一编"债之通则"第二章"债之渊源"第五节"民事责任"第二分节"风险责任"。

发生在哪一领域，根据《澳门民法典》第 493 条第 1 款之规定，委托人对受害人所承担的侵权责任都是风险责任。

从澳门的立法现状看，民法和劳动关系法分属于不同的部门法，委托关系由《澳门民法典》调整，劳动关系由澳门第 7/2008 号法律《劳动关系法》调整。在适用法律方面，澳门的民法和劳动关系法构成普通法与特殊法的关系。[①]《澳门民法典》第 1079 条规定："一、劳动合同，系指一人透过收取回报而负有义务在他人之权威及领导下向其提供智力或劳力活动之合同。二、劳动合同受特别法例规范。"劳动合同是出于保护劳工权益的需要而从委托关系中分离出去的，其与委托关系的区别在于，任何自然人、法人、无法律人格之社团或特别委员会等雇主以追求利润为目的而使用劳动力的，要求有合同成立。而委托关系则并不以追求利润为目的，而且其既可以基于合同而产生，也可以没有合同，即其并不要求有效的法律关系。但在委托人之责任的问题上，很显然劳动合同符合委托与受托关系的要件，但是假如劳动合同中有特别的规定，应按劳动合同执行。所以从侵权的角度来看，委托关系中受托人致人损害的委托人之责任收揽了劳动合同中雇员致人损害的雇主责任。[②] 委托人之责任的责任主体范围更为广泛，应当是委托他人为其工作的人，囊括现实生活中形形色色的"委托人"类型，涵盖一切私法主体，泛指一切委托他人为自己处理事务的主体，包括任何自然人、法人、无法律人格之社团或特别委员会等，这使各种委托者的责任在适用上达到一致，从而确保法律适用的平等性和普遍性。受托人是指因委托合同或者事实上的委托关系受雇于他人，以自己的劳动服务于他人的人。[③] 由此可知，委托关系与雇佣关系并不一样，委托人与雇主之间、受托人与雇员之间不能完全画等号。综上所述，委托关系与雇佣关系是有区别

---

① 关于澳门学者如何理解劳动法与民法的关系，参见 José Carlos Bento da Silva e Miguel Pacheco Arruda Quental, *Manuel de Formação de Direito do Trabalho em Macau*, Centro de Formação Jurídica e Judiciária, 2006, pp. 2 - 10。

② 澳门第 7/2008 号法律《劳动关系法》第 2 条第 1 项对雇主进行了界定："'雇主'是指透过合同，支配及领导雇员工作，并向雇员支付报酬的任何自然人、法人、无法律人格之社团或特别委员会。"第 2 条第 2 项则给出了雇员的定义："'雇员'是指透过合同，在雇主的支配及领导下工作，并收取报酬的自然人。"

③ 获取报酬或者不获取报酬，即是否取得劳动报酬，不影响委托关系的存在。

第二章 交通事故致人损害的非合同民事责任的归责原则

的,《澳门民法典》之规定是对一切委托关系的一般规定,而雇佣关系只是其中一种形式,两者是一般与个别的关系。属于民法领域中的委托关系显然要比澳门第 7/2008 号法律《劳动关系法》中的雇佣关系宽泛得多,如克雷斯蒂安·冯·巴尔所指出的,《葡萄牙民法典》第 500 条(《澳门民法典》与此相对应的法条是第 493 条)中的委托关系"通常不需要技术意义上的雇主—雇员关系。也就是说,雇主和雇员这两个概念只是包括了大多数情形"。① 本书所指的委托人之责任涵盖劳动合同中的雇主责任,但绝非限于此,委托关系中委托人和受托人的概念外延相当宽泛。

1. 委托人之责任的性质

(1) 担保责任理论。

在葡萄牙,Antunes Varela 等针对委托人之责任提出了担保责任理论。②"委托人的最重要特征是其面对受损害之第三人时所处的担保人的地位",如 Antunes Varela 所说的,"原则上,他对受托人享有求偿权,可以补偿已经作出之支付",③ "委托人并不是永久地背负上赔偿的重担"。④ 委托人之责任中,委托人对受托人的职务侵权行为承担责任是因为法律的特别规定,

---

① 〔德〕克雷斯蒂安·冯·巴尔:《欧洲比较侵权行为法》(上),张新宝译,法律出版社,2001,第 233 页,注解 1061。值得指出的是,《欧洲比较侵权行为法》(上)第 233 页注解 1061 所说的是《葡萄牙民法典》第 50 条,但其实应该是《葡萄牙民法典》第 500 条。
《葡萄牙民法典》第 500 条(委托人之责任)规定,"一、委托他人作出任何事务之人,无论本身有否过错,均须对受托人所造成之损害负责,只要受托人对该损害亦负赔偿之义务。二、委托人仅就受托人在执行其受托职务时所作出之损害事实负责,但不论该损害事实是否系受托人有意作出或是否违背委托人之指示而作出。三、作出损害赔偿之委托人,就所作之一切支出有权要求受托人偿还,但委托人本身亦有过错者除外;在此情况下,适用第 497 条第 2 款之规定"。参见《葡萄牙民法典》,唐晓晴等译,北京大学出版社,2009,第 89 页。
② "Relação do Porto(上诉法院在 Oporto, RP)1995 年 7 月 3 日,法官采用了担保理论。"转引自〔葡〕J. Sinde Monteiro、〔葡〕Maria Manuel Veloso《对他人造成的损害的责任:葡萄牙法》,载〔荷〕J. 施皮尔主编《侵权法的统一:对他人造成的损害的责任》,梅夏英、高圣平译,法律出版社,2009,第 265 页。
③《澳门民法典》第 493 条第 3 款(《葡萄牙民法典》第 500 条第 3 款)。
④ 〔葡〕João de Matos Antunes Varela:《债法总论》(第十版)(第一卷),唐晓晴译,未出版,第 456 页。另见 "Por consequência, a nota mais característica da situação do comitente é a sua posição de garante da indemnização perante o terceiro lesado, e não a oneração do seu património com um encargo definitivo"。参见 Pires de Lima e Antunes Varela, *Código Civil Anotado*, Volume I, 4.ª Edição Revista e Actualizada, Coimbra Editora, Limitada, 1987, p. 509。

065

而不是因为自己实施了侵权行为，委托人是为他人行为负责，从性质上说是一种担保责任，符合担保责任的法律特征。[1] 担保人或保证人（即这里的委托人）承担连带责任后，债权人（即这里的受害人）可以要求保证人或任何一个保证人（若委托人为复数）承担全部保证责任，保证人都负有担保全部债权实现的义务。已经承担保证责任的保证人，根据《澳门民法典》第493条第3款,[2] 有权向债务人（即这里的受托人）追偿，或者要求承担连带责任的其他保证人清偿其应当承担的份额，责任人按各自责任的大小承担责任。另外，依照《澳门民法典》第633条第1款，"保证人除其本身之防御方法外，有权以属于债务人之防御方法对抗债权人，但与保证人之债务有抵触者除外"，即笔者在后面要谈及的委托人对受害人责任的承担可以援引受托人在其致害过程中存在的抗辩事由。简言之，按照Antunes Varela的观点,[3] 委托人之责任的考量基础是要求委托人对受托人"在其领导下执行特定任务时"的行为承担担保责任，包括侵权行为法意义上的过错责任、风险责任等，同时受托人致害过程中存在的法定抗辩事由也适用于委托人。

在Antunes Varela等学者看来，委托人相对于受托人的职务侵权行为损害的第三人而言之所以处于担保人这一特殊的地位、要承担责任，是因为以下几个方面。其一，委托人为受托人承担侵权责任的基础是委托人和受托人之间的委托关系，委托人透过委托他人执行职务，使整个工作得以执行，而且受托人实施行为是为了委托人的利益并依照委托人的指示做事，受托人的行为须受委托人的监督。基于此，就处理委托事务而言，受托人只是委托人借以扩大自己工作范围的工具或手段，受托人执行职务的活动实际上是委托人自身意志和行为的延伸，受托人在职务范围内所实施的行为也只能视为委托人的行为，而不能认为是受托人的独立行为。故而，委

---

[1] 普通法将其性质界定为"替代责任"。参见〔德〕克雷斯蒂安·冯·巴尔《欧洲比较侵权行为法》（上），张新宝译，法律出版社，2001，第419页。

[2] 《澳门民法典》第493条第3款规定，"作出损害赔偿之委托人，就所作之一切支出有权要求受托人偿还，但委托人本身亦有过错者除外；在此情况下，适用第四百九十条第二款之规定"。

[3] 〔葡〕João de Matos Antunes Varela：《债法总论》（第十版）（第一卷），唐晓晴译，未出版，第456页。

托人应对行为的后果承担责任,"就像行为是其本人所作出的一样"。其二,委托人自己选任、监督及指示受托人从事所委托之活动,且委托人从受托人的行为中获得利益。其三,现代侵权法更多关注的是保障人的权利,委托人担保责任是对受害人最大的保护,因为在通常情况下,委托人相对于受托人而言,通常都具有更强的经济赔偿担负能力,[1] 而且有可能投了责任险,从而使受害人得到合理的赔偿,这无疑加强了对受害人之保护。[2]

(2) 替代责任理论。

J. Sinde Monteiro 和 Maria Manuel Veloso 指出:"在葡萄牙法中,'替代责任'没有一个准确的翻译。就侵权法而言,我们在'指示者责任'这方面认可这个概念。"[3] 他们进一步指出:"雇主的责任和父母的责任是有区别的。在雇主没有过错时,前者是单纯的替代责任。"[4] 20世纪初,也就是现行《葡萄牙民法典》制定之前,葡萄牙学者(如该法典草案建议稿债篇的负责人 V. Serra)认为委托人之替代责任从理论上讲应是主观责任,即雇主就雇员的行为所承担的侵权责任应是过错侵权责任,但立法却将之规定为风险责任。[5]

委托人的法律责任是一种风险责任,委托人无过错时也承担责任,这有利于保护受害人的利益,但在一定程度上加重了委托人的负担,然而并不过分。委托人之所以要对受托人的行为造成的损害承担责任,是因为受托人通过自己的行为为委托人创造了经济利益和其他物质利益,但受托人本身并不

---

[1] 再者,委托人也可以通过社会保险机制(责任保险)及其他方式来减低、分散或化解侵权行为发生的风险。

[2] 〔葡〕João de Matos Antunes Varela:《债法总论》(第十版)(第一卷),唐晓晴译,未出版,第456页。

[3] 〔葡〕J. Sinde Monteiro、〔葡〕Maria Manuel Veloso:《对他人造成的损害的责任:葡萄牙法》,载〔荷〕J.施皮尔主编《侵权法的统一:对他人造成的损害的责任》,梅夏英、高圣平译,法律出版社,2009,第261页。

[4] 〔葡〕J. Sinde Monteiro、〔葡〕Maria Manuel Veloso:《对他人造成的损害的责任:葡萄牙法》,载〔荷〕J.施皮尔主编《侵权法的统一:对他人造成的损害的责任》,梅夏英、高圣平译,法律出版社,2009,第263页。

[5] V. Serra, *Responsabilidade Contratual e Extracontratual*, 1983, *Boletim do Ministerio da Justica* (BMJ), No.85, pp.152-154,转引自〔葡〕J. Sinde Monteiro、〔葡〕Maria Manuel Veloso《对他人造成的损害的责任:葡萄牙法》,载〔荷〕J.施皮尔主编《侵权法的统一:对他人造成的损害的责任》,梅夏英、高圣平译,法律出版社,2009,第264页。

是受益者，其只是透过此活动来换取自己的工资或报酬，而委托人从受托人所从事的活动中获得了利益，即所谓的"谁获利，谁担责"（ubi commoda, ibi incommoda），其享受更多的利益，就理应承担更多的风险，正所谓利益所在之地正是风险所在之处。将受托人的侵权行为产生的赔偿责任责令受益方，即委托人承担，如《德国民法典》起草者认为的"那些为了自己的利益雇佣劳动的人，应对雇佣承担风险"，[①] 符合权利和义务一致的法律公平正义的价值要求。[②] 例如 Antunes Varela 所说的："如果委托人利用他人去作出某项行为，并收取其中的利益，他承受因此而引致之损害后果也是公平的——cuius commoda, eius et incommoda。"[③] 委托人可以通过社会保险机制及其他方式来减低或化解侵权行为发生的危险，而不是在损害发生后去逃避法律责任。

S. S. Galvão 等学者认为，委托人之替代责任是构筑在风险控制和风险来源等风险理论基础之上的一种责任。[④] 风险理论认为受托人之职务行为蕴含着可能发生损害之风险，尤其是如交通驾驶等高度危险作业领域，委托人之授权是危险之来源，委托人在很大程度上能够控制危险。如果用风险理论诠释替代责任，可能面对委托人向受托人行使追偿权这一论断的挑战。[⑤] 对于委托人可以起诉受托人，Cordeiro 认为，委托人对受托人的追偿权仅在

[①] 《外国法制史》编写组：《外国法制史资料选编》（上），北京大学出版社，1982，第10页。

[②] 〔葡〕J. Sinde Monteiro、〔葡〕Maria Manuel Veloso：《对他人造成的损害的责任：葡萄牙法》，载〔荷〕J. 施皮尔主编《侵权法的统一：对他人造成的损害的责任》，梅夏英、高圣平译，法律出版社，2009，第264页。

[③] 〔葡〕João de Matos Antunes Varela：《债法总论》（第十版）（第一卷），唐晓晴译，未出版，第456页。

[④] S. S. Galvão, *Reflexões Acerca da Responsabilidade do Comitente no Direito Civil Português*, 1990, 86 et seq., p. 138; M. Cordeiro, *Direito das Obrigações II*, 1994, pp. 376 – 378, fn. 2, 转引自〔葡〕J. Sinde Monteiro、〔葡〕Maria Manuel Veloso《对他人造成的损害的责任：葡萄牙法》，载〔荷〕J. 施皮尔主编《侵权法的统一：对他人造成的损害的责任》，梅夏英、高圣平译，法律出版社，2009，第262~264页。

[⑤] 根据《澳门民法典》第493条第3款，在委托人自己本身没有过错而受托人有过错时，委托人可以得到救济，即委托人承担担保责任后有追偿权。在这种情况下，委托人在其对第三人做出损害赔偿之后可以起诉受托人，有权要求受托人偿还自己所付出的一切费用支出。但按照过错责任原则，如果委托人自己本身也有过错，委托人与受托人及其他有关人员按照过错程度的大小以及各自过错所造成的后果而承担相应的责任，在不能确定他们之间的过错程度时，推定其责任相同。

受托人有过错时才存在,"并且这种权利不是替代责任的必要特征"。①

J. Sinde Monteiro 和 Maria Manuel Veloso 认为,无论是担保责任还是替代责任,都可以诠释委托人之责任是风险责任。② 委托人就其受托人的行为所承担的法律责任,并不是建立在委托人在选任、监督或指示应对其行为承担非合同民事责任的受托人之代理活动中所具有的主观过错(故意或过失)的基础上,而仅是一种无过错之风险责任。但值得指出的是,如 Alarcão 所言,"风险的承担并不意味着存在造成损害的特殊危险……它是雇主处于类似侵权者地位的结果"。③

2. 委托人之责任的构成要件

委托人之责任的构成要件是委托人承担民事责任的要素,是判定委托人之责任的关键性问题,是委托人之责任制度的核心。委托人之责任的担保或替代责任性质,决定了其构成要件与一般意义上的侵权责任构成要件有相似之处,但又不完全相同。在一般侵权责任中,责任主体为自己的行为负侵权责任,体现了责任主体与致害行为人的同一性;而委托人之责任中,委托人并非直接的侵权行为人,委托人对受托人的职务侵权行为承担责任只是基于法律的特别规定,而不是因为其自己本身实施了侵权行为,也不是因为其透过意思表示直接指示受托人实施了侵权行为,这在某种意义上诠释了责任主体与侵权行为人的分离性,前者为后者的行为承担责任。委托人之责任是一种侵权责任,因此具有一般侵权责任的构成要件,即受托人实施了侵权行为,该侵权行为给他人造成了损害。但是作为一种特殊类型的侵权责任,委托人之责任的承担除了必须具备一般侵权责任的要件外,还必须具备使委托人为受托人承担担保责任的特殊要件。的确,侵权

---

① 〔葡〕J. Sinde Monteiro、〔葡〕Maria Manuel Veloso:《对他人造成的损害的责任:葡萄牙法》,载〔荷〕J. 施皮尔主编《侵权法的统一:对他人造成的损害的责任》,梅夏英、高圣平译,法律出版社,2009,第 264 页。

② 〔葡〕J. Sinde Monteiro、〔葡〕Maria Manuel Veloso:《对他人造成的损害的责任:葡萄牙法》,载〔荷〕J. 施皮尔主编《侵权法的统一:对他人造成的损害的责任》,梅夏英、高圣平译,法律出版社,2009,第 265 页。

③ R. de Alarcão (S. Ribeiro/S. Monteiro/A. de Sa/B. Proença), *Direito das Obrigações*, 1983, 291 et seq., 转引自〔葡〕J. Sinde Monteiro、〔葡〕Maria Manuel Veloso《对他人造成的损害的责任:葡萄牙法》,载〔荷〕J. 施皮尔主编《侵权法的统一:对他人造成的损害的责任》,梅夏英、高圣平译,法律出版社,2009,第 265 页。

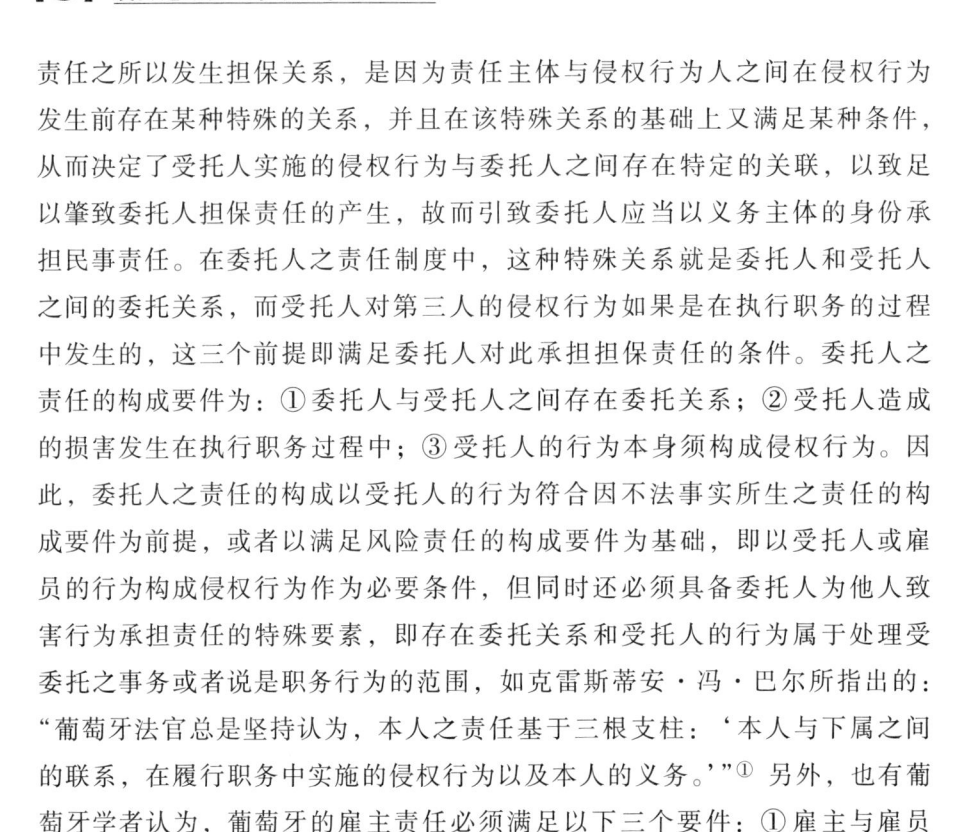

责任之所以发生担保关系，是因为责任主体与侵权行为人之间在侵权行为发生前存在某种特殊的关系，并且在该特殊关系的基础上又满足某种条件，从而决定了受托人实施的侵权行为与委托人之间存在特定的关联，以致足以肇致委托人担保责任的产生，故而引致委托人应当以义务主体的身份承担民事责任。在委托人之责任制度中，这种特殊关系就是委托人和受托人之间的委托关系，而受托人对第三人的侵权行为如果是在执行职务的过程中发生的，这三个前提即满足委托人对此承担担保责任的条件。委托人之责任的构成要件为：①委托人与受托人之间存在委托关系；②受托人造成的损害发生在执行职务过程中；③受托人的行为本身须构成侵权行为。因此，委托人之责任的构成以受托人的行为符合因不法事实所生之责任的构成要件为前提，或者以满足风险责任的构成要件为基础，即以受托人或雇员的行为构成侵权行为作为必要条件，但同时还必须具备委托人为他人致害行为承担责任的特殊要素，即存在委托关系和受托人的行为属于处理受委托之事务或者说是职务行为的范围，如克雷斯蒂安·冯·巴尔所指出的："葡萄牙法官总是坚持认为，本人之责任基于三根支柱：'本人与下属之间的联系，在履行职务中实施的侵权行为以及本人的义务。'"[1] 另外，也有葡萄牙学者认为，葡萄牙的雇主责任必须满足以下三个要件：①雇主与雇员存在从属关系；②雇员履行职责时实施侵权行为；③雇员负有个人责任。[2]

（1）委托人与受托人之间必须存在委托关系。

要判断车辆所有人与驾驶人之间是否有委托关系，委托关系的存在是委托人承担责任的前提。换言之，委托人之责任的特殊性在于致害人与雇主之间必须存在委托关系，这也是车主等作为委托人为其司机的个人行为承担责任的基础。因此，要判断委托人担保或替代责任是否成立，首先要准确判定致害人（即驾驶人）与车辆所有权人等委托人之间是否存在委托关系。委托之前，双方的法律地位是完全平等的，但委托关系确定后，驾驶人便要接受委托人的监督、管理与指示，行为要受其意志的支配和约束，

---

[1] 〔德〕克雷斯蒂安·冯·巴尔：《欧洲比较侵权行为法》（上），张新宝译，法律出版社，2001，第252页，注解1157。

[2] 〔德〕克雷斯蒂安·冯·巴尔、乌里希·德罗布尼希：《欧洲合同法与侵权法及财产法的互动》，吴越、王洪、李兆玉、施鹏鹏等译，法律出版社，2007，第126页。

从这个角度讲，二者之间具有一定的隶属或从属关系，正如 J. Sinde Monteiro 和 Maria Manuel Veloso 所指出的，"如果雇主与雇员之间存在从属关系，即使并不是雇主选择的雇员，雇主也要承担责任"。[1]

对于是否存在委托关系，最简单易行的判定方法似乎是视车辆所有人等委托人与受托驾驶人是否签订了书面合同，但实际上所有人与驾驶人没有书面合同的情况并不罕见，所以不能因为没有书面合同而否定两者之间的委托关系。例如，如克雷斯蒂安·冯·巴尔所说的，委托关系的存在与否的"决定因素不在于是否技术上存在一份雇佣合同"。[2] 鉴于此，澳门也没有将书面合同是否存在作为确认委托关系是否存在的依据，书面合同的存在并不是判断委托关系的必要条件。再者，有无劳动报酬也不是判断委托关系的决定性因素或必要标准，即使驾驶人是无偿驾驶的，亦不妨碍委托关系之构成，虽然在多数情形下，委托关系中驾驶人享有劳务报酬请求之权利。[3] 双方不存在任何契约关系而且是无偿的，但仍然有委托关系的存在。

（2）驾驶人造成的损害发生在执行职务过程中或者说驾驶人之行为属于职务行为。

驾驶人之职务行为是指驾驶人为完成委托人安排的工作而实施的行为，而受托人作为独立的主体，在委托关系之外必然会存在属于其自身的行为空间，车主并非在与驾驶人之间存在委托关系时就要对驾驶人的一切侵权行为承担责任，侵权行为与委托关系之间必须存在某种联系，也就是说，只有该侵权行为是驾驶人在执行委托职务的过程中或完成委托范围内的工作时实施的，才会构成委托人之责任，委托人才承担责任。换言之，委托人仅对驾驶人在执行工作任务过程中的侵权行为承担责任；驾驶人在执行职务范围之外的工作所造成的损害，此时车主等委托人并不享有运行利益，由驾驶人自己承担侵权责任。进一步而言，驾驶人之侵权行为必须

---

[1] ［葡］J. Sinde Monteiro、［葡］Maria Manuel Veloso：《对他人造成的损害的责任：葡萄牙法》，载［荷］J. 施皮尔主编《侵权法的统一：对他人造成的损害的责任》，梅夏英、高圣平译，法律出版社，2009，第262页。
[2] ［德］克雷斯蒂安·冯·巴尔：《欧洲侵权行为法中的替代责任》，张新宝译，载梁慧星主编《民商法论丛》（第15卷），法律出版社，2000，第522页。
[3] 如前所述，是否取得劳动报酬不影响委托关系的存在。

是发生在委托范围内，即驾驶人是在执行受托职务中对他人的人身和财产造成损害，驾驶人之侵权行为发生在执行职务中是问题的关键所在。判断驾驶人是否执行受托职务，一般而言，须以车辆所有权人等委托人授予驾驶人的业务范围和许可之权利为准，但根据《澳门民法典》第 493 条第 2 款，为了保护第三人的利益，委托人也不能以驾驶人之行为系驾驶人的主观故意行为而免除自己的责任。同时，即使驾驶人违反了委托人的指示而实施故意侵权行为，委托人的责任也没有被排除，其仍要承担责任。另外，通常若机动车驾驶人出于个人原因而故意侵权损害他人，不在机动车车主授权的职务范围内，委托人不承担责任，应由驾驶人自担其责，但如果驾驶人实施的故意侵权行为的外在表现是履行职务或与委托人所委托的职业业务有关联，应当认定为从事委托活动，仍应由机动车车主承担赔偿责任。

对于时间和地点的判断标准，驾驶人实施侵权行为的时间与地点对于判定其侵权行为是否属于执行职务范围内的行为非常重要，有时甚至是决定性因素。例如 Antunes Varela 所说的，"只有在特定时间或地点作出行为才算是执行委托"。[①] 的确，从理论上讲，受托驾驶人的行为只有在车主等委托人所规定或授权的工作期间或工作地点内实施，该行为才能被认定为其执行职务范围内的行为，车辆所有权人等委托人才要为其雇佣驾驶人的侵权行为对第三人承担侵权责任。但是正如 J. Sinde Monteiro 和 Maria Manuel Veloso 所指出的以及 V. Serra 所提出的关于"雇主利益的神学标准"失之偏窄外，[②] 时间和地点规则同样不应绝对化，如 Antunes Varela 所指出的那样，这种规则有时"没有被遵守"，[③] 有两种情况需要具体分析：其一，受托之驾驶人在工作期间内或工作地点所实施的侵权行为与职务完全不相关，不应被认定为职务内的侵权行为。例如，Antunes Varela 所言，"行为人利用

[①] 〔葡〕João de Matos Antunes Varela：《债法总论》（第十版）（第一卷），唐晓晴译，未出版，第 454 页，注解 2。

[②] 〔葡〕J. Sinde Monteiro、〔葡〕Maria Manuel Veloso：《对他人造成的损害的责任：葡萄牙法》，载〔荷〕J. 施皮尔主编《侵权法的统一：对他人造成的损害的责任》，梅夏英、高圣平译，法律出版社，2009，第 273 页。

[③] 〔葡〕João de Matos Antunes Varela：《债法总论》（第十版）（第一卷），唐晓晴译，未出版，第 454 页，注解 2。

执行委托之便利从事其本人欲作出之事实"的情况不包括在执行职务范围内,应将这些行为剔除在外。① 例如,在受委托的上班期间,受托人出于报复的目的用车将受害人撞伤,虽然受托之驾驶人与受害人之间的行为发生在工作期间和工作场所内,但车主等委托人不应对受托人的行为承担责任。因为除了在工作时间和工作地点实施侵权行为以外,还需要考虑其他各种具体的因素,故而,受托之驾驶人的侵权行为发生在工作时间或工作场所内并非是车辆所有权人等委托人承担侵权责任的必要条件和充分条件。其二,受托之驾驶人在工作时间或工作场所外实施的行为与其职务有一定程度的合理关联,车主等委托人也应承担责任。J. Sinde Monteiro 和 Maria Manuel Veloso 持此观点并对此做了解释,"Porto 上诉法院 (Relação do Porto) 在 1995 年 7 月 3 日的判决中指出:'即使行为发生是在工作场所和工作时间之外,该行为也被认为发生在委托过程中。'如果存在'职责范围以外的行为',只要受害者当时合理地认为那是许可权的延伸,雇主或指示者仍然要承担责任"。② 不宜迂腐刻板地界定工作时间和地点,只要受托之驾驶人的交通肇事侵权行为实际上发生在授权或规定的时间和空间内就属于执行职务的范围,如 J. Sinde Monteiro 和 Maria Manuel Veloso 所言,"行为的性质才是问题的关键","替代责任要求,必须存在实质的联系。这意味着……与职责的履行没有联系的行为将被排除"。③

(3) 受托人的行为须构成侵权行为。

根据《澳门民法典》第 493 条第 1 款,如果受托人本身有责任,那么委托人要承担替代责任或担保责任。受托人的职务行为构成侵权是委托人承担替代责任的前提,没有受托人的侵权行为,就没有在该基础之上的委托人之替代责任或担保责任。如果受托人的行为给他人造成了损害,但是

---

① "例如,仆人用主人家所藏之枪支将他人杀害,又或者司机在行程中使用主人携带用以在特定地点打猎枪支做出同样的事情。"参见〔葡〕João de Matos Antunes Varela《债法总论》(第十版)(第一卷),唐晓晴译,未出版,第 454 页,注解 2。
② 〔葡〕J. Sinde Monteiro、〔葡〕Maria Manuel Veloso:《对他人造成的损害的责任:葡萄牙法》,载〔荷〕J. 施皮尔主编《侵权法的统一:对他人造成的损害的责任》,梅夏英、高圣平译,法律出版社,2009,第 275~276 页。
③ 〔葡〕J. Sinde Monteiro、〔葡〕Maria Manuel Veloso:《对他人造成的损害的责任:葡萄牙法》,载〔荷〕J. 施皮尔主编《侵权法的统一:对他人造成的损害的责任》,梅夏英、高圣平译,法律出版社,2009,第 262~273 页。

行为本身并不构成侵权行为，那么委托人也无须对第三人承担替代责任。

侵权行为是指行为人侵害他人人身、财产安全或其他权利，依法应承担损害赔偿等法律后果的行为。如 João Varela 所说，侵权行为的构成要件一般有五项：①事实（受人的意思控制者）；②不法；③将事实归责于侵害人；④损害；⑤事实与损害之间的因果关系。[①] 受托人的行为是否应当承担侵权责任，应根据受托人从事的行为性质和侵权行为构成要件几个方面来确定。受托人的侵权行为既包括一般侵权行为，[②] 也包括特殊侵权行为，侵权行为的类型不同，所要求的归责原则不同，构成要件也不同，两种侵权行为的构成要件的主要区别就是关于过错的规定。值得注意的是，风险责任或无过错责任原则是针对委托人的主观因素而言，而非针对受托人，受托人行为构成侵权时，其主观上可以有过错，也可以无过错。如果受托人的职务侵权属于适用风险责任的特殊侵权行为，过错并不是成立侵权责任的要件，则无须受托人主观上有过错，如在道路交通肇事纠纷中，不必考虑受托人主观上有无过错，即某一加害行为的侵权责任不以过错为要件，而受托人的职务行为又符合该责任的构成要件，则不考虑实施该加害行为的受托人有无过错，受托人的行为就构成侵权，委托人均应对此行为承担担保责任。当然，如果受托人的行为虽然造成他人的损害，但由于特定抗辩事由而无须承担责任时，委托人的担保责任也相应免除。

受托人的行为须构成侵权行为并给第三人造成损害，受害人因受托人的加害行为而遭受的人身或财产的不利后果，是产生侵权损害赔偿责任的基础。再者，受托人的加害行为既包括受托人积极的加害行为，也包括受托人不履行法定义务的消极加害行为。此外，受托人的侵权行为给第三人造成的损害范围既包括人身损害，也包括财产损害；既可以是直接的损

---

① 由于受托人侵权行为的构成是符合侵权责任法原理的，和其他侵权行为具有共通的相一致的构成要件，在侵权行为法上与一般自然人侵权行为的构成没有什么区别，所以这里不一一论述。参见〔葡〕João de Matos Antunes Varela《债法总论》（第十版）（第一卷），唐晓晴译，未出版，第 375 页。

② 如果受托人因执行委托职务所从事的活动属于适用过错责任的场合，即某一个加害行为的侵权责任是以过错为要件的（即我们常说的一般侵权行为），要求行为人有主观过错，只有受托人主观上存在过错才能产生侵权责任，如果受托人在实施该行为时并没有过错，则不构成侵权，那么委托人自然不必对此行为造成的损害承担担保责任；如果受托人实施该行为时有过错，委托人就要为其承担担保责任。

害，也可以是间接的损害，当然也不排除承担精神损害赔偿的可能。受托人的侵权行为给第三人造成了损害的事实，这里值得关注的是第三人的范畴问题，第三人是否包括致害受托人之外的委托人的其他受托人？笔者认为，委托人之责任理论并没有排除受雇于同一委托人的其他受托人于第三人之外，所以此处的第三人是指除了委托人及致害受托人以外的其他所有人。①

此外，值得注意的是，如果受害人起诉了委托人，并且受托人的行为也有过错，根据《澳门民法典》第493条第3款的规定，委托人可以向受托人追偿，除非他本身也有过错。此时，委托人依据自身的过错程度及其过错所造成之后果而承担责任。这意味着，在一般侵权行为中，要求行为人有主观过错，如果受托人实施该行为时没有过错，那么他就不构成侵权，而委托人也不必为其承担担保责任或替代责任；如果受托人实施该行为时有过错，那么他就符合一般侵权行为的构成要件，委托人就要为其承担担保责任或替代责任，但在委托人承担了替代责任之后，如果委托人本身没有过错，那么他享有对受托人的追偿权。如果受害人基于对侵权行为人（即受托人）的严格责任而有权得到赔偿，那么《澳门民法典》第493条第3款不适用，即委托人不能根据这一条款享有对受托人的追偿权。Cordeiro认为，委托人不能根据《葡萄牙民法典》第500条获得补偿，② 这是因为在特殊侵权行为中，过错并不是构成侵权责任的要件，如在交通肇事等风险责任中不必考虑受托人的主观过错，只要其实施了不法行为，造成了损害

---

① 如果受害人是同一委托人的其他受托人，此时分两种情况来对待。如果受损的受托人不是在执行职务的过程中，受同一委托人的其他受托人职务行为侵害的，这同受托人对普通的第三人侵权没有什么不同，都是由委托人承担担保责任。如果受损的受托人是在执行职务的过程中的话，受同一委托人的其他受托人职务行为侵害的，存在责任竞合问题，符合委托人之责任的构成要件的情况下，可以追究其他受托人侵权的委托人之责任；符合工伤损害赔偿的条件，亦可按受托人工伤处理。基于请求之权利的基础不同，其所导致的侵权行为构成要件、举证责任等许多方面会有所不同，可以由受害人自主选择如何追究责任，是请求委托人承担担保责任还是请求工伤损害赔偿。不能剥夺受害人的选择权，不能因为受害人有其他权利救济途径而扼杀其向委托人请求其承担担保责任的权利。

② 〔葡〕J. Sinde Monteiro、〔葡〕Maria Manuel Veloso：《对他人造成的损害的责任：葡萄牙法》，载〔荷〕J. 施皮尔主编《侵权法的统一：对他人造成的损害的责任》，梅夏英、高圣平译，法律出版社，2009，第277页。

结果，委托人就应为其承担担保责任或替代责任，而且委托人不拥有对受托人的追偿权。① 当然，如果受托人的行为虽然造成他人的损害，但由于特定抗辩事由而无须承担责任时，委托人的担保责任也相应免除。再次值得注意的是，J. Sinde Monteiro 和 Maria Manuel Veloso 指出，合同民事责任和非合同民事责任在委托人替代责任上一个非常重要的区别就是，前者可以根据《澳门民法典》第 789 条第 2 款（《葡萄牙民法典》第 800 条第 2 款），当事人可以排除这种严格责任，而后者却不能透过利害关系人之事先协议将委托人之替代责任或担保责任这种严格责任排除。②

总而言之，当上述三个要件符合后，根据《澳门民法典》第 493 条第 1 款，委托人无论本身有无过错，都要对受托之车辆驾驶人造成的损害负责。如前所述，这种风险责任的倾向是为了保护作为债权人的第三人的利益，是为了保障其所遭受到的损害能得到及时的弥补。

3. 委托人之责任的归责原则

委托人之责任是以委托关系为前提的特殊侵权责任，而归责原则是侵权法的基本规则，效力贯穿于侵权法始终。委托人之责任涵盖三个归责原则：第一是委托人承担责任的归责原则，即我们这里所说的委托人之责任的归责原则；第二是受托人侵权行为的归责原则；第三是受托人最终承担责任的归责原则。

委托人之责任的归责原则是确定和追究委托人对受托人的侵权行为承担赔偿责任的基础，它在委托人之责任制度中的重要作用是不言而喻的。根据《澳门民法典》第 493 条（《葡萄牙民法典》第 500 条）第 1 款之规定，可知葡萄牙或澳门民法把委托人就其行为承担责任的性质界定为客观责任或风险责任，③ 即委托人应当对受托人活动产生的风险负责，如 Antunes Varela 所说的，"现行民事法律明确指出委托人责任的客观特征，肯定

---

① 但根据《澳门民法典》第 496 条第 3 款，对受托之驾驶人适用风险责任原则，即使受托人没有过错，委托人仍对其有追偿权，与我们这里所探讨的不符，更加证明《澳门民法典》第 496 条第 3 款之规定是值得商榷的。
② 〔葡〕J. Sinde Monteiro、〔葡〕Maria Manuel Veloso：《对他人造成的损害的责任：葡萄牙法》，载〔荷〕J. 施皮尔主编《侵权法的统一：对他人造成的损害的责任》，梅夏英、高圣平译，法律出版社，2009，第 279 页。
③ 或无过错责任原则。

了其责任不取决于过错（《葡萄牙民法典》第500条第1款）"。① 风险责任原则认为委托人之责任不是建立在委托人过错基础之上，无论委托人自身有无过错，其都应该为受托人在执行职务过程中肇致第三人损害的侵权行为承担责任，这不同于主要以德国和日本等国家为代表所采用的过错责任原则的特殊形式之过错推定责任，② 如 Antunes Varela 所言，"在构建委托人责任时，排除了过错的前提，并超越了单纯的过错推定"，③ 将过错的问题剔除在责任构成要件之外。④

---

① 《葡萄牙民法典》第500条第1款，即《澳门民法典》第493条第1款。参见〔葡〕João de Matos Antunes Varela《债法总论》（第十版）（第一卷），唐晓晴译，未出版，第451页。
② 正如 Antunes Varela 所说，"这里所指的并不是单纯的过错推定（如属过错推定，委托人如欲免除赔偿义务便必须推翻推定），而是一项免除过错的责任，所以，并没有证据证明委托人的行为无过错，或即使他的行为没有过错，损害照样也会发生"。参见〔葡〕João de Matos Antunes Varela《债法总论》（第十版）（第一卷），唐晓晴译，未出版，第451~452页。
③ 参见〔葡〕João de Matos Antunes Varela《债法总论》（第十版）（第一卷），唐晓晴译，未出版，第456页。
④ 过错推定责任仍是以委托人存在过错为前提，即委托人本身对于损害的发生有过错，如其对受托人的选任和监督未尽必要的注意义务等，只是将原来由受害人证明委托人有过错的举证责任倒置到委托人身上，由委托人来证明自己没有过错，如果委托人能够证明自己在选任和监督方面没有过失或即使尽相当注意义务损害仍会产生时，则不对受托人造成的损害承担委托人之责任；如果委托人无法证明其没有过错，法律就推定委托人有过错，由委托人来承担赔偿责任。参见《德国民法典》第831条，《日本民法典》第715条。《德国民法典》第831条："使用他人执行事务者，就该他人因执行事务不法加于第三人之损害，负赔偿责任。使用人于选任雇员及关于装置机器或器具或指挥事务之执行之际已尽交易上必要之注意，或纵加以注意仍不免发生损害者，使用人不负赔偿责任。"《日本民法典》第715条："（一）因某事业雇佣他人者，对雇员因执行其职务而加于第三人的损害，负损害赔偿责任。但是，雇主对雇员的选任及其事业的监督已尽相当注意时，或即使尽相当注意损害仍会产生时，不在此限。（二）代雇主监督事业者，亦负前款责任。（三）前二款规定，不妨碍雇主对雇员行使求偿权。"
另外，对于雇主责任，中国台湾地区较为特殊，其采用过错推定责任与衡平责任相结合的制度，根据中国台湾地区的《民法典》第188条之规定："受雇人因执行职务，不法侵害他人之权利者，由雇用人与行为人连带负损害赔偿责任。但选任受雇人及监督其职务之执行已尽相当之注意或纵加以相当之注意仍不免发生损害者，雇用人不负赔偿责任。如被害人依前项但书之规定，不能受损害赔偿时，法院因其声请，得斟酌雇用人与被告人经济状况，令雇用人为全部或一部之损害赔偿。雇用人赔偿损害时，对于为侵权行为之受雇人，有求偿权。"依照本条，雇主可以通过证明自己在选任和监督上已尽相当之注意义务，或即使尽到了相当之注意义务而仍不能避免损害的发生的抗辩事由而得以免责。但雇主证明自己没有过错而免于承担责任的情况下，法院可以根据受害人的请求适用衡平责任要求雇主承担部分或全部责任。

委托人责任属于无过错责任（Responsabilidade por factos ilícitos），即委托人对受托人侵权责任的承担不以委托人存在过错为依据，[①]"雇主本身不必有过失，雇员的过失由法律推在他身上"。[②] 澳门对委托人之替代责任或担保责任的相关立法规定都没有提及委托人可以通过证明自己已对受托之驾驶人的选任与监督之尽相当注意义务，或即便加以相当之注意义务仍不免发生损害而免责，即车辆所有人等不得以选任与监督上没有过失而主张免责。委托人承担赔偿责任的前提，仅受托人的行为要符合侵权责任的要件，从而受害人向委托人要求赔偿时，其不用考虑委托人是否有过失，无须证明委托人的过错，委托人也不能通过证明自己没有过错而免责，委托人不得主张自己对选任或监督受托人已尽相当之注意义务，或即使尽到这种义务仍不免发生损害而免责。简言之，委托人本身即使对侵权行为的发生无任何过失，仍应对受托之驾驶人的行为负责，这体现了最大限度保护受害人利益的民法理念。

但值得注意的是，如 Pires de Lima 和 Antunes Varela 所言，委托人之责任的归责原则采用风险责任或无过错责任原则只是针对作为承担责任的委托人来说的，委托人承担责任不考虑委托人主观上是否存在过错，但这并不是对受托人而言的，并不是不考虑受托人在实施侵权行为时的过错。[③] 实际上，按照《澳门民法典》第 493 条第 1 款（《葡萄牙民法典》第 500 条第 1 款）的后半部分，"只要受托人对该损害亦负赔偿之义务"，Antunes Varela 和 P. N. de Carvalho 都将此诠释为法律"要求雇员有过错行为"，而 J. Sinde

---

[①] 采用无过错责任原则的国家主要有大陆法系的法国、意大利等国及英美法系国家。例如，《法国民法典》第 1384 条、《意大利民法典》第 2049 条、《希腊民法典》第 92 条、《比利时民法典》第 1384 条都有类似规定。它们的表述可能不尽相同，但其共同点是不以委托人选任或监督受托人的过错确定委托人的责任，无论委托人有无过错，均应对受托人执行职务中的侵权行为承担责任。

[②] 〔英〕John G. Fleming：《民事侵权法概论》，何美欢译，香港中文大学出版社，1992，第 142 页。

[③] "A responsabilidade objectiva só existe nas relações do comitente com o comissário, mas não quanto aos actos praticados por este. Aquele é responsável mesmo que não tenha culpa, mas só é responsável se o comissário, em princípio, tiver culpa." 参见 Pires de Lima e Antunes Varela：*Código Civil Anotado*, Volume I, 4ª Edição Revista e Actualizada, Coimbra Editora, Limitada, 1987, p. 507。

Monteiro 和 Maria Manuel Veloso 则将此理解为"法律要求雇员本身必须有责任"。[①] 对此，笔者更倾向于后面两位学者的观点，我们认为《澳门民法典》第 493 条第 1 款后半部分说明受托人的行为已构成侵权恰恰正是委托人之责任的构成要件之一，以受托人的职务行为应当承担侵权责任为基础条件，至于是否以受托人主观上具有过错（故意或过失）为必要则不能一概而论，应视受托人实施的侵权行为类型来定夺。概言之，蕴含着受托人之责任的前提必须是受托人的行为已构成第三人之合法权益之侵犯，无论这一责任是基于过错行为还是基于无过错责任而产生的。反之，如果客观上不存在受托人对第三人的侵权行为，那就没有在该基础上的委托人责任，让委托人承担责任就无从说起，所以必须结合受托人侵权行为的具体侵权类型和受托人的主观状态，先判断受托人的行为本身是否构成侵权。例如，J. Sinde Monteiro 和 Maria Manuel Veloso 进一步指出，"总体来讲，不管是过错行为案件，还是严格责任案件，雇员的责任是唯一要件"[②]，如果受托之驾驶人在执行职务的过程中给他人造成了损害，但是受托人的行为本身根本就不构成侵权，在法律上应受责难性是缺失的，则没有任何理由要求委托人为此对第三人承担侵权责任。具体而言，对于受托人侵权行为的归责原则是根据侵权行为的构成要件来判断的。如果受托人实施的侵权行为属于一般侵权行为，按照《澳门民法典》第 477 条第 1 款中的一般侵权责任，即因不法事实所生之责任之过错责任原则，其成立以过错为要件，应以受托人主观上具有故意或过失为必要，即委托人承担责任的前提是该受托人在实施该行为时存在主观过错，或出于故意，或出于过失，否则委托人对由此行为造成的损害不承担责任。如 J. Sinde Monteiro 和 Maria Manuel Veloso 所言，"当雇员有过错时，会构成雇主的过错"。[③] 但如果受托人实施的侵权行为是《澳门民法

---

① 〔葡〕J. Sinde Monteiro、〔葡〕Maria Manuel Veloso：《对他人造成的损害的责任：葡萄牙法》，载〔荷〕J. 施皮尔主编《侵权法的统一：对他人造成的损害的责任》，梅夏英、高圣平译，法律出版社，2009，第 263 页。
② 〔葡〕J. Sinde Monteiro、〔葡〕Maria Manuel Veloso：《对他人造成的损害的责任：葡萄牙法》，载〔荷〕J. 施皮尔主编《侵权法的统一：对他人造成的损害的责任》，梅夏英、高圣平译，法律出版社，2009，第 263 页。
③ 〔葡〕J. Sinde Monteiro、〔葡〕Maria Manuel Veloso：《对他人造成的损害的责任：葡萄牙法》，载〔荷〕J. 施皮尔主编《侵权法的统一：对他人造成的损害的责任》，梅夏英、高圣平译，法律出版社，2009，第 263 页。

典》第 477 条第 2 款或第 492 条规定的风险责任之特殊侵权行为，如我们这里所探讨的《澳门民法典》第 496 条所规定之由车辆造成之事故，其不以受托人主观上具有过错为必要，则不必考虑受托人主观上是否具有故意或过失，即便受托人尽到了合理注意义务，但是发生了风险责任（Responsabilidade pelo risco），受托人就是有责任的，满足《澳门民法典》第 493 条后一部分所说的"只要受托人对该损害亦负赔偿之义务"，因此委托人就要承担责任。

此时，如 J. Sinde Monteiro 和 Maria Manuel Veloso 所强调的，"很多严格责任的案件已经排除了雇员的责任，因为他不是从使用动物、汽车或煤气安装中受益的人（《葡萄牙民法典》第 502 条、第 503 条及第 509 条）"，①《澳门民法典》相对应的法条为第 495 条、第 496 条及第 502 条。如果受托人实施的侵权行为属于《澳门民法典》第 477 条第 2 款中法律明确规定的特殊侵权行为，如第 502 条（由电力或气体之设施造成之损害）第 1 款其成立不以过错为主观要件，则不必考虑受托人主观上是否具有故意或过失，即当受托人的行为造成第三人损害时，无论实施该侵权行为的受托人有无过错，即便受托人在主观上对此没有过错，委托人都应对受托人之行为承担替代责任或担保责任，即应对此行为造成的损害承担责任，因委托人对此承担的是无过错之风险责任，而此时在主观上对此没有过错的受托人之责任已被剔除，不用承担赔偿责任。但《澳门民法典》第 496 条对《葡萄牙民法典》第 503 条之规定有所修改，笔者在这里想重述 Antunes Varela 所说的一个经典例子，"如果受托人为着车主之利益而驾驶车辆，且在引致第三人遭受损害之事故中，未能证明或推定驾驶者有过错，而是因为与车辆有关之不可抗力所引致，此时事故之肇事者应为车主——而且只有他——应对受损害之第三人负责，受托人没有任何责任（《葡萄牙民法典》第 503 条第 1 款）"，② 但是令人遗憾的是，这个例子在澳门却没有说服力，因为根

---

① 〔葡〕J. Sinde Monteiro、〔葡〕Maria Manuel Veloso：《对他人造成的损害的责任：葡萄牙法》，载〔荷〕J. 施皮尔主编《侵权法的统一：对他人造成的损害的责任》，梅夏英、高圣平译，法律出版社，2009，第 263 页。

② 参见〔葡〕João de Matos Antunes Varela《债法总论》（第十版）（第一卷），唐晓晴译，未出版，第 455 页。

第二章　交通事故致人损害的非合同民事责任的归责原则

据《澳门民法典》第 496 条第 3 款之规定，对于为他人驾驶车辆之人的归责原则，由《葡萄牙民法典》第 503 条第 3 款规定之过错推定责任更改为风险责任。①

如前所述，受托人的行为构成侵权是委托人承担赔偿责任的必要条件，但是也并非只要受托人的行为构成侵权，委托人就一定承担委托人之责任这一客观责任，现实中也存在受托人的职务行为虽然构成侵权，但委托人却并非作为担保或替代的身份代替受托人承担责任的情况，而是以自己的身份去承担自己的责任，不关乎委托人之责任这一风险责任。② 如 Antunes Varela 所言，"如果委托人在本身作为时有过错（culpa in eligendo, in instruendo, in vigilando 等）的话，他的责任也可以不取决于受托人之过错。在这种情况下，已经不是客观责任了，而是基于委托人过错行为的不法事实之责任"。③

再者，需要注意的是，如果委托人本身也有过错，委托人故意指示或教唆受托之驾驶人侵害他人权利而造成他人的损害的，驾驶人对此是有过错的，根据《澳门民法典》第 483 条（行为人、教唆人及帮助人之责任）

---

① 《澳门民法典》第 496 条第 3 款是对《葡萄牙民法典》第 503 条第 3 款的修改。《澳门民法典》第 496 条（由车辆造成之事故）规定："一、实际管理并为本身利益而使用任何在陆上行驶之车辆之人，即使使用车辆系透过受托人为之，亦须对因该车辆本身之风险而产生之损害负责，而不论该车辆是否在行驶中。二、不可归责者按第四百八十二条之规定负责。三、为他人驾驶车辆之人，须对因该车辆本身之风险而产生之损害负责，但该人虽在执行职务，而车辆不在行驶中者除外。"
《葡萄牙民法典》第 503 条（由车辆造成之事故）规定："一、实际管理并为本身利益而使用任何在陆上行驶之车辆之人，即使使用车辆系透过受托人为之，亦须对因该车辆本身之风险而产生之损害负责，而不论该车辆是否在行驶中。二、不可归责者按第四百八十九条之规定负责。三、为他人驾驶车辆之人，须对因该车辆造成之损害负责，但倘能证实驾驶人没有过错者除外；但若驾驶人不在执行其作为受托人之职务，则应按第一款之规定负责。"
② Pires de Lima 和 Antunes Varela 所言甚是，"O comitente poderá, no entanto, responder independentemente de culpa do comissário, se tiver procedido com culpa（culpa in eligendo, in instruendo, in vigilando, etc.）. Nesse caso, já não haverá responsabilidade objectiva, mas responsabilidade por factos ilícitos, baseada na conduta culposa do comitente". 参见 Pires de Lima e Antunes Varela, *Código Civil Anotado*, Volume I, 4ª Edição Revista e Actualizada, Coimbra Editora, Limitada, 1987, p. 507。
③ 参见〔葡〕João de Matos Antunes Varela《债法总论》（第十版）（第一卷），唐晓晴译，未出版，第 456 页。

之规定，"不法行为之行为人、教唆人或帮助人有数人者，各人均须对所造成之损害负责"，两者之间构成共同侵权，由委托人和驾驶人承担连带责任，而不发生委托人之担保责任或替代责任。委托人和受托人双方都有过错应由委托人与受托人承担连带责任，并不产生委托人之客观责任。在这种情况下，适用《澳门民法典》第490条第2款的规定，委托人与受托人将根据自身的过错程度及其过错造成的后果承担责任。另外，若基于委托人与受托人共同故意或共同过失而构成的侵权行为，或者委托人对于受托人的侵权行为给予便利或帮助，无论委托人是出于故意或是过失，都要与受托人承担共同侵权责任，也不发生委托人之风险责任。

4. 法人之责任

在存在委托关系的交通事故中，委托人亦可能是法人。法人的交通肇事侵权损害赔偿责任指法人对法人的机关[①]、机关据位人、受权人及受任人在执行职务的过程中所实施的交通肇事致害行为所承担的责任。作为拟制主体的法人，一切活动只能透过法人的机关、机关据位人及工作人员去实施，法人可能承担个人责任，亦可能担负替代责任或担保责任，[②] 前者是法人对其机关、机关据位人在执行职务中的侵权行为对受害人承担的赔偿责任，后者是法人对其一般工作人员在履行委托合同中的侵权行为对受害人所担负的损害赔偿责任。根据《澳门民法典》第152条，"法人对其机关据位人、人员、受权人或受任人之作为或不作为，负有一如委托人对受托人之作为或不作为所应负之民事责任"，这其中包含了对法人之非合同民事责任的规定。[③]《澳门民法典》第493条（委托人之责任）亦有类似之规定，要

---

① 例如，《澳门民法典》第145条中所指的行政管理机关或监事会，当然仍得透过自然人去实施。

② A. Prata, *Clausulas de exclusao a limitacao da responsabilidade contractual*, 1985, p. 689. 转引自〔葡〕J. Sinde Monteiro、〔葡〕Maria Manuel Veloso《对他人造成的损害的责任：葡萄牙法》，载〔荷〕J. 施皮尔主编《侵权法的统一：对他人造成的损害的责任》，梅夏英、高圣平译，法律出版社，2009，第263页。

③ 参见《澳门民法典》第150条（对第三人之直接责任），"法人机关据位人须就其担任职务时所造成之损害，按照一般规定对第三人负责"。
《澳门民法典》第151条（受任人及受权人），"以上两条之规定，经作出必要配合后，适用于法人之受任人及受权人"。《澳门民法典》第151条所述的"以上两条之规定"，是指《澳门民法典》第149条和第150条之规定，但第149条与此处探讨的内容无关，所以未列出。

求法人为其工作人员在执行职务中的侵权行为承担责任。而《澳门民法典》第494条则是对公法人之责任的特别规定："任何公法人之机关、人员或代表人在从事私法上之管理活动中对第三人造成损害者，该公法人须按委托人就受托人所造成之损害负责之有关规定，对该等损害承担民事责任。"无论是公法人还是私法人，法人作为一个社会组织，其本身并不能实施行为，它的一切行为只能透过法人的机关、机关据位人、人员、受权人或受任人实施，[①]这就在某种程度上诠释了克雷斯蒂安·冯·巴尔所说的："法人不可能有过错，但它可能承担责任。"[②] F. Correia认为："如果法人机关和代理人是在能力范围内行事，公司要承担责任。"[③]

另外，值得注意的是，不是所有的民法典都区分法人对法人机关的责任这一特别情形和法人对其工作人员的责任，如克雷斯蒂安·冯·巴尔所指出的，除了一些关于公司法的判决中有关法人机关责任的规则之外，在奥地利、比利时、法国、意大利、卢森堡、荷兰及西班牙等很多欧洲国家的民法典中均没有涉及法人机关责任的专门性条款，但在德国、希腊及葡萄牙等国家的民法典中有起"澄清作用"的此等规定。[④] 对于葡萄牙，参见《葡萄牙民法典》第165条、第500条和第998条。而在中国澳门，比较《澳门民法典》第152条（法人之民事责任）和第494条（公法人之责任）这两个条款，可知第152条没有此等规定，但是第494条明确规定有法人机关责任这一特别情形。而根据《澳门民法典》第493条可知，法人的工作人员的侵权损害责任也属于委托人之责任的范畴，法人的替代责任或担保责任概括在委托人之责任的条款中。法人行为主体的不同会不会引致所产生的侵权行为责任性质的不同，这似乎饱受争议，争议在于对法人机关的侵权行为，法人对其机关的责任到底是对他人的责任，还是对自己的不当

[①] 参见〔德〕克雷斯蒂安·冯·巴尔《欧洲比较侵权行为法》（上），张新宝译，法律出版社，2001，第224页，注解1020。

[②] 〔德〕克雷斯蒂安·冯·巴尔：《欧洲比较侵权行为法》（上），张新宝译，法律出版社，2001，第224页。

[③] F. Correia, *Anteprojecto sobre as pessoas colectivas*，1975，转引自〔葡〕J. Sinde Monteiro、〔葡〕Maria Manuel Veloso《对他人造成的损害的责任：葡萄牙法》，载〔荷〕J. 施皮尔主编《侵权法的统一：对他人造成的损害的责任》，梅夏英、高圣平译，法律出版社，2009，第266页。

[④] 〔德〕克雷斯蒂安·冯·巴尔：《欧洲比较侵权行为法》（上），张新宝译，法律出版社，2001，第224页，注解1020。

行为承担的责任。① 因为法人机关一般被视为法人自身的组成部分，法人机关一般无须专门授权即可在法律和章程规定的许可权限范围内直接代表法人从事一定的民事行为，法人机关在职务范围内的行为被视为法人自身的行为，其法律后果直接由法人承担。例如克雷斯蒂安·冯·巴尔所说的，如果法人机关理论（Organtheorie）的原则为绝大多数欧洲国家付诸实施，得出的结论可能是，"法人对其机关的责任不是对他人的责任，而是对自己的不当行为的责任"。② 对此可能的解释是，法人对其机关和机关据位人的职务侵权行为所承担的责任，不是对他人的行为承担责任，而是法人对自己的行为承担责任，类似于自然人为自己的侵权行为承担损害赔偿责任，这属于一般侵权行为，而非法律规定之特别侵权行为，可以透过适用一般侵权行为的条款加以规范，不必特别做出规定。又如克雷斯蒂安·冯·巴尔所言，"目前不可能也没有必要判断哪一种观点是正确的"，因为"法人对其机关的责任为严格责任的原则之理论没有任何争议"。③ 而在澳门，根据《澳门民法典》第152条、第493条和第494条之规定，当法人的机关④、机关据位人、人员、受权人或受任人在执行职务的过程中致人损害时，法人所承担的赔偿责任都视为风险责任之委托人之责任。由此可见，在澳门，法人对法人的机关、机关据位人及其他工作人员的职务侵权行为承担责任的性质没有明显的区别，并没有将法人机关与后两者的行为区别开来，认为法人的机关、机关据位人及其他工作人员之致害责任与委托人之责任在责任性质、构成要件、法律后果等方面没有实质差别，因此被纳入委托人之责任的范畴之中，法人在此种情况下承担的都是委托人之责任。据此可知，法人侵权行为也属于特殊的侵权行为，是为他人的行为负责，

---

① 〔德〕克雷斯蒂安·冯·巴尔：《欧洲比较侵权行为法》（上），张新宝译，法律出版社，2001，第223页。
② "而且可以争论的是，法人是'通过'其机关实施行为的，即被任命作为其经理和代理人的自然人实际上是它的大脑和躯体。质言之，法人是被定义为由自然人来代表它（的人）。在任何时候，只有自然人行为时法人才行为。这是法人机关理论（Organtheorie）的原则。"参见〔德〕克雷斯蒂安·冯·巴尔《欧洲比较侵权行为法》（上），张新宝译，法律出版社，2001，第225页。
③ 〔德〕克雷斯蒂安·冯·巴尔：《欧洲比较侵权行为法》（上），张新宝译，法律出版社，2001，第225~226页。
④ 至少根据上述的《澳门民法典》第494条。

是一种委托人之责任,而法人侵权责任的责任主体是法人自己。

具体到法人之交通肇事侵权,若法人的机关据位人、人员、受权人或受任人在执行职务的过程中产生交通事故致他人损害,法人应承担责任。其法理依据在于,该车辆运行仍由该法人意思支配,法人的机关据位人、人员、受权人或受任人仅是遵照该法人意思行事,履行的是职务行为,法人才是真正的车辆之运行的控制支配者,同时法人的机关据位人、人员、受权人或受任人通过从事职务行为而取得的运行利益全部归属于该法人,因此,在委托关系下发生的交通事故,应将该法人作为损害赔偿主体。

5. 委托人之责任的特殊情形——公法人之责任

在存在委托关系的交通肇事侵权纠纷中,委托人还可能是公法人。相对于一般的委托人之责任,公法人之责任的特殊性在于,只有澳门特别行政区享有立法、行政、司法权和财政权的机关及工作人员才能构成公法人侵权行为的主体。对于公法人,J. Sinde Monteiro 和 Maria Manuel Veloso 指出,"我们必须区别私人行为和为实现具体公共目标的行为"。[①] 在民法执行职务过程中侵权,对本地区行政当局及其他公法人的机关或行政人员来说,执行职务既包括作为行使政府公权力的澳门特别行政区政府机关及公务人员依据法律行使公法上的职权行为,也涵盖作为公法人的政府机关和其工作人员根据公法人的指示所从事的私法上的管理活动,如购买办公用品,订立买卖合同、租赁合同以及劳务合同等。

如果是后者,即公法人的机关及其机关工作人员在从事私法管理上的活动中实施了交通肇事侵权行为,而本地区行政当局及其他公法人没有行使公权力,只是作为一般民事主体参与到社会活动中时,其与自然人、公司法人的民事权利义务并没有实质差别。在民事法律关系中,本地区行政当局及其他公法人之机关、人员或代表人在从事私法管理上的职务活动中对第三人所造成之道路交通事故侵权行为,由公法人替代其承担损害赔偿责任,这与委托人之责任并没有区别。根据《澳门民法典》第 493 条和第 494 条之规定,公法人要对公法人之机关、人员或代表人之交通肇事侵权行

---

① 〔葡〕J. Sinde Monteiro、〔葡〕Maria Manuel Veloso:《对他人造成的损害的责任:葡萄牙法》,载〔荷〕J. 施皮尔主编《侵权法的统一:对他人造成的损害的责任》,梅夏英、高圣平译,法律出版社,2009,第 266 页。

为承担替代责任或担保责任。

如果是前者，对于公共行为，按照 J. Sinde Monteiro 和 Maria Manuel Veloso 的解释，我们可知政府可以从它的政府事务行为和特殊的政府职责中获得利益，并且能用政府独特的方式方法去行事。① 葡萄牙 1967 年 11 月 12 日第 48051 号法令第 2 条中规定的"公共行为"，如 J. Sinde Monteiro 和 Maria Manuel Veloso 所诠释的，"当代理人和机关的侵权行为，发生在雇佣范围内，由雇佣关系而生"，即对国家机关及其工作人员在从事公法上的职务活动中所造成的侵权，"国家要承担责任"，同时根据该法令第 3 条，"仅在公务员存在明显过失和疏忽时，赔偿诉讼才可以被提起"。② 葡萄牙 1967 年 11 月 12 日第 48051 号法令没有在澳门生效，而是由澳门第 28/91/M 号法令对"公共实体受行政法律规范的活动的非合同民事责任作出规范"。③ 澳门 4 月 22 日第 28/91/M 号法令《订定本地区行政当局、公共法人其权利人及公共管理代理人之合约外民事责任制度》规定了本地区行政当局及其他公法人等公共机构的公法管理行为。根据同法令第 5 条之规定，仅在机关据位人或行政人员有过错，其是"出于故意或明显欠缺担任职务所需之注意及热心"时，本地区行政当局及其他公法人对该有过错之机关据位人或行政人员才享有追偿权。另外，除了该法令第 5 条之规定本地区行政当局及其他公法人对其机关或行政人员在从事公务活动中过错之不法行为承担责任外，第 9 条和第 10 条分别规定了本地区行政当局和其他公法人之"危险责任"和"符合规范行为之责任"等无过错责任原则，这是指本地区行政当局及其他公法人之机关及其工作人员在履行职务中给第三人造成损害的，结合《澳门民法典》第 496 条之规定，还包括本地区行政当局及其他公法人之机关及其工作人员在履行职务中引致交通肇事的侵权行为，无论本地区行政当局及其他公法人有无过错，均应承担赔偿责任。

---

① 〔葡〕J. Sinde Monteiro、〔葡〕Maria Manuel Veloso：《对他人造成的损害的责任：葡萄牙法》，载〔荷〕J. 施皮尔主编《侵权法的统一：对他人造成的损害的责任》，梅夏英、高圣平译，法律出版社，2009，第 266 页。
② 〔葡〕J. Sinde Monteiro、〔葡〕Maria Manuel Veloso：《对他人造成的损害的责任：葡萄牙法》，载〔荷〕J. 施皮尔主编《侵权法的统一：对他人造成的损害的责任》，梅夏英、高圣平译，法律出版社，2009，第 266 页。
③ 澳门 2006 年 1 月 18 日第 23/2005 号案统一司法见解，第 38 页。

关于公法人之公共管理和私法管理活动所造成侵权行为的另一区别，体现在诉讼之有管辖权之法院的不同上。澳门特别行政区第9/1999号法律《司法组织纲要法》第30条第2款第3项第4分项规定，"在行政上的司法争讼方面，在不影响中级法院的管辖权的情况下，行政法院有管辖权审理：……关于澳门特别行政区、其他公共实体及其机关据位人、公务员或服务人员在公共管理行为中受到损害而提起的非因合同而产生的民事责任的诉讼，包括求偿诉讼"，可知将行政当局和其他公法人的公共管理活动所肇致损害的非合同民事责任而提起诉讼之审判权赋予行政法院，而行政当局和其他公法人的私法管理活动所导致的交通肇事侵权损害等非合同民事责任而提起诉讼之审判权则赋予普通管辖法院。

6. 免除或减轻责任事由

委托人之责任是一种基于法律的制度设计，驾驶人的交通肇事侵权行为是委托人之责任存在的前提条件，委托人要承担侵权责任，首先必须要求驾驶人的侵权责任完全符合《澳门民法典》中所规定的构成要件。如果驾驶人的行为虽然造成了他人合法权益的损害，但若因某种正当的理由或不归责性事由，如不可抗力等特定抗辩事由的存在引致驾驶人不必承担侵权责任，则委托人的责任也相应被免除。因此，驾驶人在其致害过程中存在抗辩事由应该同样适用于委托人对受害人责任的承担，不可抗力、正当防卫、紧急避险、受害人之过错等也应该成为委托人免除或减轻责任的事由。J. Sinde Monteiro 和 Maria Manuel Veloso 指出，委托人可以受害人明知驾驶人没有得到授权而为之来对抗受害人，受害人在此种情形下行使诉讼权利被认为是构成《澳门民法典》第326条（《葡萄牙民法典》第334条）权利之滥用。[①]

此外，在现实生活中可能存在委托合同约定委托驾驶期间，驾驶人因交通肇事造成他人损害的，由委托人或驾驶人自行单独对受害人承担责任的情形，即委托双方对侵害第三人利益的责任承担做出约定。对于这种免责条款（或减轻责任条款）的效力可以从两方面去把握，一方面，根据合同相对性原则，委托双方的这种约定只能在合同当事人（即委托人和驾驶

---

① 《澳门民法典》第326条（权利之滥用）规定："权利人行使权利明显超越基于善意、善良风俗或该权利所具之社会或经济目的而产生之限制时，即为不正当行使权利。"

人）之间有效，这种约定不能对抗第三人，即我们这里所说的赔偿权利人，免责条款或减轻责任条款不能作为委托人免除责任的依据，委托人仍然应就驾驶人的职务驾驶行为给第三人造成的损害承担侵权责任。委托人对驾驶人职务侵权承担赔偿责任为一项法定义务，在驾驶人的职务驾驶行为致人损害时，赔偿权利人有权请求其承担损害赔偿责任。那些试图通过事先约定的免责条款或减轻责任条款规避委托人责任的做法不能得到法律的支持。因为这种免责约定不是作为委托双方的委托人和驾驶人对自己民事权利的处分，而是对第三人——受害人应负的法律强制义务的逃避。因此，委托人对受害人承担的外部责任不受委托合同双方内部约定的影响，该内部约定不能对抗受害人要求委托人承担侵权损害赔偿责任的请求，委托人在承担驾驶人在执行职务驾驶的过程中对第三人造成损害的外部责任上，不能因委托双方的约定而减轻或免除责任。另一方面，根据私法自治原则，法律也应保护民事主体的缔约自由，在不违反现行法律的前提下，有效的事先免责条款或减轻责任条款可以作为委托人和驾驶人内部责任分担的依据，委托人在承担交通肇事对外责任后，可以依据免责条款或减轻责任条款，要求驾驶人赔偿自己因对第三人承担赔偿责任所遭受的损失。

（二）委托关系中道路交通肇事情形下对受托之驾驶人的归责原则的探讨

在葡萄牙，根据《葡萄牙民法典》第 503 条第 1 款之规定，车辆所有人以无过错责任承担侵权责任为原则，而对于受托之驾驶人，《葡萄牙民法典》第 503 条第 3 款规定了过错推定的归责方式，实行举证责任倒置，如 Antunes Varela 指出的，"驾驶者如果证明自己没有过错的话，则不用负责"；[①] 但如果驾驶者不能证明自己没有过错，应当与车辆之所有权人一起向受损害之第三人承担连带责任。[②] 而在澳门，根据《澳门民法典》第 496 条之规定，车辆所有人以无过错责任承担侵权责任为原则，而受托之驾驶

[①] 〔葡〕João de Matos Antunes Varela：《债法总论》（第十版）（第一卷），唐晓晴译，未出版，第 465 页。

[②] 《葡萄牙民法典》第 503 条规定："一、实际管理并为本身利益而使用任何在陆上行驶之车辆之人，即使使用车辆系透过受托人为之，亦须对因该车辆本身之风险而产生之损害负责，而不论该车辆是否在行驶中。二、不可归责者按第 489 条之规定负责。三、为他人驾驶车辆之人，须对因该车辆造成之损害负责，但倘能证实驾驶人没有过错者除外，但若驾驶人不在执行其作为受托人之职务，则应按第 1 款之规定负责。"

人同样以无过错责任承担车辆侵权责任。依照《澳门民法典》第 496 条第 3 款的规定，不仅仅是车主的（客观）责任外，受托之驾驶人也要承担风险责任，只是和车主相比，受托之驾驶人多了一项抗辩事由，即在其虽然在执行职务的过程中，但是车辆却没有行驶的情况下，受托之驾驶人可以免责。如 Antunes Varela 所指出的，《葡萄牙民法典》第 503 条第 1 款，即《澳门民法典》第 496 条第 1 款中所规定的"为本身利益而使用"这个要件正是为了"排除像受托人那样，不是为了本身利益，而是为了他人（委托人）利益或受他人指令而使用车辆之人的客观责任"。① 也正如克雷斯蒂安·冯·巴尔所言，"如果一项法律允许一个人——或者是为了经济上需要，或者是为了他自己的利益——使用物件、雇佣职员或者开办企业等具有潜在危险的情形，他不仅应当享有由此带来的利益，而且也应当承担由此危险对他人造成任何损害的赔偿责任：获得利益者承担风险"。② 《澳门民法典》第 496 条第 3 款是对《葡萄牙民法典》第 503 条第 3 款的修改，将受托之驾驶人的过错推定的归责方式改为风险责任（即客观责任），只是受托之驾驶人比车主多一个免责事由。也正如我们在前面所探讨的那样，《澳门民法典》第 496 条第 1 款所说的"为本身利益而使用"旨在排除受托之驾驶人的客观责任，认为基于雇佣或其他契约关系，为他人驾驶机动车的驾驶者，车辆的"实际管理"支配权及因此而生的利益归属于车辆持有人，可是《澳门民法典》第 496 条第 3 款却规定了受托之驾驶人的客观责任，第 496 条第 1 款和第 3 款规定的互相矛盾可能会引致实务适用上的混乱，加在受托之驾驶人身上过重的责任不仅会让驾驶人忐忑不安，也会令人疑窦丛生。

再者，根据《澳门民法典》第 493 条第 1 款之规定，③ 对于委托人实行

---

① 〔葡〕João de Matos Antunes Varela：《债法总论》（第十版）（第一卷），唐晓晴译，未出版，第 465 页。
② 〔德〕克雷斯蒂安·冯·巴尔：《欧洲比较侵权行为法》（上），张新宝译，法律出版社，2001，第 10 页。
③ 《澳门民法典》第 493 条（委托人之责任）规定："一、委托他人作出任何事务之人，无论本身有否过错，均须对受托人所造成之损害负责，只要受托人对该损害亦负赔偿之义务。二、委托人仅就受托人在执行其受托职务时所作出之损害事实负责，但不论该损害事实是否受受托人有意作出或是否违背委托人之指示而作出。三、作出损害赔偿之委托人，就所作之一切支出有权要求受托人偿还，但委托人本身亦有过错者除外；在此情况下，适用第四百九十条第二款之规定。"

风险责任原则的条件是"只要受托人对该损害亦负赔偿之义务",对于受托人而言,归责原则仍属于《澳门民法典》第 477 条第 1 款规定之过错责任原则(《葡萄牙民法典》第 503 条第 3 款规定,对受托之驾驶人适用过错推定责任原则),不属于同条第 2 款所述的法律特别规定之风险责任情形。①

对于受托之驾驶人所适用原则之更改,有澳门学者指出,"澳门民法典对因车辆造成的风险责任的规定,作了一个较大胆的尝试:原适用于澳门的葡民法典对为他人驾驶车辆的人设定了推定过错,使他们所承担的责任超出了风险责任的范畴,成为主观责任,比车辆拥有人的责任更重,这规定一向被视为不大合理,因为仅从职业司机对车辆的性能应较熟悉来考虑。以致当车辆造成他人损失时,便推定司机有过错,须承担过错责任,这立法理由依据的说服力并不强,司机虽然为他人驾驶车辆,但维持车辆的正常操作与安全其实不是单靠司机本人可做到的,车辆的拥有人往往操控着保养车辆措施的最终决定权(财政管制),所以将司机的责任推定主观化是不适当的"。② 笔者对此观点有所保留,笔者以为通过本章前面对澳门侵权行为归责原则体系的介绍,可知风险责任是侵权行为法中最为严厉的责任,其重于过错推定责任,其不以车辆受托之驾驶人一方有过错为要件,即不论车辆受托之驾驶人主观上有无过错,只要其加害行为导致他人人身或财产遭受损害,就要承担赔偿责任,车辆受托之驾驶人一方也不能透过证明自己无过错而获免责,除非有法定的免责事由。③ 而过错推定责任除了法定的免责事由外,虽在肇事车辆造成他人损失时推定受托之驾驶人有过错,但至少还给受托之驾驶人另外一个机会,其可以透过证明自己没有过错而免于承担责任,而《澳门民法典》第 496 条第 3 款将《葡萄牙民法典》第

---

① 《澳门民法典》第 477 条(一般原则)规定:"一、因故意或过失不法侵犯他人权利或违反旨在保护他人利益之任何法律规定者,有义务就其侵犯或违反所造成之损害向受害人作出损害赔偿。二、不取决于有无过错之损害赔偿义务,仅在法律规定之情况下方存在。"
② 杜慧芳:《澳门民法典所带来的更新》,载《澳门大学法学院学生会成立十周年特刊》,澳门大学法学院学生会,2000,第 58 页。
③ 过错推定原则:根据《澳门民法典》第 477 条,是指在法律有特别规定之场合,从损害事实的本身推定加害人有过错,即行为人要有过错才须负责,法律先推定其有过错,再由加害人举证自己没有过错。而一般过错责任原则要求受害人必须自行举证证明加害人具有过错。和一般过错责任原则相比,过错推定原则强化了对作为弱势群体的受害人之保护,使其处于有利的诉讼地位。

503 条第 3 款受委托之驾驶人的归责原则从"过错推定责任"更改为"风险责任",属于无情地剥夺了受托之驾驶人这样的一个机会或者说一项权利,因为其即使可以证明自己没有过错,也不能因此免责。当然,笔者并不反对该澳门学者所说的,"司机虽然为他人驾驶车辆,但维持车辆的正常操作与安全其实不是单靠司机本人可做到的,车辆的拥有人往往操控着保养车辆措施的最终决定权(财政管制)",[1] 笔者认为这也正是车辆的所有人要承担风险责任的要件之一,即《澳门民法典》第 496 条第 1 款所说的"实际管理"支配车辆权,也是不让受托之驾驶人负担"风险责任"的原因之一。

该学者亦指出,"原葡民法典在这方面还订有另一不合理规范——如司机逾越职务上的需要而使用车辆,则仅对车辆意外所造成的损失承担风险责任,这一规定无疑导致一种难以理解的情况出现:同一司机开同一车辆,如意外发生在车辆的职务使用时间,司机承担(推定的)主观过错责任;如意外发生在非车辆的职务使用时间,即在所谓司机'开小差'私用车辆的时间内,则司机反获得法律的厚待,被等同于车辆的拥有人(或实际管理车辆之人),从而仅承担风险责任",[2] 但笔者认为这一规定是合情合理,有法律依托的。受托之驾驶人在车辆的职务使用期间发生交通事故,其是以一个受托人的身份行事,此时,委托人仍享有《澳门民法典》第 496 条第 1 款所说的"实际管理"支配车辆权,车辆所有人或使用人选任、监督、指示受托之驾驶人从事活动,而受托之驾驶人是为所有人或使用人的利益而从事职务活动,所有人或使用人是利益之归属者,满足《澳门民法典》第 496 条第 1 款所说另一要件"为本身利益而使用任何在陆上行驶之车辆",该风险责任的主体应是车辆的所有人或使用人,而非受托之驾驶人。再者,若受托之驾驶人在非车辆职务使用期间发生交通肇事,该学者认为在这种情形下,"司机反获得法律的厚待",其实相对于前者(车辆的职务使用期间),受托之驾驶人并没有获得优待,因其要面对最为严厉的归责原则。在非车辆职务使用期间的交通肇事属于机动车受托之驾驶人因其自主

---

[1] 杜慧芳:《澳门民法典所带来的更新》,载《澳门大学法学院学生会成立十周年特刊》,澳门大学法学院学生会,2000,第 58 页。

[2] 杜慧芳:《澳门民法典所带来的更新》,载《澳门大学法学院学生会成立十周年特刊》,澳门大学法学院学生会,2000,第 58 页。

驾驶行为导致发生道路交通事故，责任认定亦应透过充分引入《澳门民法典》第 496 条第 1 款所规定之"实际管理"和"为本身利益而使用"的双重标准来判定，受托之驾驶人擅自驾驶行为不属于执行职务的范围，受托之驾驶人享有对车辆的实际管理权，同时也是为自己的利益而从事活动，受托之驾驶人应据此承担风险责任。

该学者还指出，"现在，澳门民法典不仅将司机的责任全定为风险责任，并将即使属职务使用车辆、但损害系于车辆非在行驶中时发生的情况列为排除司机风险责任的情况，这种有利于司机的责任变更无疑是一个真正的变革，其利弊看来尚有待更多的实践个案来证明"，[1] 笔者认为将受托之驾驶人的责任也定为风险责任对受托之驾驶人是不公平的，也是极不利的，因其作为一个受托人，要同委托人一起共担风险责任。笔者并不否认对归责原则的改变是一个变革，但笔者认为对受托之驾驶人来说，这项变革有失公允。

该学者亦提出，"笔者较认同前半部分的革新，但对后半部分，即以损害非发生在车辆行驶中视作排除司机风险责任的情况则有所保留。因为这种做法将导致当出现一些难以证明司机有过错的情况时，车辆拥有人便需单独承担风险责任，即使损害是在司机私用车辆（如司机利用工务之便，前往接儿子放学，将车停在学校附近）的情况下发生"，[2] 其不仅主张在车辆行驶时对受托之驾驶人适用风险责任原则，甚至在车辆处于静止状态时也对其适用风险责任原则，即对法律赋予受托之驾驶人在车辆静止时免于承担风险责任的事由持异议，其所主张的理由是，"因为这种做法将导致当出现一些难以证明司机有过错的情况时，车辆拥有人便需单独承担风险责任"，其实即便是采用过错推定原则，也根本无须证明受托之驾驶人有过错，因为一旦发生交通肇事，就推定其有过错，要与车辆所有人承担连带责任，况且对于受托之驾驶人职务范围外的擅自驾驶行为，行为主体受托之驾驶人要自负责任，应对此承担风险责任。笔者以为，在车辆行驶时对受托之驾驶人适用风险责任原则就已属苛刻，在车辆处于静止状态时也对

---

[1] 杜慧芳：《澳门民法典所带来的更新》，载《澳门大学法学院学生会成立十周年特刊》，澳门大学法学院学生会，2000，第 58 页。

[2] 杜慧芳：《澳门民法典所带来的更新》，载《澳门大学法学院学生会成立十周年特刊》，澳门大学法学院学生会，2000，第 58 页，注解 25。

其适用风险责任原则更是严上加严。

另外，克雷斯蒂安·冯·巴尔指出，"倘若原告不能证明驾驶者的过失，驾驶者本人也无法推翻过错推定，则他根据德国法仅在最高责任限额内承担责任"，但受托之驾驶人不受《葡萄牙民法典》第508条的保护，[①]这是不是意味着在澳门受雇佣驾驶者同样不受《澳门民法典》第501条的保护？好像没有证据显示不是这样。克雷斯蒂安·冯·巴尔进一步指出，在葡萄牙基于过错推定责任下的受托之驾驶人，纵使受害人未对受托之驾驶人提起诉讼，"在内部关系上雇主对他仍有民法典第500条第3款下的追偿权"，受托之驾驶人没有最高责任限额保护的情形，"这是一个社会福利国家无法容忍的"话，那澳门民法较葡萄牙民法对待受托之驾驶人更为苛刻的情形岂不更令人担忧？因为受托之驾驶人同样没有受《澳门民法典》第501条之保护，同时要应对的归责原则是风险责任，而不是葡萄牙采用的过错推定责任，如果其有基于过错推定之过错的话，则与车主在基于风险责任的基础上承担连带责任。[②] 基于此，我们有理由相信，从某种意义上讲，受托之驾驶人比车主承担的责任更重，因为车主的确是承担风险责任，但他至少还有《澳门民法典》第501条的保护，但是受托之驾驶人连这一道屏障都没有。所以，笔者以为《澳门民法典》第496条第3款之规定在这种情形下显然是不符合侵权法理论的，姑且不说前面所述的理由，仅是让受托之驾驶人比车主承担更多的负荷，这一点的合理性也是十分令人怀疑的，至少是引人误解的。

对于受托人承担之风险责任，Manuel Trigo教授在他的专著中主张，"受托人须承担风险责任，即使没有过错亦然，尽管仅限于客观范围以及与委托人一起承担责任，两者须负连带责任，而在内部关系上，委托人的责任较大，因为有较大利益——第500条第2款第一部分规定，在各应负责任之人之关系中，损害赔偿之义务按每人在车辆使用中所具有之利益而分配，

---

① 〔德〕克雷斯蒂安·冯·巴尔：《欧洲比较侵权行为法》（下），焦美华译，张新宝审校，法律出版社，2001，第485~486页。
② 《葡萄牙民法典》第503条。参见《葡萄牙民法典》，唐晓晴等译，北京大学出版社，2009，第89页；〔德〕克雷斯蒂安·冯·巴尔：《欧洲比较侵权行为法》（下），焦美华译，张新宝审校，法律出版社，2001，第485~486页。

尤其是委托人的利益较大或具有专属利益"①，尽管连带损害赔偿责任是根据委托人和受托人在车辆运用中所享有的利益来进行分配的，可能最终仍是由车辆之真正持有人，即委托人独自承担责任，但试问若委托人因故没有买保险或保险合同无效或失效，又或其没有财力承担责任呢？即便不发生上述的情形，那让受托人担负风险责任的根据何在呢？

实际上，《澳门民法典》之所以将受托之驾驶人之推定责任改为风险责任，是因为当时的葡萄牙学者，主要是 Manuel Trigo 教授提出原来葡萄牙采取的方法有所不妥，对此，笔者有专门去请教过 Manuel Trigo 教授。他指出，为这个问题所做的修改与不合时宜的法国旧理论相关，但同时他也指出，对这个问题的修改也的确存有争议。例如，澳门大学 Almeno de Sá 老师主张"立法者就受托人在交通事故中的责任作出的规范，使本人感到困惑……《澳门民法典》在这方面所采取的解决办法是较为激进的……"，②可见 Almeno de Sá 是不太认同这种解决办法的，他质疑对受托之驾驶人采取客观责任之正当性，他认为受托之驾驶人之责任欠缺法律上的理论依据，笔者也认同 Almeno de Sá 的说法，其不仅没有具有说服力的理论依据，更加严重的是，如本章前面部分所介绍的，将受托之驾驶人之推定责任改为风险责任也违背了《澳门民法典》第 496 条第 1 款中让车辆持有人承担风险责任的要件之一"为本身利益"而使用车辆。

根据以上分析笔者认为，在车辆侵权纠纷中，根据《澳门民法典》第 493 条之规定，委托人（车辆所有人或使用人）将为受托之驾驶人（机动车的实际控制人）承担替代责任或担保责任。而《澳门民法典》第 496 条第 1 款规定，在受托之驾驶人执行职务发生交通事故的情形下，委托人选任、监督、指示受托之驾驶人从事活动，委托人享有对车辆的"实际管理"权限，受托之驾驶人是为委托人的利益而从事的职务活动，委托人是利益之归属者，因此受托之驾驶人在执行职务中造成他人人身或财产损害的，

---

① ［葡］Manuel Trigo（尹思哲）：《债法概要》（最新修订本），朱琳琳译，杜慧芳校，澳门法律系三年级教材，未发行，1997～1998，第 262 页。
② Almeno de Sá, "Traços Inovadores do Direito das Obrigações no Novo Código Civil de Macau – O Princípio da Efectividade dos Direitos do Credor," *Boletim da Faculdade de Direito da Universidade de Macau*, 1999, pp. 141 – 142.

理应由委托人承担责任。综上所述，无论是依据《澳门民法典》第493条所规定之委托人之责任，还是按照《澳门民法典》第496条第1款所规定之道路交通侵权责任，受托之驾驶人都无法成为风险责任的主体。故而，笔者建议将《澳门民法典》第496条第3款所规定之风险责任改为过错推定责任，具体来说为"为他人驾驶车辆之人，须对因该车辆所造成之损害负责，但倘能证实驾驶人没有过错者除外"，[①] 当受托之驾驶人因其实际驾驶机动车，若根据过错推定责任原则受托之驾驶人对交通事故之发生有故意或过失时，委托人可以向其追偿驾驶人的全部或者部分责任。当然，对其不在执行职务时所产生的交通肇事，仍按《澳门民法典》第496条第1款规定之风险责任处理，可在第496条第3款增添上"但若驾驶人不在执行其作为受托人之职务，则应按第一款之规定负责"。[②]

第三节　车辆碰撞情形下的归责原则

一　车辆碰撞

（一）车辆碰撞的概念和情形

车辆碰撞，即车辆之间发生交通事故。Antunes Varela 指出，车辆碰撞的概念分为狭义和广义，狭义的碰撞是指当两辆车都在行驶时所发生之碰撞，如 A 驾驶一辆汽车，而 B 则驾驶另一辆汽车，两车发生碰撞，造成 A 轻伤，B 受伤经送医院抢救无效死亡，以及两车不同程度损坏的交通事故。广义的碰撞还涵盖另外一种情形，即当一辆车停泊或缓行，另一辆车处在行驶状态对其撞击。[③]

对车辆碰撞的情形，1978 年 10 月 11 日的科英布拉中级法院的合议庭裁判对车辆碰撞区分了六种情形：①证明在车辆碰撞中，双方驾驶者都有

[①] 参考《葡萄牙民法典》第503条第3款前半部分。参见《葡萄牙民法典》，唐晓晴等译，北京大学出版社，2009，第89页。

[②] 参考《葡萄牙民法典》第503条第3款后半部分。参见《葡萄牙民法典》，唐晓晴等译，北京大学出版社，2009，第89页。

[③] 〔葡〕João de Matos Antunes Varela：《债法总论》（第十版）（第一卷），唐晓晴译，未出版，第682页。

过错，而且相关比例能够确定；②证明在车辆碰撞中，双方驾驶者都有过错，但相关比例无法确定或不能证明；③证明只有其中一人有过错；④证明两者都没有过错；⑤无法或没有证明驾驶者的过错；⑥无法证明车辆对造成有关损害之风险大小。① Dario Almeida 教授将没有过错情形下的车辆碰撞分为以下三种情形：①两辆车都遭受到损害；②只有其中一辆车遭受到损害；③损害仅由其中一辆车导致。② Antunes Varela 则将车辆碰撞分为以下四种情况：①当两位驾驶者都有过错时；②当只有其中一位驾驶者有过错时；③当两位驾驶者都有过错，但不能确定各自对损害之产生的责任比例时；④当两位驾驶者都没有过错时。③

（二）车辆碰撞的归责原则

笔者认为，对于车辆与车辆之间发生交通事故后的归责原则，按照《澳门民法典》第477条、第496条、第499条及第500条，车辆碰撞采用风险责任和过错责任相结合的原则，即车辆碰撞采用双重归责原则。这种归责原则不属于归责原则体系中一种独立的归责原则，也不是澳门第3/2007号法律《道路交通法》独创的一种新型归责原则，而是在同一侵权行为中同时交叉适用两种归责原则，是适用归责原则的一种新形态。

1. 过错责任原则

在车辆与车辆之间适用过错责任原则，首先按照各方的过错程度来划分交通事故侵权行为中的民事责任。车辆之间发生交通事故，如果只是其中一位驾驶者有过错，则由有过错的肇事一方承担赔偿责任，"无论是被损害之车辆的物主，还是这辆车或另一辆车中被运送之人及其携带之物，或是其他的人或物"；④ 如果两位驾驶者都有过错，如两者均超速行驶，或一方超速，而另一方有醉酒驾驶、超速或闯红灯等行为，则按照各自过

---

① Dario Almeida, *Manual de Acidentes de Viação*, 3ª Edição, Almedina, 1987, pp. 597 – 598.
② Dario Almeida, *Manual de Acidentes de Viação*, 3ª Edição, Almedina, 1987, p. 359 and subsequent pages.
③〔葡〕João de Matos Antunes Varela：《债法总论》（第十版）（第一卷），唐晓晴译，未出版，第682页及后续数页。
④ 艾林芝：《车辆碰撞的民事责任——以澳门民法典之规定为中心》，《法学论丛》第6期，2007，第132页；〔葡〕João de Matos Antunes Varela：《债法总论》（第十版）（第一卷），唐晓晴译，未出版，第481～486页。

第二章 交通事故致人损害的非合同民事责任的归责原则

错的比例分担责任,"各自对与其所作出之事实相应的损害负责";如果两位驾驶者都有过错,但又不能确定各自对损害产生的责任比例时,根据《澳门民法典》第499条第2款,"在有疑问时,每一车辆对造成有关损害……每一方驾驶员所具有之过错程度均视为相等",即如果无法确定各责任人的原因力大小、过错程度及过错所造成之后果,则推定他们的比例相等。①

在车辆与车辆之间发生交通事故的,由于当事人双方作为驾驶者的注意义务是同等的,责任性质相同或近似,双方也肩负着各自的风险回避义务,故而在平等车辆主体之间的交通事故,首先应适用过错责任原则来分摊侵权责任。这种处理方式能很好地体现过错责任原则对公平正义理念之追求,既能指引人们的行为,惩罚侵权行为,弥补受害人,也能更有效地预防侵权行为之发生。值得指出的是,我们这里所说的过错责任是针对车辆之间发生交通事故的当事人而言的,对行人或车内之第三人仍适用先前所说的风险责任。例如,A车没过错,B车有过错,给行人C造成损害,对C,根据《澳门民法典》第496条所规定之风险责任原则,第499条及第500条之规定,A、B负连带责任;而A、B之间,B车有过错,B负全部责任。

2. 风险责任

在上述的车辆碰撞中,若一方驾驶者或双方驾驶者都有过错,则适用《澳门民法典》第477条第1款所规定的基本原则,即以过错责任原则作为归责原则,在平等车辆主体之间发生的交通事故适用过错责任原则,有过错者承担责任,但若没有过错也并不意味着没有责任。根据《澳门民法典》第499条之规定,② 如果两个驾驶者在事故中都没有过错,此时又可能出现两种情形,第一种情形是其中一辆车给另一辆车造成损害或两辆车都受损,

---

① 参见《澳门民法典》第499条第2款;〔葡〕João de Matos Antunes Varela《债法总论》(第十版)(第一卷),唐晓晴译,未出版,第481页。

② 《澳门民法典》第499条规定:"一、如两车碰撞导致两车或其中一车受损,而驾驶员在事故中均无过错,则就每一车辆对造成有关损害所具之风险按比例分配责任;如损害仅由其中一车造成,而双方驾驶员均无过错,则仅对该等损害负责之人方有义务作出损害赔偿。二、在有疑问时,每一车辆对造成有关损害所具之风险之大小及每一方驾驶员所具有之过错程度均视为相等。"

097

但损害仅由其中一车肇致，但两个驾驶者在事故中都没有过错，如行驶之车辆的刹车突然失灵，撞向另一辆在其前面缓行的车辆。这种情形按照风险理论，根据《澳门民法典》第499条第1款后半部分的规定，"如损害仅由其中一车造成，而双方驾驶员均无过错，则仅对该等损害负责之人方有义务作出损害赔偿"，只有肇事车辆之持有人要承担赔偿义务。

第二种情形是两辆车一起共同造成事故的发生，导致两车或其中一车受损。在这种情形中，虽然两辆车的持有人或驾驶者都没有任何过错，但两辆车共同引致了交通肇事之损害，其后果可能是两辆车都受到了损害，或者只有其中一辆车受损。对共同造成事故的车辆受损之碰撞，根据《澳门民法典》第499条第1款，责任承担应"就每一车辆对造成有关损害所具之风险按比例分配"。对于共同引致两辆车共同受损，Antunes Varela 认为，葡萄牙（当然澳门也是这样）既没有采用法国最高法院所确立的"各车之所有权人有责任弥补因碰撞而引致的另一辆车之损害"这一解决方法，[①] 也没有采用"物的灭失风险由所有主承担（res perit domino）这一基本原则"而衍生的两辆车车主的责任都"相互消灭"这一方案，[②] 而是遵循了另一思路。[③] 因为对于第一种方案，Antunes Varela 认为"每一所有权人都同时是所发生之损害（无论是他的车，还是另一辆车）的被害人及'共同正犯'"，而对于第二种方案，他觉得"每一车辆被分配到的损害赔偿责任可能会与另一车辆不同，在实践中，责任互相抵消的理论非常冒险，这个解决方法缺少了一个标准

[①] 法国最高法院（La Cour de Cassation）（在第24-V-1930，20-III-1933及5-VII-1938号判决）所确立的处理方法主张，各车辆所有权人有责任弥补因发生碰撞而肇致另辆车所遭受之损害。即在车辆发生碰撞后，其中一名车辆所有权人可以请求另一名车辆所有权人赔偿自己所遭受的损害，但同时自己也需要为对方遭受到的损害承担赔偿责任。例如，在车辆碰撞中，A之车遭受到价值20000元的损害，而B之车遭受到价值15000元的损害，根据该主张，处理结果是，A赔15000元给B，而B赔20000元给A。参见〔葡〕João de Matos Antunes Varela《债法总论》（第十版）（第一卷），唐晓晴译，未出版，第482~483页。

[②] 该处理方法意味着，碰撞双方的责任同时消灭，任何一方的受害人都不可以向对方请求损害赔偿。参见〔葡〕João de Matos Antunes Varela《债法总论》（第十版）（第一卷），唐晓晴译，未出版，第482~483页。

[③] 〔葡〕João de Matos Antunes Varela：《债法总论》（第十版）（第一卷），唐晓晴译，未出版，第483页。

及公平性",① 鉴于此,葡萄牙(澳门也一样)采用了第三种方法。② 具体而言,如果两辆车共同引起事故,但两个驾驶员在事故中都没有过错,在此种情况下,根据《澳门民法典》第 499 条第 1 款(《葡萄牙民法典》第 506 条第 1 款)前半部分的规定,应先综合两辆车所遭受到的所有因碰撞而引致的损害,再对每一辆车对造成有关损害所具之风险之大小按比例分配全部责任。③ 套用 Antunes Varela 在其著作《债法总论》中所举的例子,④ 例如,一辆车 X(很巨大且行驶速度较快)遭受之损害价值是澳门币 10000 元,另一辆车 Y(很轻巧且行驶速度较慢)遭受之损害价值是澳门币 20000 元,如果法院认为 X 车因为很巨大且行驶速度较快而产生比 Y 车更大的风险,其造成之损害大于其遭受之损失(作为被害人),因而 X 车的车主应对造成之损害分担 2/3 或 3/4 的责任,则 X 车的车主应承担 20000〔(10000+20000)2/3〕澳门币或 22500〔(10000+20000)3/4〕澳门币之损失,另外一方 Y 车的车主仅需承担 10000〔(10000+20000)1/3〕澳门币或 7500〔(10000+20000)3/4〕澳门币,最后,再由前者向后者支付 10000(20000-10000)澳门币或 15000(22500-7500)澳门币的赔偿。Dario Almeida 也在他的专著中给出了一个经典的例子,⑤ 在一车辆碰撞事故中,A 与 B 双方的驾驶者都没有过错,A 车遭受到价值为 50 干度士的损害,B 车遭受到价值为 10 干度士的损害,经判定,A 应承担 10% 的风险责任,而 B 应承担剩余 90% 的风险责任,则 A 应赔付 6〔(50+10)10%〕干度士,而 B 应赔付 54〔(50+10)90%〕干度士,最后,再由 B 向 A 支付 48(即 54-6)干度士的赔偿。

---

① 参见〔葡〕João de Matos Antunes Varela《债法总论》(第十版)(第一卷),唐晓晴译,未出版,第 483 页。另外,艾林芝亦指出,该处理措施的另一弊端是,它没有涵盖车辆碰撞的其他损害的责任承担问题,如车内被运送之人与其携带之物及车外之第三人或物所遭受之损害等。参见艾林芝《车辆碰撞的民事责任——以澳门民法典之规定为中心》,《法学论丛》第 6 期,2007,第 135~138 页。

② 〔葡〕João de Matos Antunes Varela:《债法总论》(第十版)(第一卷),唐晓晴译,未出版,第 482~483 页。

③ 〔葡〕João de Matos Antunes Varela:《债法总论》(第十版)(第一卷),唐晓晴译,未出版,第 481~482 页。

④ 〔葡〕João de Matos Antunes Varela:《债法总论》(第十版)(第一卷),唐晓晴译,未出版,第 482~483 页。

⑤ Dario Almeida, *Manual de Acidentes de Viação*, 3ª Edição, Almedina, 1987, p.359.

以上是驾驶者在交通事故中都没有过错，车辆碰撞肇致两车受损的情况。若只有一车受损，Dario Almeida 指出，那就没有必要将两车所受损害的数额相加，而是直接根据各自的责任比例承担损害赔偿。① 另外，值得指出的是，在不存在车辆驾驶者过错的车辆碰撞情形下，在适用风险责任归责原则时，对于应如何在双方都没有过错的驾驶者之间划分风险责任，Antunes Varela 极力认同 Dario Almeida 所说的，"风险〔的概念〕包括一切与复杂的机器装置行为相关联"。②

另外，对于《澳门民法典》第 496 条第 1 款（《葡萄牙民法典》第 503 条第 1 款）所涉及车辆自身的风险，Antunes Varela 认为除了来自车辆之运输机械之外，③ 还可能与车辆驾驶者的身体状况有关。④ 其进一步指出，"驾驶车辆之人突然昏厥、脑充血、心脏衰弱或任何其他疾病，都是真正的车辆本身风险的一部分，应该包含在典型的交通事故之客观责任领域"。⑤ Manuel Trigo 教授主张，在采用风险责任归责时应考量车辆本身的风险，其涵盖"车辆本身的狭义上风险、与道路有关的风险及与驾驶者本人有关的风险"。⑥ 这里值得注意的是，根据《澳门民法典》第 499 条第 2 款，"在有疑问时，每一车辆对造成有关损害所具之风险之大小……均视为相等"。

---

① Dario Almeida, *Manual de Acidentes de Viação*, 3ª Edição, Almedina, 1987, pp. 359 – 360.
② 〔葡〕João de Matos Antunes Varela：《债法总论》（第十版）（第一卷），唐晓晴译，未出版，第 471 页。
③ 如根据交通工具的危险性及其对危险回避能力的大小为依据来确定责任的大小。
④ 〔葡〕João de Matos Antunes Varela：《债法总论》（第十版）（第一卷），唐晓晴译，未出版，第 471 页。
⑤ 〔葡〕João de Matos Antunes Varela：《债法总论》（第十版）（第一卷），唐晓晴译，未出版，第 471 页。
⑥ Manuel Trigo 教授指出，"第一种情况包括：因车轮气胎爆裂、刹车制动器失灵、汽车失灵、汽车被烧毁或爆炸、因车头玻璃碎裂以致驾驶者失去对汽车的控制等而会出现对他人造成损害的情况。第二种情况则有：因路面有油、冰、雪、雾、小洞或交通讯号失灵或谬误等而产生损害。在驾驶者突然发病、失去视力、不能动弹或因其他车辆的灯光或黄昏的夕照而感到眼花时，则出现因与驾驶者本人有关的风险而造成损害的情况。"参见〔葡〕Manuel Trigo（尹思哲）《债法概要》（最新修订本），朱琳琳译，杜慧芳校，澳门大学法律系三年级教材，未发行，1997～1998，第 112～113 页。

二 车辆碰撞对车辆持有人或驾驶者、车辆中被运送之人或其携带之物，以及被运送以外的人或其所携带之物所造成的损害

对于《澳门民法典》第 499 条第 1 款所说的损害，字面意思似乎只包括车之损害，而车内被运送之人与其携带之物及车外之第三人或物所遭受之损害是不是也应包含在其中呢？对此，葡萄牙学者 Vaz Serra 赞成用其他的原则来规范后者（即车内被运送之人与其携带之物及车外之第三人或物所遭受之损害）。① 澳门大学艾林芝老师主张对此做扩张解释，认为《澳门民法典》第 499 条第 1 款所指之损害"不仅在于车辆之损害，还应包括车内被运送之人与其携带之物及车外之第三人或物所遭受之损害"。②

笔者认为，《澳门民法典》第 499 条第 1 款（《葡萄牙民法典》第 506 条第 1 款）表面上好像仅涵盖车辆之损害，但实际上，除了车辆所遭受的损害外，"车内被运送之人与其携带之物及车外之第三人或物所遭受之损害"是理所当然包含在其中的，因为《澳门民法典》第 497 条第 1 款（《葡萄牙民法典》第 504 条第 1 款）规定（责任之受益人），"由车辆造成之损害而产生之责任，其受益人包括第三人及被运送之人"，可知葡萄牙和中国澳门的车辆责任原本就及于第三人和被运送的人。其实这种立法处理是有些欧洲国家（如德国、荷兰及葡萄牙等）非常著名的特例，如荷兰《道路交通法》（*Wegenverkeerswet*）第 185 条对此之规定。③

（一）一方驾驶者有过错的碰撞情况

根据现行《澳门民法典》第 497 条第 1 款的规定，可知车辆侵权责任

---

① Dario Almeida, *Manual de Acidentes de Viação*, 3ª Edição, Almedina, 1987, pp. 372 – 373. 〔葡〕João de Matos Antunes Varela：《债法总论》（第十版）（第一卷），唐晓晴译，未出版，第 686 页。
② 艾林芝：《车辆碰撞的民事责任——以澳门民法典之规定为中心》，《法学论丛》第 6 期，2007，第 135~138 页。
③ 荷兰《道路交通法》（*Wegenverkeerswet*）第 185 条规定："1. 机动车在道路上行驶中发生交通事故，给非由该机动车运输的人或物造成损害的，机动车所有权人，或者，如果有机动车占有人，占有人有义务赔偿损害，但可以认为事故由于不可抗力造成的除外，其中，不可抗力包括所有权人或占有人不承担责任的人造成事故的情形。2. 机动车的所有权人或占有人没有自己驾驶，而是让他人或者允许他人驾驶的，对该他人的行为承担责任。3. 第一款和第二款不适用于机动车给自由行动的动物、行驶中的其他机动车或者其运输的人或物造成的损害。4. 本条不影响其他法律规定产生的责任。"

中的受益人可以是遭到驾驶者侵权的其他车辆上的车主和乘客。如前所述，车辆之间发生交通事故，如果只是其中一位驾驶者有过错，则由有过错的肇事一方承担赔偿责任，"无论是被损害之车辆的物主，还是这辆车或另一辆车中被运送之人及其携带之物，或是其他的人或物"。① 例如，两辆车在道路上行驶导致发生交通事故，其中驾驶车辆 A 的车主没有过错，而驾驶车辆 B 的车主有过错，如醉酒驾驶、超速或闯红灯等，由 B 来承担交通肇事所产生的损害。详细分析来说，做出无偿运送行为的车主驾驶车辆 A 时并无过错，所以不能认为属于《澳门民法典》第 497 条第 1 款规定的由车辆 A 造成之损害而产生之责任，因而无须赔偿被运送之人（乘客）所遭受之损害。然而，对驾驶车辆 B 的车主来说，在车辆 A 上的乘客 C 就是《澳门民法典》第 497 条第 1 款规定的由车辆 B 造成之损害而产生之责任，作为受益人之一的第三人。再者，对车辆 B 来说，车辆 A 的车主也属于第 497 条第 1 款规定的第三人。按照《澳门民法典》第 499 条第 1 款的规定，车辆 B 的车主作为有过错的肇事一方必须要承担全部的损害赔偿责任，也涉及 C 的人身损害和其所携带的财物的毁损。当然，同样按照《澳门民法典》第 499 条第 1 款的规定，车辆 B 的车主对于本身车辆上的被运送之人所遭受到的涉及人身损害和其所携带的财物的损害也要一并负责。

（二）双方驾驶者都无过错的碰撞情况

如前所述，表面上《澳门民法典》第 499 条第 1 款规定的是车辆因碰撞而造成两辆车同时受损，或只有一辆车受损的情形，本条款的字面意思仅涉及车辆所遭受的损害，没有解决车辆在碰撞时所造成的其他损害的赔偿问题，如被运送之人或运送人的人身及其所携带之物遭受到的损害。对此，Antunes Varela 认为，《葡萄牙民法典》第 506 条第 1 款前半部分（《澳门民法典》第 499 条第 1 款前半部分）是基于"如两车碰撞导致两车或其中一车受损，而驾驶员在事故中均无过错，则就每一车辆对造成有关损害所具之风险按比例分配责任"的，则这个原则"既适用于各车辆所遭受的

---

① 艾林芝：《车辆碰撞的民事责任——以澳门民法典之规定为中心》，《法学论丛》第 6 期，2007，第 132 页；〔葡〕João de Matos Antunes Varela：《债法总论》（第十版）（第一卷），唐晓晴译，未出版，第 481~486 页。

损害"，也同样扩展"适用于车辆在碰撞时所造成的其他损害"①，因为 Antunes Varela 认为，《葡萄牙民法典》第 506 条（《澳门民法典》第 499 条）并没有"对源自碰撞的不同损害确立不同的原则"，它涵盖"所有的以两辆车之本身风险为共同原因的损失"。② Antunes Varela 进一步指出，在处理这类问题时可能会碰到一个难题，即在两辆车的持有人或驾驶者均无过错的碰撞情况中，一辆车的持有人或驾驶者 A 对那些由另一辆车之持有人或驾驶者 B 无偿运送之人所遭受之损害该如何负责的问题。此时，根据《澳门民法典》第 497 条第 3 款（《葡萄牙民法典》第 504 条第 3 款）的规定，无偿运送所遭受之损害的责任归属为，对道路交通事故侵权损害分人身损害和财产损害，实行不同的归责原则，对道路交通事故人身权和财产权采取不同层级的保护方式。对于无偿运送之人的人身损害而言，若驾驶者在事故中都没有过错，则两辆车的持有人或驾驶者 A 和 B 都需要负客观责任或风险责任，A 和 B 两者的责任承担"则就每一车辆对造成有关损害所具之风险按比例分配"。③ 对于其所携带之物的损害而言，两辆车的持有人或驾驶者 A 和 B 都没有过错时，双方对此都没有任何责任，A 和 B 都无须赔偿被运送之人所遭受之损害。④

综上可知，澳门现有法律中道路交通事故赔偿的归责原则是一个体系，而不是适用单一的一个归责原则。这一体系包括：车辆与车辆之间适用过错责任与风险责任原则双轨制，车辆与车内第三人、行人之间适用风险责任原则。道路交通事故侵权责任的归责问题是道路交通事故民事责任理论之核心和关键，也是处理道路交通事故应首要关注的实践问题。笔者基本同意立法者将其看为一个体系的观点，因为与车辆发生交通事故的并非一个单一主体，根据其介入道路交通方式的不同可以简单分为车辆方和非车辆方（如车内第三人或行人等）。对于车辆方和非车辆方而言，他们在参与

---

① 〔葡〕João de Matos Antunes Varela：《债法总论》（第十版）（第一卷），唐晓晴译，未出版，第 483 页。
② 〔葡〕João de Matos Antunes Varela：《债法总论》（第十版）（第一卷），唐晓晴译，未出版，第 483 页。
③ 参见《澳门民法典》第 499 条第 1 款（《葡萄牙民法典》第 506 条第 1 款）。
④ 〔葡〕João de Matos Antunes Varela：《债法总论》（第十版）（第一卷），唐晓晴译，未出版，第 483~485 页。

道路交通中的注意义务是不同的，车辆驾驶人的注意义务要远高于行人，不可能要求行人履行同车辆持有人或驾驶人同样高度的注意义务，而介入道路交通中的注意义务不同导致适用的归责原则也就有所差别。在车辆与行人或车内第三人发生之交通事故采用风险责任的归责原则，而在车辆碰撞中采用过错责任和风险责任交叉适用的归责原则，这种归责原则不是归责原则体系中一种独立的归责原则，亦不属于道路交通领域独创的一种新型归责原则，而是在同一种类的侵权行为中交叉适用两种归责原则，这也体现了道路交通事故侵权行为之特殊性，这样的设定能基本将道路交通事故中各种主体类别之间发生的交通事故进行统一。

但是《澳门民法典》关于道路交通事故侵权责任的归责问题仍有不完善的地方，笔者认为，对于道路交通事故受托之驾驶人的侵权责任之归责原则应采用过错推定责任原则。进一步而言，笔者认为，在受托之驾驶人驾驶车辆执行职务发生交通事故致他人人身或财产损害时，委托人根据风险责任原则承担相应的损害赔偿责任，而受托之驾驶人应依据过错推定责任原则承担责任，而非风险责任原则。其理论依据在于，委托人对受托之驾驶人还有选任、监督和指示的权利，受托人是在委托人的指示下从事职务活动，委托人是真正的车辆管理支配者，受托之驾驶人是为车辆所有人或使用人的利益而从事职务活动，即受托之驾驶人从事之因车辆作业而取得的利益归属于委托人所享有，所以在委托关系下发生的交通事故，应以委托人作为交通肇事损害赔偿责任之主体（适用风险责任原则），如果受托人在履行职务时存在故意或者过失（根据过错推定责任来判定），其应当与委托人承担连带赔偿责任，委托人在承担责任后可以向受托之驾驶人追偿。

第三章　交通事故致人损害的民事责任的构成要件和责任主体

第一节　交通事故致人损害的民事责任的构成要件

道路交通侵权责任的构成要件在整个交通侵权责任理论中起到了基石作用，是确定责任主体承担交通肇事侵权责任的根据。民事责任的构成要件是指行为人在实施某种致人损害的行为后，构成侵权行为人应当承担民事责任必须具备的条件，只有在符合一定的条件下才应承担侵权责任，是判定侵权行为人是否应负侵权责任的标准和依据。[①] 在澳门，侵权责任的构成要件划分为《澳门民法典》第 477 条（一般原则）规定的因不法事实所生之责任的构成要件[②]和第 492 条（适用规定）风险责任之构成要件两个基本类型。前者是指适用于过错责任的侵权责任的构成要件，后者是指适用于风险责任的各类特殊侵权行为的构成要件，此类构成要件多由法律加以特别规定。简言之，侵权责任之构成要件是指构成具体侵权责任的各种必要条件，车辆交通事故损害赔偿责任也须具备相关条件，构成要件直接与侵权行为的归责原则相关。

---

① 值得注意的是，澳门其实并没有"侵权责任"或"侵权行为"这样的概念，笔者在这里这样说只是为了探讨方便。

② 根据《澳门民法典》第 477 条（一般原则）之规定，因不法事实所生之责任的构成要件，按照 Antunes Varela 所说，一般而言，侵权责任的成立与否取决于五大构成要件：①事实（受人的意思控制者）；②不法；③将事实归责于侵权人；④损害；⑤事实与损害之间的因果关系。只有具备上述的五个构成要件，才能构成一般侵权责任，如果上述的任一项不能得到满足，都不构成一般侵权责任，原告的诉求即走到终点。

如本书第二章所述，《澳门民法典》对道路交通事故侵权责任确立了一个归责原则体系——过错责任原则和风险责任原则并行适用。在车辆与行人或其他主体之间发生交通肇事时，根据《澳门民法典》第496条采用风险责任原则；在车辆之间发生交通事故时，即发生车辆碰撞造成事故时，由于双方当事人作为驾驶者的注意义务是同等的，故而首先应适用过错责任原则来承担侵权责任，[①] 若都没有过错，采用风险责任归责。[②] 对于在车辆与行人等之间发生交通事故的，《澳门民法典》规定过错不是风险责任中之客观要件，[③] 根据《澳门民法典》第477条和第496条之规定，交通事故之风险责任涵盖以下四个构成要件：第一，行为人的自愿行为，即行为人之意愿行为，具体到交通肇事中，就是行为人的交通行为；第二，交通行为造成他人人身或财产权益之损害后果；第三，交通行为与他人人身或财产权益上所遭受之损害结果之间有因果关系；第四，不法性。[④] 本章会详细探讨以上构成要件，但同时也会对过错要件进行探讨，因为在车辆碰撞中过错责任原则和风险责任原则是并行适用的。再者，即便车辆与行人或其他主体之间发生交通事故，由于澳门对车辆持有人实行风险责任原则，原告无须对被告的过错进行举证，被告也不能以自己没有过错而要求免于承担责任，但被告的过错对于责任的最终承担还是具有较大意义的。笔者在介绍道路交通事故构成要件的同时，也会指出构成要件中需要厘清的地方，构成要件理论也不是没有进步的空间，如就因果关系而言，适当因果关系理论在澳门仍具有支配性地位，澳门在侵权责任的因果关系理论上也是将适当因果关系理论作为通说，但越来越多的学者对该理论提出了挑战和批评。[⑤] 笔者认为，侵

[①] 对于车辆之间发生交通事故，其赔偿责任是由有过错的一方承担的；如果双方驾驶员都有过错，那么就根据双方的过错大小和程度分别按比例承担责任；如果双方驾驶员都有过错，但又不能确定各自对损害产生的责任比例，则推定他们的比例相等。

[②] 《澳门民法典》第499条。

[③] 无论行为人是否有过错。

[④] 参见 Antunes Varela 归纳的民事责任之构成要件：①事实（受人的意思控制者）；②不法；③将事实归责于侵害人；④损害；⑤事实与损害之间的因果关系。参见〔葡〕João de Matos Antunes Varela《债法总论》（第十版）（第一卷），唐晓晴译，未出版，第376页。

[⑤] 例如，日本学者平井宜雄教授和中国台湾地区的曾世雄教授就对适当因果关系理论进行过批判。参见于敏《日本侵权行为法》（第二版），法律出版社，2006，第185～186页。曾世雄：《损害赔偿法原理》，中国政法大学出版社，2001，第100～116页。

权责任法在责任构成中的因果关系要件上的立法思路应当充分借鉴大陆法系和英美法系两大法系各自独有的优秀成果，相容并包亦勇于探索，以弥补适用"适当因果关系说"这一单一判断方式的缺陷和不足，更好地解决侵权责任构成中的因果关系认定问题。[①]

一 损害行为人的自愿事实——交通肇事行为

要讨论因不法事实所生之责任或称之为侵权行为，首先要有行为的存在。侵权行为是一种事实行为，根据侵权行为的性质或表现形式的不同，可将侵权行为分为积极侵权行为与消极侵权行为，或作为的侵权行为与不作为的侵权行为。没有这种外在的客观行为，侵权行为无法存在。对此，克雷斯蒂安·冯·巴尔有经典的论述，在现代侵权行为法上，"一个被广泛接受，甚至已被成文法所规定的法制观念是：不当行为责任要么是作为责任要么是不作为责任……作为就是指侵权行为人在受害人的法益上制造了危险；不作为则是指未排除威胁到受害人的危险"。[②] 作为的侵权行为，是指法律禁止实施某种作为，行为人违反对他人的不作为义务，实施了该行为而导致他人损害的侵权行为。根据《澳门民法典》第 479 条（不作为）之规定，"基于法律或法律行为，有义务为一行为而不为时，单纯不作为在符合其他法定要件下即产生弥补损害之义务"。不作为的侵权行为，是指法律要求人们在某种情况下应实施某种作为，行为人违反对他人的作为义务应履行而不履行义务肇致他人损害的侵权行为。换句话说，以不作为构成致害行为的，一般以行为人负有特定的义务为前提。

一般而言，当事人应当只对自己的交通行为肇致他人损害承担责任，不必为他人的交通致害行为负责，但在特殊情况下，当事人不仅应为自己的交通致害行为承担责任，同时亦要对其他人的交通行为担负责任。例如，Antunes Varela 认为，在风险责任中，可赔偿的损害不一定要出自责任人所

[①] 在英美侵权行为法中采取因果关系二分法的分类，分别称为事实上的因果关系（factual causation，cause in fact）与法律上的因果关系（legal cause），大陆法系中德国新兴的"法规目的说"或"法律保护目的说"等。

[②] 〔德〕克雷斯蒂安·冯·巴尔：《欧洲比较侵权行为法》（下），焦美华译，张新宝审校，法律出版社，2001，第 261 页。

做出的事实,但"由不法事实而引起的责任总是全部或部分基于负有赔偿义务之人所作的事实"。①再者,Antunes Varela 指出,根据《葡萄牙民法典》第 488 条第 1 款(《澳门民法典》第 481 条第 1 款),缺乏行为能力之人如果有识别能力就不能完全免责。②

交通侵权行为表现为作为和不作为。作为是在有消极不作为的前提下却以积极行为而肇致了损害后果,如根据澳门第 3/2007 号法律《道路交通法》第 31 条(一般车速限制)的规定,"一、车辆必须遵守补充法规订定的一般最高车速限制,但亦须遵守因应交通状况而以适当信号另订的最高或最低车速限制。二、驾驶员超过上款所指最高车速限制,视为超速",车辆驾驶人员负有不得超速行驶的消极不作为义务。又依据该法第 16 条(禁止使用流动电话)第 1 款的规定,"禁止驾驶员于驾驶时使用流动电话,但利用免提功能通话除外",车辆驾驶人员在驾驶车辆时负有不得使用流动电话(除非利用免提功能通话)的消极不作为义务。若驾驶人员超速行驶或其驾驶车辆时不是利用免提功能使用流动电话而导致了交通事故之发生,便是以作为的形式肇致了损害后果的发生。不作为是在车辆驾驶人员有一定积极作为之义务的前提下却没有积极履行作为义务而肇致了损害后果,如该法第 37 条(驾驶员遇行人时的处理方法)规定,"一、接近有信号标明的人行横道时,如该人行横道由交通灯或执法人员指挥车辆通行或人、车通行,驾驶员即使获准前进,亦应让已开始横过车行道的行人通过。二、接近有信号标明的人行横道时,如该人行横道非由交通灯或执法人员指挥车辆通行,驾驶员应减速或于必要时停车,以便让正在横过车行道的行人通过。三、驾驶员转向时应减速或于必要时应停车,以便让正在其拟驶入的道路路口处横过车行道的行人通过,即使该处无人行横道亦然",在接近人行横道时,车辆驾驶人员负有减速或必要时应停车的义务,在遇到行人时让行人先行通过之义务,若违规行驶引致交通事故的发生,便是以不作为的方式肇致了交通事故之发生。

---

① 〔葡〕João de Matos Antunes Varela:《债法总论》(第十版)(第一卷),唐晓晴译,未出版,第 379 页。
② 〔葡〕João de Matos Antunes Varela:《债法总论》(第十版)(第一卷),唐晓晴译,未出版,第 378 页。

第三章　交通事故致人损害的民事责任的构成要件和责任主体

Antunes Varela 认为，"自愿事实（facto voluntário）仅仅表示客观上可以由意思控制或支配的事实。只要有控制作为（acto）或不作为（omissão）的可能性，便足以构成民事责任的理由；它不需要一项既定的行为形态、一项由特定目的所引导的作为或不作为（一项目的性行为）"。① 对此，克雷斯蒂安·冯·巴尔也认为，"行为通常是指'受意识支配和意志左右，因而是可以控制的作为或不作为'"。② Antunes Varela 还进一步指出，凭借这一标准就可以排除"因不可抗力原因或偶发情事而造成的不可抗拒的作为"等。③ 笔者认为，根据《澳门民法典》第481条第1款，还可以剔除该条款所述的"在损害事实发生时基于任何原因而无理解能力或无意欲能力之人"的民事责任，除非属于"行为人因过错而使自己暂时处于该状态"的情形。④ 只是，根据《澳门民法典》第482条第1款中的衡平原则，即使排除了可归责性，不可归责之人也不一定能完全免责。

对于交通肇事行为，之所以将道路交通事故民事责任规定为风险责任，其主要法理依据在于车辆本身的风险对其他社会主体所具有的高度危险性。因此，危险性成为立法者在判定应否承担风险责任时主要权衡考量的因素。危险性的考量判断主要与以下因素有关，如车辆要件、道路要件、交通事故行为样态等。

（一）车辆要件

与危险性相关的第一个因素是行为发生之工具——车辆条件。交通事故必须有车辆的存在或参与，否则不属于道路交通事故。车辆条件是道路交通事故的关键性要件，仅是行人之间发生的事故不属于道路交通事故，而空中、海上交通事故亦不属于本书所探讨的道路交通事故。⑤

---

① 〔葡〕João de Matos Antunes Varela：《债法总论》（第十版）（第一卷），唐晓晴译，未出版，第378～379页。
② 〔德〕克雷斯蒂安·冯·巴尔：《欧洲比较侵权行为法》（下），焦美华译，张新宝审校，法律出版社，2001，第244页。
③ 〔葡〕João de Matos Antunes Varela：《债法总论》（第十版）（第一卷），唐晓晴译，未出版，第379页。
④ 《澳门民法典》第481条第1款，"在损害事实发生时基于任何原因而无理解能力或无意欲能力之人，无须对该损害事实之后果负责；但行为人因过错而使自己暂时处于该状态者除外"。
⑤ 但铁路交通事故属于本书所探讨的道路交通事故。

对于车辆的类型，德国①和奥地利②规定，对于平原地区时速不超过20千米的车辆不适用交通事故的严格责任。与上述法域不同，澳门对道路车辆肇事的规定包括机动车与非机动车，并不区分其类型及行驶速度，统一适用风险责任原则。这里值得指出的是，如本书第一章所介绍的，对于车辆要件，澳门第 3/2007 号法律《道路交通法》第 3 条没有涵盖火车、有轨电车等，但《澳门民法典》第 496 条第 1 款所规定之"陆上"之车辆显然囊括了火车、有轨电车等，澳门的立法没有得到统一。本书赞成将有轨电车、火车等所发生的交通事故也归属为道路交通事故，尽管澳门目前尚没有火车、有轨电车，但根据《澳门特别行政区政府 2013 年财政年度施政报告》，轻轨已列为规划项目。③ 笔者主张，在澳门第 3/2007 号法律《道路交通法》里或在澳门以后的车辆侵权损害赔偿法中，车辆要件所涵盖的范围应与《澳门民法典》第 496 条第 1 款的规定一致，应包括借助铁轨运行的机动车辆（有轨电车、火车）等。

（二）行为发生的地点——道路要件

与危险性相关的第二个因素是对侵权行为发生的地点——"道路"的界定。例如本书第一章所探讨的，《澳门民法典》第 496 条第 1 款特别表明"陆上"，目的是将它与水面、空中的交通事故予以区别。此"道路"的界定亦超越了澳门第 3/2007 号法律《道路交通法》所规定的真正意义上的"道路"，因道路交通事故之发生的地点必须是在陆地上，没有对场所做出限定，事故发生地不仅涵盖公路，甚至还包括铁路。据此可知，道路交通事故并不仅限于在道路上发生的交通事故，笔者认为，不管是道路上的还是道路外的交通事故，只要是车辆肇事引起的，即凡是交通事故发生在车辆与行人或其他主体之间的，或车辆与车辆之间的，都应按道路交通事故处理，在

---

① 德国的《道路交通法》第 1 条第 2 款规定，"由机械力驱动的陆上车辆，没有和轨道连接在一起的所有车辆均为适用本法的机动车"。但该法并不包含所有的机动车，德国的《道路交通法》第 8 条规定，对在平的道路上最高时速不超过 20 公里/小时的机动车不适用第 7 条（机动车损害赔偿的严格责任）的规定。参见〔德〕克雷斯蒂安·冯·巴尔《欧洲比较侵权行为法》（下），焦美华译，张新宝审校，法律出版社，2001，第 494 页。

② 《奥地利铁路及机动车辆赔偿责任法》第 2 条第 2 款之规定。参见〔德〕克雷斯蒂安·冯·巴尔《欧洲比较侵权行为法》（下），焦美华译，张新宝审校，法律出版社，2001，第 494 页。

③ 参见《澳门特别行政区政府 2013 年财政年度施政报告》，第 117 页。

司法裁判过程中都应实行风险责任原则。根据澳门现行法律的规定，不管道路的平陡、宽窄、直弯及是否封闭，都应实行风险责任原则，只有这样才有利于保护受害人，并促使车辆驾驶人谨慎驾驶，减少交通事故之发生。

综上，道路交通事故之发生的地点必须是在陆地上，空中运输、海上运输中所发生的交通事故不属于道路交通事故；但在陆地上借助铁轨运行的机动车辆（有轨电车、火车）所发生的交通事故归属于本书所要研究之道路交通事故。

（三） 交通肇事行为车辆所处的状态

与危险性相关的另一重要的因素是交通事故行为样态，即车辆处于何种状态才可能成立或成就道路交通肇事侵权行为而让其承担风险责任。

克雷斯蒂安·冯·巴尔指出，在欧洲，"并非任何汽车或其他车辆发生了作用力的事故就一定属于交通事故，相反也存在一些汽车和受害者之间根本无物理接触却能肯定道路交通赔偿责任法之适用的情形"。[①] 首先，对于借助车辆的故意加害行为，法国和德国的立场并不相同。法国巴黎上诉法院透过一审判决主张，"Badinter 法仅适用于真正意义上的交通事故，它不调整故意行为……法院否认了被盗窃车辆所有权人在车辆被点燃而延及临近房产时的赔偿责任，理由是，房屋着火是盗窃行为的后果而非机动车辆的特殊危险"[②]。而德国一上诉法院则在一案例中采用了不同见解，"无法查明的第三人点燃了停在私人不动产上的汽车，汽车自行运作起来并撞坏了他人停靠的车辆，法院认定了保有者责任，理由是：损失是在'机动车辆运行过程中'发生的，因为'虽然不是有意的，但马达是因人（即纵火者）的行为而被发动的'"。[③]

对于"停靠车辆导致的或发生在停靠车辆身上的事故"的处理，[④] 荷兰

[①] 〔德〕克雷斯蒂安·冯·巴尔：《欧洲比较侵权行为法》（下），焦美华译，张新宝审校，法律出版社，2001，第494~495页。

[②] 〔德〕克雷斯蒂安·冯·巴尔：《欧洲比较侵权行为法》（下），焦美华译，张新宝审校，法律出版社，2001，第495页。

[③] 〔德〕克雷斯蒂安·冯·巴尔：《欧洲比较侵权行为法》（下），焦美华译，张新宝审校，法律出版社，2001，第495页。

[④] 〔德〕克雷斯蒂安·冯·巴尔：《欧洲比较侵权行为法》（下），焦美华译，张新宝审校，法律出版社，2001，第496页。

《道路交通法》要求有"相撞"或"撞击及压过"等情形才能认定为交通事故,因为"荷兰《道路交通法》第185条规定下的责任仅适用于行驶中的车辆,但对为保障他人的优先行驶权而停止或为擦拭挡风玻璃而停在边线上的车辆也可适用,但对那些已经停靠——即使是非法停车——的车辆则不再适用"。① 丹麦亦然,如根据丹麦法,"骑自行车者撞上停靠的汽车而受伤的案件也是适用一般的过错原则"。② 法国对此的标准是机动车辆是否"卷入"事故,法国法院曾以"停靠的车辆是否对交通构成任何威胁"为出发点。③

另外,对于一些关涉心理因素事故的处理,"在那些为避开驶近之其他车辆而翻车自己受伤的案件中,绝大多数国家都一致地认定了交通事故的存在"。④ 例如,"因逆向开过来的车的前车灯眩目而导致的事故被看作是'交通事故'也是正确的"。⑤ 又如,"奥地利最高法院在骑自行车者因汽车噪音引起的与汽车相撞之恐惧感而摔倒的案件中否认事故与汽车运行之间的相当因果关系",但克雷斯蒂安·冯·巴尔对此持有异议。⑥

与荷兰《道路交通法》第185条和丹麦法所规定的责任仅适用于行驶中的车辆不同,葡萄牙和中国澳门的法律认为停靠车辆导致的或发生在停靠车辆身上的事故也属于道路交通事故。机动车辆作为危险源,并不是只有在其运行过程中才具有高度危险性。"运行"一般是指机动车辆处于运动状态,是与静止状态相对而言的,它涵盖从车辆启动、行驶、刹车、倒车、减速、转弯到停止等全部过程。一般而言,车辆道路交通事故一般发生在运行过程中,但根据《澳门民法典》第496条之规定,车辆处于静止状态

---

① 〔德〕克雷斯蒂安·冯·巴尔:《欧洲比较侵权行为法》(下),焦美华译,张新宝审校,法律出版社,2001,第496页。
② 〔德〕克雷斯蒂安·冯·巴尔:《欧洲比较侵权行为法》(下),焦美华译,张新宝审校,法律出版社,2001,第496页。
③ 〔德〕克雷斯蒂安·冯·巴尔:《欧洲比较侵权行为法》(下),焦美华译,张新宝审校,法律出版社,2001,第496~497页。
④ 〔德〕克雷斯蒂安·冯·巴尔:《欧洲比较侵权行为法》(下),焦美华译,张新宝审校,法律出版社,2001,第497页。
⑤ 〔德〕克雷斯蒂安·冯·巴尔:《欧洲比较侵权行为法》(下),焦美华译,张新宝审校,法律出版社,2001,第497页。
⑥ 〔德〕克雷斯蒂安·冯·巴尔:《欧洲比较侵权行为法》(下),焦美华译,张新宝审校,法律出版社,2001,第497页。

也可以导致道路交通事故的发生,道路交通事故之发生并不以机动车辆处于运动状态为必要条件。车辆在静止状态所发生的事故,如公共汽车到站停稳后,乘客上下车时所发生的事故,或行人与停放的机动车相撞的事故,均属于交通事故。即使机动车处于停止状态,只要其状态具有较高危险性并与事故的发生具有适当因果关系,并满足交通肇事侵权行为其他成立要件,也应认定为交通事故,如某行人在漆黑的夜晚或狭窄的道路上撞上了违规停靠的车辆。再者,道路交通事故的发生大多数情况下是车辆与车辆、车辆与行人之间发生碰撞或者其他直接接触而导致他人的人身或财产受到损害。当然,道路交通事故也不以直接接触为必要条件,亦有一些道路交通事故不是由直接接触而造成的。当机动车处于运行状态时,无论它对其他社会主体是直接碰撞还是间接影响,只要认定为具有《澳门民法典》第557条所要求之适当因果关系,并满足交通肇事侵权行为其他成立要件,就应认定为交通事故,否则车辆持有人不负赔偿责任。

二 不法性要件

(一) 不法性要件概述

澳门的侵权法将过错和不法性分离为两个不同的概念,并分别作为侵权责任的独立构成要件。过错在侵权行为归责中的重要地位并没有湮没行为不法性的独立性,在界定侵权行为时将过错要素和不法性要素并重,并没有厚此薄彼。根据《德国民法典》第823条第1款之规定,"故意或有过失地不法侵害他人的生命、身体、健康、自由、所有权或者其他权利的人……",再者,依据《澳门民法典》第477条第1款前半部分(《葡萄牙民法典》第483条)之规定,"因故意或过失不法侵犯他人权利或违反旨在保护他人利益之任何法律规定者……",可知葡萄牙和中国澳门效法德国,也将不法性概念独立出来,将不法性作为侵权责任独立的构成要件,明确了不法性在侵权责任构成要件中的独立地位。以上法典认定行为人承担侵权责任的根源具有极强的主观性,而并没有将带有客观属性的不法性仅作为行为的一种表象,从而认定其仅处于从属地位,所以它们并没有像法国法那样只是将其纳入过错范畴进行讨论从而否定其独立性,其中澳门采取的是明示性的规定。如克雷斯蒂安·冯·巴尔所言,在欧洲,"除了葡萄牙以外,没有任何其他国家选择如同规定在《德国民法典》第 823 条中的'侵权性'这样一个正式的概念",① 笔者以为克雷斯蒂安·冯·巴尔所说的"侵权性"正是我们这里所要介绍的"不法性"。

不法性是澳门侵权责任法作为澳门侵权责任独立的基本构成要件之一,行为人实施了不法行为是其承担侵权责任的前提要件,是界定侵权行为的必备要素和本质要件,对侵权行为的判断离不开不法性。② 一个行为如果造成了他人权利和特定法益受到侵害的后果,原则上就具有不法性。当然,一个导致他人利益遭受侵害的行为并不具有不法性,没有必要对受害人承担损害赔偿之债,它只有在违反了以保护他人为目的的法律的情况下才具有不法性,甚至不仅仅是违反法律之反射作用所保护之利益。③ 换言之,只要法律没有禁止,一个行为纵使肇致他人遭受损害也不具有不法性,并不会因此而引致侵权责任。行为的不法性是法律对行为人之行为所做出的一种客观评价。原告所主张的事实必须要经得起不法性的考验。不法性是指行为人违反社会对一般人所课加的客观注意义务,认为某种行为因缺乏正当性而被赋予了"加害"性质,行为人的行为给法律所保护的权益造成一定损害时,在客观上行为具有不法性并且没有不法阻却事由或抗辩事由,不法性这种客观的负面或否定性评价便成为该行为的一种属性。简言之,行为具有不法性的根本原因是侵害了法律所保护的权益。不法性之所以表现为对法律所保护权益的侵害,是因为侵权行为的一般规定明确了受法律保护的人身、财产、其他权利及利益具有不可侵犯性,法律规定一般人有不为加害的义务,法律要求行为人之行为不得损害他人的合法权益,一旦加害则具有不法性。在实践中,判断考量一个行为是否具有不法性取决于行为人之行为肇致的受损之权益是否在法律所保护的范畴内。正如 Antunes Varela 所言,"现行民法典企图以更清楚的方式界定不法性这个概念;它具体地描述了两种可以反映事实的反法律(antijurídico)或不法(ilícito)特

---

① 〔德〕克雷斯蒂安·冯·巴尔:《欧洲比较侵权行为法》(上),张新宝译,法律出版社,2001,第 22 页。
② 理论界对违法性的本质有两种基本观点,即形式违法性与实质违法性。
③ 〔葡〕João de Matos Antunes Varela:《债法总论》(第十版)(第一卷),唐晓晴译,未出版,第 379~380 页。

性的基本类型。它的意图不仅仅是要在这样一个经常以常识、平衡,甚至衡平观念作为标准的制度中限制法官的随意专断,而且还要帮助解释者在(一些虽然可能对他人构成损害,但是却是法律所要求或规定的、或至少是法律秩序所不在意或容忍的)行为的范畴内界定出不法作为之范围这项困难的工作"。①

那么如何认定不法性?即在一项具体的侵权行为中判断加害行为是否具有不法性。行为不法还是结果不法?对于不法性的判断标准,Antunes Varela 认为,理论学界有结果不法与行为不法两种判断加害行为不法性的学说,行为不法与结果不法采用了两种迥然不同的方法来确定加害行为的不法性,二者的区别源于我们对其关注的重心不同,并由此可能会导致规范效果迥异。其进一步指出,结果不法对于行为本身无法做出是否具有不法性的判断,不法性是指加害行为具有不法性,是依照侵害行为本身来判断分析的,而不是单纯地按照行为所造成的损害结果来认定行为的不法性。②违法性的判断标准具有一定的弹性,判断方法宜采取行为不法说,而不是行为后果具有不法性。

(二) 不法的形态

要判断一项加害行为是否具有不法性,首先要了解"不法性"中的"法"具体内容到底指什么。根据《澳门民法典》的规定和 Antunes Varela 之观点,"不法性"中的"法"的含义涵盖多个层次或维度。③

1. 侵犯他人的一项权利

法的第一层含义指的是民法典上所规定的权利。侵权行为之不法性首先表现为一种侵害他人"权利"的行为。侵权行为的对象——权利在本质上应是一种私权。按权利效力范围的不同,民事权利一般被分为绝对权和相对权,但这里的权利主要是指绝对权,侵害法律明确规定的所有权、生

---

① 〔葡〕João de Matos Antunes Varela:《债法总论》(第十版)(第一卷),唐晓晴译,未出版,第381页。
② 〔葡〕João de Matos Antunes Varela:《债法总论》(第十版)(第一卷),唐晓晴译,未出版,第380页。
③ 〔葡〕João de Matos Antunes Varela:《债法总论》(第十版)(第一卷),唐晓晴译,未出版,第381页。

命权、身心健康权、自由权等绝对权是法律所不能允许的。①

绝对权是指其义务主体及不特定的多数人的权利，权利人之外的一切人都有一种不得侵害他人权利的义务，物权、亲属权、知识产权（著作权以及邻接权和工业产权）和人格权均为绝对权。继承权作为一种概括性的权利，具有财产性、绝对性及排他性等，是侵权行为的当然客体。绝对权具有两项重要的功能，即积极的分配功能和消极的排除功能，前者决定了权利人对自己的权利有处分的自由，后者是指该权利能排除权利人之外的一切人对权利人行使权利的干涉，意味着权利本身包含了不可侵性。行为人侵害绝对权，即侵害了该项权利消极的排除功能的发挥，行为的不法性违反的是权利不得非法侵犯的一般义务。一个行为只要造成了他人绝对权受到损害的后果，就具备了《澳门民法典》第477条所规定的不法性要件，如果没有阻却不法的事由，原则上就应当认定为不法，因此，侵犯绝对权者的行为毫无疑问当属侵权行为。

根据《澳门民法典》，人格权包括生命权（第70条）、身心完整权（第71条）、自由权（第72条）、名誉权（第73条）、保留私人生活隐私权（第74条）、个人经历保密权（第78条）、肖像权及言论权（第80条）、个人资料真实权（第81条）、姓名权及拥有其他识别个人身份方式之权利（第82条）等。Antunes Varela认为，虽然人格权是不是真正的主观权利仍悬而未决，但这不妨碍其成为侵权行为所保护的客体，对人格权的侵犯当然会导致损害赔偿之债。② 在著作权方面，在Antunes Varela看来，对财产权利之侵犯显然要多于对精神权利之侵犯。③ 另外，Antunes Varela指出，"财产性亲属权的侵犯（……）同样可以导致赔偿义务。但是根据主流思

---

① 相对权是指义务主体限于特定人的权利，债权是相对权。从侵害对象的角度来看，侵权行为侵害的对象是绝对权，相对权是违约行为侵害的对象，但随着侵权法保护范围的不断扩大，相对权也逐渐被一些国家纳入侵权行为所侵害的对象中，如第三人侵害债权制度在一些国家中已得到实施。在认定第三人侵害债权的情况下可以成立侵权行为，它所侵害的虽然是作为相对权的债权，但在责任性质上却属于侵权责任。例如，德国肯定第三人侵害债权的适用法例有《德国民法典》第826条，但中国澳门对此持保留态度。
② 〔葡〕João de Matos Antunes Varela：《债法总论》（第十版）（第一卷），唐晓晴译，未出版，第382页。
③ 〔葡〕João de Matos Antunes Varela：《债法总论》（第十版）（第一卷），唐晓晴译，未出版，第382页。

想，人身性质的权利（配偶间的忠诚、父母与子女之间的亲权……）则不是这样，它的法律制裁是另一个层面上的"。①

2. 违反保护他人利益的法律

至于侵权法所保护的范围是否包含"利益"，根据《澳门民法典》第477条第1款前半部分（《葡萄牙民法典》第483条）之规定，"因故意或过失不法侵犯他人权利或违反旨在保护他人利益之任何法律规定者……"，可知目前还没有形成权利的利益并没有完全被忽视。也诚如 Antunes Varela 所言，"除了侵犯主观权利外"，"违反旨在保护他人利益的规范"也属于侵权行为。② Antunes Varela 也指出，"除了侵犯主观权利外，'法律'还（在学说及司法见解在界定反法律性的范围时感到最困难的领域）设定了违反旨在保护他人利益的规范"，③ 即不法性中"法"的另一种含义是指"违反旨在保护他人利益的规范"，他认为，如果侵犯即使不能称为法律上的权利的行为，只要有法律上应予保护的利益受到侵害，即是对这些法律的违反，即为不法，成立侵权行为。

在法律发展的过程中，在主观权利体系之外，还有一些特定利益也应受保护，虽然这些利益目前尚未被法律上升为权利，没有变为一种主观权利，离权利仅一步之遥或处于权利边缘，法律仍然要对其予以保护。法律在确定主观权利之外的某种利益应受保护时，实质上拓展了法律保护的范围，因为它对当事人而言具有重要的意义，虽然其他主体与其并不构成权利和义务关系，但是仍负有不可侵害的义务，侵害这些特定利益即具有不法性。但也并非任何利益都能受到侵权行为法的保护，正如 Antunes Varela 所言，"损害他人利益只会当表现为违反或侵犯他人权利时才构成赔偿损害的义务，所以，不仅仅是作出一项损害他人利益的事实，甚至不仅仅是违

---

① 〔葡〕João de Matos Antunes Varela：《债法总论》（第十版）（第一卷），唐晓晴译，未出版，第382页。

② 〔葡〕João de Matos Antunes Varela：《债法总论》（第十版）（第一卷），唐晓晴译，未出版，第383~384页。

③ 〔葡〕João de Matos Antunes Varela：《债法总论》（第十版）（第一卷），唐晓晴译，未出版，第383页。

反任何'间接保护'或'反射地保护'利益的法律规范",① 对此,克雷斯蒂安·冯·巴尔也深有同感,"不能仅仅由于一个利益或行为标准被违反就认定构成侵权行为,还需要受到的损害或侵害的利益是属于行为标准的保护范围之内的"。②

那么,什么样的法律才是"违反保护他人利益的法律"? Antunes Varela 指出,确认保护性法律的关键性标准是考量该法律规范的立法目的,其认为"被违反的法律要么虽然保护个人利益,但是并没有赋予其保护的利益持有人一项主观权利;要么同时或主要为了保护集团利益,但又不忘保护背后的个人(个人或一群或一组人)利益",另外,"法律的设定还包括违反旨在预防单纯抽象意义上的损害危险的规范,而不是预防具体损害产生的规范"。③ 在这种情况下则要以是否违反了相关保护性法律作为不法性判断的标准,是否具备不法性,完全取决于个案中受害人所受侵害的利益是否在法律保护的范围之内,该法律规范的立法目的是否为受害人提供"个人保护"。

第二种不法性维度上的法一般都是一些特别法,而且不以私法为限。当然,法定权利(一般是绝对权)与法律想要保护之利益在受保护的程度上还有所区别,这些法所保护的受害人的权利和利益的强度一般都不能与民法上所规定的主观权利的强度相提并论,如 Antunes Varela 所说,"法律想要保护这些利益,但又不想使其成为当事人可自由处分原则的保护措施"。第二种不法性要分以下情形,如 Antunes Varela 所言,首先,"此一(对侵犯法律所保护的单纯利益的)独立及明确的表述(尤其是对于刑法所保护的个人利益或'单纯的社会违反'而言)最为具有实务重要性"。其次,"当被违反的规范保护个人利益,但是却没有赋予持有人一项主观权利时,只有其他更强的个人利益才会盖过它"。最后,"在新的不法事实类型的菜单上,还包括损害并非源自犯罪行为,而是源自单纯的轻微违反或行

---

① 〔葡〕João de Matos Antunes Varela:《债法总论》(第十版)(第一卷),唐晓晴译,未出版,第 379 页。
② 〔德〕克雷斯蒂安·冯·巴尔:《欧洲比较侵权行为法》(上),张新宝译,法律出版社,2001,第 31~32 页。
③ 〔葡〕João de Matos Antunes Varela:《债法总论》(第十版)(第一卷),唐晓晴译,未出版,第 383 页。

政性质的违法,只要被违反的规范旨在保护个人利益,但又不向其赋予主观权利"。鉴于法律所保护之利益内涵、外延的不确定性,侵权法对其的保护附加了一些必要的条件限制,Antunes Varela 进一步阐述了这种不法性的特别要件。第一,"个人利益的损害是因为违反了一条法律规范"。第二,"个人利益的保护实际上体现于被违反之规范的目的之中"。在这个要件中,Antunes Varela 着重强调了"个人利益的保障必须不属于法律所旨在保护的纯粹集体利益的反射"。第三,"损害必须处于法律所旨在保护的个人利益之内"。对于"保护他人利益的法律"[①] 或"其他的私人利益并保护其免受不法侵害的法律规定"[②],对胎儿利益的民法保护就是一个典型的例子。未出生胎儿虽不是一个现实的人,但其是一个潜在的人,胎儿在发育期间所受的损害完全可能会影响到其出生后的权益。胎儿的人身、健康、财产等权益受到损害时,如未出生胎儿因道路交通事故遭受损害,澳门法律对此有明确规定,《澳门民法典》对人在胎儿期间的利益给予了较为全面的保护,立法上赋予未出生胎儿损害赔偿请求之权利,规定人在出生以后可以就胎儿期间所受的侵权损害主张权利。为了保护胎儿的利益,使胎儿的利益能得到有效的救济,《澳门民法典》第 63~64 条中有对胎儿利益的民法保护之相关规定,这源自 1966 年《葡萄牙民法典》第 66 条之规定。葡萄牙民法学者 Carlos Alberto da Mota Pinto 针对《葡萄牙民法典》中该条之规定认为:"法律承认胎儿具有的权利取决于其出生……尽管胎儿尚无法律人格,不是权利主体……但法律承认胎儿享有'权利',而该等权利以胎儿完整、具有生命的出生为前提……倘已成孕的胎儿受到侵害,则受法律保护。例如,子女有权就在母体时因医药或任何事故而遭受的身体创伤或精神创伤要求赔偿。"[③]《澳门民法典》关于胎儿利益的民法保护之规定亦如此,《澳门民法典》第 63 条(人格之开始)第 1~3 款规定,"一、人格始于完全出生且有生命之时。二、未出生之人获法律所承认之权利系取决于其出生。三、人

[①] 〔葡〕João de Matos Antunes Varela:《债法总论》(第十版)(第一卷),唐晓晴译,未出版,第 383~384 页。

[②] 〔德〕克雷斯蒂安·冯·巴尔:《欧洲比较侵权行为法》(上),张新宝译,法律出版社,2001,第 31 页。

[③] 〔葡〕Carlos Alberto da Mota Pinto:《民法总论》,林炳辉等译,澳门法律翻译办公室、澳门大学法学院及法务局,2001,第 105 页。

格之保护范围包括对胎儿造成之损害，但以符合上款之条件为限"。据此可知，虽然澳门法律否认胎儿作为一种生命形式的存在，没有赋予胎儿人格和民事权利能力，否认胎儿的民事主体地位，但根据以上三款规定可知，至少它提供了一个主张侵权损害之诉的基础，其规定胎儿一旦出生且为活体即具有了自然人的人格，有权就胎儿期间所受到的侵权行为主张权利，请求损害赔偿。因未出生者的权利能力始于出生，所以胎儿倘受侵害，要求赔偿，以活体为限，也正如 Mota Pinto 所指出的："倘若在母腹中遭受'侵害'的胎儿在出生时是死婴，则胎儿则无权要求任何赔偿。"[1] 对于不属于受法律保护的其他私人利益，杨立新教授在其专著《侵权法论》中列举的一个案例就是非常好的例子，"一位女子坐计程车发生交通事故，造成了嘴唇撕裂的后果，到医院住院把嘴缝好了，出院以后回家跟自己丈夫接吻没有感觉了，亲吻自己的孩子也没有感觉了。她向法院起诉人身损害赔偿，同时还起诉亲吻权的损害赔偿。亲吻是一个民事利益，但这种利益不是民法所保护的利益，因为嘴唇损伤就是侵害了健康权，人身损害赔偿已经救济了这样的损害，侵权法不再对这种利益提供保护"，[2] "亲吻权"受损既不属于侵犯主观权利，也不属于"违反旨在保护他人利益的规范"。[3]

（三）不法性要件的作用或功能

不法性是澳门侵权行为法最基本的特征，不法性要件的存在是必不可少的，不法性要件的独立设定有着重要意义。从本质上讲，行为的不法性是对侵害法律所保护的利益之行为的否定性评价，是侵权行为的根本属性。不法性不管是在侵权责任的构成要件上，抑或在侵权责任的归责原则上，都具有无法替代的作用。

自公元前 287 年前后颁布的《阿奎利亚法》（Lex Aquilia）将不法性规定为私犯的构成要件以来，关于不法性与过错的关系在侵权责任构成中就一直颇富争议。[4] 1804 年颁布的《法国民法典》在设计侵权行为制度时并没有将

---

[1] 〔葡〕Carlos Alberto da Mota Pinto：《民法总论》，林炳辉等译，澳门法律翻译办公室、澳门大学法学院及法务局，2001，第 105 页。
[2] 杨立新：《侵权法论》（第四版），人民法院出版社，2011，第 20 页。
[3] 〔葡〕João de Matos Antunes Varela：《债法总论》（第十版）（第一卷），唐晓晴译，未出版，第 383 页。
[4] 江平、米健：《罗马法基础》，中国政法大学出版社，2004，第 373~375 页。

第三章　交通事故致人损害的民事责任的构成要件和责任主体

两者区分开来，正如 Antunes Varela 所说，"总的趋势是将此二者纳入 faute 这个一般概念之中"，① 可见"faute"具有二元性的特征，涵盖主观因素与客观因素，主观因素即过错属于主观的心理状态和可归责性，而客观因素就是客观的不法性。② 如前所述，1896 年的《德国民法典》则将过错与不法性分离为两个不同的要件。尽管克雷斯蒂安·冯·巴尔对此提出评判，"这（不法性）不过是修辞上的堆积和重复而已……'不法性'概念不过是对条文中所罗列内容的再次总结而已。它并不具有责任法上的独立功能"。③ 而且其还尖锐地指出，"它在理论上显得过于雄心勃勃而在实践中又极具局限性。侵权行为法，只有当它能够独立并自主决定本法中的'对与错'时才是有效率和生命力的，换句话说：侵权行为法应更多地依赖受个案熏陶的司法而不是服务于法制系统化的教条"，④ 但笔者仍然认为，将不法性与过错进行区分是源于德国立法者的独具匠心，及其注重理论构建的累累硕果。不法性要件的独立存在具有积极意义，有着逻辑上的说服力和实践上的生命力。

如 Antunes Varela 所说，"过错的概念以及它的表现方式显示出过错与不法性是两个不同的概念。它们涵盖了事实行为人之行为的不同方面，尽管这些方面在某种意义上是互补的"，⑤ 这里所说的互补可能源于过错之客观化使不法性与过错的判断内容在某种程度上出现了重叠，即当行为违反了法律所要求的一般注意义务时，行为的不法性和过错都可以据此得以认定，但是不法性与过错毕竟是不同层面的侵权责任构成要件，代表了不同的价值判断，我们无法对它视而不见。明确不法性与过错的内涵和判断标准，是正确区分两者的前提和基础。不法性和过错具有不同的社会功能，正如 Antunes

---

① 〔葡〕João de Matos Antunes Varela：《债法总论》（第十版）（第一卷），唐晓晴译，未出版，第 416 页。
② 1804 年颁布的《法国民法典》第 1382 条和第 1383 条规定，"行为人因自己的主观过错而致他人遭受损害时，应对该他人负赔偿责任"，"任何人不仅应对因其行为所引起的损害，而且对因其过失或懈怠所造成的损害，负赔偿的责任"。
③ 〔德〕克雷斯蒂安·冯·巴尔：《欧洲比较侵权行为法》（下），焦美华译，张新宝审校，法律出版社，2001，第 281 ~ 282 页。
④ 〔德〕克雷斯蒂安·冯·巴尔：《欧洲比较侵权行为法》（下），焦美华译，张新宝审校，法律出版社，2001，第 285 页。
⑤ 〔葡〕João de Matos Antunes Varela：《债法总论》（第十版）（第一卷），唐晓晴译，未出版，第 416 页。

Varela所说，"不法性从法律规范的一般与抽象层面出发"，属客观范畴，而"过错则从裁判者在法律的支持下根据个案的具体情事评价行为人（或不作为者）之行为的可谴责性的主观层面出发"，属主观范畴，两者从客观和主观两个不同的层面评价人的行为，在本质上是不一样的。[1] 不法性是法律上的价值判断，是法律对行为人行为的客观评价，根据损害后果（结果不法说）或是行为违反了某项注意义务（行为不法说）来判断，同时考量其是否存在阻却不法事由。过错是对主体行为的非难，是损害事件之发生的主观心理状态问题，重在考察可归责性。简言之，两者的关注点不同，前者的关注点在于是否有受法律保护的利益受到侵害，后者的关注点则在于该侵害是否可归责于行为人。并不是所有的过错行为都是不法行为，同时也并不是所有的不法行为都是过错行为，因为无过错行为也可以构成不法行为。

不可或缺的不法性要件的作用主要体现在以下几个方面。第一，不法性作为独立的构成要件可以克服《澳门民法典》侵权责任一般原则在解释适用上的困难，有利于正确归责。正如Antunes Varela所说，"实际上，之所以有必要将这两个概念分别开来，是因为不法性与过错的区分是一些法律规定的前提又或者它有助于理解（法律上）很多的解决方案（例如，过错指向不法事实而不指向损害，不法事实与过错间的因果关系的定义只有通过事实的不法性这一概念才可确定）"。[2] 第二，不法性要件有利于最大程度保障人们的自由。将可归责性与不法性区别开来，二元并立，透过明确限定权利的保护范围而最大程度和最大限度地保证个人的行动自由或活动自由，这在一定程度上可限制责任范围，避免动辄得咎，更是为了防止出现"有过错则有赔偿"的灾难性后果。[3] 第三，不法性作为侵权行为的要件可以避免或减少诉讼的泛滥。行为之所以不法是因为其侵犯了受法律保护的客体，即受法律保护之客体的被侵犯诠释了行为的不法性，其实这在本质上有利于对加害人施加保护，可避免侵权责任的扩大化。因为单纯以是

---

[1] 〔葡〕João de Matos Antunes Varela：《债法总论》（第十版）（第一卷），唐晓晴译，未出版，第417页。
[2] 〔葡〕João de Matos Antunes Varela：《债法总论》（第十版）（第一卷），唐晓晴译，未出版，第417页。
[3] 个人的行为一旦超出了法律允许的范围必然要受到法律的约束。

否具有过错作为判断标准，可能会导致侵权责任范围无边无际，不利于法益保护的平衡。第四，不法性要件可以为阻却不法事由或正当化事由提供理论支撑，引发行为人举证证明阻却不法性事由的存在。阻却不法事由或正当化事由，是指行为虽然造成他人损害，但依法能够阻断或排除行为不法性的法定客观事实，涵盖后面我们将要探讨的自助、正当防卫、紧急避险及受害人同意等。将不法性独立可以增强正当化事由的理论说服力，有助于解释在不法阻却事由存在的情况下，行为人虽然实施了加害行为，但因为行为人的行为是一种实施法律赋予其权利的行为，不具有本质上的社会危害性，行为本身固有的属性是适法行为，因此不负侵权责任。第五，可以为风险责任提供理论依据。风险责任中不考虑过错，不法性是认定风险责任的基础。以上这些功能无不意味着不法性要件具有独立存在的价值。

三　将事实归责于加害人

（一）可归责性

将事实归责于加害人包括两个方面：可归责性和过错。所谓归责能力，是指民事主体侵害他人权利时对自己的过错行为能够独立承担民事责任的一种能力或资格。根据这一制度，只有当行为人对其行为的性质及后果具有识别能力，也即 Antunes Varela 所说的要产生"行为人具有自然能力预见（prever）其所作出之行为所产生的效果以及衡量其行为的价值（medir o valor），以及根据其对这些东西的判断而作出决定（determinar）"的"可归责（imputável）"，行为人要具有理解能力或意欲能力，行为人才有可能承担责任。[①] 按照《澳门民法典》第 477 条第 1 款，"因故意或过失不法侵犯他人权利或违反旨在保护他人利益之任何法律规定者"具主观可归责性，但此项可归责性须以责任能力（归责能力）为前提，责任能力（归责能力）的有无，决定了该主体能否承担民事责任。在实体法中，如果民事主体无民事责任能力，无论发生何种情形，法律都不能为其设定任何民事责任，正如 Autunes Varela 所言，"如果侵害人是不可归责的，那么他不应该受到任何的谴责，也不应该承担任何的责任。要求不可归责者像可归责者那样

[①] 〔葡〕João de Matos Antunes Varela：《债法总论》（第十版）（第一卷），唐晓晴译，未出版，第 401 页。

行事，是反常的。换句话说，法律赞同在这种情况中存在一个真正的不可归责者的客观责任，是不可理解的"。①

1. 年龄

《澳门民法典》并不认为人人都具有民事责任能力（归责能力），在处理侵权案件时要对行为人的年龄、智力状况、识别能力等因素加以考量。《澳门民法典》第481条以年龄的理解能力或意欲能力为标准来判断一个自然人是否具有责任能力，是否具有可归责性。② 根据《澳门民法典》第481条（可归责性）第2款和第122条（受禁治产约束之人）第1款之规定，③ 澳门以把年龄和认识能力相结合来决定自然人的责任能力，不满七周岁的未成年人无责任能力，不具有可归责性，实际上是人为地用固定年龄界限来推定其没有识别能力，在此年龄界限下的未成年人一般无责任能力，不负侵权责任；又规定在此年龄界限上以识别能力或辨别能力为标准来确定其有无责任能力。不过，以上的两种推定都是可以用反证推翻的。正如 Antunes Varela 所言，"法律推定七岁以下的孩童以及精神失常的禁治产人在作出事实之时没有这种能力"，但并"不排除禁治产人及七岁以下儿童可归责的可能性"，换言之，对原告造成损害的儿童即使低于七岁或是禁治产人，原告也可以举证证明不满七岁或处于监护之下的禁治产人并不缺乏民事能力，其有能力辨别其行为的错误性质及做出相应的行为。④ 同时，大于识别年龄的行为人、准禁治产人也不一定拥有识别能力。⑤ 在满足了年龄的条件限

---

① 〔葡〕João de Matos Antunes Varela：《债法总论》（第十版）（第一卷），唐晓晴译，未出版，第418页，注解1。
② 《澳门民法典》第481条（可归责性），"一、在损害事实发生时基于任何原因而无理解能力或无意欲能力之人，无须对该损害事实之后果负责；但行为人因过错而使自己暂时处于该状态者除外。二、未满七岁之人及因精神失常而成为禁治产之人，推定为不可归责者"。但笔者以为，最根本的还是自然人责任能力的有无取决于其是否具备识别能力，见笔者后面的分析。
③ 《澳门民法典》第122条（受禁治产约束之人）第1款规定，"一、因精神失常、聋哑或失明而显示无能力处理本人人身及财产事务之人，得被宣告为禁治产人"。
④ 〔葡〕João de Matos Antunes Varela：《债法总论》（第十版）（第一卷），唐晓晴译，未出版，第402页；〔德〕克雷斯蒂安·冯·巴尔：《欧洲比较侵权行为法》（上），张新宝译，法律出版社，2001，第123页。
⑤ 《澳门民法典》第135条（受准禁治产约束之人），"对于长期性精神失常、聋哑或失明，但尚未严重至须宣告为禁治产人之人，或因惯性挥霍、滥用酒精饮料或麻醉品而显示无能力适当处理其财产之人，均得被宣告为准禁治产人"。

制之后，行为人并不必然地要承担责任，还需要将其他因素串联在一起进行综合考量。Antunes Varela 所言甚是，"没有推定时也不会妨碍透过举证来证明准禁治产人、七岁以上儿童或没有被宣告为禁治产的失去理智的成年人不可归责，只要证明了他们在做出行为时不具备相应的理解和思考能力即可"。[①]

2. 识别能力

何谓识别能力？如何判断行为人行为时的识别能力？在司法实务中，判断识别能力绝非易事。根据《澳门民法典》第 481 条（《葡萄牙民法典》第 488 条）第 1 款对于可归责性之规定，[②] 葡萄牙法律和中国澳门法律都将"识别能力"表述为"理解和意欲的能力"，要求加害人有以自己智力上的理解自愿实施行为的能力。[③] 在侵权行为方面，一个人的可归责性指行为人具有自由意志的能力，能够理解自己的行为及其后果。[④] 可归责性将行为人在行为时的主观意志作为其对第三人的侵害承担损害赔偿责任的基础，将行为人在实施行为时对其行为的性质和后果的识别能力作为判定行为人为自己的行为承担侵权责任的依据，有无识别能力是认定侵权责任成立与否的基础或前提。一般而言，被管束者中不具备足够的理解能力或意欲能力的那一部分人不具有侵权责任能力，所以侵权行为不成立，其本人不需要承担侵权责任，由负有管束义务的人依法承担；[⑤] 而另一部分具有足够理解

[①] 〔葡〕João de Matos Antunes Varela：《债法总论》（第十版）（第一卷），唐晓晴译，未出版，第 402 页。

[②] 《葡萄牙民法典》第 488 条第 1 款，*CÓDIGO CIVIL PORTUGUÊS*（Actualizado até à Lei n.º 103/2009 de 11.09）Artigo 488.º（Imputabilidade）"1. Não responde pelas consequências do facto danoso quem, no momento em que o facto ocorreu, estava, por qualquer causa, incapacitado de entender ou querer, salvo se o agente se colocou culposamente nesse estado, sendo este transitório"。

[③] 英美法国家和斯堪的纳维亚国家在关于自然无能力者致害责任的规定方面都没有采用"识别能力"的方法，自然无能力者是相对于完全行为能力人而言的，在判定过失时，法院要对他们适用与年龄或精神状态相关的较低的注意义务标准，以此来对他们进行免责或减轻责任。其降低注意义务的标准与我们现在探讨的澳门将年龄或识别能力视为一个不承担或减轻责任承担的抗辩事由的立法模式是有区别的。参见〔德〕克雷斯蒂安·冯·巴尔《欧洲比较侵权行为法》（上），张新宝译，法律出版社，2001，第 409~412 页。

[④] 〔葡〕João de Matos Antunes Varela：《债法总论》（第十版）（第一卷），唐晓晴译，未出版，第 401 页。

[⑤] 只是在具体制度设计方面，在一定的程度上对该规定进行了补救，如后面所说的衡平责任。

能力或意欲能力的被管束者具有侵权责任能力，才有承担责任的可能性。①

识别能力是侵权民事责任的前提，行为人行为的过错与否并不完全取决于实施的行为，而与加害人的年龄、智力、精神状况有关。② 的确，理解能力及意欲能力只有达到一定的年龄和满足一定的精神状态的人才可能具备，也只有具有理解能力和意欲能力的人在侵害他人时，才有可能构成过错，而只有具有过错，才需要为损害事实产生的后果承担侵权责任。③ 所以，《澳门民法典》第477条所说之故意或过失须以行为人有理解能力或意欲能力为前提。识别能力所指向的侵权责任能力是确定自然无能力者（被管束者）是否具有过错的基础，是适用过错责任归责原则的前提。值得注意的是，识别能力之有无原则上应由行为人负举证责任。

根据《澳门民法典》第481条（可归责性）第1款之规定，对于"在损害事实发生时基于任何原因而无理解能力或无意欲能力之人"，不可归责者除了未成年人，还有精神障碍者或处于无意识状态者或处于酩酊状态的人等。④ 对于有行为能力的人在神志不清的状态下致人损害，如在梦游、偶发癫痫病昏厥、高烧、因犯心脏病或中风或其他导致意识丧失的突然疾病等情况下肇致第三人的权益受损，若行为人出现这种病况无过错，其致害行为不具有可归责性，则本人的责任被免除，而由负有管束义务的人按照过错推定承担赔偿责任，当然，对此须由行为人举证证明不是因为自己的过错陷入无意识状态；若加害人是有过错的，如过量饮酒、服用麻醉品等肇致自己丧失识别能力，即如果行为人因自己的故意或过失"使自己陷入无责任能力的状态"，⑤ 理应由其本人承担责任，即如Antunes Varela所说的其"尽管没有这种能力，但是却被视为具有能力一样对待（有过错地使理

---

① 不排除由本人与负有管束义务的人一同依法负连带责任的可能性，稍后会探讨。
② 但是无论如何，财产都不是责任能力的认定标准。依据民法一般原理，只有对其行为的性质、后果有认识能力与判断能力的人才应对其行为负责，而经济能力或财产状况如何与人的认识能力无关，所以财产状况不应作为认定责任能力的标准。
③ 正如黑格尔所言，"行动只有作为意志的过错才能归责于我"。参见〔德〕黑格尔《法哲学原理》，商务印书馆，1979，第119页。
④ 〔葡〕João de Matos Antunes Varela：《债法总论》（第十版）（第一卷），唐晓晴译，未出版，第401页。
⑤ 〔德〕克雷斯蒂安·冯·巴尔：《欧洲比较侵权行为法》（上），张新宝译，法律出版社，2001年版，第128页。

解与欲求的能力暂时丧失)",举证责任由被害人承担,证明加害人是因故意或过失而使自己陷入这种状态。①

综上所述,诚如 Antunes Varela 所言,"要使不可归责者负上民事责任,则必须符合以下要件:①存在一项不法事实;②此一事实对某人造成损害;③倘该事实在同样情况下由一名可归责的人作出,则该事实便会被视为有过错的、可谴责的;④在事实与损害之间存在必要的因果关系;⑤不可能从不可归责者的监管人处获得损害赔偿;⑥根据个案的具体情事,可以用衡平(原则)解释行为人的全部或部份责任"。②

(二)过错

如前所述,对于在车辆与行人或其他主体之间发生交通事故的,《澳门民法典》第 496 条规定过错不是风险责任中之客观要件,③ 但本章也会对过错要件进行探讨,因为在车辆碰撞中,《澳门民法典》将过错责任原则和风险责任原则两个归责原则结合适用。再者,即便澳门对车辆持有人实行风险责任原则(在车辆与行人或其他主体之间发生交通事故的),但被告的过错对于责任的最终承担还是具有重要意义,仍有探讨的必要。

正如 Antunes Varela 所说,"仅仅行为人具有可归责性是不足够的。要将事实归责,还必须可归责的人真正有过错地(com culpa)作为、必须在所作出的事实与加害人的意思(vontade)之间有若干心理的联系(nexo psicológico)"。④ 过错概念源于罗马法,过错是侵权法中的一个核心概念,是指行为人故意或者过失侵害他人的应受谴责之主观心理状态,过错这一概念对整个侵权法理论体系的构建及侵权立法都起着至关重要的作用。另外,如前所述,过错属于主观范畴,不法性属于客观范畴,过错以行为人的可归责性为其判断基准,不法性则以法益侵害为判断标准,两者呈现出不同的意义,这里就不再赘述两者的区别。

---

① 〔葡〕João de Matos Antunes Varela:《债法总论》(第十版)(第一卷),唐晓晴译,未出版,第 402 页。
② 〔葡〕João de Matos Antunes Varela:《债法总论》(第十版)(第一卷),唐晓晴译,未出版,第 403 页。
③ 无论行为人是否有过错。
④ 〔葡〕João de Matos Antunes Varela:《债法总论》(第十版)(第一卷),唐晓晴译,未出版,第 404 页。

1. 过错的种类

根据《澳门民法典》第 477 条第 1 款的规定："因故意或过失……"，而该条的第 2 款又进一步指出："不取决于有无过错之损害赔偿义务，仅在法律规定之情况下方存在。"可知侵权法当中的过错可以分为两种不同的形式，即将行为人的心理状态归纳为两种：故意及过失（或疏忽），这是根据行为人意志状态的不同所做的区分。故意及过失都是应受责难之心理状态，Antunes Varela 认为，相对于过失而言，"故意表现为一种更为严重的过错"，所以"行为人的行为受到更强烈的谴责"。[①] 过错类型的区分不仅在刑法领域有着关键性的作为，在民法范畴同样有着相当重要的作用，尽管以前这种作用为人们所忽视。这种区分的作用主要体现于《澳门民法典》第 487 条、第 490 条第 2 款及第 564 条（《葡萄牙民法典》第 494 条、第 497 条第 2 款及第 570 条）等条款中。[②]

故意可分为以下三种不同的形式。①直接故意。故意的第一个层面所包括的是行为人直接想实现不法事实，[③] 这种故意是指行为人明知自己的行为可能产生某种损害结果，但仍然希望这种损害结果的发生。②必然故意。行为人虽然不直接地欲求不法事实的发生，但是预料到该事实乃是其行为必然、肯定的后果。不法效果与行为人所欲求的结果之间有不可割断的联系，行为人知道这一因果关系，但即使这样也不放弃作为，[④] 这种故意是指行为人明知自己的行为可能产生某种损害结果，虽然不是直接希望这种损害结果的发生，但其至少是放任这种损害结果的发生。③或然故意。行为人预料到不法事实的产生不是其行为的必然后果，而仅是一项可能或必然的后果。[⑤] Antunes Varela 认为，前面两者，即直接故意和必然故意显然是我们这里所说之故意，有

[①] 〔葡〕João de Matos Antunes Varela：《债法总论》（第十版）（第一卷），唐晓晴译，未出版，第 405 页。

[②] 〔葡〕João de Matos Antunes Varela：《债法总论》（第十版）（第一卷），唐晓晴译，未出版，第 404~405 页。

[③] 〔葡〕João de Matos Antunes Varela：《债法总论》（第十版）（第一卷），唐晓晴译，未出版，第 405 页。

[④] 〔葡〕João de Matos Antunes Varela：《债法总论》（第十版）（第一卷），唐晓晴译，未出版，第 406 页。

[⑤] 〔葡〕João de Matos Antunes Varela：《债法总论》（第十版）（第一卷），唐晓晴译，未出版，第 406 页。

疑问的是第三种或然故意,学界对此一直处于纠结和徘徊中。①

过失或疏忽(mera culpa ou negligência)不同于故意,它是行为人由欠缺了可期待的注意而导致的。过失又可区分为两种类型:①有意识的过失(culpa consciente)。行为人预料到不法事实的产生是可能的,但是由于轻率、考虑不周、粗心大意或漫不经心而相信其不会发生,而正因这样才没有采取必要的避免措施。② 这意味着行为人对自己行为的结果已经预见却轻信能够避免。②无意识的过失(culpa inconsciente)或疏忽。行为人因为缺乏预见能力、不小心、无经验或无能力而无法想象到事实发生的可能性。③ 这意味着行为人对自己行为的结果应当预见而没有预见。

2. 过错的认定或判断标准

什么可以作为衡量行为人是否有过错的标准呢?Antunes Varela 认为,判断过错时采用"抽象过失(客观意义上的)"的标准,"是一个正常的、中等敏锐的、审慎的、细心及小心的人的谨慎",而不采用"具体过失(主观意义上的)"的标准,不采用"行为人在平常作为时所表现出来的谨慎能力",不"以加害人本人真正的标杆行为来量度具体的过失"。④

《澳门民法典》第 480 条第 2 款规定,"在无其他法定标准之情况下,过错须按每一具体情况以对善良家父之注意要求予以认定"。由此可知,澳门采用了古罗马的"善良家父"这一拟制人的客观标准,而不是现实中存在的人作为衡量行为人是否存在过错的标准,⑤ 即 Antunes Varela 所说的"抽象过失的规范标准"。⑥ Antunes Varela 进一步指出,抽象过失的规范标

---

① 〔葡〕João de Matos Antunes Varela:《债法总论》(第十版)(第一卷),唐晓晴译,未出版,第 405~407 页。
② 〔葡〕João de Matos Antunes Varela:《债法总论》(第十版)(第一卷),唐晓晴译,未出版,第 408 页。
③ 〔葡〕João de Matos Antunes Varela:《债法总论》(第十版)(第一卷),唐晓晴译,未出版,第 408 页。
④ 〔葡〕João de Matos Antunes Varela:《债法总论》(第十版)(第一卷),唐晓晴译,未出版,第 409 页。
⑤ 罗马法所确定的"善良家父"的客观标准对现代大陆法侵权法产生了深远的影响。例如,法国就是一个采用"善良家父"标准的典型国家。
⑥ 〔葡〕João de Matos Antunes Varela:《债法总论》(第十版)(第一卷),唐晓晴译,未出版,第 408~409 页。

准"是以一个典范的人作为模型、以一个理想的主体作为标准,即罗马人以'善良家父'这个平凡的名称来形容的,实际上即是法律在决定人在社会上的权利义务时所考虑的中等或正常的人",① 由此可知所谓"善良家父"的标准实际上是一种中等人的注意标准,这在一定程度上体现了本是主观范畴过错的一定程度上的客观化。在实践中可以将行为人的行为与"善良家父"的行为进行比较,从而判断行为人是否存在过错及过错的程度,判断方式主要是视"善良家父"在相同的客观环境下会不会实施与行为人同样的行为(无论是作为还是不作为),如果"善良家父"不会实施与行为人同样的行为,那就意味着行为人没有达到"善良家父"应具有的注意程度等,就可以据此认定行为人有过错,反之亦然。以"善良家父"的标准来要求行为人无疑可以督促人们谨慎行事,同时也具有可行性。

另外,《澳门民法典》第480条第2款(《葡萄牙民法典》第487条第2款)中所述的"按每一具体情况"并不是试图让裁判者针对不同情况采用不同的评价标准(采用抽象过失或具体过失)。Antunes Varela认为,"它只是想说明对于过错之确定有重要性的谨慎是指一个正常人在面对有关具体情况时所应有的谨慎(善良家父)而已"。② 无论何种情况,它都坚持抽象过失的规范标准。

3. 过错是意思的缺陷还是行为的缺陷

过错是意思的缺陷还是行为的缺陷?Antunes Varela认为,"从立法论上(de iure constituendo)最好而且最忠于现行立法选择的指导思想是'抽象过错'的标准,以及在赋予'人的可期待注意'一个更广的概念的同时,将单纯的过失界定为一种行为上的缺陷(conduta deficiente),而不是将其限定于简单的行为意思的缺陷(deficiência do factor vontade no acto)",③ 这意味着在认定行为人的意志状态时,是以某种表现于外的客观行为作为标准来认定行为人有无过错。

---

① 〔葡〕João de Matos Antunes Varela:《债法总论》(第十版)(第一卷),唐晓晴译,未出版,第409页。
② 〔葡〕João de Matos Antunes Varela《债法总论》(第十版)(第一卷),唐晓晴译,未出版,第412页。
③ 另外,笔者也认为,行为本身就具有行为人本身的意志因素。参见〔葡〕João de Matos Antunes Varela《债法总论》(第十版)(第一卷),唐晓晴译,未出版,第412页。

第三章　交通事故致人损害的民事责任的构成要件和责任主体

当然，即便是经过以上种种探讨，对过错的判断仍然是相当不好把握的，如在研究未成年人肇致他人损害的父母责任时，是否对监督人的教育义务和监督义务进行区分，对欠缺履行长期引导之教育义务是不是父母责任之要件就是极富争议的问题。J. Sinde Monteiro 和 Maria Manuel Veloso 指出，葡萄牙判例法主张"监督上的过失"（culpa in vigilando）范围失之偏窄，而"教育上的过失"（culpa in educando）在一些认定父母责任基础的判决中居相当重要之地位，其认为父母有义务提供良好的教育，不仅仅只是推定父母疏于监督。很多判决旗帜鲜明地表明，"父母的过错在于未履行监管职责和缺少对孩子人格的引导"，如果父母提供的教育有缺失或品质上有瑕疵，并且损害是由这个有缺失或品质有瑕疵的教育所肇致的，那么就可以运用过错推定原则，直接将教育义务的疏于履行作为父母承担赔偿责任的原因，以此强化对受害人之保护。[①] 由此可见，葡萄牙法院认定行使亲权之父母的责任基础的判例不仅仅是推定父母疏于监督，而且是推定其疏于适当地教育孩子，说明葡萄牙法院在责任问题上倾向于考察教育上的过失，对父母教育的过错进行谴责，如克雷斯蒂安·冯·巴尔所说的，"葡萄牙法院也惯于在责任问题领域检验教育上的过失"，尽管可能只是"检验教育的一些个别领域"。[②] 故而，当下对父母管束子女的义务要求可能比较高，不仅是指监督子女的义务，亦指教育子女的义务，虽然有时要将两者做出绝对区分并不是那么容易。父母不仅必须证明适当的监督无法防止孩子实施该侵权行为，还必须向法院证明他们积极地履行了《澳门民法典》第1739条规定的教育义务，对孩子的培养（尤其是《道路交通法》方面的）必须符合社会道德和法律的要求。例如，父母为方便15岁的孩子上学为其购买了轻型摩托车并允许其上路行驶，上学途中，该孩子驾驶轻型摩托车撞伤了行人。澳门第3/2007号法律《道路交通法》第3条（车辆的定义），"为适用本法律及补充法规的规定，下列用词定义如下：……（四）轻型摩托

[①] 〔葡〕J. Sinde Monteiro、〔葡〕Maria Manuel Veloso：《对他人造成的损害的责任：葡萄牙法》，载〔荷〕J. 施皮尔主编《侵权法的统一：对他人造成的损害的责任》，梅夏英、高圣平译，法律出版社，2009，第271页。

[②] 〔德〕克雷斯蒂安·冯·巴尔：《欧洲比较侵权行为法》（上），张新宝译，法律出版社，2001，第194页。

车……",同法第 81 条（获取驾驶执照的要件）"一、为获取机动车辆驾驶执照，申请人必须同时符合下列要件：（一）年满十八岁……"。父母作为其孩子的行使亲权之人，对其违法驾驶轻型摩托车的行为具有控制能力，却没有尽到教育、监督和保护的义务，甚至起到帮助作用，导致该未成年人侵害他人利益，应推定父母对第三人之利益的损害具有对未成年人行为没有尽到监督义务的过错，因此应承担损害赔偿责任。J. Sinde Monteiro 和 Maria Manuel Veloso 也指出，葡萄牙"1998 年修改的《道路交通法》第 136 条第 5 款（5 月 17 日第 114/95 号法令）规定，当父母意识到未成年人缺乏能力或者有过失，而没有阻止其驾驶时，父母要对任何侵害承担责任"。[①] 他们进一步指出，"为了使父母承担替代责任"，1989 年 2 月 1 日葡萄牙最高法院的判决甚至走得更远，法院不惜动用"广义的指示者的概念"来对此做出诠释，"指示者的利益可能是精神上的。例如，父亲出于自我愉悦的目的，而将汽车借给孩子"。[②]

四　损害事实的存在

（一）损害事实的概述

交通事故必须以受害人有损害为必要条件，即存在损害事实。损害事实是交通事故肇事人侵害合法权益的结果，是侵权行为的构成要素和进行道路交通事故损害赔偿的前提条件。如果只有交通违法行为而没有交通损害，则只能依行政制裁方法来处罚或其他方法来处理，而不应承担赔偿责任。侵权行为应该是造成一定损害的行为，但损害并不一定都是有形的或经济上的不利益。车辆，尤其是汽车等机动车辆作为一种特殊的物体，即便不运行，本身就具有高度的风险性，若运行发生交通事故也往往造成相当严重的后果，既可引致财产上的巨大损失，又可肇致非特定范围人员的

[①] 〔葡〕J. Sinde Monteiro、〔葡〕Maria Manuel Veloso：《对他人造成的损害的责任：葡萄牙法》，载〔荷〕J. 施皮尔主编《侵权法的统一：对他人造成的损害的责任》，梅夏英、高圣平译，法律出版社，2009，第 269～270 页。

[②] 〔葡〕J. Sinde Monteiro、〔葡〕Maria Manuel Veloso：《对他人造成的损害的责任：葡萄牙法》，载〔荷〕J. 施皮尔主编《侵权法的统一：对他人造成的损害的责任》，梅夏英、高圣平译，法律出版社，2009，第 270 页。"STJ of 2 November 1995, CJSTJ, II, 220 (loan of gun, at 222)."

第三章　交通事故致人损害的民事责任的构成要件和责任主体

身心健康权或生命权损害之严重后果。与日本道路交通损害赔偿法只将人身损害作为保护对象不同，德国《道路交通法》不限于人身损害，还包括财产损害，在处理交通事故时人身伤亡损害和其他财产损害一并解决，葡萄牙和中国澳门对此持同样的立法例。[①] 澳门道路交通事故案件中的损害事实是指因侵害人的行为（作为或不作为）给他人的人身、财产等造成的不利影响，[②] 损害事实涵盖财产损害和非财产损害，非财产损害又包括人身损害和精神损害。依据侵权损害的性质和内容，损害事实大致可分为财产损害、人身损害和精神损害三种。不管损害事实能不能以金钱予以计量，只要对他人的人身或财产等合法权益引致了受损的事实，就构成损害事实。

所谓道路交通事故纠纷中的财产损害，是指交通肇事中因侵害人的侵害造成权利人一切具有财产价值的损失，是一种财产上的不利变动。财产损害一般可分为直接损失和间接损失，纯粹经济利益的损失一般不包括在其中。根据《澳门民法典》第558条（损害赔偿之计算）第1款，"损害赔偿义务之范围不仅包括侵害所造成之损失，亦包括受害人因受侵害而丧失之利益"，可知前者所说的财产损害是指直接损失（积极的财产损失），后者则是指间接损失（消极的财产损失）。直接损失是指受害人现有实际财产的减少或者说是财产的积极减少，间接损失是指受害人可得利益的减少或者说是财产的消极不增加。至于纯粹经济利益的损失或者说是纯粹财产上损失的损害赔偿，大陆法系中德国法概念称为"纯粹财产上损害"，[③] 是指"那些不依赖于物的损坏或者身体及健康损害而发生的损失"，其"非作为权利或受保护的利益侵害结果而存在的损失"。[④] 克雷斯蒂安·冯·巴尔认为，《葡萄牙民法典》第483条第1款（《澳门民法典》第477条第1款）"并没有确认对纯粹经济利益的一般注意义务"。[⑤]

---

① 参见《德国民法典》第253条和第847条、《葡萄牙民法典》第496条，以及《澳门民法典》第489条。
② 参见《澳门民法典》第489条。
③ 英美法相对应的概念是"纯粹经济上损失"。
④ 〔德〕克雷斯蒂安·冯·巴尔：《欧洲比较侵权行为法》（下），焦美华译，张新宝审校，法律出版社，2001，第33~34页。
⑤ 〔德〕克雷斯蒂安·冯·巴尔：《欧洲比较侵权行为法》（上），张新宝译，法律出版社，2001，第49页。

而道路交通事故案件中的非财产损害则是指上述财产损害之外的其他损失，包括人身损害和精神损害。人身损害是指由致害人对受害人的人身施以加害行为所导致的其人身上的损害。同时，对自然人的人身之损害等非财产性的损害往往也会肇致其财产上的损失，如伤害他人身体肇致其支付医疗费、护理费及交通费等。精神损害主要是指自然人因人格权受损而导致的精神痛苦。与其他损害不同的是，精神损害具有无形性。尽管非财产性损害不同于财产损害，无法用金钱计算或衡量，但非财产损害也可采用金钱赔偿的方式。《澳门民法典》第 489 条规定了非财产损害的赔偿范围及金额等内容。① 根据《澳门民法典》第 489 条和《葡萄牙民法典》第 496 条（非财产之损害）第 1 款，本条款规定了非财产损害的适用条件，可知不是所有的情况都适用非财产损害，该条款设置了获得非财产损害赔偿的前提或基础——道路交通事故纠纷中非财产损害须达到一定的严重程度。《澳门民法典》第 489 条第 2 款则对死者家属的非财产损害的赔偿做出了特别规定。

"损害"范畴是非合同民事责任构成要件中的核心范畴之一。在道路交通事故纠纷中，虽然并非所有损害都可以得到赔偿，但是若没有《澳门民法典》第 477 条第 1 款所规定之构成要件之一——损害，一般便不存在非合同民事责任损害赔偿的问题。行为人之行为是否为侵权行为的认定一般是以损害事实之发生为前提，损害事实是判定非合同民事损害赔偿责任是否成立及赔偿范畴之基础，原则上必须有损害事实的存在才有追究行为人的侵权责任的必要，才有要求其承担损害赔偿责任的必要。

欧洲法域成文法很少对损害下定义，奥地利是一个例外，《奥地利民法典》第 1293 条规定，"损害是给某人的财产、权利或人身造成的不利益。损害应区别于所失利润损失，这些利润是某人按照事物的进程可获得的"，

---

① 《澳门民法典》第 489 条（非财产之损害）规定："一、在定出损害赔偿时，应考虑非财产之损害，只要基于其严重性而应受法律保护者。二、因受害人死亡，就非财产之损害之赔偿请求权，由其未事实分居之配偶及子女、或由其未事实分居之配偶及其他直系血亲卑亲属共同享有；如无上述亲属，则由与受害人有事实婚关系之人及受害人之父母、或由与受害人有事实婚关系之人及其他直系血亲尊亲属共同享有；次之，由受害人之兄弟姊妹或替代其兄弟姊妹地位之甥侄享有。三、损害赔偿之金额，由法院按衡平原则定出，而在任何情况下，均须考虑第四百八十七条所指之情况；如属受害人死亡之情况，不仅得考虑受害人所受之非财产损害，亦得考虑按上款之规定享有赔偿请求权之人所受之非财产损害。"

其给出了损害之含义。① 欧洲法域其他成文法大多都没有明确损害的概念，葡萄牙民法的追随者《澳门民法典》也没有界定什么是损害。由乌尔里希·马格努斯主编的《侵权法的统一：损害与损害赔偿》中的"比较报告"分析主张，"损害是一个法律概念"，所以并非任何损害都可以得到侵权责任法的救济，其认为"只有法律上的损害才能赔偿"，只有这样的不利后果才可以得到救济。"比较报告"还指出，"损害是受害人领域必然发生的在法律上的不利变化"，而这种变化是"可归责于加害人的"，故而"有必要比较事物的两种状态（即'差额说'）"以"判断变化是否是不利的"，而对损害的评定之"固有方法是比较受害人受害前后的不同状况"。② 基于以上的分析介绍，我们可以看出损害具有事实或自然和法律的双重属性。在"自然"或"事实"意义上，这一层面的损害是指行为人之行为对受害人的人身和财产状况在事实层面上所产生的一种不利影响，如人身的伤害、财产的减少，甚至还涵盖纯粹经济损失。但这其中并非所有"事实"或"自然"意义层面的损害事实都可以得到非合同民事责任法的救济，一个人所遭受之损害和这个人从责任主体所得到之赔偿是两个不同的问题，③ 不是所有的损害都可以得到赔偿，事实意义层面上的损害或不利益要转化为可以得到侵权损害赔偿救济之法律意义层面上的损害，必须接受法律上的考核和评价，而可获得非合同民事责任损害赔偿之救济的损害必须具有内在的不法性，同时兼有"不法性"的那部分事实或自然损害才是获得法律承认的可得到损害赔偿救济之损害，才具有可救济性，正如 Antunes Varela 所说的"仅仅当不法事实带来损害时，责任才产生"。④ 而包含了法律上否定性评价之行为的不法性是构成侵权责任的侵权行为要件之一，依照《澳门民法典》第 477 条第 1 款之规定，要么是因为它是加害人侵犯他人的一项权利，要么

---

① 〔德〕乌尔里希·马格努斯：《侵权法的统一：损害与损害赔偿》，谢鸿飞译，法律出版社，2009，第 16 页。
② 〔德〕乌尔里希·马格努斯：《侵权法的统一：损害与损害赔偿》，谢鸿飞译，法律出版社，2009，第 275~276 页。
③ 〔德〕克雷斯蒂安·冯·巴尔：《欧洲比较侵权行为法》（下），焦美华译，张新宝审校，法律出版社，2001，第 163 页。
④ 〔葡〕João de Matos Antunes Varela：《债法总论》（第十版）（第一卷），唐晓晴译，未出版，第 425 页。

是因为加害人违反保护他人利益的法律。

损害事实是因他人的加害行为或可归责于某人的事件使权利主体之合法权益遭受到的某种不利益，损害的客观存在成为侵权行为的构成要素，是行为人承担民事责任的基础和受害人获得救济的前提，责任主体只有因自己一定的行为（作为或不作为）及自己所控制或管理的物件肇致他人的人身、财产受损时，才有可能承担损害赔偿责任，而权利主体也只有在因他人的行为使其权利或法益受到损害时，才有可能获得法律上的救济。侵权行为应是造成一定损害的行为，而损害作为一种客观存在的事实，其数额常常是可以用一个具体的数值去衡量的，但损害并不一定都是有形的或经济上的不利益，未必都能以金钱评定。但无论权利主体的人身权利、财产权利及其他利益之损害能不能以金钱予以计量，只要对他人人身或财产等合法权益引致了受损的事实，造成他人财产利益和非财产利益的减损或灭失的客观存在之事实，就构成损害事实。[1]《澳门民法典》第477条第1款所规定的一般原则中损害事实包括财产损害和非财产损害。

（二）财产损害和非财产损害之区分和赔偿范围

关于损害之赔偿范围，在欧洲最重要和最普遍的分类方法是将其分为财产损害和非财产损害。[2] 中国澳门效仿葡萄牙，其非合同民事损害赔偿责任制度中的损害范畴也包括财产损害和非财产损害。对财产损害和非财产损害的区分和赔偿，乌尔里希·马格努斯在其主编的书中的"损害赔偿法的比较报告"里指出，几乎所有欧洲国家都认可在财产损害和非财产损害上应全部赔偿，做出区分的原因在于财产损害根据客观市场价格标准很容易认定，而非财产损害涵盖了主观因素的考量权衡，受各种因素限制。[3]

所谓交通肇事中财产上的损害，是指因交通事故加害人的侵害行为造成权利人遭受能以金钱衡量的一切具有财产价值或物质利益方面的损失，

---

[1] 杨立新：《侵权法论》，人民法院出版社，2005，第169页。
[2] 〔德〕克雷斯蒂安·冯·巴尔：《欧洲比较侵权行为法》（下），焦美华译，张新宝审校，法律出版社，2001，第192页。
[3] 〔德〕乌尔里希·马格努斯：《侵权法的统一：损害与损害赔偿》，谢鸿飞译，法律出版社，2009，第271页，第277~278页。

第三章　交通事故致人损害的民事责任的构成要件和责任主体

是一种财产上的不利之变动，其涵盖因人身损害①造成的财产损失，但没有囊括因人身损害所肇致的精神损害。人身损害则是指由于致害人对受害人的人身施以加害行为所导致的其人身上的损害，对自然人的人身之损害往往也会肇致其财产上的损害，如伤害他人身体导致其支付医疗费、护理费及交通费等，因此受害人的健康和生命受到的损害可转化为财产上的有形损害。财产损害一般可分为直接损害和间接损害，而道路交通肇事侵权行为可能造成的财产损害亦包括直接财产损害和间接财产损害。根据《澳门民法典》中一般赔偿责任制度之第558条（损害赔偿之计算）第1款，"损害赔偿义务之范围不仅包括侵害所造成之损失，亦包括受害人因受侵害而丧失之利益"，可知前者所说的财产损害是指直接损害（积极财产损害）或说"显性损害或财产损失（damnum emergens；la perte éprouvée）"，而后者则是指间接损害（消极财产损害）或说"中断的利润或受挫的利润（lucrum cessans；le gain manqué）"，消极财产损害一样可以得到弥补。直接损害是指受害人现有实际财产的减少或是财产的积极减少，是一种现有利益之损害，"包括在损害发生之日已存在于受害人手上的财物或权利"，道路交通事故所造成的直接财产损害一般包括受害人随身携带物品的损害、车辆损害、车辆上所载物品损害等积极损害；间接损害是指受害人可得利益的减少或是财产的消极不增加，是一种未来的应得而未得到之利益，或称之为一种可得利益之损害，"包括受害人因不法事实而无法获取但是在损害发生之日还未有权获取之利益"，而道路交通事故的间接损害是指道路交通事故造成之财产利益的间接减损，但须是因交通事故所造成被损害之人身或财产的直接影响所涉之范围。② 然而，实际上澳门民法也没有对上述直接损害和间接损害做出严格的区分，这两种损害都应完全赔偿。当然，并非有损害就有损害赔偿，还需要具备其他的非合同民事责任构成要件，如《澳门民法典》第557条（因果关系）规定损害赔偿责任以适当因果关系为成立要件之一。

自1900年《德国民法典》第一次提出非财产损害之概念以来，大陆法

---

① 人身损害是指自然人的生命、身心完整权遭受侵害，造成伤害、残疾甚至死亡的后果及其他损害后果。
② 〔葡〕João de Matos Antunes Varela：《债法总论》（第十版）（第一卷），唐晓晴译，未出版，第426页。

137

系越来越多的国家或地区都开始承认精神损害是损害赔偿之不可分割的一部分，葡萄牙和中国澳门对此也持赞同态度，认为仅仅赔偿由于加害人的行为给受害人造成的财产损害或第三人（反射性）的财产损害不足以弥补受害人及其近亲家属由于侵权行为所造成的精神损害。由此可知，反射性损害不仅针对上述财产损害，包括受害人亲属因照顾受害人所支出的费用，也针对非财产损害。葡萄牙民法学者 Mota Pinto 认为，"葡萄牙民法规定在确定损害赔偿时，考虑到因损害之严重程度而产生之非财产损害，该等损害必须受法律保护（第496条第1款）。造成非财产损害，传统上称为'精神损害'的原因是受害人遭受非财产性质的伤害（如受害人的身体完整性、健康、安宁、身心幸福、自由、名誉、声誉受损）"。[1] 克雷斯蒂安·冯·巴尔指出，"非财产损失则是指那些自始至终就不能以金钱加以衡量因而只能以一般损害赔偿形态加以补偿的损失"。[2] 非财产损害是指权利人遭受的上述财产损害之外的其他一切损害，主要是指精神损害。精神损害作为非财产损害的下位概念，主要是指自然人因人格权受损而导致的精神痛苦，如侵害名誉权、侵害隐私权等。在道路交通事故中常常会直接导致受害人身心完整权的侵害，严重的甚至会造成对受害人生命权的侵害，对受害人这一系列人身损害引发的精神痛苦应当给予精神抚慰金赔偿。与其他损害不同的是，精神损害具有无形性，对精神损害进行弥补有利于对侵权加害行为人给予制裁。尽管非财产损害不同于财产损害，非财产损害是无法用金钱计量或衡量的，但非财产损害也可采用金钱赔偿的方式。《澳门民法典》第477条第1款所规定的一般原则涵盖了财产损害和非财产损害，而《澳门民法典》第489条则进一步补充规定了非财产损害的赔偿范围。根据《澳门民法典》第489条和《葡萄牙民法典》第496条（非财产之损害）第1款，本条款规定了非财产损害的适用条件，可知葡萄牙和中国澳门的侵权行为法以"侵害的严重性"为根据来确定是否准予精神损害赔偿。值得指出的是，与《德国民法典》第253条（非财产损害）所规定的"对于非为

---

[1] 〔葡〕Carlos Alberto da Mota Pinto：《民法总论》，林炳辉等译，澳门法律翻译办公室、澳门大学法学院及法务局，2001，第56页。
[2] 〔德〕克雷斯蒂安·冯·巴尔：《欧洲比较侵权行为法》（下），焦美华译，张新宝审校，法律出版社，2001，第191页。

财产损害的损害，只有在法律规定的情形，才可以请求以金钱赔偿"不同，[①]《澳门民法典》第489条（《葡萄牙民法典》第496条）对于受害人非财产损害之规定并不是仅限于在法律有明文规定的情况下才能得到赔偿，而是交由法院去判断衡量，直接取决于法官的自由裁量，法院需要考量加害人之过错程度等重要因素。[②]

另外，《澳门民法典》第489条第2款（《葡萄牙民法典》第496条第2款）则对死者近亲属"非财产性反射损害"的赔偿做出了特别规定。[③] 克雷斯蒂安·冯·巴尔指出，与德国、荷兰、奥地利等国的法律制度一贯坚持"对丧失近亲属的悲伤不予金钱赔偿"不同，比利时、卢森堡及葡萄牙等国民法都规定了对死者近亲属"非财产性反射损害"的补偿。[④]

（三）纯粹经济损失是否应予以赔付

澳门对纯粹经济损失问题的研究比较薄弱，在《澳门民法典》中也没有使用纯粹经济损失的概念。纯粹经济损失是否可以获得澳门侵权法上的救济是我们这里关心的议题。纯粹经济损失是近年来欧洲比较法上相对而言比较热门的话题之一，[⑤] 其作为一项饱受争议的新概念或新课题正给世界各国或各地区的法律实践带来新挑战。纯粹经济损失在欧洲被认为是"戈尔迪"难结，[⑥] 其作为民法领域中众多损失中一种相当特殊的损失，处于民事法律保护的边缘地带，因为其距离侵害行为所导致的原始损害并不近，致损事件与纯粹经济损失的因果关系比较远，充满了抽象性、模糊性和不确定性等特点，定义和范围都比较难以界定，所以想要揭开纯粹经济损失的

[①] 《德国民法典》，杜景林、卢谌译，中国政法大学出版社，1999，第58页。

[②] 〔德〕克雷斯蒂安·冯·巴尔、〔德〕乌里希·德罗布尼希主编《欧洲合同法与侵权法及财产法的互动》，吴越、王洪、李兆玉、施鹏鹏等译，法律出版社，2007，第79页。

[③] "非财产性反射损害"这一术语是克雷斯蒂安·冯·巴尔采用的。参见〔德〕克雷斯蒂安·冯·巴尔《欧洲比较侵权行为法》（下），焦美华译，张新宝审校，法律出版社，2001，第224页。

[④] 〔德〕克雷斯蒂安·冯·巴尔：《欧洲比较侵权行为法》（下），焦美华译，张新宝审校，法律出版社，2001，第224页。

[⑤] 毛罗·布萨尼和弗农·瓦伦丁·帕尔默主编的《欧洲法中的纯粹经济损失》及克雷斯蒂安·冯·巴尔著的《欧洲比较侵权行为法》都对纯粹经济损失做了比较详细的介绍。参见〔意〕毛罗·布萨尼、〔美〕弗农·瓦伦丁·帕尔默《欧洲法中的纯粹经济损失》，张小义、钟洪明译，林嘉审校，法律出版社，2005，第3页。

[⑥] 廖朵朵：《纯经济性损失的侵权赔偿责任》，《政法学刊》第22卷第4期，2005，第33页。

面纱并不简单。迄今为止，少有如瑞典和芬兰那样在立法中对纯粹经济损失进行定义的，而瑞典和芬兰两国这样的法律规定的主要目的是排除纯粹经济损失的赔偿（因犯罪行为而肇致的纯粹经济损失例外）。[1] 1972年《瑞典赔偿法》第2条规定："依据本条的纯粹的金钱上的损失是一种在任何方面都与对人身伤害和财产损失没有关联的损失。"[2]《芬兰侵权责任法》第5章第1条规定："赔偿包括对人身伤害或财产损害的获赔，如果损害是因被刑法禁止的行为或者授权行为所致，或者在其他情况下有特别的理由，则赔偿应包括与人身伤害或者财产损害不相联系的经济损失。"[3] 对于纯粹经济利益的损失或是纯粹财产上损失的损害赔偿，德国学者克雷斯蒂安·冯·巴尔教授在其专著《欧洲比较侵权行为法》中指出，"对于什么是'纯粹经济损失'各国规定一直都有很大区别，但从中仍可以总结出两个主要流派：其一，是所谓'纯粹经济损失'是指那些不依赖于物的损坏或者身体及健康损害而发生的损失；其二，是非作为权利或受到保护的利益侵害结果存在的损失"。[4] 有学者认为，德国、葡萄牙及奥地利的学者"倾向于将纯粹经济损失定义为与权利所受之侵害并无直接联系的任何损失，这样就将其他国家认可的许多典型的纯粹经济损失排除在外"。[5] 海尔穆特·库齐奥认为，"纯粹经济损失是一种并非因侵害人身（生命、身体、健康、自由、其他人格权）或财产（有形财产和无形财产）而导致的损害"。[6]

---

[1] 〔意〕毛罗·布萨尼、〔美〕弗农·瓦伦丁·帕尔默主编《欧洲法中的纯粹经济损失》，张小义、钟洪明译，林嘉审校，法律出版社，2005，第117页。
[2] 参见〔德〕克雷斯蒂安·冯·巴尔《欧洲比较侵权行为法》（上），张新宝译，法律出版社，2001，第49页，注释158；〔意〕毛罗·布萨尼、〔美〕弗农·瓦伦丁·帕尔默主编《欧洲法中的纯粹经济损失》，张小义、钟洪明译，林嘉审校，法律出版社，2005，第9页（相关制定法和法典条款译文）。
[3] 参见〔意〕毛罗·布萨尼、〔美〕弗农·瓦伦丁·帕尔默主编《欧洲法中的纯粹经济损失》，张小义、钟洪明译，林嘉审校，法律出版社，2005，第116~117页，第2页（相关制定法和法典条款译文）。
[4] 〔德〕克雷斯蒂安·冯·巴尔：《欧洲比较侵权行为法》（下），焦美华译，张新宝审校，法律出版社，2001，第33~34页。
[5] 〔德〕克雷斯蒂安·冯·巴尔、〔德〕乌里希·德罗布尼希主编《欧洲合同法与侵权法及财产法的互动》，吴越、王洪、李兆玉、施鹏鹏等译，法律出版社，2007，第25页。
[6] 〔奥〕海尔穆特·库齐奥：《欧盟纯粹经济损失赔偿研究》，朱岩、张玉东译，《北大法律评论》第10卷第1辑，北京大学出版社，2009，第243页。

第三章 交通事故致人损害的民事责任的构成要件和责任主体

综合以上介绍可知，纯粹经济损失是受害人因他人的不法行为（当然不限于侵权行为）遭受到的经济上的损失，但纯粹经济损失不依赖于任何具体财产权利损害或者人身权利损害，"它是一种在原告人身和财产事先都未受到侵害之情形下发生的损害"，即受害人既没有遭受人身权的伤害，也没有遭受财产权的侵害。纯粹经济损失是行为人的行为给他人造成的人身伤害和有形财产损害之外的无形损失，这种经济上的损失与受害人人身或财产受到的任何侵害没有发生关联（责任构成要件并没有得到满足），仅表现为纯粹经济损失之受害人在财产或经济总量上遭受到的某种不利益，纯粹经济损失并不涵盖精神损害。[①] 纯粹经济损失作为损失的一种，它具有损失的一般特征之不利益，但其也有不同于直接损失、间接损失等其他损失的特殊性。对于纯粹经济损失与直接损失和间接损失的区别，毛罗·布萨尼和弗农·瓦伦丁·帕尔默指出，直接损失和间接损失"只描述同一财产集合范围内的因果关系"，而纯粹经济损失描述的是多个财产集合之间的因果关系。[②] 区分直接损失与纯粹经济损失并不难，但要区分间接损失与纯粹经济损失可能就没有那么容易，两者在司法实务上并不泾渭分明，毛罗·布萨尼和弗农·瓦伦丁·帕尔默认为，"间接损失和'纯粹'经济损失并不是在种类和原则上有差异，而是因为它们各自依赖于发生的情形及被加之于其各自可获赔与否上的技术性限制，才彼此区分开来"，其进一步指出，在他们探讨研究范围内的欧洲法中，间接损失原则上基本都可以获得赔偿，但纯粹经济损失则不一定。至于纯粹经济损失的类型，在毛罗·布萨尼和弗农·瓦伦丁·帕尔默主编的《欧洲法中的纯粹经济损失》一书中，纯粹经济损失被分为四类：①反射损失；②转移损失；③公共市场、运输通道及公用设施的关闭；④对错误资讯、建议和专业服务的信赖。[③]

[①] 〔意〕毛罗·布萨尼、〔美〕弗农·瓦伦丁·帕尔默：《纯粹经济损失的概念及其背景》，载〔意〕毛罗·布萨尼、〔美〕弗农·瓦伦丁·帕尔默主编《欧洲法中的纯粹经济损失》，张小义、钟洪明译，林嘉审校，法律出版社，2005，第5~6页。

[②] 〔意〕毛罗·布萨尼、〔美〕弗农·瓦伦丁·帕尔默：《纯粹经济损失的概念及其背景》，载〔意〕毛罗·布萨尼、〔美〕弗农·瓦伦丁·帕尔默主编《欧洲法中的纯粹经济损失》，张小义、钟洪明译，林嘉审校，法律出版社，2005，第6页。

[③] 〔意〕毛罗·布萨尼、〔美〕弗农·瓦伦丁·帕尔默：《纯粹经济损失的概念及其背景》，载〔意〕毛罗·布萨尼、〔美〕弗农·瓦伦丁·帕尔默主编《欧洲法中的纯粹经济损失》，张小义、钟洪明译，林嘉审校，法律出版社，2005，第9~11页。

大陆法系国家或地区并没有采取统一的保护模式，有的采用放任式体系，如法国、比利时、意大利、西班牙和希腊等。① 这些国家的民法典中存有一般条款，如《法国民法典》第1382条和第1383条、《比利时民法典》第1382条和第1383条、《意大利民法典》第2403条、《西班牙民法典》第1902条及《希腊民法典》第914条和第919条，该等条款并没有事先排除纯粹经济损失，对纯粹经济损失的赔偿持放任式的态度。② 《法国民法典》透过第1382条和第1383条采取一般条款的保护模式，法国因此被认为拥有世界上最为自由、最为宽泛的侵权责任制度，其对纯粹经济损失的保护程度非常高。③ 《法国民法典》没有使用纯粹经济损失的概念，法国立法并没有区分实际损害和纯粹经济损失。侵权责任制度关注的重心是致损事件，并没有对"任何受保护利益范围或受保护自然人群体"施加任何先决限制条件。④ 换言之，只要能证实原因与结果之间存在因果关系及满足侵权损害赔偿责任的其他构成要件，任何人均享有法定的损害赔偿权利，无论何种类型的损害都能得到赔偿。由此可知，法国对纯粹经济损失（无论是故意的还是过失侵权肇致的）给予充分的保护，即便是遭受纯粹经济损失的人也可以依据《法国民法典》第1382条和第1383条寻求侵权法的救济。

而德国、奥地利、芬兰、瑞典和葡萄牙等采取的是保守式体系，对侵权行为所致纯粹经济损失的索赔予以限制，这一体系的特征是纯粹经济损失并没有被置于受到它们侵权法保护的"绝对权利"之中。⑤ 例如，《德国民法典》第823条规定，"在这一所谓的'绝对权利'的清单里有意排除了任何对纯粹经济性质之损害的指称。因此，可以毫无争议地说，作为一项

---

① 〔意〕毛罗·布萨尼、〔美〕弗农·瓦伦丁·帕尔默主编《欧洲法中的纯粹经济损失》，张小义、钟洪明译，林嘉审校，法律出版社，2005，第93页。
② 〔意〕毛罗·布萨尼、〔美〕弗农·瓦伦丁·帕尔默主编《欧洲法中的纯粹经济损失》，张小义、钟洪明译，林嘉审校，法律出版社，2005，第93~102页。
③ 〔意〕毛罗·布萨尼、〔美〕弗农·瓦伦丁·帕尔默主编《欧洲法中的纯粹经济损失》，张小义、钟洪明译，林嘉审校，法律出版社，2005，第93~97页。
④ 〔意〕毛罗·布萨尼、〔美〕弗农·瓦伦丁·帕尔默主编《欧洲法中的纯粹经济损失》，张小义、钟洪明译，林嘉审校，法律出版社，2005，第97页。
⑤ 〔意〕毛罗·布萨尼、〔美〕弗农·瓦伦丁·帕尔默主编《欧洲法中的纯粹经济损失》，张小义、钟洪明译，林嘉审校，法律出版社，2005，第110页。

第三章　交通事故致人损害的民事责任的构成要件和责任主体

基本规则，在侵权法里纯粹经济损失是不可赔偿的"。① 尽管这些大陆法系国家原则上认为纯粹经济损失是不能赔偿的，但存在一些例外情况。大陆法系的部分国家采取混合模式，对于不同类型的纯粹经济损失也采取不同的保护方法，德国采用合同效力扩张和权利扩大解释相结合的混合保护模式对纯粹经济损失予以保护。② 首先，采用权利扩大解释保护模式。如前所述，《德国民法典》第823条第1款以列举"绝对权利"清单的形式剔除了对纯粹经济损失的保护，基于此，遭受纯粹经济损失的人或者透过第823条第2款、第824条和第826条的扩大解释来寻求侵权救济，③ 或者扩大《德国民法典》第823条第1款中"其他权利"的外延，为其注入新的权利等。④ 其次，采用合同救济，依赖合同效力的扩张（透过《德国民法典》第278条和第282条等）来保护纯粹经济损失。⑤

如前所述，《葡萄牙民法典》对此也采取保守式体系。《澳门民法典》作为其忠实追随者，当然也属于这一体系。针对葡萄牙和中国澳门对纯粹经济损失所持的态度，葡萄牙学者 J. Sinde Monteiro 指出，"葡萄牙侵权行为人在下述情形下要承担责任：①当他们侵权了一项绝对权利时（由此排除了纯粹经济损失）；②当损害属于保护性制定法的范围和目的时，虽然违反保护性制定法的行为可能产生对纯粹经济损失的赔偿责任，但这只是一般赔偿规则的例外。因此，葡萄牙断然地对此类损失的损害赔偿采取了敌对的态度。葡萄牙的主体权利学说和德国的绝对权利之限制有同样的范围。也就是说，葡萄牙法官和学者并不以开放的方式来发掘不法性的概念"。⑥

---

① 〔意〕毛罗·布萨尼、〔美〕弗农·瓦伦丁·帕尔默主编《欧洲法中的纯粹经济损失》，张小义、钟洪明译，林嘉审校，法律出版社，2005，第110页。
② 〔意〕毛罗·布萨尼、〔美〕弗农·瓦伦丁·帕尔默主编《欧洲法中的纯粹经济损失》，张小义、钟洪明译，林嘉审校，法律出版社，2005，第110～111页。
③ 〔德〕克雷斯蒂安·冯·巴尔、〔德〕乌里希·德罗布尼希主编《欧洲合同法与侵权法及财产法的互动》，吴越、王洪、李兆玉、施鹏鹏等译，法律出版社，2007，第24页。
④ 〔德〕马克西米利安·福克斯：《侵权行为法》，齐晓琨译，法律出版社，2006，第48页以下。〔意〕毛罗·布萨尼、〔美〕弗农·瓦伦丁·帕尔默主编《欧洲法中的纯粹经济损失》，张小义、钟洪明译，林嘉审校，法律出版社，2005，第110～111页。
⑤ 〔意〕毛罗·布萨尼、〔美〕弗农·瓦伦丁·帕尔默主编《欧洲法中的纯粹经济损失》，张小义、钟洪明译，林嘉审校，法律出版社，2005，第111～112页。
⑥ 〔意〕毛罗·布萨尼、〔美〕弗农·瓦伦丁·帕尔默主编《欧洲法中的纯粹经济损失》，张小义、钟洪明译，林嘉审校，法律出版社，2005，第115页。

克雷斯蒂安·冯·巴尔亦认为,《葡萄牙民法典》第 483 条第 1 款(《澳门民法典》第 477 条第 1 款)"并没有确认对纯粹经济利益的一般注意义务",[1] 这意味着纯粹经济损失一般无法获得赔偿,"除非有特定条款处理所涉问题或原告因相关保护性法律的存在而受益"[2],即主张不予赔偿,但又不绝对地排除对其保护。也有学者指出,"葡萄牙法官和学者认为,1966 年《葡萄牙民法典》的起草人 Vaz Serra 在《葡萄牙民法典》中使用'不法性'一词仅是为了保护'绝对权利',除非损害落入保护性制定法的保护范围并符合其保护目的(在这种情况下,纯粹经济损失可获得赔偿)。葡萄牙法官和学者并未以开放的眼光来发掘不法性这一概念的内涵"。[3] 透过非合同民事责任一般原则之规定,立法者从一开始就创设出受保护的"绝对权利"清单,侵权法条款仅限于对"绝对权利"的保护,而纯粹经济损失并没有被放于受到非合同民事责任法保护的"绝对权利"之中,即将纯粹经济损失明确排除在《澳门民法典》第 477 条第 1 款(《葡萄牙民法典》第 483 条第 1 款)所保护的范围之外。[4] 对于那些没有上升为权利的纯粹经济利益,纯粹经济损失的获赔是一个例外,出于无奈,对它的救济不得不透过其他法律制度,如效仿德国采用合同效力扩张和权利扩大解释相结合的混合保护模式,通过更具体、更特别的侵权条款规定或者合同法原则的扩张适用来保护纯粹经济损失。例如,原告若因人格权和商业名誉受到侵害而肇致其承受到损害,可得到侵权损害赔偿,因为《澳门民法典》(第 67 条以下数条)和《葡萄牙民法典》(第 70 条以下数条以及第 484 条)都对这些权利做了特别之规定。[5] 再

---

[1] 〔德〕克雷斯蒂安·冯·巴尔:《欧洲比较侵权行为法》(上),张新宝译,法律出版社,2001,第 49 页。
[2] 〔意〕毛罗·布萨尼、〔美〕弗农·瓦伦丁·帕尔默主编《欧洲法中的纯粹经济损失》,张小义、钟洪明译,林嘉审校,法律出版社,2005,第 116 页。
[3] 〔德〕克雷斯蒂安·冯·巴尔、〔德〕乌里希·德罗布尼希主编《欧洲合同法与侵权法及财产法的互动》,吴越、王洪、李兆玉、施鹏鹏等译,法律出版社,2007,第 119 页。
[4] 〔意〕毛罗·布萨尼、〔美〕弗农·瓦伦丁·帕尔默主编《欧洲法中的纯粹经济损失》,张小义、钟洪明译,林嘉审校,法律出版社,2005,第 115 页。
[5] 〔意〕毛罗·布萨尼、〔美〕弗农·瓦伦丁·帕尔默主编《欧洲法中的纯粹经济损失》,张小义、钟洪明译,林嘉审校,法律出版社,2005,第 115~116 页;〔德〕克雷斯蒂安·冯·巴尔、〔德〕乌里希·德罗布尼希主编《欧洲合同法与侵权法及财产法的互动》,吴越、王洪、李兆玉、施鹏鹏等译,法律出版社,2007,第 119 页。

者，遭受纯粹经济损失的人可以援引《澳门民法典》第478条（《葡萄牙民法典》第485条）来寻求侵权救济，该条规定了行为人过失提供错误资讯时承担之责任。① 所以原则上，纯粹经济损失不能得到赔偿，在道路交通肇事侵权领域亦是如此，除非法律对此做出特别规定。由上可知，虽然《澳门民法典》第477条第1款对纯粹经济损失关上了一扇门，但这并不意味着澳门非合同民事责任法或侵权法对纯粹经济损失完全拒绝提供救济，它也为其打开了几扇窗，为纯粹经济损失的侵权救济提供了可能的空间，使其不至于在葡萄牙或中国澳门法律中全无保护之可能。

五　因果关系②

交通事故与损害事实之间必须存在因果关系。引起损害事实发生的各种现象不仅包括加害人的加害行为，还涵盖受害人的行为、第三者的行为及介入的自然因素等。行为人的行为与损害结果之间的因果关系也是侵权责任的构成要件之一，在道路交通事故损害赔偿纠纷中，侵权行为只有在道路交通事故中侵权人的加害行为与受害人的损害后果之间存在因果关系时才能构成。根据《澳门民法典》第557条（《葡萄牙民法典》第563条），"仅就受害人如非受侵害即可能不遭受之损害，方成立损害赔偿之债"，本条内容是关于事实与损害之间的因果关系之规定，因果关系是道路交通事故侵权行为归责的基础和构成交通事故损害赔偿的前提。葡萄牙和中国澳门在侵权责任的因果关系理论上主要是相当因果关系说或适当因果关系说，适当因果关系说认为没有这种行为通常必然不产生此种损害，但是有了这种行为则足以产生此种损害，两者之间存在适当或相当因果关系。

侵权民事责任的构成要件是侵权法理论的核心问题，是判断行为人是否应当承担侵权责任的标准，也是判定对损害负赔偿义务之人承担责任的必要条件。澳门交通事故侵权行为法以风险责任或无过错责任为主要归责

---

① 〔德〕克雷斯蒂安·冯·巴尔、〔德〕乌里希·德罗布尼希主编《欧洲合同法与侵权法及财产法的互动》，吴越、王洪、李兆玉、施鹏鹏等译，法律出版社，2007，第119页。
② 因果关系是指社会现象之间的一种客观联系，即一种现象在一定条件下必然引起另一种现象的发生，两者之间是引起和被引起的关系，前一种现象为原因，后一种现象为结果，这两种现象之间的联系就称为因果关系。

原则。而对于《澳门民法典》第477条第1款规定的最典型的侵权行为，其构成要件为加害行为、行为不法性、损害事实的存在、行为与损害之间存在因果关系、行为人有故意或过失。因果关系与过错是侵权责任构成要件中非常重要的两个方面，但也是极富争议的两个方面。在非合同民事责任的构成要件中，因果关系和过错通常存在密切的联系，因果关系是存在于行为与损害之间的一种客观联系，而过错则是一种主观状态。因果关系作为侵权法上责任的构成要件之一，在侵权责任构成中处于重要地位，它是把损害结果和行为人的有关行为联系起来的"核心逻辑"，是判断侵权责任成立与否的核心要件，是行为人是否承担民事损害赔偿责任的前提或出发点。另外，不可否认，其也是法律对侵权责任承担的限制。因果关系构成了（当然涵盖交通事故侵权）几乎所有民事赔偿责任构成要件和责任承担的基础，其在所有侵权法律制度中起着举足轻重的作用，因为在既定损害事实的基础上，探询损害后果发生之原因未必会关乎过错问题，但一定会涉及因果关系问题，无论是在《澳门民法典》第477条规定的过错责任原则归责中还是第492条规定的风险责任中，因果关系要件都是不可或缺的。在道路交通事故损害赔偿纠纷中，能否认定交通事故与损害事实之间存在因果关系对交通肇事案件的处理相当重要。可能相对于过错责任原则而言，特定行为与损害之间的因果关系在风险责任之损害赔偿责任的承担上更加受到关注，因为在风险责任的确立上过错基本发挥不了作用，起主导作用的是损害与行为人行为之间的因果关系。因此，在交通事故侵权案件中，对因果关系的研究是很有必要的，透过因果关系的认定，可以有效地确定交通肇事侵权责任的主体，并将交通事故责任限定在一个合理的范围之内。尽管因果关系这一概念具有高度的抽象性，《澳门民法典》第557条（《葡萄牙民法典》第563条）对因果关系仍下了明确的定义。

大陆法系因果关系认定的学说主要有以下三种。

（一）原因作为必要条件（等同条件说）[①]

"条件说"亦称"等同条件说"，是大陆法系中有关因果关系认定问题最早的学说之一，该学说最早应用于刑事领域，后来对侵权法产生了深远

[①] 〔葡〕João de Matos Antunes Varela：《债法总论》（第十版）（第一卷），唐晓晴译，未出版，第610页。

影响。①"条件说"认为条件就是结果发生的原因,认为条件和原因之间并不存在区别,主张所有引起损害结果发生的不可或缺的条件都是损害结果的原因,正是因为这些条件所起的重要贡献具备因果关系要件,所以才肇致了损害的发生。正如 Antunes Varela 所说的,"只有当某侵犯的后果在某侵犯行为不出现的情况下,即使其他可能导致其产生的因素均齐备也不会发生时,受侵犯之人所蒙受的损害才被视为侵犯的后果",这是"条件说"中的必要条件理论。② 同时,"条件说"认为只要是条件,那么都是等值性的,即造成损害的所有必要条件都具有同等的价值,缺乏任何一个条件,损害都不会发生,因而所有造成结果发生之原因都是等价的,它们有着同等的作用效果。③ 例如,A 故意打伤 D,D 在送往医院的途中被 B 驾车撞断左臂,在医院接受治疗时因医生 C 的过失医疗行为而死亡。根据"条件说"来判断,A 的伤害行为、B 的驾车行为、C 的过失医疗行为都是造成 D 死亡这一损害的原因,同时 A、B 及 C 的行为都是必要的,如果没有以上原因,损害便不会产生。其行为也是等价的,因为是由 A、B 及 C 共 3 人肇致第 4 个人 D 之死亡,其中每人的伤害行为对死亡结果的作用效果难以区分,以上所有原因都能肇致上述损害,它们有着同等的原因力作用,都是造成同一后果的等同原因。

正如 Antunes Varela 所说的,不可否认,"条件说"在当时的背景下具有相当大的进步意义,因为它在对因果关系的判定中坚持客观性原则,尽可能地排除人们主观因素的干扰,奠定了因果关系客观性在侵权法领域中的基础地位,同时,"它比单纯按时间顺序(post hoc ergo propter hoc)的经验标准有所改进",并且对最大限度地保护受害人的权益发挥了功不可没的作用。④ 但它同时也存在很多不足之处,首先,建立在机械决定论基础之上

---

① 王旸:《侵权行为法上因果关系理论研究》,载梁慧星主编《民商法论丛》第 11 卷,法律出版社,1999,第 504 页。
② 〔葡〕João de Matos Antunes Varela:《债法总论》(第十版)(第一卷),唐晓晴译,未出版,第 611 页。
③ 朱岩:《当代德国侵权法上因果关系理论和实务中的主要问题》,《法学家》第 6 期,2004,第 145~146 页。
④ 〔葡〕João de Matos Antunes Varela:《债法总论》(第十版)(第一卷),唐晓晴译,未出版,第 611 页。

的"条件说"并没有考量"在一般层面上的法律以及具体层面上的民事责任制度的特殊目的"。① 其次,"条件说"认为一切必要条件对损害后果发生之作用都是一样的或都具有同等价值。从某种意义上讲,"条件说"在肯定必要条件的同时模糊了必然性和因果关系这两个不同的界限,将必然性推向极致,否认了偶然因素存在的可能性。实际上,客观存在的因果关系是相对的和复杂多样的,具体案件必须要具体分析,特别是对一因多果和多果一因的情形,"条件说"没有对主要原因和次要原因、直接原因和间接原因、内部原因和外部原因等进行辨析和甄别,从而无法真正地从本质上把握因果关系以解决侵权损害责任的承担问题。最后,这种因果关系学说显然非常严格,其运用于无条件地保护受侵害人身上时,"由于事件是连续不断发生的,所以因果过程所涉及的人为事实是那样的广泛",② 不截取因果关系链条,容易使因果关系的链条无限制地拉长,非合同民事责任上的原因被不当地推向了无限,这会扩大侵权损害责任成立和承担的范围,不利于侵权法功能的正常发挥,会严重阻碍现代社会经济的发展。③ 这导致后来"条件说"逐渐为理论界与司法界所摒弃。④ 尽管"条件说"逐渐走向没落,但后面发展起来的许多理论都是以"条件说"中的必要条件理论为基础而构建的。

(二)"原因说"⑤

因为适用"条件说"不足以避免因果关系认定范围过广的问题,故学者们认为需要其他的理论来对因果关系做进一步的限制。所以,为了弥补或避免"条件说"之缺陷,在批判反思"条件说"的基础上,"原因说"这种理论诞生了。"原因说"实质上不是对"条件说"的否定,而是对它的一种发展

---

① 〔葡〕João de Matos Antunes Varela:《债法总论》(第十版)(第一卷),唐晓晴译,未出版,第612页。
② 〔葡〕João de Matos Antunes Varela:《债法总论》(第十版)(第一卷),唐晓晴译,未出版,第613页。
③ 朱岩:《当代德国侵权法上因果关系理论和实务中的主要问题》,《法学家》第6期,2004,第146页。
④ 〔葡〕João de Matos Antunes Varela:《债法总论》(第十版)(第一卷),唐晓晴译,未出版,第611~612页。
⑤ 或说"在导致损害的事实过程中,原因作为实质上不同于条件的因素",参见〔葡〕João de Matos Antunes Varela《债法总论》(第十版)(第一卷),唐晓晴译,未出版,第613页。

改进。坚持该学说的学者们主张将"条件说"中的所有条件加以区分,一部分为条件,另一部分为原因,采用某种规则为标准将作为原因的部分独立出来加以考量,即主张对损害发生的原因和条件严格加以区别,仅承认原因与结果之间存在因果关系,在法律上应负责任,而对条件与结果之间的因果关系则不予承认,在法律上不应负责任,否定了条件等价的观点。①

对于"原因说"的认定标准,归纳起来存在以下几种不同的主张。② 一是主张"赔偿的范围只能包括债务人或行为人有过错者",即利用过错要件来矫正或弥补"条件说"过度归责肇致责任过于宽泛的缺陷。但 Antunes Varela 指出,这种主张的弊端在于"因为损害赔偿之债很多时候是豁免过错的存在,这不仅仅发生在基于风险之责任上,而且也发生在产生自不法事实之损害的弥补上"。③ 二是主张引起损害发生的各种条件对损害的作用力不相同,条件对结果的发生仅起到一定背景性的烘托作用或为结果的发生提供某种可能性,并不对结果发生起原因力作用,而原因是对损害结果的发生有重要贡献之条件,是必然引起损害结果发生的因素,只有原因才是损害结果产生的真正原因,从而应当使联结这些原因与损害后果之行为人承担非合同民事损害赔偿责任。当然,对于原因可能有些许不同的表述方法,有的学者认为"原因是在形成损害的具体过程中的一个具有特别情状或特殊重要性的条件",也有学者主张"将原因等同于损害的最有效条件或最紧密条件",或者将原因作为"损害的决定性条件",以示其与"单纯的推动性条件(condição impulsiva)或阻却性条件(condição obstativa)"之区别;还有学者赞成"将损害的责任加在有最后的明显机会(the last clear chance)避免损害发生的人身上"。④

"原因说"这种因果关系学说对"条件说"不当扩大条件之范围有所限

---

① 在"条件说"出现后,德国学者宾丁、库雷尔等根据这一学说提出了"原因说",后经不断发展而被广泛采用。
② 〔葡〕João de Matos Antunes Varela:《债法总论》(第十版)(第一卷),唐晓晴译,未出版,第 613~614 页。
③ 〔葡〕João de Matos Antunes Varela:《债法总论》(第十版)(第一卷),唐晓晴译,未出版,第 613 页。
④ 〔葡〕João de Matos Antunes Varela:《债法总论》(第十版)(第一卷),唐晓晴译,未出版,第 613~614 页。

制，有助于因果关系链条的截取，可避免因果关系被无限拉长。因其探讨和确立法律上导致损害产生且应当承担责任的真实原因，从而使责任范围无限扩大的趋势得到了缓解，这对于确定责任的承担不无裨益，"原因说"具有其合理性或成功之处。然而，如果在非合同民事责任之构成中采用这种因果关系学说，认为条件不是原因，可能会人为地缩小责任的因果关系之客观基础而走向另一个极端，以致可能会明显、过度地限制受害人行使赔偿请求权和请求赔偿的范畴，从而限定承担非合同民事责任的主体范围，这可能肇致受害人的损害在某些情况下难以得到救济，这对于保护受害人的合法权益，让其免受损害是极其不当的，难以彰显和维护非合同民事责任法之公平、正义的价值追求，不利于抑制不法侵害行为的发生。又诚如Antunes Varela 所指出的，"这些学者在自然层面上区分这两个概念（原因与条件）所作的努力是失败的"，因为在实务中如何区分原因和条件是存在疑虑的，条件作用力强弱的区分并不是一个很容易的问题，"此一区分由于其不明确而对法院造成极大的疑惑与犹豫不决"。[1] 虽然"原因说"曾发挥过重要的作用，但因这一学说在司法实务中缺乏一个因果关系统一合理的判断标准及上面提到的缺陷，所以理论界又提出了"相当因果关系说"或"适当因果关系说"。

（三）适当因果关系说

1. 渊源和内涵

以德国为代表的大陆法系民法在因果关系的问题上最具影响力的是"适当因果关系"理论（the Adequate Causation Theory），该学说又被称为适当条件说或相当因果关系说，其是为了弥补"条件说"的缺陷而产生的。最早提出"适当因果关系说"的是德国学者克雷斯蒂安·冯·巴尔，他的研究为适当因果关系理论的正式创立打下了基础。[2] 后来德国弗莱堡大学生理学教授冯·克里斯（Johannes von Kries）于1888年在其发表的论文《论客观可能

---

[1] 〔葡〕João de Matos Antunes Varela：《债法总论》（第十版）（第一卷），唐晓晴译，未出版，第614页。
[2] 朱岩：《当代德国侵权法上因果关系理论和实务中的主要问题》，《法学家》第6期，2004，第146页；王旸：《侵权行为法上因果关系理论研究》，载梁慧星主编《民商法论丛》第11卷，法律出版社，1999，第510~511页。

第三章 交通事故致人损害的民事责任的构成要件和责任主体

性的概念》中给出了风靡全世界的"适当因果关系理论"的清晰定义,由此构筑了适当因果关系说的理论基础,成为大陆法系众多国家或地区认定因果关系的权威理论。[①] 冯·克里斯教授将应用数学上的可能性理论与社会学上的统计分析方法运用到法律领域以诠释因果关系,后来的民法学者们在冯·克里斯的理论基础上,对相当性的判断问题做了进一步的研究,从而形成了侵权责任法上因果关系范畴的适当因果关系理论。

按照冯·克里斯教授的理论,适当因果关系说认为某项事件与损害之间具有适当因果关系必须符合两项要件:第一,该事件必须是损害结果发生之"不可欠缺的条件",即"必要条件(conditio sine qua non)",不受主观行为人是否预见所左右;第二,该事件实质上"具有极大增加损害发生可能性之性质",即作为必要条件的原因必须极大地增加损害发生的客观盖然性。[②] 后者为适当性的定义。只有在同时满足以上两个条件时,事件才是损害的必要之适当原因。将因果关系的判断分为条件关系和适当性关系这两个筛选阶段被认为是适当因果关系理论的一大卓越贡献。[③] 适当因果关系理论在大陆法系国家或地区具有相当大的影响力,它源于德国,后为瑞士、荷兰、希腊、奥地利、葡萄牙、日本、中国台湾和澳门地区所继受,[④] 成为认定因果关系的核心理论。时至今日,适当因果关系说在葡萄牙和中国澳门的非合同民事责任法中仍居于主导地位。

[①] 〔美〕H. L. A. 哈特、〔美〕托尼·奥诺尔:《法律中的因果关系》(第二版),张绍谦、孙战国译,中国政法大学出版社,2005,第 421~422 页;朱岩:《当代德国侵权法上因果关系理论和实务中的主要问题》,《法学家》第 6 期,2004,第 146 页。

[②] 〔美〕H. L. A. 哈特、〔美〕托尼·奥诺尔:《法律中的因果关系》(第二版),张绍谦、孙战国译,中国政法大学出版社,2005,第 425 页;〔德〕马克西米利安·福克斯:《侵权行为法》(第 5 版),齐晓琨译,法律出版社,2006,第 79 页;王旸:《侵权行为法上因果关系理论研究》,载梁慧星主编《民商法论丛》第 11 卷,法律出版社,1999,第 513 页;〔德〕克雷斯蒂安·冯·巴尔:《欧洲比较侵权行为法》(下),焦美华译,张新宝审校,法律出版社,2001,第 527 页。

[③] 台湾学者王泽鉴先生认为,相当因果关系的这种二阶段的思考方法与英美侵权法对"事实上的因果关系"与"法律上的因果关系"的划分相当。参见王泽鉴《侵权行为法》(第一册),中国政法大学出版社,2001,第 191~192 页。

[④] 按照日本和中国台湾地区的学者对适当因果关系理论的理解,该理论的认定方式是:"无此行为,虽必不生此损害,有此行为,通常即足生此种损害者,是为有因果关系。无此行为,必不生此种损害,有此行为通常亦不生此种损害,即无因果关系。"参见王泽鉴《侵权行为法》,中国政法大学出版社,2001,第 204~205 页。

法律条文中对侵权事实与损害之间的因果关系予以了明确规定，如《澳门民法典》第557条（《葡萄牙民法典》第563条），本条内容是关于加害人行为与受害人损害之间必须具有因果关系之规定。葡萄牙和中国澳门在侵权责任的因果关系理论上运用的是适当因果关系说，克雷斯蒂安·冯·巴尔指出，该理论在葡萄牙法院的大量判决中都有体现，如葡萄牙最高法院1980年3月6日之判决、1993年4月15日之判决及波尔图上诉法院1995年8月29日之判决，"该理论已经和第563条一起成为葡萄牙民法典的组成部分"。[1] 适当因果关系说认为，没有这种行为通常必然不产生此种损害，但是有了这种行为则足以产生此种损害，两者之间存在适当因果关系，其诠释的是加害行为与特定受害者损害之间的非此就无彼的一种联系，所体现的是侵权行为与损害结果之间一种内在的联系。[2] Antunes Varela 认为，"该说的基本思想是，要使一人有义务弥补另一人所受的损害，不仅仅要行为人所作出的事实在具体上是损害的（必要）原因，而且还必须该事实在抽象或一般的层面是损害的适当原因"。[3] Manuel Trigo 教授对此给出了类似解释，"适当因果关系的理论就指出，如果一事实在具体情况中是造成某损害的自然原因（亦即没有该事实便不会造成该损害），而在抽象的理念中亦是造成该损害的适当原因，那么此一事实便是该损害的法律原因"。[4] 由上可知，要确定行为与结果之间有因果关系，在抽象层面以一般社会知识经验和智力水准作为判断基准，认为某行为或事件有引起某种损害结果的可能性能够造成这种损害，而在实际或事实层面，这种行为或事件又确实导致了这种损害后果的产生，则可认定该行为与该结果二者之间存有适当因果关系。Antunes Varela 指出，众学者对《葡萄牙民法典》第563条、《澳门民法典》第557条适当因果关系采用积极意义形式和消极意义形式两

---

[1] 〔德〕克雷斯蒂安·冯·巴尔：《欧洲比较侵权行为法》（下），焦美华译，张新宝审校，法律出版社，2001，第527页，注解22。
[2] 〔德〕克雷斯蒂安·冯·巴尔：《欧洲比较侵权行为法》（下），焦美华译，张新宝审校，法律出版社，2001，第525页。
[3] 〔葡〕João de Matos Antunes Varela：《债法总论》（第十版）（第一卷），唐晓晴译，未出版，第615页。
[4] 〔葡〕Manuel Trigo（尹思哲）：《债法概要》（最新修订本），朱琳琳译，杜慧芳校，澳门大学法律系三年级教材，未发行，1997~1998，第99页。

个公式中的哪一个持不同意见。① 从积极意义角度而言,"只要损害是事实的正常或典型后果"或某种事实肇致受害人承受某种损害时,那么该事实便是损害的适当原因。② 如果以消极意义为视角,Manuel Trigo 教授引用了 Enneccerus 和 Lehmann 从消极意义的层面(formulação negativa)对适当原因(hoc sensu)所做的诠释:"'如某一事实基于其本身性质是不能引致某一损害的,而只是由于其他特殊原因才变成导致该损害的原因',那么该事实就不是该损害的适当原因,如一事实,'依照事情的正常发展及生活经验,是不能引致某一损害,亦不能增加或更改造成该损害的风险',该事实便不能成为适当原因。"③ Antunes Varela 对适当原因之消极说做如下解释:"只有当作为损害条件的事实由于其一般本质而表现出对损害的发生完全无关重要,而它之所以引致损害仅仅是由于例外的、不正常的、非一般的或异常的情事插入到具体情况中才发生的,才不会被视为适当原因。"Antunes Varela 指出,原则上葡萄牙制定法采用消极说的立场。④ 中国澳门目前与葡萄牙采用相同的立场,以便更好地捍卫和保护受害人之合法权益。

　　Antunes Varela 进一步指出,从适当因果关系这个概念本身可以得出以下几个推论。第一个推论是"适当原因存在与否,不取决于该事实是否在不需要其他事实协作的情况下独自产生损害"。⑤ 他对此有如下解释,"倘若车辆被损害的车主必须在车辆维修期间乘坐出租车外出,汽车的无法使用以及其替代费用将会是一项可归责于责任人的适当效果",这正如 H. 库西和 A. 万达斯比肯在"比利时国别报告"中所说的,如果受害人"利用设备

---

① 〔葡〕João de Matos Antunes Varela:《债法总论》(第十版)(第一卷),唐晓晴译,未出版,第 616~617 页,第 623 页。
② 〔葡〕João de Matos Antunes Varela:《债法总论》(第十版)(第一卷),唐晓晴译,未出版,第 616 页;〔葡〕Manuel Trigo(尹思哲):《债法概要》(最新修订本),朱琳琳译,杜慧芳校,澳门大学法律系三年级教材,未发行,1997~1998,第 99 页。
③ 〔葡〕Manuel Trigo(尹思哲):《债法概要》(最新修订本),朱琳琳译,杜慧芳校,澳门大学法律系三年级教材,1997~1998,未发行,第 99 页;〔葡〕João de Matos Antunes Varela:《债法总论》(第十版)(第一卷),唐晓晴译,未出版,第 617、623 页;Enneccerus and Lehmann, *Recht der Schuldverhältnisse*, 14th ed, Tübingen, 1954, p. 63.
④ 〔葡〕João de Matos Antunes Varela:《债法总论》(第十版)(第一卷),唐晓晴译,未出版,第 623 页。
⑤ 〔葡〕João de Matos Antunes Varela:《债法总论》(第十版)(第一卷),唐晓晴译,未出版,第 619~620 页。

来挽救侵权行为人带来的损害（以备用车辆替代损坏的车辆），则侵权行为人承担全部责任"。① 同时，他也进一步指出，"该事实是损害的条件，但是它不妨——正如很多时也是这样发生——仅仅是损害的其中一个条件"，其可能有"其他情事的竞合"。② 下面套用欧洲侵权法工作小组在撰写"欧洲侵权法的统一"（Unification of European Tort Law）丛书时探究的一个案例，对此可能更有说服力：行人B被A所驾车辆撞倒了，在B受伤躺在地上失去知觉时，其钱包为小偷偷走了，B诉A，被告A是否要为小偷的盗窃行为承担责任？③ 对此，包括意大利在内的大多数国家给予怀疑或否定的答案，但德国和美国对此持肯定态度。④ 盗窃行为虽然不属于车辆肇事的典型特有之风险，但德国学者认为A肇致了B的间接损失，因为A制造了B的钱包被偷的风险，而美国学者认为A之行为将B置于被偷盗的危险中是可预见的。⑤ 而葡萄牙学者Antunes Varela持同样观点，其主张"即使是因意外事实或第三人之故意或过失行为等其他状况亦不妨碍其构成损害之效力"，⑥ Trimarchi认为"将一个因被残害而失去知觉之人遗弃在马路旁同样构成盗窃的适当原因"，⑦ 所以那些损失仍是事件的正常结果，小偷引发的损害仍可以归因或归咎于被告A，即被告A要为小偷的盗窃行为承担责任。Antunes Varela给出的第二个推论是"要将一项损害视为某事实的适当效果，也无需该效果是事实的行为人可预见的"。⑧ 对于此推论，他给出如下解释，"倘若责任取决于加害人的过错，则责任之构成事实的可预见性是不可或缺

---

① 〔荷〕J. 施皮尔：《侵权法的统一：因果关系》，易继明等译，法律出版社，2009，第39页。
② 〔葡〕João de Matos Antunes Varela：《债法总论》（第十版）（第一卷），唐晓晴译，未出版，第619页。
③ 〔荷〕J. 施皮尔：《侵权法的统一：因果关系》，易继明等译，法律出版社，2009，第6页。
④ 〔荷〕J. 施皮尔：《侵权法的统一：因果关系》，易继明等译，法律出版社，2009，第64、121、141页等。
⑤ 〔荷〕J. 施皮尔：《侵权法的统一：因果关系》，易继明等译，法律出版社，2009，第99、175页。
⑥ 〔葡〕João de Matos Antunes Varela：《债法总论》（第十版）（第一卷），唐晓晴译，未出版，第619页，注解2。
⑦ 转引自〔葡〕João de Matos Antunes Varela《债法总论》（第十版）（第一卷），唐晓晴译，未出版，第619页，注解2。
⑧ 〔葡〕João de Matos Antunes Varela：《债法总论》（第十版）（第一卷），唐晓晴译，未出版，第620页。

第三章　交通事故致人损害的民事责任的构成要件和责任主体

的"，"可是随之而来的损害却并不需要可预见"，即对于损害的行为人而言，不论侵权人"所知悉或可以认知的情事"对"正在产生的损害（dano emergente）"是否可预见，它们都可能是"不法事实的间接后果"，都要被纳入行为人的损害赔偿责任中。①

2. 适当因果关系的判断

如上所述，在大陆法系的侵权法理论中，一般认为适当因果关系说实际上是将对加害行为与损害后果之因果关系的判断分为两个步骤或层次，即条件关系和适当性，两个层次的因果关系承载不同的功能。首先应判断导致结果发生的行为是否为损害发生的必要条件；这被称为"必要条件关系"判断；其次是在"必要条件关系"判断的基础上，依据一般人的社会经验来判断在事物自然发展的过程中所发生的某一事件或行为是否极大程度上增加或严重加重了损害结果发生的可能性，这被称为"适当性"判断。简言之，适当因果关系是由"必要条件关系"与"适当性"共同构成的，其首先须以"条件说"为基础，判断此原因是不是结果发生之必要条件，其次用"适当性"来检验，即以先前所述消极说来限制。②

（1）因果关系必要条件的判断③

采用适当因果关系标准进行认定，在检验因果关系时，首先要考虑的是

---

① 〔葡〕João de Matos Antunes Varela：《债法总论》（第十版）（第一卷），唐晓晴译，未出版，第 620 页。
② 〔美〕H. L. A. 哈特、〔美〕托尼·奥诺尔：《法律中的因果关系》（第二版），张绍谦、孙战国译，中国政法大学出版社，2005，第 425 页；〔德〕马克西米里安·福克斯：《侵权行为法》（第 5 版），齐晓琨译，法律出版社，2006，第 79 页；〔德〕克雷斯蒂安·冯·巴尔：《欧洲比较侵权行为法》（下），焦美华译，张新宝审校，法律出版社，2001，第 527 页；王旸：《侵权行为法上因果关系理论研究》，载梁慧星主编《民商法论丛》第 11 卷，法律出版社，1999，第 513 页。
③ 在英美法系侵权行为法理论中采取因果关系二分法的分类，分别称为事实上的因果关系（factual Causation, cause in fact）与法律上的因果关系（legal cause）。事实上的因果关系判断是根据可能性之平衡（balance of probabilities）适用标准为"若无则不"法则（but-for）或是"必要条件"（sine qua non），其内容为如果没有该侵权行为，损害根本就不会发生（非 P 则非 Q）。据此，被告的行为必须构成损害结果发生的不可欠缺的条件。"若无则不"法则又被称为"全有或全无"法则（all or nothing rule）。如果无论被告的过失行为是否存在原告的损害都会发生，那么被告的行为就不是给原告造成损失的原因。法律上的因果关系以直接（direct）、最近（proximate）或预见（foreseeable）为判断标准。大陆法系和普通法系传统上均以"必要条件"作为判断因果关系之标准。必要条件在普通法系（转下页注）

在大陆法系被称为"无之则不然（conditio sine qua non）"的必要条件关系是否存在，即第一步应判断结果发生之条件是否为损害发生之不可欠缺的条件。这一步考察正是以"等同条件理论（teoria da equivalência das condições）的纯粹条件说（tese da pura condicionalidade）"为基础来判断或检验的。[①] 适当因果关系说中的必要条件规则是指事件或行为是否损害产生的必要条件，考虑的是侵权法上因果关系成立的必要性，作为法律上所认定的原因，一个事件首先必须满足肇致损害产生的"无之则不然（conditio sine qua non）"这一构成要件。[②] 如果没有行为人的加害行为，损害后果则不会产生，"而且抽去该事实的话，应预期损害不会产生"，该行为是损害结果发生的不可欠缺的条件，那么必要条件关系成立，行为人之行为必须是造成非合同民事责任之损害的原因，作为非合同民事责任归责基础或前提的因果关系才能够成立，否则可能归属于偶然的条件行为；如果没有行为人的加害行为，此种损害后果仍会产生，那么必要条件关系不成立，行为人的行为不是非合同民事责任上的原因，即无论是否存在A，B总会发生，那么A不是B的侵权法上之原因。[③] 当行为与损害都为单一时，必要条件的判断较易；当存在数个因果关系时，必要条件的判断可能会复杂得多。

适当因果关系说在必要条件理论的认定上遭到了质疑，如克雷斯蒂安·冯·巴尔在《欧洲比较侵权行为法》中所说，"必要条件理论的主要不足不是它将过多的事件列入了原因中去，而是它根本无力在原因和非原因之间进行区分……既然如此，在作者看来，适用必然条件理论本身也是毫

（接上页注③）则被叫作"若无—则不"规则（but-for rule），在大陆法系被称为"conditio sine qua none"。参见〔美〕文森特·R. 约翰逊《美国侵权法》，赵秀文等译，中国人民大学出版社，2004，第110页；〔荷〕J. 施皮尔：《侵权法的统一：因果关系》，易继明等译，法律出版社，2009，第51～54页，第172～173页；〔德〕克雷斯蒂安·冯·巴尔：《欧洲比较侵权行为法》（下），焦美华译，张新宝审校，法律出版社，2001，第522～528页。

① 〔葡〕João de Matos Antunes Varela：《债法总论》（第十版）（第一卷），唐晓晴译，未出版，第622页。
② 〔荷〕J. 施皮尔：《侵权法的统一：因果关系》，易继明等译，法律出版社，2009，第87页。
③ 〔荷〕J. 施皮尔：《侵权法的统一：因果关系》，易继明等译，法律出版社，2009，第87～92页。〔葡〕João de Matos Antunes Varela：《债法总论》（第十版）（第一卷），唐晓晴译，未出版，第622页。

第三章　交通事故致人损害的民事责任的构成要件和责任主体

无意义的"。① 他进一步指出必要条件理论在葡萄牙里斯本上诉法院 1984 年 11 月 14 日的判决中就表现出"明显的思维错误"。②

（2）因果关系适当性的判断

上述必要条件关系考量是适当性关系判断的基础，采用适当因果关系标准进行认定，除了上述必要条件关系判断外，还需要进一步确定该条件关系是否具有因果关系的适当性。关于适当性的含义，德国联邦最高法院在早期的判决中提到："当某一事件从总体上以明显的方式提高了案件中结果出现的客观可能性时，该事件就是结果的相当条件。在对此作认定时只需考虑到：① 一个理性的观察者在事件发生时能够观察到的一切情形；② 超越行为人认知之外的已知情况。在这一测试过程中必须采用判决时可供支配的一切经验知识。相当性测试涉及的实际上并非因果关系问题，而是要获知事件结果尚能公平地被归责于行为人的界限。"③ 德国联邦最高法院在运用适当因果关系理论判决时又做了如下阐释："只有当一项事实在一般情况下就会导致某种结果的发生时，它才会被视为该结果的原因；如果该事实在极其特殊的、可能性极小的情况下导致了结果的发生，并且该事实是一种事物在一般进程中可以忽略不计的情况，则这种事实不属于导致结果的原因。"④ 德国学者在论述适当性原因时又进一步明确指出，"所谓相当性或适当性原因，系指对损害发生之机会，具有原因力，且非由于特殊异常之情况所引起者。换言之，依据人类经验与事件发生之通常过程，若某条件具有引发某结果发生之倾向，该条件即为结果发生之相当性原因"。⑤

---

① 〔德〕克雷斯蒂安·冯·巴尔：《欧洲比较侵权行为法》（下），焦美华译，张新宝审校，法律出版社，2001，第 551 页。
② 葡萄牙里斯本上诉法院 1984 年 11 月 14 日之判决，载 *CJ* IX（1984-5）第 183 页。"〔玛利亚（Maria）指示她的雇员在干燥有风的天气里点燃草地，火势损及邻居，一消防队员采用了迎风灭火方法结果导致了同等的损害结果。法院以消防队员制止了更大的损害为由认定玛利亚及其雇员的行为是唯一原因〕。"参见〔德〕克雷斯蒂安·冯·巴尔《欧洲比较侵权行为法》（下），焦美华译，张新宝审校，法律出版社，2001，第 555 页，注脚 165。
③ 转引自〔德〕克雷斯蒂安·冯·巴尔《欧洲比较侵权行为法》（下），焦美华译，张新宝审校，法律出版社，2001，第 527 页。
④ 转引自〔德〕马克西米里安·福克斯《侵权行为法》（第 5 版），齐晓琨译，法律出版社，2006，第 80 页。
⑤ 转引自陈聪富《侵权行为法上之因果关系》，《台大法学论丛》第 29 卷第 2 期，第 178 页。

正如 Antunes Varela 从适当因果关系说中汇总出的第三个推论所说的，"适当因果关系所指向的并非孤立地被考虑的事实或损害，而是指向导致损害发生的具体事实过程（processo factual）"，① 适当因果关系需要确定损害是否在事件自然正常发生的过程中形成的，或者是依特殊情事而产生的，是否具有外来独立因素的介入等。可见，适当性之判断重点需要关注以下两个方面的问题：第一，行为人的行为介入受害人目前之既存状态，是否对损害结果发生之风险程度有所增加或改变；第二，在行为人的行为与受害人的损害结果之间，有无独立之外来原因介入，以及该介入原因是否肇致因果关系之中断。

① 对损害结果发生之风险程度有所增加或改变

适当性是以社会经验法则的客观可能性为标准的，Antunes Varela 指出，"要使一项损害可被事实的行为人弥补，该事实必须曾经充作损害的条件。但是仅仅在事实与损害之间存在具体的条件关系是不足够的。在抽象层面上，该事实还必须是该损害的适当原因（hoc sensu）"。② 这里借用 Pessoa Jorge 所引用的可以解释行为与损害间因果关系不具有适当因果关系学说之相当性的典型案例，一学生 A 在去其同学 B 家里拿那本 B 早已承诺给他却没给他的书，途中发生交通肇事，"不履行虽然是学生死亡的不可或缺的（sine qua non）条件，但这两个现象却没有一个必要的联系，因为根据一般生活经验，即使没有第一种情况（不履行），第二种情况（车祸死亡）也可能会发生"，③ 即依一般人的知识和经验来理解，B 的不履行与受害人 A 的死亡之间不具备适当因果关系。因为如果某一行为事实仅于现实生活中发生某种结果，尚不足以说明或认定行为与损害二者间存在因果关系，必须在现实中该种行为确实引起了该种损害结果的同时，在一般情况下，依据一般社会经验或常识和智力水准都能认识到，该种行为也能够引起该种损害结果或足以肇致特定的侵害法益的事实产生，即满足了因果关系适当性之判断，这才可以认定行为与损害结果的因果关系具有适当性，该行为是

---

① 〔葡〕João de Matos Antunes Varela：《债法总论》（第十版）（第一卷），唐晓晴译，未出版，第 620 页。
② 〔葡〕João de Matos Antunes Varela：《债法总论》（第十版）（第一卷），唐晓晴译，未出版，第 622~623 页。
③ 转引自〔葡〕João de Matos Antunes Varela《债法总论》（第十版）（第一卷），唐晓晴译，未出版，第 622 页，注解 2。

损害发生之适当原因，否则不具有适当性。

②因果关系之中断

在导致损害发生的具体事实过程（processo factual）中，第三因素的介入是侵权行为法上因果关系理论所必须要面对的一个巨大挑战，因为其可能引发我们这里要谈的行为人行为与损害之间的因果关系被中断。[①] 因果关系中断是指被告侵权行为发生后，又发生了第三人的行为、受害人的行为及介入的自然因素等介入原因，使行为人行为与损害之间原本存在的因果关系产生被切断，而按照介入行为的因果关系来研究发生之损害结果，如《澳门民法典》第498条规定，"仅在就事故之发生可归责于受害人本人或第三人时，或事故系由车辆运作以外之不可抗力原因所导致时"，才排除车辆使用者的客观责任。实务中，介入因素主要有第三人的作为或不作为、受害人的作为或不作为或可归责于受害人之原因而肇致的情事，以及不可抗力等非人为因素的自然事件等几类。①第三人之行为（作为或不作为）。例如，E殴打F，并使F遭受轻伤，F在被送治过程中为G所驾驶车辆撞死。②不可抗力等非人为因素的自然事件。③受害人之自杀行为。例如，J所驾驶车辆将Q撞成轻伤，但Q因忍受不了轻伤的痛苦而自杀，那受害人因行为人之侵权行为受害后自杀，行为人J对于受害人Q之死亡，应不应该负损害赔偿责任？又如，患者A在经历了医生B为其所做的一次肺叶摘除手术失败后，其左全肺全部丧失功能，右侧肺大面积受损。手术后的半年内，患者A一直饱受呼吸困难的折磨，终日痛苦不已而罹患忧郁症，最终选择自杀结束自己的生命。患者A的妻子C以医疗侵权之诉将医生B告上法庭。在这个案例中，如果说失败的手术肇致了患者A的身心痛苦是可以预见的话，那么手术最终导致患者A自杀的结局是可以预见的吗？C能否向医生B就A的死亡部分请求损害赔偿呢？被告医生B对于受害人，即患者A之死亡，应不应该负损害赔偿责任？医生B作为被告可不可以主张，患者

---

① 《欧洲侵权行为法草案》第25条（一般规则）对介入因素的规定："（1）根据损害或损失的类型及其可预见性、承担责任的基础、其他人的行为（包括受害人的行为）以及特定案件的其他情形，如果可以认为被告的行为造成损害或者被告对于危险源有责任，则被告对他人造成具有法律相关性的损害。（2）不考虑损害或损失的可预见性。本法条特别适用于对受害人的易患病体质没有预见而造成严重人身损害的情形。"《欧洲侵权行为法草案》，刘生亮译，缪英校，载张新宝主编《侵权法评论》（第1辑），人民法院出版社，2003，第201~202页。

A 之自杀行为中断或阻隔了事件之因果关系？④受害人之特殊体质，最典型者如"蛋壳头盖骨"原则（the egg-shell skull rule）问题。① 例如，X 开车撞伤 Y，其实只不过是擦伤，但是 Y 因为本身有心血管疾病，因惊吓过度肇致其入院数日后死亡，驾驶人 X 可不可以主张 Y 的特殊体质切断不法行为与损害之间的因果关系？又或者，当医生 M 因医疗过失行为给患者 N 造成非常规损害时，如果是受害人 N 的特殊体质使损害远远大于理性的行为人所能预见到的其行为的可能性结果，医生 M 是否要对这个伤害所引发的一系列后续的连锁损害后果负赔偿责任？

对于不可抗力等非人为因素的自然事件介入因素，因为它们十分异常，非事件正常发展过程所能预见到的，该介入行为可阻隔或中断因果关系。② 例如，根据《澳门民法典》第 498 条（责任之排除），"第四百九十六条第一款及第三款所定之责任，仅在就事故之发生可归责于受害人本人或第三人时，或事故系由车辆运作以外之不可抗力原因所导致时，方予排除，但不影响第五百条之规定之适用"，可知行为人可以以外来不可预知且不可避免的损害之不可抗力——通常认为可以使原加害行为与损害结果之间的因果关系中断——作为其抗辩事由或免责事由对抗非合同民事责任之成立，

---

① "蛋壳头盖骨"原则（the egg-shell skull rule），英美法一般称之为"The tort feasor takes victims as he finds him"。
The Restatement (Second) of Torts § 461 (1965): "The negligent actor is subject to liability for harm to another…makes the injury greater than that which the actor as a reasonable man should have foreseen as a probable result of his conduct."
美国侵权责任中的"蛋壳头盖骨"原则是形容受害人的头颅像蛋壳那样脆弱，只要轻轻一碰就会碎掉。故而，一个人应当把周围其他人的生命都看成像蛋壳那样脆弱，从而小心谨慎地注意自己的行为。行为人不能以无法预料到受害人的身体原来是如此脆弱或不堪一击或说这是不可预见的损害来为自己的行为辩护或对抗，以此拒以承担对受害人之损害赔偿责任，其仍需要对受害人之损失承担相应的责任。参见〔德〕克雷斯蒂安·冯·巴尔《欧洲比较侵权行为法》（下），焦美华译，张新宝审校，法律出版社，2001，第 580~581 页；陈聪富《因果关系与损害赔偿》，北京大学出版社，2006，第 90~92 页；王泽鉴《侵权行为法》（第 1 册），台湾三民书局，1998，第 237 页。
② 例如，澳门 4 月 22 日第 28/91/M 号法令《订定本地区行政当局、公共法人其权利人及公共管理代理人之合约外民事责任制度》第 9 条（危险责任）、第 11/2004 号行政法规《空运人及航空器经营人的民事责任制度》第 17 条（因对第三人造成的损害而产生的责任的阻却事由）第 1 款第 1 项及 8 月 25 日第 35/97/M 号法令《规范在海事管辖范围内禁止投掷或倾倒有害物质》第 9 条（例外）c 项等规定不可抗力可以作为抗辩事由或免责事由。

从而免于承担侵权损害赔偿责任。

《澳门民法典》第498条规定,在道路交通事故之发生可归责于第三人时,行为人可以以第三人的行为作为抗辩事由。① 以第三人的作为或不作为为介入因素而引致之情事,Antunes Varela 给出了一个经典案例,"假设 A 以足以引起死亡的方式侵犯 B。然而由于 B 超乎常人的体格而在侵犯之后挽回性命,但是在走出医院的时候却被汽车撞倒或被一护士枪击致死",他认为,"对于损害的产生而言,事实的一般与抽象适当性必须与这一具体的过程相对应",而"并不是仅凭该事实原则上足以造成他人的死亡,就可以要将受害人的死亡强制地视为这一事实的适当效果"。而该案例中 A 对 B 之侵犯是造成 B 在 A 的非法侵害行为中所遭受的财产及非财产损害的适当原因,但并不是肇致受害人 B 死亡的适当原因,B 的死亡是"因为一项完全独立于侵犯本身的第三人事实所造成的",与 A 的行为相距甚远,造成受害人死亡的具体情事或直接原因是 B 被汽车撞倒或被枪击,所以该介入行为中断或阻隔了因果关系,而 A 对 B 之侵犯"既没有重要地增加也没有重要地改变损害发生的风险",A 的非法侵犯行为根本不曾改变或增加 B 被汽车撞倒或被枪击之风险。② 再者,一般情况下,如果死亡的直接原因不是由第三人之作为或不作为导致的,而是由受害人的作为或不作为或可归责于受害人之原因而肇致的情事,如"在被侵犯后接受治疗的末期,自愿地结束生命",同样的理论亦成立,受害人对自己肇致的损害应自己承担责任。③ 如对于上述交通肇事后受害人 Q 仅受轻伤却自杀的事件,虽然可以认定交通肇事与自杀间存有事实上的因果关系,但将自杀认定为交通事故后轻伤所通常会产生之后果却不可取,不只是加害人 J,此为一般人无法预见之情事,④ 自

---

① 另外,如《澳门商法典》第90条第2款之规定:"如第三人之行为亦系造成损害之原因之一,则企业主之责任不得减少,但不影响上条第二款及第三款之规定之适用。"
② 〔葡〕João de Matos Antunes Varela:《债法总论》(第十版)(第一卷),唐晓晴译,未出版,第620~621页。
③ 〔葡〕João de Matos Antunes Varela:《债法总论》(第十版)(第一卷),唐晓晴译,未出版,第621页。
④ 大陆法系对适当性的判断,一般将介入因素作为考察因素,但最近这些年来欧洲不少大陆法系国家也将英美法系探究介入因素对因果关系所施加的影响之可预见性规则作为侵权法因果关系归责的重要衡量标准之一。参见〔德〕克雷斯蒂安·冯·巴尔《欧洲比较侵权行为法》(下),焦美华译,张新宝审校,法律出版社,2001,第568~571页。

杀并不是交通事故轻伤之必然结果，从而否定交通肇事与自杀之间的相当因果关系之存在，或者说自杀者 Q 对于其有意识之自杀行为可以阻却原加害行为对损害结果发生的原因力，即足以中断因果关系，在这种情形下，自杀者 Q 应属于可归责者。

　　一般而言，相当因果关系说对于介入因素的处理方法如上，但与此同时，Antunes Varela 进一步指出，"倘若第三人或受害人本人造成直接损害的行为应被视为责任人所作之事实的适当效果，则该行为被归责于加害人也是可能的"，对此他举例以示说明，"一个被严重侵犯的人因手术医生无经验或因输血时没有所需的血浆而死在医院内：上述情事并不妨碍将受害人之死亡归责于侵害人的行为。至少在某种程度上，这些风险都是由侵害人的不法侵犯所造成的，并可以作为侵害人行为的适当效果而归责于他"，[①] 此案中并不认为医疗过失阻隔或切断了严重侵犯他人之人的行为与其造成损害增加之间的因果关系，侵害人的不法侵犯仍然被认为是致受害人死亡的原因之一，侵害人之不法行为在事件的自然发展中实质性增加了受害人死亡这一损害发生的可能性，判断不法行为与损害事实之间具有相当因果关系，即便后面出现了医疗过失，介入事件也没有打断加害人之侵害行为与受害人死亡之间的因果关系链条。又如对于上述手术失败后患者自杀案，法律原则上旨在保护人身不受他人不法侵害，并不在于保护当事人自己伤害自己，但如果手术失败后情形相当严重而有使患者 A 自杀的自然趋势，如此案中手术失败后患者罹患忧郁症与引发无法控制之自杀行为，则自杀部分成为伤害部分的必然结果，即医疗过失侵权被认为是致受害人死亡的原因之一，此为一般人可以预见之通常情形，医疗过失侵权及忧郁症与自杀间具有适当因果关系，或说自杀并没有阻隔或切断医疗过失与其造成损害增加之间的因果关系，医方 B 就患者 A 自杀部分的损害应负赔偿责任，受害人 A 之继承人 C 对于医疗侵权事件之侵害人——医方 B——能就死亡部分提出损害赔偿请求。当然，鉴于受害人自身之心理素质之脆弱性，可考虑适用《澳门民法典》第 564 条所规定之过失相抵原则，以减少医方 B 所要承担的损害赔偿数额。

[①] 〔葡〕João de Matos Antunes Varela：《债法总论》（第十版）（第一卷），唐晓晴译，未出版，第 620 页。

第三章　交通事故致人损害的民事责任的构成要件和责任主体

而对于上述 X 汽车交通肇事伴随受害人 Y 之心血管疾病发作案，笔者认为在处理上存有分歧，仍有研究的余地。依"适当性"理论之一般可预见性，即依行为时一般人的知识经验及行为人所知之情事可否预见到这一损害后果，擦伤不至于造成 Y 的死亡，X 的行为与 Y 的死亡没有因果关系，被告 X 的赔偿责任并不延及受害人 Y 心血管疾病发作时的损害。但如果引入"蛋壳头盖骨"理论，就会强化 X 撞伤 Y 与 Y 死亡之间的因果关系联结，或说至少不会切断不法行为与损害之间的因果关系，从而排除适用一般人之不可预见，于是 X 对损害的赔偿责任就会延伸到对 Y 的死亡之赔偿，而根据《澳门民法典》第 487 条规定之衡平原则，受害人 Y 的特殊体质可能会影响对损害赔偿数额的确定，当然，受害人的特殊体质需要在多大程度上考虑仍是值得商榷的。另外，Antunes Varela 对此也举出了下面的例子：A 打了 B 一记耳光，但因为 B 罹患有严重心脏病，A 的这记耳光肇致 B 死亡。① A 的行为虽然于具体情形下产生了损害，但无论依一般社会理解还是依 A 当时所知情事，在通常情形下，一记耳光不可能造成如此严重的后果，对"适当性"检验失败，因此，A 的行为与 B 的死亡之间没有适当因果关系，但若引入如上所讨论的"蛋壳头盖骨"理论，结论可能就完全不一样了。另外，假若我们设想 A 明知 B 有极其严重的心脏病，却打了 B 一记耳光而导致 B 死亡，行为人的主观状态能否引致客观因果链条的变化呢？此时通常是以 A 当时对 B 罹患严重心脏病已有所知为基础来判断的，A 已能预见到其行为可能带来的后果，即对损害后果应是可以预见的，虽然并不为一般人所知也不可能认知，所以 A 的行为与 B 的死亡之间存有适当因果关系，此时即便我们不引入"蛋壳头盖骨"理论，A 的行为都是 B 死亡的适当原因。

总而言之，相当性的认定实际上是一个在必要条件关系之上、依照人们的日常经验来进行价值判断的过程，若因果关系存在必要性的可能，则同时在因果关系具备适当性时可以认定存在适当因果关系；反之，如依照人们的日常经验来看是偶然的条件行为，则不存在适当因果关系，不是侵权法上的原因。适当因果关系学说希冀以条件为一般人可以接受之"相当

---

① 〔葡〕João de Matos Antunes Varela：《债法总论》（第十版）（第一卷），唐晓晴译，未出版，第 618 页。

性"或"适当性"来合理界定非合同民事责任之范畴，作为联结责任主体与损害的纽带，其是责任主体对损害承担赔偿责任的基础。关于因果关系中断的事由，一般而言，必须在行为人的行为与损害结果之间具有直接引发损害结果的独立介入之原因，才可以被认定为因果关系中断。例如，A 在 B 的汽车汽油中注入了某种物质，该物质将肇致 B 的汽车发动机被烧坏，但在该物质发挥作用之前，B 因酒后驾驶车辆发生交通事故肇致汽车发动机被毁坏，该案中虽损害后果可能是相同的，但是并非 A 的行为与受害人 B 的过错相互结合方引致了 B 所受之损害，A 的行为与损害后果之间的因果关系被受害人 B 自身的过错行为中断了。正如 Antunes Varela 所说的，"只有当非正常、偶发或例外（它可以源自不法事实，也可以源自其他适法事实）情事的竞合对于损失的发生具有决定性，可归责于……行为人的（不法）事实才不会被视为损害的正当原因"。[①] 因果关系的切断因素可以是不可抗力，还可以是第三人的故意侵害行为及受害人之作为或不作为之情事等。当然，适当性判断并非一个因果关系学说，它只解决了某一事件或行为作为非合同民事责任上的原因在法律上的适当性问题，其必须与前面探讨过的必要条件理论结合起来，才能勾勒完整的适当因果关系理论。

3. 评析

首先，透过以下的交通肇事损害赔偿案例，对等同条件说与适当因果关系说进行比较。例如，行人 C 被车辆所有人 A 所驾驶的车辆所撞伤，但无死亡之危险。A 立即送受害人 C 去最近之 B 医院治疗，在 C 入住 B 医院治疗期间，由于医院病房不幸失火导致 C 被火烧死。按等同条件说，对于 C 死亡之结果，如果没有 A 的肇事行为，C 就不会住院治疗，C 不入院治疗就不会被火烧死，所以 A 的行为与 B 医院病房失火都是导致 C 死亡之原因，均须对 C 死亡的后果承担责任，这一结论显然与人们一般生活经验判断之结果不相符。根据适当因果关系说，A 的行为与 B 医院病房失火都是 C 死亡事实上的原因，如果 A 所驾驶的车辆没有把被害人 C 撞伤，被害人 C 就不会住进医院，也不会因为医院火灾而被烧死。但依据"适当性"标准来判断，在通常情形下，A 的驾车致伤行为没有可能会导致 C 被 B 医院病房

[①] 〔葡〕João de Matos Antunes Varela：《债法总论》（第十版）（第一卷），唐晓晴译，未出版，第 619 页。

失火烧死的可能性，只是在一种极为特殊的情况下才肇致 C 被火烧死。A 的行为不是被害人 C 之死亡在法律上应归责之原因，A 之车辆的加害行为仅仅与被害人 C 的受伤有直接因果关系，而与 C 的死亡没有直接因果关系，因此，以交通肇事损害赔偿责任为视角来分析，只能认为 C 的受伤与交通事故之间存在因果关系，A 不应对 C 的死亡后果承担责任，其只需就撞伤 C 的后果负责任。

其次，对原因说与适当因果关系说以另一宗案件进行比较检验。例如，A 追打 C，C 在为躲避 A 的追打而奔跑穿越人行横道时，为 B 所驾驶的车辆撞死。如果按原因说来判断，B 的行为是导致 C 死亡结果的直接原因，其为结果的发生提供了现实性，是必然引起损害结果发生的因素，但是 A 的追打行为不是 C 死亡的直接原因，其与损害后果间是条件与结果的关系，而条件对结果的发生仅起一定作用，仅为结果的发生提供一种可能性或机会，即 A 的追打行为与 C 的死亡结果间没有因果关系，A 在法律上不应负责任。而根据适当因果关系说来检验，本案中由于 C 受到 A 的追打，情况紧急迫于无奈之下 C 四处逃窜躲避，不可能及时准确地判断安全路线从而为 B 所驾驶的车辆撞死，无论是依一般社会认知还是依 A 当时所知情事，在通常情形下都可以预见到 C 在受 A 追赶时极有可能为车辆所撞伤或撞死，故 A 对 C 之非法侵犯行为极大地改变或增加了 C 被汽车撞伤或撞死之风险，即 A 的非法侵犯行为显著增加了损害发生的风险，所以 A 的追打行为与 C 的死亡之间有法律上的适当关系，构成肇致受害人 C 死亡的适当原因，因此，A 对 C 的死亡后果应该承担损害赔偿责任。

适当因果关系说较之以往的等同条件说或原因说等因果关系学说，主要有以下优点：第一，适当因果关系说最大范围地保护了受害人的合法权益，在更有利于保护处于弱势地位的受害人合法权益得以救济和实现的同时，也倾其所能平衡了加害人与受害人之间的权利与义务关系；第二，适当因果关系理论有利于坚持因果关系的客观性，透过"适当性"限定了责任范畴；第三，从举证责任的角度看，其"适当性"的判断基准使因果关系的确认在一定程度上得以简化，这种做法有利于减轻受害人在因果关系举证责任方面的负担，从而加大了保护受害人之力度，同时赋予了法官一定的自由裁量权,使法官能够根据具体案情、一般社会经验或常识、公平正义观念及善良风俗等因素灵活地进行确定和把握。但是有学者指出,适当因果关系说亦存在一定的不足之处,具体表现在以下方面:一方面,适当因果关系说对通常情况可能性之盖然性判断赋予了法官较多的自由裁量权,主观随意性相对较大。另一方面,一旦适当因果关系被证实或肯定,行为人必须负全部损害赔偿责任;而在否定存有适当因果关系时,则否定全部责任。正如 Antunes Varela 所言,"有一些情况是,如非可归责于行为人的不法事实,受害人很可能不会遭受某些损害的,然而,又不能将这些损害纳入损害赔偿之债内,因为这样做的话会违反第 563 条毫无疑问地采纳的适当因果关系的思想",[①] 因为无论是肯定全部责任还是否定全部责任,对受害人还是行为人都可能是不利的。

虽然德国、葡萄牙及日本、中国台湾地区也将适当因果关系理论作为权威学说,但也有越来越多的学者对该理论提出了质疑或挑战。例如,部分德国学者对适当因果关系理论提出了激烈的批评。[②] 而日本学者平井宜雄教授在其专著中就对适当因果关系理论进行了根本性的批判。[③] 而在中国台湾地区,曾世雄教授也对适当因果关系理论有过强烈的批判。[④] 在葡萄牙,

---

[①] 〔葡〕João de Matos Antunes Varela:《债法总论》(第十版)(第一卷),唐晓晴译,未出版,第 622 页。

[②] 朱岩:《当代德国侵权法上因果关系理论和实务中的主要问题》,《法学家》第 6 期,2004,第 147 页。

[③] 平井宜雄教授在其专著《损害赔偿法的理论》一书中指出,适当因果关系的采用是以德国侵权损害赔偿法的完全赔偿原则为前提而产生的,但与德国不同的是,日本的损害赔偿制度所采用的就是限制赔偿原则。因为赔偿原则的不同,他认为在一定程度上,适当因果关系的引入肇致了理论上的混乱失衡。加害人就必须赔偿基于因果关系可能发生之所有的损害,则不可避免会不合理地加重侵权人之赔偿责任。平井宜雄教授建议运用"事实因果关系(或条件因果关系)、保护范围、损害的金钱评价"这三个概念来取代适当因果关系理论,透过建立符合《日本民法典》构筑的本土化概念来界定或限定责任,以此完善损害赔偿法理论的体系。参见于敏《日本侵权行为法》(第二版),法律出版社,2006,第 185~186 页;〔日〕新美育文:《日本的产品责任中的赔偿范围与责任限制》,载〔日〕加藤一郎、王家福主编《民法和环境法的诸问题》,中国人民大学出版社,1995,转引自刘信平《侵权法因果关系理论之研究》,法律出版社,2008,第 95 页。

[④] 曾教授在批判适当因果关系说的同时,极力推荐德国新兴的法规目的说,希望能弥补适当因果关系说的缺陷。参见曾世雄《损害赔偿法原理》,中国政法大学出版社,2001,第 100~116 页。

学者对于适当因果关系理论在"无不当行为的责任"方面的运用也不是没有质疑的，克雷斯蒂安·冯·巴尔指出，"在对严格责任是否以及在何种程度上应创造一套独立的因果关系归责要件问题的争论一直方兴未艾的葡萄牙，Vaz Serra 甚至……指出了，严格责任条款应放弃'相当性'理论，而以'条款的保护目的'取而代之"。①

在非合同民事责任中引入适当因果关系学说对解决侵权中的责任认定、保护受害者的合法权益起到非常重要的作用，其能够更充分地保护受害人。但适当因果关系理论本身也处在一个不断发展与完善的过程之中，在适用过程中可能仍存有一定问题，其有着自身的局限性。

（四）法规目的说（或法律目的保护说）

当然，如上评析的适当因果关系也不是完美的。虽然大陆法系国家仍主要采取适当因果关系说，但是也以其他许多因果关系理论来加以补充完善，法规目的说就是其中的代表之一。适当因果关系理论在德国盛极而衰，继之而来的是目前日益流行的法规目的说（或法律目的保护说）。作为一个新兴学说，法规目的说由德国学者拉贝尔（Ernst Rabel）于 20 世纪 40 年代创立，60 年代再经拉贝尔的学生凯莫尔教授（Von Caemmerer）加以阐述和发展，如今已成为德国通说，德国联邦法院也采取此种见解来解决实际发生之案件。② 法规目的说理论为适当因果关系理论的困境提供了一种思考路径或方向，其主张对于认定侵权行为人之行为所导致的损害是否应负赔偿责任应透过研究侵权行为法之保护目的、立法原意或意义来加以判断决定，即主张直接根据法律规范之内容与目的来判断衡量行为与损害之间的关系。③

法规目的说认为，适当因果关系说的判断标准较为抽象，探究适当因

---

① 参见〔德〕克雷斯蒂安·冯·巴尔《欧洲比较侵权行为法》（下），焦美华译，张新宝审校，法律出版社，2001，第 592 页。
② 曾世雄：《论相当因果关系说之衰微》，《法学论刊》第 10 卷第 4 期，1965，第 84 页；朱岩：《当代德国侵权法上因果关系理论和实务中的主要问题》，《法学家》第 6 期，2004，第 148 页；王泽鉴：《侵权行为法》，中国政法大学出版社，2001，第 221 页；〔德〕克雷斯蒂安·冯·巴尔：《欧洲比较侵权行为法》（下），焦美华译，张新宝审校，法律出版社，2001，第 527 页；〔德〕Ernst Rabel, Das Recht des Warenkaufs, Band Ⅰ, 1996, p.504, 转引自曾世雄《损害赔偿法原理》，中国政法大学出版社，2001，第 113 页。
③ 朱岩：《当代德国侵权法上因果关系理论和实务中的主要问题》，《法学家》第 6 期，2004，第 148~149 页。

果关系的必要条件和适当性仍不能准确把握责任的成立,并且也难以界定损害赔偿的具体范围,因而需要对因果关系做一个非合同民事责任法之立法原意或法律保护目的之政策考量或价值判断,以限制和补充其不足之处,而其中一个重要部分就是对"法律规范之目的(fim da norma legal)"所保护的真正利益之考察,据以剔除或确认对损害应承担责任的行为或事件。综合采用了法规目的说之各国或各地区的立法,其法律规范之目的主要运用以下三个视角作为其判断筛选排查之依据:①侵权人必须补偿的仅仅是法律所要保护的那些人,原告必须属于规则设想的那类人;②侵权人补偿原告的仅仅是被违反的规则所要避免的损失,损失必须属于规则设想的类型;③侵权人仅仅在他造成了规则禁止发生的那些损失时负责任,特定的行为(作为或不作为)必须属于规则设想的类型。①

但是,法规目的说同其他因果关系学说一样,都有自己难以解决的问题,法规目的说对因果关系问题的解答似乎也难尽如人意。我们姑且不问有没有明确的判断标准去规范与确定法规目的或立法意义本身,也不问立法者在制定法律时基于当时的社会状况所做出的法律目的或立法本意之确定或判断是否仍然可以适用于解决现在的案情,亦不问法规目的说能不能充当一个独立判断因果关系的工具,因为更为重要的是,法律目的说首先可能面临功能或作用定位的整体性迁移问题之极大质疑或困惑。

Antunes Varela 指出,不可否认,一方面,"当不法性或因果关系的存在与否产生疑问时,有机会应用这一元素作为解决疑问的宝贵辅助工具",②当不法性或因果关系本身充满了模糊性,不具有直观性时,法规目的说可以对因果关系的归责起引导作用,在某种程度上可为限制或扩展适当因果关系提供说明,并将法规目的因素的考量纳入适当因果关系的一般社会经验中。具体而言,适当因果关系说在以一般社会经验判断因果关系是否具有适当性时,可以考虑有关法律法规之目的或立法本意,发挥法律的政策性指引功能,从这个意义上说,法规目的说是对适当因果关系说的限制和补充。

---

① 〔荷〕J. 施皮尔:《侵权法的统一:因果关系》,易继明等译,法律出版社,2009,第194页。
② 〔葡〕João de Matos Antunes Varela:《债法总论》(第十版)(第一卷),唐晓晴译,未出版,第624页。

第三章　交通事故致人损害的民事责任的构成要件和责任主体

但另一方面，法规目的说与不法性直接相关。如 Antunes Varela 所说，"关于不法地侵犯他人的主观权利（第483条所述的第一种不法性），简单地指出相关规范所保护的利益显然是不足以界定可赔偿之损害的范围的。至于第483条所规定的第二种不法性（违反旨在保护他人利益的法律规定），确实是有必要知道受害人是否就是被违反的规定所保护之利益的持有人，以及有关侵害是否属于规范所保护之利益的范围之内。在这些情况中，根本就没有必要应用法律保护之目的理论来剔除行为人的责任；由于他没有对法律客观地描述的利益作出典型的侵犯，他的责任一开始就会被不法性（illicitude）这个要件所排除"。[①] 法律目的说的初衷是透过考察相关法律、法规的意义和目的，旨在寻求一种使行为人的行为与其所承担的责任相符的方法，但其并非一种独立的因果关系理论，或者说法规目的说并未真正研究探讨行为与损害间的因果关系，它实质上绕过了因果关系，所以试图用法律目的保护理论取代适当因果关系理论不是没有疑问的。再者，深入探究法规目的说会发现，其实际上解决的正是明确作为侵权责任构成要件之一的不法性问题，但行为的不法性要件已解决了法规目的说所要处理的难题。

在德国，在涉及侵权责任案件中因果关系之认定问题时，对于法规目的理论与适当因果关系理论之适用关系，以 Huber 为代表的学者认为前者应该取代后者。[②] 也有以拉伦茨为代表的学者认为，在涉及侵权责任案件中因果关系之认定问题时二者可以并存，即兼采或承认适当因果关系理论和法规目的说，但两者的地位有所不同，在探究因果关系时，首先须认定加害行为与损害之间有无适当因果关系，只有在特定情形下适用法规目的说，探讨损害是否符合法律保护之目的，从而起到帮助适当因果关系理论的作用，透过符合法规目的的因果关系概念对损害赔偿范围进行诠释或限制界定。[③] 亦有以 Fickentscher 为代表的学者认为，法规目的理论不能取代适当因

[①] 〔葡〕João de Matos Antunes Varela：《债法总论》（第十版）（第一卷），唐晓晴译，未出版，第624页。

[②] 朱岩：《当代德国侵权法上因果关系理论和实务中的主要问题》，《法学家》第6期，2004，第149页。

[③] 王泽鉴：《侵权行为法：基本理论、一般侵权行为》（第一册），中国政法大学出版社，2001，第221~222页；朱岩：《当代德国侵权法上因果关系理论和实务中的主要问题》，《法学家》第6期，2004，第149页。

果关系理论，也不能对其起到帮助补充作用，而仅仅是"损害归责的理论"。[①]

而对于澳门侵权责任行为法的因果关系之认定，因为上述法规目的说皆存在弊端，不能以法规目的理论取代适当因果关系理论，但同时我们也不能否定适当因果关系理论自身存在的缺陷，所以在认定侵权责任因果关系遭遇瓶颈时，借鉴某些成功经验仍是有必要的，如以法规目的说作为辅助工具，帮助法官进行价值判断，以更好地解决侵权责任构成中的因果关系认定问题。

第二节　交通事故致人损害的民事责任的责任主体

澳门判断道路交通事故赔偿主体是依据《澳门民法典》第 496 条第 1 款所规定之"对车辆实际管理"与"为本身利益而使用"相结合的理论，但其只是确定车辆交通事故责任主体的一个基础理论，具体问题仍需要制定具体的规则，立法应明确在特殊情形下对交通事故侵权责任主体的认定。本节将对特殊情形下交通事故侵权责任主体的认定进行探讨和研究，并针对交通事故责任主体认定上的一些实际问题提出相应的建议。受篇幅所限，本节可能无法把所有特殊情形都涵盖进去，所提出的问题或许也只是冰山一角，但笔者仍希望自己能够为澳门道路交通事故民事责任承担主体相关制度的完善提供一些有益的思考。

一　道路交通事故损害赔偿责任主体概述

道路交通事故损害赔偿责任主体的认定无论在理论上还是在实践中都有重大意义。交通事故民事责任承担主体的研究之所以重要，是因为这个问题直接关系到交通事故受害人的合法权益是否能得到有效救济和维护，以确保受害人能获得最大限度的补偿，亦与贯彻自己的责任原则休戚相关。再者，由于在实践中，机动车的所有人与使用人在某些时候存在分离状态，从而使交通事故民事责任承担主体的问题变得复杂及其多元化。虽然澳门第 3/2007 号法律《道路交通法》和《澳门民法典》对道路交通事故民事责任的赔偿主体都有涉及，但是两者规定之片面和模糊都使得实际运用中存

[①] 朱岩：《当代德国侵权法上因果关系理论和实务中的主要问题》，《法学家》第 6 期，2004，第 149 页。

第三章 交通事故致人损害的民事责任的构成要件和责任主体

在很多问题与困扰。笔者认为，道路交通事故民事责任承担主体制度仍有完善的空间，澳门进行道路交通事故专门立法时应将不同情形下的赔偿责任主体分门别类，并且明确各类赔偿责任主体应承担的相应责任性质。针对澳门道路交通事故损害赔偿责任主体方面规定之缺失或不足，本节旨在通过对不同的主体进行分类研究，并透过对域外道路交通事故损害赔偿责任主体之比较研究，希望能为澳门道路交通事故侵权责任的专门立法提供先进的经验和有益的借鉴，从而在此基础上明晰在一些特殊情形下承担责任的主体，为法律实务操作过程提供帮助，以更好地保护道路交通事故受害者和承担非合同民事赔偿责任的责任主体的合法权益，更有利于司法实践中相关法规的运用。

谁应当为机动车事故承担侵权责任？这在世界范围内都是一个难题，世界上很多国家或地区都通过专门的立法对道路交通事故损害赔偿的责任主体进行了规定，它们对车辆损害赔偿责任主体的称谓都不尽相同，[1] 如英国采用"使用者"，美国及挪威为"所有者"，德国、瑞士为"保有者"[2]，法国运用"监管者"，[3] 意大利称为"保管者"，[4] 奥地利使用"驾驶者及所有者或共有者"的概念，[5] 荷兰采用"所有者"和"保有者"的称呼，日本则独创了"运行供用者"的术语，[6] 韩国使用"自动车运行者"[7]，蒙古

---

[1] 参见廖焕国《道路交通事故侵权责任》，法律出版社，2010，第13~14页。
[2] 按照德国判例与学者通说，所谓"保有者"（halter），是指"为自己的目的而使用机动车，并对该使用的必要的机动车有事实上的处分权的人，或者在事故发生的当时，将机动车作为自己的目的而使用，并且有关于该机动车的这些使用为前提的处分权的人"。德国《道路交通法》第7条第3项，转引自李薇《日本机动车事故损害赔偿法律制度研究》，法律出版社，1997，第25页。
[3] 〔德〕克雷斯蒂安·冯·巴尔：《欧洲比较侵权行为法》（下），焦美华译，张新宝审校，法律出版社，2001，第425~429页。
[4] 〔德〕克雷斯蒂安·冯·巴尔：《欧洲比较侵权行为法》（下），焦美华译，张新宝审校，法律出版社，2001，第425~429页。
[5] 李薇：《日本机动车事故损害赔偿法律制度研究》，法律出版社，1997，第24页。
[6] 日本《机动车损害赔偿保障法》第3条，"为自己将机动车供运行之用者，因其运行而侵害他人之生命或身体时，对所生损害负赔偿责任。但，当证明自己或驾驶者就机动车之运行未怠于注意、受害人或驾驶者以外第三者有故意或过失以及不存在机动车结构之缺陷或机能之障碍时，不在此限"。参见李薇《日本机动车事故损害赔偿法律制度研究》，法律出版社，1997，第23页。
[7] 翟巍、王文燕、〔日〕藤井隆志：《道路交通事故民事责任主体研究》，载潘申明主编《侵权行为法专题研究》课堂论文集（第一辑），韩国，2003。

采用"持有人"一词，[①] 中国内地使用"机动车一方"来表达，[②] 中国台湾地区则启用"驾驶人"予以表述。[③] 对于葡萄牙和中国澳门地区来说，关于机动车损害赔偿责任主体问题和其他法域一样，也是困扰立法者的一个难题，尤其是怎样采用一个适当的词语来表达和界定这个特殊的民事损害赔偿责任主体亦不是一件简单的事情。可能是鉴于此，葡萄牙和中国澳门地区都没有对车辆损害赔偿责任主体给出固定的称谓，葡萄牙学者 Antunes Varela 主张用"持有人"来"称呼那些对车辆实际管理之人——这是法律规定应对陆上行驶之车辆负客观责任的基础条件"[④]，笔者也想沿用这一表达方式。

（一）交通事故赔偿责任主体认定的理论基础

1. 风险开启理论

风险开启理论主张，"从事危险活动，或者占有、使用危险物品的人本身制造了对他人人身、财产权益造成损害的危险，因此，作为危险源的开启者"，[⑤] 其理所当然应承担相应的损害赔偿责任。

2. 风险控制理论

风险控制理论指出，[⑥] 占有、使用危险物之人或从事危险活动之人对于这些物品或活动的属性具有最为现实、真切的认知，其有责任也有能力最大限度地预防、控制、减少或避免危险之发生，或至少在一定程度上预防和控制危险的发生，对具有实际管理支配权之人科以风险责任，能使其尽全力履行注意义务，从而可以更有效地预防和避免道路交通事故的发生，对交通事故的发生起到更好的防范作用。

[①] 《蒙古民法典》第379条规定机动车等高度危险工具所造成的损害由机动车持有人承担，"高度危险来源造成的损害，由高度危险来源的持有人予以赔偿，如果损害是由于意外事件或不可抗力性质的特殊情况、受害人故意的作为或不作为、疏忽所致，应免除从事高度危险来源之持有人的责任"。

[②] 参见中国《道路交通安全法》。

[③] 中国台湾地区的《民法典》第191条之二（动力车辆驾驶人之责任）。

[④] 〔葡〕João de Matos Antunes Varela：《债法总论》（第十版）（第一卷），唐晓晴译，未出版，第464页。

[⑤] 程啸：《机动车损害赔偿责任主体研究》，《法学研究》第4期，2006，第130页。

[⑥] 程啸：《机动车损害赔偿责任主体研究》，《法学研究》第4期，2006，第130页；程啸：《侵权行为法总论》，中国人民大学出版社，2008，第123页。

3. 报偿责任理论

报偿责任理论认为，从事危险活动或者占有、使用危险物品的人从这一活动中获得了利益，基于获得利益的人应承担风险的原则，其应当承担相应的责任，正如 Antunes Varela 所说，"谁为本人之利益而使用危险物品，谁将使用时带有风险的东西引入企业，或者说，谁为本身利益创造或保留风险，谁就应该承担使用这些东西所造成的损害后果，因为他们从中收取了主要利益（ubi emolumentum, ibi onus; ubi commodum, ibi incommodum）。谁收取工业生产的（主要）利润，那么由他来承受该生产的负担（当中包括工作意外这种正常的及不可避免的现象）就是公平的"。① 机动车持有人作为机动车运行利益的享有者，应承担因机动车运行所带来的风险，这符合法律对公平正义理念的追求。

4. 基于强制性保险责任的理论基础——风险分散理论

保险的理论是风险分散理论的诠释，随着机动车保险相关制度的日益发达与完善，可以透过法定的强制责任保险及商业保险等保险机制将因机动车交通事故所肇致的损害加以分散，从而将本应由机动车所有人或持有人来承担的损害赔偿责任转化为由社会公众共同分担其所造成的损失。这有利于减轻责任者的经济负担，同时也可达到更加及时、有效地救济受害人之目的。②

（二）交通事故赔偿责任主体判定理论

1. 保有者理论

根据德国《道路交通法》第 7 条之规定，"机动车在运行时发生事故导致物品受损，以及人的身体或健康受损或死亡时，其机动车保有者（halter）对受害人承担因此产生的赔偿义务，若该交通事故发生属于不可抗力，可免除赔偿义务"，可知在德国法中保有者是道路交通事故损害赔偿的责任主体。按照德国判例与学者通说，德国法上的"保有者"（halter）是指"为自己的目的而使用机动车，并对该使用的必要的机动车有事实上的处分权的人，或者在事故发生的当时，将机动车作为自己的目的而使用，并

---

① 〔葡〕João de Matos Antunes Varela：《债法总论》（第十版）（第一卷），唐晓晴译，未出版，第 448 页。另外，对于"报偿责任理论"，参见李薇《日本机动车事故损害赔偿法律制度研究》，法律出版社，1997，第 52 页。

② 程啸：《侵权行为法总论》，中国人民大学出版社，2008，第 123 页。

且有关于该机动车的这些使用为前提的处分权的人"。① 荷兰②、奥地利③、希腊④等国法律中对保有者的界定与德国法类似。葡萄牙《民法典》第503条第1款（《澳门民法典》第496条第1款）"虽未明确提及'保有者'一词，但将它转述为'……有实际的支配力并为本身利益加以利用者'"。⑤

德国法规定保有者是道路交通事故损害赔偿的责任主体，构成德国法上的侵权责任主体必须具备两个要件：一是"为自己的目的而使用机动车"；二是"对该使用的机动车拥有事实上的处分权"。第一个要件"为自己的目的而使用机动车"是指获得该车辆的运行利益及其所支出费用，车辆保有者使用车辆之目的是得到运行利益，而此运行利益不应狭义地理解为物质利益。对于第二个要件，要从保有和所有的区别谈起，德国法上的保有者不能和所有者画等号，从物权法的角度看，所有权是一种完全物权，涵盖占有、使用、收益、处分四种权能，所有者不一定就是保有者（虽然在多数情况下可能是）。但保有不同于所有，保有理论的实质是对车辆使用权的一种支配状态，对车辆的运行享有处分权，保有并不要求享有车辆之所有权，对保有者来说，是否取得车辆之所有权并不重要。在所有权保留的买卖中，保有者应为买受人。值得指出的是，除德国外，奥地利、卢森堡、丹麦及葡萄牙都采纳保有者理论。⑥

---

① 德国《道路交通法》第7条第3项，转引自李薇《日本机动车事故损害赔偿法律制度研究》，法律出版社，1997，第25页。

② 《荷兰道路交通法》第1条第n项规定，"保有者是对机动车辆或拖车部分：（1）基于租赁、买卖而占有者；（2）使用受益者；（3）以不同于所有权人或占有的其他方式持续使用者"。转引自张新宝、解娜娜《"机动车一方"：道路交通事故赔偿义务人解析》，《法学家》第六期，2008年，第47页。

③ 《奥地利危险物改进法》第3条第1款第6项规定，"保有者：对机动车辆以自担风险的方式使用受益且拥有作为使用受益前提条件的支配力"。转引自张新宝、解娜娜《"机动车一方"：道路交通事故赔偿义务人解析》，《法学家》第六期，2008年，第47页。

④ 《希腊机动车辆损害赔偿责任法》"第2条第2款规定，机动车辆保有者是指事故发生时作为所有权人或基于合同而以自己的名义占有机动车辆者，或者以任何自己独立控制机动车辆并以任何一种方式加以使用的人"。转引自张新宝、解娜娜《"机动车一方"：道路交通事故赔偿义务人解析》，《法学家》第六期，2008年，第47页。

⑤ 〔德〕克雷斯蒂安·冯·巴尔：《欧洲比较侵权行为法》（下），焦美华译，张新宝审校，法律出版社，2001，第429页，注解154。

⑥ 〔德〕克雷斯蒂安·冯·巴尔：《欧洲比较侵权行为法》（下），焦美华译，张新宝审校，法律出版社，2001，第489页。

2. "运行利益"与"运行支配"理论

"运行利益"与"运行支配"二元说理论是关于日本"运行供用者"的学说之一,[①] 已具有广泛的适用性。[②] 根据《日本机动车损害赔偿保障法》第3条之规定,"为自己将机动车供运行之用者,因其运行害及他人生命或身体时,对因此所产生的损害负赔偿责任。但是,能证明自己及驾驶者就运行并未怠于注意,受害人或驾驶者以外第三人有故意或过失且汽车并无构造缺陷或机械障碍时,不在此限",可知"为自己将机动车供运行之用者"是"供运行供用者",是机动车的赔偿责任主体。关于"供运行供用者"之确定,主要存有"二元说"和"一元说"等不同学说。二元说的观点主要源于日本民法第715条的"报偿责任"与第717条的"危险责任",是报偿责任理论和危险责任理论的结合体,具体说来,"运行利益"的理论基础是报偿责任,"运行支配"的理论基础是危险责任。[③] 日本民法学界的通说为"二元说",认为所谓"运行供用者"是指机动车的运行支配与运行利益的归属者,主张机动车的"运行供用者"的判断应从运行支配与运行利益两项基准着手,认为判定道路交通侵权责任主体的基础在于"运行支配"和"运行利益"两个标准,"运行支配"是指可以在事实上管领支配机动车之运行,"运行利益"则一般限于因运行本身而产生的利益。换言之,某人是否属于运行供用者,要从其是否对该机动车的运行处于事实上的支配管理地位和是否从该机动车的运行本身中得到利益两个方面加以判定。

(三) 交通事故赔偿责任主体立法模式

以比较法为视角,机动车损害赔偿责任主体主要有以下几种不同的立法模式。

---

① 参见《日本民法典》,王书江译,中国法制出版社,2000,第360页;李薇:《日本机动车事故损害赔偿法律制度研究》,法律出版社,1997,第24~25页。

② 当然,对这一判定标准也不是没有反对的声音,如伊藤高义所主张的"保有者管理地位说"、藤冈康宏所提出的"支配管理可能性说"、高崎尚志所宣导的"决定可能性说"、前田达明的"人对物的管理责任说"等。参见王利明等编著《侵权行为法》,法律出版社,1996,第31~38页,第106~115页。

③ 日本的另一学说"一元说"则主张,以"运行支配"的一元标准来代替"运行支配"和"运行利益"的二元标准。参见李薇《日本机动车事故损害赔偿法律制度研究》,法律出版社,1997,第29页。

175

1. 第一种模式——由所有人、占有人等机动车保有人①与驾驶人承担连带赔偿责任

这种立法模式主张，对于机动车所有人、占有人等与驾驶人都采用无过错责任原则，机动车的管理人和驾驶人一起为交通肇事事故所发生的损害赔偿共同承担连带责任。例如，《意大利民法典》第2054条明确规定机动车所有人须与驾驶人承担连带损害赔偿责任，将两者都纳入了严格责任调整的范围。② 采取这种立法模式的还有法国③、希腊④、丹麦⑤、加拿大魁北克地区⑥、越南⑦等。

---

① 加拿大魁北克《机动车保险法》第1条对保有人的解释为，"'保有人'是指根据所有权，或者根据所附条件或期限有可能成为机动车所有人的期待权，或者根据一项赋予其可以像机动车所有人那样使用机动车的权利而取得或者占有机动车的人和租赁期限不少于一年的机动车承租人"。参见刘锐《机动车交通事故侵权责任与强制保险》，人民法院出版社，2006，第454页。

② 《意大利民法典》第2054条第1款规定："驾驶任何无轨车辆的司机，不能证明已尽一切可能避免损害发生的，应当承担车辆行驶造成的人身或财产的损害赔偿责任。"该法同条第3款规定："车辆的所有权人或其代理人、用益权人、依保留所有权的条款取得车辆的人，不能证明车辆的行驶与其意思相悖的，应当与司机共同承担连带责任。"参见《意大利民法典》，费安玲等译，中国政法大学出版社，2004，第481页。

③ 法国1985年7月5日第85-677号关于改善交通事故受害者处境的Badinter法第2条规定："第1条所示车辆的驾驶人或者管领人，不得以不可抗力事由或第三人行为，对抗包括驾驶人本人在内的受害人。"同时，该法规定，"机动车的保有权人是最普遍的责任人，无论是以司机的身份而通过个人行为所产生，还是以物的管理人的身份通过物的行为所产生，还是以委托人的身份而因为别人的行为所产生"。参见〔法〕罗斯·雷特蒙罗 - 库珀《法国1985年公路交通事故赔偿法》，梁慧星译，《民法学说判例与立法研究》，中国政法大学出版社，1993，第340~350页；《法国交通事故损害赔偿法的发展趋势》附录《法国1985年7月5日法律中文译文》，陈忠五译，《台大法学论丛》2005年第34卷第1期，第160页；程啸：《机动车损害赔偿责任主体研究》，《法学研究》第4期，2006，第129页；张民安：《现代法国侵权责任制度研究》，法律出版社，2003，第223页。

④ "希腊1911年12月4/5号关于机动车辆的刑事和民事责任法第4条明确规定，在所有权人和保有者之外驾驶者也是责任主体。"〔德〕克雷斯蒂安·冯·巴尔：《欧洲比较侵权行为法》（下），焦美华译，张新宝审校，2001，法律出版社，第485页。

⑤ 参见丹麦1986年《道路交通法》。

⑥ 加拿大魁北克《机动车保险法》第108~109条之规定。参见刘锐《机动车交通事故侵权责任与强制保险》，人民法院出版社，2006，第481~482页。

⑦ 《越南民法典》第627条规定，"高度危险源的所有人、接受所有人之移交而占有、使用高度危险源的人，对于损害的发生即使无过错，也必须赔偿损害"。转引自全国人大常委会法制工作委员会民法室编《侵权责任法立法背景与观点全集》，法律出版社，2010，第724页。

2. 第二种模式——由驾驶人承担赔偿责任

中国台湾地区的法律采取此种模式。对于责任主体范围，中国台湾地区民法第191条之二规定，只有机动车的驾驶人才是承担机动车损害赔偿责任的主体，适用法律特别规定的过错推定责任，其他人即便是机动车的所有人、占有人，除非适用雇主责任，否则仅承担一般过错责任。[1] 采取此种模式的还有香港地区等。[2]

3. 第三种模式——由"运行供用者"承担赔偿责任

采用此种立法模式的有日本、韩国等国家。《日本机动车损害赔偿保障法》第3条第1款规定，对"将机动车供为自己的运行之用者"即"运行供用者"采用"二元说"（机动车的运行支配与运行利益的归属者）判断标准，即对是机动车损害赔偿之责任主体采用无过错责任原则，而对非运行供用者的驾驶人则采用过错责任原则。[3] 韩国《机动车损害赔偿保障法》[4]第3条规定，"为自己运行汽车者，因其运行造成他人死亡或受伤的，有责任赔偿该损害"，[5] 对非运行供应者的驾驶人采用无过错责任原则。

4. 第四种模式——由所有人、占有人等机动车保有人承担赔偿责任

这种立法模式认为，机动车保有人等是交通事故赔偿的责任主体，而机

---

[1] 中国台湾地区的《民法典》第191条之二（动力车辆驾驶人之责任）规定："汽车、机车或其他非依轨道行驶之动力车辆，在使用中加损害于他人者，驾驶人应赔偿因此所生之损害。但于防止损害之发生，已尽相当之注意者，不在此限。"
学者丘聪智认为，"汽车责任之主体须为驾驶人；驾驶人以外之所有人、占有人，尚不与焉，除其为雇用人应负雇用人责任（第188条）外，仅以第184条适用过失责任"。丘聪智：《新订民法债编通则》（上），辅仁大学法学丛书编辑委员会，2003，第231页；丘聪智：《新订民法债编通则》（上），中国人民大学出版社，2003，第145页。

[2] 中央军委法制局编《香港法律读本》，解放军出版社，1995，第156~157页；张新宝：《侵权责任法原理》，中国人民大学出版社，2005，第350页。

[3] 《日本机动车损害赔偿保障法》第3条规定："为自己运行汽车者，因其运行害及他人生命或身体时，对因此而产生的损害负赔偿责任。但是，能证明自己及司机就汽车运行并未怠于注意，受害人或司机以外第三人有故意或过失且汽车并无构造缺欠或机械障碍时，不在此限。"参见《日本民法典》，王书江译，中国法制出版社，2000，第360页；李薇：《日本机动车事故损害赔偿法律制度研究》，法律出版社，1997，第24~25页。

[4] 该法于1963年4月4日公布，同年6月1日开始施行，1984年12月31日对全文做出修改。

[5] 崔吉子：《析交通事故的损害赔偿责任主体——以韩国机动车运行者责任为中心》，《民商法论丛》（第31卷），2004，第369页；刘锐：《机动车交通事故侵权责任与强制保险》，人民法院出版社，2006，第444页。

动车驾驶人只承担过错责任或过错推定责任。德国《道路交通法》第 7 条第 1 款规定以车辆保有人承担损害赔偿责任为一般原则，[1] 而非机动车保有人的驾驶者不适用严格责任，仅适用过错推定责任。除德国外，采取这种立法模式的还有丹麦、埃塞俄比亚[2]、荷兰[3]、奥地利[4]、卢森堡、葡萄牙[5]等。

二 葡萄牙和中国澳门对于机动车交通事故责任主体的认定标准

根据《葡萄牙民法典》第 503 条之规定，目前葡萄牙关涉道路交通事故损害赔偿责任主体认定原则的理论基础，是以对车辆的"实际管理"和"为本身利益而使用车辆"的二元判断为基准，将两者作为判断确定机动车交通事故发生时赔偿责任主体的认定标准或直接依据。据此可知，对于机动车发生道路交通肇事致人损害的，一般由对该机动车具有"实际管理"支配权和"为本身利益而使用车辆"的主体来承担相应的赔偿责任。[6] 中国

---

[1] 德国《道路交通法》第 7 条第 1 款规定："机动车在行驶过程中，致人死亡、身体或者健康受到伤害，或者财物受到损坏时，该机动车的保有人对受害人负担赔偿由此产生的损害义务"。

[2] 《埃塞俄比亚民法典》第 2081 条和第 2084 条之规定。《埃塞俄比亚民法典》第 2081 条规定，"（1）机器或者机动车辆的所有人，应对机器或车辆所致的任何损害承担责任，该损害是由未经允许操作、发动或驾驶该机器或车辆的人造成的，亦同。（2）如果他能证明，在造成损害时该机器或者机动车已从他处被盗走，则不承担责任"。第 2084 条规定，"（1）为个人营利目的占有机器或车辆的人，应对其占有期间的机器或车辆所致损害承担责任。（2）为所有人或其他人的利益看管机器或者车辆的代理人，对该机器或者车辆所致损害不承担责任，但他人有过失的情形除外"。

[3] 例如，《荷兰道路交通安全法》第 185 条第 2 款仅涉及机动车的所有人和占有人，对于驾驶人的个人责任依据的是民法之一般规定。

[4] 奥地利铁路及机动车辆赔偿责任法规定，仅保有者承担严格责任，驾驶者只承担"过失责任"。在此种立法模式下，所有人、占有人等作为机动车保有人属于严格责任的调整范围，驾驶人承担的是过错责任。除雇佣驾驶的情况外，将驾驶人排除在严格责任之外，将其作为直接加害人仅承担过错责任是无法接受的。

[5] 《葡萄牙民法典》第 503 条规定，"一、实际管理并为本身利益而使用任何在陆上行驶之车辆之人，即使使用车辆系透过受托人为之，亦须对因该车辆本身之风险而产生之损害负责，而不论该车辆是否在行驶中。二、不可归责者按第 489 条之规定负责。三、为他人驾驶车辆之人，须对因该车辆造成之损害负责，但倘能证实驾驶人没有过错者除外，但若驾驶人不在执行其作为受托人之职务，则应按第 1 款之规定负责"。参见《葡萄牙民法典》，唐晓晴等译，北京大学出版社，2009，第 89 页。

[6] 这里无论是"运行支配"还是"运行利益"，都是援引日本的学说，以和别的法域相统一，所以对这两个要件，笔者有时也会采用"运行支配与运行利益"这对概念，但其实对于葡萄牙和中国澳门来说，处于交通肇事中的车辆并不以车辆在行驶中为必要。

澳门效仿葡萄牙，在确定机动车责任主体时也有自己的标准，以使与车辆有一定关系的人成为交通事故侵权行为之责任主体。《澳门民法典》第496条第1款规定，"实际管理并为本身利益而使用任何在陆上行驶之车辆之人，即使使用车辆系透过受托人为之，亦须对因该车辆本身之风险而产生之损害负责，而不论该车辆是否在行驶中"，该法确立了澳门判断道路交通肇事损害赔偿责任主体之标准，透过"实际管理"和"为本身利益而使用车辆"的标准，只要符合该二元标准，即应承担赔偿责任。但"实际管理"和"为本身利益而使用车辆"的内涵与外延如何准确界定值得探讨和深思，因为对"实际管理"和"为本身利益而使用车辆"的界定标准理解不一，可能会导致责任主体认定的不一致，从而不利于受害人得到及时的救济，也无法有效抑制交通肇事损害之发生。

（一）一般情况下交通事故责任主体的确定

关于一般情况下车辆道路交通事故赔偿责任主体的确定及各责任主体之间应如何对外承担责任的问题，澳门已抽象出确定车辆事故赔偿责任主体的一般规则。根据《澳门民法典》第496条第1款之规定，车辆造成之事故，应当由那些对车辆实际管理并为本身利益使用（即使是透过受托人作出的）之人负责。针对应负侵权责任之人，即责任主体，法律规定了两个基本要件，换言之，我们可以根据两个根本性的特征去判断：第一要件，"对车辆的实际管理"，享有对车辆事实上的运行支配的权利；第二要件，"为本身利益而使用"，借此区别"车辆的使用与形式上的占有"。[1] 在判断车辆侵权责任主体如何承担因车辆侵权而产生的赔偿责任上，这两个要件缺一不可。以此为判断标准，车主首先应该要承担风险责任，"因为他是使用车辆作为交通工具而享受特别利益之人，所以他应该承受因其使用而带来的固有风险"[2]。的确，车辆所有人在享受车辆带来利益的同时，当然应当承担与此相应的风险，这也是权利与义务相一致的体现，但如果他人

---

[1] 〔葡〕João de Matos Antunes Varela：《债法总论》（第十版）（第一卷），唐晓晴译，未出版，第464页。

[2] 〔葡〕João de Matos Antunes Varela：《债法总论》（第十版）（第一卷），唐晓晴译，未出版，第463页。

对车辆享有用益权，或车主已基于使用借贷合同借出或租赁合同租出车辆，或其车辆已被抢劫、盗窃，或被雇佣的司机或停车场的职员滥用私自驾驶等，按照善意原则，基于上述的判断标准，由谁来承担风险责任要具体问题具体分析。① 下面将作为确定道路交通事故损害人身损害赔偿的赔偿义务人的标准之"实际管理"和"为本身利益而使用"车辆理论进行简要探讨。

1. 对车辆的实际管理

Antunes Varela 认为，《葡萄牙民法典》第 503 条第 1 款（《澳门民法典》第 496 条第 1 款）所说的对车辆"实际管理"之目的是"涵盖所有的那些有或没有法律上的占有"，对车辆"实际管理"是"对车辆实际管理之人"，即持有人应该对行驶之车辆承担客观责任或风险责任的前提或基础条件。② Manuel Trigo 指出，"实际管理车辆者指可在车辆用途及保养方面作决定之人，通常是车辆的惯常拥有人；然而，实际管理车辆并不等于对车辆有法律的权力，又或在法律上有权随意使用车辆……"。③ Antunes Varela 主张，"对车辆的实际管理是一项对车辆的真正的（事实上的）权力，但不等于在发生事故时'手握方向盘'这个粗犷的观念"。④ "对车辆实际管理之人"是指"事实上享有或享受其利益，特别是指控制其运作（启动车辆、打开车灯、调试刹车、检查轮胎、控制压力等）的人"，其当然获得车辆的运行支配和运行利益，所以其"有责任根据所出现之事实状况，采取适当的措施以确保车辆在运行时，不会使第三人受到损害"。⑤

Antunes Varela 进一步指出，基于满足对车辆"实际管理"这个要件，

---

① 〔葡〕João de Matos Antunes Varela：《债法总论》（第十版）（第一卷），唐晓晴译，未出版，第 463~464 页。
② 〔葡〕João de Matos Antunes Varela：《债法总论》（第十版）（第一卷），唐晓晴译，未出版，第 464 页。
③ 〔葡〕Manuel Trigo（尹思哲）：《债法概要》（最新修订本），朱琳琳译，杜慧芳校，澳门大学法律系三年级教材，未发行，1997~1998，第 111 页。
④ 〔葡〕João de Matos Antunes Varela：《债法总论》（第十版）（第一卷），唐晓晴译，未出版，第 464 页。
⑤ 〔葡〕João de Matos Antunes Varela：《债法总论》（第十版）（第一卷），唐晓晴译，未出版，第 464 页。

所有权人（包括共同所有权人）、用益权人、保留所有权中的取得人[①]、承租人、借用人、抢劫、盗窃、盗用车辆之人以及其他滥用车辆之人等都是对车辆实际管理之人，对于车辆的运行在事实上处于支配管理之地位，对车辆的运行具有支配和控制的权利，并在事实上享有或获得车辆之运行利益。[②] 据此可知，"实际管理"支配控制权不仅涵盖狭义、具体及实际的支配，如车辆所有人自主驾驶、借用人驾驶乃至擅自驾驶等，亦囊括广义之间接、潜在与抽象的"实际管理"支配权，如车辆所有权人将车借给他人驾驶时车辆所有权人仍然对车拥有"实际管理"权，或至少可以说其对车辆运行具有某种"实际管理"的可能性。对车辆的实际管理采用广义的概念意味着，不仅车辆的实际驾驶使用人，而且车辆的出借人等间接的利害关系人亦可能成为交通事故损害赔偿的责任主体。反之，也正是由于缺乏对车辆"实际管理"这个要件，的士上的乘客、学习驾驶的学员，以及其车辆已被抢劫、盗窃或盗用的车主不用承担风险责任，因为此时缺失让他们为车辆担负客观责任的基础。[③]

2. 为本身利益而使用

根据《澳门民法典》第496条第1款之规定，"为本身利益而使用"车辆是第二个要件，因车辆所有权人是使用车辆这一交通工具而享受利益之人，所以车主应该理所当然、首当其冲地承受由其使用而带来的风险，当然不仅限于车主，还有其他的车辆持有人。简言之，车辆运行的持有人因使用车辆而获得了利益，那么持有人也应承担基于其使用得到的利益而引致的风险。Antunes Varela 认为，《葡萄牙民法典》第503条第1款（《澳门民法典》第496条第1款）对"为本身利益而使用"中之利益并没有什么

[①] 有持反对意见者，参阅 Antunes Varela 在其著作的注解中所说，"对1954年5月20日道路法典第56条第4款的不同意见认为，在完全支付分期给付之价金前保留车辆所有权之出售人才是责任人，1969年5月27日最高法院之合议庭裁判（*R. L. J.*，第103期，第380页）。赞同的学说及 Vaz Serra 对该裁判所作之注释，载于上述杂志，以及 *Rev. Trib.*，第87页，第416页"。参见〔葡〕João de Matos Antunes Varela《债法总论》（第十版）（第一卷），唐晓晴译，未出版，第464页，注释1。

[②] 〔葡〕João de Matos Antunes Varela：《债法总论》（第十版）（第一卷），唐晓晴译，未出版，第464页。

[③] 〔葡〕João de Matos Antunes Varela：《债法总论》（第十版）（第一卷），唐晓晴译，未出版，第464页。

要求,不仅仅是狭义上的直接的物质利益,它所采用的是广义的概念,其可以是物质或经济上等有形的利益,也可以是道德、精神上的享受,或同事的好评,或人际关系的和谐等心理因素而产生的无形利益(如为朋友无偿搬运物品或免费接送新娘等);可以是"值得法律保护"的利益,甚至可以是利用车辆去实施不法行为等为法律"所谴责"的利益;可以是因车辆运行而取得的直接利益,也可以是间接利益。无论是上述哪一种利益都不影响"为本身利益而使用"这个要件的成立。

另外,Antunes Varela 指出,"为本身利益而使用"这个要件的根本目的是"排除那些为他人驾驶车辆,即为他人利益而使用车辆之人(受托人)的责任"。① 笔者也对此持赞同态度,也正是基于此,笔者认为《澳门民法典》第 496 条第 1 款和第 3 款是矛盾或冲突的,笔者以为《澳门民法典》第 496 条第 1 款所说的"为本身利益而使用"排除了雇佣驾驶员的客观责任,可是同条第 3 款却规定了雇佣驾驶员的客观责任。

在澳门的理论和司法实践中,对承担风险责任的道路交通事故责任主体的判断依据采用了对车辆"实际管理"与"为本身利益而使用"这两个要件,如果采用上述别的法域概念,即以"运行支配"和"运行利益"为判断基准。具体来说,某人是否为机动车交通事故的责任主体,既要看其是否在事实上对该车辆具有支配管理权,又要看其是不是为了本身的利益而使用该车辆。对车辆"实际管理"与"为本身利益而使用"是相互独立的,应区别视之,某人是否属于责任主体,要从其是否在事实上对该车辆具有支配管理权和是否为本身利益而使用该车辆两方面加以证明,这样才能厘清纷繁复杂的行为主体与责任主体之间的区别。

(二) 特殊情况下交通事故责任主体的确定②

在车辆交通事故损害赔偿纠纷中,车辆所有人与驾驶人或使用人既可

---

① 〔葡〕João de Matos Antunes Varela:《债法总论》(第十版)(第一卷),唐晓晴译,未出版,第 470 页。
② 值得指出的是,根据澳门 9 月 13 日第 49/93/M 号法令《核准汽车登记制度》第 8 条(禁止设定质权)之规定,"机动车辆不得作为质权之标的",澳门法律中机动车辆不可以质押,所以不必向中国内地那样考虑质押中机动车交通事故损害赔偿责任主体的认定问题。

能是同一人，亦有可能不是同一人。当车辆所有人驾驶自己的车辆发生事故，即车辆所有人与驾驶人为同一人时，道路交通肇事损害赔偿的责任主体不难判定，车辆所有人完全满足对车辆"实际管理"与"为本身利益而使用"这两个判断要件，若援引别的法域概念，其既是车辆运行支配人，又是运行利益的归属者，毋庸置疑，应由车主承担交通事故损害赔偿责任。但在纷繁复杂的现实生活中，车辆使用人未必就是车辆所有人，两者有时可能处于分离状态。根据《澳门民法典》之物权法篇，因车辆所有权所涵盖之占有、使用、收益以及处分的权能相分离之情况也屡见不鲜，使道路交通事故民事责任的承担主体存在多元化和复杂化，所以交通事故的行为主体未必就是承担车辆交通肇事损害赔偿责任之主体。故而，道路交通事故发生后，在判定道路交通事故损害赔偿责任主体时要针对权属要素不同的分离状态区别不同的情况，责任主体可能会涉及多方主体，他们之中谁才是真正的侵权损害赔偿责任主体或前面我们所说的"持有人"，法律没有给予明确而系统全面的规定，理论界和司法界也存在较大的分歧，所以有必要透过《澳门民法典》第496条第1款规定之对车辆"实际管理"与"为本身利益而使用"这两个对道路交通事故赔偿主体的基本判断基准上，再套用杨立新教授提出的"侵权行为一般条款和类型化立法的方式"之思路，[①] 笔者也建议要具体问题具体分析，对车辆道路交通事故特殊情况下的损害赔偿责任主体的类型进行研究。

1. 委托关系中道路交通肇事责任主体的确定[②]

道路交通事故肇致他人人身或财产受损，一般情况下车辆持有人或赔偿义务人就是直接侵权行为人，如在机动车驾驶人与所有人为同一人时，依前所述，驾驶人完全符合"实际管理"与"为本身的利益而使用"的判定基准，为当然的责任主体。但在现代社会不必事必躬亲，在车辆所有人与驾驶人分离的状态，驾驶人是行为主体，当机动车驾驶人驾车发生交通事故时，应由行为主体驾驶人自负责任，还是由作为委托的车辆所有人或使用人对受托人之肇事行为承担替代责任或担保责任呢？

---

① 杨立新：《侵权法论》（第四版），人民法院出版社，2011，第320页。
② 或说职务行为中交通事故的责任主体。

机动车驾驶人是受机动车所有人或使用人委托或是法人的工作人员，即机动车所有人或使用人与受托人之间存有委托关系。这种情形相当特殊，它既属于《澳门民法典》第 493 条规定之委托人之责任，也属于《澳门民法典》第 496 条规定之道路交通侵权责任，这两种责任形式同时存在于一种侵权行为中。故而，在机动车车主与驾驶人分开的场合下的责任认定，既应遵循《澳门民法典》第 493 条规定之委托人之责任，也应充分引入《澳门民法典》第 496 条第 1 款所规定之"实际管理"和"为本身利益而使用"的双重标准，以使责任认定符合法律对公平正义理念之追求。所谓委托人之责任是指委托人对受托人实施不法行为给他人造成的损害承担责任，委托人之责任采取的是风险责任，其法律后果是加害人与责任人相分离，赔偿义务人不是直接的致害人。机动车侵权纠纷中，根据《澳门民法典》第 493 条之规定，机动车所有人或使用人，即委托人将为机动车的实际控制人（受托之驾驶人）即受托人承担替代或担保责任。而《澳门民法典》第 496 条第 1 条规定，在受托之驾驶人执行职务发生交通事故的情形下，车辆所有人或使用人选任、监督、指示受托之驾驶人从事活动，所有人或使用人享有对车辆的"实际管理"权限，受托之驾驶人是为所有人或使用人的利益而从事的职务活动，所有人或使用人是利益之归属者，因此，受托之驾驶人在执行职务中造成他人人身或财产损失的理应由所有人或使用人承担责任。综上，无论是依据《澳门民法典》第 493 条规定之委托人之责任，还是按照《澳门民法典》第 496 条第 1 条规定之道路交通侵权责任，受托之驾驶人都无法成为风险责任的主体。

再者，如本书在交通肇事致人损害的归责原则部分所探讨的那样，根据《葡萄牙民法典》第 503 条第 1 款之规定，车辆所有人或使用人以风险责任承担侵权责任为原则，而对于受托之驾驶人，《葡萄牙民法典》第 503 条第 3 款规定了过错推定的归责方式，实行举证责任倒置，正如 Antunes Varela 指出的，"驾驶者如果证明自己没有过错的话，则不用负责"；[①] 但如果驾驶者不能证明自己没有过错，应当与车辆之所有权人一起向受损害之

[①] 〔葡〕João de Matos Antunes Varela：《债法总论》（第十版）（第一卷），唐晓晴译，未出版，第 465 页。

第三人承担连带责任。① 但与葡萄牙不同的是，依照《澳门民法典》第496条第3款的规定，不仅是车辆所有人或使用人承担（客观）责任，受托之驾驶人也要承担风险责任，只是和车辆所有人或使用人相比，受托之驾驶人多了一项抗辩事由，即虽然其在执行职务的过程中，但是车辆却没在行驶的情况下，受托之驾驶人可以免责。如 Antunes Varela 所说，《葡萄牙民法典》第503条第1款，即《澳门民法典》第496条第1款中所规定的"为本身利益而使用"这个要件正是为了"排除像受托人那样，不是为了本身利益，而是为了他人（委托人）利益或受他人指令而使用车辆之人的客观责任"。② 以出租公司的驾驶员为例，公司驾驶员的行为是职务行为，驾驶员为公司驾驶计程车，该机动车运行仍按机动车所有人或使用人的意思支配，即车辆的运行支配权由委托人控制，受托人仅仅是遵照机动车所有人或使用人的意思行事，履行的是职务行为，同时驾驶员将所得利润上交，即因驾驶机动车的运行利益也由公司独自获得，尽管公司每月给驾驶员发放工资，但驾驶员的工资只是其劳动力价值的体现，并不是运行利益的体现，发生事故后由计程车公司所委托之驾驶人承担风险责任显然有失公平，而且《澳门民法典》第496条第1款和第3款本身就存在冲突。笔者认为，在受委托之驾驶员执行职务致他人损害的情况下，《澳门民法典》第496条第3款将受托之驾驶人纳入风险责任之内是令人难以接受的。

在澳门没有改变《澳门民法典》第493条（委托人之责任）第1款规定的情况下，其所采用的机动车车主承担委托人之责任的认定模式应与葡萄牙一样，在受托之驾驶人执行职务致他人损害的场合，机动车车主或使用人对机动车的运行具有支配和控制的权利，其作为委托人，因受托之驾驶员的驾驶行为而享有运行利益，对其适用风险责任原则，机动车车主或使用人即委托人是承担损害赔偿责任的主体，将为机动车的实际控制人

---

① 《葡萄牙民法典》第503条规定："一、实际管理并为本身利益而使用任何在陆上行驶之车辆之人，即使使用车辆系透过受托人为之，亦须对因该车辆本身之风险而产生之损害负责，而不论该车辆是否在行驶中。二、不可归责者按第489条之规定负责。三、为他人驾驶车辆之人，须对因该车辆造成之损害负责，但倘能证实驾驶人没有过错者除外，但若驾驶人不在执行其作为受托人之职务，则应按第1款之规定负责。"

② 〔葡〕João de Matos Antunes Varela：《债法总论》（第十版）（第一卷），唐晓晴译，未出版，第465页。

（受托之驾驶人）承担替代或担保责任，而对非机动车车主之受托驾驶者则不能适用风险责任，仅对其适用过错推定责任。受托人因其实际驾驶机动车，若根据过错推定原则判定受托之驾驶人在履行职务时存有过错，根据《澳门民法典》第493条（委托人之责任）之规定，车辆所有人或使用人与受托之驾驶人承担连带赔偿责任，车辆所有人或使用人在为受托人承担替代或担保责任后可向受托之驾驶人追偿。这种处理方式有三重效用，一是最大限度地保障和维护了受害人的合法权益；二是车辆所有人或使用人会积极履行选任、监督义务以尽可能地避免交通肇事事故之发生；三是受托之驾驶人会认真驾驶，谨慎履行职务上的注意义务以避免过错的出现而承担损害赔偿责任。

另外，值得指出的是，在机动车受托之驾驶人因其自主驾驶行为导致发生道路交通事故的情况下，责任认定亦应透过充分引入"实际管理"和"为本身利益而使用"的双重标准来判定，受托之驾驶人擅自驾驶行为不属于执行职务的范围，其享有对车辆的实际管理权，同时也是为自己的利益而从事活动，受托之驾驶人应为交通肇事损害赔偿之责任主体，其应为自己造成他人人身或财产损失承担责任。

2. 租赁、借用情况下的责任主体

出租、出借的车辆在日常生活中比较常见。机动车所有人将车辆出租或出借给他人使用，其或者基于利益或信任关系（精神层面）而自主支配其车辆的使用权，在此情况下，车辆所有人、承租人和借用人都是"实际管理"支配者，同时也是"为本身利益而使用"车辆，是运行利益的归属者。[①] 在澳门，如发生道路交通肇事，出租人、承租人和出借人、借用人应承担连带损害赔偿责任。

对于租赁合同，根据《澳门民法典》第969条的规定，"租赁系指一方负有义务将一物提供予他方暂时享益以收取回报之合同"。在车辆租赁合同中，车辆所有人一方为出租人，租用车辆的另一方为承租人。出租人将其车辆在一定时间内如《澳门民法典》第1411条第1款所说的使用权让渡于承租人，其在约定时间内将租赁车辆交付于承租人使用，收取租赁费用，

---

① 日本持类似的立法例，如日本东京地方裁判所的1966年10月6日判例。参见于敏《日本侵权行为法》（第二版），法律出版社，2006，第314~315页。

而承租人按期交纳一定的租金给出租人。对于机动车租赁期间发生道路交通事故致人损害的，对赔偿责任主体的确定依然是根据"运行支配"和"运行利益"的双重标准来判断。租赁的车辆导致交通事故的，道路交通事故损害赔偿责任主体为该出租人与承租人，由两者承担连带责任，这是因为出租人与租用人都是运行支配权和运行利益的归属者。作为租用人来讲，显而易见，其获得车辆的运行支配权和运行利益。在租赁汽车肇事的情况下，出租人将车辆出租给承租人使用，表面上看似已丧失对车辆运行的支配权，但实质上是基于利益关系自主支配其车辆的使用权，其正是通过将车辆租用给他人的处分行为来行使其对车辆的运行支配权，而克雷斯蒂安·冯·巴尔亦主张，"暂时性的租用则不导致保有者身份的转移，出租机动车辆的企业因此仍然是保有者"。[①] 同时，出租人同样也是运行利益的归属者，如 Antunes Varela 所说，"车辆既为承租人之利益，亦为出租人之利益而使用"，他们都对车辆"实际管理"，所以，如果在车辆租用情形下发生交通事故，出租人应与租用人共同对受害人承担连带责任。[②]

值得注意的是，以上所说的租赁主要是指不提供驾驶服务的机动车出租的情形，在出租人（租赁公司）不配备驾驶员的光车租赁的情况下，当租赁汽车发生交通肇事时，因其是为了出租人和承租人的共同利益而从事运营活动，因而造成他人人身和财产损害的，应当由出租人和承租人共担风险，租赁车辆肇事的民事责任主体是承租人和租赁人（租赁公司），由两者承担连带责任。而对于提供驾驶服务的机动车之整车租赁的情形，出租人（租赁公司）与承租人约定提供租赁汽车及驾驶员之驾驶服务，虽名为机动车租赁，但实际上已不属于法律意义上的机动车租赁关系，实际上它是《澳门民法典》第 1080 条规定之提供劳务合同，"提供劳务合同，系指一方在有或无回报之情况下，负有义务将自己智力或劳力工作之特定成果交予他方之合同"，进一步而言，带驾驶人的出租之性质属于提供机动车服务的承揽合同，是一种融租赁于一体的特殊的承揽合同，其由出租人提供

[①]〔德〕克雷斯蒂安·冯·巴尔：《欧洲比较侵权行为法》（下），焦美华译，张新宝审校，法律出版社，2001，第 432 页。

[②]〔葡〕João de Matos Antunes Varela：《债法总论》（第十版）（第一卷），唐晓晴译，未出版，第 468 页。

车辆驾驶服务，而承租人支付报酬，应当适用承揽合同之规定。而"承租人"既不对车辆享有"实际管理"支配权，也不享有车辆使用之所得利益，因此，在租赁公司配备驾驶员的情况下，机动车的所有人或使用人仍为车辆出租人（租赁公司），其对车辆享有"实际管理"支配权，且"为本身利益而使用"车辆，当被租赁的车辆发生交通事故致人损害时，租赁车辆肇事的民事责任主体仍是出租人（租赁公司），应由车辆的车主依委托人之责任承担损害赔偿责任，不应由承租人承担赔偿责任。

另外值得注意的是，原则上，承揽人不是受托人。依照《澳门民法典》第1133条的规定，"承揽系指一方透过收取报酬而负有义务为他方完成特定工作物之合同"，承揽是一方当事人为另一方完成一定的工作成果，他方支付报酬的民事法律行为，其中完成承揽工作并交付工作成果的一方为承揽人，接受工作成果并支付报酬的一方为定作人。就交通领域而言，尽管带车租赁中之承揽人与雇佣驾驶人（受托人）有很多相似之处，他们同属于提供驾驶劳务，都是通过自己的劳动来获得报酬，但承揽人不是定作人的受托人。[①] 之所以将承揽人与受托人区别开来，是因为委托人为其受托人的损害行为承担责任，依赖或依附关系或隶属关系是一个重要的因素。一旦承揽人与定作人签订了承揽合同，承揽人即负有为他人完成相应工作成果的义务，但是承揽人并不会因此成为定作人的受托人，因为在承揽人和定作人之间并没有如上所言的委托人与受托人之间的从属或依附关系，这种从属关系"使到前者可以向后者发出命令或指示。因为只有这种领导之可能才足以构成前者对后者的行为负责的理由"。[②] 根据这种"领导之可能"，立法者才有理由让委托人去为非其本人所为的侵权行为承担责任，一旦委托人丧失了这种"领导之可能"，即使侵权行为人完全是为了委托人的

[①] 另外，Antunes Varela 认为，计程车司机不是乘客的受托人，医生不是病人或患者的受托人或雇员。但 J. Sinde Monteiro 和 Maria Manuel Veloso 指出，V. Serra 和 Antunes Varela 都认为医生是医院的雇员。参见 V. Serra，"Responsabilidade contractual e extracontratual,"（1983）*Boletim do Ministério da Justiça*（*BMJ*），No. 85 & 142，转引自〔葡〕J. Sinde Monteiro 和〔葡〕Maria Manuel Veloso《对他人造成的损害的责任：葡萄牙法》，载〔荷〕J. 施皮尔主编《侵权法的统一：对他人造成的损害的责任》，梅夏英、高圣平译，法律出版社，2009，第273~274页。

[②] 〔葡〕João de Matos Antunes Varela：《债法总论》（第十版）（第一卷），唐晓晴译，未出版，第452~453页。

利益而作出侵权行为，委托人也无须为其承担责任，因为他们之间没有了委托人可以根据这种"领导之可能"而发出命令或指示的特殊关系。如果要委托人为了他无法拥有"领导之可能"的行为人的侵权行为承担责任，那么人人都可能要为他人的侵权行为承担责任，对于委托人来说是极不公平的，委托人之责任可能也就失去了其应有之意义。正如 J. Sinde Monteiro 和 Maria Manuel Veloso 所说的，"原则上，替代责任不适用于对独立承揽人的行为所造成的损害"，但是他们同时指出，"但是扩大规则的适用范围也并非不可能"，[①] 他们认为独立承揽人不是完全没有担任受托人这一角色的可能，当然，对此仍有进一步研究的余地。概言之，当配备驾驶员之"租赁"的车辆发生交通事故致人损害时，租赁人或租赁公司既是车辆运行的支配者，又是运行利益的享有者，根据《澳门民法典》第 496 条之规定，租赁人或租赁公司作为车辆的所有人兼使用人是当然的风险责任承担者。当然，同时值得指出的是，租赁人或租赁公司承担的是按照其与雇佣驾驶人之间的委托关系而产生的委托人之责任（《澳门民法典》第 493 条）。

除了出租人和承租人之间的车辆租赁，现代社会生活中出借车辆并不罕见，出借车辆一旦发生交通事故，亦涉及对受害人的责任承担问题。对于使用借贷，根据《澳门民法典》第 1057 条的规定，"使用借贷为无偿合同，透过该合同，一方将特定之动产或不动产交付他方使用，而他方则负有返还该物之义务"。机动车借用是指机动车所有权人将机动车在约定时间内交给借用人使用的行为，作为借用人来讲，其当然也获得了车辆的运行支配权和运行利益。至于出借人，其正是通过将车辆借用给他人的处分行为来行使其对车辆的运行支配权，同时，有偿与无偿仅是物质利益等有形利益的体现。的确，使用借贷既然为无偿合同，出借人对借用行为不具有可期待的物质利益，则与借用人之间必定存在亲属、雇佣或朋友等紧密关系，也正如 Antunes Varela 所说的，"在使用借贷的情况中出借人对车辆之

[①] 〔葡〕J. Sinde Monteiro 和〔葡〕Maria Manuel Veloso：《对他人造成的损害的责任：葡萄牙法》，载〔荷〕J. 施皮尔主编《侵权法的统一：对他人造成的损害的责任》，梅夏英、高圣平译，法律出版社，2009，第 279~283 页。

使用亦有利益（尽管不是像出租那样的物质或经济上的）"，① 出借人仍然能够获得基于心理感情的因素而产生的相应之无形利益，如人际关系的和谐，可以巩固积累社会关系为将来得到物质利益打好基础，或者将乐于助人视为一种精神享受，所以出借人也同样能获得运行或使用利益，如果所有人将自己所有的车辆以无偿的方式无论是长期或是短期出借给借用人使用，此情况下出借人也并未丧失车辆的运行支配权并且仍是运行利益的归属者，所以其仍要承担连带赔偿责任。简言之，车辆出借人和借用人都是车辆运行的支配者，同时也是运行利益的归属者，所以，在车辆借用情形下发生交通事故时，出借人应与借用人共同对受害人承担连带赔偿责任。同时，Antunes Varela 也指出，让出借人与借用人承担客观责任的另一个理由是，"当风险责任大部分是由于车辆之保存或运作存在着巨大的缺陷时，该责任没有理由完全的由出借人转移到借用人身上"，② 笔者也认为这显然是不公平的。再者，Antunes Varela 认为，让出借人负连带责任也可以"间接地强迫车主谨慎地借出其车辆，使他不要把车辆借予那些不熟练或无能力驾驶或没有取得特定资格之人；等等"，③ 以此可以督促持有人即出借人小心谨慎地行使其对车辆的处分权能，避免车辆所有人将车辆借给不具备使用、驾驶车辆资格和技能的借用人。的确，让车辆所有人不承担责任可能肇致其对自己支配的机动车这种合法的危险物品不能尽到谨慎的注意义务，非常不利于积极地控制危险，因为借用人可能会因为无证驾驶、酒后驾驶、受麻醉品或精神科物质影响下的驾驶、疲劳驾驶、超载驾驶或处于其他可能无法胜任驾驶其所实际控制车辆的状况而发生交通事故。更有甚者，在某些极端的情况下，车辆出借人可能不仅是没有尽到注意义务的问题，甚至可能是车辆出借人故意造成借用人发生交通事故，如提供品质有瑕疵等不适驾状态的车辆而引致交通肇事，此种情况下的车辆出借人理应承担赔偿责任。除此之外，笔者认为，车辆出借人较借用人来说具备一定的财力

---

① 〔葡〕João de Matos Antunes Varela：《债法总论》（第十版）（第一卷），唐晓晴译，未出版，第 469 页。
② 〔葡〕João de Matos Antunes Varela：《债法总论》（第十版）（第一卷），唐晓晴译，未出版，第 469 页。
③ 〔葡〕João de Matos Antunes Varela：《债法总论》（第十版）（第一卷），唐晓晴译，未出版，第 469 页。

优势，把车辆所有人纳入责任主体范围有利于加大受害人的受偿可能性。总而言之，借用他人机动车发生交通事故造成第三人损害的，出借人（车辆所有人）与借用人（使用人）应当承担连带责任。车辆出借人对损害发生没有过错的，向受害人赔偿后，其有权向借用人追偿。再者，如果使用借贷中借用人为复数的，根据《澳门民法典》第1067条的规定，"借用人为两人或两人以上者，各借用人之债务为连带债务"，借用人之间也是连带债务关系。另外，借用人如果擅自将车辆出借或出租的，借用人与车辆所有人、实际使用人一并承担连带责任。

在澳门曾发生过这样一个案例：一个车主A借车给一个朋友B使用，B后来用A的车撞死了一个荷官，保险最多赔一百万澳门元，但是死者的家人索赔九百万澳门元，B无力偿还，但车主A有能力偿还。在此案例中，车主与借用人应承担连带责任，受害人可以向车主要求承担赔偿责任，只不过事后车主可行使追偿权。

最后，对于租赁、使用借贷关系的双方当事人之间的权利与义务可以按照合同或契约之约定来予以认定。这样既能满足车辆交通事故损害赔偿之责任主体的判断原则，也不会影响或破坏合同相对人之间的私法自治原则，更有利于保护受害人的合法利益，从而提高受害人的受偿可能性。

3. 车辆送交寄托期间的责任主体

关于寄托之概念，《澳门民法典》第1111条规定，"寄托系指一方将动产或不动产交付他方保管，而他方于被要求返还时将之返还之合同"。而根据《澳门民法典》第1113条（受寄人之义务）之规定，"受寄人有下列义务：a）保管寄托物……"，可知机动车受寄人应承担对车辆进行安全保管之义务。且按照《澳门民法典》第1115条之规定，"受寄人未经寄托人许可，无权使用寄托物，亦不得将该物交予他人保管"，这意味着受寄人未经寄托人同意，原则上不得使用保管物；受寄人也不得将车辆交给他人保管或许可第三人使用保管物，但当事人另有约定的除外。如果受寄人违反以上相关义务，其需要承担侵权责任。再者，在寄托的情形下，车辆所有人或使用人失去了对车辆的"实际管理"支配权，也不是处于"为本身利益而使用"车辆的状态，因此，如果受寄人在未经寄托人同意的情况下擅自驾车肇事，其作为实际占有人仍然是车辆"实际管理"支配者和"为本身利益而使用"车辆之人,是事实上能够控制机动车危险的人,理应由其自己承担损害赔偿责任。

4. 抢劫、盗窃、盗用车辆驾驶情形下的责任主体

有学者认为,"一个窃贼永远是保有者"。① 的确,车辆被抢劫、盗窃、盗用后,由于监管者丧失了对车辆的实际控制从而失去了监管身份和义务,机动车的运行支配权与运行利益均在抢劫、盗窃、盗用者等无权占有人的掌控中,他们是事实上能够控制车辆危险的人,所以因机动车交通事故而发生的损害赔偿责任理应由被抢劫、盗窃、盗用车辆的实际控制人等无权占有人承担,由他们承担风险责任是合理的。具体而言,如果抢劫、盗窃、盗用的车辆发生交通事故(如有人抢劫车辆后,驾车逃走时撞伤路人),按照澳门第3/2007号法律《道路交通法》的相关规定,被抢劫、盗窃、盗用之车辆的所有权人不承担责任,而应由抢劫、盗窃、盗用车辆并以该车辆造成交通事故之人承担赔偿责任。之所以要将机动车抢劫、盗窃、盗用驾驶人确认为当然的责任主体,是因为根据《澳门民法典》第496条第1款之规定,车辆造成之事故应当由那些对车辆实际管理并为本身利益而使用(即使是透过受托人做出的)之人负责。而机动车抢劫、盗窃、盗用驾驶人是事故发生的直接诱因,符合"实际管理"的标准,同时,抢劫、盗窃、盗用车辆者是为谋取个人不法利益而抢劫、盗窃、盗用机动车驾驶的,也符合"为本身利益而使用"之标准。此时抢劫、盗窃、盗用车辆等犯罪行为人的犯罪行为中断了车辆合法所有权人或车辆使用人等对车辆运行的支配,机动车与所有人处于分离状态,其无法控制车辆,车辆所有人由此缺乏对车辆的实际管理,对交通肇事根本无力控制,同时车辆所有人不能为了本身的利益而使用车辆,即不享有运行利益,所以也切断了车辆运行利益的合法归属。机动车所有人不是交通事故的致害人,与损害结果没有因果关系,再者,车辆被他人抢劫、盗窃、盗用,车辆所有人自己也是受害人,抢劫、盗窃、盗用车辆者与车辆所有人并不存在任何合同或身份关系,车辆所有人对其车辆脱离其控制处于不知情状态,对车辆丧失占有并非基于其意愿,车辆是为他人违背其意志而滥用的,基于此,车主或车辆使用

---

① 〔美〕罗斯科·庞德:《法理学》,邓正来译,中国政法大学出版社,2004,第36页。

人等已经没有理由承担客观责任了,[①] 否则是明显与法律所追求之价值相背离的。简言之,车辆被抢劫、盗窃、盗用后发生道路交通事故致人损害的,由抢劫、盗窃、盗用人等肇事人承担民事损害赔偿责任,而车辆所有人或使用人不承担损害赔偿责任,或说他们的责任已被剔除。[②] 当然,这里并不排除保险公司的先行赔付责任,如果车辆投了强制保险,根据澳门11月28日第57/94/M号法令《修正汽车民事责任之强制性保险制度》第3条第2款及第16条b项,保险公司在车辆强制保险责任限额范围内要对受害之第三人先予赔偿,在赔偿之后,保险公司有权向交通事故赔偿义务人追偿。

再者,值得指出的是,《澳门民法典》第498条规定,如果交通事故归责于受害人或第三人,或是车辆运作范畴之外的不可抗力因素所肇致的,这属于交通事故侵权责任的免责事由,抢劫、盗窃、盗用车辆之正犯及从犯并以该车辆造成交通事故者的责任同样可以基于这些免责事由而被排除。例如,损害系由行人一方故意碰撞的,抢劫、盗窃、盗用车辆并以该车辆造成交通事故之人无须承担责任。[③]

机动车辆被盗窃时,监管者丧失监管身份和义务,由盗窃人承担风险责任或无过错责任,此为德国、法国、卢森堡、奥地利、希腊、葡萄牙和其他绝大部分欧洲国家法律制度所持的观点,[④] 由上文可知,澳门对此也持同样的立场。但若机动车所有人或使用人对于车辆的被盗存有明显或重大过失,间接引致损害的发生,如不锁车门、不拔发动机钥匙等,可能客观上存有一种被认为是"容忍"盗窃驾驶的行为,此时机动车所有人或使用人是否应承担相应的过错责任呢?

[①] 〔葡〕João de Matos Antunes Varela:《债法总论》(第十版)(第一卷),唐晓晴译,未出版,第468页。

[②] 〔葡〕João de Matos Antunes Varela:《债法总论》(第十版)(第一卷),唐晓晴译,未出版,第468页。

[③] 《澳门民法典》第498条规定:"第四百九十六条第一款及第三款所定之责任,仅在就事故之发生可归责于受害人本人或第三人时,或事故系由车辆运作以外之不可抗力原因所导致时,方予排除,但不影响第五百条之规定之适用。"

[④] 〔德〕克雷斯蒂安·冯·巴尔:《欧洲比较侵权行为法》(下),焦美华译,张新宝审校,法律出版社,2001,第430页,注解159。

对此，世界上有一些国家规定了此种情形下机动车保有人的责任，并在判例与学说中支持或认同保有人应承担相应的赔偿责任，[1] 如德国《道路交通安全法》第 7 条第 3 款[2]、《俄罗斯联邦民法典》第 1079 条第 2 款[3]、《越南民法典》第 627 条[4]。上述各国的立法例明确规定了机动车所有人等因管理过失导致车辆脱离其控制后发生损害时应承担损害赔偿责任，主张若车辆所有人等因对车辆管理不当或瑕疵而致被盗并致人损害的，应与盗窃人承担连带赔偿责任。而日本民法则在其判例与学说中主张对有管理过失的保有人认定为"运行供用者责任"，即对于在机动车管理上存有过失的保有者，该过失与机动车事故之间有适当因果关系存在时，认定保有人应承担运行供用者责任。[5] 德国[6]和意大利[7]的法院判决亦采取了与日本相同

---

[1] 在关于被盗机动车发生道路交通事故后损害赔偿问题的理论研究中，管理责任说是较为成熟的学说。

[2] 德国《道路交通安全法》第 7 条第 3 款规定："任何人在无机动车保有人的了解和同意使用机动车时，该人代替保有人承担损害赔偿义务，在该机动车的使用是由于保有人的过失成为可能的场合，保有人也与该人共同承担损害赔偿义务。"

[3] 《俄罗斯联邦民法典》第 1079 条第 2 款规定："当高度危险源的占有人对该来源非法脱离其占有有过错的，则既可由高度危险源的占有人，也可由非法侵占人负担赔偿责任。"

[4] 《越南民法典》第 627 条规定："高度危险源的所有权人、非法占有人、非法使用人在高度危险源被非法占有使用过程中均有过错时，必须承担连带赔偿责任。"

[5] 日本东京地方裁判所 1966 年 12 月 15 日的判例，"机动车钥匙放置在车上被盗时，因保管上的过失构成一般侵权行为的问题"。参见林天来《交通事故法律研究》，五南图书出版公司，1987，第 336~338 页；于敏：《机动车损害赔偿责任与过失相抵》，法律出版社，2004，第 80~81 页。

[6] "在德国，早先的法院判决（后通过道路交通法作了立法规定）就已经认定，即使是私人汽车，不上锁也构成导致责任发生的义务之违反"，因此在机动车所有权人因疏于监管义务致使车辆被盗之情形下，其应为盗车人驾车肇事的损害赔偿责任主体。后德国《道路交通安全法》第 7 条第 3 款规定对先前的判决予以确认："任何人以汽车未经汽车保有人谅解及同意而使用者，应代保有人负损害赔偿之义务。汽车之使用因保有人之过失致使其可能者，保有人应与使用人并负损害赔偿之义务……"参见〔德〕克雷斯蒂安·冯·巴尔《欧洲比较侵权行为法》（下），焦美华译，张新宝审校，法律出版社，2001，第 334 页。

[7] 意大利最高法院（1975 年 2 月 14 日第 591 号判决）依据《意大利民法典》第 2054 条认为，机动车所有权人未采取措施以确保他人不能在未经授权的情况下使用其机动车辆，就不能以"机动车辆是违背其意志进入交通行列的"为由主张免除责任。参见〔德〕克雷斯蒂安·冯·巴尔《欧洲比较侵权行为法》（下），焦美华译，张新宝审校，法律出版社，2001，第 335 页。

第三章 交通事故致人损害的民事责任的构成要件和责任主体

的做法。当然，对此持反对态度的可能占多数，如法国[①]、英国[②]、卢森堡[③]法院，其认为被盗车辆所有人不是责任主体。

《澳门民法典》和澳门第 3/2007 号法律《道路交通法》没有对此进行规定，存在司法空白。对于被盗机动车肇事后的损害赔偿责任主体的认定问题，澳门立法倾向于抢劫者、盗窃人、盗用人独自承担责任，但在实务中是否要考量车辆所有人或使用人的过错，进而判定其承担相应的法律责任，笔者认为从有利于保护受害人的合法权益之视角出发，日本判例的做法可供借鉴。

笔者认为，被盗机动车发生道路交通事故时，盗窃、盗用人应当承担民事责任，但机动车所有人或使用人对机动车的管理存有瑕疵或过失的，则该机动车所有人或使用人应当与盗窃、盗用人承担连带责任，只是其对受害人承担责任后，对盗窃或盗用车辆之人有追偿权，[④]理由如下。

首先，车辆所有人或使用人因管理过失导致车辆被盗窃后，如车辆保管不善而被他人盗窃驾驶导致发生交通事故的，此时车辆所有人或使用人看似已经丧失了其对车辆的"实际管理"支配权，亦不能"为本身利益而使用"，其责任表面上应根据《澳门民法典》第 498 条所规定之归责于第三人之免责事由而排除，但其对车辆"实际管理"支配权的是否完全丧失取决于其在管理上是否已尽了合理限度范围内或说相当的管理注意义务。因

[①] 法国最高法院民事审判庭（参见 1943 年 1 月 6 日之判决、1977 年 3 月 17 日之判决、1981 年 3 月 4 日之判决）虽然肯定了失窃机动车所有人具有过错，但否认了过错与盗车人引发交通事故之间的因果关系，从而否认了车辆所有权人为盗车人引发交通事故的责任主体。参见〔德〕克雷斯蒂安·冯·巴尔《欧洲比较侵权行为法》（下），焦美华译，张新宝审校，法律出版社，2001，第 335 页。

[②] 英格兰法院主张，机动车所有人将车辆停靠后未采取防盗措施，并不构成义务之违反，法院"甚至容忍了公共汽车不加监督地停靠数小时之久而钥匙挂在点火开关上的事实"；依此判断，英格兰法院并不认可失窃机动车所有权人为盗车人驾车肇事的损害赔偿责任主体。参见〔德〕克雷斯蒂安·冯·巴尔《欧洲比较侵权行为法》（下），焦美华译，张新宝审校，法律出版社，2001，第 334 页。

[③] 卢森堡上诉法院（1950 年 6 月 4 日之判决）认为，失窃车辆所有权人具有过错，但盗车人引发的交通事故不是车辆所有权人"过错的当然、直接和必然结果"，委婉地否认了车辆所有权人为盗车人引发交通事故的责任主体。参见〔德〕克雷斯蒂安·冯·巴尔《欧洲比较侵权行为法》（下），焦美华译，张新宝审校，法律出版社，2001，第 335 页。

[④] 笔者认为，并不需要细化被盗机动车发生道路交通事故后，车辆所有人或使用人与盗窃者之间如何分配损害赔偿责任的问题。

机动车本身是一种对人身、财产安全构成巨大风险的危险源,机动车所有人或使用人承担着相当大的管理防范和安全注意义务,以尽可能地避免其车辆因管理草率或其他纰漏等原因而引致交通事故。前面已探讨过"实际管理"支配权不单单是指直接的、现实的管理支配,亦涵盖间接的、潜在的、抽象的管理支配,或说是对车辆运行拥有"实际管理"支配控制权之可能性。而对"为本身利益而使用"车辆,这种利益或者是物质利益,抑或是精神利益,甚至囊括对运行利益的获得具有某种可能性。若机动车所有人或使用人因其管理上具有明显的瑕疵或过失而丧失对车辆的"实际管理"支配权,而不能"为本身利益而使用"车辆,机动车所有人或使用人对车辆的"实际管理"支配权的丧失或脱离的主要原因固然是因为第三人(盗车人)的介入行为肇致的,但同时机动车被盗也是因机动车所有人或使用人的自身主观过错行为而引致的,其对车辆的保管未尽应有的注意义务,由此导致被盗车辆发生交通事故的,机动车所有人或使用人也应该为自己的主观过错行为负责。因为在正常情况下机动车所有人或使用人本应享有对车辆的"实际管理"支配权,亦可为"为本身利益而使用"车辆,所以在被盗车辆发生交通肇事时仍应视为机动车所有人或使用人对车辆具有"实际管理"支配权和享有车辆使用之可得利益,故而应按照《澳门民法典》第500条,机动车所有人或使用人与盗车人承担连带赔偿责任。

其次,让车辆所有人或使用人与盗窃驾驶人承担连带赔偿责任能增强对无辜之受害人的赔偿能力,可能车辆所有人或使用人本身就是受害者(因车辆被盗),但车辆被盗是源于其管理上的瑕疵或过失,相比较来说,受害之第三人更是无辜的受害人。让车辆所有人或使用人与盗窃驾驶人承担连带赔偿责任还有助于使当事人对受害人及时进行救助,而车辆所有人或使用人也会不断增强对车辆的管理防范能力和安全注意义务,减少车辆损害发生之概率,这对维护社会公平正义和社会稳定起了相当大的促进作用。

5. 擅自驾驶情形下的责任主体

当受雇人以外的第三人擅自驾驶他人车辆发生交通事故时,擅自驾驶者负有赔偿责任,又或者当交通事故是在受托之驾驶人于履行职务期间外(违背或不存在持有人之意志)使用车辆而肇致,则驾驶者按照《澳门民法典》第 496 条第 1 款独立承担风险责任，① 此时，驾驶者已不再是以一个雇佣受托人的身份（《澳门民法典》第 496 条第 3 款）去为他人驾驶车辆了。值得指出的是，尽管根据《澳门民法典》第 496 条第 3 款之规定，驾驶者（作为受托人）承担的也是风险责任，但该条款与第 496 条第 1 款不同的是，车辆所有人或使用人是车辆之固有风险的制造者。② 其他不同之处在于，作为受托人的驾驶者比其擅自驾驶多一个抗辩事由，即第 496 条第 3 款所规定的"为他人驾驶车辆之人，须对因该车辆本身之风险而产生之损害负责，但该人虽在执行职务，而车辆不在行驶中者除外"。

概言之，不管是因他人擅自驾驶还是受托人于履行职务期间外使用车辆而导致的交通事故，擅自驾驶者负有赔偿责任是毋庸置疑的，有疑问的是车辆所有人或使用人是否应承担损害赔偿责任。笔者认为，一般情况下，当车辆由第三人自行驾驶，如受托人于履行职务期间外使用车辆而导致交通事故，或者是受托人以外第三人擅自驾驶，车主或车辆使用人的责任可以被排除，因为根据《澳门民法典》第 496 条第 1 款所规定之判断标准，某人只有在"实际管理"与"为本身利益而使用"时才需承担风险责任，③ 而上述情形下，车辆所有人或使用人显然已对车辆失去"实际管理"支配权，也不是"为本身利益而使用"车辆，自然不应承担损害赔偿责任。但在车辆所有人与擅自驾驶人存在特定身份关系等特殊情况下，车辆所有人还可能承担其他民事责任，如未成年之女儿 B 将其妈妈 A 的汽车钥匙偷走，B 在驾车过程中发生交通肇事致受害人 C 死亡，车辆所有人 A 也应承担基于其与 B 之亲子关系而产生的亲权责任。

---

① 正如 Antunes Varela 所说，"为本身利益驾驶之人没有包含在第 503 条第 1 款所确立的过错推定当中；相反，它应受第 503 条第 1 款及第 505 条所规定的客观责任制度的约束"。参见〔葡〕João de Matos Antunes Varela《债法总论》（第十版）（第一卷），唐晓晴译，未出版，第 467 页。

② 车辆之所有人及持用人是车辆之固有风险的制造者，其身份既是委托人，也是受托人所负之赔偿债务的担保人，根据《澳门民法典》第 496 条第 1 款和第 3 款，当受托之驾驶人在执行职务时发生交通肇事的，委托人和受托人都基于风险责任承担连带责任，当然，笔者对于受托人担负风险责任是持否定态度的。

③ 〔葡〕João de Matos Antunes Varela：《债法总论》（第十版）（第一卷），唐晓晴译，未出版，第 468 页。

6. 交通肇事系基于车辆故障时的责任主体

车辆运行中出现故障在所难免，但故障可能源于所有人或使用人怠于保养义务而产生，也有可能源于生产商或工厂的质量瑕疵问题。如果是前者，即机动车故障不是因机动车固有的设计、构造的故障或瑕疵造成的，而是机动车所有人或使用人对可能发生的故障应预见而未预见到，或者是机动车所有人或使用人已预见但疏于履行车辆安全隐患之排除义务，不管故障是在运行前已发现还是在运行中发生的，此时对于因车辆故障发生交通事故的责任主体，根据《澳门民法典》第496条第1款，仍是由车辆所有人或使用人承担风险责任。因为车辆所有人或使用人对车辆拥有"实际管理"支配权，"为本身利益而使用"车辆，且车辆所有人或使用人有保持车辆良好状况之义务，其负有排除车辆故障的责任，如机动车须定期检查、更换刹车装置等，其在车辆运行开始前应详细查看车辆刹车、方向盘或轮胎等是否处于良好的适行状态中，可能的情形是车辆有明显故障但车辆所有人或使用人没有发现，或者是车辆所有人或使用人未能及时排除故障而肇致交通事故。

如果是后者，即是因为车辆构造、设计上的产品瑕疵肇致受害人人身伤害、缺陷产品以外的其他财产损害或者加重了交通事故损害后果的话，如因车辆品质缺陷所致的车辆转向或因轮胎品质问题突然爆胎所致的车辆失控肇致交通事故，或因安全带、安全气囊等品质未达标加重了交通肇事损害后果，而车辆所有人或使用人无法发现或者预料车辆构造、设计上之故障或瑕疵，从性质上说，这属于车辆的产品质量问题。根据《澳门商法典》第85条第1款的规定，"作为生产商之商业企业主不论有否过错，均须对因其投入流通之产品之瑕疵而对第三人所造成之损害负责"，该条明确规定生产者对产品缺陷致损承担无过错责任，即这里的车辆生产商也是责任主体之一，也应当被认定为赔偿主体并承担赔偿责任。对于车辆构造、设计上的缺陷而造成交通事故的，此时受害人的请求权利发生竞合，可以按照侵权责任主张请求之权利，亦可以根据产品责任主张请求之权利，即受害人可以向车辆所有人或使用人请求赔偿，车辆所有人或使用人在赔偿之后可以向车辆的生产制造者追偿，受害人亦可以直接追究车辆生产者的产品缺陷致害责任，或者向两方当事人请求损害赔偿。

7. 送修期间车辆致使交通事故的发生

若送修的车辆在送修期间发生了交通事故，交通事故的赔偿主体应如何判定？《澳门民法典》第1133条规定，若车辆送交修理，车辆所有人或使用人作为送修人与维修人之间有承揽合同关系。① 车辆所有人或使用人基于该汽车维修合同约定，将车辆交付给修理人，同时基于合同关系可知包含在修理必要范围内的试车及使用均由修理人负责。依照修理合同之约定，修理人仅负有修理义务，并无使用权利，车辆所有人或使用人也因此失去了对其车辆的实际控制和运行支配权，其已不是"为本身利益而使用"的车辆，而修理人则依据相应的合同并因为对车辆的修理、维护而产生了短期内的"实际管理"支配权，事故发生的危险在其掌控之中，车辆的运行利益也归属于修理人，因此在这种情况下，修理人在基于维修目的而试驾或运行车辆过程中发生交通事故造成他人损害，一般而言，根据《澳门民法典》第496条第1款所规定之"实际管理"与"为本身利益而使用"的判断标准，应由修理人承担车辆的交通事故赔偿责任，车辆所有人或使用人不承担责任。

笔者认为，除以上源于维修目的而试车或使用车辆过程中发生交通事故之一般情形外，若非出于维修目的而试车或使用车辆，修理过程中若发生道路交通事故，有两种情况应区别对待：第一，如果修理人员是经车辆所有人或使用人的同意允许自己使用车辆（非基于维修目的），这时同上述《澳门民法典》第1057条所规定之使用借贷的处理方式一样，应由车辆所有人或使用人和车辆发生交通事故时之驾驶人承担连带责任；第二，在修理过程中，若修理人员没有得到车辆所有人或使用人的允许而自己擅自用车辆或者擅自将车辆借给他人使用，这时，车辆所有人或使用人对于交通事故的发生非但没有过错，而且其本身也可能是受害者，所以车辆所有人或使用人不应当承担责任，责任承担应按上述擅自驾驶情形处理。例如，A因自己汽车的前挡风玻璃破裂而将该车送到某修理厂重新安装挡风玻璃，并将该车车钥匙交予修理厂的老板B，双方约定次日中午玻璃安装完毕后A即可以取回车。当A离开修理厂后，B家中来电话称有急事要求B回家一

---

① 值得指出的是，若因机动车维修或护理不当所产生的质量隐患而引发交通事故的，车辆所有人或使用人应向受害人承担损害赔偿责任，在其承担责任后，可以根据承揽合同向维修人追偿。

趟，B着急回家就驾驶 A 刚刚送来修理的汽车上路了，在回家途中发生交通事故，肇致没有过错的行人 C 受到重伤，此事件中 B 应承担全部责任。

8. 转让而未过户登记的情形

实践中，在机动车所有权发生转移时，如果买受人、继承人或受赠人未办理机动车过户登记手续，导致机动车的名义所有人与实际所有人不一致，此时一旦发生交通事故造成他人人身或财产损害，应由谁承担责任？是由实际占有机动车的所有人承担责任，即应由买受人、受赠人、继承人或受遗赠人承担责任？还是相反，应由出卖人、赠与人等承担责任？抑或是应由双方承担连带责任？

在当事人之间已经以买卖或赠与等方式转让并交付机动车但未办理过户登记手续发生交通事故的，笔者认为，澳门非合同民事责任制度支持上述第一种观点，由买受人、受赠人、继承人或受遗赠人承担责任。已交付车辆之出卖人或赠与人等之所以不承担民事责任，可以从以下几个角度去考量。

（1）物权变动模式的概念。物权变动模式主要有三种，即债权意思主义模式、物权形式主义模式①及债权形式主义模式。② 债权意思主义模式以

---

① 物权形式主义模式是德国所采纳的模式，中国台湾地区亦采用这种模式。物权形式主义模式完全分离了物权行为与债权行为，主张发生债权之意思表示与发生物权变动之意思表示不同，两者是有区别的，认为债权行为只发生债权效力，物权变动除了需要当事人之间具有债权合意外，还需要一个独立的物权行为，即需要当事人之间具有独立的涉及物权变动之合意。物权行为需要通过法定的外在形式表现出来，如透过履行登记或者交付等法定方式才能生效或成立，这种物权变动模式认可物权行为独立存在性，并认可物权行为之效力具有无因性。参见《德国民法典》第 873 条的规定，"为对土地设定权利以及为转让此种权利或对此种权利设定负担，需要有权利人和另一方当事人对发生权利变更成立合意和将权利变更登入土地簿册"；第 929 条则规定，"为转让动产所有权，需要所有人将此动产交付受让人和双方对所有权应发生转移成立合意。受让人已占有此动产的，对所有权移转成立合意即可"。参见《德国民法典》，杜景林、卢堪译，中国政法大学出版社，1999，第 215~228 页。

② 以奥地利民法为代表的债权形式主义，这种模式下的物权变动以有效的债权行为为前提，同时还必须有法定的交付或者登记这种法定形式，物权才产生变动，当事人意思表示一致并不发生物权变动。该种物权变动模式起源于罗马法，近代为奥地利、荷兰、韩国、瑞士民法所采用。这种模式对物权变动条件的要求介于债权意思主义和物权形式主义之间。物权行为与债权行为并没有完全分离，物权变动受债权行为的影响，若债权行为无效或被撤销物权变动行为也随之发生同样的效果。参见《瑞士民法典》第 656 条和第 714 条及《韩国民法典》第 188 条的规定。

第三章　交通事故致人损害的民事责任的构成要件和责任主体

法国①为代表,《法国民法典》确立的物权变动模式是债权意思主义。它是指不需要任何形式,不承认独立于债权合意之外的物权合意之存在,只需当事人之间达成债权合意即可发生物权效力的物权转移模式。②进一步而言,只要发生债权的意思表示,无须物权转移或变动,只需要根据当事人关于物权变动的债权合意就可以发生物权的转移。物权变动完全取决于当事人意思,是债权行为履行之后果,债权行为(债权契约)与物权行为(物权变动)不可分割,或说并不区分物权行为和债权行为。一个行为即可以同时发生债权效力和物权效力的双重效果,对外公示并不能作为物权转移之生效要件,其仅具有对抗效力,不经过公示的物权变动不能对抗第三人。

(2)澳门民法主要继受的是法国民法的债权意思主义模式。《澳门民法典》和《商业登记法典》遵守物权有因性原则,确立了登记对抗主义。根据《澳门民法典》第402条第1款(具有物权效力之合同)之规定,"特定物之物权,基于合同之效力即足以设定或转移,但法律所定之例外情况除外",在属于动产范畴之车辆的买卖合同中,应视为基于合同之效力所有权就发生转移。而对于机动车作为动产之赠与,《澳门民法典》第941条(赠与方式)第2款规定,"动产之赠与,如与赠与物之交付同时作出,则无须任何特别方式;如不与赠与物之交付同时作出,则仅得以书面方式为之"。《澳门民法典》第1242条(取得时刻)规定,"所有权在以下所指之时刻取得:a)属合同者,第四百零二条及第四百零三条所指定之时刻;b)属继承者,继承开始之时刻……"。根据上述条款可知,法律未规定登记是车辆所有权转移的必要条件,登记并非物权法意义上的交付行为和所有权转移行为,机动车所有权转移之发生甚至不需以交付为必要。

(3)澳门1993年9月13日颁布的有关汽车所有权登记的现行法律制度《核准汽车登记制度》(第49/93/M号法令)第5条(须作登记之事实)第

---

① 1904年颁布的《法国民法典》第711条规定,"财产所有权,因继承、生前赠予、或遗赠,以及因债的效力,取得或移转";第938条规定,"按照规定已经接受的赠予,一经当事人同意,即告完成,并且赠与物的所有权即转移给受赠人,而不需其他的移交手续";第1583条规定,"当事人一经对标的物与价金协议一致,即使标的物尚未交付,价金尚未支付,买卖即告完全成立,而买受人对出卖人依法取得标的物的所有权"。参见《法国民法典》,罗结珍译,中国法制出版社,1999,第201~369页。

② 温世扬、廖焕国:《物权法通论》,人民法院出版社,2005,第95~96页。

1款a项和b项规定,"一、下列者须作登记:a)所有权及用益权;b)在机动车辆转让合同内规定之所有权之保留及使用权……"。对于登记之目的,澳门《商业登记法典》第1条(登记之目的)规定,"商业登记之目的,为公开商业企业主及企业之法律状况,以保障受法律保护之交易之安全";澳门第49/93/M号法令第1条(登记之目的)第1款亦规定,"汽车登记之主要目的系对有关所有人作认别,以及一般旨在公开对机动车辆之权利"。至于登记之效力,澳门《商业登记法典》第9条(登记之效力)第1款规定,"须登记之事实,即使未登记,亦得在当事人或其继承人间主张,但仅在登记之日后方对第三人产生效力"。《澳门民法典》第403条第2款也规定,"如属不动产或须登记之动产,则仅在有关保留条款已被登记时方可对抗第三人"。而《澳门民法典》第284条(无效及撤销之不可对抗)第1款亦规定,"对涉及不动产或须登记之动产之法律行为宣告无效或撤销,不影响善意第三人以有偿方式所取得之涉及该等财产之权利,但第三人之取得登记须先于无效或撤销之诉之登记,又或先于当事人就法律行为非有效所达成之协议"。据上述可知,车辆管理部门的登记只是一种行政管理手段,仅是履行行政登记手续,登记之目的在于诠释公示公信原则,以保护善意第三人的利益之对抗要件,不是物权变动的生效要件,登记与否和交通肇事侵权行为没有关联,但不进行登记不得对抗善意第三人。

(4)根据《澳门民法典》第785条第1款之规定,[①] 标的物已交付的,则标的物意外灭失的风险之责任发生转移。在车辆买卖或赠与等未履行过户登记手续,但已交付即转移占有的情况下,占有人(受让人或受赠人)对机动车已经具有事实上的支配地位,诠释了"实际管理"之要件,同时占有人也是"为本身利益而使用"车辆,这与标的物意外灭失的风险责任转移相一致。

(5)根据《澳门民法典》第496条第1款之规定,基于"实际管理"与"为本身利益而使用"的判断标准,机动车因买卖、继承或赠与等原因已交付的,买受人、继承人、受遗赠人或受赠人已取得机动车的占有,并

[①] 《澳门民法典》第785条(风险)第1款规定:"在导致转移特定物之支配权之合同中,或就特定物设定或转移一项物权之合同中,基于不可归责于转让人之原因以致该物灭失或毁损之风险,须由取得人承担。"

在事实上控制支配该买卖或赠与车辆,同时"为本身利益而使用"该车辆,相应的,在发生车辆交通肇事时,理应由受让人、继承人、受遗赠人或受赠人承担损害赔偿责任。而对于出卖人、被继承人或赠与人等名义登记人来说,若车辆已交付占有,此时其已丧失了对车辆的"实际管理"支配权,也不能"为本身利益而使用"该车辆,同样基于《澳门民法典》第496条第1款之规定,可以免除名义登记人的责任,其不应承担民事责任。当然,这在继承中体现得更为明显、彻底,《澳门民法典》第1871条第1款(时间及地点)之规定,"继承于被继承人死亡时在其最后住所地开始",继承开始时,被继承人已死亡,不可能对车辆拥有"实际管理"支配权,也不可能"为本身利益而使用"该车辆,更不可能为车辆肇事侵权行为承担侵权责任,因为此时被继承人的人格已随着其死亡终止。①

概言之,机动车所有权转移登记只是履行行政登记手续,而非物权变动的生效要件。依照前述《澳门民法典》第402条第1款,特定物之物权基于合同之效力就足以转移,甚至不取决于交付,不以受让人取得对交易机动车的占有为必要,受让人就已经成为所有人,登记与否更不会影响受让人所有权的取得。再者,按照《澳门民法典》第941条(赠与方式)第2款的规定,受赠人可以基于交付而取得车辆之所有权,但也不以交付为必要,可以书面合同的方式为之。所以,在这里值得指出的是,所有权之转移虽不以交付为必要,但受让人或受赠人根据《澳门民法典》第496条第1款承担损害赔偿责任还暗含一个必要的前提,即交通事故的确是由受让人或受赠人自己或其受托人在使用车辆过程中肇致的,若车辆仍然在出让人或赠与人的控制占有之下,虽依照前述《澳门民法典》第402条和第941条第2款之规定,所有权已经转移至受让方或受赠方,但在交付占有之前发生交通事故致人损害,根据《澳门民法典》第496条第1款之规定,仍应由出让人或赠与人承担责任,这同样不违背"实际管理"与"为本身利益而使用"的判断标准。

9. 分期付款所有权保留之买卖

对于分期付款之买卖,《澳门民法典》第927条(一期价款之欠付)规

---

① 《澳门民法典》第63条(人格之开始)规定,"一、人格始于完全出生且有生命之时。……"。《澳门民法典》第65条(人格之终止)规定,"一、人格随死亡而终止。……"。

定,"以分期付款方式出卖保留所有权之物,且已将物交付买受人时,如仅欠付之一期价款不超过价金之八分之一,则不得解除合同,且不论所有权有否保留,亦不导致买受人丧失对续后各期价款之期限利益,即使另有约定者亦然"。采取分期付款的方式购买车辆,并不以车辆保留所有权为必要。① 若以分期付款的方式出卖保留所有权之物,即买受人只需首付一笔款项,即得到车辆的占有权和使用权,并在约定期限内分期支付车辆剩余价金,在全部付清车辆价款前出卖方保留对车辆的所有权。若在买受人因分期付款买卖占有、使用机动车而其所有权保留在出卖方手中的情形下发生交通事故的,是应由买受人承担交通肇事损害赔偿责任,还是应由保留所有权人承担赔偿责任?

根据《澳门民法典》第496条第1款之规定,基于"实际管理"与"为本身利益而使用"之判断标准,在分期付款购买机动车辆时发生交通事故的,应由买受人单独承担赔偿责任。而出卖方之所以不承担责任,首先是因为,采取分期付款的方式购车,出卖方约定购买方在一定期间按时支付机动车价款,车辆在完全支付价款前由购买方使用,而出卖方在购买方付清全部车款前保留车辆所有权。此时,对于所有权与使用权分离情况下责任主体的判定问题,买受人在付清价款前虽不能取得车辆所有权,但是出卖人将机动车供买受人实际占有、运行使用,并获得车辆的运行利益,基于车辆的行驶运营是在买受人的实际控制之下,保留车辆所有权的出卖方已实际脱离了对车辆的"实际管理",其对车辆的管理使用无实际控制权,其不能支配车辆的行驶和运营,也不能从车辆运行中得到任何利益。因此,在出卖方保留车辆所有权而购买人发生道路交通事故的情形下,保留车辆所有权的出卖方对车辆发生的交通事故造成他人损害不承担责任,而应由购买人承担损害赔偿责任。其次是因为,在所有权保留的分期付款买卖中,出卖方也只是名义上的所有人,其保留所有权的主要目的在于确保购车人按期支付价款,其所有权保留的性质属于一种对债权的担保,以保障自己的债权能够得到清偿,其保留所有权的行为与交通事故的发生之间也不存在因果关系,所有权的效力也只是在对方不支付价款等特殊情形

---

① 《澳门民法典》第403条(所有权之保留)第1款规定:"在转让合同中,转让人在他方当事人履行全部或部分债务,或出现其他事项之前,可为自己保留转让物之所有权。"

下产生，即在买受人违约情形下取回车辆之权利等，且由于出卖人并没有施加对车辆使用上的管理，该担保内容不具有使用该辆车的利益，出卖方本质上也已丧失了对该车辆的"实际管理"，亦不是"为本身利益而使用"该车辆，所以出卖方不应承担交通事故赔偿责任。

10. 融资租赁情形下的损害赔偿责任主体

根据《澳门商法典》第889条之规定，"融资租赁为一合同，据此，当事人一方有义务将一物供他方暂时享益而收取回报，该物系从承租人本人或按承租人之指示从第三人取得，或按该承租人之指示建造，而该承租人在约定期间届满后，得以合同上已确定之价金或可透过合同订定之准则之单纯适用而确定之价金，购买该物"，可知在融资租赁合同中，作为融资租赁的出租人（买方）根据承租人的指示或其对出卖人的选择，从车辆销售方（卖方）购买机动车，再将该车辆向承租方出租，融资租赁方与机动车销售方成立买卖合同关系，而与承租人成立租赁合同关系。澳门的非合同民事责任法中没有规范融资租赁关系中成立侵权责任时的损害赔偿责任主体。在机动车融资租赁发生交通肇事的场合，依"实际管理"与"为本身利益而使用"之判断标准，因为融资租赁之承租人对机动车进行占有、使用、收益，所以融资租赁之出租人不承担交通肇事损害赔偿责任。

排除出租人赔偿责任的原因在于，融资租赁合同在本质上与《澳门民法典》第969条所规定之普通使用租赁合同有明显不同，"租赁系指一方负有义务将一物提供予他方暂时享益以收取回报之合同"，而在融资租赁合同中，出租人为得到某种经济利益而出租车辆，但是租金的确定并不是按照车辆的运行利益确定的，该租金也并不是承租人对使用该租赁物所付出的对价，所以说其并非是车辆运行所产生的利益，不符合《澳门民法典》第496条第1款所规定之"为本身利益而使用"之判断标准。

对车辆融资租赁出租人而言，根据《澳门商法典》第897条（出租人之法律地位）之规定，"一、融资租赁之出租人尤其有义务：a）取得或使人建造用作租赁之物；b）根据约定之条款及条件交付租赁物；c）提供按租赁物之原定用途之享益……"，可知出租人对承租人负有其占有和使用之义务，让承租人得到车辆的使用权，出租人对机动车并不具有《澳门民法典》第496条第1款所规定之"实际管理"要件，不拥有事实上的支配地位。根据《澳门商法典》第898条（承租人之法律地位）之规定，"一、承租人尤其有义务：……；g）不透过承租人之法律地位之有偿或无偿让与、转租或使用借贷方式，将租赁物供他人全部或部分享益，但法律容许或出租人许可者除外……；j）为租赁物投保，其范围包括租赁物之灭失或毁损，以及因租赁物造成之损害……二、除租赁制度中与本章无抵触之一般权利及义务外，融资租赁承租人特别有下列权利：a）对租赁物之使用及用益；b）按照其权利维护租赁物之完整及对租赁物之享益；c）提起占有之诉，即使针对出租人亦然……"，可知在机动车融资租赁的场合，因融资租赁之承租人进行占有、使用、收益，承担保管和维修，由于承租人保管、维修或因不当使用而肇致的对第三人的损害，根据"实际管理"与"为本身利益而使用"之理论来判断，应由融资租赁之承租人承担交通肇事损害赔偿责任，出租人理应对此不承担责任。

另外，根据《澳门商法典》第903条（风险）之规定，"租赁物灭失或毁损之风险，由承租人承担，但另有约定者除外"，可知租赁物交付占有或使用的，租赁物意外灭失的风险之责任转移。车辆融资租赁合同已交付即转移占有的情况下，占有人（承租人）对机动车已经具有事实上的支配地位，诠释了"实际管理"之要件，同时承租人也"为本身利益而使用"车辆，这与风险责任的转移相一致。

在融资租赁关系中，租赁物是出租人依照承租人的指示或选择购买的车辆，对于融资租赁之车辆，虽然出租人依然享有机动车的所有权，但其所有权保留的本质可以说只是一种对该租赁物租金收取之担保手段，且其并没有对车辆的使用实施管理行为。例如，在车辆融资租赁期间，出租方几乎连承租方是否具有驾驶资格都不加考量，其收取租金之担保内容也并没有包含使用该车辆的利益或收益，出租人并没有享受到因该车辆的运行所带来的利益，出租人实质上也已失去了对车辆作为租赁物的"实际管理"支配权，也不享有"为本身利益而使用"的运行利益，所以对融资租赁之车辆发生交通肇事的，出租人不应承担侵权损害赔偿责任。

11. 澳门特别行政区政府或公共团体作为交通事故损害赔偿责任主体的探讨

因政府机关或公共团体及其工作人员履行职务过程中过错违法或者道路设施、路面现状、管理存在缺陷或瑕疵，结果导致道路不具备通常所应有的安全性，从而肇致交通事故发生的情况也并不是不存在，只是澳门的法律对此没有明确规定。在道路交通中保障车辆的安全行驶，除了车辆持有人要尽安全注意义务之外，道路设施与设备或道路管理也不能出问题，即道路管理人也要尽其安全保障义务，否则也可能会肇致交通事故之发生。对于这种情形，日本《国家赔偿法》第 2 条第 1 款规定："因道路、河川及其他公共营造物的设置或管理存在瑕疵而致他人以损害时，国家或公共团体负赔偿责任"，可知因道路管理上出现瑕疵由国家或公共团体承担责任。[①] 笔者对日本的这种法例持赞成态度，因为维护道路设施与设备或履行管理职责以保障车辆行驶安全是道路管理人的重要职责。因政府机关或公共团体及其工作人员履行职务过程中，道路设置与管理存在瑕疵或者过错违法而肇致交通事故之发生的，如果将因此而产生之损害赔偿责任强加于交通事故中之无论是驾驶人还是受害人的任何一方，都有悖于法律对公平正义理念之追求。笔者亦主张，在政府机关或公共团体及其工作人员履行职务过程中，因道路设置与管理存在瑕疵或者过错违法而导致交通事故的情形下，即事故之发生可归责于政府与公共团体等第三人的行为时，[②] 即使车辆所有人或使用人满足上述《澳门民法典》第 496 条所规定之"实际管理"与"为本身的利益而使用"的二元判定标准，但车辆所有人或使用人的侵权行为不成立，因为在行为人的行为与损害结果之间具有直接引发损害结果的独立介入之原因，政府或公共团体的瑕疵行为，即第三人的行为作为切断因素，肇致车辆驾驶人或使用人的行为与损害后果之间的因果关系被中断，而政府机关或公共团体及其工作人员在履行职务过程中过错违法或者道路设施、管理存在缺陷与事故发生具有适当因果关系。对此情形下的责任承担，根据《澳门民法典》第 498 条之规定，车辆驾驶人或使用人的责任被排除，而政府与公共团体应被确立为责任主体，其根据《澳门民法典》第 477 条第 1 款或第 486 条第 1 款[③]之归责原则来承担责任。

[①] 李薇：《日本机动车事故损害赔偿法律制度研究》，法律出版社，1997，第 86~90 页。
[②] 政府机关及其工作人员的这些行为在法律意义上应视为政府与其他公法人本身的行为。
[③] 《澳门民法典》第 486 条（由物、动物或活动造成之损害）第 1 款规定："管领动产或不动产并对之负有看管义务之人，以及对任何动物负有管束义务之人，须对其看管之物或管束之动物所造成之损害负责；但证明其本身无过错，又或证明即使在其无过错之情况下损害仍会发生者除外。"

12. 无偿运送的情况下损害赔偿责任主体

笔者认为，无偿运送或无偿免费搭乘是指车主或驾驶人好意并无偿地邀请，或者经其同意，同乘者无偿搭乘他人车辆的行为。对于什么是无偿运送，Antunes Varela 有精辟的解释，"每当运送人所作之给付没有（依缔约人的意愿）对应另一方的一项相对物，运送即谓之无偿。运送人在作出给付时是否有其他利益（道德上的、精神上的、不法的等）在所不计"，无偿运送意味着没有"对待给付"。①

我们这里所探讨的无偿运送要成立应具备一定的条件。第一，应为无偿运送，如果同乘者向车辆所有人或使用人支付报酬，则应认定双方存在合同关系，同乘者是基于有偿的运输合同而被车辆运送，对于支付车费即有偿运送而发生交通事故，乘车人可以违反运输合同提起违约之诉要求赔偿，也可以提起侵权之诉要求赔偿，这时请求权产生竞合，受害人只能选择其一行使。另外，根据《澳门民法典》第 497 条第 2 款之规定，"如运送系基于合同而作出，有关责任之范围仅涉及对被运送之人本人及对其所携带之物所造成之损害"，运送人必须要承担的损害赔偿责任包括人身损害和财产损害。第二，无偿运送必须得到车辆所有人或使用人的同意或允许，是其获得运行利益的前提或外在表现形式。若无偿搭乘人的搭乘行为没有得到车辆所有人或使用人的同意，或其并不知情，则无偿搭乘人与车辆所有人或使用人之间并无意思表示，如某人 B 藏在 A 所拥有之汽车的后备厢，此时无偿搭乘人和车辆一方两者之间并没有形成民事法律关系。这个条件其实与现行《澳门民法典》第 496 条第 1 款规定车辆所有人或使用人承担风险责任的要件之一（机动车所有人或使用人享有运行利益）直接相关，让机动车所有人或使用人对被无偿运送之人承担侵权责任的基础之一，在于即便是透过无偿运输其仍能获得运行利益，因为运行利益并不以物质利益为必要，精神利益亦可，而被无偿运送之人一般情况下可能是其同事、亲戚朋友或其他有关系的人，其在免费载客的过程中会得到心理和感情等精神上的满足。

对于被运送之人因交通肇事所受的人身损害，不再严格地区分是商业

---

① 〔葡〕João de Matos Antunes Varela：《债法总论》（第十版）（第一卷），唐晓晴译，未出版，第 473 页。

性旅客运输还是免费运送,这在欧洲已经具备普遍性。德国学者克雷斯蒂安·冯·巴尔在其专著《欧洲比较侵权行为法》中指出,"长期被认可、分担了机动车辆运行风险者的乘客不应享受机动车辆严格责任保护的观点越来越被动摇"。[1]克雷斯蒂安·冯·巴尔进一步指出,"法国 Badinter 法对乘客就不再有任何歧视性规定,荷兰法律改革也将消除这一歧视,比利时法已经消除,丹麦法本身就无此区分,瑞典交通损害赔偿法第 10 条则明确规定,'参与交通之机动车辆驾驶者或乘客受损害时……由该车辆的交通责任保险方支付交通损害赔偿'。趋势是明显的,即原则上所有的乘客都能就其遭受的人身伤害获得(当然是由保有者的责任保险公司支付)损害赔偿"。[2]根据现行《葡萄牙民法典》第 504 条第 1 款和第 3 款之规定,"一、由车辆造成之损害而产生之责任,其受益人包括第三人及被运送之人…… 三、如属无偿之运送,有关责任之范围仅涉及对被运送之人造成之人身损害",可知葡萄牙对此持同样的立场。[3]

效仿葡萄牙,《澳门民法典》第 497 条第 1 款亦规定,"由车辆造成之损害而产生之责任,其受益人包括第三人及被运送之人",可知对于无偿运送,当无偿搭乘人因交通事故死亡或受到人身伤害时,车辆所有人或使用人作为车辆的运行支配者和运行利益的归属者,要承担损害赔偿责任。对于归责原则,根据《澳门民法典》第 496 条之规定,机动车与行人之间发生损害适用风险责任,并没有区分是商业性旅客运输还是免费运输,所以无偿搭乘人受损害亦是采用风险责任,即车辆所有人或使用人对无偿搭乘人所受之人身损害的发生无论有无过错,都应承担赔偿责任,可知即便是在无偿运送的情况下,车辆所有人或使用人仍负有安全、谨慎驾驶的高度注意义务,其不能因他人系无偿运送而忽视这一义务。只是根据《澳门民法典》第 497 条第 3 款的规定,"如属无偿之运送,有关责任之范围仅涉及对被运送之人造成之人身损害",对于被无偿运送之乘客,运送人必须要承

---

[1] 〔德〕克雷斯蒂安·冯·巴尔:《欧洲比较侵权行为法》(下),焦美华译,张新宝审校,法律出版社,2001,第 492 页。
[2] 〔德〕克雷斯蒂安·冯·巴尔:《欧洲比较侵权行为法》(下),焦美华译,张新宝审校,法律出版社,2001,第 493 页。
[3] 《葡萄牙民法典》,唐晓晴等译,北京大学出版社,2009,第 89 页。

担的损害赔偿责任仅限于被运送人的人身损害,其对于被运送人的财物损害责任被排除。另外,值得指出的是,如果是无偿搭乘下运送人明知车辆所有人或使用人是无证驾驶、酒后驾驶、受麻醉品或精神科物质影响下的驾驶、疲劳驾驶等,但仍要求免费搭乘,或者要求免费搭乘禁止载客的车辆,或者教唆驾驶人超速驾驶、超载驾驶等情况,又或者无偿搭乘人所受损害是因其故意跳车等故意行为肇致的,即存在受害人之过错,构成过失相抵原则的事由,此时应根据《澳门民法典》第564条(受害人之过错)的规定,要对车辆所有人或使用人的民事责任进行限定,按照受害人之过错程度,相应减少或者免除车辆所有人或使用人之赔偿责任。

13. 在体育竞赛过程中,车辆交通肇事侵权的责任主体

若在公共道路上,因举办机动车辆速度赛或其他体育比赛而对他人生命、他人身体完整性或他人的巨额财产造成损害,应由谁承担损害赔偿责任?澳门格兰披治大赛车(Grande Prémio de Macau)是在澳门举办的体坛赛事。此赛事不仅是澳门体坛和车坛盛事,也作为澳门的皇牌项目闻名于世。赛事在东望洋跑道上进行,澳门格兰披治大赛车的比赛项目除著名的三级方程式外,还设有房车赛、电单车赛等。澳门东望洋跑道①以危险著称,其举行格兰披治赛车多年,发生了多次严重事故。② 例如,1974年第21届"东望洋二百哩长途赛 Guia 200"上,一名德国车手驾驶福特雅士房车,在文华东方弯附近失控撞入观众席③的人群中,造成1死6伤的悲剧,死者为9岁的观众。④ 又如,在1998年第45届超级跑车挑战杯赛进行至第四圈时,2号法拉利在驶过赛车中心时,因机件故障漏油引致交通事故,导致一名25岁消防员因头部重创而死亡,事故中有多名工作人员受伤。⑤ 而在2000年

---

① 或称东望洋赛道,是全世界上唯一同时举行房车赛及电单车赛的街道赛场地,整条赛道环绕澳门东望洋山,全长6.2公里左右。
② 关于澳门格兰披治大赛车,参见 http://zh.wikipedia.org/wiki/%E6%BE%B3%E9%96%80%E6%A0%BC%E8%98%AD%E5%8A%AB%E6%B2%BB%E5%A4%A7%E8%B3%BD%E8%BB%8A,最后访问日期:2016年12月2日。
③ 现在澳门格兰披治大赛车委员会每年都会在友谊大马路起点、水塘弯、葡京弯设置看台,以供持票者欣赏赛事。
④ 在此次赛事中第一次有观众丧生,自此,赛会从1975年开始为观众购买意外保险,而国际赛车联盟 FIA 也要求澳门赛车会加强跑道的安全设施建设。
⑤ 这是澳门赛车史上第一次有跑道上的工作人员在跑道上意外身亡。

第三章 交通事故致人损害的民事责任的构成要件和责任主体

第47届澳门东望洋大赛热身赛中,由荷兰籍车手驾驶的雷诺跑车在葡京酒店对面的回旋处撞倒一对中国大陆游客夫妇,又于一个停车场的入口处与刚驶过的货车相撞,一名男游客死亡,女游客、货车司机及车手自己都受伤。比较近的如2010年第57届澳门格兰披治大赛车,在澳门路车挑战赛进行排位赛时,一名中国车手于岭南弯失控撞栏,将防撞栏后的4名赛道工作人员撞伤。赛车高度刺激,有观赏性,但同时也会给观众和赛事组织者带来危险。在赛车造成他人损害时,责任主体应如何认定呢?

笔者认为,基于《澳门民法典》第496条第1款所规定之"实际管理"与"为本身利益而使用"的判断标准,因体育比赛造成观众人员等损害的,由参赛车辆的所有人或占有人及参赛者承担风险责任;再者,根据《澳门民法典》第486条(由物、动物或活动造成之损害)第2~3款的规定,"二、在从事基于本身性质或所使用方法之性质而具有危险性之活动中,造成他人受损害者,有义务弥补该等损害;但证明其已采取按当时情况须采取之各种措施以预防损害之发生者除外。三、上款之规定,不适用于因陆上交通事故而产生之民事责任,但有关活动或其所使用之方法,与陆上通行时通常出现之危险相比具特别及更高之危险性者除外",车辆体育比赛活动的组织者或者赛车场的管理人承担过错推定责任。当然,在车辆体育比赛发生交通事故的,首先由保险公司在机动车强制保险责任限额范围内予以赔偿,[①] 不足部分由上述主体按不同的归责原则承担赔偿责任。[②]

[①] 澳门第3/2007号法律《道路交通法》第87条(体育比赛的保险)规定:"机动车辆体育比赛或正式练习的举办者须先购买所需保险,以承保参赛车辆的所有人或占有人及参赛者因该等车辆导致的事故所造成的损害而应承担的民事责任,方可获准在公共道路上举行机动车辆体育比赛或正式练习。"
澳门11月28日第57/94/M号法令《修正汽车民事责任之强制性保险制度》第5条(体育比赛之保险)亦规定:"一、每次机动车辆之体育比赛及与比赛有关之正式练习,须在机动车辆设有保险后方得进行,该保险保障主办者、车辆所有人、持有人及驾驶员因车辆造成事故而负之民事责任。二、在不妨碍上条规定之情况下,上款所指保险之保障不包括对参与者、有关辅助组、参与者及辅助组所使用车辆造成之损害,及对主办实体、服务人员或任何协助者造成之损害。"

[②] 关于机动车强制保险责任,笔者会在本书的第6章社会化赔偿机制部分重点探讨。

第四章 抗辩事由

如前所述，对于交通事故中的侵权行为归责原则，当车辆与车辆之间发生交通事故，将过错责任与风险责任原则并用；当车辆与非车辆方发生交通肇事，则采用风险责任原则。交通事故加害人的侵权责任不以其行为有过错为要件，加害人承担风险责任，由此可知在道路交通事故侵权行为损害赔偿中将保护受害人的权益放在第一位，这毋庸置疑是值得肯定和坚持的。风险责任虽然严格，但也不是绝对的，即并不表示在任何情况下都由加害人承担损害赔偿责任或承担所有责任。为公平对待双方当事人，澳门法域在规定风险责任的同时，也赋予了侵权赔偿义务人相应的抗辩事由。《澳门民法典》第498条规定了澳门道路交通事故的三种抗辩事由，那《澳门民法典》总则部分规定的抗辩事由，如自助行为制度、正当防卫、紧急避险及受害人之同意可以适用于道路交通肇事吗？如果可以适用，适用的要件是什么？除此之外，还有没有其他的抗辩事由？笔者在本章将对道路交通事故的免责事由进行大致梳理，希望为澳门将来的道路交通事故的损害赔偿制度之免责事由篇提供一些法律思考。

侵权行为的抗辩事由是指在侵权案例中，根据澳门道路交通事故的立法、司法实践及衡平原则，被告（行为人）针对原告（受害人或其继承人）的指控和承担侵权损害赔偿责任的诉讼请求行使抗辩权，提出对抗原告之诉讼请求，即说出证明原告的主张不成立或不完全成立的事实或理由，从而达到使自己免除责任或减轻责任之目的，所以抗辩事由又被称为免责事由或减轻责任的事由。抗辩事由具体到交通侵权责任当中，即车辆道路交通事故损害赔偿责任的抗辩事由，是指在车辆交通事故损害赔偿案件中，

第四章　抗辩事由

虽然交通事故给受害人造成了人身或财产的损害，但按照法律规定，可以免除或减轻行为人民事责任的事实或根据。简言之，车辆交通事故之抗辩事由是指能引起交通事故中行为人之责任不成立或不完全成立之事实和理由。当然，并非所有理由都可以构成交通肇事侵权责任的抗辩事由，抗辩事由是由法律明确规定的，为了平衡双方当事人的合法权益，起到减轻或免除交通事故侵权人侵权责任的情事。抗辩事由是以一定的归责原则和侵权责任构成要件为基础的，如前所述，道路交通事故侵权行为是包括车辆之间的道路交通事故和车辆与行人及其他受害主体之间的道路交通事故的混合体。基于道路交通肇事的特殊性，适用特殊的归责原则和侵权责任构成要件，也对应着与之相适应的特定的抗辩事由，由于澳门第3/2007号法律《道路交通法》没有对道路交通事故的减轻或免除责任的事由做出特别规定，因此，研究道路交通事故损害赔偿责任的抗辩事由显得尤为重要。鉴于此，笔者认为，澳门法律在充分保障受害人的合法权益和加重车辆持有人责任的前提下，也应对道路交通肇事损害责任的抗辩事由做出更为详尽的规定，以为实践提供统一、具体的可操作性规范来判定是否具有减轻或免除道路交通事故的侵权责任的事由。笔者认为，就道路交通肇事而言，一般来说，普遍适用于各种侵权行为的抗辩事由包括《澳门民法典》总则部分（第328~332条）所规定的自助行为、正当防卫、紧急避险及受害人之同意，以及《澳门民法典》第498条所规定之不可抗力、受害人的行为或第三人的行为等外来原因，当这些事由是交通肇事损害发生的唯一原因时，加害人可以据此对抗受害人的索赔。另外，行为人对无偿搭乘者所遭受到的财产损害无须承担责任，其他的抗辩事由还有如时效的消灭或丧失等。

第一节　《澳门民法典》总则部分规定的抗辩事由

《澳门民法典》第328~332条所规定之自助行为、正当防卫、紧急避险及受害人之同意等抗辩事由都属于私力救济方式，虽然公力救济仍是澳门权利救济体系最主要和最重要的救济方式，但是私力救济作为公力救济的重要补充，其重要性是不言而喻的。因为无论公力救济如何有效，总有不能充分发挥作用的时候，在特殊情况下，当公力救济无法保护人们的合法权益时,这时正当的自我救济就成为必要,私力救济方式由此进入侵权法的视野。

与瑞士①等为代表的采用将自助行为等私立救济制度规定在抗辩事由或免责事由中的立法体例有所不同,《德国民法典》将自助行为、正当防卫及紧急避险等以自力实现权利的制度放在权利行使与保护的章节中。② 效仿《德国民法典》,葡萄牙和中国澳门也采用这种立法体例。澳门对自助行为、正当防卫及紧急避险等私立救济方式在《澳门民法典》第一卷"总则"第二编"法律关系"第四分编"权利之行使及保护"中予以规定。澳门不像瑞士的立法例那样将自助行为当作侵权责任的抗辩事由,主张自助行为不具有实质不法性,能阻却不法,从而不应承担侵权损害赔偿责任。尽管自助行为、正当防卫及紧急避险等制度没有被置于债权编民事责任章节的抗辩事由中,但澳门所采用的立法体例并不妨碍其成为侵权责任的抗辩事由或免责事由,而且从某种意义上讲,此种立法体例更加注重强化权利之行使与保护,因为自助行为、正当防卫及紧急避险等直接被视为法律赋予公民之权利,强调民法作为权利法始终坚持以权利为本位,鼓励权利主体以一种积极的方式去行使权利和保护自身的合法权益。其作用在于确定一个因为侵害他人的合法权益而原则上具有不法性的行为,由于具备特定的违法阻却事由而例外地不具有不法性。透过认定自助行为、正当防卫及紧急避险等特殊事由不具有实质不法性,即不满足侵权行为的不法性这一构成要件,在侵权法中具有阻却不法的法律效果,③ 行为人可以此作为其抗辩事由或免责事由对抗侵权民事责任的成立,从而不应当承担侵权损害赔偿责任。④

---

① 《瑞士债法典》第52条第3款规定:"为保护自己的合法利益实施侵害行为,只要不可能有充分的时间提起诉讼,并且侵害行为本身足以保护其利益不受侵害或者其利益实施不受障碍的,不承担责任。"参见《瑞士债法典》,吴兆祥、石佳友、孙淑妍译,法律出版社,2002,第12页。
② 〔德〕迪特尔·梅迪库斯:《德国民法总论》,邵建东译,法律出版社,2000,第122~123页。
③ 〔葡〕João de Matos Antunes Varela:《债法总论》(第十版)(第一卷),唐晓晴译,未出版,第393页。
④ 〔葡〕João de Matos Antunes Varela:《债法总论》(第十版)(第一卷),唐晓晴译,未出版,第383~394页。

第四章　抗辩事由

一　自助行为

自助行为能否成为道路交通事故发生的正当理由？在研究自助行为之前，让我们先关注一个典型案例，以更好地诠释这一制度。例如，A之汽车被B盗走，A不知何人所为，向有权限机关寻求救助，但杳无音信。某日，A在大街上看见B开着自己的汽车，便向B请求返还，根据物权追及效力和占有制度，A有权对该汽车恢复占有，A为恢复占有在与B争夺汽车时，A驾驶自己的汽车擦伤B。在这个案例中，A主张其行为属于自助行为，以不具有实质不法性而对抗侵权民事责任，A的主张可否成立？

如前所述，与以瑞士等为代表的将自助行为视为侵权责任的抗辩事由或免责事由的规定方式有所不同，葡萄牙和中国澳门采用《德国民法典》将自助行为置于权利行使章节的模式，① 在总则中对自助行为予以一般原则性的规定，并在分则中规定了特殊的自助行为。《澳门民法典》在总则第

---

① 《德国民法典》总则编第229条规定，"以自助为目的而取走、破坏或者毁损物的人，或者以自助为目的而扣留有逃跑嫌疑的义务人，以自助为目的而除去义务人对某一行为的抵抗（该行为系义务人有义务加以容忍）的人，如果不能适时地获得官方的救助，并且存在不立即介入则请求权的实现将落空或者存在极为困难的危险，则不是不法的实施行为"，本条款规定了自助行为。第230条规定，"自助不得超出对避开危险所为必要的限度，在取走物的情况下，以不实施强制执行为限，必须申请物的假扣押，在扣留义务人的情况下，以其不被重新释放为限，必须向扣留进行地辖区的区法院申请对人的保全假扣押；必须将义务人不迟延地押送到法院，假扣押申请被拖延或者驳回的，必须不迟延地返还所取走的物，并释放被扣留的人"，本条款规定了自助行为的限度和实施自助行为后应履行的义务。第231条规定，"错误地认为存在排除违法性的必要条件而实施第229条所称行为之一的人，即使其错误非因过失而引起，也负有向另一方赔偿损害的义务"，本条款规定了错误自助行为的后果。对于误认为符合自助行为的构成要件而实施自助行为，根据无过错责任归责原则，即使其没有过错，也必须承担损害赔偿责任。同时，在《德国民法典》的分则中，第562b条第1款规定，"出租人即使不经诉诸法院也可以阻止搬移在出租人的质权支配下的物，但以出租人有权对搬移提出异议为限，承租人搬出的，出租人得占有这些物"，本条款规定了出租人的自助权。第859条第2~4款规定，"动产被以法律所禁止的私力（从占有人那里取走的，占有人可以用强力向当场被捉住或者被追赶的行为人夺回该动产土地占有人的占有因法律所禁止的私力）而被侵夺的，土地占有人可以在被侵夺后，立即通过赶走行为人来收回占有，对依照第858条第2款须承认自己的占有有瑕疵的人，占有人有同样的权利"，本条款规定了占有人的自助行为。第860条规定，"依照第855条为占有人行使事实上的支配力的人，也有权行使占有人依照第859条而享有的权利"，本条规定了占有辅助人的自助行为。参阅《德国民法典》，陈卫佐译，法律出版社，2006。

328 条中对自助行为做出一般规定，"一、为实现或确保自身权利而使用武力，且因不及采用正常之强制方法以避免权利不能实现而有必要采用上述自助行为时，只要行为人之行为不超越避免损失之必要限度，则为法律所容许。二、为消除对行使权利之不当抵抗，自助行为得为将物押收、毁灭或毁损之行为或其他类似之行为。三、如所牺牲之利益大于行为人欲实现或确保之利益，则自助行为属不法"。这一条着重强调了自助行为的行使限度以保护的利益须大于牺牲之利益为标准。另外，该法第 330 条规定，"如权利人因误认符合自助行为或正当防卫之前提而作出行为，则必须赔偿由此所引致之损失，但该错误属可原谅者除外"。《澳门民法典》除了在总则中对自助行为做了一般规定外，还在"占有编"中对自助行为做了具体规定，即在认可自助行为制度的同时，也规定了占有人的自力救助行为。《澳门民法典》第1202 条是关于占有人的自助行为的规定，"受妨害或被侵夺之占有人，得按第三百二十八条及第三百二十九条之规定运用本身之力量及威严，或得向法院求助，以保持或回复其占有"，而第 1239 条规定，"容许以第三百二十八条及第三百二十九条所规定之自助行为或正当防卫保护所有权"。对于其他物权的自助保护，第 1240 条规定，"本节之规定，经作出必要配合后，适用于各种物权之保护"。以上规定之目的就是防止依赖公力救济仍无法避免占有人之权利无法实现的情形发生。

（一）自助行为的界定和性质

关于自助行为的界定，德国学者迪特尔·梅迪库斯认为，"自助行为是为了阻止那些依靠官署的援助仍无法避免的危害请求权的行为发生，在法定条件下，权利人侵害他人之物并对债务人实施暴力的行为"。[1]卡尔·拉伦茨认为，自助行为是"为了保证权利而采取的法律上允许的"，"具有进攻性的行为"。[2] Antunes Varela 认为，自助行为"就是为实现或确保自身权利而使用武力（事实方法）"。[3] Antunes Varela 更进一步指出，"自助行为

---

[1] 〔德〕迪特尔·梅迪库斯：《德国民法总论》，邵建东译，法律出版社，2000，第 372 页。
[2] 〔德〕卡尔·拉伦茨：《德国民法通论》（上），谢怀拭等译，法律出版社，2003，第 358 页。
[3] 〔葡〕João de Matos Antunes Varela：《债法总论》（第十版）（第一卷），唐晓晴译，未出版，第 394 页。

（自我保护或者德国学者所说的 Selbsthilfe）在原始法律体系中有巨大的适用范围，在因权利的司法保障的完善而逐渐丧失重要性。这是一种原始的与粗犷的实现正义的方式，面对更强的对手时它会失败，而面对更弱的对手时，它则导致过当并附带严重损害公共和平；但是当国家保护权利的手段不可能及时地避免无法修理的损害时，它可以变成必要"。[①] 尽管上述学者对自助行为的表述都不尽相同，但是都强调了自助行为是权利主体保护自己的合法权益的行为，自助行为作为公力救济的补充，适用于公力救济无法有效发挥其效用的情况。

笔者认为，根据《澳门民法典》第 328 条，自助行为作为一种为法律所认可的有效解决纠纷的重要方式，是指当权利人的权利受到侵害后，为保护自身的合法权益，在权利人不能及时请求公力救济或公力怠于救济的紧迫情况下，权利人自己帮助自己，凭借私力对义务人的财产予以押收、毁灭或毁损之行为或其他类似之行为，以排除其对权利人行使权利之不当抵抗。《澳门民法典》第 328 条强调自助行为实施的前提条件是为了阻止依赖公力救济仍无法避免权利无法实现的情形发生。的确，自助行为作为侵权法一项重要的用以维护自身合法权益的私力救济方式，只有在来不及请求公力救济或不能获得公力救济等公力救济不能及时发挥作用的情况下，才被法律认可为适当，否则应为侵权行为负损害赔偿责任。

（二）实施自助行为的前提条件

虽然《澳门民法典》在其"权利之行使与保护"分编中认可自助行为，但自助行为毕竟是一种私人解决纠纷的方式，为了防止自助行为人滥用私力救济损害相对人的合法权利，法律从自助行为的时间要件、行使主体及行使限度等方面予以了限制，或者说是规定了采用自助行为的前提条件，同时对不能成为抗辩事由而阻却不法的错误自助行为（《澳门民法典》第 330 条）做出了明确规定，规定应根据错误自助行为的损害后果承担相应的侵权责任。

第一，自助行为保护的必须是自己所拥有的法律认可的合法请求之权利，自助行为人实施自助行为是为了保护自己的合法权益。首先，行为人

[①] 〔葡〕João de Matos Antunes Varela：《债法总论》（第十版）（第一卷），唐晓晴译，未出版，第 394 页。

就是权利人，如 Antunes Varela 所言，"行为人必须是所企图实现或确保之权利的权利人"，如果行为人的行为不是为了保护自己的权利，则自助行为不成立，因为为了他人或社会公共利益都不能实施自助行为。① 其次，自助行为捍卫的是法律认可的合法权利，行为人对不受法律保护的权利或自己的非法获益不能实施自助行为，否则有悖于自助行为作为一种正当的私立救济方式的设立初衷。最后，并不是所有的权利都可适用自助行为，自助行为所保护的权利只是当事人所享有的请求之权利，基于其他三种权利的性质和特点，自助行为没有保护之必要。② 第二，在自己的合法权益受到不法侵害，情况紧急来不及请求公力救济或不能获得公力救济的情况下，即在自助行为行使的时间界限或情势要件下，也即 Antunes Varela 所说的"必要性"条件下，权利人可以采取合理的自助措施，如对侵权人的财产进行毁损、剥夺及消除，或排除行使权利时义务人之抵抗,③ 因为如不及时采取自助措施，则请求权无法实现或难以实现，正如卡尔·拉伦茨所说的，"不能及时得到官方的帮助，如果不及时反击，请求权的实现就有受到阻碍或很难实现的危险"。④ 第三，自助行为不得超过必要的限度，即 Antunes Varela 所说的实施自助行为的"适当性"，"行为人不得超越为避免损害所必须的限度"，因为实施自助行为是对他人权利的一种具有攻击性的行为，是在损害他人利益的基础上保护和捍卫自己的利益，具有侵权行为的表面特征，权利人所实施的方式手段和行为强度应与其所要保护的权利要求相当，如果使用不当，极易肇致他人权利受侵害，由此造成损害的应当承担侵权责任。第四，行为人实施自助行为的"相关利益的相对价值"，即 Antunes Varela 所说的，行为人所牺牲的利益不能大于其想实现或确保的利益。⑤ 第五，自助行为的行使对象限于侵权人的人身或财产，不能针对侵权人以外的任

---

① 〔葡〕João de Matos Antunes Varela：《债法总论》（第十版）（第一卷），唐晓晴译，未出版，第395页。
② 自助行为不保护支配权、形成权和抗辩权等，因为基于这三种权利的性质和特点，自助行为没有保护之必要。
③ 值得注意的是，侵权人以外的任何第三人的财产不能成为自助行为的行使对象。
④ 〔德〕卡尔·拉伦茨：《德国民法通论》（上），谢怀栻等译，法律出版社，2003，第371页。
⑤ 〔葡〕João de Matos Antunes Varela：《债法总论》（第十版）（第一卷），唐晓晴译，未出版，第395页。

第四章　抗辩事由

何第三人的人身或财产，否则可能构成对第三人的侵权。但值得指出的是，依据《澳门民法典》第483条之规定，教唆或帮助禁治产人、准禁治产人之人，尽管其对受害人没有直接实施侵权行为，但是基于他们的共同侵权行为，受害人仍可对其采取自助行为。第六，行为人必须依法定的方式实施自助行为。对于自助行为之行使方式，根据《澳门民法典》第328条第2款之规定，"为消除对行使权利之不当抵抗，自助行为得为将物押收、毁灭或毁损之行为或其他类似之行为"，可知自助行为的行使方式必须是法定的形式。为便于实现债权，可对财产进行扣押，如对修理汽车后不付账的客人可以采取拿走、扣押其摩托车或汽车等交通工具的钥匙等方法来防止其不履行义务，也可采用财产毁损等作为扣押财产辅助性作用的自助行为方式。例如，为防止债务人开走其车辆转移财产，逃避债务，行为人别无他法，只能扎爆对方车辆的轮胎以防止其将车辆开走等，以防止其逃逸。自助行为只有符合上述要件才能成立有效，行为人才能据此作为抗辩事由而免责。

在先前的案例中，自助行为人A实施自助行为是为了保护自己的合法权益，在自己对车辆的所有权受到不法侵害，情况紧急且不能获得公力救济的情况下，A采取自助方式取回自己的汽车时擦伤B。此行为满足成立自助行为的所有要件，行为人的自助行为是一种适法行为，能够阻却不法，A可以此作为抗辩事由，避免承担侵权责任。

（三）错误的自助行为

所谓错误的自助行为，是指自助行为不具备可以实施自助行为的前提条件，其情况类似于正当防卫中的假想防卫，如误把相对人合法的正当防卫或紧急避险行为当作不法侵害，而实施自助行为。对于错误的自助行为，《德国民法典》第231条规定："因误认存在阻却不法行为的必要条件而实施第229条所称的行为的人，即使错误非出于过失，仍对另一方负有损害赔偿的义务，"[①] 据此可知，对于行为人错误实施自助行为而产生的侵权行为，采用无过错责任归责原则，错误的自助行为给他人合法权益造成损害的，不以行为人的过错作为承担侵权民事责任的构成要件，即使行为人没有过

[①] 《德国民法典》，杜景林、卢谌译，中国政法大学出版社，1999，第51页。

219

错，也应承担相应的损害赔偿责任。澳门对此则持不同的见解，如《澳门民法典》第330条（对自助行为或正当防卫之前提具有之错误）的规定，笔者认为，这样的规定更为合理，对于错误的自助行为，不能对抗侵权民事责任构成要件之满足，因而不能成为抗辩事由而阻却不法，行为人一般应根据自己错误的自助行为所造成的损害后果承担全部赔偿责任，但如Antunes Varela所说，"除非他作为时错误地确信这些要件会发生"，而且行为人能够证明该错误是可以原谅的，① 这种情况下应该根据情况适当减轻或免除其责任。

总之，自助行为作为私力救济的一种方式，法律明确了其存在的合理性，强调自助行为为公力救济的补充。② 澳门透过设置自助行为制度，能使权利人在实施自助行为时知道自己行为的性质、实施自助行为以捍卫自己的利益和维护自身权益，不失为一种有效的救济途径。至于自助行为的性质，自助行为是侵权法上阻却或说排除不法性的抗辩事由，从而产生避免承担侵权责任的法律后果。自助行为制度的本质是具有不法阻却性的自我救济方式。虽然行为人透过实施自助行为给相对人造成了一定的损害，但是不用承担侵权责任，因为其可能满足了侵权行为的其他构成要件，但自助行为人却不具有实质不法性，自助行为人并不是故意或过失要去侵害相对人。自助行为只是行为人在合法权益遭受侵害人的侵害之后，权利人在来不及请求公力救济等紧急情况下，为了维护自身合法权益而做出的一种正当的主动防御行为。

二 正当防卫

在研究紧急避险之前，让我们先关注一个典型案例，以更直观地理解正当防卫这一制度。例如某晚，澳门某车辆驾驶员A驾驶大巴途经某道路

---

① 〔葡〕João de Matos Antunes Varela：《债法总论》（第十版）（第一卷），唐晓晴译，未出版，第395页。
② 自助行为制度作为私力救济的一种方式，因其本身的特点，具有公力救济无法拥有的优势。首先，自助行为制度为权利主体解决纠纷提供了一种合法有效的方法，有利于拓展保护民事权利的途径。其次，行使自助行为有利于降低侵权纠纷的救济成本，节约司法资源，提高司法效率。但尽管如此，自助行为也并不是一种必然的选择，要防止自助权利的滥用，对自助行为不加限制地实施极易肇致权利的泛滥，从而可能会引致整个社会的混乱无序。

时，有三名劫车人 B、C 及 D 在路中央示意 A 停车。A 减速欲停车，但车上有乘客认出这 3 人属过去曾参与劫车行为之人，不让 A 停车，可一名劫车人 B 趁 A 减速之际爬上车顶，在上高呼若 A 不停车便枪杀了 A。为了甩掉劫车人 B，A 猛然加速，然后紧急刹车，肇致劫车人 B 被摔成重伤。

（一）正当防卫的概念和性质

根据《澳门民法典》第 329 条（正当防卫）的规定，"一、为排除行为人或第三人之人身或财产受正进行之违法侵犯而作之行为，只要系在不能以正常方法排除该侵犯之情况下作出，且行为所引致之损失并非明显超越该侵犯可引致之损失者，视为正当。二、即使防卫属过当，只要过当系因行为人本身无过错之精神紊乱、恐惧或惊吓而引致者，其行为亦视为正当"，可知所谓正当防卫，是指当行为人或第三人之人身或财产及其他权利正在遭受不法侵害时，而在公力救济缺失或滞后等法律不能及时保护的紧急情况下，被侵犯人为制止不法侵害的继续进行对不法侵害者实施的，未明显超过必要限度的正当行为。另外，《澳门民法典》第 330 条（对自助行为或正当防卫之前提具有之错误）亦规定，"如权利人因误认符合自助行为或正当防卫之前提而作出行为，则必须赔偿由此所引致之损失，但该错误属可原谅者除外"。

正当防卫作为一种重要的法律制度，虽然表面看可能符合侵权的某些构成要件，但本质上不仅阻却了不法性，反而是有利于及时有效地保障行为人或第三人之人身或财产等合法权益的一项私人救济方式。正当防卫权作为法律赋予公民的一项合法权利，本身是自主性的而非强制性的，权利主体既可以行使这项权利，也可以放弃。和行使其他权利一样，正当防卫的实施也是和履行一定的义务相对应的，比如正当防卫要在法律规定的范围内行使，不能明显超过必要的限度，一旦超出法律允许的范围，就可能会转化成不法的侵害行为。正当防卫能不能正确行使或成立受到限度条件等诸多因素的影响，所以法律在保护正当防卫权的同时，也对正当防卫的构成要件及其实施进行了严格的限定，以防止其被滥用。正当防卫作为不法阻却事由之一，只有符合法律规定的条件才能成立，才属于正当行为，否则要承担法律责任。

（二）正当防卫的成立要件

在道路交通事故中，根据《澳门民法典》第 329 条（正当防卫）第 1

款可知，正当防卫必须满足下列条件方具有合法性或正当性才能阻却行为的不法性。

第一，防卫起因条件。必须针对存在客观的不法侵害行为，不法侵害是正当防卫的起因和前提条件，亦是正当防卫得以成立的客观基础和根据，没有不法侵害就谈不上正当防卫。正当防卫只能适用于不法侵害行为，所以对于任何合法行为，包括法律允许的侵害或者合法侵害，均不能适用正当防卫和行使正当防卫权利。例如，对于依法执行公务或者命令的行为，或者对于正当防卫和紧急避险等排除不法性的行为，因为它们都是适法行为，所以行为人都不能以自己或者他人的合法权益正在遭受侵害为借口而实行正当防卫。

第二，防卫的必要性条件。正当防卫必须是在无法及时请求公力救济或公力救济怠于行使等紧急情况下实施，防卫行为必须是不得已而采取的，正如Antunes Varela所说的，"使用正常手段不可行或不见效"[①]。

第三，防卫时间条件。正当防卫的时间要件强调不法侵害必须正在进行，行为人必须面临着正在进行的不法侵害才能实行，对"侵犯之正在进行"的一般理解是不法侵害已经开始而且尚未结束的一个区间段。正如Antunes Varela所说，"倘若侵犯已过去（不是正在进行），反应便没有理由，因为损害已经既遂；倘若侵犯是将来的，则正常可使用固有的强制手段"[②]，所以正当防卫必须是在不法侵害行为已经开始实施或尚未结束之前进行，在侵害行为实施以前或结束以后都不能实行所谓的正当防卫，这两种情况都属于防卫不适时，两者均不具备实行正当防卫的时间条件。另外，正当防卫的时间要件也强调不法侵害行为必须是实际上客观存在的，而不是主观推测臆想，误以为不法侵害存在，这种情况下的防卫构成如克雷斯蒂安·冯·巴尔所说的《葡萄牙民法典》第338条（《澳门民法典》第330条）规定之假想防卫，正当防卫不成立，因为非法侵害根本就不存在。一般而言，对于因错误地以为符合正当防卫之前提而做出的行为，权利人必须赔偿由此所产生的损失，但也并不意味着所有错误地认为符合正当防卫之前提而做出的

---

① 〔葡〕João de Matos Antunes Varela：《债法总论》（第十版）（第一卷），唐晓晴译，未出版，第396页。
② 〔葡〕João de Matos Antunes Varela：《债法总论》（第十版）（第一卷），唐晓晴译，未出版，第396页。

第四章 抗辩事由

行为都是不当行为,[1] 正如 Antunes Varela 指出的,"只有当他错误地以为符合了使其防卫正当化的前提,而他的错误又属不可以原谅时,他才要负责"。[2]

第四,防卫意图或目的条件。正当防卫的目的必须是保护本人或他人的人身、财产和其他合法权益免受正在进行的不法侵害。防卫目的在主观上应具有正义性,这是正当防卫成立的主观要件,也是民法典规定正当防卫免于承担民事责任的基本条件。防卫若非出于这个防卫意图或目的,而是出于侵害他人之目的,或出于保护其自己或他人的非法利益之目的,其不具有正义性之主观目的,与正当防卫的主观目是相背离的,此时即便存在正当防卫的表现形式,也不真正属于严格意义上的正当防卫。

第五,防卫对象条件。正当防卫的性质决定了其必须针对不法侵害人本人实施,从而来实现防卫意图,不得针对无关第三人,这是成立正当防卫的对象条件,换言之,为了使正当防卫成立,实行的对象只能是对侵害者本人而非其他任何人。针对第三人的防卫,可能构成紧急避险,也可能构成侵权,但不可能构成正当防卫。另外,对于防卫对象,Antunes Varela 指出,不法侵害人本人不必有过错,"针对精神错乱者的侵犯或针对因突然瘫痪而将要撞到人或摧毁财物的驾驶者完全适用正当防卫"。[3] Antunes Varela 进一步指出,"要达到违反法律,则只需侵犯属客观的,而无需理会侵犯人是否可归责以及有否过错"。[4]也正如克雷斯蒂安·冯·巴尔所言,对一个没责任能力的儿童也能实施正当防卫,"理由是加害行为中的'不法性'就构成了正当防卫的充分原因"。[5] 据此可知,对精神病人和无责任能力的未成年人也可以实施正当防卫。另外,正当防卫的对象仅是不法侵害

---

[1] 〔德〕克雷斯蒂安·冯·巴尔:《欧洲比较侵权行为法》(下),焦美华译,张新宝审校,法律出版社,2001,第 619~620 页。
[2] 〔葡〕João de Matos Antunes Varela:《债法总论》(第十版)(第一卷),唐晓晴译,未出版,第 397 页。
[3] 〔葡〕João de Matos Antunes Varela:《债法总论》(第十版)(第一卷),唐晓晴译,未出版,第 396 页。
[4] 〔葡〕João de Matos Antunes Varela:《债法总论》(第十版)(第一卷),唐晓晴译,未出版,第 396~397 页。
[5] 〔德〕克雷斯蒂安·冯·巴尔:《欧洲比较侵权行为法》(下),焦美华译,张新宝审校,法律出版社,2001,第 614~615 页。另外,参见 Anlunes Varela, *Das Obrigações em Geral* Ⅰ, 8th Ed, Coimbra: Livraria Almedina, 1995, p.565。

人，动物作为财产可以作为正当防卫所保护的客体，但动物不能成为正当防卫的对象。

第六，防卫限度条件。防卫限度是正当防卫中的关键性问题，正当防卫的必要限度是它和防卫过当相区别的一个分水岭或分界线，正当防卫的行为必须不明显超过必要限度。根据《澳门民法典》第329条（正当防卫）第1款所说"且行为所引致之损失并非明显超越该侵犯可引致之损失者"，可知正当防卫的行为人为保护自己或他人的合法权益所采取的防卫行为对不法侵害人本人所造成的损害必须并非明显超越不法侵害所造成的损害。正当防卫必须在一定限度条件下进行，防卫行为不能明显超过必要限度，如明显超过必要限度，则可能成立防卫过当。正当防卫之行为人所采取的必要限度受到不法侵害手段和强度的制约或限制，因为正当防卫的行为人的防卫行为之目的是排除和制止不法侵害，因此，正当防卫的行为人在防卫过程中所运用的手段和强度必须"不会引起明显地高于其所欲排除的损害"，换言之，在正当防卫的过程中，防卫之行为人所采取的防卫行为的损害程度与不法侵害行为可能造成的损害结果之间相差不能过于悬殊，前者不能明显超越后者，否则可能防卫过当。简言之，正当防卫的必要限度是正当防卫成立的核心所在。在满足其他条件的情况下，没有超过必要限度，即符合正当防卫的构成要件，正当防卫之行为人对因进行正当防卫所肇致的损害不负责任，但若超过必要限度，则可能构成防卫过当，可能要承担侵权损害赔偿责任，甚至可能构成犯罪行为，从而不排除承担刑事责任的可能。但在实践中，对于如何正确理解及认定正当防卫的必要限度并不是很容易。如前所述，根据《澳门民法典》第329条（《葡萄牙民法典》第337条）第1款所述之限度条件，意味着如果防卫行为人之防卫行为所肇致的损失明显大于不法侵害行为所肇致的损失，则不能成立正当防卫，克雷斯蒂安·冯·巴尔对此持否定态度，他认为，"在认定防卫行为的合理性时对保护和威胁的权利和利益进行权衡也并不意味着，因为生命、身体完好性的利益高于财产利益，在保护财产时就不能对身体施加暴力了"。[①] 不过克雷斯蒂安·冯·巴尔进一步指出，葡萄牙对此也以判例的方式弱化了这

[①] 〔德〕克雷斯蒂安·冯·巴尔：《欧洲比较侵权行为法》（下），焦美华译，张新宝审校，法律出版社，2001，第618~619页。

一规定，葡萄牙里斯本上诉法院在1975年1月29日的判决中指出，"倘若防卫措施对被侵犯者来说是唯一的，则即使导致的损害高于其保护的利益，施加该措施也是合法的，倘若被侵犯者有多重选择，则只能适用会对侵犯者造成最低限度损害的防卫方式"。① 在实践中，针对不同情况的不法侵害，正当防卫行为人所采取的防卫手段和强度都会有所不同，所以笔者极力赞同克雷斯蒂安·冯·巴尔所说的，"不能以此给各方利益附加'抽象'的价值刻度，因为正当防卫法并未规定法益顺序；而始终必须具体案件具体分析"。综上，笔者认为这一限度条件有进行深入研究的空间。

尽管正当防卫发生的情形非常复杂，可能会出现假想防卫、防卫过当及事后防卫的情况，但一般情况下只要满足上述六个条件即可阻却行为的不法性。关于正当防卫，下面还有两个问题值得注意。第一，激起正当防卫情形的责任问题。激起正当防卫情形不能视为正当防卫，属于不法防卫的一种，所谓激起正当防卫，就是指故意以挑拨、寻衅等不正当的手段特意激怒他人，挑逗引诱他人向自己实施伤害行为，然后以"正当防卫"为借口或幌子来向对方实施加害行为。虽然激起正当防卫情形具备正当防卫的表面形式，即是针对对方侵害自己的行为实施反击，但只是徒具其表，正当防卫的防卫意图是缺失的。正如克雷斯蒂安·冯·巴尔所言，"激起他人加害自己者，也不能再实施正当防卫，因为他自己是这里的加害者"。② 另外，葡萄牙里斯本上诉法院1975年1月29日之判决提出，"加害行为不是被防卫者自己激起的，是正当防卫的默示条件"，③ 而葡萄牙里斯本上诉法院1991年9月25日之判决也明确指出，"提出正当防卫主张者不能是激起了加害行为的人"。④ 第二，对于互殴、聚众斗殴行为，相互的殴斗是一种相互加害行为，行为双方都具有违法性。其主观目的都是为了侵害对方，

---

① 〔德〕克雷斯蒂安·冯·巴尔：《欧洲比较侵权行为法》（下），焦美华译，张新宝审校，法律出版社，2001，第619页，注解101。
② 〔德〕克雷斯蒂安·冯·巴尔：《欧洲比较侵权行为法》（下），焦美华译，张新宝审校，法律出版社，2001，第616～617页。另外，参见 Anlunes Varela, *Das Obrigações em Geral I*, 8th Ed, Coimbra: Livraria Almedina, 1995, p.565。
③ 载于 *Bol. Min. Just.* 243（1975）第317页，转引自〔德〕克雷斯蒂安·冯·巴尔《欧洲比较侵权行为法》（下），焦美华译，张新宝审校，法律出版社，2001，第616～617页。
④ 载于 *Bol. Min. Just.* 409（1991）第483页，转引自〔德〕克雷斯蒂安·冯·巴尔《欧洲比较侵权行为法》（下），焦美华译，张新宝审校，法律出版社，2001，第616～617页。

而不是保护自己及他人的合法权益,故对双方而言都不成立正当防卫。正如克雷斯蒂安·冯·巴尔所言,"正当防卫在斗殴中很少能成为有效的免责论据,因为卷入斗殴的各方通常不仅是基于防卫目的"。[①] 但在特定斗殴情形下,斗殴已经停止,一方已经撤退或放弃,另一方还继续实施加害行为的,此时,不排除已经停止斗殴行为的一方享有对后者的不法侵害进行正当防卫的权利。

回到我们先前介绍的案例,驾驶员 A 正常驾驶车辆,B、C 及 D 欲劫车,B 甚至爬上车顶,威胁 A 停车,否则便枪杀 A。综上分析,A 在不得已的情况下采取紧急措施,该措施是针对不法侵害人 B 本人实施的,以保护本人或他人的人身、财产和其他合法权益免受正在进行的来自劫车人的不法侵害,而且没有明显超过必要限度。根据以上分析可知,上述案例满足上述"正当防卫"成立的所有要件,驾驶员 A 的行为属于典型的正当防卫,根据《澳门民法典》第 329 条(正当防卫)之规定,驾驶员 A 对 B 的损害后果不承担责任。最后,值得指出的是,正当防卫是法定的免责事由,尽管其在道路交通肇事中存在的可能性微乎其微,但一旦出现,应将其作为交通事故损害赔偿的免责事由来予以处理。

三 紧急避险

在道路交通事故中,可能会时常发生紧急避险的案例。例如,汽车司机为紧急避开一辆大卡车不得不驶进逆行车道而引发了撞骑自行车者事件。又如,某天,E 在澳门某道路上驾驶自己的车辆正常行驶,在鸣笛及打转向灯示意的前提下,驶向逆行线企图超越前方一辆由驾驶员 F 所驾驶的公共汽车,当 E 快要接近 F 所驾驶的公共汽车时,F 所驾驶的车辆在没有打转向灯及其他任何示意的情况下突然右转,为了避免撞上该 F 所驾驶的公共汽车及保护车上的乘客,E 只好采取紧急措施,将路边一辆 G 所拥有的摩托车撞坏。根据《澳门民法典》第 331 条(紧急避险)第 1 款,因紧急避险造成他人损害的,由引起险情者承担民事责任。

[①] 〔德〕克雷斯蒂安·冯·巴尔:《欧洲比较侵权行为法》(下),焦美华译,张新宝审校,法律出版社,2001,第 617 页。

（一）紧急避险的概念和性质

根据《澳门民法典》第 331 条（紧急避险）第 1 款，"一、在同时符合下列要件时，为排除威胁行为人本人或第三人受法律保护之利益之正在发生之危险而作出之行为，如其系排除该危险之适当方法，则为法律所容许：a）危险情况非因行为人己意造成，但为保护第三人之利益者，不在此限；b）保全之利益明显大于牺牲之利益；c）按照受威胁利益之性质或价值，要求受害人牺牲其利益属合理者"，[①] 可知"紧急避险"作为民法中私力救济中的一种重要形式，是当事人的一项民事权利，出于保护本人或第三人的人身、财产和其他合法权利免受正在发生的现实危险之目的，紧急状态下迫不得已而采取的损害他人合法权益的行为。[②] 紧急避险行为是为避免较大损害的发生而采取以较小的损害来保全较大利益的行为。再者，对于紧急避险介入下的交通事故，《澳门民法典》第 331 条（紧急避险）第 2 款亦规定，"然而，危险系完全因行为人之过错而造成时，行为人必须向受害人赔偿其遭受之损失；如非纯因行为人过错而造成危险，则法院得依衡平原则定出赔偿，且除判令行为人作出赔偿外，还得判令其他从该行为得益之人或导致该紧急避险情况出现之人作出赔偿"。

同正当防卫一样，紧急避险也是道路交通事故中一项重要的阻却不法性的事由。[③] 紧急避险之所以被认为阻却或排除不法性，主要在于紧急避险行为虽然损害了法律所保护的某种利益，但其目的或意图却是保护较之更为重要的利益，它是为了保护一个合法利益而牺牲另一个合法利

[①] 在澳门第 28/2004 号行政法规核准之《公共地方总规章》和 8 月 25 日第 35/97/M 号法令《规范在海事管辖范围内禁止投掷或倾倒有害物质》中有紧急避险之条款，其规定紧急避险可以作为抗辩事由，参见《规范在海事管辖范围内禁止投掷或倾倒有害物质》第 9 条之 a 项和 b 项。另外，《公共地方总规章》第 14 条第 1 款规定，"一、除紧急避险的救助工作外，禁止：（一）排放废水或任何污染性液体到公共地方，或任其流到该等地方；（二）在违反适用的技术规定及规则的情况下，将废水排入污水排放系统；（三）将非来自清洁公共地方的废水或任何污染性液体排入雨水排放系统"。

[②] 学理上根据危险之来源不同将紧急避险分为两大类，即攻击性的紧急避险和防御性的紧急避险。参见〔葡〕João de Matos Antunes Varela《债法总论》（第十版）（第一卷），唐晓晴译，未出版，第 398 页。

[③] 除此之外，正当防卫和紧急避险的相似之处还有行为目的相同，两者都是保护本人或者他人的人身、财产等受法律保护之权益。另外，两者都会造成一定的损害。

益。① 在价值不同的两种合法利益发生冲突的情况下，法律要同时保护两者几乎不可能，保护一种利益必然牺牲另外一种利益。在不能两全时，需要在发生冲突的私权之间进行利益衡量。行为人为了本人或者他人的合法权益免受正在发生的危险，在迫不得已的情况下，尽管造成了某种合法权益的损害，但保护了更为重要的利益，这对于整体社会利益来说实际上是有利的。避险行为中法益的损害应当是不可避免和必要的，牺牲价值小的利益保护价值大的利益，从而保护和维持社会整体利益，这实质上阻却了不法性，避险行为被正当化，是一种适法行为。

(二) 紧急避险的成立条件

紧急避险作为一项特定的权利，在道路交通事故中，是指通过损害一种合法权益保护另外一种合法权益的行为。紧急避险行为的合法实施需要一定的成立条件，即紧急避险的构成要件。为了防止紧急避险被滥用，如何界定其构成要件显得尤为重要。

构成紧急避险应具备以下要件。

第一，避险起因或前提。必须有威胁合法利益的危险发生，这是紧急避险最基本的前提条件。如前所述，正当防卫的危险来源通常只能是来自人的不法侵害行为，紧急避险则不同，在因紧急避险发生道路交通事故的场合，有数种原因会致使出现需要紧急避让的险情，其危险来源可能是来自人的不法侵害，也可能是源于自然因素，又或者是动物的侵袭及人的生理、病理方面的原因。

第二，避险时间。必须是面临正在发生的危险，威胁着行为人或第三人之合法权益，而且正在发生的危险是现实存在的，这是成立紧急避险的时间条件。不允许采取事前避险或事后避险的行为，对于已经发生之危险或尚未发生之危险或主观臆想之危险都不能采用紧急避险。

第三，避险意图或目的。紧急避险的目的必须是正当的，行为人实行紧急避险必须是出于保护本人或者他人的合法权益免受正在发生的危险之目的，即要具有避险意图或目的，这也是紧急避险成立之主观条件。对于紧急避险中所保护法益的界定，李莉娜教授认为可以借鉴和参考《澳门刑

---

① 这同正当防卫不同，正当防卫是合法权益与非法权益碰撞、较量与对抗。

法典》第34条第1款之规定，[①] 即紧急避险中所保护的对象涵盖生命权、身心完整权、名誉权及自由权等，笔者对此也持赞同态度。[②]

第四，避险的必要性。只能在迫不得已的情况下才能实施，这是紧急避险的限制条件，紧急避险确有必要，避险行为须是不得已而为之。这是因为紧急避险牺牲的是合法权益，是以损害某种利益来保全另一种利益的行为，所以法律规定只有在迫不得已的情况下，为了保护更大的利益，除牺牲较小的合法权益外，没有其他可供选择的方法，如果当时能够采取其他措施避免危险，就不允许采取紧急避险的方式。

第五，避险对象。如前所述，正当防卫所针对的对象只能是人，且只能是不法侵害者本人，不能对不法侵害者以外的第三人实施防卫。正当防卫的损害只能对不法侵害的本人实施，而紧急避险的损害可以对第三者实施。紧急避险时所针对的对象是第三者的合法权益，其中涵盖之范围可能是人，也可能是物，但紧急避险所针对的不能是避险之行为人之利益，此为对象条件。如 Antunes Varela 所言，如行为人为了保护他人的利益而牺牲自己的利益，则不成立紧急避险，视其情况可能构成无因管理。[③] 另外，为了保护被侵害的合法权益，法律也并没有排除对精神病人和无责任能力的未成年人实施紧急避险的可能性。

第六，避险限度。避险行为不能超出必要限度及造成不应有的损害，这是紧急避险成立的限度条件。避险行为不得超过必要的限度，其判断标准一般而言是以避险行为所造成的损害不超过危险所肇致的损害为限度，具体而言，是依据《澳门民法典》第331条（紧急避险）第1款 b 项和 c 项两项标准来判定，或者"保全之利益明显大于牺牲之利益"，又或者"按照受威胁利益之性质或价值，要求受害人牺牲其利益属合理者"，这是紧急

[①] 《澳门刑法典》第34条第1款规定："作出可适当排除危险之不法事实者，如该危险属威胁行为人本人或第三人生命、身体完整性、名誉或自由之正在发生而不能以他法避免之危险，且按照案件之情节，期待作出其他行为属不合理者，其行为无罪过。"

[②] 李莉娜：《紧急避险：游离于合法与非法之间——兼论澳门法中有关紧急避险的成立与法律后果》，《澳门理工学报》第9卷第4期，总第24期，2006，第88页。

[③] 〔葡〕João de Matos Antunes Varela：《债法总论》（第十版）（第一卷），唐晓晴译，未出版，第398页。

避险成立的重要条件之一，也是衡量紧急避险是否超过必要限度的界限。[1]如果行为人的避险行为超过必要限度或采取措施不当，肇致另一起更大道路交通事故的发生，导致不应有或不必要的损害，这时属于紧急避险超过必要限度而失去平衡之情形，可能引致侵权责任之承担，行为人应当对道路交通事故造成的不应有的损害承担相应的责任。

另外，根据《澳门民法典》第331条（紧急避险）第1款a项，"……a)危险情况非因行为人己意造成，但为保护第三人之利益者，不在此限"，可知一般情况下，危险之发生不可归责于行为人本人，紧急避险行为所要避免的危险不能是因为行为人本人之过错（故意或过失）所造成的，否则不成立紧急避险。具体而言，如果危险之产生是因为行为人主观上有故意或者过失而肇致的，为排除威胁第三人之合法权益之正在发生之危险采取相应行为。行为人不得以紧急避险为由而要求免于承担责任，因为危险之发生可归责于行为人本人，所以此时行为人本人仍要承担损害赔偿之债，行为人本人应按《澳门民法典》第331条（紧急避险）第2款之规定承担相应的责任，但这不同于我们一般意义上的侵权损害赔偿之债。在这种情形下，笔者赞同Antunes Varela所说的，"损害赔偿之债不是基于行为非法（因为是合法行为），也不是风险（因为损害是因行为人的自愿行为造成，不是出于巧合也不是因为不可抗力）；这是因为相互公正原则，对受损利益之权利人之补偿必须服从于更高的利益"。[2]

最后，回到我们先前介绍的案例。该案例满足上述"紧急避险"成立的所有要件，行为人E为避免特大道路交通事故之发生，从而给公共利益、

---

[1] 有两种判断标准可能是鉴于以下之原因。合法利益的冲突一般存在下列三种情形：一是保护法益的价值明显大于牺牲法益的价值，这是紧急避险常见的不存在争议的类型，其明显能阻却不法性；二是保护法益的价值明显小于牺牲法益的价值，此明显属于避险过当的情形（所谓避险过当，是指在具备紧急避险的其他要件时，避险行为超过必要限度造成不必要的损害时），不能阻却不法性；三是保护法益的价值等于牺牲法益的价值或很难比较两种法益的大小，判断其是否合法非常棘手，颇富争议。在第三种情形下，可能考虑适用第二种判断标准。笔者认为，根据这个判断标准，即使紧急避险造成的损害等于所保护的权益，也并不必然构成避险过当，要视其具体情况具体分析。笔者认为，这种非单一的判断标准更为科学合理。

[2] 〔葡〕João de Matos Antunes Varela：《债法总论》（第十版）（第一卷），唐晓晴译，未出版，第399页，注解3。

本人或他人的合法权益造成较大的损害，其不得已才采取损害或牺牲另一较小利益的紧急避险行为。具体来说，E 驾驶车辆正常超车，F 所驾驶的公车汽车突然右转，如果 E 不避让，必然引致重大交通肇事之发生，后果将不堪设想，E 没有过错，其在不得已的情况下采取紧急措施，在必要限度内引致另一起损害较小的道路交通事故之发生，[①] 牺牲较小的利益——将路边摩托车撞坏，而保全了较大利益——公车汽车和车上乘客的安全，这属于非常典型的紧急避险，其造成的损害后果理应由引起险情者承担，而 E 可以紧急避险为抗辩事由而不承担侵权责任。

四　受害人之同意

（一）受害人之同意的概念和性质

Antunes Varela 认为，"受害人的同意是权利人认可一项行为的作出，如没有了这一认可的话，该行为将构成对此'权利的侵犯'或对'保护相关利益之规范'的违反"。[②] 根据《澳门民法典》第 332 条（受害人之同意），"一、在取得他人同意之情况下作出损害该人权利之行为，为法律所容许。二、然而，如上述行为系法律所禁止或违背善良风俗之行为，受害人之同意不阻却行为之不法性。三、为受害人之利益及按其可推定之意思而造成之损害，视为经受害人同意之损害"，笔者认为，所谓"受害人之同意"，是指受害人事先表示自愿承担将来发生的某种损害结果之意思表示，无论受害人的同意是以明示或者推定的方式表示出来，只要不违反法律和违背善良风俗，都可以作为一种正当理由，让加害人在受害人所表示的自愿承担的损害结果范围内免于承担民事责任。值得指出的是，风险自负行为[③]与

[①] 第三人 F 是险情引起者，E 实施紧急避险行为没有超过必要限度或措施不当。

[②] 〔葡〕João de Matos Antunes Varela：《债法总论》（第十版）（第一卷），唐晓晴译，未出版，第 399 页，注解 3。

[③] 德国将"风险自负"称为"Handeln auf eigene Gefahr""schuldhafte Selbstgefährdung"。参见〔德〕U. 马格努斯、〔西〕M. 马丁－卡萨尔斯《侵权法的统一：共同过失》，叶名怡、陈鑫译，法律出版社，2009，第 112～113 页。

另外，参阅《欧洲民法典·侵权行为法草案》（2002 年 3 月 19 日第 4 稿）第 6：105 条对风险自负原则的规定，"如果损失或伤害是受害人所同意的，而且他知道或者应当知道同意的后果，则不属于具有法律上相关性的损害。如果受害人将自己暴露于某种通常被适当地接受的作为一个整体的危险行为的危险，该危险的实现不构成法律上的相关性的损害"。

受害人之同意有很多相似之处，由于澳门法律对风险自负没有明确规定，常常将二者混同，所以笔者也将二者不加区别。"受害人之同意"也是阻却违法事由之一，可以阻却不法以此作为加害人的抗辩理由或免责事由。

（二）受害人之同意的构成要件

"受害人之同意"应当符合以下条件。第一，受害人的同意或者风险自负的受害人与加害人之间，应存在一个作为前提条件的基础法律关系，如医疗服务合同关系、体育比赛或其他。基于基础法律关系使受害人得以同意从事甘冒风险之行为，这个基础法律关系可能是无偿的，也可能是有偿的。

第二，受害人的同意必须预先做出，即在侵害行为实行之前做出，这是受害人同意的时间要件。若在损害后果产生后，受害人表示自愿承担该损害结果，只能视为受害人是在事后免除了加害人的侵权责任。

第三，受害人必须具有承诺能力。受害人之同意作为一种意思表示，应以受害人有承诺能力为前提，缺乏承诺能力之人做出接受损害之意思表示，不能视为受害人之同意。

第四，受害人的同意必须以明示或者默示的方式做出。除了以口头或书面等明确方式表示外，也可以推定方式来判定受害人之同意之损害，即受害人之同意一般情况下应以明示方式做出，但是在为受害人之利益及按其可推定之意思足以表明其接受损害，采用推定方式亦没有什么不可，如 Antunes Varela 所说，"当损害是为受害人之利益而作出并符合其假定意思者（《葡萄牙民法典》第 340 条第 3 款），[1] 视为存在受害人的同意"。[2]

第五，受害人之同意原则的另一构成要件是受害人之同意不得违反法律和违背善良风俗，从而排除其非法性。违反澳门法律和违背善良风俗的受害人之同意是无效的，不能据此免责，如 Antunes Varela 所言，"即使获得病人同意的安乐死行为人也不会免除责任，得到房地产之业主同意而在其住宅纵火的行为人也不会免责"。[3]

---

[1] 《澳门民法典》第 332 条第 3 款。
[2] 〔葡〕João de Matos Antunes Varela：《债法总论》（第十版）（第一卷），唐晓晴译，未出版，第 400 页。
[3] 〔葡〕João de Matos Antunes Varela：《债法总论》（第十版）（第一卷），唐晓晴译，未出版，第 400 页。

第四章　抗辩事由

第六，为防止加害人利用受害人的同意，受害人的同意必须是真实自愿的，凡因欺诈、胁迫等做出的同意接受某种损害结果的意思表示，非为本人真实的意思表示，不能认定为受害人之同意。

第七，加害人的侵害行为不得超过受害人同意的范围和限度。在受害人之同意的范围内，加害人可以受害人之同意对抗加害人，但是超出受害人同意的范围和限度的对受害人无效，不能阻却不法，加害人仍须对超出的部分承担赔偿责任。

第八，在受害人之同意中，受害人"同意"承担可能发生某种后果之意思表示，即行为人同意承受某种风险，行为人可能遭遇到的风险是不确定的，其可能发生，也可能不发生，即这种风险的产生只能是一种可能性，而不是一种必然性，但行为人并不希望危险后果之产生，正如克雷斯蒂安·冯·巴尔教授所指出的，"只要我尚不知道具体会发生什么，则即使是有意识地接受了风险实际上也希望它不要发生；换句话说，实际上我是不同意伤害结果的"。[①]

第九，在受害人之同意中，行为人参与之风险活动在客观上具有不确定之风险具有合理性，即此种危险之存在通常是活动本身所固有的风险。例如，足球比赛中一方球员与另一方球员在比赛规则所允许之范围内的"合理冲撞"之风险，这种风险是无法由人来控制的，若加害人蓄意追求风险之产生或加重，则此加害行为即具有不法性，不能援引受害人之同意来对抗。又如，在高度危险的体育活动中，在作为澳门体坛和车坛盛事的澳门格兰披治大赛车等世界级的具有群体性、对抗性及高度人身危险性的房车赛或电单车赛等比赛中，行为人参与的赛车活动客观上存在风险，或说行为人在从事赛车活动时有受到人身伤害之可能性，受到侵害的权益可能是生命权或身心健康权等。赛车运动中出现人身伤害事件属于正常现象，应在意料之中而被允许，赛车手作为参与者无一例外地处于潜在的高度危险之中，其既是高度风险的潜在制造者，又是高度风险的潜在承担者，赛车手很有可能从风险的潜在承担者成为危险后果的实际承担者。受害人之同意已为澳门法律接受为被告的合理之抗辩事由，它既存在于过错责任原

[①] 〔德〕克雷斯蒂安·冯·巴尔：《欧洲比较侵权行为法》（下），焦美华译，张新宝审校，法律出版社，2001，第631页。

则中，亦存在于风险责任中，而正当风险之制造者可以据此对抗索赔。

第二节 《澳门民法典》第498条所规定的抗辩事由

除了以上在《澳门民法典》总则部分规定的抗辩事由外，在交通肇事领域还有其他的抗辩事由，如因第三人之行为、受害人的过错或可归责于受害人之原因而肇致的情事及不可抗力等外来的抗辩事由，这三种抗辩事由也是交通事故侵权责任中非常重要的抗辩情事。[1] 根据现行《澳门民法典》第498条的规定，"第四百九十六条第一款及第三款所定之责任仅在就事故之发生可归责于受害人本人或第三人时，或事故系由车辆运作以外之不可抗力原因所导致时，方予排除，但不影响第五百条之规定之适用"，因为这三种情况的出现"中断了车辆本身之风险与损害之间的因果关系"，[2] 可知除了上述在《澳门民法典》总则部分所规定的抗辩事由外，车辆造成之事故之侵害人仅能通过证明《澳门民法典》第498条规定的法定的免责条件来排除自己的责任，而不能通过证明自己没有过错来免除自己的责任。第三人之行为、受害人的过错或可归责于受害人之原因而肇致的情事及不可抗力可以作为抗辩事由的理论基础在于，导致损害发生的具体事实过程（processo factual）中，因第三因素的介入引发了行为人之行为与损害之间的

---

[1] 其他的领域，如澳门4月22日第28/91/M号法令《订定本地区行政当局、公共法人其权利人及公共管理代理人之合约外民事责任制度》第9条（危险责任）、澳门第11/2004号行政法规《空运人及航空器经营人的民事责任制度》第17条（因因第三人造成的损害而产生的责任的阻却事由）第1款第1项及澳门8月25日第35/97/M号法令《规范在海事管辖范围内禁止投掷或倾倒有害物质》第9条（例外）c项等规定不可抗力通常可作为抗辩事由或免责事由以免于承担侵权损害赔偿责任。《澳门民法典》第502条（由电力或气体之设施造成之损害）第2款规定，"对因不可抗力所导致之损害，无须弥补；凡与以上所指之物之运作及使用无关之外因，均视为不可抗力之原因"。再者，《澳门商法典》第90条第1款规定："如受害人对损害之发生亦有过错，法院得根据有关情况将损害赔偿减少或排除"，同条第2款规定："如第三人之行为亦系造成损害之原因之一，则企业主之责任不得减少，但不影响上条第二款及第三款之规定之适用。"另外，参见〔葡〕João de Matos Antunes Varela《债法总论》（第十版）（第一卷），唐晓晴译，未出版，第618~623页。

[2] 〔葡〕João de Matos Antunes Varela：《债法总论》（第十版）（第一卷），唐晓晴译，未出版，第475页。

第四章 抗辩事由

因果关系之中断。[①] 具体而言，因果关系中断是指被告侵权行为发生后又发生了第三人的行为、受害人的行为及介入的自然因素等介入原因，使行为人之行为与损害之间原本存在的因果关系产生被切断的效果。[②] 一般来说，在因果关系被中断的情况下，行为人之行为与受害人之损害后果之间不存在适当因果关系，故而不用承担非合同民事责任。但这里值得指出的是，有时不可抗力、第三人之过错作为的行为人之抗辩事由并不是绝对的，如不可抗力、受害人之行为及第三人之行为情况并不必然排除行为人的损害赔偿责任。[③]

一 事故归责于因车辆运作以外的不可抗力

不可抗力是肇致道路交通事故损害后果的重要原因之一，行为人可否将不可抗力作为道路交通事故责任的抗辩事由？世界上不同的国家或地区所持的立场不尽一致，但许多国家或地区都确定了不可抗力为车辆交通事故的抗辩事由。例如，根据德国《道路交通法》第 7 条之规定，"机动车在运行之际，致人死亡、身体或者健康受到伤害，或者物品受到损害时，该机动车的保有者，对受害人负担赔偿由此产生的损害的义务。事故是因不可抗力发生时，得排除赔偿义务"，[④] 可知道路交通事故因不可抗力发生时，行为人之赔偿义务可以被排除。日本 1955 年《机动车损害赔偿保障法》第 3 条的规定持同样的见解，不可抗力可以作为道路交通事故损害赔偿责任的

[①] 〔葡〕João de Matos Antunes Varela：《债法总论》（第十版）（第一卷），唐晓晴译，未出版，第 618～623 页。
[②] 关于因果关系中断，参见本书"因果关系"章节中对其的详细探讨。
[③] 如对于《澳门民法典》第 495 条中 "为本身利益而饲养或利用任何动物之人"，Antunes Varela 指出，"因利用每种动物所导致之特定危险" 标准 "大大地限制了适用于排除责任的情况"，对此，Antunes Varela 进一步解释，即便"损害之近因"是不可抗力或第三人的过错，"只要所出现之损害与利用此动物时特有之危险相对应，动物之使用人的责任仍然存在"。参见〔葡〕João de Matos Antunes Varela《债法总论》（第十版）（第一卷），唐晓晴译，未出版，第 461～462 页。
[④] 德国法在 "2001 年修改的《第二损害赔偿法规定修正法》中将'不可避免的事件'改为'不可抗力'，进一步缩小了免责事由的范围，例如不得以未满十周岁的儿童的行为主张免责"。参见于敏《机动车损害赔偿责任与过失相抵》，法律出版社，2004，第 159 页；于敏：《机动车损害赔偿责任与过失相抵》，法律出版社，2006，第 162～168 页。

235

免责事由。① 西班牙第 1301/1986 号法令第 2 条规定，涉及人身伤害时，行为人在证明归因于不可抗力时可以免责。② 《葡萄牙民法典》第 505 条亦将不可抗力规定为抗辩事由。③ 但在法国的立法例中，不可抗力"被解释为受害人以外的任何事件，诸如一只在快车道上游荡的狗，或者路面有一层难以发现的薄冰"，鉴于法国法对不可抗力之解释太过宽泛，所以法国 1985 年《改善交通事故受害者处境法》第 2 条规定不可抗力不能作为交通肇事的免责事由。

与《葡萄牙民法典》第 505 条的规定一样，《澳门民法典》第 498 条也将不可抗力规定为抗辩事由，但遗憾的是，《澳门民法典》并没有给出不可抗力的定义。不可抗力意味着人力难以抗拒的力量，一般而言，其涵盖战争等社会现象及台风、地震、洪水、海啸等自然现象。对不可抗力的正确认定具有非常重要的意义，不可抗力作为道路交通事故侵权损害赔偿责任之抗辩事由，在适用时也是有一定条件限制的。

（一）不可抗力与车辆本身所固有的风险无关

葡萄牙学者 Antunes Varela 指出，"当不可抗力来自车辆运作以外时，也会排除驾驶者的责任"，但是不可归责于车辆持有人或驾驶者的车辆结构缺陷或者功能障碍，或是其车辆运作上的改变（如车胎爆裂、油缸着火等），这些都不属于不可抗力之情形，此种情形下的车辆持有人或驾驶者的责任不能被排除。④ 例如，车辆在行驶中遇到地震、台风等造成人身伤亡或财产损失的，可免除当事人的赔偿责任。只有因纯粹不可抗力引起的，不

---

① 日本《机动车损害赔偿保障法》第 3 条规定："为自己将机动车供运行之用者，因其运行而侵害他人之生命或身体时，对所生损害负赔偿责任。但当证明自己或驾驶者就机动车之运行未怠于注意、受害人或驾驶者以外之第三者有故意或过失以及不存在机动车结构之缺陷或机能之障碍时，不在此限。"参见于敏《日本侵权行为法》（第二版），法律出版社，2006，第 474 页。
② 〔德〕克雷斯蒂安·冯·巴尔：《欧洲比较侵权行为法》（下），焦美华译，张新宝审校，法律出版社，2001，第 482 页。
③ 《葡萄牙民法典》第 505 条（责任之排除）规定，"第 503 条第 1 款及第 3 款所定之责任，仅在就事故之发生可归责于受害人本人或第三人时，或事故系由车辆运作以外之不可抗力原因所导致时，方予排除，但不影响第 570 条之规定之适用"。参见《葡萄牙民法典》，唐晓晴等译，北京大学出版社，2009，第 90 页。
④ 〔葡〕João de Matos Antunes Varela：《债法总论》（第十版）（第一卷），唐晓晴译，未出版，第 479 页。

介入车辆本身运行所固有的风险的交通事故,不可抗力才能成为免责事由。

(二) 不可抗力与当事人的行为无关

不可抗力之情况是一种人们不能预见、不可避免、不能克服的自然或社会现象的客观情况,属于人力所无法抗拒之力量。自然现象包括但不限于天灾人祸,如地震、台风、洪水和海啸,社会现象则包括但不限于战争等。在上述不可抗力之情况下,即使车辆持有人或驾驶者尽到了法律要求之谨慎注意义务,其损害仍难以避免。不可抗力是一种独立于人的行为之外的事件,与当事人的行为没有关系,如被海啸吞没的车辆所造成的事故,又如汽车在驾驶途中突然遭遇特大台风,虽然车辆持有人尽了最大努力避免交通事故的发生,但还是发生了交通肇事。诸如此类的事件是来自车辆运作以外的不可抗力,对于因不可抗力所造成的损害,行为人免于承担赔偿责任,即车辆驾驶者或所有者无须对车辆造成之损害负责。

(三) 不可抗力与当事人的本身所处的状态无关

不可抗力与车辆持有人或驾驶者本身所处的状态无关,如车辆持有人或驾驶者突然发病,视力有障碍、老眼昏花或身体不能动弹,行为人不能以上述原因为理由,主张这属于不可抗力来对抗受害人的索赔,如克雷斯蒂安·冯·巴尔引述英国 Denning 上议员所说的,"每一个驾驶者包括驾驶学员都必须以一个技术过关、有经验和谨慎驾驶者的行为方式驾驶,'他'体格健全、不犯判断错误、视力和听觉优良,不会虚脱"。[①]

不可抗力与车辆构造上的瑕疵或车辆运行上的风险、当事人本身所处的状态及当事人的行为都没有关系。在不可抗力发生时,首先应厘清不可抗力与产生交通事故损害后果之间的关系,其次要确定当事人的行为在发生不可抗力的情况下对交通肇事所造成的损害后果发生是否发挥作用。不可抗力之发生并不意味着车辆持有人之责任必然会被免除,不可抗力发生后,车辆持有人仍负有高度的谨慎注意义务,其仍有尽力避免交通肇事损害之产生或加重的义务。只有当交通肇事损害后果之发生完全归责于不可抗力时,即行为人对损害之产生和加重没有施加任何作用,其才可以成为交通事故侵权损害赔偿责任的免责事由。鉴于不可抗力具有客观性,并且

---

① 〔德〕克雷斯蒂安·冯·巴尔:《欧洲比较侵权行为法》(下),焦美华译,张新宝审校,法律出版社,2001,第 328 页。

不受当事人的意志所支配，其出现中断了当事人的行为与损害后果之间的因果关系，不能让人们承担与其行为完全无关但又无法控制的事故后果。如果交通肇事损害后果是由行为人的过错和不可抗力共同肇致的，行为人的过错是交通事故损害后果产生的原因之一，或是行为人没有及时采取补救措施引致损害后果加重，则行为人就不能把这部分损害后果以不可抗力作为道路交通事故责任的免责事由来进行抗辩。

二　事故可归责于受害人本人

对于道路交通事故侵权行为，保护受害之第三人的合法权益是第一位的，这毋庸置疑是值得肯定、应当坚持的，但道路交通事故损害赔偿责任从本质上讲是一种非合同民事损害赔偿责任，应当符合非合同民事责任法中以自己责任为核心或基础的原则。"自己责任"不仅指行为人自己，也涉及受害人自己，如损害后果是由行人出于自杀或者非法谋取保险赔偿等目的故意造成的。所以也不能不加区别地一味强调对受害人利益之保护，也应重视适度平衡受害人和赔偿责任主体的利益。笔者认为，可能正是基于此，《澳门民法典》才将受害人本人的原因规定为车辆交通事故免除责任的事由之一。其他的法域中，西班牙第1301/1986号法令第2条规定，涉及人身伤害时行为人在证明受害人有排他性过错时可以免责；[①] 日本的法律也将此视为交通事故赔偿责任的免责事由；[②] 葡萄牙和中国澳门将事故"可归责于受害人本人"规定为交通肇事的抗辩事由。故而，当车辆发生交通事故造成人身伤亡、财产损失，交通肇事的损害后果纯粹是受害人的行为引致的，《澳门民法典》第498条（《葡萄牙民法典》第505条）规定，车辆持有人或驾驶人都不应承担责任。Manuel Trigo教授亦指出，"事故的发生可归责于受害人时，应排除行为人的责任"。[③] 基于此，毋庸置疑，若交通事

---

① 〔德〕克雷斯蒂安·冯·巴尔：《欧洲比较侵权行为法》（下），焦美华译，张新宝审校，法律出版社，2001，第482页。
② 参见日本《机动车损害赔偿保障法》第3条之规定。
③ 〔葡〕Manuel Trigo（尹思哲）：《债法概要》（最新修订本），朱琳琳译，杜慧芳校，澳门大学法律系三年级教材，未发行，1997～1998，第114页。

故的损害后果完全是由受害人故意造成的，车辆持有人或驾驶人无须承担赔偿责任。例如，受害人 B 为了自杀、自残与敲诈勒索等，突然扑向 A 所驾驶之高速行驶的汽车，受害人的故意行为是造成自己人身或财产损害的根本原因，应当自己承担后果。Antunes Varela 亦指出，《葡萄牙民法典》第505条（《澳门民法典》第564条第1款）所指的"仅在就事故之发生可归责于受害人本人"意味着"仅证明受害人在事故中有过错并不足以排除驾驶者或车辆之持有人的责任，因为他们也可能同时存在过错。因此，只有在证明了受害人有过错且驾驶者或车辆之持有人没有过错时，才可以确定排除责任。很多立法及学者都肯定，车辆之所有权人及驾驶者之责任，只有在证明受害人是导致事故的唯一过错人，或事故仅归咎于受害人之过错时，才可以被排除"，[1] 即如果事故完全归责于受害人，受害人之行为是损害发生的唯一原因，损害后果完全是由受害人肇致的，而车辆持有人没有任何过错，此时车辆持有人的行为与损害的因果关系得以中断，车辆持有人等行为人才可以免责。[2] 值得指出的是，如果交通肇事是由车辆持有人或驾驶者之过错与"受害人之过错"共同引致的，即他们两者之间的责任发生竞合时，对于车辆持有人能否主张免除责任，则应根据《澳门民法典》第564条第1款进行处理。[3] 具体来说，若交通事故是由受害人之过错和驾驶员的过错共同肇致的，车辆持有人或驾驶者能否主张完全免除赔偿责任是值得研究的，受害人一方的故意一般可以作为车辆一方的免责事由，但若车辆一方对于事故的发生也有过错（如若受害人的故意行为是因为车辆持有人等加害人的教唆、引诱或恶意利用而产生的），该受害人的故意行为不能作为车辆持有人之抗辩事由，或说车辆持有人不能以受害人之过错对损害赔偿进行全部抗辩，对加害人不能予以免责，只能按过失相抵的原则

---

[1] 〔葡〕João de Matos Antunes Varela：《债法总论》（第十版）（第一卷），唐晓晴译，未出版，第477页。

[2] 例如，受害人蓄意造成事故的发生，如受害人碰撞车辆或故意制造假车祸以敲诈勒索，车辆持有人或驾驶者可主张免除责任，车辆一方不需要承担赔偿责任。

[3] 《澳门民法典》第564条（受害人之过错）规定："一、如受害人在有过错下作出之事实亦为产生或加重损害之原因，则由法院按双方当事人过错之严重性及其过错引致之后果，决定应否批准全部赔偿，减少或免除赔偿。二、如责任纯粹基于过错推定而产生，则受害人之过错排除损害赔偿之义务，但另有规定者除外。"

进行部分抗辩，即依照《澳门民法典》第 564 条第 1 款的规定，减轻或免除车辆持有人的损害赔偿金额。

再者，Antunes Varela 进一步指出，《葡萄牙民法典》第 505 条（《澳门民法典》第 564 条第 1 款）所说"仅在就事故之发生可归责于受害人本人"关乎的"不是过错的问题"，所以"不以此判断受害人需否对源于已经作出之事实（不法的）之损害负责"。他觉得"过错只作为一种因果联系，被用来判断何时事故中所出现的损害不必被认为是车辆本身风险的法律上的效果，而是被害人做出之事实之后果"，故而他认为，"虽然受害人（作出）之事实是可受被害人非难或谴责之事实，但其实法律是想将所有归根于受害人之事故包括在内，即使没有他的过错亦然"。① 对此，克雷斯蒂安·冯·巴尔也指出，"葡萄牙法律的一个独有的特征是，公平责任被扩张适用于机动车保有者的责任：民法典第 503 条明确规定'缺乏民事行为能力的人……根据第 489 条之规定负有责任'"，② 即按照《澳门民法典》第 496 条第 2 款规定之"不可归责者按第四百八十二条之规定负责"，③ 如果受害人是不可归责者，在特定条件下，其要承担《澳门民法典》第 482 条规定之衡平责任。Manuel Trigo 教授亦指出，"只要受害人对事故负有责任，事故的发生即可归责于受害人本人，即使受害人是不可归责者"。④ 为了对《澳门民法典》第 496 条第 2 款有更清晰的理解，笔者在此套用 Antunes Varela 所举的例子。车辆持有人或驾驶者知道在公路上行走的是一个小孩或一个精神失常之人等不可归责者，其也履行了适当的谨慎注意义务，采取了适当措施，但仍避免不了车辆事故的发生，此时车辆持有人或驾驶者一方没有过错，如果此时事故归责于受害人之事实，车辆持有人或驾驶者的客观

---

① 〔葡〕João de Matos Antunes Varela：《债法总论》（第十版）（第一卷），唐晓晴译，未出版，第 477~478 页。
② 〔德〕克雷斯蒂安·冯·巴尔：《欧洲比较侵权行为法》（上），张新宝译，法律出版社，2001，第 118 页。
③ 《澳门民法典》第 482 条（由不可归责者作出之损害赔偿）规定："一、如侵害行为由不可归责者作出，且损害不可能从负责管束不可归责者之人获得适当弥补者，即可按衡平原则判不可归责者弥补全部或部分之损害。二、然而，计算损害赔偿时，不得剥夺不可归责者按其状况及条件而被界定之生活所需，亦不得剥夺其履行法定扶养义务之必要资源。"
④ 〔葡〕Manuel Trigo（尹思哲）：《债法概要》（最新修订本），朱琳琳译，杜慧芳校，澳门大学法律系三年级教材，未发行，1997~1998，第 115 页。

责任被排除，在这种情况下，按照《澳门民法典》第482条规定之衡平责任，接受不可归责者本人之责任，原因在于Antunes Varela所说的"仅仅因为被害人是一个不可归责者，而要求驾驶者对受害人故意造成之事故的效果负责，这并不公平；在这种条件下所出现之事故不应包含在车辆使用之特有风险之中"。[1]

三 事故可归责于第三人

对于第三人的行为是否可以成为道路交通事故责任中致害人的免责事由，不同立法例之规定不尽一致。日本法对此持肯定态度，[2] 但根据法国1985年《以改善道路交通事故受害人的状况和促进赔偿程序为目的的法律》第2条之规定，第三人行为在任何情况下不能成为道路交通肇事的免责事由。[3] 葡萄牙法、中国澳门法与法国法不同，根据《澳门民法典》第498条（《葡萄牙民法典》第505条），第三人原因也是澳门道路交通事故中行为人的重要抗辩事由之一，即车辆发生交通事故造成人身伤亡、财产损失时，如果该损失可以归责于第三人，车辆持有人可以据此作为抗辩事由，第三人应当承担侵权责任而排除其他的责任承担者。第三人的行为是指，受害人和加害人之外的第三人对于受害人损害之产生或加重具有原因力作用。澳门大学Trigo教授指出，"如事故的发生可归责于第三人，行为人的责任同样会被排除。例如，B的敌人C，在行人道悄悄等待B经过而将他推出马路中心，因而被正驶过的A的车辆撞倒"。[4]

损害仅可归责于第三人时，第三人之行为之所以可以作为车辆持有人的交通事故损害赔偿责任的免责事由，是因为第三人的行为作为介入性因素中断了车辆持有人的行为与损害后果之间的因果关系。这里的第三人不是严格意义上的第三人，他不仅可以指路上的行人，还可以是另一辆车的

---

[1] 〔葡〕João de Matos Antunes Varela：《债法总论》（第十版）（第一卷），唐晓晴译，未出版，第478页。

[2] 参见日本《机动车损害赔偿保障法》第3条之规定。

[3] 淡路刚久：《法国的交通事故赔偿法》，载日本交通法学会编《世界交通法》，西神田编辑室，1992，第257页。

[4] 〔葡〕Manuel Trigo（尹思哲）：《债法概要》（最新修订本），朱琳琳译，杜慧芳校，澳门大学法律系三年级教材，未发行，1997~1998，第115页。

驾驶者，亦可指该辆车上的乘客等。首先，如同对"可归责于受害人之事故"的理解一样，Antunes Varela 认为"可归责于第三人之事故"也是将其看成"不法事实之责任"，因为此时同样也存在第三人没有过错或者为不可归责者的情形，而根据《澳门民法典》第 496 条第 2 款（《葡萄牙民法典》第 503 条第 2 款）规定的适用第 482 条（《葡萄牙民法典》第 489 条）的衡平原则，即也"接受不可归责者本人之责任"。[1] 其次，如果事故应归责于"第三人之事实"时，[2] 而车辆持有人或驾驶者并没有过错，车辆持有人或驾驶者的客观责任则被排除。另外，值得指出的是，有些道路交通肇事单纯是由第三人的行为肇致的，但有一些是由车辆持有人或驾驶人的行为和第三人的行为共同造成的，当第三人的行为与加害人（车辆持有人或驾驶者）的行为构成共同侵权时，应该根据《澳门民法典》第 490 条之规定来处理，加害人应与第三人承担连带责任。最后，如果事故应归责于"第三人之事实"的情形是由动物所肇致之事故，此时应该根据《澳门民法典》第 495 条（《葡萄牙民法典》第 502 条）由为了自己的利益而利用动物之人承担风险责任，或者根据《澳门民法典》第 484 条（《葡萄牙民法典》第 493 条第 1 款）由负有管束义务之人承担过错推定责任。[3]

第三节 其他情形

一 侵权责任免责条款

侵权责任免责事由既包括法定的责任事由，如前文所述之紧急避险或正当防卫，也包括约定的免责事由，如免责条款，即合同当事人以协议排除或限制其未来可能发生之侵权责任的合同条款，当然，对于后者，未必都有法律效力。具体而言，免责条款是合同当事人事先约定的，如果在合

---

[1] 〔葡〕João de Matos Antunes Varela：《债法总论》（第十版）（第一卷），唐晓晴译，未出版，第 479 页。
[2] 〔葡〕João de Matos Antunes Varela：《债法总论》（第十版）（第一卷），唐晓晴译，未出版，第 479 页。
[3] 〔葡〕João de Matos Antunes Varela：《债法总论》（第十版）（第一卷），唐晓晴译，未出版，第 479 页。

同履行期间发生了某些违约行为或侵权行为，则应免除或限制当事人违约责任或侵权责任的条款。按照合同免责条款协议约定的免除责任的性质，免责条款可以分为违约责任免责条款和侵权责任免责条款。违约责任免责条款所免除的责任内容为违约责任，免除责任的主体为违约人，而侵权责任免责条款所免除的责任为侵权责任，免除责任的主体为侵权行为人。再者，侵权责任是基于法律强制规定而产生之法定义务，所以对其的保护相比较违约责任更为严格，通常不能轻易地免除或限制，其比违约责任的免除所设定的限制更多。本部分我们只探讨侵权责任免责条款。

  对于侵权责任免责条款是否有效，世界各个国家或地区的态度可能不尽一致。克雷斯蒂安·冯·巴尔指出，欧洲国家有的"限制了免责协议的可能性"，有的"完全剥夺了免责协议的可能性"，还有的"仅限于因轻微过失导致的物损或身体伤害"。[①] 例如，欧盟 1985 年第 85/374 号指令（《1985 年 7 月 25 日欧盟理事会关于协调统一成员国有关缺陷产品责任的法律、法规与行政规章的第 85/374/EEC 号指令》），1990 年 6 月 13 日第 90/314/EEC 号指令（关于一揽子旅游）第 4 条和第 5 条第 2 款，1993 年第 93/13 号指令（《1993 年 4 月 5 日欧盟理事会关于消费者合同中的不公平条款的第 93/13/EEC 号指令》）第 3 条第 1 款 t 项及附件 I。[②] 瑞典于 1971 年 4 月 30 日发布施行之《不当契约条件禁止法》以消费者合同为其调整对象。英国于 1977 年颁布之《不公平合同条款法》调整了侵权责任限制或免除条款之效力。[③] 1989 年，中国香港参照英国 1977 年《不公平合同条款法》的内容，颁布《管制免责条款条例》，规定了香港合同责任和侵权责任免除的一般原则。葡萄牙 1985 年 10 月 25 日第 446/85 号法令调整了合同一般条款问题（第 18 条规定"不得在一般交易条款中免除对消费者人身伤亡和物损的赔偿责任"），后来通过 1995 年 8 月 31 日第 220/95 号立法将《1993 年 4 月 5 日欧盟理事会关于消费者合同中的不公平条款的第 93/13/EEC 号指令》

[①] 〔德〕克雷斯蒂安·冯·巴尔：《欧洲比较侵权行为法》（下），焦美华译，张新宝审校，法律出版社，2001，第 683 页。
[②] 〔德〕克雷斯蒂安·冯·巴尔、〔德〕乌里希·德罗布尼希主编《欧洲合同法与侵权法及财产法的互动》，吴越、王洪、李兆玉、施鹏鹏等译，法律出版社，2007，第 138 页。
[③] 〔德〕克雷斯蒂安·冯·巴尔、〔德〕乌里希·德罗布尼希主编《欧洲合同法与侵权法及财产法的互动》，吴越、王洪、李兆玉、施鹏鹏等译，法律出版社，2007，第 141 页。

引入上述法律，接着又通过1999年7月7日第249号立法对此加以修订。①

澳门对侵权责任免责条款亦有明文规定，侵权责任减轻或免除条款的效力由9月28日第17/92/M号法律《制定合约的一般条款法律制度》来调整。侵权责任免责条款一方面体现了合同双方当事人的真实意愿，当事人可以自由商议、决定合同之内容，诠释了《澳门民法典》第399条所规定的作为合同法的核心原则之一——"合同自由"原则；另一方面，从订立非合同民事行为免责条款的双方关系来看，通常有一方当事人居于主导地位，如雇佣劳动关系中的雇主与雇工等，侵权责任免责条款可能会被肆意滥用，合同订立一方当事人利用免责条款将风险归于对方，从而免除或限制自己应承担的法律责任，另一方当事人的合法权益可能会被严重侵害，从而引致社会不公。为对不公平免责条款加以规制，在"契约自由"的原则下，澳门立法和司法实践对侵权责任免责条款进行了严格限制，这在某种意义上可能对契约自由、正义之追求有些影响与冲击，但其没有背离"契约自由"原则的应有之义。对免责条款的效力进行限制是从保护双方当事人的基本权益出发，在尊重当事人私法自治原则的同时，对处于弱势或被动地位的一方当事人采取适当的司法倾斜，以防止合同对方当事人利用不规范的合同条款规避法律责任，以捍卫、保护当事人合法权益和实现法律的公平正义。

《澳门民法典》第273条（法律行为标的之要件）第2款亦规定，"违反公共秩序或侵犯善良风俗之法律行为无效"。《澳门民法典》第789条（法定代理人或帮助人之行为）也规定，"一、债务人须就其法定代理人或其为履行债务而使用之人之行为对债权人负责，该等行为如同债务人本人作出。二、经利害关系人之事先协议，得排除或限制上述责任，只要该排除或限制不涉及违反公共秩序规范所定义务之行为"。而第17/92/M号法律第11条规定了禁止的一般合同条款之一般原则，"一、禁止将违反善意原则，不适当地损害同意人的合约一般条款列入合约内。二、有疑义时，属

---

① 〔德〕克雷斯蒂安·冯·巴尔、〔德〕乌里希·德罗布尼希主编《欧洲合同法与侵权法及财产法的互动》，吴越、王洪、李兆玉、施鹏鹏等译，法律出版社，2007，第140页；〔德〕克雷斯蒂安·冯·巴尔：《欧洲比较侵权行为法》（下），焦美华译，张新宝审校，法律出版社，2001，第683页，注解460。

下列情况的条款，则存有不适当的损害：a）抵触法定管制的主要原则且与该法定管制有分歧者；b）限制由合约性质所产生的主要权利和义务，以致危害已达致的合约目的者"，由此可知，条款不得违背公共秩序或善良风俗原则，与此原则相抵触的免责条款无效，虽然这个规定较为抽象，但它对判断确认侵权责任免责条款之效力具有普遍的指导意义。同一法律第 12 条规定了绝对禁止的条款，"一、禁止直接或间接排除或限制下列责任的一般条款，该等条款在任何情况决不得被列入确实签署合约内：a）对损害人们的生命、精神或身体或健康的责任；b）对在对方或第三者的范围内引致合约财产损毁的责任；c）在故意或严重过错的情况下，对确定性不履行，延迟或不完善履行的责任；d）在故意或严重过错的情况下，对代表或助理的行为所产生的责任……二、亦禁止下列的合约一般条款：……；e）更改关于证明责任及风险的分配规则者；f）限制或以任何方式修改已签署合约内直接由使用者或其代表负责的规定"。有学者指出，"德国法的起点是责任约定限制在侵权法领域原则上是允许的"，[1] 由于受到德国法的影响，葡萄牙和中国澳门对此也持类似态度，正如 Antunes Varela 所说，"至于侵权责任，当损害产生自单纯疏忽（mera negligência）时，同样也不妨碍利害关系人在法律的限制内以约定排除或限制责任"。[2] 原则上当事人可以通过合同对将来可能发生之非合同领域的责任减轻或免除做出事先约定，即主张非合同责任领域的排除或限制也不是不可能的。[3] 所以，如果在合同订立后发生侵权行为，尽管侵权行为具备了《澳门民法典》第 477 条规定的承担非合同民事责任的全部构成要件（或因不法事实所生之责任或风险责任），但侵权行为人却可能根据此免责条款不承担或不全部承担相应的非合同民事责任，即免除或限制了其侵权责任。但值得指出的是，虽然在某种程度或

---

[1] 〔德〕克雷斯蒂安·冯·巴尔、〔德〕乌里希·德罗布尼希主编《欧洲合同法与侵权法及财产法的互动》，吴越、王洪、李兆玉、施鹏鹏等译，法律出版社，2007，第 140 页。

[2] 〔葡〕João de Matos Antunes Varela：《债法总论》（第十版）（第一卷），唐晓晴译，未出版，第 634 页。

[3] 但同时 Antunes Varela 又指出，"在实务上由于侵权责任产生自绝对权或适用于普遍人之规范的违反，实在难以想象利害关系人何以有利益预设及接受特定的一人或多人的侵犯"。参见〔葡〕João de Matos Antunes Varela《债法总论》（第十版）（第一卷），唐晓晴译，未出版，第 634 页。

范围上通过合同协议约定免除或限制当事人侵权责任是可能的，但是并非所有的侵权行为均可约定责任免除。首先，公民的生命健康权作为一项绝对的民事权利，任何人不得侵犯公民的生命健康权，合同当事人不能约定涉及人身伤害或死亡的免责条款，所有对公民生命健康造成损害之侵权行为责任不能进行责任免除，这是法律绝对禁止的规定。其次，条款不得免除或排除故意或严重过失的侵权行为责任，德国有这方面的明文规定，如"根据《德国民法典》第309条第7项，用标准格式免除对因重大过错（故意，重大过失）所负的责任一般是无效的"。[1] 免除"故意"和免除"严重过失"责任的条款在葡萄牙和中国澳门都是无效的。[2] 而Figueiredo Dias、J. Sinde Monteiro和Almeida Costa等葡萄牙学者所持的具有代表意义之观点为"医生的一些重要注意义务是公共秩序的内容，因此不能协定免除"。[3] 另外，澳门第17/92/M号法律的第13条规定了相对禁止的条款，如"s)制定与损害的补偿不相称的处分条款"等。第14条第1款规定，"按照本法律的规定，被禁止的合约一般条款是无效的"。[4] 第23条第1款规定，"倘有依据地疑虑在确实签署合约内引进与本法律的规定有抵触的一般条款时，第十八条所指的实体可申请对其作出临时禁止"。

具体到交通事故领域，《澳门民法典》第497条（责任之受益人）第4款规定，"排除或限制运送人对损及被运送人之事故所负责任之条款，均属无效"，此条款关于运送人应承担之责任范围和被运送人请求损害赔偿之范围的规定是一种强行性规范，当事人不得通过协定或单方法律行为修改、

---

[1] 〔德〕克雷斯蒂安·冯·巴尔、〔德〕乌里希·德罗布尼希主编《欧洲合同法与侵权法及财产法的互动》，吴越、王洪、李兆玉、施鹏鹏等译，法律出版社，2007，第140页。

[2] 〔德〕克雷斯蒂安·冯·巴尔：《欧洲比较侵权行为法》（下），焦美华译，张新宝审校，法律出版社，2001，第682页；Almeida Costa, *Direito das Obrigações*, 6th Ed, Coimbra：Livraria Almedina, 1994, p. 675；Pinto Monteiro, *Clausulas Limitativas e de Exclusão de Responsabilidade Civil*, Coimbra：Universidade de Coimbra, 1985, pp. 161 – 163.

[3] 〔德〕克雷斯蒂安·冯·巴尔：《欧洲比较侵权行为法》（下），焦美华译，张新宝校，法律出版社，2001，第683页；Figueiredo Dias e J. Sinde Monteiro, *Bol. Min. Just.* 332, 1984, pp. 21 – 52；Almeida Costa, *Direito das Obrigações*, 6th Ed, Coimbra：Livraria Almedina, 1994, p. 682.

[4] 据此可知，有时某些侵权行为免责条款是合同的一个组成部分，但这并不意味着该免责条款就一定具备法律效力，对免责条款订入合同的认定并不意味着对其法律效力的认定。

第四章　抗辩事由

排除或限制上述条款的适用,以此来达到阻却运送人或解除其赔偿义务的效果,否则无效。

二　委托驾驶行为或职务驾驶行为

委托人之责任是一种基于法律的制度设计,受托人的侵权行为是委托人之责任存在的前提条件,委托人要承担侵权责任,首先必须要求受托人的侵权责任完全符合《澳门民法典》所规定的构成要件。在委托驾驶中,若受托之驾驶人的行为虽然造成了他人合法权益的损害,但若因某种正当的理由或不归责性事由,如不可抗力等特定抗辩事由的存在引致受托之驾驶人不必承担侵权责任,则委托人的责任也相应被免除。因此,受托之驾驶人在其交通事故致害过程中存在抗辩事由应该同样适用于委托人对受害人责任的承担,上述之自助行为、正当防卫、紧急避险、不可抗力、受害人之行为及第三人之行为等也应该成为委托人免除或减轻责任的事由。再者,根据葡萄牙学者 J. Sinde Monteiro 和 Maria Manuel Veloso 的观点[1]可知,委托人还可以受害人明知道受托之驾驶人没有得到授权而为之来对抗受害人,此种情形下受害人行使诉讼权利被认为是对《澳门民法典》第 326 条(《葡萄牙民法典》第 334 条)的滥用,[2] 以此作为抗辩事由来拒绝适用替代责任或担保责任。

此外,在现实生活中,可能存在委托合同约定委托驾驶期间受托人造成他人损害的,由委托人或受托之驾驶人自行单独对交通肇事之受害人承担责任的情形,即委托双方对侵害第三人利益的责任承担做出约定。对于这种免责条款(或减轻责任条款)的效力可以从两方面去把握。一方面,根据合同相对性原则,委托双方的这种约定只能在合同当事人(即委托人

---

[1] J. Sinde Monteiro 和 Maria Manuel Veloso 以葡萄牙 2000 年 1 月 12 日最高法院的判决来解释说明之,"根据 2000 年 1 月 12 日最高法院的判决,虽然雇员签了一张没有授权的支票,但是最高法院拒绝适用替代责任,因为原告知道雇员在滥用职权"。参见〔葡〕J. Sinde Monteiro、〔葡〕Maria Manuel Veloso《对他人造成的损害的责任:葡萄牙法》,载〔荷〕J.施皮尔主编《侵权法的统一:对他人造成的损害的责任》,梅夏英、高圣平译,法律出版社,2009,第 276 页。

[2] 《澳门民法典》第 326 条(权利之滥用)规定:"权利人行使权利明显超越基于善意、善良风俗或该权利所具之社会或经济目的而产生之限制时,即为不正当行使权利。"

和受托之驾驶人）之间有效，这种约定不能对抗第三人，即我们这里所说的赔偿权利人，免责条款或减轻责任条款不能作为委托人免除责任的依据，委托人仍然应就受托之驾驶人的职务行为给第三人造成的损害承担侵权责任。委托人对受托之驾驶人之职务侵权承担赔偿责任为一项法定义务，在受托之驾驶人职务行为致人损害时，赔偿权利人有权请求其承担损害赔偿责任。那些试图通过事先约定的免责条款或减轻责任条款规避委托人之责任的做法不会得到法律的支持，因为这种免责约定不是作为委托双方的委托人和受托之驾驶人对自己民事权利的处分，而是对第三人——受害人应负的法律强制义务的逃避。因此，委托人对受害人承担的外部责任不受委托合同双方内部约定的影响，该内部约定不能对抗受害人要求委托人承担交通事故侵权损害赔偿责任的请求，委托人对受托之驾驶人在执行职务过程中对第三人造成损害的外部责任的承担不能因委托双方的约定而减轻或免除。另一方面，根据私法自治原则，法律也应保护民事主体的缔约自由，在不违反现行法律的前提下，有效的事先免责条款或减轻责任条款可以作为委托人和受托之驾驶人内部责任分担的根据，委托人在承担对外责任后，可以依据免责条款或减轻责任条款要求受托人赔偿自己因对第三人承担赔偿责任所遭受的损失。

三 消灭时效

发生道路交通事故后，受害一方可就身心健康权、生命权或财产受损害等不同情形向加害人提出损害赔偿请求，但就受害人或继承人的交通肇事侵权损害赔偿请求权利而言，时效的消灭或丧失也可以成为加害人的一种抗辩事由。在《澳门民法典》中，时效在总则部分和非合同民事责任部分都有出现。按照《澳门民法典》第302条，一般时效期间为15年，[①] 而根据《澳门民法典》第491条第1款（《葡萄牙民法典》第498条第1款），基于非合同民事责任而请求损害赔偿之权利一般适用一个更短的时效期间（3年），特别时效期间优于普通时效规定，非合同损害赔偿请求权的时效期间或者说侵权责任的时效期间一般为3年，自受害人知道或应当知道其拥有

---

① 请参阅《澳门民法典》第299条。

损害赔偿请求权利和侵权行为人时开始，交通事故的权利主体必须遵守这个时效期间，在受害人不知情的情形下，自加害行为发生之时起，因15年间不行使而归于消灭。根据《澳门民法典》第302条和第491条第1款可知，事实上有两个不同的时效在起作用，一个是知悉或应知悉本人权利和侵权行为人起3年，但若受害人不知情，非合同民事责任损害赔偿中发挥作用的则是总则里最长为15年的一般时效期间，因第491条第1款最后部分规定"但不影响自损害事实发生时起已经过有关期间而完成之一般时效"。

根据《澳门民法典》第491条第1款（《葡萄牙民法典》第498条第1款），时效开始的时间要求对权利损害的积极认知，不要求受害人知悉损害的全部范围，甚至也不要求对交通肇事方身份的积极认知或确认，所以不能以受害人的过失而不知道交通肇事方或侵权人的身份事实作为理由引致时效被延长，因时效期间是自权利得以行使时开始进行的，所以为了时效的起算，受害人需要知悉或了解属于自己的权利，[①] 可知侵权赔偿请求之权利原则上在3年时效期间届满后消灭。但根据同条第3款（《葡萄牙民法典》同条第3款），因行为人的犯罪行为导致的交通肇事侵权损害赔偿请求权利在追诉权消灭之前不消灭，如果该追诉时效期间较长，则民事侵权诉讼时效可以直接适用刑法有关追诉时效的规定；如果此犯罪行为之刑事责任因非出于追诉时效期间消灭之原因而完成，交通肇事侵权损害赔偿请求权利自发生该原因起最初1年内消灭，即仍然还有1年的诉讼时效期间，但在第491条第1款规定的时效期间届满前不消灭。《澳门民法典》第491条关于非合同民事责任时效之规定不仅适用于因不法事实所发生之责任，也适用于风险责任。另外，如果不是基于受害人的过错，而是因不可抗力或加害人故意而导致时效终结时也无法查明肇事方或侵权人的身份，可以适用《澳门民法典》第313条（因不可抗力或债务人欺诈之中止）。

---

① "Para o começo do primeiro prazo não é necessário que o lesado tenha conhecimento da extensão integral do dano（…）, Pois pode pedir a sua fixação para momento posterior; nem é necessário que conheça a pessoa do responsável, pois não deve admitir-se que a incúria do lesado em averiguar quem o lesou e quem são os responsáveis prolongue o prazo da prescrição. O que é necessário, para começo da contagem do prazo, é que o lesado tenha conhecimento do direito que lhe compete." 参见 Pires de Lima e Antunes Varela, *Código Civil Anotado*, Volume I, 4.ª Edição Revista e Actualizada, Coimbra Editora, 1987, Pág. 503.

关于葡萄牙和中国澳门道路交通肇事侵权损害赔偿请求之权利的消灭时效如何开始计算，以及其期限可否延长，葡萄牙里斯本中级法院2008年10月7日的合议庭裁判第6760/2008-7号上诉案是个比较典型的案例。[①] 原告A在2000年12月16日乘坐由被告B已向某保险公司承保的车辆，由于被告B的过错肇致发生交通事故，造成原告身心健康权遭受严重损害，原告A在2003年12月12日向法院提起诉讼，以其在交通事故中身体及精神严重受损为由，要求判被告即肇事者B向其支付49440.04欧元的损害赔偿，被告B在2003年12月18日被传唤。被告B答辩时主张，《葡萄牙民法典》第498条第1款（《澳门民法典》第491条第1款）规定的损害赔偿请求权自受害人知悉其拥有该权利及应负责任之人之日起经过3年时效完成，因此，该案之损害赔偿请求权利之时效在2003年12月16日已完成，受害人损害赔偿的权利已消失。最后，该案第一审法院判决损害赔偿请求权利之时效已完成，被告B可以据此免责，但原告A对时效开始计算的时间持不同见解，故向葡萄牙里斯本中级法院提起上诉。原告A在上诉书状中指出，"在计算三年消灭时效时，不应认为事故发生当日是开始之日，因为当时所受到的创伤，原告无能力理解其权利状况。因此，至少应该以2000年12月17日——原告做完外科手术及麻醉醒来后时——作为开始计算的日期"，根据《葡萄牙民法典》第323条第2款，"如传唤或通知于声请后五日内仍未作出，且其原因不能归责于声请人，则视时效于该五日后即告中断。因此自2003年12月17日后，时效已经中断，消灭时效没有完成"。此外，如果由于不法事实构成刑事犯罪，根据《葡萄牙民法典》第498条第3款（《澳门民法典》第491条第3款）、《澳门刑法典》第110条第1款，损害赔偿请求权是否延长、延长多少，视乎那种犯罪的追诉时效是多长。葡萄牙里斯本中级法院合议庭法官援引Vaz Serra教授[②]的意见认为，"为了开始计算时效期间，必须要求受害人知悉，这在法律上是损害赔偿的基础，不知悉相关情势之人不知道其可以要求损害赔偿，这不应是构成一个较短期的消灭时效期间的理由"。葡萄牙里斯本中级法院合议庭法官亦主张，《葡萄牙民法典》第498条第1款（《澳门民法典》第491条第1款）

[①] 本案由艾林芝翻译和总结，内容有适当删减。
[②] Vaz Serra, "Anotação ao acórdão do STJ de 27-11-1973", in *RLJ*, n°.107, p.300.

规定之时效期间为:"自受害人知悉其拥有的权利时开始计算,这可能与事故发生的日期不必然的一致……原告在事故发生后处于无意识的状况,其遭受之损害以及实施之外科手术使得其(至少在事发当日)不可能知悉透过本诉讼主张的权利……"同样的,关于《葡萄牙民法典》第498条第3款(《澳门民法典》第491条第3款)的可适用性的问题,"在起诉状中单纯抽象地提出相关事实符合特定犯罪即可,还是需要具体证实……我们认为前面所展示的已经可以得出立即适用《葡萄牙民法典》第498条第3款的结论了"。据此,葡萄牙里斯本中级法院认定损害赔偿请求权的时效期间尚未完成,判决撤销一审判决,该案件程序得以继续。

四 无偿搭乘者

欧洲对乘客的立法保护趋势是强烈而明显的,如瑞典,克雷斯蒂安·冯·巴尔认为,根据《瑞典交通损害赔偿法》第10条,"原则上所有的乘客都能就其遭受的人身伤害获得(当然是由保有者的责任保险公司支付)损害赔偿",这无疑有利于对无偿同乘人之保护。[1] 根据德国《道路交通法》第8a条明确之规定可知,德国将无偿之运送归入无过错责任赔偿原则之中。[2] 瑞典《交通损害赔偿法》第10条亦规定,"参与交通之机动车辆驾驶者或乘客受损害时……由该车辆的交通责任保险方支付交通损害赔偿"。[3]

---

[1] 但"机动车驾驶者……特定情形下……可能就会被认定为保有者或作为保有者承担责任,即使不存在这两种情形,他也经常因'介入了机动车辆之运行'而被拒绝在保有者严格责任的保护之外"。参见〔德〕克雷斯蒂安·冯·巴尔《欧洲比较侵权行为法》(下),焦美华译,张新宝审校,法律出版社,2001,第492~493页。

[2] 德国1952年的《道路交通法》中规定,对于机动车所运送人员的风险责任只涉及属于交易行为的有偿客运,并不涵盖无偿同乘者的赔偿问题。2002年7月19日颁布的《修改损失赔偿条文第二法》对《道路交通法》的上述规定做了修改,将无偿同乘者的人身损害纳入风险责任保护的范围。但依照德国法的相关规定,实行风险责任原则的道路交通事故损害赔偿属于限额赔偿,若受害人主张全额赔偿,则须根据《德国民法典》第823条的侵害绝对权之规定,证明被告对于损害的发生有过错,损害赔偿之权利才能够得到支持。参见〔德〕马克西米利安·福克斯《侵权行为法》,齐晓琨译,法律出版社,2006,第275页;杨立新:《中华人民共和国侵权责任法草案建议稿及说明》,法律出版社,2007,第386~387页。

[3] 〔德〕克雷斯蒂安·冯·巴尔:《欧洲比较侵权行为法》(下),焦美华译,张新宝审校,法律出版社,2001,第493页。

法国、荷兰、丹麦及葡萄牙等国家对乘客亦没有歧视性规定,[①] 如《葡萄牙民法典》第 504 条(责任之受益人)第 1 款和第 3 款规定,"一、由车辆造成之损害而产生之责任,其受益人包括第三人及被运送之人……三、如属无偿之运送,有关责任之范围仅涉及对被运送之人造成之人身损害"。[②] 另外,除了欧盟,日本法也对此持同样的见解。[③]

参照葡萄牙法,澳门的法律也将乘客特别是无偿运送者纳入风险责任赔偿原则的范围之内,根据《澳门民法典》第 497 条第 1 款(责任之受益人)的规定,"由车辆造成之损害而产生之责任,其受益人包括第三人及被运送之人",可知无论受害人是在车辆内(如同乘者)还是在车辆外(如行人、其他车辆的搭乘者等),不管有偿还是无偿,全部适用《澳门民法典》第 496 条的风险责任赔偿,以强化对乘客利益的保护,只是依照《澳门民法典》同条第 3 款的规定,"如属无偿之运送,有关责任之范围仅涉及对被运送之人造成之人身损害",对于无偿运送,仅限于受害人的人身损害赔偿,其并不覆盖无偿同乘者的财产损害赔偿问题。所以对于无偿搭乘者所遭受的财产损害,加害人无须承担损害赔偿责任,这一规定可适用于按照规定免票、持优待票或者经承运人许可搭乘的无票旅客,以及好心同意搭乘的朋友。

---

① 〔德〕克雷斯蒂安·冯·巴尔:《欧洲比较侵权行为法》(下),焦美华译,张新宝审校,法律出版社,2001,第 493 页。
② 《葡萄牙民法典》,唐晓晴等译,北京大学出版社,2009,第 89 页。
③ 日本 1955 年制定的《自动车损害赔偿法》第 3 条规定,"为自己将机动车供运行之用者,因其运行伤害他人之生命或身体时,负因此而产生的损害赔偿之责。但,当证明自己或司机就机动车之运行未怠于注意,受害人或驾驶人以外之第三者有故意或过失以及不存在机动车结构上之缺陷或机能之障碍时,不在此限",加害人对侵害"他人"生命或健康负损害赔偿责任。日本最高裁判所"在 1969 年 9 月 29 日的一次判决中第一次正面承认好意同乘者的'他人'性,正式明确指出,'所谓自赔法第 3 条之'他人',是指为自己将机动车供运行之用者以及该机动车司机以外的人'",据此可知,无偿同乘者当然也被包含在"他人"之中。参见李薇《日本机动车损害赔偿保障法上的"他人"性研究》,《外国法译评》第 4 期,1996,第 100 页。

第五章 侵权损害赔偿机制

道路交通事故损害赔偿救济体系是指由非合同民事侵权损害赔偿责任、强制保险制度与汽车保障基金制度共同组成的，以救济道路交通事故中的受害人为中心，以分散因交通肇事之损失为目的的综合性救济体系，本章主要探讨侵权损害赔偿机制。澳门没有制定专门的交通事故损害赔偿法，从道路交通事故损害赔偿制度来看，葡萄牙和中国澳门都是以民法典中的侵权行为规范作为这一制度的根基。以道路交通事故损害赔偿制度之立法分析为视角，虽然《葡萄牙民法典》和《澳门民法典》对这一特殊侵权之损害赔偿做了规定，但较为基础，无法囊括解决道路交通事故损害赔偿的一些具体问题。而且，无论是《澳门民法典》，还是第 3/2007 号法律《道路交通法》，对一些损害赔偿中的重要问题都没有厘清。例如，两者对人身损害方面的具体项目和基准都没有做出规定；又如，是否应赋予受害人近亲家属在受害人的身心健康权严重受损时请求非财产损害赔偿之权利，澳门的交通肇事损害赔偿在坚持以同质补偿为原则的同时，能否适用强迫性金钱处罚。笔者拟先对《澳门民法典》中所规定的道路交通事故这一特殊侵权赔偿制度进行探讨，再指出其不足并提出立法建议。

第一节 道路交通事故民事损害赔偿责任的立法状况

一 域外立法例简介

道路交通事故发生以后，在确定了构成车辆侵权责任后，直接面临的问题就是损害赔偿的问题。大陆法系国家或地区的道路交通事故民事损害赔偿责任立法主要分为两种模式,第一种是民法典模式。民法典模式又可以分为两种情形,其一是在有关危险物责任的条文中包含机动车,如俄罗斯、越南、中国内地等;其二是在该国或该地区的民法典中设置专门的条文规定车辆损害赔偿责任,如意大利、埃塞俄比亚、葡萄牙等国家。第二种是特别法模式。为了使交通事故的受害人能得到及时、充分、有效之救济,一些大陆法系国家制定了机动车损害赔偿制度方面的特别法,即机动车交通事故损害赔偿保障法,采用该模式的立法例有奥地利、德国、法国、瑞士、日本、韩国等国家及中国台湾地区。

二 澳门的立法例

在澳门,第 3/2007 号法律《道路交通法》对交通事故损害赔偿的范围和标准没有进行明确规定。效仿葡萄牙,中国澳门在其民法典中也专门设置了车辆交通事故责任条文,并从几个方面做了较为详尽之规定,构成了澳门道路交通事故民事损害赔偿法律制度的主要组成部分。《澳门民法典》第 496 条规定了车辆持有人对因车辆造成的损害承担风险责任,第 497 条规定了车辆交通肇事损害赔偿的受益人及赔偿范围等,第 498 条规定了车辆交通肇事侵权责任的免责事由,第 499 条规定了车辆碰撞情况下的归责原则和承担侵权责任的方式,第 500 条规定了共同侵权责任主体对交通肇事的损害承担连带赔偿责任,以及它们相互之间责任分担的规则和方式。另外,《澳门民法典》第 556~566 条对损害赔偿之债做了一般性规定。

第二节 损害赔偿的救济方式

道路交通事故损害赔偿责任是一种明确的民事法律责任,正如 Mota Pinto 所言,"民事责任是指法律对给他人造成损害的人强加的使受害人在没有受害时所应置身的状态的义务",[①] 侵权民事救济的方式是指由法律规定

---

① 〔葡〕Carlos Alberto da Mota Pinto:《民法总论》,林炳辉等译,澳门法律翻译办公室、澳门大学法学院及法务局,2001,第 56 页。

第五章　侵权损害赔偿机制

的应负车辆侵权责任的行为人应以什么方式承担因其侵权行为所肇致的对其不利的法律后果。"没有救济的权利即非权利（A Right without Remedy is not a Right）"，西方法谚所言甚是。民法在赋予民事主体权利的同时，必须配套地赋予救济权，救济是对权利的捍卫和保障，是人类公平正义之理想赖以存在的基础。法律只有对侵权行为规定合适的救济方式，才能真正为受害人保驾护航，才能使道路交通肇事中的受害人所遭受到的损害得到弥补，从而使受害人的合法权益得到充分和有效的保护，这对于交通肇事领域亦不例外。侵权民事责任具有强制性、财产性及补偿性等特点，作为一种特殊侵权的民事责任之交通事故损害赔偿责任也具有这些特点。有学者指出，葡萄牙等欧洲大陆法系的许多国家在涉及侵权责任时一般都认可"同质救济（reparation in natura）"，亦可以金钱弥补。对澳门来说，总体而言，侵权救济法律中的民事救济方式主要有恢复原状（《澳门民法典》第556条）、金钱之损害赔偿（第560条）及终止导致损害之事件（第560条第4款）等形式，受害人可据此向法院提起诉讼请求来获得损害赔偿。在侵权行为的各种救济方式中，金钱之损害赔偿是传统侵权民事责任中最基本的也是最为常见的责任承担方式。另外，除上述民事救济形式之外，道路交通事故侵权责任领域自身还存在一些特别的损害赔偿救济手段。例如，若交通事故车辆肇事系因产品瑕疵引致的，根据澳门第17/2008号行政法规《产品安全的一般制度》第5条（生产商的义务）和第6条（经销商的义务）之规定，回收产品也是生产商和经销商承担肇事车辆产品责任的一种方式。

一　恢复原状

恢复原状（reconstituição natural）在侵权责任的承担方式中占有重要地位，在交通事故侵权责任领域亦是如此。恢复原状作为一种损害赔偿的方法，是对损害这种客观存在事实的可救济性方式之一，在所有的赔偿方法中，如 Antunes Varela 所言，"恢复原状优先"。[1]《澳门民法典》第556条将恢复原状作为对损害救济方式的一般性原则予以规定，"对一项损害有义务

---

[1] 〔葡〕João de Matos Antunes Varela：《债法总论》（第十版）（第一卷），唐晓晴译，未出版，第625页。

弥补之人，应恢复假使未发生引致弥补之事件即应有之状况"，恢复原状在所有的损害赔偿中雄居首要地位，相对于金钱之损害赔偿，澳门侵权法更支持恢复原状的损害赔偿权，因为金钱有时无法或至少无法完全填补受害人所遭受的损失。恢复原状的损害赔偿可以适用于财产损害，或非财产损害，或两者兼而有之。恢复原状是指受害人依法有权要求加害人将因其侵权行为所遭受到损害的权利恢复至被损害前的圆满状态的责任方式。但恢复原状未必能圆满地解决损害的所有问题，恢复原状未必能涵盖所有的损害或未必能涵盖损害所涉及的所有方面。① 其适用条件有两个：② 第一，具有恢复的可能性。由于加害人的侵权行为，受害人的合法权益受到侵害后，有的具有恢复的可能性，而有的几乎没有恢复的可能性或可能性微乎其微，此时即使对加害人受到的损害能够予以一定程度的恢复，其恢复能力也是相当有限的，也无法弥补全部损害。对于恢复原状的不可能性，Antunes Varela 指出，其可能是"实质的"或"法律上的"。③ 第二，具有经济上的合理性。有时对于加害人的交通肇事侵权行为所肇致对于他人的人身或财产损害的恢复可能需要耗费侵害人无法负荷的巨大经济代价，成为侵害人不可承受之重。因此，如果恢复原状在经济上的代价过于高昂，已失去其合理性，在这种情况下，根据《澳门民法典》第 560 条第 1~3 款之规定，则可求助于金钱之损害赔偿这种救济方式来取代它。《澳门民法典》第 560 条第 1 款指出，"如不能恢复原状，则损害赔偿应以金钱定出"。另外，同条第 2 款规定，"如恢复原状虽为可能，但不足以全部弥补损害，则对恢复原状所未弥补之损害部分，以金钱定出其损害赔偿"。再者，同条第 3 款规定，"如恢复原状使债务人负担过重，则损害赔偿亦以金钱定出"。有的学者指出，"若实物赔偿不可能，或者不能完全消除损害，或者债务人负担过重，则适用金钱赔偿"，④ 由此可知为了利益平衡的需要，立法并

---

① 〔葡〕João de Matos Antunes Varela：《债法总论》（第十版）（第一卷），唐晓晴译，未出版，第 626 页。
② 杨立新：《侵权法论》（第四版），人民法院出版社，2011，第 220 页。
③ 〔葡〕João de Matos Antunes Varela：《债法总论》（第十版）（第一卷），唐晓晴译，未出版，第 626 页。
④ 〔德〕克雷斯蒂安·冯·巴尔、〔德〕乌里希·德罗布尼希主编《欧洲合同法与侵权法及财产法的互动》，吴越、王洪、李兆玉、施鹏鹏等译，法律出版社，2007，第 63 页。

没有忽视对交通事故侵害人利益的考虑,从这种意义上讲,澳门侵权责任法所关注的不仅是单纯地保护受害人权益,它其实也尝试着在保护受害人和加害人之间寻求一个最佳平衡点,这无疑也是现代侵权责任法应涵盖之意义。

二 金钱之损害赔偿

在道路交通事故中,虽然恢复原状得到优先采用,但是目前金钱之损害赔偿作为一种替代的救济方式也备受重视。《澳门民法典》第560条规定,当恢复原状有障碍时,以金钱之损害赔偿作为损害的救济方式。金钱之损害赔偿,顾名思义,是指以金钱的方式予以计量,对受害人的损害予以赔偿,具体到机动车交通事故损害赔偿中,损害可以分为人身损害和财产损害,[①] 人身损害是指受害人的生命权、身心健康权遭受损害而产生的财产损失和精神痛苦。因为在道路交通事故中,当人们的生命权[②]、身心完整权[③]等受到侵害时,常常会伴随巨大的精神痛苦,非财产赔偿主要指精神损害赔偿,加害行为使受害人遭受巨大的痛苦,对基于受害人人身损害所引发的精神痛苦,应当给予精神抚慰金作为赔偿。财产损害是指因受害人的物品遭受侵害而产生的财产损失,故受害人因加害人的交通肇事侵害行为所引致的损害既可能是对财产损失的赔偿,也可能是对非财产损失的赔偿,或者两者兼而有之,以实现对受害人权益的救济。损害赔偿的方式有临时损害赔偿(《澳门民法典》第559条),有判决一次性支付的赔偿金,也有判决以年为计算单位,分月或数月或分年来多次支付的赔偿金(又称为定

[①] 或将交通事故损害分为人身损害、财产损害和精神损害三种,从而相应地将交通事故损害赔偿分为人身损害赔偿、财产损害赔偿和精神损害赔偿三部分。

[②] 《澳门民法典》第70条(生命权)规定:"一、任何人均有生命权。二、生命权不得放弃或转让,亦不得受法定或意定之限制。"

[③] 《澳门民法典》第71条(身心完整权)规定:"一、任何人均有身心完整受尊重之权利。二、未经本人同意,不得对其施以可影响其身心完整之医学或科学方面之行为或试验。三、禁止以人体器官及其他人体组成部分作交易,即使已与人体分离且取得有关权利人之同意亦然。四、对身心完整权所作之自愿限制,如可预料对生命构成严重危险,或可能对权利人之健康造成严重及不可复原之损害后果,均为无效;但后者具应予重视之理由时,不在此限。"

期金)(《澳门民法典》第561条)等。财产赔偿数额应是受害人所遭受的全部损失的赔偿。第一,根据《澳门民法典》第558条第1款的规定,损害不仅涵盖直接损失(侵害所造成之损失),这主要是指直接导致经济利益的损失,亦涵盖间接损失(受害人因受侵害而丧失之利益)。侵权发生后,受害人可以向法院起诉请求损害赔偿。第二,依据《澳门民法典》第558条第2款所述,"在定出损害赔偿时,只要可预见将来之损害,法院亦得考虑之;如将来之损害不可确定,则须留待以后方就有关损害赔偿作出决定"。第三,《澳门民法典》第560条第6款又指出,"如不能查明损害之准确价值,则法院须在其认为证实之损害范围内按衡平原则作出判定",因为有的加害行为具有长期性、复杂性和潜伏性,不具有直接性和可见性,而对于这种潜在的危害可能是无法量化的,因此,在确定赔偿的时候必须予以考量权衡,才能真正全面、公平地救济受害人所遭受到的损害。第四,根据《澳门民法典》第561条第2款,对定期金之损害赔偿做出决定"所根据之情况有明显变更者,任何一方当事人均得要求变更有关判决或协议"。第五,值得注意的还有《澳门民法典》第559条规定之"临时损害赔偿","损害赔偿应留待在执行判决程序中定出时,法院得在其认为证实之数额范围内即时判债务人支付一项损害赔偿",如所解释的那样,"可能发生——而且很多时也发生——的情况是,既出现未确定而且可能是当时不可能确定的将来损害,同时又出现由(适法或不法)事实所造成的、价值已确定的损害,而对于后者,受害人有意即时获得补偿"。[①] 此外,根据《澳门民法典》第501条和第503条之规定可知,在交通肇事造成损害之风险责任下,加害人对受害人的损害赔偿有设定最高限额。

如前所述,若某一自然人因道路交通事故而使其生命权或身心健康权遭受损害时,受害人除了应得到财产上的损害赔偿外,其本人或其近亲家属还应得到一定的精神损害赔偿。像葡萄牙一样,中国澳门立法并没有将精神损害赔偿剔除在侵权损害赔偿范围之外,对侵权行为的民事责任适用

[①] 〔葡〕João de Matos Antunes Varela:《债法总论》(第十版)(第一卷),唐晓晴译,未出版,第630~631页。

精神损害赔偿，因为依据《澳门民法典》第489条的规定，其赔偿范围涵盖非财产上的损害，这同样适用于交通事故领域。[1] 对于精神损害赔偿保护范畴之界定，世界范围内主要采取两种立法例：以1900年《德国民法典》第253条之规定为代表的限定主义[2]和以1804年《法国民法典》第1382条之规定为代表的非限定主义。[3] 根据《澳门民法典》第489条（《葡萄牙民法典》第496条）第1款（非财产之损害）之规定，"在定出损害赔偿时，应考虑非财产之损害，只要基于其严重性而应受法律保护者"，该条款表明了葡萄牙和中国澳门法对精神损害赔偿的立法态度，即对于精神损害采纳非限定主义，葡萄牙和中国澳门民法广泛承认精神损害赔偿，受害人只要因不法行为而肇致精神受到损害，均可以请求精神损害赔偿，至于造成精神损害之原因是受害人的人身权益还是财产权益遭受损害则在所不问，即精神损害赔偿的范畴并没有仅仅限定在侵害他人人身权益上，对于侵害财产权益的情形没有被排除在精神损害赔偿的保护范围之外。正如葡萄牙民法学者Mota Pinto所指出的，"葡萄牙民法规定在确定损害赔偿时，考虑到因损害之严重程度而产生之非财产损害，该等损害必须受法律保护（第496条第1款）"，[4] 而根据《澳门民法典》第489条的规定考量非财产损害时可

---

[1] 《澳门民法典》第489条规定："一、在定出损害赔偿时，应考虑非财产之损害，只要基于其严重性而应受法律保护者。二、因受害人死亡，就非财产之损害之赔偿请求权，由其未事实分居之配偶及子女、或由其未事实分居之配偶及其他直系血亲卑亲属共同享有；如无上述亲属，则由与受害人有事实婚关系之人及受害人之父母、或由与受害人有事实婚关系之人及其他直系血亲尊亲属共同享有；次之，由受害人之兄弟姊妹或替代其兄弟姊妹地位之甥侄享有。三、损害赔偿之金额，由法院按衡平原则定出，而在任何情况下，均须考虑第四百八十七条所指之情况；如属受害人死亡之情况，不仅得考虑受害人所受之非财产损害，亦得考虑按上款之规定享有赔偿请求权之人所受之非财产损害。"

[2] 1900年《德国民法典》第253条规定："对于非为财产损害的损害，只有在法律规定的情况，才可以请求以金钱赔偿。"参见杜景林、卢湛译《德国民法典》，中国政法大学出版社，1999，第58页。

[3] 1804年《法国民法典》第1382条规定："任何行为使他人受损害时，因自己的过失而致行为发生之人对该他人负赔偿的责任。"参见《拿破仑法典（法国民法典）》，李浩培、吴传颐、孙鸣岗译，商务印书馆，2009，第212页。

[4] 〔葡〕Carlos Alberto da Mota Pinto：《民法总论》，林炳辉等译，澳门法律翻译办公室、澳门大学法学院及法务局，2001，第56页。值得注意的是，这里的第496条第1款是指《葡萄牙民法典》第496条第1款，《澳门民法典》相对应的法条是第489条第1款。

知,不是所有的情况都适用非财产之损害,其建基于"其严重性而应受法律保护者",该条款设置了获得赔偿的前提——非财产之损害须达到一定的严重程度,这是构筑精神损害赔偿不可缺少之法定条件,正如克雷斯蒂安·冯·巴尔所指出的,"在葡萄牙重要的不是侵权行为的种类或所侵害的利益类别却是受害人精神受损的程度"。[1] 但对"严重性"的考核在司法实务中可能并不易把握,因单就精神损害本身而言其主观性就很大,在此基础上还要确定何为"严重性"就变得难上加难。同时,Mota Pinto 进一步指出,"导致非财产损害的受害利益是不能以他物代替的,亦不能以等值金钱恢复。但是,在一定程度上可以藉金钱所产生的满足来平衡损害,补偿损害",从而"给受害人一种满足",[2] 由此可知精神损害赔偿也仅指以给付金钱为内容的补偿(compensação),并不包括其他救济手段。对于非财产损害,值得我们考量的是,金钱作为非财产损害唯一的损害赔偿方式是不是显得有些单薄,以及在实践中应如何理解及以什么样的标准去衡量"严重性"。

在实务中,对于具体精神损害形态可赔偿性问题的确定,克雷斯蒂安·冯·巴尔列举了葡萄牙的几个经典案例,值得我们去考量。例如,葡萄牙科英布拉上诉法院 1977 年 6 月 17 日的判决"将机动车使用利益的损害认定为了非财产损失",原因是根据《葡萄牙民法典》第 496 条其可赔偿性被认定。[3] 考究葡萄牙科英布拉上诉法院 1985 年 2 月 21 日的判决("涉及因一载重车开进一建筑物而导致办公室遭受破坏的案件"),"如果一个人因营业场所遭受破坏而不能给顾客提供满意的服务也遭受了可获得赔偿的非财产损失",认定了其可赔偿性。[4] 对于非财产损害赔偿,澳门法院曾有这样一个判例,[5] 1995 年 5 月 19 日 8 时,在澳门高士德大马路与罗神父街十

---

[1] [德] 克雷斯蒂安·冯·巴尔:《欧洲比较侵权行为法》(下),焦美华译,张新宝审校,法律出版社,2001,第 203 页。

[2] [葡] Carlos Alberto da Mota Pinto:《民法总论》,林炳辉等译,澳门法律翻译办公室、澳门大学法学院及法务局,2001,第 57 页。

[3] 参见 [德] 克雷斯蒂安·冯·巴尔《欧洲比较侵权行为法》(下),焦美华译,张新宝审校,法律出版社,2001,第 195 页。

[4] 参见 [德] 克雷斯蒂安·冯·巴尔《欧洲比较侵权行为法》(下),焦美华译,张新宝审校,法律出版社,2001,第 195 页。

[5] 参见 1998 年澳门高等法院司法见解(第一卷)。

字路口发生了一起车祸，被告 B 驾驶的电单车与原告 A 驾驶的电单车相撞，原告 A 因被告 B 肇致的车祸而遭受损害，导致永久丧失职业活动之能力，且受到非财产上的损害（精神损害）。原审法院法官认为，原告 A "有若干事故后遗症"，"受到永久无能力之影响"及"由于车祸，对于可能不升职而感到恼怒"，认定原告 A 遭受到非财产上的损害，对非财产上的损害确定的赔偿额为 81563.33 澳门元，对此，被告 B 不服上诉于澳门高等法院。澳门高等法院也基于谋生能力的丧失而引致精神痛苦这一理由认定原告 A 因车祸遭受了非财产损害，从而维持原判。

对于该如何计算金钱之损害赔偿的金额，如 Antunes Varela 所说，"（莫姆森的）差额理论"被采用了。[1]《澳门民法典》第 560 条第 5 款规定，"定出金钱之损害赔偿时，须衡量受害人于法院所能考虑之最近日期之财产状况与如未受损害而在同一日即应有之财产状况之差额；但不影响其他条文规定之适用"。针对该条款，Manuel Trigo 教授做出如下解释：金钱之损害赔偿的金额应该以"差额理论"来计算，"赔偿金额按受害人如未受损害的假定财产状况与其现处实际财产状况的差额定出"。[2] 他进一步指出："定出损害赔偿时应考虑实际情况，亦即受害人所遭受的实际损害，而非以任一财产作为抽象的衡量标准，亦非按该损害的市场价值（客观价值）定出赔偿金额。因此，钢琴家失掉一只手指，电视主持、模特儿或电影明星容颜受损时所获的赔偿金额应比一般人遭受同样损害时的赔偿金额为高。"[3] Antunes Varela 给出了 Perreira Coelho 及 Vaz Serra 所列举的例子来诠释这一"差额理论"："A 损坏了一件属于 B 的物体，使其价值缩减到正常价值的一半。在损害发生时，它的价值是 300 元，而当该案件在法院审判之日，它的价值是 500 元。在这个情况，当一般理论订定应赔偿的金额时，可得出数个不同的差额：①相关事实发生之前的状况（300 元）与该事实在法院审判之日的现行状况（250 元）之间的差额，其损害为 50 元。②相关事实发生之

---

[1] 〔葡〕João de Matos Antunes Varela：《债法总论》（第十版）（第一卷），唐晓晴译，未出版，第 627 页。
[2] 〔葡〕Manuel Trigo（尹思哲）：《债法概要》（最新修订本），朱琳琳译，杜慧芳校，澳门大学法律系三年级教材，未发行，1997～1998，第 96 页。
[3] 〔葡〕Manuel Trigo（尹思哲）：《债法概要》（最新修订本），朱琳琳译，杜慧芳校，澳门大学法律系三年级教材，未发行，1997～1998，第 96～97 页。

前的状况（300元）与该事实发生之后的即时状况（150元）之间的差额，其损害为150元。③案件在司法审判之日如无相关事实发生即应有的状况（500元）与该事实发生之前的状况之间的差额，其损害为200元。④现行假设状况（500元）与同一日的真实状况（250元）之间的差额，其损害为250元。法律选择了最后一个方案。第一个方案失之于没有考虑在事实做出之日与损害的司法清算之日之间所产生中断的利润（lucro cessante）；第二个方案有同样的缺陷，而且又没有考虑原损害的现行影响；第三个方案忘记了曾经存在于受害人财产上的价值，因此，未能向审判者提供出损害的准确幅度。"[1]

概言之，损害赔偿的内容既可能是财产赔偿，也可能是非财产赔偿。据此，加害人在致他人身体或者财产权及其他合法权益损害的情况下，除了赔偿财产损失之外，还须就受害人的精神损害予以赔偿。这意味着侵权损害赔偿的范围不仅包括因加害行为而致使的直接经济损失、其他相关的合理费用，以及预期可得利益的间接经济损失，也涵盖了精神损害赔偿。加害人需对受害人支付一定的精神损害赔偿金，以使侵权事件的受害人在精神上所遭受的痛苦能得到合理的补偿。

三 终止导致损害之事件

《澳门民法典》第560条第4款指出，"然而，如导致损害之事件仍未终止，受害人有权请求终止，而不适用上款所指之限制，但所显示之受害人利益属微不足道者除外"。这种方式是指当肇致损害之事件仍未终止时，即加害人的交通肇事侵权行为仍在继续时，为了防止损害进一步扩大，受害人可以请求法院责令其终止导致损害事件的责任形式，除非受害人的利益微不足道，可以忽略不计。

第三节 损害赔偿请求权利的主体

根据现行《澳门民法典》第497条第1款的规定，"由车辆造成之损害

---

[1] 〔葡〕João de Matos Antunes Varela：《债法总论》（第十版）（第一卷），唐晓晴译，未出版，第628页。

而产生之责任，其受益人包括第三人及被运送之人"。此款规定的是车辆侵权责任中的受益人（或说损害赔偿请求之权利的主体），即生命、健康、身体完整性或财产受到不法侵犯而遭受损害的人，既可以是交通事故车辆内被运送之人，即乘客；也可以是除驾驶者和被运送之人之外的严格意义上的第三人，即处于侵权责任车辆之外的人，如被撞的路人或遭到运送人侵权的其他车辆上的人。《澳门民法典》第 497 条第 2 款规定，"如运送系基于合同而作出，有关责任之范围仅涉及对被运送之人本人及对其所携带之物所造成之损害"，此款规定的是被有偿运送的乘客，是针对基于有偿的运输合同而被车辆运送，如通过支付公车、计程车车费等方式而被运送的乘客，当然不仅限于这种独立的标准的运输合同，正如 Antunes Varela 所说的，"法律为'被运送之人'及'其携带之物'所确定的制度，不仅适用于那些有独立的运输合同的规范性情况中，同样亦适用于那些运送被包含在其他的合同中（对于在执行劳动或提供劳务合同时获得运输之保障的人，如工人、医生、工程师等）的一般性情况中"。[1] 对于这种被有偿运送的第三人，运送人必须要承担的损害赔偿责任包括人身损害和其所携带的财物毁损。《澳门民法典》第 497 条第 3 款规定，"如属无偿之运送，有关责任之范围仅涉及对被运送之人造成之人身损害"，此款规定的是被无偿运送的乘客。对于什么是无偿运送，本书的第四章曾对此做过探讨，这里不再赘述。对于无偿运送，如搭顺风车的朋友，运送人必须要承担的损害赔偿责任仅限于被运送人的人身损害，运送人对被运送人随身所携带财物的毁损之客观责任被排除。Antunes Varela 认为，这种客观责任被排除不是建立在"接受了被无偿运送之人同时也自愿接受车辆使用之固有风险"的基础上的，其背后的理论支撑是"强制要求不收取任何相应回报且很多时候都是因为单纯的慷慨精神而提供运送之人无过错时亦需负责是不公正的。如果这样的话，衡平原则将会受到影响"。[2]

---

[1] 〔葡〕João de Matos Antunes Varela：《债法总论》（第十版）（第一卷），唐晓晴译，未出版，第 473 页。
[2] 〔葡〕João de Matos Antunes Varela：《债法总论》（第十版）（第一卷），唐晓晴译，未出版，第 474 页。

一般而言，损害赔偿请求权利的主体是受害人自己，无论是财产损害还是非财产损害。但这也不是绝对的，如《澳门民法典》第 488 条（《葡萄牙民法典》第 495 条）赋予了在因死亡或身体伤害时的第三人的损害赔偿请求权，即克雷斯蒂安·冯·巴尔所说的"第三人（反射性）财产损失"，[1] 他将"第三人（反射性）财产损失"解释为"第三人因侵权行为直接受害人死亡而遭受的一切财产上的损失"。《澳门民法典》第 488 条（《葡萄牙民法典》第 495 条）第 1 款和第 2 款规定，"一、侵害他人致死时，应负责任之人有义务赔偿为救助受害人所作之开支及其他一切开支，丧葬费亦不例外。二、在上述情况及其他伤害身体之情况下，救助受害人之人、医疗场所、医生，又或参与治疗或扶助受害人之人或实体，均有权获得损害赔偿"，即在受害人死亡或身体受伤害的情形下，对受害人提供帮助的人有权请求损害赔偿，葡萄牙最高法院 1993 年 12 月 16 日的判决（"作为一海员的父亲为照顾自己事故中受伤的儿子而不得不暂时放弃自己工作的损害赔偿请求权"）对此持肯定态度。[2] 正如 Manuel Trigo 教授所言，"为了鼓励援助受害人，埋葬死者，保证弥补在上述紧急状况中救助受害人的乐于助人者的损害，上述条文确认了赔偿义务对第三人的效力"。[3] 再者，根据同条第 3 款（《葡萄牙民法典》同条第 3 款）的规定，"可要求受害人扶养之人，或由受害人因履行自然债务而扶养之人，亦有权获得损害赔偿"，可知能行使损害赔偿请求权还有"可要求受害人扶养之人，或由受害人因履行自然债务而扶养之人"，要填补交通肇事死亡事件给需要受害人扶养之人所造成的财产损失，如基本生活费用等。《澳门民法典》第 396 条（《葡萄牙民法典》第 402 条）对"自然债务"做了界定，自然债务是基于"道德上

---

[1] 参照克雷斯蒂安·冯·巴尔所采用的"第三人（反射性）财产损失"这一概念。参见〔德〕克雷斯蒂安·冯·巴尔《欧洲比较侵权行为法》（下），焦美华译，张新宝审校，法律出版社，2001，第 227 页。

[2] 葡萄牙最高法院 1993 年 12 月 16 日的判决，载 CJ(ST) I (1993 - 3) I, p. 181. 参见〔德〕克雷斯蒂安·冯·巴尔《欧洲比较侵权行为法》（下），焦美华译，张新宝审校，法律出版社，2001，第 232 页，注解 1189。

[3] 〔葡〕Manuel Trigo（尹思哲）：《债法概要》（最新修订本），朱琳琳译，杜慧芳校，澳门大学法律系三年级教材，未发行，1997～1998，第 97 页。

或社会惯例上之义务"。葡萄牙法院对配偶是"自然债务"之赔偿权利人采取否定态度，如葡萄牙里斯本上诉法院（刑事庭）1992年3月17日的判决、葡萄牙里斯本上诉法院1973年12月5日的判决、葡萄牙波尔图上诉法院1979年11月21日的判决对此都持这一立场。[1] 但自然债务对于父母死亡时尚未出生之子女，未出生之子女享有该条所规定的损害赔偿请求权，葡萄牙波尔图上诉法院1989年4月13日的判决也对此持赞成态度。[2] 同葡萄牙一样，《澳门民法典》对人在胎儿期间的利益给予了较为全面的保护，其规定胎儿一旦出生且为活体即具有了自然人的人格，可以就胎儿期间所遭受到的侵害主张权利（《澳门民法典》第63条第2款和第3款）。

再者，值得指出的是，根据《澳门民法典》第490条和第500条之规定，对道路交通事故所遭受的损害负有共同责任的主体承担连带责任，因交通肇事享有损害赔偿请求权利的人士可要求负有连带责任的任何一方承担全部损害赔偿责任，连带责任人之间享有相互追偿权。而按照《澳门民法典》第491条之规定，具有损害赔偿请求权利者自知悉或者应当知悉受害人在交通肇事中所遭受的人身或财产损害之日起三年内，提出损害赔偿请求，但法律另有规定者除外；负连带责任者自开始履行赔偿义务之日起三年内提出相互追偿之请求，但法律另有规定者除外。

另外，对于精神损害赔偿请求权利之主体，一般来说，请求非财产损害或精神损害赔偿的主体也应当是直接遭受侵害的受害人本人，如因道路交通事故致受害人身心健康权受到损害，肇致受害人全部或部分丧失劳动能力，或者影响受害人生活自理能力的严重后果等情形。在受害人因加害

---

[1] 葡萄牙里斯本上诉法院（刑事庭）1992年3月17日的判决，载 CJ XVII（1992-2），p.167；葡萄牙里斯本上诉法院1973年12月5日的判决，载 Bol. Min. Just. 232，1973，p.166；葡萄牙波尔图上诉法院1979年11月21日的判决，载 Bol. Min. Just. 292，1980，p.433。参见〔德〕克雷斯蒂安·冯·巴尔《欧洲比较侵权行为法》（下），焦美华译，张新宝审校，法律出版社，2001，第228页，注解1171。

[2] 葡萄牙波尔图上诉法院1989年4月13日的判决，载 CJ XIV（1989-2），p.221。参见〔德〕克雷斯蒂安·冯·巴尔《欧洲比较侵权行为法》（下），焦美华译，张新宝审校，法律出版社，2001，第228页，注解1172。

人的加害行为致死时，《澳门民法典》第 489 条第 2 款（《葡萄牙民法典》第 496 条第 2 款）对死者近亲属的"非财产性反射损害"的赔偿做出了特别规定，① 充分肯定了近亲属的精神损害赔偿请求之权利。该条同样适用于交通事故领域，因为侵害了道路交通事故中受害人之生命权，而对其近亲属造成之精神痛苦给予救济。《澳门民法典》第 489 条第 2 款（《葡萄牙民法典》第 496 条第 2 款）规定了享有非财产损害赔偿请求权利的主体之范围和顺序，但中国澳门法与葡萄牙法不同的是，在缺乏前一顺位的人时，有事实婚姻关系的人可以成为损害赔偿请求权利的主体，即在澳门非财产性损害之反射可以远至有事实婚姻关系的人身上。意大利对此持同样的观点，认为可以将非财产性损害反射至非婚姻生活伴侣身上。② 在受害人死亡时，澳门支持对非婚姻生活伴侣给予非财产性反射损害的补偿，但葡萄牙法不同，根据《葡萄牙民法典》第 496 条第 2 款规定的"非婚姻生活伴侣不能就非财产性反射损害要求赔偿"，在实务中，葡萄牙里斯本上诉法院 1992 年 3 月 17 日之判决反对赋予受害人非婚姻生活伴侣精神损害赔偿请求之权利。③ 再者，需要注意的是，如 Manuel Trigo 教授所指出的，"如属导致受害人死亡的情况，同条第 3 款就规定须同时考虑受害人所受的非财产损害及根据同条第 2 款享有损害赔偿权之人所受的非财产损害"，④ 只有在受害

---

① "非财产性反射损害"这一术语是克雷斯蒂安·冯·巴尔采用的。参见〔德〕克雷斯蒂安·冯·巴尔《欧洲比较侵权行为法》（下），焦美华译，张新宝审校，法律出版社，2001，第 224 页。

② 例如，在意大利琅西亚诺地方法院 1991 年 6 月 29 日之判决中，某人的非婚姻生活伴侣被杀，法院认可了此人作为受害人的非婚姻生活伴侣的精神损害赔偿请求权。又如，在意大利罗马地方法院 1991 年 7 月 9 日之判决中，一人受侵害致死，此人已婚而且还有一个妾，除了死者婚姻生活伴侣及其他家庭成员获得精神损害赔偿之外，此受害人的妾，即非婚姻生活伴侣也得到了"非财产性反射损害"的补偿。参见〔德〕克雷斯蒂安·冯·巴尔《欧洲比较侵权行为法》（下），焦美华译，张新宝审校，法律出版社，2001，第 225 页，注解 1152。

③ 葡萄牙里斯本上诉法院 1992 年 3 月 17 日的判决，载 CJ XVII（1992 - 2），p.167。参见〔德〕克雷斯蒂安·冯·巴尔《欧洲比较侵权行为法》（下），焦美华译，张新宝审校，法律出版社，2001，第 225 页。

④ 〔葡〕Manuel Trigo（尹思哲）：《债法概要》（最新修订本），朱琳琳译，杜慧芳校，澳门大学法律系三年级教材，未发行，1997~1998，第 97 页。

人死亡时，才能同时考虑受害人和第 489 条第 2 款规定的享有损害赔偿权之人这两种不同主体所受的非财产损害，后者在受害人没有死亡时并不享有非财产损害赔偿请求之权利。① 这里有一个疑问，侵害道路交通事故中的受害人的身心健康权严重受损，同时又在对受害人本人所引致的精神痛苦进行补偿，是不是也应对其近亲属所造成的精神痛苦进行救济？例如，一个家庭的孩子因车祸受到重伤，该孩子极度受挫，但父母因此所承受的精神痛苦可能并不比孩子承受的少，这些问题势必会严重影响受害人的家庭生活，因此在这种情况下是不是也应当给予父母精神抚慰金，还有待进一步研究。

---

① 澳门中级法院 2002 年 10 月 24 日第 144/2002 号的司法判决案件，可能有助于更好地解释《澳门民法典》第 489 条第 2 款和第 3 款，该案件的主题为非财产损害赔偿（indemnização por danos não patrimoniais）和《澳门民法典》第 489 条的延伸解释［interpretação extensiva do art° 496° do C. Civil（hoje，art° 489° do C. Civil de Macau）］。案情简介：1999 年 9 月 18 日下午 5 时 30 分至 6 时，受害女童 A 及其母亲 C 就女童鼻子的问题到某医院由嫌疑医生 E 诊治。该诊室内，除 A、C 及 E 之外，还有另一名由母亲 D 陪同下的受害男童 B 就其耳朵的问题由另一名医生诊治。同一诊室内还有其他病人。诊症期间，嫌疑医生 E 的左臂打翻其桌上一支点燃的酒精灯，使酒精流于整张桌子上引致着火，立即烧着受害女童 A，并波及邻近的受害男童 B。两名儿童 A 和 B 因烧伤之损害留下疤痕，并严重损害他们的外表。初级法院除了在刑事行为方面以"过失伤害身体完整性"之罪名判决外，民事行为方面，初级法院判决疑犯 E 和某医院向两名受害儿童 A 和 B 的父母分别支付 448462 澳门元和 501395 澳门元。上诉人 E 就初级法院的判决违反《澳门民法典》第 489 条第 3 款第二部分的规定向两名受害儿童 A 和 B 的父母支付因上述损害做出名为非财产损害赔偿（精神损害赔偿）的费用向中级法院提出诉讼请求，要求初级法院撤销其向受害女童 A 的父母和受害男童 B 的父母就受害人父母的非财产损害（精神损害）分别支付 160000 澳门元的判决，即向受害女童 A 父母赔偿的金额减至 288462 澳门元，以及向受害男童 B 父母赔偿的金额减至 341395 澳门元。合议庭通过考量《澳门民法典》第 489 条第 2 款和第 3 款第二部分，认为法律的本意是只有受害人因侵害行为致死的情况下其亲属才有权请求非财产损害赔偿，所以认为此案件中不可以裁定上诉人 E 向两名受害儿童 A 和 B 的父母支付 160000 澳门元作为他们因孩子为受害人所受损害为由的非财产损害赔偿。故而，中级法院就上诉人 E 的请求，认为初级法院就 E 向受害女童 A 的父母和受害男童 B 的父母就受害人父母的非财产损害（精神损害）不符合《澳门民法典》第 489 条之规定，亦没有对第 489 条之规定进行延伸解释，因此项决定缺乏法律依据，从而撤销了初级法院就 E 向两名受害儿童 A 和 B 的父母就受害人父母的非财产损害（精神损害）分别支付 160000 澳门元的判决，即向受害女童 A 父母赔偿的金额减至 288462 澳门元，以及向受害男童 B 父母赔偿的金额减至 341395 澳门元。参见 Processo n° 144/2002, http://www.court.gov.mo/sentence/zh/8681。

第四节　损害赔偿原则

一　全额赔偿原则

全额赔偿的定义如 Manuel Trigo 教授所指出的，是由法院定出的"可获赔偿的损害指所造成的全部损害"。[①] 的确，通过《澳门民法典》第 489 条和第 558 条可知，澳门民法采用了全部赔偿原则，损害赔偿包括人身损害赔偿和财产损害赔偿，损害赔偿的内容既可能是财产赔偿，也可能是非财产赔偿，其不仅涵盖因加害行为"侵害所造成之损失"（如医疗救治费、丧葬支出费等直接经济损失），还包括"受害人因受侵害而丧失之利益"（因交通事故住院治疗无法工作而减少的收入），除非有《澳门民法典》第 487 条规定之因过失而产生的责任之损害赔偿缩减的情况，"责任因过失而生者，得按衡平原则以低于所生损害之金额定出损害赔偿，只要按行为人之过错程度、行为人与受害人之经济状况及有关事件之其他情况认为此属合理者"。对此，有学者指出，《葡萄牙民法典》第 494 条（《澳门民法典》第 487 条）规定之非合同民事责任赔偿数额减轻条款仅限于加害人过失所肇致的损害，如果加害人的侵害行为所肇致的损害是因其故意而为之，"在与特殊案件的进一步情况无关时，减轻赔偿一般不予考虑"，[②] 即在行为人故意侵权的情形下，一般不得减轻加害行为人的损害赔偿责任。此外，根据《葡萄牙民法典》第 499 条（《澳门民法典》第 492 条）之规定，《葡萄牙民法典》第 494 条（《澳门民法典》第 487 条）既适用于因法律事实所产生之责任，也同样适用于风险责任，尤其是交通肇事民事责任领域。[③] 再者，与《葡萄牙民法典》第 494 条（《澳门民法典》第 487 条）规定的非合同民事

[①] 〔葡〕Manuel Trigo（尹思哲）:《债法概要》（最新修订本），朱琳琳译，杜慧芳校，澳门大学法律系三年级教材，未发行，1997~1998，第 97 页。

[②] 〔德〕克雷斯蒂安·冯·巴尔、〔德〕乌里希·德罗布尼希主编《欧洲合同法与侵权法及财产法的互动》，吴越、王洪、李兆玉、施鹏鹏等译，法律出版社，2007，第 136 页。

[③] 〔德〕克雷斯蒂安·冯·巴尔、〔德〕乌里希·德罗布尼希主编《欧洲合同法与侵权法及财产法的互动》，吴越、王洪、李兆玉、施鹏鹏等译，法律出版社，2007，第 136~137 页。

责任赔偿数额减轻条款有关的特别法律规定是《葡萄牙民法典》第489条（《澳门民法典》第481条），该条"涉及行为免责之人的责任"，即不可归责者的"衡平责任"。①

二 限额赔偿原则

澳门道路交通事故民事责任领域在坚持全部赔偿原则的同时，也会考虑赔偿义务人之赔偿能力，辅之以限额赔偿原则。限额赔偿原则针对赔偿额的限定，涵盖最高额的限制，如《澳门民法典》第501条（最高限额）和第503条（责任之限额）对交通事故民事责任之规定在一定程度上诠释了限额赔偿原则。② 根据《澳门民法典》第501条第1款，"基于交通事故而须作之损害赔偿，如应负责任之人无过错，则每一事故之最高限额：如一人或多人死亡或受伤害，为法律对造成事故之车辆之类别所规定之汽车民事责任强制保险之最低金额；如对物造成损害，即使有关之物属不同所有人所有者，为上述金额之一半"，即法律为无过错的责任主体之客观责任设定了数量或特定金额上的最高限制，在交通肇事的责任主体没有过错时，赔偿数额不能超过《澳门民法典》第501条所定立之限额。《澳门民法典》第501条仅适用于责任主体无过错的情形，当责任主体有过错时，Antunes Varela认为，"当驾驶者存在故意或过失时，对此不设任何限制"，③ 如交通肇事是由一人故意或明知可能造成交通肇事而轻率地作为或不作为所造成，

---

① 〔德〕克雷斯蒂安·冯·巴尔、〔德〕乌里希·德罗布尼希主编《欧洲合同法与侵权法及财产法的互动》，吴越、王洪、李兆玉、施鹏鹏等译，法律出版社，2007，第137页。
② 责任限额其他的领域，如澳门8月14日第40/95/M号法令《核准对工作意外及职业病所引致之损害之弥补之法律制度》第28条第2~4款对"特定给付"最高款额之规定。澳门8月14日第40/95/M号法令《核准对工作意外及职业病所引致之损害之弥补之法律制度》第28条第2~4款规定，"二、特定给付不得超过下列最高款额：a) 每名工作意外或职业病受害之劳工：澳门币300万元；b) 在卫生场所以外接受诊疗：每日澳门币300元，此款额包括诊疗中之诊断及治疗上之开支。三、如特定给付之开支超过上款a项所定之最高限额，则受害人应根据有关求助卫生护理之法定制度之规定，接受医疗、外科、药物及住院方面之疗理。四、第二款规定的限额应每年作出分析，且在考虑社会发展状况及通货膨胀率，以及听取劳工事务局及澳门金融管理局的意见后，得以行政命令调整"。对于第四款，参见澳门第6/2007号法律《修改工作意外及职业病保险法律制度》。
③ 〔葡〕João de Matos Antunes Varela：《债法总论》（第十版）（第一卷），唐晓晴译，未出版，第485页。

又或者在过失情形下肇致交通事故，则该交通肇事的责任主体无权享受责任限制，此时责任人要承担全部赔偿责任。

再者，Antunes Varela 还指出，"法律所确立的最高限额既适用于只牵涉一辆车的事故，亦适用于牵涉到两辆或多辆汽车碰撞的情况"。① Antunes Varela 指出，基于《葡萄牙民法典》第 507 条（《澳门民法典》第 500 条）所规定之连带责任制度，这一责任主体承担之赔偿金额大于或超过《葡萄牙民法典》第 508 条（《澳门民法典》第 501 条）所规定之最高限额不是没有可能。② 此外，Antunes Varela 还进一步指出，根据《葡萄牙民法典》第 499 条（《澳门民法典》第 492 条）之规定，《葡萄牙民法典》第 494 条（《澳门民法典》第 487 条）规定之"过失情况下损害赔偿之缩减"有适用的空间，③ 即只要在《葡萄牙民法典》第 494 条（《澳门民法典》第 487 条）所规定之条件能得到实现或部分实现的情况下，交通肇事责任主体的损害赔偿金额就可以被缩减。另外，有学者指出，《葡萄牙民法典》第 494 条（《澳门民法典》第 487 条）规定之非合同民事责任赔偿数额减轻条款"只有在全额赔偿显失公平时方可适用"，在限额赔偿原则下，非合同民事责任赔偿数额减轻条款原则上没有适用之空间。④

三　过失相抵原则

作为现代民事损害赔偿中的一项重要原则，过失相抵的概念来源于罗马法。⑤ 目前，许多国家或地区的侵权法都主张适用过失相抵原则，如德

---

① 〔葡〕João de Matos Antunes Varela：《债法总论》（第十版）（第一卷），唐晓晴译，未出版，第 487 页。
② 〔葡〕João de Matos Antunes Varela：《债法总论》（第十版）（第一卷），唐晓晴译，未出版，第 487 页。
③ 〔葡〕João de Matos Antunes Varela：《债法总论》（第十版）（第一卷），唐晓晴译，未出版，第 487 页。
④ 参见 CA Coimbra 10th December 1985, CJ X (1985-5), p.34。〔德〕克雷斯蒂安·冯·巴尔、〔德〕乌里希·德罗布尼希主编《欧洲合同法与侵权法及财产法的互动》，吴越、王洪、李兆玉、施鹏鹏等译，法律出版社，2007，第 137 页。
⑤ 〔日〕野村好弘：《过失相抵的本质》，载交通事故纷争处理中心编《交通事故损害赔偿的法理与实务》，行政出版社，1984，第 374 页。

国[1]、意大利[2]、日本[3]、葡萄牙[4]、中国台湾地区[5]都对过失相抵原则做了明确的规定。[6]

根据《澳门民法典》第564条（受害人之过错）之规定，"一、如受害人在有过错下作出之事实亦为产生或加重损害之原因，则由法院按双方当事人过错之严重性及其过错引致之后果，决定应否批准全部赔偿，减少或免除赔偿。二、如责任纯粹基于过错推定而产生，则受害人之过错排除损害赔偿之义务，但另有规定者除外"，此条确立的即为澳门的过失相抵制度，或说"受害人之过失导致责任分担（reparticão da responsabilidade），此原则是指当受害人对于损害的产生或者损害恶果的加剧具有过错时，为了以示公平，依法减轻或者全部免除赔偿义务人的损害赔偿的制度"。[7] 过失相抵原则作为针对当事人双方的利益进行调整的条款，是侵权损害赔偿责任中一项重

---

[1] 《德国民法典》第254条第1~2款规定，"一、对于损害的发生，被害人与有过失者，损害赔偿的义务与赔偿的范围，视当时的情况特别是损害的原因主要在何方而决定之。二、如被害人的过失，系对于债务人所不知或不可得而知的重大损害危险不促其注意或急于防止或减轻损害者，亦适用前项的规定……"。

[2] 《意大利民法典》第1227条第1款规定："如果债权人的过失行为导致损害发生，将根据过失的程度（参考第2055条）及其引起的后果的严重程度减少赔偿额（参考第2056条）。"

[3] 《日本民法典》第722条第2款规定："受害人有过失时，法院可以斟酌其情事，确定损害赔偿额。"

[4] 《葡萄牙民法典》第570条（受害人之过错）规定："一、如受害人在有过错下作出之事实亦为产生或加重损害之原因，则由法院按双方当事人过错之严重性及其过错引致之后果，决定应否批准全部赔偿，减少或免除赔偿。二、如责任纯粹基于过错推定而产生，则受害人之过错排除损害赔偿之义务，但另有规定者除外。"

[5] 中国台湾地区《民法典》第217条第1款规定："损害之发生或扩大，被害人与有过失者，法院得减轻赔偿金额，或免除之。"

[6] 过失相抵在不同的法域有不同的称呼，《德国民法典》中通常使用"Mitverschulden"的概念，有学者将其译为"与有过失"，有的则将其译为"共同过错"；日本称为"过失相杀"；英美法上表述为"comparative negligence"的概念，有学者将其译为"促成或帮助的过失"，有的则将其译为"共同发挥作用的过失"，还有的译为"比较过失"，中国大陆地区称为"混合过错"，欧洲称为"双方过失"；中国台湾地区和中国澳门则称为"过失相抵"。参见〔德〕克雷斯蒂安·冯·巴尔《欧洲比较侵权行为法》（下），焦美华译，张新宝审校，法律出版社，2001，第648~649页；徐爱国：《英美侵权行为法》，法律出版社，1999，第90页。

[7] 〔德〕克雷斯蒂安·冯·巴尔、〔德〕乌里希·德罗布尼希主编《欧洲合同法与侵权法及财产法的互动》，吴越、王洪、李兆玉、施鹏鹏等译，法律出版社，2007，第150~151页；史尚宽：《债法总论》，中国政法大学出版社，2000，第303页。

要的原则，已被广泛用于侵权损害赔偿责任之中。该制度同样适用于道路交通事故领域，其也是道路交通事故侵权损害赔偿责任中的重要内容，可把它作为减轻或免除加害方责任的一种举措，具有比较强的预防性。

在道路交通事故侵权损害赔偿案件中，损害的产生或加重通常都是由交通肇事侵权人一方的行为（或者基于过错或无过错）所肇致的，而《澳门民法典》第496条已对车辆持有人或驾驶人科以严格的注意义务，要其承担风险责任。然而，与此同时，若交通事故受害人的过错与致害人的过错共同肇致交通损害事实之产生，或受害人的过错引致了损害后果的进一步加重，即受害人对于损害后果之产生或加重亦存有故意或过失，让车辆持有人或驾驶人承担风险责任并不意味着不考虑受害人的过错。此时若仍要求加害人承担全部损害赔偿责任，令加害人就受害人自身之过错所肇致的损害担负责任，则不仅有悖于民法所蕴含的合理分配责任负担之公平正义理念，而且不符合责任自负的现代法治精神，这也正是该制度确立之核心所在或理论基础。由上述可知，过失相抵原则不仅可以适用于以过错责任为归责原则的场合，而且风险责任原则作为交通事故损害赔偿的归责原则也并不排斥或排除过失相抵原则的适用。过失相抵原则和风险责任原则这两种制度并不处于矛盾的对立面，相反，两者是并行不悖的。因为风险责任原则是道路交通事故侵权责任的归责原则，它解决的是车辆侵权责任承担构成要件的基础问题，确认的是加害人应否承担责任，而过失相抵原则处理的是赔偿责任分担及损害赔偿数额的问题。尽管两者功能不同，但都是为了共同完成车辆侵权责任法公平补偿救济之目的。过失相抵原则在以风险责任为归责原则的道路交通事故损害赔偿领域中的适用，有助于实现车辆持有人和行人及其他受害主体之间权利义务的协调与平衡，贯彻《澳门民法典》第3条规定之衡平责任原则与侵权行为法的责任自负原则。

在道路交通肇事侵权损害赔偿中适用过失相抵原则，就该原则的构成要件来说，主要应从两个方面来考虑。首先，从加害人方面来说，要符合道路交通肇事侵权责任之构成要件，受害人因他人的交通肇事侵权行为而遭受了损害，也就是说，要求他人的侵权行为与受害人遭受损害结果有《澳门民法典》第557条所要求之因果关系等。其次，对于受害人而言，要满足以下构成要件，如受害人须有过错，以及受害人的过错行为须是损害发生或者扩大的原因等。另外，对于受害人是否必须具有过失相抵能力是值得研究的。本部分仅从受害人方面对适用过失相抵原则的构成要件进行简要探讨。

（一）受害人须有过错

《澳门民法典》第564条（受害人之过错）第1款规定，"如受害人在有过错下作出之事实亦为产生或加重损害之原因，则由法院按双方当事人过错之严重性及其过错引致之后果，决定应否批准全部赔偿，减少或免除赔偿"，可知过失相抵是受害人对侵权损害的产生或者加剧具有过错的法律后果，具体到交通事故而言，是指只有当交通肇事之受害人对于损害之产生或者损害后果之加重具有过错时（或者故意或者过失），才有过失相抵原则适用的空间。否则，即便交通肇事损害的产生或者损害结果的加剧是因为受害人的行为所肇致的，也不能适用过失相抵原则减轻或免除交通肇事赔偿义务人的赔偿责任。交通肇事中受害人的过错包括故意和过失。[①] 这里主要解释一下前者，即交通事故中受害人的故意，是指车辆在静止或运行过程中，受害人明知自己的行为会造成损害自己人身、财产之后果，但仍持希望或放任这种损害后果发生或加重的主观心理态度。当然，这里我们所说的"故意"不是指违反道路交通安全法律、法令的故意，而主要是指以下两个方面的故意。第一种是引发交通事故的故意。即行人或其他受害主体明知自己的行为（作为或不作为）会导致交通事故仍故意做出该种行为引发交通事故，如自杀，或假借交通事故的形式敲诈他人（即我们通常所说的"碰瓷儿"），被保险车辆的持有人与受害人的损失之间不存在适当因果关系，因此不构成侵权责任，保险人也无须承担保险责任。第二种是故意导致损失或故意导致损失扩大。交通事故发生后，故意采取消极行为，肇致损失扩大，就该扩大的损失部分应认定为是受害人故意造成的，车辆持有人对该部分之损失就可免除赔偿责任。但当受害人故意与加害人故意相结合，涵盖加害人引诱、诱惑、恶意利用、与受害人合意等时，对加害人不能予以免责。

另外，值得指出的是，受害人之同意与受害人之过错不同，如在法律

[①] 一般来说，它是受害人对其自身注意义务的违反，受害人的过错给加害人带来了损害的风险，若不与加害人的行为共同作用而肇致交通事故的损害，受害人的过错本身不会具备法律上的意义。

后果上采用受害人之同意规则，则加害人一般情况下不承担损害赔偿责任；而受害人之过错的后果是未必一定免除加害人的损害赔偿责任，其是通过双方过错的比较或原因力的比较，在此基础上依比例确定双方当事人各自的责任比例，适用过失相抵原则来减轻或免除加害人的责任。

（二）受害人的行为须为损害产生或加重的共同原因

受害人之过错行为与同一损害的产生或损害结果的加重之间应存在因果关系。此时有两种可能，第一种是受害人的过错行为与加害人的行为互相结合，共同引致了同一损害结果的产生，作为共同原因造成受害人的同一损害，即存在共同的因果关系，属于过失相抵的情形。[①] 另一种可能是，侵权赔偿受害人的过错行为只是肇致了损害后果的进一步加重，亦属于过失相抵的情形，因受害人在损害发生以后应采取合理的措施和谨慎的态度防止损害后果的加重，否则不得就加重部分的损失请求损害赔偿。

（三）受害人的行为不必是不法行为，但也不是适法行为

对于认定是否构成过失相抵，如受害人故意或实施过失不法行为，但无须要求受害人的行为具备不法性，它本身一般并不具有不法性。然而，受害人的行为也绝非适法行为，正当防卫、紧急避险、自助等适法行为不能构成过失相抵。受害人的行为既可以是积极的作为，也可以是消极的不作为。

（四）受害人是不是须有过失相抵能力

在适用过失相抵原则时，受害人是否应具有归责能力？在过失相抵的构成要件中，是否应当要求受害人具有过失相抵能力？是否要求受害人对其行为具有正常的认识且能够预见其行为所发生的法律责任？换言之，如果受害人为儿童或有精神、智力障碍或聋哑失明的残疾人，即禁治产人或准禁治产人，其对于损害的产生或者加重无辨识能力或辨识能力有限，那么其对加害人的赔偿义务会不会产生影响？

对此，或说对于哪些人的过失可以减轻赔偿义务人赔偿额的问题，域外有些立法、判例或理论学说中特别强调受害人有无归责能力，对受害人的年龄或特殊身体状况予以考虑，如英国 Gough v. Thorne 案中的法官指出，"非常年幼的儿童不能被认定为与有过失。年龄大的儿童也许可以，但是这

[①] 至于受害人过错行为与损害之间因果关系之判断，其是否应当适用于判断侵权行为与损害结果之间的因果关系相同的规则，仍值得探讨。

取决于案件的具体情况。只有当该儿童达到了能够被合理地期待对自己的安全采取预防措施，他或她具有可归责性的时候，法官才能认定该儿童具有与有过失"。[1] 例如，有中国台湾学者主张，"受害人的过失，并非违反注意义务。此之所谓过失，仅有能注意而不注意。从而与有过失之受害人仍须能注意，亦即需要识别能力。如其无识别能力，即不发生过失相抵之问题"。[2]

当受害人同为自然无能力者（被管束者）时，《澳门民法典》第564条（受害人之过错）所规定之过失相抵制度有无适用的空间？对此，葡萄牙和中国澳门都持肯定意见，根据《澳门民法典》第565条（法定代理人及帮助人之过错）之规定（即《葡萄牙民法典》第571条），"受害人之法定代理人或使用人有过错，即等同受害人有过错"，可知当受害人也是自然无能力者时，其过错可能难以确定（如果其没有识别能力，就不存在过错问题），但仍可确定其法定代理人，即其负有管束义务的人对此有无过错，如果负有管束义务的人对此有过错，也可构成过错相抵。例如，一儿童C由父母A和B携带上街，父母A和B放下C到一商店购物，C走到马路上被汽车撞伤。又如，一父亲E在自己5岁的儿子F被G之车撞伤后，因不及时前去医院治疗以致伤势恶化，则就伤势恶化之加重部分，该儿童F的损害赔偿请求权利因其法定代理人父亲E的过错而受影响，即此时应视为受害人F的过错。根据《澳门民法典》第484条、第564条及第565条，赔偿责任主体可以据此主张过失相抵，以减轻其赔偿费用。由此可知，澳门在理论上对于禁治产人或准禁治产人等自然无能力者作为受害人是否能采用过失相抵原则的案例，倾向于对受害人自身有无过失相抵能力不予考虑，相反，主要是从法定代理人是否尽到管束义务的视角来确定采用过失相抵原则。如果禁治产人或准禁治产人等特殊群体的法定代理人对被管束人未尽到管束义务，肇致被管束人对交通事故之产生或加重有过错（根据《澳门民法典》第484条所规定之过错推定原则来判定），则可以适用过失相抵原则，相应减轻或免除加害人的赔偿责任。不可否认，这有利于促进其法定代理人谨慎勤勉地履行管束义务。

过失相抵原则还有以下几个方面的特点：①《澳门民法典》第564条第

---

[1] John Cooke, *Law of Torts*, 5th Ed, Beijing: Law Press, 2003, p. 148.
[2] 王伯琦：《民法债编总论》，正中书局，1997，第144~145页。

2款指出，除非另有规定，如行为人之责任纯粹是基于过错推定而产生的话，则受害人之过错可以完全排除或剔除行为人的损害赔偿责任。②过失相抵的法律效果是减轻或者免除加害人的赔偿责任，是根据双方的过错程度及由此肇致的损害后果来判断，可知受害人的过错可能导致加害者责任的免除，而不仅仅是减轻。③过失相抵由澳门法院依职权行使，《澳门民法典》第566条指出，法院应当慎重考量或查明受害人是否有过错。

四 损益相抵原则

（一）损益相抵原则或损害利益的代偿

赔偿权利人因他人的道路交通肇事侵权行为受到损害，但其可能是基于发生损害的同一原因而获得利益。如果受害人受到损害后的利益相对于受到伤害前的利益不但没有减少，反而增加了，此时加害人可以主张抵消赔偿额吗？即是否有损益相抵原则或说损害利益的代偿（compensatio lucri cum damno）① 适用的空间？由乌尔里希·马格努斯主编的书中"比较报告"（涵盖奥地利、比利时、德国、法国、意大利、英国、荷兰、希腊、南非及美国）指出，"各国的一般倾向是承认受害人所得的利益应从损害中扣除，这符合损害赔偿不能使受害人获益这一一般原则的"，即禁止赔偿获利。②"比较报告"同时指出，"从实际损害中扣除的利益必须是合理的、公正的，尤其是这种扣除必须不违反附随利益的给付目的"③，如乌尔里希·马格努斯在其"国别报告"中所指出的，"利益的抵消必须符合损害赔偿的目的：加害人不能从受害人获益的事实中获得不合理的利润"。④"比较报告"进一步指出，"社会保障和社会保险支付在多大程度上可以减少受害人对加害人的请求，支付人是否可以取得法定让与的债权或者代位权，各国法律制度

---

① 〔德〕乌尔里希·马格努斯：《侵权法的统一：损害与损害赔偿》，谢鸿飞译，法律出版社，2009，第294页；〔葡〕João de Matos Antunes Varela：《债法总论》（第十版）（第一卷），唐晓晴译，未出版，第650页。

② 〔德〕乌尔里希·马格努斯：《侵权法的统一：损害与损害赔偿》，谢鸿飞译，法律出版社，2009，第294页。

③ 〔德〕乌尔里希·马格努斯：《侵权法的统一：损害与损害赔偿》，谢鸿飞译，法律出版社，2009，第294页。

④ 〔德〕乌尔里希·马格努斯：《德国法中的损害赔偿》，载〔德〕乌尔里希·马格努斯《侵权法的统一：损害与损害赔偿》，谢鸿飞译，法律出版社，2009，第148页。

的差别相当大"。① 由上述可知，各国倾向于认为侵权行为致损的同时若给受害人带来利益，损益必须要相互抵消，但是抵消要合理公正。在葡萄牙和中国澳门民法中，损益相抵原则没有被忽视，《葡萄牙民法典》第568条和《澳门民法典》第562条规定（受害人权利之让与），"如损害赔偿因任何物或权利之丧失而产生者，则应负责任之人在作出支付行为之时或其后，得要求受害人向其让与受害人对第三人所拥有之权利"，此法律条款源自大陆法系的典型代表《德国民法典》第255条之规定，② 其正是对损益相抵原则的特别规定，由此可知葡萄牙和中国澳门都承认附随利益的抵消，或者是损害利益的代偿或者是损益相抵原则。

《葡萄牙民法典》第566条第2款（《澳门民法典》第560条第5款）所采取的"差额法"，即"定出金钱之损害赔偿时，须衡量受害人于法院所能考虑之最近日期之财产状况与如未受损害而在同一日即应有之财产状况之差额；但不影响其他条文规定之适用"，对此，Antunes Varela 指出，"它勒令在清算金钱赔偿的金额时，将受害人的真实财产状况与如没有损害事实的存在时受害人所身处的状况作对比"。③ 其进一步指出，"当一项造成责任的事实在产生损害的同时还使受害人获得利益，在确定赔偿的准确价值时，原则上应从损失上减去这一利益的金额"。④ 比较侵权行为发生后，受害人的实际财产状况与侵权行为没有发生时受害人之假定应有财产状况相比较，若侵权行为或者发生损害的同一原因同时给受害人（或赔偿权利人）带来利益，在评定损害赔偿金时，应从所得差额中扣除所获利益，再由赔偿义务人进行赔偿。

损益相抵制度始于罗马法，⑤《法国民法典》第1149条⑥以及新《荷兰

---

① 〔德〕乌尔里希·马格努斯：《侵权法的统一：损害与损害赔偿》，谢鸿飞译，法律出版社，2009，第294页。
② 《德国民法典》，杜景林、卢谌译，中国政法大学出版社，1999，第59页。
③ 〔葡〕João de Matos Antunes Varela：《债法总论》（第十版）（第一卷），唐晓晴译，未出版，第650页。
④ 〔葡〕João de Matos Antunes Varela：《债法总论》（第十版）（第一卷），唐晓晴译，未出版，第650页。
⑤ 〔古罗马〕查士丁尼：《法学总论》，张企泰译，商务印书馆，1997，第213页。
⑥ 《法国民法典》，罗结珍译，中国法制出版社，1999，第290页。

民法典》第6：100条对此都有规定。① 损益相抵原则是损害和损害赔偿范畴中确定损害赔偿额的一个重要规则，其适用条件涵盖以下要素。② 第一，受害人遭受损害，非合同民事责任损害赔偿成立，这是适用损益相抵原则的前提或基础，没有侵权损害赔偿则没有适用损益相抵原则的必要。第二，受害人基于侵权损害赔偿之同一原因或者因同一损害事实的发生而获得原先无法获得的利益，即损失和利益来自同一侵权行为，这是适用损益相抵原则的必要条件。如果赔偿权利人所受之利益和发生损害出于不同原因，赔偿义务人不能主张损益相抵，又或者某一方当事人因另一方当事人的行为而获得利益，但并未因此受到损害，则可能引致《澳门民法典》第467条所规定之不当得利问题，而非损益相抵问题。第三，致损事实与所受利益之间具有因果关系，责任主体要证明，若不发生损害受害人就不可能获得利益，这是适用损益相抵原则的基础条件。在做出损益相抵这一扣减时，损害事实和受害人所获利益之间是否具有因果关系很难辨别，Antunes Varela举出了一个很好的例子对此加以说明。一位出租车乘客在运送的途中被搭载他的出租车抛弃，而他在该处地方出人意料地捡到一件价值不菲的东西，又或者在那里买了一张彩票后中了大奖。在上述的任何一种情况中，乘客所取得的利益均不会影响不履行运输合同的出租车车主或司机之赔偿的订定，因为在这种情况下，利益与损害没有损益相抵所要求之因果关系，在损害事实与受害人所获得的利益之间没有"真正的因果关系"，只是"单纯偶发、偶然或随机的重迭"。③

损益相抵原则与过失相抵原则有相同点和不同点。第一，损益相抵原则与过失相抵原则都属于债法制度，都适用于任何涉及损害赔偿范围之情形，其不仅适用于合同民事责任领域，亦适用于非合同民事责任领域。第

---

① 1992年生效的新《荷兰民法典》第6：100条规定："受害人因侵权行为遭受损害同时得利的，这些利益应予扣除，但扣除必须是合理的。"参见〔荷〕马克·H.温森克、〔荷〕维勒姆·H.范·布姆《荷兰法中的损害赔偿》，载〔德〕乌尔里希·马格努斯《侵权法的统一：损害与损害赔偿》，谢鸿飞译，法律出版社，2009，第222页。
② 杨立新：《侵权法论》，人民法院出版社，2005，第670页。
③ 〔葡〕João de Matos Antunes Varela：《债法总论》（第十版）（第一卷），唐晓晴译，未出版，第650页。

二，损益相抵原则与过失相抵原则所保护的对象相同，都属于损害赔偿范围的限制性原则。如果说全部赔偿原则是对赔偿权利人利益的保护，那损益相抵原则与过失相抵原则均是对赔偿义务人利益的保护，目的是减轻赔偿义务人的赔偿责任，从而平衡赔偿权利人与赔偿义务人双方的利益，体现了民法损害赔偿以补偿为目的之功能和其对公平正义理念之追求。损益相抵原则与过失相抵原则的不同点在于两者的适用条件不同。过失相抵原则之适用要求受害人对于损害的发生或加重具有过错，否则即使受害人的行为造成了损害的产生或加重，但并没有过错，也不承担责任，且受害人的行为在客观上造成了损害（积极损害或消极损害）的产生或加重，但损益相抵原则的适用与当事人的主观上有无过错无关。

（二）损益相抵原则的适用范围和排除情形

损益相抵原则不仅适用于侵权损害赔偿的情形，同时也适用于违约损害赔偿的情形[1]。行为人的侵权行为或违约行为通常会给受害人带来损害，因此，责任主体应当承担侵权或违约损害赔偿责任，但是也不排除这些行为同时也会给受害人带来利益的可能性。在侵权损害赔偿或非合同责任领域中[2]，如 A 损毁 B 汽车或摩托车一辆，则 A 在赔偿 B 汽车或摩托车全部损失时，应扣除汽车或摩托车残留的零部件之利益。例如，A 因实施加害行为造成 B 20000 澳门元的损失，B 对于损害结果的出现并没有过错，同时 B 因该损害事实而获益 8000 澳门元，被侵权人 B 因损害行为而获得的 8000 澳门元利益应从损害赔偿总额 20000 澳门元中扣除。受害人所获得的利益与损害事实具有适当因果关系，若不发生侵权之损害，受害人就不可能获得利益。

如果受害人在损害发生前投保了人身意外或侵害的保险等，当损害发生后，当事人按照保险合同应当得到保险人所赔付的保险金，那加害人能

---

[1] 杨立新：《侵权损害赔偿》（第四版），法律出版社，2008，第 329 页。

[2] 或者在违约损害赔偿或合同责任领域中，一农夫认为种植番茄已经赚不了什么钱，于是向供应者订了其他农作物的种子，但是因为供应者有过错地违反了他们之间供应该农作物种子的合同，于是农夫只好又开始种番茄，但最后农夫却赚了很多钱。参见〔葡〕João de Matos Antunes Varela《债法总论》（第十版）（第一卷），唐晓晴译，未出版，第 650 页。

否以此为由主张适用损益相抵原则呢？保险利益与损害赔偿不应相抵吗？损益相抵原则的适用范围之排除情形如 Antunes Varela 指出，"倘若利益来自受害人本人所作出的一项盈利行为；又或者源自第三人所作的一项旨在使受害人获益而不是使加害人免责的行为，同样不会有代偿（compensatio）的发生。……受害人自费购买了人身意外或侵害的保险，而最终真的成了受害人"。[1] Antunes Varela 主张，受害人自费购买的保险利益与损害赔偿不能相抵，赔偿权利人可同时获得保险赔偿金和赔偿义务人给付的损害赔偿，即其赞成受害人获得双重赔偿。一般对此给出的理由是被保险人所得的保险收益是自己支付保险费而购买的保险或订立的保险合同，保险人不能代位行使被保险人提起诉讼的权利，人身伤害保险金的赔付并不能抵消非合同民事责任之损害赔偿。[2] 德国联邦最高法院曾对人身保险赔偿金采用损益相抵原则，但后来所采取的态度却是无论在何种情形都不支持适用损益相抵原则。[3] 但是当该保险是由侵权行为人为受害人购买或订立的，情况可能就会有所不同，如雇主为雇员支付劳动工伤事故保险，雇员因工伤事故所获赔的保险金额应从雇主的赔偿责任中扣除。[4] 因工伤损害事故之发生，雇员作为赔偿权利人同时基于保险合同取得保险赔偿金给付请求权，雇员请求赔偿义务人进行赔偿时，雇主赔偿义务人可以主张保险赔偿金给付请求权是一种利益而据此要求适用损益相抵原则，此时不支持雇员同时获得保险金和损害赔偿，雇员不可以获得双重赔偿。

Antunes Varela 举出例子以示说明，如由于寄托人的疏忽而使寄托之物被盗窃；由可归责于第三人的事实导致有关风险已被投保之物毁灭；工人

---

[1] 〔葡〕João de Matos Antunes Varela：《债法总论》（第十版）（第一卷），唐晓晴译，未出版，第651页。

[2] 〔澳〕彼得·凯恩：《阿蒂亚论事故、赔偿及法律》，王仰光、朱呈义、陈龙业、吕杰译，中国人民大学出版社，2008，第410页。

[3] 〔德〕迪特尔·梅迪库斯：《德国债法总论》，杜景林、卢谌译，法律出版社，2004，第503页。

[4] 〔德〕迪特尔·梅迪库斯：《德国债法总论》，杜景林、卢谌译，法律出版社，2004，第503页。

在工作地点被撞伤，而他之所以被撞伤是因为汽车的驾驶者或所有权人有过错。在所有的这类情况中，受害人都享有双重的损害赔偿请求权（一方面针对盗窃者、将物毁灭的人、引致撞车的人；另一方面则针对受寄托人、保险公司及雇主单位），他并不是因所遭受的损害而获取两次赔偿，而是因为要更有效地保护（受害人）免受其中一项赔偿失败的风险。[1] Antunes Varela 主张，"倘若两项损害赔偿之债权成处于同一层面的连带之债，被迫支付全数赔偿的一方有权对另一方行使追偿权。然而，倘若有关责任处于不同层面，其中一位责任人作出履行的后果则有所不同。倘若作出履行的是主责任人（交通意外的过错方），则另一方的责任消灭；倘若履行由次责任人或附属责任人作出（保险公司或雇主单位），则另一方的义务不会消灭，而是全部保留"，[2] 其是指当有两个主体对受害人承担赔偿责任时，其中一个是主责任人，另一个是次责任人或附属责任人，主责任人和次责任人是连带债务人，对外负连带责任。尽管主责任人和次责任人对外要承担连带赔偿责任，但鉴于他们之间的内部关系，主责任人要承担全部责任，所以次责任人在赔偿以后可以向主责任人追偿，但主责任人不能向次责任人或附属责任人追偿。Antunes Varela 进一步指出，如果出现第一种情形，"（如在工作地点被车撞倒的情况）是法律直接将请求损害赔偿的债权从受害人（被补偿者）的手上转到次责任人（违约人）的手上"，[3] 这是连带债务的一般规定，次责任人赔偿后，受害人对主责任人的请求权依法直接转移给次责任人。澳门1994年颁布的新修订的《修正汽车民事责任之强制性保险制度》（11月28日第57/94/M号法令）第25条（代位及诉）第1款规定，"当汽车保障基金对受害人支付损害赔偿后，将为受害人权利之代位人，且有权享有法定迟延利息及就在赔偿之支付及征收过程中之开支获得偿还"，做出赔偿的第三方继承了原告的权利，汽车保障基金支付损害赔偿

---

[1] 〔葡〕João de Matos Antunes Varela：《债法总论》（第十版）（第一卷），唐晓晴译，未出版，第651~652页。

[2] 〔葡〕João de Matos Antunes Varela：《债法总论》（第十版）（第一卷），唐晓晴译，未出版，第652页。

[3] 〔葡〕João de Matos Antunes Varela：《债法总论》（第十版）（第一卷），唐晓晴译，未出版，第652页。

后享有对侵害人的代位追偿权。[①]

因为亲属法上的继承而得到的利益能否扣减？这种情况在司法实践中并不少见，尤其是存在人身伤害致人死亡的情形。根据《澳门民法典》第488条，如果侵害人的交通行为肇致受害人死亡或身体伤害，受害人扶养之人有权要求加害人赔偿扶养费。而依照《澳门民法典》第489条，如果侵害人的交通行为导致受害人死亡，死者近亲家属因遭受精神痛苦享有非财产损害赔偿请求之权利。例如，B驾车不慎造成交通肇事，撞死A的父母，A可提起侵权损害赔偿之诉，请求赔偿扶养费和请求非财产损失（因遭受精神痛苦），同时，无谋生能力的A作为继承人因被继承人遭受不法侵害死亡而取得了死者留下的遗产。此时，B能否主张A所继承的其父母的财产应从损害赔偿额中予以扣除或抵消？[②] 这一问题曾在德国引起长时间的争论，通常认为应区别遗产的本金和收益，遗产的本金原则上不应当被扣减，原因是其迟早要归于继承人，而遗产的收益如果是因为损害而提前取得，继承人因继承提前所获得的利益应予以扣减。[③] 但是，这种区分遗产本金和收益处理的方式（在后者部分赞成损益相抵原则）并没能坚持到底。

[①] Antunes Varela 谈及的第二种情形是指"当损害赔偿源自物或权利的丧失，必须是受害人本人在履行时或之后将针对主责任人的（请求赔偿的）权利转移给清偿人（solvens）"，这种情形仅限于物或者权利的丧失。例如，寄托合同（《澳门民法典》第1111条）由于受寄托人的疏忽或说保管不善而使寄托物被小偷偷走，受寄托人向所有权人赔偿损害之时或之后，可以请求所有权人让与他对小偷的请求权，这种情形按照澳门的法律（《澳门民法典》第562条）请求移转，而不是依法自动移转，这是对他们之间的追偿进行的特别规定。但按照目前的理论，其实在物或权利丧失的情形下，根据连带债务的规定对第三人的追偿权也是存在的，《澳门民法典》第490条可以适用于一个主体负合同责任另一个主体负非合同责任的情形。如果一个主体负合同责任，而另一个主体负侵权责任，只要是对同一个损害负责，无论请求权的基础是什么，都要承担连带债务。而根据《澳门民法典》第562条转让以后对第三人的请求权也存在，两个请求权利之竞合。参见〔葡〕João de Matos Antunes Varela《债法总论》（第十版）（第一卷），唐晓晴译，未出版，第652页。

[②] 〔德〕乌尔里希·马格努斯：《侵权法的统一：损害与损害赔偿》，谢鸿飞译，法律出版社，2009，第8页。

[③] 参见德国联邦最高法院裁判，载《新法学周刊》，1979，第760页，转引自〔德〕迪特尔·梅迪库斯《德国债法总论》，法律出版社，2004，第503页；Hermann Lange, *Schadensersatz*, 1979, S.312 f，转引自王泽鉴《民法学说与判例研究（四）》，中国政法大学出版社，2003，第333页。

例如，在德国联邦最高法院的一裁判中，一位母亲 A 继承了在一起由 B 引发的损害事故中死亡的独生子 C 的遗产。该案的被告 B 要求扣减原告 A 所获得的遗产利益，理由是若不发生事故，母亲 A 很有可能早于其儿子 C 死亡，即其本不能继承儿子 C 的遗产，故而，对原告 A 来说，遗产之获得是损害所肇致的利益。然而，德国联邦最高法院最终仍否决了被告 B 的主张，不支持损益相抵原则的适用。① 对于德国曾有判例在区分遗产的本金和收益时部分赞成损益相抵原则的处理方式（当然，德国没有一直坚持这种处理方法），笔者认为不是没有研究的空间，因为区分遗产的本金和收益本身难度巨大，而且该财产的价值一直处于动态的变化过程中，与发生此侵权行为之前的状态相比，前后财产价值的大小很难判定。再者，按照继承法之目的，继承是继承人基于遗嘱、合同或法律规定取得遗产利益（《澳门民法典》第 1866 条），区分遗产的本金和收益是为了继承人利益的考量，而不是为了对受害人实施加害行为的侵权人之利益。另外，根据《澳门民法典》第 1866 条，继承权是继承人的固有权利，赔偿权利人貌似因加害人的行为导致受害人死亡之损害事故而获得了遗产利益，但是继承的遗产利益只是受害人财产所有权的某种延伸，受害人的继承人因继承关系所获得的利益与损害事故没有适当因果关系，并未产生新的利益，当受害人的继承人要求加害人赔偿损失时，该继承所得利益不允许从损害赔偿额中扣减，即不适用损益相抵原则。笔者认为，澳门对此所持的态度是因亲属法上的继承而得到的利益不能扣减，即赔偿义务人不得以死者的近亲家属作为赔偿权利人可以继承死者的遗产利益而主张适用损益相抵原则。

另外，对于第三人的赠与或者资助利益能否适用损益相抵原则？可能的情形是，因为第三人的赠与或者资助，受害人受到侵权伤害后的利益相对于受到伤害前的利益非但没有减少，反而增加了，如 1998 年法国世界杯比赛中，德国足球流氓伤害了一名法国警员的案例。② 对此，由乌尔里

---

① 〔德〕迪特尔·梅迪库斯：《德国债法总论》，法律出版社，2004，第 503 页。
② 在 1998 年法国世界杯比赛中，德国足球流氓残忍地伤害了一名法国警员，事后很多人帮助这名警员，同时，该警员因在执行公务中受伤也获得了一笔数额巨大的保险金，这些款项的总和远远超过了迄今为止无论是在德国法院还是在法国法院对非财产损失的判决赔偿数额，也远远超过了这个家庭为此支付治疗和护理费用的标准。参见〔德〕克雷斯蒂安·冯·巴尔《欧洲比较侵权行为法》（下），焦美华译，张新宝审校，法律出版社，2004，第 516 页。

希·马格努斯主编的书中"比较报告"部分指出,大多数国家或地区的做法是在确定侵权损害赔偿金时,不应当考虑第三人或慈善机构等对受害人的慷慨解囊之援助行为,所产生的利益不得扣减,因为第三人的赠与或者资助不是为了减轻加害人或者赔偿义务人的责任,而完全是为了受害人之利益,是对赔偿权利人一种基于同情所给予的帮助。[1] 至于澳门关于第三人对受害人的赠与是否可以与损害赔偿进行损益相抵的态度,笔者认为,首先,第三人是否对受害人赠与或者资助,完全取决于该第三人的意愿,与加害人的行为无关。第三人对受害人赠与或者资助之目的在于使受害人受益,是对受害人所受伤害的治疗或损失的弥补,而非使加害人免除责任或减轻责任,第三人的赠与或者资助行为与损害行为无关。如果适用损益相抵原则,则最终受益的不是受害人而是加害人,这与第三人的意愿相背离,所以受害人对第三人赠与所得到的利益不应与损害相抵。其次,以受害人为视角,《澳门民法典》第944条第1款规定,"凡未被法律特别禁止接受赠与之人"都有接受他人赠与财产的权利,这是符合民法公平正义价值之追求和公序良俗原则的权利,其他任何人或法律都无权剥夺,其所得是正当和合法的利益,不应从交通肇事侵权损害赔偿额中予以扣除。

五　衡平原则

如果在道路交通中,加害人作为被管束人因为缺乏辨别能力或判断能力而不具有归责能力时,侵权行为不成立,故其无须自行承担责任,被管束人为不可归责者;或者负有管束义务之人也举证证明自己不存在监督管束过失,或者证明即使自己尽到了相当的管束义务仍无法避免损害的发生,而主张不承担责任,即负有管束义务之人也不具有过错的情形下,对于受害人的损失,负有管束义务之人按照过错责任原则也不承担责任;又或者被管束人有识别能力即具备归责能力,但被管束人没有过错,负有管束义务的人有

---

[1] 〔德〕乌尔里希·马格努斯:《侵权法的统一:损害与损害赔偿》,谢鸿飞译,法律出版社,2009,第295页。

过错,[1] 但是其没有财产,从而无法承担责任;[2] 再或者根本就没有人对行为

---

[1] 值得强调的是,在研究未成年人肇致他人损害的父母责任时,在判断负有管束义务之人是否有过错时,是否对监督人的教育义务和监督义务进行区分,对作为长期引导之教育义务的履行欠缺是不是父母责任之要件是极富争议的问题。J. Sinde Monteiro 和 Maria Manuel Veloso 指出,葡萄牙判例法主张"监督上的过失"(culpa in vigilando)范围失之偏窄,而"教育上的过失"(culpa in educando)在一些认定父母责任基础的判决中居相当重要之地位,认为父母有义务提供良好的教育,不仅仅是推定父母亲疏于监督,很多判决旗帜鲜明地表明,"父母的过错在于未履行监管职责和缺少对孩子人格的引导",如果父母提供的教育有缺失或品质上有瑕疵,并且损害是由这个有缺失或品质上有瑕疵的教育所肇致的,那么就可以运用过错推定制度,直接将教育义务疏于履行作为父母承担赔偿责任的原因,以此强化对受害人之保护。可见葡萄牙法院认定行使亲权之父母的责任基础的判例不仅仅是推定父母疏于监督,而且是推定其疏于适当地教育孩子,说明葡萄牙法院在责任问题上倾向于考察教育上的过失,对父母教育上的过错进行了谴责,如克雷斯蒂安·冯·巴尔所说的,"葡萄牙法院也惯于在责任问题领域检验教育上的过失",尽管可能只是"检验教育的一些个别领域"。故而,当下对父母管束子女的义务要求可能比较高,不仅仅是指监督子女的义务,亦指教育子女的义务,虽然有时要将两者做出绝对的区分并不是那么容易。父母不仅必须证明适当的监督无法防止孩子实施该侵权行为,其还必须向法院证明他们积极地履行了《澳门民法典》第 1739 条规定的教育义务,对孩子的培养(尤其是《道路交通法》方面的)必须符合社会道德和法律的要求。例如,父母为方便 15 岁的孩子上学,为其购买了轻型摩托车并允许其上路行驶,上学途中,该孩童驾驶轻型摩托车撞伤了行人。澳门第 3/2007 号法律《道路交通法》第 3 条(车辆的定义)规定,"为适用本法律及补充法规的规定,下列用词定义如下:(四)轻型摩托车:……",同法第 81 条(获取驾驶执照的要件)规定"一、为获取机动车辆驾驶执照,申请人必须同时符合下列要件:(一)年满十八岁,……"。父母作为其孩子的行使亲权之人,对其违法驾驶轻型摩托车的行为具有控制能力,却没有尽到教育、监督和保护义务,甚至起到帮助作用,导致该未成年人侵害到他人利益,应推定父母对第三人之利益的损害具有对未成年人行为没有尽到监督义务的过错,因此应承担损害赔偿责任。J. Sinde Monteiro 和 Maria Manuel Veloso 也指出,"1998 年修改的《道路交通法》第 136 条第 5 款(5 月 17 日第 114/95 号法令)规定,当父母意识到未成年人缺乏能力或者有过失,而没有阻止其驾驶时,父母要对任何侵害承担责任"。他们进一步指出,"为了使父母承担替代责任,1989 年 2 月 1 日最高法院的判决甚至走得更远,葡萄牙法院不惜动用'广义的指示者的概念'来对此做出诠释,'指示者的利益可能是精神上的。例如,父亲出于自我愉悦的目的,而将汽车借给孩子'"参见〔葡〕J. Sinde Monteiro、〔葡〕Maria Manuel Veloso《对他人造成的损害的责任:葡萄牙法》,载〔荷〕J. 施皮尔主编《侵权法的统一:对他人造成的损害的责任》,梅夏英、高圣平译,法律出版社,2009,第 269~271 页。H. S. Antunes, *Responsabilidade Civil dos Obrigados à vigilância de pessoa naturalmente incapaz*, Lisboa: UCP, 2000, 232 no.642, 311, 317. 〔德〕克雷斯蒂安·冯·巴尔:《欧洲比较侵权行为法》(上),张新宝译,法律出版社,2001,第 194 页。

[2] "第 489 条第 1 款的后半部分的保留,从其文义及立法精神来看,不仅包含了负管束责任之人没有过错的情况,还包括了他有过错,但没有财产去承担责任的情况。"参见〔葡〕João de Matos Antunes Varela《债法总论》(第十版)(第一卷),唐晓晴译,未出版,第 402 页,注解 5。

人或加害人进行监管或有义务对其进行监管。[1] 在以上几种情形中，交通肇事中的受害人的损失还能得到赔偿吗？或者说受害人的损失如何分担？

以上情形下有公平原则或衡平原则适用的空间，《澳门民法典》第482条第1款规定，"如侵害行为由不可归责者作出，且损害不可能从负责管束不可归责者之人获得适当弥补者，即可按衡平原则判不可归责者弥补全部或部分之损害"，[2] 该条款的规定被学者们诠释为侵害人承担衡平责任的体现。[3] 根据《澳门民法典》第496条第2款之规定，"不可归责者按第四百八十二条之规定负责"，[4] 可知衡平责任还被扩展适用于"实际管理并为本身利益而使用任何在陆上行驶之车辆之人"。[5] 正如克雷斯蒂安·冯·巴尔教授所说的，就"个人的不当行为"所引发或产生的责任而言，"公平责任"是用来"决定由谁对损害予以赔偿以及在何种程度进行赔偿"的问题。[6] 绝大

---

[1] 〔葡〕João de Matos Antunes Varela：《债法总论》（第十版）（第一卷），唐晓晴译，未出版，第402页。

[2] 如 Antunes Varela 所言，"由于自然的无能力不一定导致不可归责"，被管束者（自然无能力者）是可以构成侵权的，其前提是未成年人要有识别判断能力即归责能力。如前所述，作为侵权责任构成要件之一的"将事实归责于侵害人"包括可归责性和过错两个方面，而所谓"归责能力"，是指行为人侵害他人权利时对自己的过错行为能够独立承担民事责任的一种能力或资格，也正是我们这里所说的识别能力或侵权责任能力，其是认定过错的前提。以过错为归责原则去认定被管束人致人损害的侵权责任的构成要件时，首先要考虑的是行为人是否具有归责能力，如前所述，澳门民法以年龄和识别能力作为归责能力的认定标准。如果行为人不具备认识致害行为的性质和后果的能力，则行为人没有归责能力，那么就无须再考虑其他的构成要件，因为归责能力是行为人承担责任的前提和基础，只有在行为人具有归责能力时，才有所谓的故意或过失。其次要考虑行为人是否具有过错，考虑行为与损害后果之间的因果关系等其他的构成要件的必要。参见 〔葡〕João de Matos Antunes Varela《债法总论》（第十版）（第一卷），唐晓晴译，未出版，第420页。

[3] 〔德〕克雷斯蒂安·冯·巴尔：《欧洲比较侵权行为法》（上），张新宝译，法律出版社，2001，第110页。

[4] 参见《葡萄牙民法典》第503条第2款。另外，参见《澳门民法典》第481条（可归责性）之规定，"一、在损害事实发生时基于任何原因而无理解能力或无意欲能力之人，无须对该损害事实之后果负责；但行为人因过错而使自己暂时处于该状态者除外。二、未满七岁之人及因精神失常而成为禁治产之人，推定为不可归责者"。

[5] 参见〔德〕克雷斯蒂安·冯·巴尔《欧洲比较侵权行为法》（上），张新宝译，法律出版社，2001，第118页，以及《澳门民法典》第496条（即《葡萄牙民法典》第503条规定）。

[6] 〔德〕克雷斯蒂安·冯·巴尔：《欧洲比较侵权行为法》（上），张新宝译，法律出版社，2001，第110页。

第五章 侵权损害赔偿机制

多数欧洲国家的法律都适用这一原则,如《奥地利民法典》《德国民法典》《希腊民法典》《意大利民法典》《葡萄牙民法典》的法律中都有有关公平责任的规定。[①] 1965 年,葡萄牙的立法者将一则独立的衡平责任条文(第 489 条)引入了《葡萄牙民法典》,适用公平责任填补受害人的损害。[②] 按照葡萄牙和中国澳门法律的规定,公平原则或衡平原则是指在被管束者不具有责任能力而负有管束义务之人也因举证而免责时;或者被管束者没有过错,负有管束义务之人有过错,但是其因没有财产而不能承担责任时;又或者根本就没有人对行为人或加害人进行监管或有义务对其进行监管时,赋予法官自由裁量权,由法院斟酌行为人与受害人双方的经济状况,由其根据案件的客观情况判定有经济能力的行为人以自己的财产对受害人的损失承担部分或者全部的赔偿责任。[③] Antunes Varela 指出,"要使不可归责者负上民事责任,则必须符合以下要件:a)存在一项不法事实;b)此一事实对某人造成损害;c)倘该事实在同样情况下由一名可归责的人作出,则该事实便会被视为有过错的、可谴责的;d)在事实与损害之间存在必要的因果关系;e)不可能从不可归责者的监管人处获得损害赔偿;f)根据个案的具体

---

① 〔德〕克雷斯蒂安·冯·巴尔:《欧洲比较侵权行为法》(上),张新宝译,法律出版社,2001,第 111~118 页。
② *Código Civil Português*(Actualizado até à Lei n.º 47344 de 25 de Novembro de 1966)ARTIGO 489.º(Indemnização por pessoa não imputável).
1. Se o acto causador dos danos tiver sido praticado por pessoa não imputável, pode esta, por motivo de equidade, ser condenada a repará-los, total ou parcialmente, desde que não seja possível obter a devida reparação das pessoas a quem incumbe a sua vigilância.
2. A indemnização será, todavia, calculada por forma a não privar a pessoa não imputável dos alimentos necessários, conforme o seu estado e condição, nem dos meios indispensáveis para cumprir os seus deveres legais de alimentos.
③ 有澳门学者认为,《澳门民法典》第 482 条第 1 款(《葡萄牙法典》第 489 条第 1 款)意指只有在监护人无能力去付赔偿时,才适用该衡平原则,但笔者认为,《澳门民法典》第 482 条第 1 款涵盖这种情形但是不限于此。笔者更加认同 João de Matos Antunes Varela 的观点,"第 489 条第 1 款的后半部分的保留,从其文义及立法精神来看,不仅包含了负管束责任之人没有过错的情况,还包括了他有过错,但没有财产去承担责任的情况"。当然,除了上面两种情形,还有 Antunes Varela 所说的第三种,即前面我们所谈到的,根本就没有人对行为人或加害人进行监管或有义务对其进行监管。参见〔葡〕João de Matos Antunes Varela《债法总论》(第十版)(第一卷),唐晓晴译,未出版,第 402 页。

情事，可以用衡平（原则）解释行为人的全部或部分责任"。[1] 值得注意的是，这里的损害赔偿责任不排除精神损害赔偿的可能性。[2] 正如 Antunes Varela 所说的，因行为人有足够财物负起责任，受害人处于困难的经济状况，行为人与受害人的经济状况差距很大，受害人损失的金额巨大，行为人的行为特别严重，所造成的侵害较重等情形，[3] 适用公平原则能弥补受害人的损害，使被管束者用自己的财产对受害人做出一定的补偿，故而公平责任被认为是"监督责任的补充"。[4] 笔者认为此项规定是值得肯定的。例如，当不可归责者特别富有而受害人相当贫困时，而此时如果行为人即使有财产也可以不承担责任的话，这对受害人来说是不公平的，社会公平要求行为人对受害人的损失予以赔偿，所以设置公平原则或衡平原则对此予以补救，最大限度地保护交通事故中受害人的利益，使其所受到的损害得到真正意义上的弥补。[5] 故在特殊情况下，为预防富有的不可归责者严重损害财产状况较差的人的利益，当受害人依照正常程序无法获得赔偿时，法院可出于公平原则或衡平原则的考虑，判令有经济能力或财产状况良好的作为不可归责者的加害人以自己的财产负担一部分或全部赔偿费用，以维持不可归责者与受害人在损害后果负担与补偿方面的相对公平。[6]

笔者认为，《澳门民法典》第 482 条第 1 款的规定在一定程度上可能会让我们产生某种错觉，会认为这是在给我们某种暗示，说明中国澳门民法

---

[1] 〔葡〕João de Matos Antunes Varela：《债法总论》（第十版）（第一卷），唐晓晴译，未出版，第 403 页。

[2] "如果加害人的经济状况和公平原则允许的话，法院可以判决对痛苦和疼痛的赔偿。赔偿的数额取决于案件的具体情况。"参见〔德〕克雷斯蒂安·冯·巴尔《欧洲比较侵权行为法》（上），张新宝译，法律出版社，2001，第 118 页。详情参见 Martins de Almeida, *Manual de Acidentes*, 3th Ed, p. 227。

[3] 〔葡〕João de Matos Antunes Varela：《债法总论》（第十版）（第一卷），唐晓晴译，未出版，第 402 页。

[4] 〔德〕克雷斯蒂安·冯·巴尔：《欧洲比较侵权行为法》（上），张新宝译，法律出版社，2001，第 119 页。

[5] 〔德〕克雷斯蒂安·冯·巴尔：《欧洲比较侵权行为法》（上），张新宝译，法律出版社，2001，第 110 页。

[6] 对于衡平责任，值得指出的是，对于葡萄牙和中国澳门民法来说，衡平责任与过错责任及风险责任等归责原则不是同等一个层级范畴的概念，只是将衡平责任作为一个规则而存在，尚未将其视为一种独立的归责原则。

识别能力在归责能力问题上，也倾向于像法国民法所极力倡导的那样，所有人都应该是平等的，即人人均具有侵权责任能力或归责能力，都必须承担自己的侵权行为所引发的责任。[①] 这种错觉也会让我们以为这种有点含混晦涩的暗示虽然远没有像《法国民法典》那样干脆利落，但是至少能给不完全行为能力人某种警示，这说明，实际上在澳门，即使是无侵权责任能力的不可归责者也要对自己的侵权行为承担责任，只要适用条件符合公平原则的基本前提就万事大吉了。[②] 但其实不可归责之人的这种责任"不是一种客观责任"，衡平责任的范围与过错责任或风险责任的要求都不同，它并不以损害的全部弥补为目的，不可归责之人的责任同可归责之人的责任相比较而言具有根本性的区别，"不可归责的人是根据衡平的准则而负上责任的；而可归责的人则是根据严格的法律规定负责"，法律对相关正常成年人设定更高的行为标准。[③] 另外，要求不可归责者责任的目的只在于保护受害人的合法权益，以实现对被害人的及时救济，旨在将损害在当事人之间进行合理的分担，在前面我们提及的 Antunes Varela 所说的由不可归责者承担损害赔偿责任的另一种情形，即负有管束义务之人有过错，但没有足够的经济能力或者财产去承担责任以弥补受害人之损失的情形，法律规定可按衡平原则，令不可归责者对受害人的损失承担一部分或者全部的赔偿责任，但在不可归责者承担损害赔偿责任后，即代位取得受害人之权利，享有对有过错的负有管束义务之人的追偿权，其可以要求负有管束义务之人支付或者返还其赔偿给受害人的款项。因为在这种情况下，不可归责者本来就不用承担损害赔偿责任，要其承担只是一个不得已而为之的权宜之计，有

[①] 1804年的《法国民法典》第1382条规定："任何行为致他人受到损害时，因其过错致行为发生之人，应对他人负赔偿之责任"；第1310条规定："未成年人不得主张取消因其侵权或准侵权行为引起的损害赔偿之债。"对于精神病患者的责任承担问题，1968年法国对《法国民法典》第489条进行了修订，修订后的《法国民法典》第489条第2款规定："处于精神紊乱状态之下的人给他人造成损失者，仍应负赔偿责任。"参见《法国民法典》，罗洁珍译，中国法制出版社，1999，第158页，第316~330页。

[②] 如前所述，公平责任适用的前提是在不完全行为能力人不具责任能力而监护人无过错也不承担责任的情形，或者监护人有过错，但没有财产去承担责任的情况，令有经济能力的行为人对受害人的损失承担一部分或者全部的赔偿责任。

[③] 〔葡〕João de Matos Antunes Varela：《债法总论》（第十版）（第一卷），唐晓晴译，未出版，第403页。

过错的负有管束义务之人才是责任的最终承担者。① 笔者认为，立法精神凸显了被管束者之侵权责任能力具有特殊性，所以在对其侵权责任承担的具体制度设计中，充分考虑到该如何合理保障自然无能力者之权益。而且，即便在交通肇事侵权赔偿责任最终或客观上只能由不可归责者承担的情况下，如何合理限制不可归责者的责任也成为立法者必须解决的问题。《澳门民法典》对不可归责者的责任也给予了必要的限制，为了合理保障不可归责者的权益，依照《澳门民法典》第482条第2款（《葡萄牙民法典》第489条第2款）之规定，"然而，计算损害赔偿时，不得剥夺不可归责者按其状况及条件而被界定之生活所需，亦不得剥夺其履行法定扶养义务之必要资源"。② Antunes Varela也极力肯定这种做法，认为"赔偿的计算应以不损害不可归责者的生活费以及他所负有的扶养的法律义务为限"，③ 正如克雷斯蒂安·冯·巴尔力挺Martins Almeida的观点，"相对于自我生计来说对他人的赔偿是次要的"。④

衡平原则的适用还体现在非财产损害赔偿之金额如何确立的问题上。根据《澳门民法典》第489条之规定，"损害赔偿之金额，由法院按衡平原则定出，而在任何情况下，均须考虑第四百八十七条所指之情况……"。而《澳门民法典》第487条是对行为人在过失情况下损害赔偿缩减之规定，

---

① 在这种情形下令不可归责者承担责任，只是出于对受害人的保护而已，可推知其意图为让有过错的管束人最终承担责任。参见〔葡〕João de Matos Antunes Varela《债法总论》（第十版）（第一卷），唐晓晴译，未出版，第402页，注解5；Pires de Lima e Antunes Varela，*Código Civil Anotado*，Volume I，4ª Edição Revista e Actualizada，Coimbra Editora，1987，pp. 490 – 491；谭新美：《论澳门侵权行为法的归责原则》，《硕士论文集 I》，澳门大学法学院，2001，第58~59页。
② 有些国家的民法典对此也有具体规定，也是采用这一方法。例如，《德国民法典》第829条规定，如要判定未成年人承担责任，不得剥夺其维持适当的生计及履行法定扶养义务之所需；《巴西民法典》第928条规定，损害赔偿不得剥夺不满16岁的未成年人本人或依靠他生活的人的必需品，若将剥夺无行为能力之人或依靠他生活的人的必需品，此等赔偿不发生。
③ 〔葡〕João de Matos Antunes Varela：《债法总论》（第十版）（第一卷），唐晓晴译，未出版，第403页。
④ 参见〔德〕克雷斯蒂安·冯·巴尔《欧洲比较侵权行为法》（上），张新宝译，法律出版社，2001，第118页。Martins de Almeida，*Manual de Acidentes de Viasão*，3th Ed，Coimbra：Livraria Almedina，1987，p. 225.

第五章 侵权损害赔偿机制

"责任因过失而生者,得按衡平原则以低于所生损害之金额定出损害赔偿,只要按行为人之过错程度、行为人与受害人之经济状况及有关事件之其他情况认为此属合理者"。澳门终审法院2009年12月17日之合议庭裁判第32/2009号上诉案中,[①] 澳门终审法院对交通肇事之受害人丙的非财产损害赔偿金额的订立便是按衡平原则来处理的。澳门终审法院在判决书中指出:"'非财产性损害是那些不能以金钱可以衡量而可以通过要侵害人作出一项金钱义务补偿的损失'。[②] 可予以补偿的那些非财产性损害只是那些'……基于其严重性而应受法律保护者'(《民法典》第489条第1款)。责任因过失而生者,损害赔偿之金额,由法院考虑第487条所指之情况后按衡平原则定出(《民法典》第489条第3款第一部分)。亦即,应考虑行为人过错的程度和该行为人与受害人的经济状况。根据第492条的规定,[③] 这一规范(第487条)适用于客观责任或风险责任,正如第489条的规定"。澳门终审法院还指出:"与被告保险公司所辩称的相反,未成年人及其家庭属低下阶层的事实并不导致法院订定一项少的金额作为非财产性损害的补偿……在纯过失或风险责任的情况下,关于订定的赔偿金额较所造成的损害的金额为低的可能,如受害人的经济状况明显良好或合理以及/或侵害人的经济状况明显差或较差时,受害人的经济状况才重要,这看来是明显的。只有这样,才解释到会出现所遭受的损害不获全数赔偿的情况。这也是从学理中所得出的。正如Mário de Brito[④]所解释的:'原则上,当行为人的经济状况越好时赔偿越高,而受害人的经济状况越好时赔偿越低。'即使一个人贫穷,也不能如被告提出的,因其一生中从不曾有钱,法院就订出低微的赔偿金额。但反之亦属事实。法院不能订定出赔偿金额以便补偿不能归责于侵害行为人的受害人资源之匮乏。一宗交通意外不应作为致富的途径。"澳门终审法院进一步指出:"第一审判决认为没有证实汽车驾驶者有过错,因

---

① 本案由艾林芝总结,内容有做适当删减。
② 〔葡〕João de Matos Antunes Varela:《债法总论》(第十版)(第一卷),唐晓晴译,未出版,第600页及后续各页。
③ Pires de Lima e Antunes Varela, *Código Civil Anotado*, Volume I, 4ª Edição Revista e Actualizada, Coimbra Editora, 1987, p. 506.
④ Mário de Brito, *Código Civil Anotado*, 第二卷,作者出版,1972,第187页。

此，对被告所作出判处系基于客观责任或风险责任而不是主观责任或过错责任……这样，我们面对的是一宗非因汽车驾驶员的过错（亦不是行人即未成年人的过错）造成的意外，该意外致使未成年人受到损伤及其非财产性损害。因此，在订定非财产性损害赔偿金额时，这一事实不能不予以考量，正如我们所知道的一样，法律规定了在客观责任上损害赔偿的最高限额（《民法典》第 501 条）。"

第五节　存在的问题及处理方式

一　明确交通事故领域的"预防性法律保护措施"[①]

根据《澳门民法典》第 560 条，交通肇事责任主体承担非合同民事责任的方式以恢复原状为原则，不能恢复原状时，或恢复原状虽为可能但不足以弥补受害人全部的损害，或恢复原状使责任主体的负担过重，则以填补受害人的实际损失为准，通过承担非合同民事责任，尽量使受害人的民事权利恢复至受侵害之前的状态，所以非合同民事责任最根本的属性在于其补偿性，其基本目的在于使当事人所受损害得到赔偿。但预防也是现代侵权行为法的重要功能，基于交通事故侵权形态日趋复杂、多样，在侵权责任法的保护范围日益扩展的形势下，侵权责任的承担方式呈现出多样性和灵活性，预防性保护措施能充分实现侵权责任的抑制（或预防）功能。侵权责任被认为是一种广义的非合同民事责任，不能将侵权行为的法律效果始终囿于传统民法单一的损害赔偿救济方法上，交通肇事侵权责任的承担方式在强调以非合同民事责任的同质救济原则的同时，也应凸显侵权法律制度之事前预防功能，以适应时代的需求，从而更有效地维护受害人的合法权益。基于此，笔者认为，在道路交通事故领域可以效仿澳门 3 月 11 日第 2/91/M 号法律《环境纲要法》第 35 条第 1 款之规定，规定道路交通肇事损害赔偿承担的方式之一是消除起因。消除起因是指行为人的交通行

[①] 〔德〕克雷斯蒂安·冯·巴尔：《欧洲比较侵权行为法》（下），焦美华译，张新宝审校，法律出版社，2001，第 166 页。

第五章　侵权损害赔偿机制

为对他人的人身、财产安全等合法权益造成损害或可能造成损害，换言之，即加害人的行为可能或将要导致某种损害结果的出现时，处于威胁或危险中的人有权要求行为人采取措施消除其起因，而为防止交通事故侵害由加害人必须采取的措施。

对于预防性法律保护措施，迪特尔·施瓦布认为，通过把后果排除请求权和停止侵害请求权适用于任何侵权法中受保护的权利与利益，司法判例使这些请求权与侵权法建立了密切的关联关系。由此看来，后果排除请求权和停止侵害请求权同损害赔偿请求权一样，也是侵权行为的后果。[①] 而克雷斯蒂安·冯·巴尔亦指出，事实上，损害的预防总是优于损害之赔偿的，他认为，预防性法律保护是侵权行为法必要部分的观点是正确的，"预防性法律保护……是私法之损害赔偿法的一部分，是必要的和先于损害赔偿制度的那一部分。如果法律仅赋予公民赔偿请求权而却不使其有机会制止即将发生的损害是很难让人接受的。如果一个国家不授予其法院在'损害尚未发生的期间'基于当事人的申请提供法律保护措施的职权，这个国家就未尽法律保护的义务"。[②] 葡萄牙和中国澳门的立法者对此也持同样立场，他们认为预防性法律保护措施是民法损害赔偿法的一部分，也将预防性责任方式纳入侵权损害赔偿责任承担方式的范畴，根据《葡萄牙民法典》第70条和《澳门民法典》第67条可知，葡萄牙和中国澳门法律并没有将事先预防从产生损害赔偿效果的责任方式中排除，反而是以侵权责任法的预防功能作为其基础来保护权利人之合法权益。[③] 根据《澳门民法典》第67条（人格之一般保护）的规定，"一、任何人均获承认具有人格权，而人格权应在毫无任何不合理区分下受保护……二、任何人均有权受保护，以免其人身或精神上之人格遭受不法侵犯或侵犯之威胁。三、受威胁之人

[①] 〔德〕迪特尔·施瓦布：《民法导论》，郑冲译，法律出版社，2006，第285页。
[②] 〔德〕克雷斯蒂安·冯·巴尔：《欧洲比较侵权行为法》（上），张新宝译，法律出版社，2001，第1页；〔德〕克雷斯蒂安·冯·巴尔：《欧洲比较侵权行为法》（下），焦美华译，张新宝审校，法律出版社，2001，第166页。
[③] 另外，参见《葡萄牙民法典》第70条，"一、法律保护个人在人身或精神上之人格遭受不法侵犯或侵犯之威胁。二、受威胁之人或被侵犯之人得就有关情况请求采取适当措施，以避免威胁之实现或减轻已发生之侵犯所造成之后果，而不论有关威胁或侵犯之事实是否导致民事责任"。参见《葡萄牙民法典》，唐晓晴等译，北京大学出版社，2009，第18页。

或被侵犯之人得就有关情况请求采取适当措施，以避免威胁之实现或减轻已发生之侵犯所造成之后果，而不论有关威胁或侵犯之事实是否导致民事责任。四、受威胁之人或被侵犯之人，亦得按照诉讼法之规定请求采取上款所指之措施，作为保全措施"，可知澳门的预防性法律保护措施一般以人身或精神上之人格权为主要适用范畴。

对于预防性法律保护措施的适用条件，克雷斯蒂安·冯·巴尔认为，"预防性法律保护措施的本质在于它不以加害行为已经发生为前提……'只要存在不法侵害行为的危险'当事人就可以提起停止侵害行为之诉，而不'以侵害行为已经发生为前提'。与此相关联，预防性法律保护措施原则上不以被告方的过错为前提。因为在民法规定中只有对已经发生的损害给予赔偿时才考察加害人有无过错的问题"。[1] 迪特尔·施瓦布亦主张，"对于后果排除请求权，司法判例要求以违法侵害为前提，而与损害赔偿请求权不同，过错并没有被作为前提……要求消除妨害的请求权不以妨害人的故意或过失行为为前提，这是正确的。同样，其目的在于制止损害反复出现的停止侵害请求权也不以此种损害有过错为前提"。[2] 而根据《澳门民法典》第67条第3款之规定，为了"避免威胁之实现或减轻已发生之侵犯所造成之后果"，受威胁之人或被侵犯之人可以请求采取适当措施，"而不论有关威胁或侵犯之事实是否导致民事责任"，可知事先预防亦不以侵权行为之成立为必要。若侵权责任的承担方式仅限于侵权行为后的损害赔偿，其以加害行为之发生为基础或前提，但当侵权责任的承担方式并不限于侵权行为后的损害赔偿时，就不以侵权行为已产生为前提，不以请求权人有实际的损害结果存在之发生为必要或者不要求其有现实的损害，仅造成侵害之威胁或危险就可以要求其采取事先预防，这亦是承担侵权责任的一种方式，只是其已不是一般意义上的侵权责任，而是一种广义的非合同民事责任，正如克雷斯蒂安·冯·巴尔所说，"如果损害尚未发生但必然会发生，则该

---

[1] 〔德〕克雷斯蒂安·冯·巴尔：《欧洲比较侵权行为法》（下），焦美华译，张新宝审校，法律出版社，2001，第167~168页。
[2] 〔德〕迪特尔·施瓦布：《民法导论》，法律出版社，2006，第285页。

问题也属于损害赔偿法的调整范围"。① 另外，根据《澳门民法典》第 67 条，预防性法律保护措施作为侵权责任的承担方式也不要求行为人或被请求人在主观上有过错。

另外，值得注意的是，恩斯特·冯·克默雷尔在《德国侵权行为法变迁的主要特征》中指出，"一个由司法实践超越制定法所创造的重大制度是，允许正在面临客观违法侵害的当事人提起预防性的不作为之诉"。② 克雷斯蒂安·冯·巴尔亦认为，"侵权行为法中也有所谓的'履行请求权'……侵权行为法上的这一权利通常体现为不作为履行请求权（停止侵权行为请求权）……可以作为诉讼标的的原则上仅是那些不以自己的积极作为给他人造成损害而以此保护他人合法权利的消极不作为义务"。③ 由此可知，预防性法律保护措施一般表现为侵权责任中"消极的履行请求权"，是权利人在其权利受到侵害之威胁时享有的一项请求权，即"停止侵权行为请求权"。具体而言，权利人为保护自己的权利而请求义务方不为一定行为的权利，体现为一种停止侵害和排除妨碍等防御性的请求权利。

不可否认，侵权责任通常是通过使加害人承担赔偿责任的方式加以实现，但填补损害并不是侵权责任唯一的目的和功能，抑制（或预防）同样也是侵权责任的重要功能。虽然预防损害并不被认为是侵权法的主要目的或方式，但随着现代工业社会的发展和车辆的剧增，交通肇事侵权行为法中预防功能的重要性日益凸显且备受关注。道路交通肇事损害赔偿中坚持损害事先预防措施必要的根本原因是，第一，如果能事先预防损害发生显然比事后去弥补受害人所受损害对权利人更有利；第二，事先预防也有助于有效控制社会成本，从而实现经济社会发展成本的最小化；第三，单一的侵权损害赔偿责任是不足以发挥消除起因等责任形式的预防功能的，因为有些损害是可以通过事后恢复原状或金钱之损害赔偿来弥补的，但可能有些损害是任何事后损害赔偿都无法弥补的，如行人或乘客的生命权遭受

---

① 〔德〕克雷斯蒂安·冯·巴尔：《欧洲比较侵权行为法》（下），焦美华译，张新宝审校，法律出版社，2001，第 166 页。
② 〔德〕恩斯特·冯·克默雷尔：《侵权行为法的变迁》（上），李静译，田士良、王洪亮、张双根主编《中德私法研究》2007 年第 3 卷，北京大学出版社，2007，第 73 页。
③ 〔德〕克雷斯蒂安·冯·巴尔：《欧洲比较侵权行为法》（下），焦美华译，张新宝审校，法律出版社，2001，第 166～167 页。

交通肇事侵害的情况，任何事后的救济措施都不可能使已经逝去的生命得以恢复。因此，侵权责任填补损害这一功能实际上已无法真正发挥效用，为充分发挥侵权责任的遏制功能，使潜在的加害人承担预防性的责任是非常必要的。对于行人或乘客的生命权来说，"预防性保护措施也许甚至应被看作是唯一有效的法律救济措施"，[1] 只有依赖于事先预防以避免侵害发生，才能最大限度地保护权利人之利益。道路交通肇事领域应明确把预防功能作为交通事故侵权责任的首要功能，应考虑通过预防功能达到抑制加害行为的目的。

二 明确人身损害方面的具体项目和基准

如上所述，道路交通事故损害赔偿的范围可以分为人身损害赔偿和财产损害赔偿两部分，后者按"差额法"比较好界定，但对前者的界定并不容易。对于道路交通事故中人身损害的赔偿问题，《澳门民法典》和澳门第3/2007号法律《道路交通法》都没有规定统一的标准，《澳门民法典》第558条第1款只是抽象地规定，"损害赔偿义务之范围不仅包括侵害所造成之损失，亦包括受害人因受侵害而丧失之利益"，而对于相应损失的赔偿项目，即具体的赔偿范围和赔偿计算方法并没有给出明确的界定。在澳门第3/2007号法律《道路交通法》及其他法律法规中也没有对交通肇事人身损害的赔偿项目进行明确界定的相关法律条款，这显然不利于对受害人权利之保护。笔者认为，应按照《澳门民法典》的相关规定，明确界定交通肇事人身损害赔偿的具体范围和计算标准。

三 非财产损害赔偿方面

精神损害赔偿有以下几个值得完善或进步的方面。

（一）因物之毁损或永久灭失同样可能会遭受精神损害

根据《澳门民法典》第489条（非财产之损害）之规定，精神损害赔偿的保护范围并没有仅限定在侵害他人的人身权益上，也包括侵害财产权益的情形，即财产权益受侵害时也可以请求精神损害赔偿，但不是都会遭

---

[1] 〔德〕克雷斯蒂安·冯·巴尔：《欧洲比较侵权行为法》（下），焦美华译，张新宝审校，法律出版社，2001，第169页。

受精神损害,"只要基于其严重性而应受法律保护者"。

在交通事故案件中,如果说道路交通肇事中受害人遭受的人身损害按程度来分级,那财产损害呢?《澳门民法典》和澳门第 3/2007 号法律《道路交通法》对此都没有做出具体标准之规定,这同样取决于对"严重性"的判断。受害人在身心完整权遭受交通事故损害的同时,也可能会出现一些物品毁损或永久灭失的情况,或仅出现财产损害,物之毁损或永久灭失同样可能会遭受精神损害,但显然不是以物品的贵贱来判定,亦不能以财产的毁损程度来划分,因为对于财产损害有相应的财产损害赔偿。对于财产损害后果"严重性"的判定,笔者认为,侵害特定财产权而产生精神损害的,如具有人格象征等特定意义的纪念物品,如乘客包里唯一一张已故亲人的照片因交通肇事侵权行为而永久灭失或毁损,可能会给受害人带来巨大的精神痛苦,若仅以金钱之等价赔偿的方式赔偿可能难以平复受害人所遭受的精神创伤,受害人可以请求精神损害赔偿。

(二)赋予受害人近亲家属在受害人的身心健康权严重受损时的非财产损害赔偿请求权利

如前所述,根据《澳门民法典》第 489 条,道路交通事故受害人的非财产损害的适用对象,即享有非财产损害赔偿请求权利之主体,既包括道路交通事故中直接遭受损害的自然人,即依法享有精神损害赔偿请求权利的直接受害人(即受害人本人),也包括在受害人本人死亡时的间接受害人。按照《澳门民法典》第 489 条第 2 款,间接受害人主要是指道路交通事故人身损害中造成死亡的受害人的近亲家属,包括受害人的配偶、子女、与受害人有事实婚姻关系之人及受害人的父母等,该条款仅规定了在直接受害人死亡的情况下间接受害人的精神损害赔偿请求权利,对于受害人没有死亡的情形,非财产损害并没有反射到《澳门民法典》第 489 条第 2 款所规定之主体上,即这些人并不具有精神损害赔偿请求权利,笔者认为这是值得商榷的。

澳门终审法院 2009 年 12 月 17 日之合议庭裁判第 32/2009 号上诉案[①]能更好地帮助我们理解这一问题。2005 年 4 月 10 日,戊驾驶由丁公司承保的

---

① 本案由艾林芝总结,内容有做适当删减。

轻型汽车撞到了未成年人丙,未能确定是谁的过错。丙因此受伤入院,已支付的医疗费用为41791.47澳门元。甲、乙是丙的父母,他们向初级法院提起诉讼,要求丁和戊支付医疗费用,并向他们支付500000澳门元,向丙支付不低于3000000澳门元的非财产损害赔偿。2008年1月25日,澳门初级法院判保险公司丁向众原告支付医疗费用41791.47澳门元,以及向丙支付150000澳门元的非财产损害赔偿。众原告向中级法院提起上诉,认为初级法院制定的赔偿金额太低,要求改为不低于3000000澳门元的赔偿额度。澳门中级法院在2009年2月26日第545/2008号上诉案之合议庭裁判中判决,除医疗费用外,丁向甲、乙各支付50000澳门元,向丙支付250000澳门元作为非财产损害赔偿。最终,原告方认为赔偿金额太少,但被告方认为太多,而且不应向甲、乙支付损害赔偿(因为原告在中院的上诉中没有提到),因此,各方均向澳门终审法院提起了上诉。这里澳门终审法院面对的问题是丙的父母甲和乙可否因为未成年人丙受伤而要求非财产损害赔偿。对于这个问题,各级法院持不同意见,初级法院认为,《澳门民法典》第489条第2款只规定了父母对于子女的死亡享有非财产损害之赔偿请求权,而本案中未成年人丙并未死亡,因此,未成年人的父母本身不享有因未成年儿子之意外而得到非财产损害赔偿的权利。中级法院则主张,《澳门民法典》第489条第2款规定了在死亡的情况中谁是(非财产)损害赔偿的权利人,但其没有提到,在没有死亡的情况下,相关受害人没有要求非财产损害赔偿的权利,父母承受的痛苦应该得到补偿,在有些情况下,他们承受的痛苦甚至比未成年人承受的更多。中级法院进一步指出,"《澳门民法典》第556条中规定的一般原则是对一项损害有义务弥补之人,应恢复假使未发生引致弥补事件即有之状况。恢复的不应只是那些财产损害,还应包括精神或非财产损害——虽然其金额由其严重性来决定。《澳门民法典》第489条第1款规定,在定出损害赔偿时,应考虑非财产之损害,只要基于其严重性而应受法律保护者……"。最后,中级法院判保险公司向未成年人父母每人支付50000澳门元的非财产损害赔偿。终审法院没有对父母因未成年人受伤而要求精神损害赔偿表明自己的立场,而是技术性地回避了这一问题,其以中级法院过度审理为由,裁定中级法院这部分判决无效,理由如下:"就一审判决内关于非财产性损害赔偿所作的判处,众原告在其向中级法院提出的上诉陈述中,只提到给予未成年人订定的金额(150000 澳门元),众原告希望将该金额提高至 3000000 澳门元,但从来没有提出没有向父母订定任何非财产性损害赔偿的问题。众原告从来没有请求撤销一审判决中就此部分所作出的判决,相反,众原告认同所作的决定。这样,判决的该部分已转为确定。被上诉裁判在给予父母每人金额为 50000 澳门元的作为非财产性赔偿并废止第一审判决中的这一部分时,根据《民事诉讼法典》第 633 条、第 571 条第 1 款 d)项第二部分、第 563 条第 3 款、第 589 条第 2 款第一部分及第 3 款,因过度审理而导致无效。"

对于该案,澳门终级法院非常巧妙地回避了父母是否享有因未成年人受伤而请求精神损害赔偿权利这一问题。笔者认同初级法院所说的,"《澳门民法典》第 489 条第 2 款只规定了父母对于子女的死亡享有非财产损害之赔偿请求权",该条款只是规定了在死亡的情形中,相关受害人才享有请求精神损害赔偿权利。笔者亦赞同中级法院所说的,"父母承受的痛苦应该得到补偿,在有些情况下,他们承受的痛苦甚至比未成年人承受的更多"。鉴于此,笔者主张,对于道路交通事故间接受害人(即受害人的近亲家属)所造成的精神损害也应包括以下情形,如对于在道路交通事故中直接受害人毁容、成为植物人、精神病人(禁治产人或准禁治产人)或因肢体残疾而丧失基本生活自理能力而需要对受害人长期照料的近亲家属等间接受害人,以上后果势必会严重影响受害人的家庭生活,间接受害人因此而遭受的精神痛苦也应给予"非财产性反射损害"的补偿或救济。例如,受害人性功能丧失,给直接受害人带来巨大肉体和精神痛苦的同时,也会严重影响直接受害人的家庭生活,给因性功能丧失而肇致夫妻间性生活权利无法实现的一方配偶或与受害人有事实婚姻关系之人带来巨大的精神痛苦,对于其所遭受的精神痛苦也应给予赔偿。又如,根据葡萄牙里斯本上诉法院(刑事庭)1984 年 10 月 31 日的判决(诱导外甥女进行同性恋行为)可知,"性生活的丧失"也成为葡萄牙司法实务上所接受的"确定精神损害赔偿的相对独立因素",也判定了其可赔偿性。①

---

① 葡萄牙里斯本上诉法院(刑事庭)1984 年 10 月 31 日的判决,载 CJIX(1984-4),第 155 页。参见〔德〕克雷斯蒂安·冯·巴尔《欧洲比较侵权行为法》(下),焦美华译,张新宝审校,法律出版社,2001,第 206~207 页。

四 强迫性金钱处罚

惩罚性损害赔偿制度是普通法系在非财产损害赔偿领域引入惩罚性损害赔偿制度作为对非财产损害赔偿之补充,其得到了英美法域的广泛认可。[1] 相对于一般传统意义上的民事损害赔偿制度(即补偿性损害赔偿制度),惩罚性损害赔偿责任是在加害人的行为极为恶劣时施加的,正如有学者所指出的,"正是这种由个人来支付损失赔偿而对其造成不利后果的威慑,同时造成了人们对民事责任法律制度应具有一定惩戒作用的期望"。[2] 例如,在1984年,美国《路易斯安那州民法典》第2315.4条引入了酒后驾驶导致交通事故侵权之惩罚性损害赔偿制度,规定:"除一般和特殊损害外,如有证据证明被告在驾驶机动车时的醉酒状态所引起的忽视他人权利和安全的轻率和不计后果的行为是造成他人损害的原因,则可判处惩罚性损害赔偿。"[3]

大陆法系的损害赔偿主要以同质补偿为原则,所以传统上没有惩罚性损害赔偿之概念,一般也都不承认英美法上的惩罚性损害赔偿,但法院或法学界逐渐开始关注惩罚性损害赔偿这一制度,对实际损害做补偿性赔偿的原则也随着两大法系的互相借鉴和融合而大打折扣。例如,德国民法主

---

[1] 惩罚性损害赔偿源于英国,表达惩罚性损害赔偿含义的常见术语有"punitive damages""exemplary damages"和"vindictive damages"等。英国法上最早认可惩罚性损害赔偿制度是在1763年的 Wilkes v. Wood 一案中,在该案中,法官指出:"陪审团有权判决比(实际)损害额更高的赔偿金额。损害赔偿制度不仅在于满足被害人,且须惩罚该罪行,吓阻未来类似事件发生,并彰显陪审团对该行为本身的厌恶。"参见陈聪富《侵权归责原则与损害赔偿》,北京大学出版社,2005,第202页。
1977年修订的《第二次侵权法重述》第908条对惩罚性损害赔偿的概念做出了阐述,"惩罚性损害赔偿是在补偿性赔偿及象征性的赔偿以外,为了惩罚被告严重不道德的行为,并为惩罚该不法行为人及预防他人将来从事类似的不法行为而给予的赔偿。被告因其邪恶动机或轻率的无视他人利益的极端不道德行为而被判给予原告的惩罚性损害赔偿,在确定惩罚性损害赔偿的数额时,要考虑被告行为的性质、被告实施不法行为的主观恶性、被告的财产情况"。参见 Restatement (Second) of Torts § 908. Punitive Damages。

[2] 〔德〕马克西米利安·福克斯:《侵权行为法》,齐晓琨译,法律出版社,2006,第7页。

[3] 《路易斯安那州民法典》采取了大陆法系民法典之形式,同时也在一般性条款项下引入普通法规则。参见 John W. de Gravelles, J. Neale de Gravelles, "Louisiana Punitive Damages – A Conflict of Traditions", *Louisiana Law Review*, Vol. 70, 2010。

张补偿性是损害赔偿的标准，其没有建立亦不承认惩罚性损害赔偿制度，[①]但在司法实践中，尤其是近年来，德国法院在侵权案件中出现了一些包含惩罚性因素赔偿的判决。法国不承认惩罚性损害赔偿制度，但有学者认为，在侵害人格权的案件中，法官可能无法公开地承认将侵权人之过错程度作为判决理由，但法官可以运用其自由裁量权对非财产损害判处较高额的损害赔偿金以没收加害人因侵权而获得之利益，因而可能无法避免、或多或少地留有惩罚性的痕迹。[②] 日本在侵权责任法中没有明文规定惩罚性损害赔偿制度，但有不少学者主张应将惩罚性损害赔偿制度引入日本侵权法体系。日本学者田中英夫和竹内昭夫指出，美国惩罚性损害赔偿制度对违法行为的抑制发挥着巨大的作用，而日本的损害赔偿额的认定缺乏灵活性，未能发挥出其对违反法律行为的抑制功能。从民事责任对违法行为的抑制预防功能出发，将民事责任绝对限制于补偿性而无视民事责任的制裁性功能是不正确的，[③] 他们认为侵权民事责任应具有惩罚性功能，在立法中引入惩罚性损害赔偿制度不是没有可能的。[④] 后滕孝典则主张，"侵权行为法必须把加害行为的抑制作为最高的指导理念，损害赔偿应该作为达到加害行为的抑制这一目的的手段加以运用"。[⑤]日本也有学者如浦川道太郎认为，在精神损害赔偿中加入惩罚性或制裁性功能，能发挥抑制和预防功能。[⑥] 虽然在大陆法系中，惩罚性损害赔偿制度多数源于学术上的探讨，但不能否认的是，越来越多的人开始对在侵权法领域中引入惩罚性损害赔偿制度持赞成态度。

在澳门，侵权损害惩罚性损害赔偿制度也是缺失的，澳门原则上不承认非合同民事责任法的惩罚功能。虽然根据《澳门民法典》第 333 条可知，

[①] 〔德〕克雷斯蒂安·冯·巴尔、〔德〕乌里希·德罗布尼希主编《欧洲合同法与侵权法及财产法的互动》，吴越、王洪、李兆玉、施鹏鹏等译，法律出版社，2007，第 103 页。
[②] 〔德〕克雷斯蒂安·冯·巴尔、〔德〕乌里希·德罗布尼希主编《欧洲合同法与侵权法及财产法的互动》，吴越、王洪、李兆玉、施鹏鹏等译，法律出版社，2007，第 99 页。
[③] 王利明：《违约责任论》，中国政法大学出版社，2000，第 520 页。
[④] 于敏：《日本侵权行为法》，法律出版社，1998，第 47 页。
[⑤] 于敏：《日本侵权行为法》，法律出版社，1998，第 48 页。
[⑥] 〔日〕浦川道太郎：《日本法上的惩罚性损害赔偿与制裁性慰谢金》，《法学家》第 5 期，2001，第 119 页。

在绝对权利遭到侵犯时，即在澳门侵权行为法中也可以适用强迫性金钱处罚。[①] 据此可知，侵权损害赔偿的数额除了以受害人的实际损失为准的补偿性损害赔偿（包括直接损失和间接损失）外，也包括强迫性金钱处罚，无论在合同责任领域，还是在侵权责任领域，其制裁功能似乎通过强迫性金钱处罚得到了确认。但是令人遗憾的是，强迫性金钱处罚单纯是为了强迫债务人履行债务而设定的，这个债务或者来自合同之债，或者来自笔者这里所说的交通肇事侵权之债，其只是一种强制债务人履行债务的惩罚措施，不关乎这个侵权行为本身的损害赔偿之债。[②] 虽然侵权民事责任以损害的补偿性为目标，并不像刑事责任那样重在惩罚性，但在一些交通肇事的损害后果极为严重或行为人主观上恶意为之的特殊情形下（如酒后、受麻醉品或精神科物质影响下驾车或飙车），是否可以考虑采用适度的惩罚性金钱处罚以威慑侵权行为人和制裁恶意侵权行为，则有进一步研究的余地。笔者认为，适度的惩罚性金钱处罚在交通肇事侵权领域有其适用的空间，其彰显了侵权行为法的惩罚功能。适度的惩罚性金钱处罚对于遏制交通事故侵权行为的发生有相当重要的意义，尤其是对一些不法行为人恶意伤害他人，或因具有可责难性的重大过失伤害他人生命权或身心完整权的交通肇事行为，如醉酒驾驶、服食麻醉品或精神科物质后驾驶及飙车肇致严重的道路交通事故，如果仅规定赔偿受害人所遭受之实际损害，而不加以惩罚性损

---

① 根据《葡萄牙民法典》第829 – A条之规定，强迫性金钱处罚仅适用于不履行义务的情况。请参阅以下法条：*CÓDIGO CIVIL PORTUGUÊS*（Actualizado até à Lei 59/99，de 30/06）；ARTIGO 829°-A（Sanção pecuniária compulsória）

1. Nas obrigações de prestação de facto infungível, positivo ou negativo, salvo nas que exigem especiais qualidades científicas ou artísticas do obrigado, o tribunal deve, a requerimento do credor, condenar o devedor ao pagamento de uma quantia pecuniária por cada dia de atraso no cumprimento ou por cada infracção, conforme for mais conveniente às circunstâncias do caso.

2. A sanção pecuniária compulsória prevista no número anterior será fixada segundo critérios de razoabilidade, sem prejuízo da indemnização a que houver lugar.

3. O montante da sanção pecuniária compulsória destina-se, em partes iguais, ao credor e ao Estado.

4. Quando for estipulado ou judicialmente determinado qualquer pagamento em dinheiro corrente, são automaticamente devidos juros à taxa de 5% ao ano, desde a data em que a sentença de condenação transitar em julgado, os quais acrescerão aos juros de mora, se estes forem também devidos, ou à indemnização a que houver lugar.

② 唐晓晴：《预约合同法律制度研究》，澳门大学法学院，2004，第120页。

害赔偿，可能并不足以遏制恶意交通肇事侵权行为。对这类不法行为若不在补偿实际损害之外加以惩戒，这在某种程度上其实放纵了加害人的恶意交通行为，也大大降低或扼杀了受害人维护自己权利的积极性和主动性。只是实际的损害赔偿不仅可能会使交通事故受害人得不到应有的救济，还可能使受害人的合法权益难以得到有效的保护，更为重要的是，仅靠传统的补偿性损害赔偿可能达不到对加害人进行严厉威慑的效果，不足以阻却此类行为的再次发生或加重，难免会再度造成严重的交通事故损害恶果。所以，笔者认为，中国澳门可以参照美国《路易斯安那州民法典》对机动车交通事故侵权行为实施惩罚性损害赔偿的做法，来制定澳门的车辆肇事侵权责任的惩罚性损害赔偿制度，因故意或重大过失引致交通肇事侵害他人生命权或身心完整权的，法院可以酌情考虑在判决侵权行为人在赔偿受害人之实际损害（即补偿性赔偿）之外，判决加害人支付给受害人惩罚性损害赔偿金。为了更好地理解惩罚性损害赔偿制度，笔者想探讨一下其与以下几种制度的区别和联系。

（一）非财产损害赔偿与惩罚性损害赔偿的区别和联系

非财产损害赔偿（或精神损害赔偿）与惩罚性损害赔偿有相同之处，如一般都是通过令行为人支付一定数额的金钱的方式来实现其功能。但两者的不同之处也是显而易见的，非财产损害赔偿的目的在于对受害人补偿和抚慰，但不是惩罚；惩罚性损害赔偿对交通事故中的受害人具有安抚或赔偿的作用，但更重要的是对加害人的惩罚和阻遏功能。惩罚性损害赔偿首先体现了对交通肇事侵权人的惩罚，惩罚性质恶劣的交通肇事行为，令其必须为不法行为付出惨重代价，对车辆持有人或驾驶人的惩罚能起到警示加害人日后不得从事相同或类似不法行为的作用；阻遏功能则表现在惩罚性损害赔偿能给不法行为人施加经济上的压力，进而促使交通车辆行为人和社会中潜在的可能交通肇事者采用更为安全的方法，避免恶性交通肇事损害的发生或加重。惩罚性损害赔偿在惩戒加害人的同时，也强化了对其他社会成员防患未然之作用。因此，非财产损害赔偿对交通肇事行为人的主观过错没有要求，无论加害人有无过错，根据《澳门民法典》第489条的规定，"只要基于其严重性而应受法律保护者"，就应适用于非财产损害赔偿。但惩罚性损害赔偿应以交通肇事行为人的主观恶性为要件，侵权人实施侵权行为系出于故意或重大过失，若只是源于一般过失或根本无过错，其可能会涉及非财产损害赔偿，但不能适用惩罚性损害赔偿。再者，值得指出的是，机动车交通事故侵权惩罚性损害赔偿作为一种民事责任的适用不以精神损害赔偿为前提，惩罚性损害赔偿之诉的前提或逻辑起点仍是交通肇事损害后果的发生，无损害则无赔偿，并以受害人提起交通事故补偿性损害赔偿之诉作为基础。另外，惩罚性损害赔偿有时还可以弥补精神损害赔偿难以覆盖的地方，如某些精神创伤或损害，其可能会因法律不支持赔偿而无法得到赔偿，此时惩罚性损害赔偿可以代精神损害赔偿发挥效用。

（二）惩罚性损害赔偿与补偿性损害赔偿

在补偿性损害赔偿之外，针对加害人所实施的性质恶劣的不法行为，惩罚性损害赔偿是不可或缺的。作为一种有别于补偿性损害赔偿的民事责任形式，其并不与补偿性损害赔偿之目的相悖，相反，其有时是对补偿性损害赔偿的有益补充。惩罚性损害赔偿与补偿性损害赔偿的区别在于：第一，归责原则不同。根据《澳门民法典》第 496 条之规定，由车辆造成之事故，补偿性损害赔偿的责任不考量行为人主观上是否具有过错，只要行为人之交通行为满足道路交通肇事侵权行为的构成要件就要承担损害赔偿责任，即一般采用风险责任来归责，行为人即使没有过错也不影响其补偿性损害赔偿责任的承担。惩罚性损害赔偿是否适用则取决于行为人主观上是否存在过错，应全面考虑和衡量行为人是否有过错及过错程度，惩罚性损害赔偿是以过错责任为归责原则，若行为人没有过错或仅是一般过失，惩罚性损害赔偿并不适用。第二，赔偿范围有区别。补偿性损害赔偿是以交通肇事实际产生之损害为赔偿范围，惩罚性损害赔偿并不以受害人所遭受到的实际损害为限，但应充分考量实际损害，不能过分高于其遭受到的实际损害，否则可能构成受害人之不当得利。第三，赔偿目的不同。补偿性损害赔偿之目的是弥补受害人所遭受到的损害，惩罚性损害赔偿则是通过高出补偿性损害赔偿的额度达至惩罚、警诫、威慑或遏制具有主观恶性之交通肇事加害人的目的。第四，是否属于汽车强制责任保险制度之保障范畴不同。补偿性损害赔偿已纳入下一章所要探讨的汽车强制责任保险制度之保险范围，即认可补偿性损害赔偿的可保性，但惩罚性损害赔偿的可保性不应予以认可，否则与惩罚性损害赔偿的惩罚和阻却功能相违背。

（三）惩罚性损害赔偿与刑事罚金及行政罚款的区别和联系

可能有人主张惩罚性损害赔偿超出了民事责任范畴，而具有了刑罚的惩罚性，这属于刑法的责任，民事立法仍要坚持侵权民事责任之损害补偿原则。但笔者认为，不应排除在侵权责任法中引入惩罚性损害赔偿的可能。机动车交通事故侵权惩罚性损害赔偿制度不会引致民事救济、刑事救济或行政责任之混淆。惩罚性损害赔偿在性质上虽然类似于刑事罚金，但其同刑事罚金及行政款是有区别的，三者适用的部门法不同，分别为民法、刑法及行政法；惩罚性损害赔偿同刑事罚金及行政罚款之资金的流向不同，三者发挥的效用也不尽相同。刑事罚金是基于澳门刑事实体法，透过刑事诉讼程序而被判定的；行政罚款则是基于澳门行政法，经由行政程序而予以科处的；而机动车交通事故侵权惩罚性损害赔偿不同于行政责任或刑事处罚，当然，这并不是赋予受害人处罚行为人的公权力，作为民事救济，其实质上仍是一种私法领域的制裁，其作为私法上的权利救济机制是针对民事不法行为，须由受害人依民事诉讼程序提出请求主张，再由法院来判定，法院在诉讼中不能依职权主动判决惩罚性损害赔偿。再者，刑事罚金与行政罚款的金钱流向澳门政府，但惩罚性损害赔偿金最终则直接给付受害人个人。惩罚性损害赔偿制度与刑事处罚制度的联系在于，前者能弥补后者的不足。一方面，由于《澳门刑法典》第1条规定之罪刑法定原则的存在，在交通肇事中，并非所有不法致人死亡或伤害身体完整性的行为都会受到刑法的惩罚。虽然澳门于2007年10月1日开始正式实施第3/2007号法律《道路交通法》，加重了处罚超速、闯红灯、酒后驾驶等行为，其中醉酒驾驶及滥用药物后驾驶还被刑事化，[①] 但是其未必都能通过刑事法律程序予以惩罚，刑法未必都能一网打尽。在受害人无法得到足够的刑事程序保护时，或者说在刑法不足以发挥惩罚和警诫作用的情形下，以民事惩罚制度遏制

[①] 澳门第3/2007号法律《道路交通法》第118条（关于受麻醉品或精神科物质影响下驾驶的监察）规定："一、如有迹象显示驾驶员受麻醉品或精神科物质影响，而服食该等物质依法构成犯罪者，则执法人员可对该名驾驶员进行测试。二、无合理由而拒绝接受上款所指测试者，以违令罪处罚。三、如出现上款所指的拒绝情况，尚可科处禁止驾驶两个月至六个月的处罚。"

交通肇事加害行为就变成不可或缺的了。另一方面，即便交通肇事的受害人已被科处刑事处罚，但《澳门刑法典》第 128~132 条、第 134~135 条对侵害他人生命权的犯罪并未规定罚金刑，除第 137 条（普通伤害身体完整性）可能会科以罚金刑之外，第 138 条（严重伤害身体完整性）、第 139 条（因结果之加重）、第 140 条（加重伤害身体完整性罪）及第 141 条（减轻伤害身体完整性罪）也都没有规定罚金刑。在效用的发挥上，正如日本学者三岛宗彦所主张的，"刑事罚未充分发挥其对反社会性的非法行为的抑制、预防的功能，而过多地适用刑事罚会产生对基本人权的侵害等问题……因此，提倡在非财产损害的赔偿时加入制裁性功能，惩罚性赔偿能够有效地抑制损害的再发生"。① 的确，单纯的刑事处罚未必能完全实现阻却交通事故加害行为之功能，惩罚性损害赔偿制度则正好可以弥补这一不足。民法、刑法及行政法三个部门法的同步启动并不意味着双重惩罚或多重惩罚，惩罚性损害赔偿必须与其他法律制度协调配合才能真正发挥其作用，如果原告所遭受的实际损失已通过补偿性损害赔偿得到弥补，而且性质恶劣的交通肇事的被告因其不法行为已受到刑事处罚或行政处罚，那么法院在判决时可酌情考虑适当减少惩罚性损害赔偿金额。而且，在现有条件下，与刑事处罚或行政处罚相比，惩罚性损害赔偿制度是成本较低而收益较高的举措之一。

随着两大法系的不断发展和互相渗透、融合，大陆法系正逐步接受英美法系的惩罚性损害赔偿制度，惩罚性损害赔偿制度在侵权领域中确立是一个大趋势，澳门也应顺应这个趋势建立惩罚性损害赔偿制度。对于交通事故侵权民事法律所追求的价值来说，不可否认，对受害人的补偿是相当重要的，但这也不意味着，在交通肇事侵权领域，对加害人的惩罚就是不必要的或应予以排斥的。在道路交通事故中，预防、补偿和惩罚都是必要的，但是在三者之间应该分清主次，应以预防、补偿为主，惩罚为辅。当然，在肯定惩罚性损害赔偿对性质恶劣的道路交通肇事的威慑和警诫作用的同时，笔者认为，应对惩罚性损害赔偿的适用条件做出某种限制，因为并不是所有的道路交通肇事侵权行为都适用惩罚性损害赔偿制度。限制条

---

① 余琳琳：《惩罚性赔偿制度研究及对我国的立法建议》，上海社会科学院硕士论文，2006，第 12 页。

件涵盖以下三个方面：第一，要求行为人具有主观过错，限于故意或重大过失；第二，损害仅限于生命权、身心完整权等人身权利，不包括财产损害；第三，应对惩罚性损害赔偿数额做出明确限定，不能超过一定的限度，可以将其限定在一定比例内，或者规定一个最高数额上限，又或者两者并用，双管齐下，以防赔偿数额过高。当然，法官对惩罚性损害赔偿数额之确定还要依据原告所遭受之实际损失、被告的财产状况及其他处罚之运用等进行综合考量。对于惩罚性损害赔偿金额的计算，笔者认为可以在补偿性赔偿基础之上来确定，惩罚性损害赔偿是高于补偿实际损害之部分。

第六章　社会化赔偿机制

交通事故肇致的损害后果是世界各地普遍存在的一个严重的社会问题，澳门亦不例外。迄今为止，澳门已逐步形成对受害人实行多元救助制度的框架模式。第一，交通肇事车辆非合同民事责任的责任人对受害人之侵权责任；第二，肇事车辆之强制性责任保险人在强制责任保险范围内对受害人所承担之保险责任；第三，在特殊情况下汽车保障基金（葡文缩写为FGA）所承担之救助保障义务，[①] 以弥补机动车强制保险制度的不足或可能存在的盲区，对受害人提供周全的保护，属于比较先进的立法例。第二、第三条正是本章所要探讨的损害赔偿责任社会化制度，澳门地区的交通事故损害赔偿责任的社会化主要通过第三者责任强制保险制度和汽车保障基金制度来解决道路交通事故的赔偿问题。在处理澳门道路交通肇事所造成的损害而产生之民事责任时，第57/94/M号法令《修正汽车民事责任之强制性保险制度》第1条及后续数条所规定的强制汽车责任保险制度，以及第23条及后续数条所规定的汽车保障基金是风险责任重要的配套机制。

在社会化赔偿领域，澳门车辆强制责任保险和汽车保障基金的法律制度得到了一定的发展，但由于理论研究的不足和实践经验的缺乏，澳门车辆强制责任保险的法律制度和汽车保障基金制度在条款内容与制度设计方面存在一些问题，这样不利于交通事故受害第三人利益之保护，所以应弥

[①] 值得指出的是，根据1999年12月13日第104/99/M号法令《设立游艇民事责任强制保险之法律制度》第20条第1款的规定，"汽车保障基金"改称为"汽车及航海保障基金"（葡文缩写为FGAM），其范围现扩大至游艇造成之上述类似情况，但因本书所探讨的内容不涉及航海部分，所以还是沿用汽车保障基金（FGA）这个概念。

补当前立法存在的不足，以健全和完善道路交通事故受害人的保障体系。鉴于此，笔者在指出车辆强制责任保险的法律制度和汽车保障基金制度存在的主要问题的基础上，对发展和完善车辆强制责任保险法律制度以及汽车保障基金制度提出了一些立法建议与法律思考。

第一节　强制汽车责任保险制度

如笔者在侵权责任的归责原因体系及调整范围部分所介绍的那样，现代侵权民事责任制度更加注重对受害人利益的保护和救济，注重风险分配与承担责任。如前所述，因车辆所导致的交通事故，根据现行《澳门民法典》第496条的规定，肇事车辆所负的责任是一种不以其损害发生有过错为必要的风险责任，风险责任原则可以最大限度地保护受害之第三人的利益，从而将对受害人的立法保护推向极致。在侵权损害赔偿机制中，风险责任原则在诠释分配正义价值目标的同时，也加重了加害人的负担。再者，风险责任虽然加重了致害方的赔偿责任，但是仅仅规定风险责任并不意味着受害人最终能够获得赔偿。为了保障车辆道路交通事故中受害人的赔偿不受加害人赔偿能力不足的影响，使受害人的损害赔偿请求权能够真正得到实现，同时亦为了消除风险责任所带来的负面影响，作为受害人所受损害分散机制的民事责任保险制度[①]和汽车保障基金[②]等社会化赔偿制度便逐渐产生，以解决道路交通事故赔偿问题，以适当的方式分散风险或转移损失，将责任主体和侵权损害赔偿主体逐渐分离。[③]

当然，必须强调的是，侵权责任和损害赔偿的社会化分担是互相交错或一体的，因为任何制度的设计都不是完美的，任何一种法律制度都不是孤立运行的，损害赔偿的社会化分担（强制责任保险和汽车保障基金）不是为了抛弃和取代侵权损害赔偿责任，而是为了更好地解决侵权责任的赔

[①] 例如，澳门1994年颁布的《修正汽车民事责任之强制性保险制度》（11月28日第57/94/M号法令）。

[②] 例如，汽车保障基金（FGA）是根据《修正汽车民事责任之强制性保险制度》（11月28日颁布第57/94/M号法令）第23条第1款的规定设立。

[③] 〔葡〕Manuel Trigo（尹思哲）：《债法概要》（最新修订本），朱琳琳译，杜慧芳校，澳门大学法律系三年级教材，未发行，1997~1998，第122页。

偿问题，二者是不可分割的统一体，这诠释了现代侵权法的补偿功能。在解决交通事故损害赔偿问题上，澳门建立了以强制汽车责任保险为主、以汽车保障基金为辅的道路交通事故损害基本补偿体系。强制责任保险和汽车保障基金成为风险责任的重要辅助机制，其能使风险责任更加有力地得以贯彻执行，丰富和完善侵权责任法之内容，它符合当代公法与私法契合的大趋势，同时也体现了人类对正义的不懈追求。

澳门通过建立汽车民事责任强制性保险来弥补民事责任制度在对受害人损害填补的有效性方面不足的问题，正如有的学者所说，"在侵权法体系的背后往往深藏着一个保险体系"，[1] 当然，澳门除了道路交通事故强制责任保险，还有其他民事责任强制性保险。[2] 民事责任风险严格化的发展趋势

---

[1] 李响：《美国侵权法原理及案例研究》，中国政法大学出版社，2004，第201~202页。

[2] 澳门的民事责任之强制性保险还有8月14日第40/95/M号法令第62条第1款的规定，工作意外及职业病的保险具有强制性质。澳门第11/2004号行政法规《空运人及航空器经营人的民事责任制度》第21条（保险的强制性）规定，住所设于澳门且以本澳为主要营业中心的航空器经营人，以及于本澳登记的航空器的经营人，须订立民事责任强制保险。澳门4月22日第27/91/M号法令《核准超轻型航空器条例》之《超轻型航空器规章》第1.4条规定，超轻航器之所有人及驾驶人有为因航空器对第三人造成损害而生的民事责任购买保险之强制性。澳门12月13日第104/99/M号法令《设立游艇民事责任强制保险之法律制度》第1条规定，用于海上运动、钓鱼运动或娱乐之船舶，水上摩托车等被列为游艇之船舶（葡文缩写为ER）必须向获得许可之保险人购买在使用该船舶时对第三人引致损害之民事责任强制保险。参见：

- 第94/99/M号训令《调整八月十四日第40/95/M号法令规定对工作意外及职业病所引致之损害作出之弥补之限额》。
- 第12/2001号法律《修改〈工作意外及职业病法律制度〉》。
- 第6/2007号法律《修改工作意外及职业病保险法律制度》。
- 第130/2009号行政命令《调整八月十四日第40/95/M号法令第四十七条第二款及第五十条第四款所规定的限额》。
- 第89/2010号行政命令《调整八月十四日第40/95/M号法令第四十七条第二款、第五十条第四款及第五十一条第一款所规定的限额》。
- 第236/95/M号训令《核准工作意外保险之保险费表及条件——废止八月十日第144/85/M号训令》。
- 第237/95/M号训令《核准工作意外及职业病之统一保险单——废止八月十日第143/85/M号训令》。
- 第94/99/M号训令《调整八月十四日第40/95/M号法令规定对工作意外及职业病所引致之损害作出之弥补之限额》。
- 第95/99/M号训令《提高八月十四日第236/95/M号训令核准之"工作意外保险费表及条件"内第二章载明之表所订定之百分率而计得之保险费金额》。（转下页注）

促进了责任保险制度的发展，通过强制责任保险来协助和强化被害人损害赔偿请求权利的实现，对因强制汽车责任保险的保险人所具有的充足偿付能力为受害之第三人在遭受道路交通事故侵害时得到及时充分的赔偿提供了保障，从而维护了受害人的利益，这是车辆强制责任保险制度的根本。而车辆交通事故强制责任保险作为民事责任制度的有效补充，又为风险责任的发展提供了坚实的基础。风险责任在最大限度地保护受害之第三人利益的同时，也加重了交通肇事人的负担。为防止交通肇事人面临高额的损害赔偿，转嫁被保险人责任之风险，立法者通过选择责任保险来分散和转移风险，通过将风险进行社会分担来化解车辆广泛使用之风险，从而避免被保险人因承担对第三者的损害赔偿责任而遭受重大经济损失，维护被保险人的利益。车辆强制责任保险制度与风险责任相辅相成，共同在解决交通事故非合同民事责任损害赔偿中发挥作用，维护道路交通事故侵权行为法的完整性。

一 机动车强制保险制度概述

基于公共利益的政策因素之考量，世界各国或各地区自 20 世纪 20 年代人类社会进入汽车时代以来，相继制定相关法规，从机动车责任保险制度中发展出机动车责任强制责任保险制度，[①]并不断完善，形成了较为合理的机动车第三者责任强制责任保险制度体系，而历经近 100 年的发展，机动车第三者责任强制保险制度发挥着越来越重要的作用，其人性化观点也越发深入人心，为越来越多的国家或地区所认同。目前，世界上大多数国家或地区都有关于机动车第三者强制保险制度，或在民法典中或通过专门的立法制定相关规定。根据 2006 年 10 月国际法学会保险研究小组的研究报告，截至 2006 年，经考察，全球 194 个国家和地

（接上页注②） • 第 263/99/M 号训令《核准旅行社职业民事责任统一保险单之一般条件及特定修件——废止五月三十一日第 164/93/M 号训令》。
• 第 41/2008 号行政命令《调整八月十四日第 40/95/M 号法令第四十七条第二款、第五十条第四款及第五十一条第一款所规定的限额》。
• 第 57/94/M 号法令《修正汽车民事责任之强制性保险制度》。
• 第 27/97/M 号法令《设立在澳门地区求取及从事保险业务之新法律制度》。
• 第 24/2003 号行政法规《订定游艇民事责任强制保险统一保险单的条款》。
• 第 3/2004 号行政法规《核准游艇民事责任强制保险费率表》。

[①] 施文森、林建智：《强制汽车保险》，元照出版有限公司，2009，第 4~5 页。

区，有美国[①]、英国[②]、德国[③]、法国[④]、意大利[⑤]、比利时、日本[⑥]、新加

[①] 美国是最早推行强制保险的国家。1927年马萨诸塞州颁布了《强制机动车责任保险法》（Compulsory Automobile Insurance Law），其规定，是否投保汽车责任保险不是由汽车的所有人或驾驶人自由决定的，采用强制汽车责任保险制度。马萨诸塞州也因此成为世界上首个以法令的形式强制实施机动车第三者责任保险的地区，迈出了机动车辆第三者责任保险由自愿保险向法定强制保险之发展方向的第一步。自此以后，1956年，纽约州开始实施，1957年北卡罗来纳州紧接着开始实行，其后各州陆续开始实施。目前，除了新罕布什尔州及威斯康星州外，美国48个州和哥伦比亚地区都已建立汽车强制责任保险制度，其中纽约州、马萨诸塞州及北卡罗来纳州等实行的第三者责任绝对强制保险，而其他州则实行相对强制保险。随后，英国、法国、德国、日本等国也迅速效仿美国，开始采用机动车强制责任保险制度。参见华蓉晖《美国强制车险费率制度的特点及其启示——以马萨诸塞州为例》，《上海金融学院学报》，2009第1期，第55~59页；张拴林：《美国机动车辆第三者责任强制保险法规窥察》，《上海保险》第10期，1999，第46页；游斯然：《七国（地区）之强制汽车责任保险制度之比较》，《保险大道》第61期，2011，第56页；齐瑞宗、肖志立：《美国保险法律与实务》，法律出版社，2005，第220页。

[②] 英国也是较早采用强制汽车责任保险制度的国家。第一份机动车辆保险单产生于1895年的英国，而且是一份汽车第三者责任保险单。英国在1930年颁布的《1930年道路交通法》（Road Traffic Act 1930）中确定了机动车第三者强制责任保险制度，并于1931年1月1日开始实施。1988年英国实施了新的《道路交通法》，又于1991年对此进行了修订，该法的第六部分涉及机动车辆第三者责任法定保险，在随后的这些年，这部法律历经数次修改，不断地以发展和完善。

[③] 德国于1939年开始在全国范围内推行机动车第三者责任强制保险制度，并先后对此进行了多次修正。2003年12月德国对《道路交通法》做了最近一次修改。据此，德国机动车强制责任保险绝对强制保险的立法模式基本确立。德国《强制汽车责任保险法》第1条规定了投保人购买强制汽车责任保险的义务，"于国内有固定驻地之汽车或拖车，且使用于公共道路或广场者，其保有人为担保因使用汽车所造成之人身、物以及其他财产损害，有义务依本法规为自己、所有人及驾驶人缔结并维持一责任保险契约。"参见江朝国《强制汽车责任保险法》，中国政法大学出版社，2006，第14页；施文森、林建智：《强制汽车保险》，元照出版有限公司，2009，第4~5页。

[④] 法国是较早实行汽车强制保险制度的国家。法国早在第二次世界大战之前就建立了汽车责任保险。1951年法国再次设立了更高效的汽车保障基金制度。1958年法国又制定了汽车强制保险的立法措施，规定从1959年起全面实施机动车第三者责任强制保险。

[⑤] 1969年意大利《强制汽车责任保险法》。

[⑥] 日本是亚洲最早开办汽车保险业务和最早实行汽车强制保险制度的国家，日本的汽车保险由强制汽车责任保险与任意汽车保险两大体系组成。日本于1955年颁布了《自动车损害赔偿保障法》（或译为《机动车损害赔偿保障法》），既规定了机动车的侵权责任，也颁布了机动车强制责任保险制度，并于1956年2月正式实施强制性汽车责任保险。日本《自动车损害赔偿保障法》第1条规定："本法系以确立保障因汽车之运行而致人之生命或身体被侵害时之损害赔偿制度，借以保护被害人。"该法自实施以来历经多次修订，已经比较完善，最新的是2008年修订版，其与《道路运送车辆法》《劳动车灾害补偿法》共同组成目前日本比较完整的机动车保险法律体系。参见马永伟《各国保险法规制度对比研究》，中国金融出版社，2001，第236页；江朝国：《强制汽车责任保险法》，中国政法大学出版社，2006，第112页。

坡[1]、韩国[2]、瑞典[3]、芬兰[4]、南非[5]、中国内地[6]、中国香港地区[7]、中国台湾地区[8]及中国澳门地区等 164 个国家和地区已接纳实行了强制汽车责任保险制度。[9] 像以上国家或地区，澳门也将车辆第三者责任保险定位为强制保险。车辆第三者责任强制保险是指以汽车所有人或使用人对道路交通事故受害人所应承担的损害赔偿责任为标的的责任保险。车辆强制责任保险制度的立法目的不仅在于通过分散风险的方式转移被保险人的损害赔偿责任，更重要的是弥补交通事故受害人的损失，使交通事故受害人得到及时和确实的基本救济，其实行对于有效解决道路交通事故赔偿问题、保护公民的生命与财产安全有着至关重要的意义。

（一）欧盟强制责任保险法律制度的实践和尝试

对于强制责任保险的历史发展，笔者想简要介绍一下欧盟强制责任保险法律制度的实践和尝试。随着欧盟一体化进程的不断扩展，欧洲在机动

---

[1] 新加坡于 1958 年颁布并实施了《公路交通条例机动车辆法》，规定机动车辆第三者责任险属于强制保险。

[2] 韩国于 1999 年颁布并正式实施了《机动车辆损失赔偿保障法》，规定机动车辆第三者责任险为强制保险。

[3] 瑞典于 1929 年颁布了关于机动车强制保险的法律，建立了机动车第三者责任强制保险制度，1975 年又通过了《机动车交通赔偿法》。

[4] 芬兰于 1937 年建立了机动车第三者责任强制保险制度，1960 年又颁布了《机动车保险法》。

[5] 南非于 1942 年制定了《机动车保险法》(The Motor Vehicle Assurance Act 29 of 1942)，并在此部法律中首次引入了机动车强制责任险制度，目的是保障机动车交通事故受害者能够得到保险赔偿。

[6] 中国内地的《道路交通安全法》规定实施机动车第三者责任强制保险制度，参见该法第 76 条。

[7] 香港 1990 年颁布的《汽车保险（第三者风险）条例》第 272 章规定机动车第三者责任险属于强制保险。

[8] 台湾开展机动车第三者强制责任保险发端于 1954 年颁布的《汽车投保意外责任险办法》，目前所实施的法律是 1996 年颁布的《强制汽车责任保险法》。1956 年 6 月，台湾地区"交通部"发布了《汽车投保意外责任保险办法》。1960 年生效的《公路法》首次明确规定强制岛内机动车投保责任保险，后来又历经数次修改。1996 年 12 月 27 日，台湾地区透过《强制汽车责任保险法》这一关乎机动车强制责任保险的专门立法规定了机动车强制责任保险制度。1998 年 1 月 1 日新的《强制汽车责任保险法》开始正式实施，其对前法进行了修订和完善，如扩大了承保范围以及采用无过失责任原则，该法又于 2005 年重新修订了一次而日臻完善。参见苏仲鹏《台湾强制汽车责任保险》，《中国保险》第 7 期，2001，第 64 页。游斯然：《七国（地区）之强制汽车责任保险制度之比较》，《保险大道》第 61 期，2011，第 56~61 页。

[9] 游斯然：《七国（地区）之强制汽车责任保险制度之比较》，《保险大道》第 61 期，2011，第 56 页。

车强制责任保险制度方面的协调统一取得了不少成果,其主要是通过多次指令的形式要求成员国实行强制保险制度。其虽然只得到了奥地利、丹麦、德国、希腊、挪威和瑞典批准之1959年4月20日《关于有关机动车民事责任之强制保险的欧洲公约》,但它第一次大胆尝试以国际公约的形式规定了"强制的第三人责任保险和道路交通事故受害人得直接起诉"的制度,[1] 在机动车交通事故损害赔偿案件中赋予受害人对保险公司的直接请求权,允许受害者直接起诉保险公司要求进行赔偿。随后,欧盟就机动车民事责任之强制保险的问题又先后发布了以下五个指令,欧盟的这五个指令清晰地诠释了欧盟机动车强制责任保险的发展历程。[2]

1. 1972年4月24日《关于成员国在机动车使用方面与民事责任保险有关的法律协调、和履行对此等责任进行保险义务的(第一号)指令》(第72/166/EEC号指令)

该指令简称为《第一汽车责任保险指令》,其明确指出实施强制汽车责任保险的目的是保护机动车受害人的利益。[3] 该指令要求EEC每一个成员国都必须引入强制汽车第三人责任保险(针对人身伤害),并且该保险除在本国有效外,在其他EEC的成员国也必须有效。[4] 该指令还责令废除欧盟成员国内部一国车辆对另一国车辆进入该国所带绿卡进行检验的做法,[5] 但取消这种检查的前提条件是受害人的利益能得到保障。[6]

2. 1983年12月30日第二个指令《理事会关于成员国有关机动车使用的法律协调的指令》(第84/5/EEC号指令)

为了对《第一汽车责任保险指令》存在的不足进行修正,废除绿卡检查,使各成员国的强制保险法规趋于一致,欧盟制定了第二个指令——第

---

[1] 〔德〕克雷斯蒂安·冯·巴尔:《欧洲比较侵权行为法》(上),张新宝译,法律出版社,2001,第461~462页。
[2] 游斯然:《七国(地区)之强制汽车责任保险制度之比较》,《保险大道》第61期,2011,第56页。
[3] Council Directive 72/166/EEC:Article 6.
[4] 对在其他EEC成员国可能发生之交通事故也都可以依据该国法律给予保护。
[5] 参见〔德〕克雷斯蒂安·冯·巴尔《欧洲比较侵权行为法》(上),张新宝译,法律出版社,2001,第461页,注释73。
[6] Council Directive 72/166/EEC:Article 2(1),另外,参见〔德〕克雷斯蒂安·冯·巴尔《欧洲比较侵权行为法》(上),张新宝译,法律出版社,2001,第461页,注释73。

84/5/EEC 号指令，又称《第二汽车责任保险指令》。①《第二汽车责任保险指令》扩展、修正了《第一汽车责任保险指令》第 3 条第 1 款的规定，将汽车强制保险范畴由人身伤害扩展到涵盖人身伤害和财产损失两部分，首度将人身伤害保险之外的财产损失保险也纳入统一规定的范畴内，即将财产损失赔偿保险也纳入强制保险中。② 同时，《第二汽车责任保险指令》对人身伤害和财产损失分别设定了投保义务金额的最低限度。③ 另外，其严格限制不利于受害之第三人的免责条款。④《第二汽车责任保险指令》扩大了受害之第三人的范围，将被保险人、驾驶员或任何其他责任主体且遭受人身伤害的近亲家属包括在受害之第三人的范围之内，并享有受害之第三人的法律地位。但当责任主体近亲家属的财产受到损害时仍有不同的处理方式，对近亲家属和其他受害人的财产损害仍是区别对待的，不能获得受害之第三人的强制责任保险保障。⑤

3.1990 年 5 月 14 日第三个指令《关于成员国就使用机动车之民事责任保险的法律协调的第 3 号理事会指令》（第 90/232/EEC 号指令）

第 90/232/EEC 号指令即《第三汽车责任保险指令》进一步修正、扩展了强制保险的保障范围，明确规定乘客属于强制保险受害人范围。《第三汽车责任保险指令》第 1 条将《第一汽车责任保险指令》第 2 条中的强制汽车保险要求扩展至所有除驾驶员外的乘客，即要求将车辆驾驶员以外的所有成员都纳入保障范围。⑥ 值得注意的是，虽然 1990 年 5 月 14 日出台的《第三汽车责任保险指令》一直未能生效，但该项公约的社会影响力实质上并没有受到太多影响，该公约所规定的内容不仅引起了广泛的关注，更为重要的是，它的一些内容已被或正在被一些国家或地区所接受。除了将乘客纳入强制保险受害人的范围之外，该公约同时还简化了受害人行使直接

---

① 参见〔德〕克雷斯蒂安·冯·巴尔《欧洲比较侵权行为法》（上），张新宝译，法律出版社，2001，第461页，注释73。
② 马永伟：《各国保险法规制度对比研究》，中国金融出版社，2001，第48页。
③ Second Council Directive 84/5/EEC：Article 1（2）.
④ Second Council Directive 84/5/EEC：Article 2（1）.
⑤ Second Council Directive 84/5/EEC：Article 3.
⑥ Third Council Directive 90/232/EEC：Article 1. 参见〔德〕克雷斯蒂安·冯·巴尔《欧洲比较侵权行为法》（上），张新宝译，法律出版社，2001，第467页。

请求权利的程序。① 另外，该公约还有一个非常典型的特征就是"将'不可抗力'排除作为免于责任的抗辩事由"，这实际上在无形中扩大了车辆保有者的风险责任范围，即将风险责任范围扩大到免费乘客（只是对车辆驾驶人仍做出保留）。② 该公约第5条规定，允许将共同过错作为抗辩事由。③ 另外，该公约还对侵权责任做出限制，如"关于经济损失的最高赔偿额的责任限制以及是否可以判决对非经济损失之赔偿，还是依赖各国的立法作出决定（第12条Ⅰ第a项）"。④ 遗憾的是，自"1973年欧洲公约之首创失败以来，很少听到关于道路交通事故实体法责任的协调问题"。⑤

4. 2000年5月16日《第四汽车责任保险指令》（第2000/26/EEC号指令）

第2000/26/EEC号指令即《第四汽车责任保险指令》指出，受害人在其住所地成员国内，有权对驾驶员的保险人理赔代表提起保险金赔付，指令规定经授权在某一成员国内成立之保险人，应该在每个成员国内任命一名理赔代表，其最主要的任务是代表保险人负责处理解决指令范围内交通事故肇致的保险金的赔付，从而更好地保护受害之第三人的利益。⑥ 同时，为保障受害之第三人向汽车责任保险人请求保险金赔付的顺利进行，《第四汽车责任保险指令》要求每一成员国设立保存在其领土内常驻的所有汽车登记材料及其保险人资讯的资讯中心，从而为受害之第三人提供相关资讯，以保障受害人获取相关资讯。⑦

---

① Third Council Directive 90/232/EEC：Article 3-4.
② Third Council Directive 90/232/EEC：Article 8&10. 但是值得指出的是，对车辆持有人来说并非是完全不可抗辩的，他们依法享有抗辩之权利，如共同过错可以作为抗辩事由。参见〔德〕克雷斯蒂安·冯·巴尔《欧洲比较侵权行为法》（上），张新宝译，法律出版社，2001，第461页，注释70。
③ 〔德〕克雷斯蒂安·冯·巴尔：《欧洲比较侵权行为法》（上），张新宝译，法律出版社，2001，第461页，注释70。
④ 〔德〕克雷斯蒂安·冯·巴尔：《欧洲比较侵权行为法》（上），张新宝译，法律出版社，2001，第461页，注释70；邓成明等：《中外保险法律制度比较研究》，知识产权出版社，2002，第14页。
⑤ 〔德〕克雷斯蒂安·冯·巴尔：《欧洲比较侵权行为法》（上），张新宝译，法律出版社，2001，第467页。
⑥ Directive 2000/26/EC：Article 4.
⑦ Directive 2000/26/EC：Article 5.

5. 2005年5月11日《第五汽车责任保险指令》(第2005/14/EEC号指令)

欧盟于2005年5月11日正式通过《第五汽车责任保险指令》,其于2005年6月11日开始生效。该指令重申了进一步发展和完善强制保险对汽车交通事故受害之第三人的保护这一立法宗旨,为此,该指令进行了一系列新制度之构建,主要表现在增加保险金额、受害人直接起诉保险人的权利,以及严禁保险金赔付机构设置赔付要求或前提要件等方面。①

(二)澳门的道路交通事故强制责任保险

在澳门,第一部汽车保险法例——《订定汽车民事责任强制性投保》(7月9日第7/83/M号法律)颁布于1983年,其制定了汽车民事责任强制保险的法律制度。1994年颁布了新修订的《修正汽车民事责任之强制性保险制度》(11月28日第57/94/M号法令),于1995年1月1日开始生效。新法例不仅大幅度增加了赔偿金额、保险金额的最低限额,而且将保障范围扩大到被撞车辆上的免费乘客。② 同时,为了保护交通事故受害人的合法权益,该法例亦与2007年10月1日生效的第3/2007号法律《道路交通法》之规定相配合,强制车主必须按不同的引擎汽缸容量购买责任保险。③《修正汽车民事责任之强制性保险制度》明确规定澳门实行机动车第三者责任强制保险制度,其立法本意在于,只要持有机动车都属于现代社会客观存在的风险行为,更不要说机动车在道路上行驶,因此要实行强制责任保险机制,强制有此风险行为之相关主体投保,以避免被保险人无法承担之风险,实现巨大风险的转嫁分散化,从而为受害人提供最大限度的保障。

根据《澳门商法典》第1024条及《修正汽车民事责任之强制性保险制度》相关条款的规定,车辆强制责任保险以车辆持有人为被保险人对道路

---

① Directive 2005/14/EC: Article 2 (2).
② 该法令的内容涵盖:第一章强制保险,规定强制保险的范围、主体、保护对象和保险金额之最低限额;第二章保险合同,规定了强制保险合同之订立、接受合同之特别条件,对汽车之检验和转让、被保险人之死亡、重复投保及保险人的追偿权等;第三章保险之证明文件;第四章汽车保障基金制度;第五章罚则;第六章因强制保险而生之民事责任的诉讼程序。
③ 当然,在2007年之前是与1993年4月28日第16/93/M号法令核准之《道路法典》相配合的。

交通事故受害第三者的损害赔偿责任为保险标的，以填补被保险人对第三人承担赔偿责任所受损失为目的，它是一种法定的保护第三者人身和财产利益之强制责任保险，符合条件的投保人必须投保，保险人一般情况下也必须承保，其不以车辆交通肇事所造成的受害人的人身损害为限，还包括车辆事故肇致的受害人的财产损失，保险人在责任限额内承担保险责任，其保险金之支付由法律规定。澳门的汽车民事责任之强制性保险制度较为完备，这体现了当今世界车辆强制性保险制度的发展趋势，其中有许多值得肯定的地方，但同时也存在一些问题和不足。

二 汽车民事责任强制性保险的立法模式

（一）汽车民事责任强制性保险的主要立法模式概述

汽车民事责任强制性保险制度的根本宗旨是保护交通事故中的受害人，在受害人保障模式的选择上主要有三种模式：无过失保险、责任保险及前两者的混合体。

1. 无过失保险（或无过错保险、绝对责任）

一种立法模式是将汽车民事责任强制性保险定位为无过失保险或无过错保险。这种立法模式的典型特征是保险公司对保险事故承担的是一种无过错责任或者绝对责任。保险公司在一定限额内不考虑被保险人或其他当事人在交通事故中的侵权责任，或者是机动车强制责任险的保险标的已经超越了被保险人的侵权责任这一范畴，保险人的赔付保险金的责任直接指向受害人受损害之后果，若肇事车辆投了车辆第三者责任强制保险后（有效期内），除法律规定的特殊情形外，一旦发生交通事故肇致他人人身伤害或者财产损失，无论何种情况，不论交通事故当事人及（加害人或受害人）各方当事人是否有过错及过错程度如何，保险公司都应当首先承担赔付义务，即受害人之损失由保险公司直接在机动车强制保险责任限额内先行对受害人予以赔偿，超出责任限额的部分才由交通事故责任人按照相应的归责原则进行分担。[1] 以上所述的保险模式非常有利于弥补受害人的损失。美国有20多个州在一定限额内对机动车实行强制无过失保险，而加拿大的魁

---

[1] 施文森、林建智：《强制汽车保险》，元照出版有限公司，2009，第16~20页。

北克对人身损害实行无过失补偿性的保险。①

2. 责任保险

另一种立法模式是将汽车民事责任强制性保险定位为责任保险，也是目前最为普遍的立法模式。这种立法模式是按照交通肇事侵权责任法确定被保险人依法应向受害人承担的损害赔偿责任之后，由保险人在责任限额内承担被保险人依法应当担负的保险赔付责任。进一步而言，首先按侵权责任的归责原则确定被保险人对受害人的损害赔偿责任（人身或财产），然后确定保险人的保险赔付责任，对被保险人之侵权责任的归责原则又分为过错责任和严格责任（又称为无过错责任或风险责任）两种。不过即便适用风险责任，也不排除过失相抵原则之适用，也要考虑受害人和第三人之过错。以过错责任作为归责原则的主要有英国、爱尔兰、美国大多数州（30多个州，包括不强迫投保的新罕布什尔州及威斯康星州）、澳大利亚、马来西亚、新加坡、中国香港及其他深受英美法系影响的国家和地区。以严格责任或风险责任作为归责原则的有德国、法国、韩国、日本、葡萄牙、及其他欧洲大陆国家或地区。② 同葡萄牙一样，中国澳门也持这种立法例，澳门汽车强制责任保险是责任保险的下位概念。

3. 兼有无过失保险和责任保险的混合体模式

由于以上两种模式在法理、条款设计及实际操作上的差别不小，目前域外汽车民事责任强制性保险制度中并无明确宣称将二者结合起来的立法例，但在实践中存在将二者结合起来的混合模式，如台湾地区所采用的就是兼有无过失保险和责任保险的混合体模式。

根据台湾地区《强制汽车责任保险法》第7条的规定③可知，台湾地区所采用的模式不仅不考虑加害人有无过失，亦不探究受害人有无过错，保险公司在限额内的赔偿不以被保险人或其他当事人成立侵权责任为必要或保险标的，说明其并没有采用先明确责任限额范围内的侵权责任基础再规

---

① 刘锐等：《中国机动车强制保险制度研究》，法律出版社，2010，第36页；施文森、林建智：《强制汽车保险》，元照出版有限公司，2009，第16页。
② 郭左践：《机动车强制责任保险制度比较研究》，中国财政经济出版社，2008，第34~36页。
③ 台湾地区《强制汽车责任保险法》第7条规定："因汽车交通事故致受害人伤害或死亡者，不论加害人有无过失，请求权人得依本法规定向保险人请求保险给付或向财团法人汽车交通事故特别补偿基金（以下简称特别补偿基金）请求补偿。"

定保险公司赔付责任的方式，其实质是已经排除了加害人的侵权责任，只是直接规定行使交通事故中受害第三人保险给付请求权之构成要件，这背离了强制责任保险的基本原理，具有典型的无过错保险或绝对责任特征。但该法第 32 条的规定又有保留责任保险的印迹，[①] 而第 33 条规定保险人对可归责于第三人之代位追偿权反映了责任保险的特征，所以说台湾地区的立法是混合模式。[②]

(二) 澳门汽车民事责任强制性保险的立法模式

如前所述，澳门《修正汽车民事责任之强制性保险制度》对关于责任限额内保险公司的赔偿责任采用了责任保险的立法思路。在汽车民事责任强制性保险的赔偿关系中存在两种法律关系，一种是保险人与被保险人之间的保险合同法律关系，另一种是交通事故责任人，即被保险人与受害人之间的侵权法律关系。根据《澳门商法典》第 1024 条（民事责任保险）第 1 款的规定，"民事责任保险中，保险人有义务在法律及合同范围内为被保险人承担风险，在被保险人须向第三人赔偿因合同所规定之事故造成之损害时作出赔偿"，可知民事责任保险强调保险人承担民事责任保险给付责任的前提或基础是被保险人需要对第三人承担侵权损害赔偿责任，道路交通事故强制责任保险作为民事责任保险的一种亦不例外，必然也要遵循这一原则，即在交通肇事中，保险人要承担保险责任的基础是被保险人（侵权人）需要对第三人在道路交通肇事中的人身损害及财产损害承担侵权损害赔偿责任，这个前提要件是不可或缺的，只有被保险人的民事赔偿责任成立，才会引致保险人之保险责任。这与无过错保险的运用效果不同，对于无过错保险，究其实质，保险公司在限额内的赔偿其实已经排除了加害人的侵权责任，不论交通事故的发生是受害人的过错还是肇事者的过错以及过错程度如何，换言之，不管被保险人在交通事故中是否有责任、须承担多少责任，受害人均可在保险责任限额范围内获得保险公司的赔偿，即保险人在强制责任保险限额内的无条件赔偿。但是强制责任保险的本质仍然是责任保险，在保险原理上必须遵守保险公司的赔偿责任并以被保险人向

[①] 台湾地区《强制汽车责任保险法》第 32 条规定："保险人依本法规定所为之保险给付，视为被保险人损害赔偿金额之一部分；被保险人受赔偿请求时，得扣除之。"

[②] 刘锐等：《中国机动车强制保险制度研究》，法律出版社，2010，第 71~74 页。

受害人承担侵权责任为前提，无论交通事故是发生在车辆与车辆之间，还是发生在车辆与行人之间。同时，值得指出的是，被保险人对交通事故受害第三者所承担的损害赔偿责任的基础将直接关系到保险人的保险责任承担，所以交通事故中被保险人的侵权责任归责原则在强制责任保险制度中是不可或缺的。对于车辆肇事造成的交通事故中的人身和财产损害，赔偿限额设置的基础仍考量侵权责任确定的"最高额度"，此时出现了责任分区，限额之内是保险人的赔偿责任，对于超过限额的部分或者是限额之外其则负有一般民法上的侵权责任。

1. 在车辆第三者责任强制保险责任限额范围之内

在车辆第三者责任强制保险责任限额范围之内分为两种情形，第一种情形是车辆之间发生碰撞而引致的交通事故，虽然《修正汽车民事责任之强制性保险制度》未明确责任限额内被保险人承担非合同民事责任或侵权责任的归责原则，但根据《澳门民法典》第499条之规定，车辆碰撞肇致的侵权责任的归责原则为过错责任和风险责任原则（混合制）。[①] 第二种情形是车辆与行人间发生的交通事故，车辆侵权责任的归责原则为《澳门民法典》第496条所规定的风险责任原则。[②] 但同时，在风险责任归责体系下，根据《澳门民法典》第498条之规定，若损害之发生系因不可抗力之事故所肇致（如地震、泥石流），或事故之发生系可归责于受害人本人或第三人的，则不在此限。[③] 按照上述归责原则，若成立侵权责任，保险人在车辆第三者责任强制保险责任限额范围内承担责任，当然，若有上述被保险

[①] 《澳门民法典》第499条（车辆碰撞）规定："一、如两车碰撞导致两车或其中一车受损，而驾驶员在事故中均无过错，则就每一车辆对造成有关损害所具之风险按比例分配责任；如损害仅由其中一车造成，而双方驾驶员均无过错，则仅对该等损害负责之人方有义务作出损害赔偿。二、在有疑问时，每一车辆对造成有关损害所具之风险之大小及每一方驾驶员所具有之过错程度均视为相等。"

在车辆之间（车辆碰撞）发生交通事故的，无过错车辆一方所投保的保险公司不承担车辆第三者责任强制保险责任，而由过错车辆一方的保险公司承担赔付责任。

[②] 《澳门民法典》第496条（由车辆造成之事故）规定："一、实际管理并为本身利益而使用任何在陆上行驶之车辆之人，即使使用车辆系透过受托人为之，亦须对因该车辆本身之风险而产生之损害负责，而不论该车辆是否在行驶中。二、不可归责者按第四百八十二条之规定负责。三、为他人驾驶车辆之人，须对因该车辆本身之风险而产生之损害负责，但该人虽在执行职务，而车辆不在行驶中者除外。"

[③] 按照《澳门民法典》第564条之规定，受害人有过错时可适用过失相抵原则。

人的免责事由，保险人可以援引这些理由来对抗受害人。

2. 在车辆第三者责任强制保险责任限额范围之外

如上所述，不论被保险人有无过错，只要成立侵权行为，保险公司就在车辆第三者责任强制保险责任限额范围内承担赔偿责任，而被保险人或肇事者等交通事故当事人须对不足部分承担一般民法上的侵权损害赔偿责任。如果交通事故所导致的各种损害（包括人身伤亡和财产损失）超出了每一车辆事故责任保险的责任限额或受保金额（如自用轻型机动车辆或重型摩托车的最低保险金额是澳门币100万元）[①]，对于超出部分，保险公司不予赔偿，由被保险人或肇事者对余额承担责任。对于超出责任限额的部分，交通肇事当事人按照上文所确定的归责原则进行分担。

三 车辆民事责任之强制性保险的基本法律关系

（一）车辆民事责任之强制性保险的主体

1. 车辆民事责任之强制性保险的当事人

保险合同的当事人是指依照法律规定及当事人约定订立保险合同，在合同范围内享有权利或者承担义务的利害关系人，包括投保人和保险人。

依照《澳门商法典》第965条（合同主体）第1款的规定，"保险合同由保险人与投保人订立"，保险合同之投保人是与保险人订立保险合同，对保险标的享有保险利益并承担缴纳保险费之义务，在法律地位上与保险人对立之合同当事人。在车辆民事责任之强制性保险制度下，投保既是一种法定权利，也是一种法定义务。投保人既可以是自然人，也可以是法人。根据《修正汽车民事责任之强制性保险制度》第2条（有义务投保者）之规定可知，在一般情况下，由车辆之所有人承担投保之义务，其为当然的投保人，但车辆民事责任之强制性保险的投保人并不限于车辆的所有人，如"在行使用益权、保留所有权之出卖、融资租赁制度及由车辆转让合同订定其使用权之情况下"，由车辆之用益权人、保留所有权之取得人、承租人或使用人承担投保义务。另外，如果在从事有关业务时使用车辆而肇致民事责任，则由"车房之所有人，及其他经常从事车辆买卖、维修、拖车服务

---

① 参见澳门第8/2011号行政法规《修改关于〈修订汽车民事责任强制保险法定制度〉的十一月二十八日第57/94/M号法令》附件一。

或监督车辆良好运作业务之人士或实体"承担投保之义务。

澳门车辆民事责任强制性保险中的保险人或承保人为获批准经营汽车保险业务的保险公司。① 对于与投保人订立保险合同的保险人或承保人，法律对其有一定的资质限制。② 澳门第 27/97/M 号法令《设立在澳门地区求取及从事保险业务之新法律制度》第 2 条规定，保险公司的牌照可分为以下三种：第一，在本地区成立的保险公司；第二，总公司成立于外地的分公司；第三，代理办事处（住所设于澳门地区或设于外地之保险人或再保险人之代理场所），而只有获准经营的保险公司（如在本地区成立的保险公司或外资保险公司的分公司）或保险中介人才能在澳门特别行政区从事保险业务。然而，根据上述法令第 2 条 e 项或第 42 条第 1 款，外资保险公司所设的代理办事处禁止从事保险业务，其不具备充当保险人的资格。另外，值得注意的是，第 27/97/M 号法令《设立在澳门地区求取及从事保险业务之新法律制度》第 3 条第 2 款规定，"保险人得自由接受获准经营之保险项目之再保险合同，亦得将其保险合同或保险管理分保给获许可经营同一保险项目之实体，即使该等实体不在澳门地区设立或开设亦然"。除此之外，其他的限制条件和资本及成立基金要求相同。③

---

① 另外，参见第 27/97/M 号法令《设立在澳门地区求取及从事保险业务之新法律制度》第 6 条。
② 1997 年 6 月 30 日第 27/97/M 号法令《设立在澳门地区求取及从事保险业务之新法律制度》监管经营保险业务的公司。6 月 5 日第 38/89/M 号法令《订定从事保险中介人业务的制度》（经第 27/2001 号行政法规和第 14/2003 号行政法规修订）监管保险业中介人。
③ 根据第 27/97/M 号法令《设立在澳门地区求取及从事保险业务之新法律制度》，申请者须符合现行法例所订的资本及成立基金要求才能进入澳门的保险市场：
(1) 在澳门地区成立的保险公司，非人寿保险公司所需资本为澳门币 1500 万元（《设立在澳门地区求取及从事保险业务之新法律制度》第 17 条）；
(2) 在澳门地区成立的再保险公司，非人寿保险业务所需资本为澳门币一亿元（《设立在澳门地区求取及从事保险业务之新法律制度》第 97 条）；
(3) 外资保险公司在澳门地区所设之分公司须设有成立基金，非人寿业务的基金至少须为澳门币 500 万元。同时，有关保险公司的总公司股本应不少于对本地非人寿保险公司的最低股本要求（《设立在澳门地区求取及从事保险业务之新法律制度》第 37 条）；
(4) 外资保险公司或再保险公司所设的代理办事处不须设立成立基金，但是，有关总公司的股本应不少于对本地保险公司或再保险公司的最低股本之要求（《设立在澳门地区求取及从事保险业务之新法律制度》第 37 条、第 43 条）。

2. 车辆强制责任保险合同的关系人

除了以上保险合同当事人之外，保险合同还涵盖车辆强制责任保险合同的关系人，其是指虽未参与保险合同订立，但享有保险合同约定利益之人，包括被保险人和保险受益人等第三方当事人。《澳门商法典》第965条（合同主体）第2款规定，被保险人是指"为其利益而订立合同之自然人或法人"，其受保险合同保障，在保险事故发生时享有保险金请求之权利。当投保人是为自己投保时，投保人即为被保险人。而依照《澳门商法典》第965条（合同主体）第3款之规定，保险受益人则是指"保险人之给付之对象"。

（二）车辆第三者责任之强制性保险之保险标的

根据《澳门商法典》第1024条（民事责任保险）第1款的规定，"民事责任保险中，保险人有义务在法律及合同范围内为被保险人承担风险，在被保险人须向第三人赔偿因合同所规定之事故造成之损害时作出赔偿"，可知车辆第三者责任之强制性保险之客体或保险标的相当特殊，既不是人身，也不是有形的动产或不动产，而是被保险人（或加害人）在被保险车辆使用过程（不限于运行状态）中发生车辆事故肇致第三人遭受损害时依法对受害人承担的交通事故民事侵权损害赔偿责任，通常涵盖交通事故造成的人身损害和财产损失。道路交通肇事侵权的责任主体是否对受害之第三人承担侵权损害赔偿责任，是判断保险人是否承担保险给付责任的根本依据或基础。而且不像一般财产保险的保险标的那样，车辆第三者责任之强制性保险承保的是被保险人特定财产或财产利益的损失，一般而言，其保险标的的价值是可以确定的，但被保险人的交通肇事侵权民事赔偿责任在订立保险合同时却无法确定，不过保险人和投保人双方一般会约定一个保险金额，作为保险人承担保险赔付责任的最高限额。对于车辆第三者责任之强制性保险的保险标的，应注意以下几个方面。

第一，当投保机动车发生事故侵害了他人的人身权利或财产权利时，车辆责任保险中保险人的保险责任以被保险人（加害人）对于受害之第三人依法应承担的民事赔偿责任作为保险赔付责任之基础，该保险给付责任须为法律责任，而不是非法律上的道义责任。再者，保险人代被保险人承担的是具有财产责任属性的民事赔偿责任，即强制汽车责任保险中的"责任"是带有财产性质的车辆侵权民事责任,该民事责任以行为的不法性为要件,表现为支付一定金额的赔偿金,如支付资金或定期金,或合同内所定之其他给付。违反澳门第 3/2007 号法律《道路交通法》规定者应承担的责任分为刑事责任、行政责任和民事责任。刑事责任和行政责任强调的是违法者对澳门政府规定之惩罚性责任不能转嫁于社会而必须由自己承担。而强制汽车责任保险合同只调整平等主体之间的私权关系,属于民事责任的范畴,其赔偿责任是社会化性质的责任。强制汽车责任保险并不免除侵权人的行政责任、刑事责任及非财产性质的民事责任,对于无直接财产内容的民事责任,则应由被保险人或其他责任主体自己承担。① 在实践中,对于车辆民事责任之强制性保险标的的责任限额,澳门法律对不同类型的车辆规定有不同的最低保险限额。

第二,在《澳门商法典》第 1024 条第 1 款规定之民事责任保险中,被保险人对由车辆造成事故的受害第三人所应担负的损害赔偿责任只能是非合同民事责任或侵权损害赔偿责任,而不应是违约责任,原因在于,当保险人与投保人之间订立保险合同时,受害之第三人作为不特定的第三人不可能与被保险人(加害人)订立合同,约定发生道路交通事故时由被保险人(加害人)承担责任。所以在《澳门商法典》第 1024 条第 1 款规定之民事责任保险中,被保险人对车辆造成事故的受害第三人的损害赔偿责任只能是侵权损害赔偿责任,其必须是基于车辆道路交通肇事(车辆处于动态或静态)而产生的赔偿责任。

第三,对于保险人的赔偿责任,如前所述,由于机动车责任强制保险的保险标的是被保险人对第三者依法应付的赔偿责任,该责任必须是基于责任保险合同和根据有关法律规定由被保险人承担的侵权损害赔偿责任,是一种填补损害的保险,因此,侵权责任人对第三人依法承担侵权责任是保险给付的前提,保险人支付保险金的义务和范围以被保险人依法应承担的道路交通事故损害赔偿责任范围为基础,但其又不同于交通肇事车辆侵权责任。在责任保险限额内,保险人按照被保险人的车辆交通事故责任大小支付保险金。所以,首先,在法律规定被保险人不负赔偿责任的情形下,

---

① 保险中保险人与被保险人之间的权利义务由保险合同约定,保险人的保险赔偿是基于强制汽车责任保险合同进行的。

如受害人故意制造交通事故，根据《澳门民法典》第498条的规定，被保险人无责，那受害人就得不到车辆民事责任之强制性保险的保护，此时保险人没有损害赔偿之义务，即无须支付保险金。其次，如果被保险人没有受到损害，就不能请求保险人予以赔偿，若被保险人因承担赔偿责任而受到损害，被保险人不能获得高于其承担的损害赔偿数额的保险金。保险人向被保险人给付保险金的责任，以被保险人实际向受害人赔付的交通肇事损害赔偿金而受到损害为条件。

第四，被保险车辆发生道路交通事故造成《修正汽车民事责任之强制性保险制度》第4条规定之以外人士的人身伤亡或财产损失的，鉴于车辆交通事故侵权责任属于风险责任，被保险人应承担此风险责任，应当向受害人承担赔偿责任，而保险公司依法应在车辆第三者责任强制保险责任限额范围内予以赔偿。对于不足的部分，交通肇事侵权责任主体按照下列规定承担赔偿责任：（1）在车辆之间发生交通事故的，如笔者在归责原则章节所介绍的那样，《澳门民法典》第499条（车辆碰撞）确立了车辆之间发生交通事故时，适用过错责任与风险责任并行适用的原则。（2）车辆与行人等受害人之间发生交通事故的，《澳门民法典》第496条第1款规定在交通事故侵权责任归责上采用风险责任原则。值得强调的是，澳门车辆责任强制保险赔付的原则应当是侵权责任人对受害第三人承担赔偿责任，同时必须明确保险人的给付责任是基于侵权人对受害人承担赔偿责任，而不是考虑侵权人是否存在过错。当然，就受害第三人而言，其在得到保险人所支付的保险金之后，可以就其并没有获得损害赔偿的部分再一次向被保险人追偿。

（三）车辆民事责任之强制性保险法律关系的内容

车辆民事责任之强制性保险法律关系的内容是指车辆强制保险主体之间的权利和义务关系，包括保险合同当事人之间的权利义务、保险合同当事人与受害之第三人之间的权利义务。车辆民事责任之强制性保险作为保险合同的一种，其权利义务涵盖投保人要承担保险费缴付之义务（《澳门商法典》第986条第1款），投保人不能免除此义务，不管其是为自己的利益还是为他人利益而订立保险合同。在承保的交通事故发生时，投保人有请求保险公司承担保险责任的权利。保险人的义务主要体现为强制承保义务、不得拒绝或拖延承保义务、承担保险责任的义务（在承保的道路交通事故发生时，保险人应依照合同约定承担相应的保险给付义务），以及不得随意解除强制保险合同义务等。保险人有根据保险合同向投保人收取保险费之权利等。

除此之外，车辆民事责任之强制性保险作为一种特殊的保险合同，具有自身的特殊性，这主要体现在保险人享有追偿权及被保险人对此具有协助义务。

1. 保险人之追偿权

为了实现对交通事故受害之第三人基本赔偿的立法目的，根据《修正汽车民事责任之强制性保险制度》第1条和第8条之规定，强制责任险对投保人和保险人均有强制约束力，投保人被要求强制投保，承保人也被要求强制承保，当交通肇事之发生给他人造成人身或财产损害时，只要属于汽车强制保险之承保范围，无论肇致交通事故的责任归属，保险人被要求在保险限额内赔付受害第三人，即便在《修正汽车民事责任之强制性保险制度》第16条所规定的法定可向被保险人追偿的情形下，也不能免除保险人向受害第三人先行赔付保险金的义务，保险人不得以此来对抗受害第三人，即保险公司负有依法首先承担支付保险理赔之义务。但就已赔付保险金之保险人，出于民法公平正义理念之权衡考虑，在其履行先行赔付义务之后，保险人有权向故意或者其他特殊情形下造成交通事故而最终应承担民事责任的主体行使代位追偿权，即要求相关交通事故责任主体偿还保险公司已赔付的损害赔偿金额。

（1）保险人行使追偿权的对象

保险人已向受害第三人支付赔偿的，保险人也有权向被保险人或其他可追究责任之人追偿。例如，被保险人醉酒或吸毒驾驶等肇致交通事故、被保险人故意制造道路交通事故等情形下造成受害人损害的，并不会免除保险人的给付责任，只是事后保险人对被保险人有追偿权。

当然，保险人行使追偿权的对象不限于被保险人，也可以是其他责任人。根据《澳门商法典》第1009条第1款之规定，"支付赔偿金之保险人在赔偿金额之范围内代位取得被保险人对须负责之第三人之权利；被保险人有义务不作出任何损害该代位权之行为或不行为，否则，须承担损害赔偿责任"，此条款是指保险人之代位权，若保险事故之发生仅归责于第三人时，保险人在赔偿被保险人损失后,被保险人必须把向第三人追偿的权利让渡给保险人。但是依据《澳门商法典》第1009条第2款之规定,如果"损害系由被保险人之卑亲属、尊亲属、养子女、直系姻亲、家庭佣人或其他以共同经济方式与其一起生活之人造成",保险人不能行使代位追偿权,除非是故意造成损害情形。另外,如果第三人是被保险人的受托人,保险人不能代位追偿,但是故意造成损害的除外。再者,按照《澳门民法典》第562条(受害人权利之让与)的规定,"如损害赔偿因任何物或权利之丧失而产生者,则应负责任之人在作出支付行为之时或其后,得要求受害人向其让与受害人对第三人所拥有之权利",若第三人对保险标的之损失或保险事故之发生应承担侵权责任,如被保险机动车在被盗抢期间发生肇事的,保险人在赔偿受害人的损失后,有权在其已经承担的保险赔偿金额范围内向应负责任之第三人追偿,即受害人必须把向第三人追偿的权利让渡给保险人。

(2)保险人可以行使追偿权的情形

第一,根据《修正汽车民事责任之强制性保险制度》第3条第2款的规定,"保险之保障亦包括在故意造成之交通事故,及在抢劫、盗窃或窃用车辆时发生可归责于犯罪行为人之交通事故中,对第三人所受损失作弥补之义务",可知,即便是被保险人故意造成已投保车辆发生交通事故的,即被保险人蓄意实施的行为亦属于车辆第三者责任保险的责任范围,保险人亦不能以被保险人具有道德风险来对抗受害人,保险人仍应依该法的规定承担责任给付保险金,在保险限额内对受害者事先做出赔偿。但根据该法令第16条a项之规定,"故意造成事故者",即对于故意行为或犯罪行为所致者,保险人在承担赔付责任后,可以在赔付金额范围内向被保险人行使追偿权。例如,车主A为了报复仇人B,故意开车撞向B,肇致B身心健康权严重受损甚至死亡,保险公司在承担保险理赔义务之后,对作为故意造成事故的被保险人A有追偿权。

第二,对于抢劫、盗窃、盗用车辆之正犯及从犯且以该车辆造成事故者(如果按照《澳门民法典》和第3/2007号法律《道路交通法》的相关规定,确定应由被保险车辆一方承担责任的),依照《澳门民法典》第496条第1款之规定及第498条(责任之免除)所规定的交通事故侵权免责事由,对于抢劫、盗窃、窃用车辆之正犯及从犯且以该车辆造成事故者等特定情形下的交通事故受害人的损失，不成立被保险人之侵权行为，而应由抢劫、盗窃、盗用车辆并以该车辆造成交通事故之人承担赔偿责任，同时保险合同一般也将此规定为免责事由。所以，本不应由保险人赔付保险金的，但出于优先保护和救济受害人之目的，只要车辆有购买有关保险，且属于汽车保险责任的承保范围，当受害人请求时，法律（《修正汽车民事责任之强制性保险制度》第3条第2款）对于抢劫、盗窃、盗用车辆之正犯及从犯且以该车辆造成事故者强制性规定受害人对保险人的优先赔偿义务，即保险人仍应该按照有关条款对受害人所受人身或财产损害在保险限额内对其予以理赔，只是按照《修正汽车民事责任之强制性保险制度》第16条b项，"抢劫、盗窃、窃用车辆之正犯及从犯且以该车辆造成事故者"，如D盗窃C的汽车之后驾车逃走，D在驾驶该车途中撞伤行人E，在保险人承担支付保险金责任后，其有权向抢劫、盗窃、盗用车辆之正犯及从犯等对交通事故者负有终局责任的加害人追偿，即要求相关人士清偿保险公司已支付的赔偿金额。但值得指出的是，《澳门民法典》第498条规定，若交通事故归责于受害人或第三人，或因车辆运作范畴之外的不可抗力所肇致的，这属于交通事故侵权责任的免责事由，抢劫、盗窃、盗用车辆之正犯及从犯并以该车辆造成交通事故者的责任，同样可以基于这些免责事由而被排除。例如，损害系由行人一方故意碰撞的，抢劫、盗窃、盗用车辆并以该车辆造成交通事故之人无须承担责任，[①] 保险人的赔付责任也被排除。但在《修正汽车民事责任之强制性保险制度》第3条第2款所规定的情形下，保险人也有该法令第3条第3款所规定的不保事项，"保险不保障应由有关正犯、从犯、包庇人对车辆所有人、用益权人、保留所有权之取得人、承租人或使用人，以及对其他正犯、从犯或包庇人，或对虽知悉车辆为非正当占有而自愿乘搭之乘客履行之损害赔偿"。例如，某小偷盗窃完已投保的车辆后驾车逃走，在此期间撞伤一个正走过斑马线的行人，虽然该交通肇事之发生与驾驶人的盗窃行为有一定的关联，但该受害人仍可以得到保险人的赔偿。但若被车辆所撞伤之人是参与犯罪的共犯，则不能得到保险人的

---

① 《澳门民法典》第498条规定："第四百九十六条第一款及第三款所定之责任，仅在就事故之发生可归责于受害人本人或第三人时，或事故系由车辆运作以外之不可抗力原因所导致时，方予排除，但不影响第五百条之规定之适用。"

赔偿。

第三，根据《修正汽车民事责任之强制性保险制度》第 16 条 c 项的规定，"未具法定资格或在酒精、麻醉品、其他毒品或有毒产品之影响下驾驶者，或遗弃遇难人之驾驶员"，可知法律将上述情形下驾驶车辆所造成的第三者损害赔偿责任亦纳入汽车民事责任强制性保险的赔偿范围，但保险公司对此拥有追偿权。例如，车辆所有权人 F 若属于无牌驾驶、醉酒、吸食毒品或迷幻药之后驾驶车辆引致交通肇事，保险公司在对受害之第三人 G 做出损害赔偿之后，有权向 F 追偿已支付的损害赔偿。

第四，同条 d 项规定"对在货物运输过程中或因货物处理不当引致之跌落而对第三人造成之损害负民事责任者"，例如货车在运输途中，因货车上的货物跌落而砸伤经过的行人 H。

第五，同条 e 项规定"有责任将车辆送往以作第十条所指之定期检验而未履行该义务者，但如其能证明灾祸非因车辆之运作不良所引致或加重者除外"，即是指有义务将车辆送去（《修正汽车民事责任之强制性保险制度》第 10 条所指是按《道路法典》所规定的）[①] 做定期检验但没有履行该义务的，然而若能证明有关交通肇事不是因为被保车辆的运作不良而肇致或加重的除外。

只要属于上述法令第 16 条所规定之任何一种情况，即使保险人已向受害第三人支付赔偿，保险人也有权向被保险人或其他可追究责任人追偿。因为汽车民事责任之强制性保险作为一种特殊的法定保险，其不同于一般

---

① 鉴于澳门第 16/93/M 号法令《核准新道路法典——废止一九五四年五月二十日第 39672 号法令及四月二十二日第 29/91/M 号法令及有关路政章程》为澳门第 3/2007 号法律《道路交通法》所废止，所以关于本条款要参见澳门第 3/2007 号法律《道路交通法》第 75 条（检验）第 1~6 款，"一、机动车辆、挂车及半挂车获准通行之前，须接受主管实体的初次检验。二、汽车、重型摩托车、轻型摩托车、挂车、半挂车及工业机械车须接受定期检验。三、在下列情况下，上款所指车辆另须接受特别检验：（一）载于车辆识别文件的规格有所变更，但下款所指情况除外；（二）为检定车辆是否符合安全条件或本法律及补充法规所定的要件，由主管实体主动或应监察实体的提议而决定进行特别检验；（三）车辆的结构或功能规格，尤其是主结构、悬挂系统、制动系统或转向系统因事故而受影响。四、如属须接受每年强制检验的车辆，经利害关系人申请，并获主管实体许可，则可进行上款（一）项所指的车辆规格变更而无须接受特别检验。五、通过定期或特别检验的车辆将获发证明文件，而车辆在公共道路上通行时应备有该证明文件。六、本条所指检验须按补充法规的规定进行"。

责任保险，有着明确的立法保护倾向，最终定位于加倍捍卫和保护受害第三人的利益，导致法律对保险人科以更多的责任和义务，保险公司在上述本不应由其负担赔付责任的情形下仍承担车辆强制性责任保险赔偿责任，但保险公司本身不是社会福利机构，保险人根据法律规定对受害人先行承担的赔付责任应有合理的渠道消化或舒解，即向交通事故责任的最终承担者追偿。[①] 澳门法律赋予保险人向交通事故侵权责任人的追偿权，符合法律公平正义之价值取向，其首先及时有效地对车辆交通事故受害人的利益给予了保护和救济，实现汽车强制性责任保险制度确立之初衷；再者，保险公司追偿权的行使也诠释和强化了侵权责任法对交通事故责任人的惩戒功能，同时也减轻了保险公司的运营负担，避免了保险公司通过增加保费的形式将这种负担转嫁给社会。

2. 被保险人的协助义务

根据《澳门商法典》第1026条第1款，交通事故中的受害人或继承人享有对保险人的直接请求权利，请求其履行赔偿义务，而为了让这一直接请求权利能有效地得以实现，就必须对被保险人科以协助的义务。因为在实践中，受害人向保险人直接主张权利，在相当大的程度上仍依赖于被保险人之配合及协助，否则受害人直接请求权利会因无法行使而最终沦为一纸空文。

被保险人在受害人行使直接请求权利时负有的协助义务主要涵盖：保险事故发生时的积极施救义务；及时通知保险人义务；向受害人提供相关资料或者其他证据、告知投保事实、提供责任保险单及其条款和保险人资讯之义务（如保险人或其代理人的法定住所或联系方式）；在保险人拒绝赔偿时，帮助受害人以诉讼或者合同约定之其他方式向保险人请求赔付之义务等。在保险人对受害第三人做出赔偿后，根据《澳门商法典》第1009条第1款的规定，"支付赔偿金之保险人在赔偿金额之范围内代位取得被保险人对须负责之第三人之权利；被保险人有义务不作出任何损害该代位权之行为或不行为，否则，须承担损害赔偿责任"，此条款指的是保险人之代位追偿权，若第三人对保险事故之发生或保险标的之损失负有民事责任，保险人在赔偿被保险人的损失后，被保险人须把向第三人追偿的权利让渡给

---

① 保险人追偿的范畴应是保险人基于强制性责任保险向受害人支付的全部赔偿金。

保险人，而且其不能做出任何损害该代位追偿权之行为（包括作为或不作为），否则要承担相应的法律责任。

因此，根据诚实信用原则，被保险人应履行相关的协助义务，在其怠于履行此义务时应承担相应的民事责任。

四 澳门机动车强制责任保险制度的立法特征

依照澳门目前适用的强制性车险制度（参考第57/94/M号法令《修正汽车民事责任之强制性保险制度》和相关训令），作为责任保险的一种特殊形式，澳门车辆强制责任保险具有以下特征。

（一）车辆第三者强制责任保险属于商业保险，但同时又具备社会保险法定强制性的特点

根据保险经营的性质或属性的不同，保险业一般可分为商业保险和社会保险两大类。商业保险是指保险运营者以营利为目的而经营的保险，商业保险是双方当事人依合同履行其权利义务之任意保险。社会保险是政府的一种社会保障制度，是澳门政府对劳动者承担的一种社会责任，是澳门政府为贯彻社会政策而实施的有强制性的人身保险，符合条件的投保人必须投保，社会保险具有非营利性。

除新西兰等少数法域采取社会保险方式之外，绝大多数国家和地区的机动车强制责任保险属于商业保险，澳门也不例外。根据《澳门商法典》第962条及后续数条之规定，还有澳门第57/94/M号法令《修正汽车民事责任之强制性保险制度》以及第27/97/M号法令《设立在澳门地区求取及从事保险业务之新法律制度》的相关条款，目前机动车第三者强制责任保险虽然属于商业保险，机动车第三者强制责任保险的经营采取商业化运作模式，但同时又具备澳门社会保障之社会保险制度的强制属性，其是商业保险与社会保险的混合体。而且法定强制性是机动车交通事故责任强制保险的首要特征，《修正汽车民事责任之强制性保险制度》对保险合同的订立和内容有法律上的限制与要求，其在一些方面超越了契约自由原则，如其明确规定了投保人的强制投保义务和保险人的强制承保义务，该强制保险的法定强制性主要体现在以下三个方面，使汽车强制责任保险合同的订立

与根据私法自治原则签订的一般商业保险之普通合同不一样。①

1. 车辆持有人必须投保的法定义务

首先，法律对车辆持有人投保义务的强制性规定，如《修正汽车民事责任之强制性保险制度》第 2 条规定有义务投保之人士或实体。② 车辆持有人投保车辆的强制责任保险是一项法定义务，符合法律规定条件的投保人必须投保车辆强制责任保险，若不依法参加投保该强制责任保险，机动车不得上路行驶，法律会对投保人不投保的行为予以相应的法律制裁，要求其承担相应的法律责任，强迫符合强制责任保险条件的投保人主动履行投保强制责任保险之义务。只是澳门的立法例没有对车辆责任强制保险进行明确的界定，仅对在公共道路上通行车辆之责任强制保险的强制性做了明确规定，如澳门第 3/2007 号法律《道路交通法》第 86 条（投保义务）规定，第一，"机动车辆及其挂车按补充法规的规定购买民事责任保险后，方可在公共道路上通行"，否则科处罚款澳门币 3000 元；第二，"就所购买的每项保险应发出经依法核准式样的证明文件，而车辆在公共道路上通行时，驾驶员应带备该证明文件"，否则科处罚款澳门币 300 元。再者，根据《修正汽车民事责任之强制性保险制度》第 40 条（未投保车辆之通行及车辆之扣押）可知，在公共道路上行驶而没有购买有关保险的驾驶者可被罚款和被即时扣押。③ 而已购买汽车责任保险的驾驶者在公共道路上行驶时，必须携带"汽

---

① 当然，当事人投保强制保险之后，还可以另行自由选择投保商业性的自愿保险，自愿保险作为强制保险，两种保险共同作用，对当事人给予更充分的保护。
② 《修正汽车民事责任之强制性保险制度》第 2 条（有义务投保者）规定："一、车辆之所有人有投保之义务，但在行使用益权、保留所有权之出卖、融资租赁制度及由车辆转让合同订定其使用权之情况下，投保之义务则由车辆之用益权人、保留所有权之取得人、承租人或使用人承担。二、如其他人士已对车辆投保，上款所指之义务在该保险之有效期内视为已履行。三、车房之所有人，及其他经常从事车辆买卖、维修、拖车服务或监督车辆良好运作业务之人士或实体，亦有义务对在从事有关业务时使用车辆而引致之民事责任投保。"
③ 《修正汽车民事责任之强制性保险制度》第 40 条（未投保车辆之通行及车辆之扣押）："一、任何人使受强制保险约束但未设该保险之车辆在公共道路上通行或同意该车辆之通行者，须根据《道路法典》之规定受处罚。二、在第二十二条所指之情况下，被要求出示证明已作保险之文件后之八日内仍未作出示者，除科处《道路法典》规定之罚款外，有关车辆亦被扣押，直至提出保险证明时为止。三、在发生事故之情况下，上款所指之未出示文件，将导致车辆之扣押；在缴付应付之损害赔偿后，或给付相当于保险金额之最低限额之担保金后，或能证明在发生事故之当日已有上指文件，车辆之扣押方被终止。"

车民事责任保险卡"以便警方随时检查，如未能出示有关证明，除了罚款之外，车辆可能被即时扣押，直至证明已购买保险为止。

其次，根据《修正汽车民事责任之强制性保险制度》第1条（范围）的规定，"机动车辆及其挂车，须在被许可之保险人处设有在其使用过程中对第三人引致损害之民事责任保险后，方得在公共道路通行"，可知任何机动车辆及其挂车的所有权人都负有购买车险的义务，其是一项强制性的责任保险，投保人不能由自己决定是否投保及如何投保，只有持有有效的第三者民事责任保险才能在公共道路上行驶，以保障驾驶者肇致第三者伤亡或财产损失所引致的法律责任。香港地区《汽车保险（第三者风险）条例》第4条也有类似规定。①

再次，对于机动车辆体育比赛或与比赛有关的正式练习，澳门第3/2007号法律《道路交通法》第87条（体育比赛的保险）特别规定，"机动车辆体育比赛或正式练习的举办者须先购买所需保险，以承保参赛车辆的所有人或占有人及参赛者因该等车辆导致的事故所造成的损害而应承担的民事责任，方可获准在公共道路上举行机动车辆体育比赛或正式练习"。《修正汽车民事责任之强制性保险制度》第5条（体育比赛之保险）亦规定，"一、每次机动车辆之体育比赛及与比赛有关之正式练习，须在机动车辆设有保险后方得进行，该保险保障主办者、车辆所有人、持有人及驾驶员因车辆造成事故而负之民事责任。二、在不妨碍上条规定之情况下，上款所指保险之保障不包括对参与者、有关辅助组、参与者及辅助组所使用车辆造成之损害，及对主办实体、服务人员或任何协助者造成之损害"。

最后，澳门的车辆强制责任保险制度作为一种强制保险，其实行双向强制模式，即投保人具有法定的投保义务，而保险人具有法定的承保义务。投保人不能由自己决定是否投保及如何投保，保险人也不能无故随意决定

---

① 香港《汽车保险（第三者风险）条例》第4条规定："（1）除本条例另有条文规定外，任何人在道路上使用汽车，或致使或允许任何其他人在道路上使用汽车，除非就该人或该其他人（视属何情况而定）对该车辆的使用已备有一份有效的和符合本条例规定的第三者风险保险单或保证单，否则并不合法。"

是否承保，合同的签订具有强制性，只要符合法律规定的条件，投保人和保险人双方必须签订合同，而法律规定该责任存在的效力基础。强制责任保险是澳门政府为推行社会公共政策而规定的保险，它的出现是对保险领域契约自由极大的限制。

2. 保险人的强制承保义务

澳门车辆强制责任保险的强制性还表现在对保险人的强制承保，如机动车持有人的投保义务是一种法定义务一样，保险人接受机动车持有人的投保亦是一项法定义务。法律对保险人的承保义务有强制性规定，保险人不能随意决定是否承保，保险人没有法定理由不能拒绝投保人的承保要求，即对于是否承保不像一般商业险那样有选择权。合同的签订具有强制性，只要符合法律规定的条件，投保人和保险人双方必须签订合同。[①] 在澳门，获准经营汽车保险业务的保险公司必须开展车辆强制责任保险，对于符合法律规定条件的，保险人具有强制承保义务，其有义务接受所有机动车的投保请求，投保人在投保时有权选择拥有从事机动车第三者责任强制保险执业资格的保险公司，被选择的保险公司必须对此承保，不得以任何理由拒绝机动车保有人的投保，也不得拖延承保。保险人拒保时，根据《修正汽车民事责任之强制性保险制度》第8条第1款的规定，"当最少有三个保险人拒绝与要保人订立合同时，要保人得请求澳门货币暨汇兑监理署订定接受合同之特别条件"。结合前述法令中第8条第2~4款的规定，澳门货币暨汇兑监理署（即今金融管理局）根据6月12日第39/89/M号法令中第32条第1~2款的规定做出第005/95-AMCM号通告（事由：拒绝接受或续保汽车保险合约），[②] 通告中指出，以共同保险机制作为解决保险人拒绝受保之特殊情形的机制，

[①] 台湾地区《强制汽车责任保险法》第18条第1款的规定："除要保人未交付保险费或有违反前条规定之据实说明义务外，保险人不得拒绝承保。"

[②] 订定遇有保险公司拒绝接受保汽车保险时应采取的程序——1995年5月17日第005/95-AMCM号通告："1. 所有被超过三家保险公司拒绝承保的汽车民事责任保险合约将按照共保保险制度而为。2. 当一家获批准经营汽车保险的保险公司拒绝接受一份汽车民事责任保险时，应该就其拒绝的行为向投保人发出一份适当地填写好的声明书，而该声明书的格式详见本通告附录。3. 按十一月二十八日第57/94/M号法令中第八条第一款规定所述的该等人士，可向澳门货币暨汇兑监理署提出请求，该署将订定该等合约接受的特别（转下页注）

即所有为超过三家保险公司拒绝承保的汽车民事责任保险合同将按共保保险制度做出，所有获批准经营汽车保险业务的保险公司必须按等份参与，都不得拒绝参与该共保保险。

再者，根据《澳门商法典》第985条第1款，"除强制保险之情况外，如保险单有所规定，保险人得于保险事故发生后按具体情况向投保人、被保险人或受益人寄发附回执之挂号信以解除合同"，可知保险公司若没有法定理由不能解除强制责任保险合同。

3. 保险合同双方不享有约定保险合同主要条款之自由

除了对保险合同的投保人是否投保、承保人是否承保的私法自治进行限制外，澳门车辆强制责任保险的强制性还体现在保险合同内容上，汽车民事责任强制性保险合同中的保险人和投保人作为保险合同的当事人，没有约定保险合同主要条款的自由，对于一般商业险而言，保险合同双方当事人一般可以自由变更合同条款或者自由约定双方之权利与义务，但汽车民事责任强制性保险的主要合同条款，如保险费率、责任限额及除外责任等保险合同内容一般都是统一由法律明文规定，①保险人和投保人不能自由约定或更改。

(二) 公益性和替代性

公益性是机动车强制责任保险非常重要的属性。随着人们机动车持有

(接上页注②) 条款并提供相关的表格，其格式详见本通告附录式样，当中列出由投保人选定或由澳门货币暨汇兑监理署每年听取澳门保险公会意见后而指定之'牵头'保险公司以及相应必须接受的有关条款。4. 在上点所述的保险合约中，所有获批准经营汽车保险业务的保险公司必须按等份参与。5. 获准经营汽车保险业务的保险公司均不得拒绝参与该共保保险。6. 在第3点所述的文件中包含的条件为发出保单的基础，并作为不可分割的部分。而有关的保费在投保人作出签认本合约时即行缴付，并由承保公司发出履行合约之证明文件。7. 按第1点规定所述而达成的合约发生赔偿时，整笔赔款将Byte制性由'牵头'保险公司以其名义清付并且由其他共保保险公司分担。8. 按本通告而订定的合约无权给予佣金，并且因'牵头'的保险公司负责管理的原因，而有权分占毛保费的百分之三十。9. a) 按本通告规定而为的合约的续保，'牵头'的保险公司可以根据营运的结果，向澳门货币暨汇兑监理署提出有别于初期所定的条件待批准；b) 倘获得澳门货币暨汇兑监理署的批准，由保险公司向投保人提出的新的条款，需适当预先提出并在合约上以附加记录而订定。"另外，请参照3月11日第14/96/M号法令核准之《澳门货币暨汇兑监理署通则》第9条（规范）。

① 澳门第57/94/M号法令《修正汽车民事责任之强制性保险制度》。

量的不断增加，交通事故之频繁发生使行人、非机动车使用人或其他受害人的人身或财产安全受到严重威胁，交通事故成为影响澳门社会发展和安全的重要因素之一。机动车强制责任保险是交通事故侵权责任社会化的一种制度设计，是澳门政府基于社会公共利益的考量和权衡的结果。汽车民事责任之强制性保险在本质上是合同当事人为第三者利益订立之合同，车辆强制责任保险是建立在被保险人对第三人依法应承担损害赔偿责任的基础之上的，若第三人不存在，被保险人的损害赔偿责任无法发生，也就没有责任保险的适用空间，所以其属于为保障第三人的利益而投保的具有利他性的保险，其作为社会化的损害填补制度具有公益性。机动车肇事侵权损害后果往往都很严重，车辆强制责任保险制度的设置解决了车辆肇事后果的严重性与肇事侵权责任人支付能力有限性之间的矛盾，平衡了个体权利和社会公益之间的冲突。车辆强制责任保险作为救济交通事故受害人的有效途径之一，其出现分散和转移了投保人或被保险人对受害人应承担的赔偿责任，由整个社会潜在的交通肇事者来分摊损失，以责任保险来避免加害人可能面临的巨额赔偿责任，从而大大减轻了侵权人的压力，维护了被保险人的利益，也缓解了侵权人和受害人之间的矛盾。当然，车辆强制责任保险除了可为被保险人分散风险，更为重要的是，其最大限度地保护了受害人，满足了受害人的损害赔偿需求。车辆强制责任保险是澳门政府基于社会公共利益的考量将交通事故责任社会化的一种制度安排，强制责任保险通过实行强制投保及赋予交通事故受害人对保险人直接请求权利等具体措施，将由交通事故肇致的、应由肇事者承担的损害赔偿责任在一定程度上转移、分散给社会，使个人责任社会化，校正了侵权责任调整不足所引发的利益失调，在保险人、被保险人与受害人之间力求达到平衡，为交通肇事受害人提供基本保障，这是社会公益性的一种体现，其诠释了社会分配正义的理念。

再者，在汽车强制责任保险中，第三人因被保险人的行为而受到损害，被保险人本应对第三人承担侵权民事损害赔偿责任，机动车责任保险人可代被保险人向第三者承担替代赔偿责任，但仍符合交通肇事侵权责任人自己承担责任的原则。在一般民事侵权救济中，其赔偿义务主体为侵权者，然而在强制汽车责任保险中，第 27/97/M 号法令《设立在澳门地区求取及从事保险业务之新法律制度》第 4 条规定,① 责任保险诠释了损失分摊的理念,赔偿义务主体为具有专营性的保险公司,其将原本应由被保险人个人独自承担的赔偿责任经由保险人的中介作用,最终由投保强制汽车责任保险的全体投保人共同分担损失,减轻了被保险人承担损害赔偿的压力,也使受害人能得到及时的弥补。保险人所承担的责任并不是因自己的车辆肇事侵权行为所致,即并非保险人对第三者所承担的直接赔偿责任,而是基于保险合同规定,即投保人向保险人支付一定的保险费,保险人在发生保险事故时,保险人代被保险人将本应由被保险人对受害第三者承担的民事责任向受害人或其继承人做出给付。当然,赔偿主体之代替性质上属于基于保险合同而承担的保险给付责任,实质是属于被保险人作为潜在肇事者将本身的债务通过支付保险费的方式转让给保险人,最终还是侵权者责任自负原则的体现。同时,在责任限额之外仍是由肇事车辆之被保险人或加害人对受害人承担侵权责任。

(三) 车辆第三者强制责任保险属于损害保险合同或财产保险

保险作为分散和转移风险的一种经济制度,② 分为商业保险和社会保险。商业保险作为与社会保险相对应的一种保险类别,依据保险标的的不同性质,分为非人寿保险(又称为损害保险合同或财产保险)和人身保险两大类,非人寿保险是除人身(寿)保险之外一切保险业务的统称,责任保险属于这一范畴。③《澳门商法典》第 995 条(保险利益)规定,"一、损害保险合同,如订立时被保险人对损害赔偿无保险利益,则无效。二、任何人因风险不实现而有之任何直接或间接经济利益,均得为保险标的",而第 1024 条第 1 款规定:"民事责任保险中,保险人有义务在法律及合同范围内

---

① 澳门第 27/97/M 号法令《设立在澳门地区求取及从事保险业务之新法律制度》第 4 条(公司所营事业之专门性)规定:"一、保险人仅得以第二条 a 项所指业务为公司专门所营事业。二、不得同时经营人寿保险及一般保险。"
② 一百多年前葡萄牙人所开设的"燕梳"代理行是澳门现在的保险业之雏形。关于保险业,参见澳门第 27/97/M 号法令《设立在澳门地区求取及从事保险业务之新法律制度》。
③ 根据《澳门商法典》第 962 条及后续条款之规定,还有澳门第 57/94/M 号法令《修正汽车民事责任之强制性保险制度》,以及第 27/97/M 号法令《设立在澳门地区求取及从事保险业务之新法律制度》的相关条款。

为被保险人承担风险，在被保险人须向第三人赔偿因合同所规定之事故造成之损害时作出赔偿。"澳门第 27/97/M 号法令《设立在澳门地区求取及从事保险业务之新法律制度》将汽车民事责任界定为不同于人身保险的一般保险，规定其是"承保因在公共道路上使用汽车而引致损害之保险，包括货运风险"。[①] 根据以上这些规定可知，民事责任保险是损害保险或财产保险非常重要的一种形式，[②] 其立法之根本目的是保障交通事故受害者的受损利益能得到及时、便捷、有效的弥补，其在使受害人快速获得基本保障的同时，也维护了交通安全。此种做法可以最大限度地保障受害者的利益，同时，被保险人也为汽车责任保险的保护对象，只是对受害人和被保险人的保护方式不相同而已。鉴于汽车强制责任保险是一种法定的财产险，损害保险合同（或称为财产保险）中的损害赔偿（补偿）原则（《澳门商法典》第 998 条）、保险人之代位权（《澳门商法典》第 1009 条）等都适用车辆第三者强制责任保险。

（四）受害第三人对保险人有直接请求的权利

1. 域外法的规定

鉴于汽车强制责任保险的社会公益性质，赋予第三者直接请求权利是确保受害第三人能及时、有效地得到损害赔偿这一立法目的的根本体现，也是车辆第三者强制责任保险最为主要的特征，所以世界上很多国家或地区在法律中都明确规定了受害第三者对保险人的损害赔偿直接请求权利，如德国《汽车保有人强制责任保险法》第 3 条第 1 款之规定，[③] 日本《汽车

[①] 澳门第 27/97/M 号法令《设立在澳门地区求取及从事保险业务之新法律制度》保险项目表第二节和第三节。

[②] 值得指出的是，车辆保险所承保的对象除了本部分所探讨的因机动车的使用所肇致的人身伤害或财产损害外，另外一种是车辆本身的毁损灭失，即车辆损失保险。

[③] 德国《保险契约法》第 158c 条第 6 项规定，"本条之规定并不创设第三人直接对保险人请求之权利"，不承认受害人的直接请求权。但后来德国立法者对此问题有一个态度上的转变。德国《强制汽车责任保险法》第 3 条第 1 项规定："保险人根据保险关系所生的给付义务及给付义务不存在的，第三人于第 4 项至第 6 项的范围内，第三人得对保险人行使其损害赔偿请求权，保险人应以金钱履行损害赔偿义务。"参见刘锐《机动车交通事故侵权责任与强制保险》，人民法院出版社，2006，第 136 页；江朝国：《强制汽车责任保险法》，中国政法大学出版社，2006，第 209 页。

损害赔偿保障法》① 第 16 条第 1 项,② 《韩国商法》第 724 条第 1~2 款和韩国 1999 年颁布并正式实施的《汽车损害赔偿保障法》第 9 条第 1 款之规定,③ 中国内地于 2006 年颁布的《机动车交通事故责任强制保险条例》,中国台湾地区《强制汽车责任保险法》第 7 条、第 28 条和第 94 条之规定,④

---

① 对于日本《汽车损害赔偿保障法》可能有不同的译法,如其又称为《自动车损害赔偿保障法》或《机动车损害赔偿保障法》。

② 日本《汽车损害赔偿保障法》第 16 条第 1 项规定:"在依第 3 条规定发生保有者损害赔偿的责任时,受害人得根据政令的规定,可以在保险金额的限度内向保险公司请求支付损害赔偿额"另外参见日本的《机动车损害赔偿保障法》第 14 条、第 16 条第 4 款及第 18 条。日本《机动车损害赔偿保障法》第 14 条规定:"保险公司除第 82 条之 2 所规定的场合以外,只能对因保险契约或被保险者之恶意所造成的损害免除填补的责任。"第 16 条第 4 款规定:"在因保险契约者或被保险者之恶意所造成损害的场合,保险公司依第一款之规定向受害人支付了损害赔偿额时,可就其所支付的金额向政府请求赔偿。"第 18 条规定:"保险公司不得阻止受害人对保险公司行使其直接请求权和暂付款请求权。"参见江朝国《强制汽车责任保险法》,中国政法大学出版社,2006,209 页;李薇:《日本机动车事故损害赔偿法律制度研究》,法律出版社,1997,第 238~239 页;刘锐:《机动车交通事故侵权责任与强制保险》,人民法院出版社,2006,第 425 页;张新宝、陈飞:《机动车第三者责任强制保险制度研究报告》,法律出版社,2005,第 167 页;江朝国:《强制汽车责任保险法》,中国政法大学出版社,2006,第 24 页;《日本民法典》,王书江译,中国法制出版社,2000,第 364 页。
日本学者铃木辰纪指出,"日本的机动车强制责任保险属于强制责任保险模式,日本立法将乘客纳入强制保障的范围,并赋予了第三者对保险人的直接请求权"。再者,日本还规定了受害第三人的临时给付请求权,即在实际损害计算出来之前,受害第三人有权请求保险人先垫付一定的金额。参见〔日〕铃木辰纪《台湾强制汽车责任保险法之修订》,廖淑惠译,郑济世等主编《强制汽车责任保险实施十周年回顾专辑》,保险事业发展中心,2008,第 113 页。

③ 韩国《汽车损害赔偿保障法》第 9 条第 1 款规定:"保险加入者等发生第三条规定的损害赔偿责任的,该受害人可以依据总统令规定,要求保险事业者等直接向本人支付商法第 724 条第 2 款规定的保险金等。此时,受害人可以要求将相当于汽车保险诊疗费的金额,直接支付给进行诊疗的医疗机关。"参见刘锐《机动车交通事故侵权责任与强制保险》,人民法院出版社,2006,第 446 页;《韩国商法》,吴日焕译,中国政法大学出版社,1999,第 192 页。

④ 中国台湾地区《强制汽车责任保险法》第 7 条规定:"因汽车交通事故致受害人伤害或死亡者,不论加害人有无过失,请求权人得依本法规定向保险人请求保险给付或向财团法人汽车交通事故特别补偿基金请求补偿。"同法第 28 条规定:"被保险汽车发生交通事故时,受益人得在本法规定之保险金额范围内,直接向保险人请求给付保险金。"同法第 94 条规定:"保险人于第三人由被保险人应负责任事故所致之损失,未受赔偿以前,不得以赔偿金额之全部或一部分给付被保险人。被保险人对第三人应负损失赔偿责任确定时,第三人得在保险金额范围内,依其应得之比例,直接向保险人请求给付赔偿金额。"

《意大利民法典》第1917条第2款之规定①，瑞士1958年《联邦道路交通法》第658条第1款，②新加坡于1958年颁布并实施的《公路交通条例机动车辆法》，③法国最高法院的判例确认了受害人对保险人之直接请求权，其后来得到法律的承认。④另外，综合考量英国1930年《第三者（对保险人的权利）法》（The Third Party Act 1930）第2条之规定和英国1988年《道路交通法》第143条、第149条及第151条第5款之规定，可知车辆强制责任保险中也赋予了受害人直接请求权。⑤美国各州对第三人直接请求权的规定不尽一致，如美国的路易斯安那州及威斯康星州等实行直接请求权制度，受害人无须先向被保险人请求并获得确定判决，可以直接向保险人请求损害赔偿，而有的州则附加了一定的限制条件，如不准许受害第三人直接起诉保险人，而要求在被保险人已丧失支付能力或在受害人对被保险人的损害赔偿诉讼经判决后才能向保险人请求损害赔偿。⑥

2. 澳门对此的规定

综上，很多法域都明确赋予了受害第三人对保险人的损害赔偿请求权利，澳门地区也不例外。根据《澳门商法典》第1026条（受害人或其继承人之正当性）第1款的规定，"受害人或其继承人得直接向保险人提起诉讼，以请求保险人履行赔偿义务"，可知在车辆交通肇事中，赋予受害人对保险人的直接请求权利，使其能向保险公司直接申请赔偿金，如果受害人死亡，该请求权利允许继承，由继承人向保险人行使。⑦以上法律条款构成了车辆交通事故中受害第三人直接请求权利的法律依据或基础，且以上条

---

① 《意大利民法典》第1917条第2款规定："在预先通知被保险人的情况下，保险人可以直接向受损失的第三人支付其应得的补偿，并应被保险人的请求，承担直接给付之义务。"参见《意大利民法典》，费安玲等译，中国政法大学出版社，2004，第452页。

② 郑玉波：《民商法问题研究（二）》，三民书局，1980，第9页。

③ 规定机动车辆第三者责任险属于强制保险。

④ 另外参见《法国保险法》第53条之规定。

⑤ 英国《道路交通法》第149条规定："保险人对肇事汽车受害人就保单持有人提起诉讼后，保单持有人在7日内应当将其索赔事项通知保险人。"参见江朝国《强制汽车责任保险法》，中国政法大学出版社，2006，第209页。Raoul Colinvaux, *The Law of Insurance*, the 5th edition, London: Sweet & Maxwell, 1984, p. 430；〔英〕科林·史密斯：《责任保险》，陈彩芬译，中国金融出版社，1991，第200~232页。

⑥ 施文森：《汽车保险及其改进之研究》，三民书局，1991，第85~87页。

⑦ 被保险人和受害人都可以向保险公司申请赔偿金。

款没有将车辆强制责任保险合同当作一般合同对待，突破了合同之相对性原则在保险合同方面的适用。

《澳门民法典》第400条（合同之效力）规定，"一、合同应予切实履行，并只能在立约人双方同意或法律容许之情况下变更或消灭。二、仅在法律特别规定之情况及条件下，合同方对第三人产生效力"，这即为我们一般所说的合同的相对效力原则，以保护合同当事人的权利义务。根据这一规定可知，合同效力一般不得及于第三人，只有合同的双方当事人才能享有合同所规定之权利并承担合同所规定之义务，而第三人只有在法律特别规定的情况及条件下才享有合同所规定的权利和承担合同所规定的义务。车辆强制责任保险（《澳门商法典》第1026条第1款）突破了合同相对性的合同法传统理念，规定因车辆交通事故而遭受人身及财产损害之受害人或其继承人可以在第三者责任强制保险责任限额范围内向保险人直接行使损害赔偿请求权利，有权请求任何保险合同履行，将对第三人的保护由消极态势变为积极态势，虽然同时也规定稍后将要谈论的保险人可以以其向投保人或被保险人的抗辩事由来对抗受害人直接请求权利（《澳门商法典》第1026条第2款）。由上述可知，在诉讼法意义上，澳门通过《澳门商法典》第1026条第1款在强制责任保险法中赋予了受害人或其继承人直接向保险公司请求之权利，受害人或其继承人可以直接以保险公司为被告提起诉讼从而主张损害赔偿，该请求权利作为法定权利是独立存在的，没有附加任何限制条件，该权利不受被保险人是否丧失支付能力等条件限制，也不要求受害人对被保险人的损害赔偿之诉讼经判决后才能向保险人请求赔偿，保险人亦不得以车辆所有人或管理人不承担责任或仅应承担部分责任为由对抗交通事故受害之第三人的赔偿请求，保险人在第三者责任强制保险责任限额内对受害人负有无条件支付义务。当然，值得指出的是，这种请求权利也不是绝对无限制的，其无法阻却保险人和被保险人之间的抗辩，法律对保险人的抗辩权并没有进行严格的限制。

实际上，车辆强制责任保险引入立法的主要目的是使交通事故受害人能得到及时补偿。澳门法律赋予了因车辆交通事故发生而权益遭受损害之第三人或其继承人向保险公司直接请求支付保险限额内的损害赔偿之权利，这对于保护车辆致人损害中受害第三人的利益十分有利，是车辆强制责任保险立法的重要内容或显著特征，也符合世界通行的做法。赋予受害人或其继承人直接请求权利是在强制责任保险中保护和救济受害人或其继承人的利益最为重要、迅速、行之有效的方式，因其让受害人或其继承人具备保险合同受益人的地位，以确保受害人或其继承人直接受益。至于受害第三人是否行使该项权利，要依受害人或其继承人自己的意愿决定。

3. 保险人的双重抗辩权

如前所述，受害第三人或其继承人的直接请求权利并非继受被保险人对保险人的权利，它属于法定权利，独立于被保险人所享有之权利，受害第三人或其继承人与保险人之间的法律关系是基于法律的直接规定而产生的（《澳门商法典》第1026条第1款），是一种法定的保险赔付关系。此时，车辆强制责任保险存在三种法律关系，即保险人与投保人或被保险人之间的民事责任保险关系、被保险人与受害第三人或其继承人之间的侵权损害赔偿关系，以及保险人与法定受害第三人或其继承人之间的保险赔付关系。在机动车第三者责任强制保险中，赋予第三人不加限制地行使直接请求权利的目的，在于最大限度地保护第三人的权益，对受害人的损害给予适当填补，强化侵权责任法对受害人的补偿功能，但同时也加重了保险人之应诉责任。为了平衡各方的利益关系，保险人享有被保险人对第三人之抗辩权和保险人对第三人的抗辩，即受害第三人要遭受源自被保险人和保险人的双重抗辩，用来对抗机动车交通事故受害人的直接请求权利，以保护保险人的利益。保险人享有被保险人对第三人之抗辩权是指为维护保险人自身的利益，保险人可以援引被保险人对第三人的抗辩事由来对抗或否认第三人赔付请求的权利；保险人对第三人的抗辩指保险人可以援引其自身对被保险人的抗辩事由，来对抗第三人，两者的目的都是为了减轻或免除其承担的保险金给付责任。

（1）被保险人对第三人的抗辩

根据《澳门商法典》第1024条的规定，民事责任保险是以被保险人对第三人的民事损害赔偿责任为保险标的的，因为被保险人损害赔偿责任的成立是保险人承担保险给付责任的前提，如果被保险人民事损害赔偿责任没有发生或者不成立时，机动车强制责任保险人就不用承担保险给付责任，无须支付保险赔付金给受害第三人，所以根据《澳门商法典》第1024条之规定，保险人首先得以被保险人对受害第三人或其继承人的抗辩事由来对抗第三人的直接请求权利，这种抗辩事由源于侵权行为，性质上归属于侵权责任抗辩。被保险人得以对抗受害第三人或其继承人的抗辩事由，是被保险人的侵权损害赔偿责任不成立及被保险人减轻或免除责任的事由，抗辩事由主要有自助行为（《澳门民法典》第328条）、正当防卫（《澳门民法典》第329条）、紧急避险（《澳门民法典》第331条）、受害人之同意（《澳门民法典》第332条）等正当理由，以及车辆运作以外之不可抗力的原因、第三人之过错及受害之第三人的过错（《澳门民法典》第498条）等外来理由。保险人可以上述被保险人对该交通事故所享有之抗辩事由来对抗第三人。对于上述《澳门民法典》第498条当事故发生可归责于受害人本人的情形，如道路交通事故是由受害人故意造成的，对受害人的故意行为或犯罪行为所肇致的交通事故人身损害或财产损失，根据《澳门民法典》第498条和第564条之规定，[①] 保险公司可据此来对抗受害人的索赔。值得注意的是，在此我们应区分受害人故意肇致道路交通事故与受害人故意违反澳门特别行政区道路交通规则这两种情况，受害人故意违反澳门特别行政区道路交通规则并不意味着受害人必定是故意引致道路交通事故之产生。所谓受害人故意造成道路交通事故或者故意制造交通事故所引致之损害，是指受害人不仅明知自己的行为会肇致道路交通事故产生，但仍然希望或者直接想实现这种损害结果的发生；或者受害人明知自己的行为会肇致道路交通事故产生，虽然不是直接希望或追求道路交通事故这种损害结果的发生，但其至少是放任这一损害结果产生，从而引致道路交通事故的发生。当然，受害人故意只是强制责任保险免责事由中的一种，并不具有唯一性，保险人还可以在除此之外的其他情形下免责。

（2）保险人对第三人的抗辩

如上所述，法律赋予了受害第三人对保险人的直接请求赔偿权利，保险人对受害人负有直接给付义务，交通事故受害第三人的直接请求权利作

---

① 《澳门民法典》第564条（受害人之过错）规定："一、如受害人在有过错下作出之事实亦为产生或加重损害之原因，则由法院按双方当事人过错之严重性及其过错引致之后果，决定应否批准全部赔偿，减少或免除赔偿。二、如责任纯粹基于过错推定而产生，则受害人之过错排除损害赔偿之义务，但另有规定者除外。"

为一种附抗辩事由的请求权利，除了被保险人对受害第三人享有上述侵权责任抗辩事由外，还会受保险人与被保险人之间民事责任保险关系的影响，即在受害人向保险公司请求赔偿时，保险人还可以根据保险合同向受害人主张其对投保人或被保险人的抗辩事由来对抗受害人的直接请求权利。

保险人对受害第三人或其继承人的抗辩实质上就是保险人能否以其对投保人或被保险人的抗辩来对抗受害第三人或其继承人的索赔，或者说保险人可否以其对抗投保人或被保险人的事由来对抗受害第三人或其继承人的保险赔偿请求权利，这种抗辩事由源于保险合同，性质上归属于合同抗辩。根据《澳门商法典》第 1026 条（受害人或其继承人之正当性）第 2 款的规定，"保险事故发生时，保险人得以对抗投保人或被保险人之抗辩权对抗受害人或其继承人"，可知像受害人的直接请求赔偿权利一样，抗辩权也是保险人的一项法定权利，用来对抗受害第三人之索赔。保险人对抗投保人或被保险人的事由是保险合同上的抗辩事由，主要有保险合同不成立、保险合同无效、除外责任①等。另外，保险人还可以保险合同中约定的对抗投保人或被保险人之请求的免责事由来对抗《澳门商法典》第 1026 条第 1 款所规定的受害第三人或其继承人所享有的法律直接赋予的保险赔付的直接请求赔偿权利。

另外，值得指出的是，《修正汽车民事责任之强制性保险制度》第 8 条第 1 款规定实施汽车强制责任保险，亦通过《澳门商法典》第 1026 条第 1 款赋予受害第三人或其继承人对保险人的直接请求权利，但在保险实务中，保险公司为了规避自己的责任，可能会滥用抗辩权来对抗《澳门商法典》第 1026 条第 1 款所规定的受害第三人或其继承人所享有的直接请求权利，以减少或排除自己应承担的责任。抗辩权究其本质是一种私力救济权利的行使，如果对保险人的抗辩权利不加以任何限制，允许保险人肆意或者不正当地行使抗辩权利，以此来对抗受害第三人或其继承人的直接请求权利，不仅有悖于抗辩权设立的宗旨，引致《澳门民法典》第 326 条所规定之权利滥用，同时无疑为受害第三人或其继承人请求权利之行使设立了很多无

---

① 《修正汽车民事责任之强制性保险制度》第 4 条之规定。

法逾越的障碍，影响其权利的真正实现，违背了赋予受害第三人或其继承人直接请求权利的立法初衷和车辆民事责任之强制性保险强化第三人利益保护的终极目的。基于此，澳门在赋予保险人抗辩权利的同时，在强制责任保险中，立法者也对保险人的抗辩事由或者对其抗辩权利的行使设立了一些必要的限制，如《修正汽车民事责任之强制性保险制度》第13条（抗辩之不可对抗性）第1款规定，"在不超过保险金额之最低限额之范围内，保险人不得以本法规未有规定或于保险单内未作有效规定之任何抗辩、无效、撤销或限制责任条款对抗受害人"。例如，根据同一法令第3~4条可知，被保险人的故意行为被排除为保险人之除外责任范畴，即当被保险人故意造成保险事故时，保险人仍应对受害第三人或其继承人承担保险赔付责任，不得以被保险人的故意行为为理由拒绝承担保险责任。这些都是从某种程度上对保险人之抗辩权利所施加的限制，以此来平衡保险合同各方当事人的利益。

4. 受害第三人直接请求权利的诉讼时效①

受害第三人通过行使直接请求权利（受害第三人行使的是保险金请求权利），得到的是第三者强制责任保险合同上本应由被保险人享有的利益，而不是交通肇事损害赔偿请求权利。

《澳门民法典》第302条（一般期间）规定，"时效之一般期间为十五年"，法律对时效另有规定。依照法律规定，相对于《澳门民法典》而言，保险法是特别法，在法律适用上，特别法优于普通法。所有事关保险金请求权利的时效，保险法有规定的应适用保险法之特别规定，而按照《澳门商法典》第993条（时效）第4款的规定，"如属民事责任保险，受害人对保险人提起诉讼之时效期间按一般规定完成"。在道路交通事故中，被保险人

---

① 参见《澳门商法典》第993条（时效），"一、如属损害保险，保险合同所生之诉讼之时效期间，自作为诉讼依据之事实发生日起两年完成，如属人身保险，五年完成，但利害关系人事后方知悉者除外。二、如属民事责任保险，投保人对保险人之诉讼之时效期间，自第三人请求被保险人赔偿或对被保险人提起诉讼之日起计。三、向保险人请求赔偿或提起诉讼之通知使时效中止，直到受害人之债权经法院之确定裁判、债务之承认或当事人间之和解而结算并成为可请求支付时为止。四、如属民事责任保险，受害人对保险人提起诉讼之时效期间按一般规定完成"。

侵害的是受害第三人的人身权或财产权，[①] 而保险人侵犯的是受害第三人或其继承人的保险金赔付请求权利。所以，当受害第三人或其继承人的保险赔付请求权利遭到保险人侵犯时，根据上述《澳门商法典》第993条（时效）第4款的规定，同时依照《澳门民法典》第491条（时效）第1款之一般规定，"损害赔偿请求权，自受害人获悉或应已获悉其拥有该权利及应负责任之人之日起经过三年时效完成，即使受害人不知损害之全部范围亦然；但不影响自损害事实发生时起已经过有关期间而完成之一般时效"，可知，受害第三人的直接请求权利诉讼时效期间应从其知悉或应当知悉有义务赔付保险金之保险人侵犯其保险金请求权利时开始计算。当保险事故发生时，如果受害第三人不知道谁是应负责任之保险人就开始计算诉讼时效，然后由受害第三人承担时效经过之法律后果，这样的处理方式既违反法律规定，也不利于受害第三人利益的保护和捍卫。综上所述，受害第三人的直接请求权利自其获悉或应已获悉其拥有该权利及保险人时起三年不行使而消失。

（五）车辆交通事故责任强制保险中受害第三人的范围

作为车辆交通事故责任强制保险的保护对象，受害第三人是指在交通事故第三者责任强制保险被保险车辆侵害时，对保险人享有直接请求损害赔偿权利之人。车辆强制保险合同作为强制性利他合同，是保障车辆在行驶过程中对第三人造成伤害时做出补偿、对第三人引致损害的民事责任保险，其立法目的是最大限度地保障交通事故受害人或第三人的利益救济，可以说机动车责任保险第三人是车辆责任保险的核心内容，但不是所有的人都受第三者民事责任保险的保护，所以对受害人或第三人范围的界定极为关键，因此有必要厘清第三人的涵盖范畴。根据《修正汽车民事责任之强制性保险制度》的规定，第三人主要是指被保险人之外受到损害的其他人，如交通事故中被驾驶人撞伤的行人、车辆中的乘客等，不过法律亦明确规定了不受车辆强制保险保障的人士，如肇事车辆持有人的配偶及子女等近亲家属，其在法律上不被视为受害第三人，一旦对其造成损害亦不会受车辆

[①] 因被保险人的侵权或违约行为（当运送是基于合同而做出时）肇致第三人的人身或财产受到损害的，受害第三人从权利受到损害时起就可以要求被保险人承担侵权损害赔偿责任，此时时效期间的计算适用《澳门民法典》第491条（时效）之规定。

强制保险的保护。①

1. 本车以外的第三人

在被保险车辆引致交通事故时，本车以外遭受伤害或死亡之人都是车辆强制保险中的受害人。同时值得指出的是，在车辆之间发生碰撞的情形下，即便是肇事车辆的被保险人或驾驶员，如果其他车辆也属于肇事车辆，依法应承担损害赔偿责任，相对于其他车辆来说，该被保险人或车辆驾驶人亦属受害第三人，其享有向其他车辆的强制责任保险人请求保险赔付的权利。对于自损事故，如是无其他车辆参与的单方事故，或虽然有其他车辆参与，但在其他车辆没有责任的交通事故中，本车被保险人及车辆驾驶人不得为受害人，对其他车辆保险人不享有强制性责任保险赔付请求权利，但可以通过自愿保险等其他方式予以解决。

2. 本车以内的第三人

本车上的人员不包括车辆驾驶员及保险单权利人（车辆所有权人或共同所有权人及其他）。② 值得说明的是，无偿搭乘的乘客亦在享有保险赔付保护的受害人之列。

澳门在对作为本车乘客的受害人是否纳入保险赔付范围的观点上，③ 从7月9日第7/83/M号法律《订定汽车民事责任强制性投保》到11月28日第57/94/M号法令《修正汽车民事责任之强制性保险制度》经历了一个态

---

① 统一保单条款规定如下：澳门"强制性的民事责任第三保"所提供的保障，是因事故引致（对）第三人身体侵害或物质损害所负民事责任，而根据现行法律被要求之损害赔偿；但应该注意的是，根据第57/94/M法律第3条和第4条的规定，保单同时也明确了对"某些人士"民事责任是不做保障的，这里的"某些人士"是指：1. 车辆的驾驶者、保险单权利人，以及车辆的所有权人、用益权人、保留所有权的取得人、承租人或使用人等人士；尤其是因共有被保车辆而责任受保障的人士。2. 上项所指人士的配偶、直系血亲的尊亲属、卑亲属，以及其所收养的人，而直至第三亲等的其他血亲、或与其共同居住、或由其供养的直至第三亲等的姻亲。3. 在执行职务时发生交通事故且应对事故负责任的法人、或公司的法定代理人，以及替被保险人服务的雇员、散工和受托人。4. 也不保障因为和上述三项所指人士有联系，而根据《澳门民法典》的规定有权要求赔偿的人士。
② 《修正汽车民事责任之强制性保险制度》第4条（除外责任）。
③ 至于是否将本车乘客纳入赔偿权利人之范畴，欧盟《第三汽车责任保险指令》明确规定，将本车乘客纳入保险给付的范围，认为乘客应受责任保险保障。英国《道路交通安全法》（1988年）第149条规定，将乘客纳入受害人的范围，只要该乘客的权利不因协议或者根据"自愿不构成损害"原则而被排除。

度上的转变,从车辆责任强制保险不予以承保本车乘客转变为将本车乘客纳入受害人范围给予保险赔偿给付。《澳门民法典》对此持肯定态度,《澳门民法典》第 497 条(责任之受益人)第 1 款亦规定,"由车辆造成之损害而产生之责任,其受益人包括第三人及被运送之人",由此可知,澳门亦将本车乘客纳入赔偿权利人之列。这样的修改突破了严格"第三者"的惯性思维,其目的是将更多的交通事故受害人纳入立法保护之中,这种在保护受害第三人权益方面的积极尝试是值得肯定的。

对于无偿搭乘的乘客,《澳门民法典》第 497 条(责任之受益人)第 3 款规定,"如属无偿之运送,有关责任之范围仅涉及对被运送之人造成之人身损害",可知其他无偿搭乘乘客也被纳入强制保险的保障范围,只是在无偿搭乘的情形下,责任范围只涵盖无偿搭乘之人所引致的人身损害。

另外,澳门《修正汽车民事责任之强制性保险制度》第 4 条(除外责任)第 1 款 c 项指出,"上两项所指人士之配偶、直系血亲尊亲属、直系血亲卑亲属或其所收养者,及直至第三亲等之其他血亲或与其共同居住或由其供养之直至第三亲等之姻亲",受害第三人的范围不包括被保险人及其家庭成员的这种立法选择,首先可能是基于伦理观念的考量。在伦理观念之渗透、影响下,被保险人或车辆驾驶人之受害近亲家属向被保险人或驾驶人请求侵权损害赔偿的可能性极小,在非合同民事责任法理论上,近亲家属之间是否享有侵权损害赔偿请求权利仍有待商榷。再者,车辆强制责任保险这种立法抉择还有可能是基于防止发生道德风险的权衡,防范被保险人或车辆驾驶人等与其近亲家属合谋欺诈保险人,[①] 故而将被保险人或驾驶人的近亲家属排除在承保对象之外。

3. 正在上、下被保险车辆之人

《修正汽车民事责任之强制性保险制度》第 4 条之规定并没有将他们排除在给予保险赔付保障之外。

(六)不可替代性

值得注意的是,除了车辆第三者责任强制保险之外,还有自愿机动车

---

① 《澳门刑法典》第 212 条专门规定了保险方面的诈骗罪。

责任险，根据 11 月 28 日第 249/94/M 号训令核准之《汽车保险之一般及特殊条件》第 5 条之规定，自愿保险"承保汽车民事责任强制保险所不保障之风险"。车辆交通事故责任强制保险和自愿保险之间并不存在冲突，而是互相补充、彼此促进的关系。强制保险以提供基本保障为原则，为保障交通事故中受害人最基本的利益；自愿保险则提供补充保障，基本保障之外的风险由保险人通过自愿保险来处理，为投保人提供更多选择。强制保险提供基础保障，自愿保险则是提供更多的保障，两者共同构成澳门的交通保险体系。车辆第三者责任强制保险对自愿机动车责任险来说具有不可替代性，自愿机动车责任险不可以代替车辆第三者责任强制保险来履行其应尽的义务。

车辆第三者责任强制保险在澳门范围内实行统一的责任限额，责任限额为受害人提供了基本保障，但是为防止发生重大交通事故肇致的巨大经济损失，车辆被保险人为减轻或免除自己的损害赔偿责任，还需自主选择投保（自愿的）商业保险，对在车辆第三者责任强制保险之外的经济损失进行弥补。

（七）车辆交通事故责任强制保险的责任范围

在汽车民事责任强制性保险制度中，保险公司的赔偿范围是否包括财产损害？从域外立法例的经验来看，目前，少数国家或地区（如德国、法国、马来西亚、美国部分州等）的强制保险补偿既包括人身伤亡，也包括财产损失，如德国[1]甚至走得更远，因为德国机动车强制责任保险的给付范围很广，其除了涵盖受害第三人的人身损害、财产损失外，还包括纯粹的经济损失。但绝大部分实行机动车强制责任保险的国家和地区（如日本[2]、英国、新加坡、泰国、新西兰[3]、中国台湾地区）主要是针对人身伤

---

[1] 刘锐等：《中国机动车强制保险制度研究》，法律出版社，2010，第 17~19 页。
[2] 日本强制汽车责任保险只包含人身伤害，并不涵盖财产上的损失；而日本任意汽车保险中涉及第三者责任险的部分包括人身伤残及财产损失的保险金赔付。参见 Automobile Insurance in Japan, Non-Life Insurance Rating Organization of Japan, http://www.giroj.or.jp/english/pdf/automobile.pdf，最后访问日期：2012 年 12 月。
[3] 特别需要提出的是新西兰，其过去一直对事故损害实行绝对赔偿责任，但在 1992 年修订其事故赔偿保障法时却将财产损害排除于赔偿范围之外。

亡的赔偿，不包括对财产损失的赔偿，而财产损失则主要通过自愿保险来解决。

至于中国澳门，同德国、法国等欧盟国家一样，其也将强制保险的保障范围逐渐扩展到财产损害，只是没有涉及纯粹的经济损失。具体来说，澳门地区车辆强制责任保险制度的承保范围或赔偿范围是交通事故中受害人的损害，不仅包括受害人的人身损害赔偿，也将财产赔偿纳入保险范围，但不包括纯粹的经济损失。另外，对于肇事者本身的损失，如车辆维修费等，一般不在受保之列。① 车辆发生交通事故造成人身伤亡、财产损失的，由保险公司在机动车第三者责任强制保险责任限额范围内予以赔偿。《澳门商法典》第1027条（免赔限度）规定，"保险合同内得加入相应条款，规定投保人须向第三人负担部分物质损害赔偿，但赔偿金额之限制不得对抗受害人及其继承人"。《修正汽车民事责任之强制性保险制度》第15条第1款（优先赔偿）规定，"凡涉及本法规所指之保险合同，将优先对身体侵害赔偿保险金"。根据这项规定可知，澳门地区的机动车强制责任保险并没有将财产损失排除在承保范围之外，并且人身损害和财产损害在归责原则上没有区别，只是人身伤亡损失赔偿和财产损失赔偿有一个优先次序与顺位的问题，这是为了给交通事故的受害人提供更为充足的生存保障，因为人身损害与财产损害相比，人身损害应该首先或优先受到保障，对身体损害的赔偿更具紧迫性，优先赔偿人身损害，对财产损害赔偿不足的部分由交通肇事侵权责任主体自行赔偿。

（八）保险公司赔付保险金的责任限额

责任限额是指在道路交通事故中受害第三人能够通过第三者强制责任保险得到的最高赔偿数额，而对于超过最高限额的损害部分，保险公司不再承担保险责任，而由被保险人或加害人对受害人的损失承担侵权损害赔偿责任。因为车辆强制责任保险一般是由政府通过立法强制推行的保险，其除了具有一般责任保险的功能外，还附带地推行政府的公共政策，为了防止加重强制责任保险公司的赔付负担，世界上大多数实行道路交通事故

---

① 除强制性的第三者民事责任保险外，汽车保险法例亦提供对"车辆本身保险"之附加的非强制性的保险。

强制责任保险制度的法域在规制责任保险时都设有责任限额,① 如 1983 年欧盟第二个指令《理事会关于成员国有关机动车使用的法律协调的指令》(第 84/5/EEC 号指令)明确规定了人身伤亡和财产损失的赔偿限额,对强

---

① 以下国家或地区为例:
德国机动车强制责任保险的给付范围相当广,不仅涵盖受害人的人身损害、财产损失,还囊括纯粹的经济损失。对财产损失的保额为 50 万欧元,对人身伤亡的保额为 250 万欧元。而在 2007 年,保险公司将保额大幅度提高,财产损失的保额提高到 100 万欧元,而人身伤亡的保额则提高了三倍,高达 750 万欧元。与人身或财产无直接及间接关系的财产损害,即纯粹经济损失为 5 万欧元。参见刘锐等《中国机动车强制保险制度研究》,法律出版社,2010,第 18 页。
日本机动车强制责任保险实行的是法定分项限额制,保险人的责任限额针对第三人死亡、第三人不同程度的残疾,以及第三人其他的身体伤害而有不同的规定,即主要涵盖死亡、伤害和残疾三项责任限额,这些责任限制是针对每一个受害第三人的,但是对于每一起交通事故,法律则没有规定责任限额。目前,日本机动车强制责任保险的死亡赔偿给付限额为 3000 万日元,人身伤害赔偿给付限额为 120 万日元,残疾赔偿给付限额为 75 万~3000 万日元(按照伤残等级来确定)。参见李薇《日本机动车事故损害赔偿法律制度研究》,法律出版社,1997,第 91~92 页;郭左践:《机动车强制责任保险制度比较研究》,中国财政经济出版社,2008,第 187 页;游斯然:《七国(地区)之强制汽车责任保险制度之比较》,《保险大道》第 61 期,2011,第 60 页。
泰国法律规定:"每一人伤害限额 5 万泰铢,死残最高 20 万泰铢。生活津贴每日 200 泰铢。车辆座位数不超过 7 人,每一事故赔偿上限 5 百万泰铢,超过 7 人赔偿上限 1000 万泰铢。"参见游斯然《七国(地区)之强制汽车责任保险制度之比较》,《保险大道》第 61 期,2011,第 60 页。
中国台湾的强制保险采取分项设定责任限额模式,将保险给付分为伤害医疗费用给付、死亡给付和残疾给付三项。目前,中国台湾的保险责任限额总额为 170 万新台币(人身伤亡的),其中伤害医疗费用给付责任限额为 20 万新台币,死亡给付为 160 万新台币,残疾的责任限额 4 万~160 万新台币(依据残疾程度被分为 15 级)。财产损失不在中国台湾地区的机动车强制责任保险制度的保障范围之内。参见中国台湾 2005 年《强制汽车责任保险法》。
欧盟对各会员国的最低责任限额要求一致,人身伤害给付最低限额:每人 100 万欧元,每次事故最低 500 欧元,财物损失给付限额为 100 欧元。英国对人身损害无限额,财产损失责任限额 100 万英镑。而就法国而言,法国目前的汽车强制保险对人身损害赔偿不设上限,对财产损失采用的则是欧盟的最低责任限额,每一次事故为一百万欧元。另外,如德国《机动车第三人责任强制保险与机动车第三人责任强制保险再保险框架性协议》第 4 条的规定,每辆机动车的赔偿限额是 50000 马克,包括司机为事故支出的所有费用,投保人、实际占有人或者车主的财产损失。超过部分的追偿,依照各事故的实际情况和法律规定来确定。参见郭左践《机动车强制责任保险制度比较研究》,中国财政经济出版社,2008,第 93 页;游斯然:《七国(地区)之强制汽车责任保险制度之比较》,《保险大道》第 61 期,2011,第 60 页;〔德〕克雷斯蒂安·冯·巴尔:《大规模侵权损害责任法的改革》,贺栩栩译,中国法制出版社,2010,第 22 页。

制性责任保险的责任限额提供了三套可供选择的方案。该指令规定，对于强制性责任保险的保险金额，欧盟每一个成员国应至少遵循 A、B、C 三个方案中之一，如表 1 所示 。

表 1 机动车强制责任保险法定最低责任限额可供选择方案

A 套方案	
每个人的人身伤害	350000 欧元
每一起交通事故的人身伤害	350000 欧元×受伤人数
每一起交通事故的财产损失	100000 欧元
B 套方案	
每个人的人身伤害	350000 欧元
每一起交通事故的人身伤害（当受伤人数超过 1 人时）	500000 欧元
每一起交通事故的财产损失	100000 欧元
C 套方案	
每一起交通事故的人身伤害和财产损失总和	600000 欧元

中国澳门也不例外，也设有责任限额。澳门汽车强制责任保险的责任限额实行的是法定最低责任限额模式，即汽车强制保险的责任限额一般只有下限，而没有上限，投保人的投保限额必须符合法律规定的最低保险额度，但不以此为限。澳门《修正汽车民事责任之强制性保险制度》第 6 条（保险金额之最低限额）也对强制责任保险的责任限额进行了规定，[①] 其规定保险人仅在法定最低保险金额范围内有强制承保义务，以平衡保险人的利益，不会肇致保险人的责任没有限制。[②]

澳门车辆的"第三者责任"保险金额最低限额（保障第三人死亡、受伤或财物损失的最低投保额）视承保车辆的类别而订立。另外，澳门在保险责

---

① 《修正汽车民事责任之强制性保险制度》第 6 条（保险金额之最低限额），"一、汽车民事责任保险金额之最低限额载于成为本法规组成部分之附件 I 之表内。二、如凭司法裁定，损害赔偿系以定期金形式支付，保险人赔偿之义务在实际价值上不超过保险金额之最低限额，该定期金应根据澳门货币暨汇兑监理署通告内为以分期缴付终身定期金之人寿保险所定之技术基础而确定"。

② 因为道路交通侵权事故一旦发生，赔偿的数额是巨大的、不确定的，甚至包括某些潜伏性的损害，如果让保险公司全部赔偿，不仅可能超出保险公司的承受能力，而且即便能承受，将加害人的侵权责任全部转嫁给保险公司也是不公平的。

任限额中没有将人身赔偿和财产赔偿分开设置。随着社会经济的发展，澳门机动车强制责任保险的最低保险责任限额也体现出不断上升的趋势。根据澳门第8/2011号行政法规《修改关于〈修订汽车民事责任强制保险法定制度〉的十一月二十八日第57/94/M号法令》，澳门对每次交通事故的最低保险责任限额有所调整，一般车辆的最低保险金额是根据表2所示的标准来计算的。

表2 汽车民事责任保险的最低金额表

（11月28日第57/94/M号法令第6条第1款所指者）

车辆类别	最低保险金额/万（澳门币）	
	每年	每起事故
具备辅助发动机的脚踏车、轻型摩托车及农业牵引车	3000	75
轻型机动车辆及重型摩托车	3000	150
属的士的轻型机动车辆及属不论配备驾驶员与否的出租车的轻型机动车辆	3000	300
集体客运重型机动车辆	—	—
——对非乘客的第三人造成损害	3000	400
——对乘客造成损害	3000	每名乘客的保险金额为20万，而总保险金额则为20万乘以车辆载客量
集体货运重型车辆	3000	400
重型货车及工业牵引车	3000	400
体育比赛	—	—
——重型摩托车比赛	3000	1000
——汽车比赛	10000	3000

就现行车辆强制责任保险第三保障额度而言，汽车保险法例因不同的车辆设有不同的最低投保额，但也同时设置了许多不同的更高额度的保障级别以供投保人自由选择。

（九）澳门车辆第三者责任强制保险中保险人保险给付的除外责任之规定

为了实现交通事故强制责任保险能够保障受害人的损害得到基本、迅速补偿的立法目的，澳门严格限制保险人对受害第三人损害赔偿请求的抗辩。保险公司之抗辩事由源于两个方面，一是被保险人对于受害第三人存在之免责事由或抗辩事由，保险公司不予赔偿给付。例如，按照《澳门民法典》第498条之规定，如果交通事故归责于受害人或第三人，或者因车辆运作范畴之外的不可抗力所肇致，这属于交通事故侵权责任的免责事由。二是法律明确规定的强制责任保险给付的除外责任。在澳门，所有机动车辆及其挂车均须参加强制责任保险，① 这建立了风险责任制度的归责基础，而机动车强制责任保险中的保险人承担赔偿给付责任的前提或基础是侵权人对受害人承担赔偿责任，正确认识如前所述的机动车强制责任保险赔付的基础有助于我们更好地理解车辆责任强制保险给付制度中一个相当重要的构成部分，即机动车强制责任保险中给付责任的除外制度（或称为不保事项），或者是车辆交通事故强制责任保险中的责任免除。机动车强制责任保险给付责任除外是指保险人对机动车交通事故造成的损失，根据法律及保险合同中的约定，保险人在此范围内不承担给付责任，但除此之外，保险人一般不得任意援引其他理由拒绝给付。澳门《修正汽车民事责任之强制性保险制度》第3条第3款和第4条分别列举了保险合同之除外责任。②

1. 属于除外事项（或不保事项）的情形

基于交通事故强制责任保险制度保护受害第三人利益之立法目的，澳门车辆强制责任保险严格限制了保险人除外责任的范围，保险公司仅在以下情况下可以拒绝承保机动车辆强制保险。《修正汽车民事责任之强制性保险制度》第3条（责任受保障之人士）第3款规定，"在上款所指之情况下，保险不保障应由有关正犯、从犯、包庇人对车辆所有人、用益权人、保留所有权之取得人、承租人或使用人，以及对其他正犯、从犯或包庇人，或对虽知悉车辆为非正当占有而自愿乘搭之乘客履行之损害赔偿"。③ 同一法令第4条（除外责任）规定，"一、保险之保障不包括对下列人士造成之任何损害：a）车

---

① 《修正汽车民事责任之强制性保险制度》第1条。
② 除了中国澳门的制度外，参见日本《自动车损害赔偿保障法》第14条的规定，中国台湾地区《强制汽车保险法》第28~29条是对机动车第三者责任强制保险中除外责任的相关规定，德国1952年修订的《道路交通法》的规定。
③ 《修正汽车民事责任之强制性保险制度》第3条（责任受保障之人士）第1、2款规定："一、保险保障车辆所有人、用益权人、保留所有权之取得人、承租人或使用人、正当持有人或驾驶员之民事责任。二、保险之保障亦包括在故意造成之交通事故，及在抢劫、盗窃或窃用车辆时发生可归责于犯罪行为人之交通事故中，对第三人所受损失作弥补之义务。"

辆驾驶员及保险单权利人；b）所有根据上条第一款之规定，尤其是因共有被保车辆而责任受保障之人士；c）上两项所指人士之配偶、直系血亲尊亲属、直系血亲卑亲属或其所收养者，及直至第三亲等之其他血亲或与其共同居住或由其供养之直至第三亲等之姻亲；d）在执行职务时发生交通事故且应对该事故负责任之法人或公司之法定代理人，以及替被保险人服务之雇员、散工及受托人；e）因与上数项所指人士有联系，而根据《民法典》之规定有权要求赔偿之人士。二、保险之保障亦不包括下列之任何损害：a）对被保车辆本身造成之损害；b）在运送、上货或卸货过程中对被保车辆运输之财货造成之损害；c）因上货及卸货而对第三人造成之损害；d）违反《道路法典》有关运输之规定而运送乘客时，对其造成之损害；e）直接或间接由原子蜕变或聚变、人工粒子加速或放射现象所引致之爆炸、热能释放或辐射造成之损害；f）在体育比赛及与比赛有关之正式练习中造成之损害，但按本法规规定有特定保障者除外"。根据这一规定，保险人针对上述任何损害的保险给付责任被排除。

另外，除外事项需要由法律明文规定，如果有约定的，基于车辆强制责任保险的公益和强制购买性及强化交通事故受害人利益保护的立法目的，保险合同中所约定的给付除外条款不得违反车辆强制责任保险的宗旨和目的，不得违反法律规定。一旦违反则应确定为无效，其法律后果则是保险人的给付责任不能免除，仍需承担保险给付责任，否则有悖于强制责任保险保护受害人的立法初衷，对受害人不公平。

2. 不属于给付除外的情形

为了更好地理解给付除外制度，笔者想探讨一些不属于不保事项的情形。如上所述，根据澳门《修正汽车民事责任之强制性保险制度》第3条第3款和第4条之规定，保险人只有在上述情形下才能免除保险给付责任。除此之外，根据同一法令第16条a项的规定，如前所述，即便在受害第三人故意制造交通事故时，或交通事故是由投保人或被保险人恶意肇致的，受害第三人仍可以直接向保险人请求保险给付，只是在保险公司赔偿之后，其有权向致害方追偿。

（1）被保险人故意造成的损害给付责任

根据《修正汽车民事责任之强制性保险制度》第3条第2款之规定，

可知澳门地区对被保险人故意造成的损害给付责任采取保险给付的方式，即被保险人故意致人损害而应当承担的损害赔偿责任也属于保险人的承保范围。[1] 根据责任保险的基本原理，只要被保险人（侵害人）根据非合同民事责任法或侵权法应对受害人承担侵权损害赔偿责任，保险人就应在其责任限额范围内给予保险给付。基于此，澳门地区的立法者所秉持的是一种相当严格的限制免责的态度，首先其明确了被保险人故意制造交通事故造成的损害不能作为给付责任除外事由，即对于被保险人故意制造交通事故肇致受害第三人（无论是针对特定的第三人还是不特定的第三人）之损害，保险人仍需要进行赔偿给付，其不能以此来对抗受害人，除非是受害人与被保险人串通故意制造交通事故，[2] 那应另当别论。立法者认为，不能以被保险人违反道德或法律等不良行为来对抗受害第三人的侵权损害赔偿救济请求权利，以维护受害第三人的利益。

简言之，被保险人的故意行为肇致被保险车辆发生道路交通事故的，保险人仍应依澳门《修正汽车民事责任之强制性保险制度》的规定承担保险给付之责任，以保护受害第三人的利益。但在此基础或前提下，为了平衡保险人与被保险人的利益关系，同一法令第16条a项亦规定，对于"故意造成事故者"，即如果道路交通事故是由行为人故意造成的，被保险人故意制造道路交通事故或故意引致交通事故之发生，人为地制造"保险事故"，保险人有追偿权，其可以在保险给付金额范围内代位行使受害人对被保险人的侵权损害赔偿请求权利。

（2）驾驶人未具法定资格或在酒精、麻醉品、毒品或其他有毒产品的影响下，致使车辆被盗窃、盗用、抢劫后发生交通肇事，造成受害第三人损害的情形

驾驶人未具法定资格或在酒精、麻醉品、毒品或其他有毒产品的影响下，致使车辆被盗窃、盗用、抢劫后发生交通肇事，造成受害第三人损害的，若交通事故不能归责于受害人，被保险人应对受害人承担侵权损害赔偿责任，保险公司仍应在保险责任限额内进行赔偿给付（不论是人身损害还是财产损害），没有把对受害人造成之损失排除在保险公司的赔偿责任之外。这种处理

---

[1] 如果道路交通事故是由受害人故意造成的，保险人可以此为事由对抗受害人的索赔要求。
[2] 参阅《澳门民法典》第564条。

有利于保护受害第三人的利益，是值得肯定的做法，因为立法者认为，保险公司没有理由因为被保险人的特殊情形而不承担保险责任，保险人不能以被保险人违反道德或其不适法行为来对抗受害人，而受害人如果因为自己无法预料和预防被保险人所处的特殊境况而得不到相应的赔偿，不能得到与其他一般交通事故（非上述情形而引致之交通事故）受害人同等的对待，或者保险人对其承担之保险责任有所区别，其公平性和合理性令人质疑，这不仅对受害人有失公平，而且与车辆交通事故强制责任保险的立法宗旨相背离。

根据澳门《修正汽车民事责任之强制性保险制度》第 16 条第 b~c 项可知，在"抢劫、盗窃、窃用车辆之正犯及从犯且以该车辆造成事故者"和"未具法定资格或在酒精、麻醉品、其他毒品或有毒产品之影响下驾驶者，或遗弃遇难人之驾驶员"的情形下发生道路交通事故的，该法令规定，在抢劫、盗窃、窃用车辆驾驶或无照驾驶等因他人的过错而肇致保险事故发生时，保险人在机动车交通事故强制责任保险限额内负有赔偿责任，但亦规定保险人根据保险合同支付保险金后依法享有代位追偿权利，即其有权向致害人追偿。当然，如果行为人之行为触犯澳门刑法，还要追究行为人的刑事责任。这种做法既诠释了保险经济补偿之功能，也体现出了法律对公平理念之追求。

（3）受害人本人或第三人故意造成交通事故或从事犯罪行为

受害人本人或第三人故意造成交通事故或从事犯罪行为，保险人是否应承担给付责任？根据《澳门民法典》第 498 条（责任之排除）之规定，"第四百九十六条第一款及第三款所定之责任，仅在就事故之发生可归责于受害人本人或第三人时，或事故系由车辆运作以外之不可抗力原因所导致时，方予排除，但不影响第五百条之规定之适用"，可知当道路交通事故的损失是由受害人本人或第三人故意或从事犯罪行为造成的，保险公司不予赔偿。换言之，如果交通事故的发生可归责于受害人本人或第三人时，保险人免除给付责任。因为根据《澳门商法典》第 1024 条第 1 款的规定，[①] 在交通事故中，只有当被保险人对受害之第三人实施侵权行为时，保险人才需要对被保险人的损害赔偿责任承担车辆责任强制保险之给付。但这里值得指出的是，如果道

[①] 《澳门商法典》第 1024 条第 1 款规定："民事责任保险中，保险人有义务在法律及合同范围内为被保险人承担风险，在被保险人须向第三人赔偿因合同所规定之事故造成之损害时作出赔偿。"

路交通事故的发生是由受害人本人或第三人故意造成的，或者受害人本人或第三人在从事犯罪行为过程中引发交通事故，但被保险人在交通事故发生后扩大或加重了受害人之损害，而此时也出现了被保险人之侵权行为，保险人应在扩大或加重损失的范围内承担保险给付责任。

五 目前存在的问题及健全和完善澳门车辆强制责任保险制度的立法建议与解决思路

澳门车辆强制责任保险制度有不少优点，首先，澳门在立法中明确赋予了受害人对保险人的直接请求权利，这对于保障受害人得到快速、便捷及有效的赔偿具有重大意义。其次，澳门的车辆强制责任保险制度的承保范围在扩大。澳门一开始只保障车辆以外的受害第三人，但现在受害人的范围扩展至机动车内的乘客，将乘客等车上人员纳入车辆第三者强制责任保险中第三人的范围，以实现对第三人及时、充分的救济。这都体现了立法的进步，以及保护受害人的立法倾向，但汽车民事强制责任保险仍存在较大的完善空间。

（一）扩大受害人之范围

在车辆交通事故强制责任保险制度中，"受害第三人"的范围一直是饱受关注的问题。一般而言，车辆强制责任保险中的"受害第三人"是道路交通事故的受害人，并且是被保险人之外的人，即被保险人本人因交通事故造成的损害一般不属于保险人给付责任之对象，这应是毋庸置疑的。但对受害第三人范围的具体界定，不同法域可能有不同的规定。考察域外有关汽车强制责任保险的立法例，如欧盟《第二汽车责任保险指令》（第84/5/EEC号指令）第3条扩大了受害人的范围，规定"在人身伤害事故中，投保人、驾驶员或其他责任人的家庭成员应当得到和其他第三者同等的保护"，将强制保险提供的保护扩展到被保险人、驾驶人或任何其他责任人的家庭成员，在其遭受人身伤害时，将其相关人纳入受害人范围，使他们获得汽车强制责任保险的保障，但同时也规定，如果这类责任人的家庭成员只是财产遭受到损失，则其并不享有受害人之法律地位，不能纳入受害第三人的范围。[①] 日本《机动车损害赔偿法》以是否具有"他人性"来判定

---

① Second Council Directive 84/5/EEC：Article 3.

机动车事故受害人之范围，根据日本《机动车损害赔偿法》之规定，"将驾驶人分为事故当时的驾驶人和事故当时未实际驾驶事故车却因该车辆事故而受到伤害的驾驶人"，主张前者不具有"他人性"，而后者具有"他人性"，具有"他人性"的受害人可依责任保险请求赔偿，所以后者可以按照《机动车损害赔偿法》第16条第1款之规定直接向保险人请求给付损害赔偿金。[①] 对于受害第三人之范围，中国台湾地区《强制汽车责任保险法》第10条第2款规定，"本法所称受害人，指因汽车交通事故遭致伤害或死亡之人"，该法不但将车辆的乘客包括在投保范围之内，并认为他们属于受害人的范围，没有排除乘客的受偿权，而且将驾驶人之家庭成员列入受害人的范围之内，换言之，中国台湾地区也是仅将机动车驾驶人剔除在外，其他因汽车交通肇事而遭受身体伤害、残废或死亡之人均属于受害第三人。

如前所述，从7月9日第7/83/M号法律到11月28日第57/94/M号法令，澳门受害第三人的范围经历了一个由窄到宽的过程，澳门的车辆强制责任保险制度的承保范围在扩大。澳门一开始只保障车辆以外的受害第三人，但现在，受害人的范围扩展至机动车内的乘客，现行法律将在交通事故中受到人身伤害或财产损害的乘客划入了投保人和保险人以外的受害第三人的范围。尽管如此，通过以上对比可知，中国澳门关于受害第三人的范围相比欧盟、日本及中国台湾地区界定的范围还是较为狭窄，如在澳门的立法中，拷问受害人之身份，仍将被保险人的近亲家属或家庭成员与其他乘客区别对待，对前者不给予保险给付。这种区分既不符合国际立法的趋势，不利于保护交通事故受害人的权益，也违反了第3/2007号法律《道路交通法》和第57/94/M号法令《修正汽车民事责任之强制性保险制度》的立法本意。

笔者认为，中国澳门可以借鉴欧盟、日本及中国台湾地区的立法例，将在交通事故中的车辆驾驶人、保险单权利人及汽车运行共用者或者任何其他责任主体并且遭受人身伤害的家庭成员（《修正汽车民事责任之强制性保险制度》第4条第1款c项）纳入受害第三人的范围，生命无价，强制责任保险应该覆盖更多的人群。只是家庭成员这类特殊乘客只有在遭受人身损害时才能获得类似于受害第三人的保险保障，但仍将家庭成员所遭受到

---

① 参见《日本民法典》，王书江译，中国人民公安大学出版社，1999，第361页。

的财产损害赔偿剔除在外,以突出对受害第三人之人身利益的保护,充分实现车辆交通事故强制责任保险的社会功能。

车辆强制责任保险的标的是被保险人因为车辆交通肇事的发生,依法对受害人所承担的侵权损害赔偿责任,其与一般或任意责任保险旨在保障被保险人因受他人请求损害赔偿而遭受不利益之目的不同,车辆强制责任保险的立法初衷在于及时救治交通事故中的受害人,填补真正受害人所受之损害,其保障的重点应落到受害人的人身损害赔偿上,至于受害人的身份不必过问(除非有特殊法对其加以保护)。车辆驾驶人、保险单权利人及汽车运行共用者或任何其他责任主体并且遭受人身伤害的家庭成员是否对被保险人行使请求之权利只是其意愿问题,不能否认通过强制保险来填补这类责任主体的家庭成员的人身损害之必要性和重要性。这种处理既能弥补人身受害之家庭成员的救助及康复费用之需求,也能鼓励车辆驾驶人、保险单权利人及汽车运行共用者等投保的积极性。所以,包括该等受害人在内的家庭成员在人身受到损害时,保险公司应当将其纳入保险给付范围而无须过问其身份,不应区分作为被保险人近亲家属的乘客和作为被保险人的一般乘客之情形,生命权和身心健康权应是第一位的,作为被保险人近亲家属的乘客,应同一般乘客一样同等地得到该保险补偿给付。[①] 同时,基于前述道德伦理观念的考量、保险人给付能力的考量和保险人利益的权衡,仍然将家庭成员所遭受到的财产赔偿排除在外。

(二) 将财产赔偿排除在承保范围之外

比较域外的立法例,针对是否将交通事故受害人的财产损失排除在机动车强制责任保险的承保范围之外,主要有两种不同的做法,既有日本[②]、

---

① 江朝国:《强制汽车责任保险法》,智胜文化事业有限公司,1999,第147~148页,转引自李青武《机动车责任强制保险制度研究》,法律出版社,2010,第273页。

② 日本1955年颁布的《机动车损害赔偿保障法》第1条规定:"本法的目的在于:为道路交通事故中死者或身体受到损害的受害者建立一个补偿体系,以保护受害者的利益,同时促进机动车运输业的健康发展。"日本保险给付的范围仅以受害第三人的人身伤害为限,不包括财产损失。这是基于"日本立法者认为,对交通事故受害人的人身损害进行赔偿是机动车强制责任保险的首要任务,如果将财产损失也列入赔偿范围,将会大幅度提高保费,加重投保人负担从而降低投保率,影响这一保险的普及程度"。参见李薇《日本机动车事故损害赔偿法律制度研究》,法律出版社,1997,第91~92页;郭左践:《机动车强制责任保险制度比较研究》,中国财政经济出版社,2008,第187页。

韩国、中国台湾①等仅保障人身伤亡，也有德国②、法国③、美国部分州等对人身伤亡和财产损失均予以保障。④ 对澳门来说，如前所述，现行汽车民事强制责任保险制度的责任范围应该是交通事故中受害人的损害，包括人身损害和财产损害，即保险公司对交通事故所造成的人身损害和财产损害都要进行赔付，并且人身损害和财产损害在归责原则上没有区别，只是在强制责任保险中的赔偿有一个优先次序和顺位的问题，在强制责任保险限额中有赔偿次序。但笔者认为，澳门《修正汽车民事责任之强制性保险制度》将受害人的财产损失纳入汽车民事责任强制性保险的赔偿范围之中有欠妥之处。

首先，机动车强制责任保险承担的赔偿范围有身体伤害及财产损失两种，承保范围相当宽泛。虽然根据《修正汽车民事责任之强制性保险制度》第15条（优先赔偿）第1款之规定，⑤ 赔偿有优先次序，但将财产损失纳入承保范围占用了车辆强制责任保险为社会大众提供的有限保险资源是无可否认的。车辆强制责任保险的立法初衷是为交通事故受害第三人提供及时、便利、有效的损害赔偿给付，侧重于对生命利益和身体利益的保障。保险行业的承受能力毕竟有限，对交通事故受害人的人身损害进行赔偿是机动车强制责任保险的第一要务，若将大量的财产损失赔付请求纳入机动车强制责任保险的保障范围，将车辆强制责任保险的一部分抽去用作补充受害第三人的财产损失，只会相应削减人身损害保障的份额，而且根据《修正汽车民事责任之强制性保险制度》第26条第1款和第27条第1款之

---

① 参阅中国台湾《强制汽车保险法》（2005）第27条。台湾地区在1996年制定该法时，在其立法说明中解释如下："因本法采限额无过失原则，实施初期为免汽车所有人负担过重且避免复杂化，参照日本及英国等国之立法例，明定本法在对车祸受害人所遭致之人体伤亡提供基本保障，即一定金额之保障，至于超过法定限额之人体伤亡损害及财产损害，则属任意责任保险之范围。"参见江朝国《强制机动车责任保险法》，台湾智胜文化事业有限公司，1999，第27~28页。
② 德国机动车强制责任保险的责任范围既包括人身损害，也包括财产损害，人身损害和财产损害的赔偿限额分别为50万马克和10万马克。
③ 法国的责任范围也包括人身损害和财产损害，其赔偿限额是根据车型的不同而不同。
④ 《机动车交通事故责任强制保险条例释义》编写组：《机动车交通事故责任强制保险条例释义》，中国法制出版社，2006，第64页。
⑤ 《修正汽车民事责任之强制性保险制度》第15条（优先赔偿）第1款规定，"凡涉及本法规所指之保险合同，将优先对身体侵害赔偿保险金"。

规定，可知汽车保障基金的资金份额主要来源于车辆强制责任保险，这样很可能导致需要提供基本生存需要或康复保障的受害第三人得不到及时救助或补偿，从某种意义上说，这与车辆强制责任保险的立法初衷是相背离的。只有将资金集中起来尽可能用于人身损害的救济或弥补，才更有利于保障受害第三人的利益，展现和诠释车辆强制责任保险的主旨。

其次，车辆交通事故强制责任保险作为具有社会公益性的强制保险，对财产损失给予保险给付引致了车辆强制责任保险保险费率的提高，其保费负担问题不仅仅关系到投保人的利益。在车辆强制责任保险运营过程中，对交通事故受害人的人身损害进行赔偿是机动车强制责任保险的立法主旨，若将财产损失纳入承保范围，不但可能增加保险人的经营费用，降低保险公司的理赔能力，不利于调动保险人承保的积极性，同时亦可能间接导致保险费率的大幅度上升，将高额的保险费率转嫁到投保人的身上，会加重投保人负担进而影响投保人的投保积极性，从而影响或降低机动车的投保率，而较低的投保率也使澳门车辆交通事故强制责任保险的赔付标准较低，又会间接影响保险人的保费收入和受害人的保障，进而影响汽车民事责任强制性保险的普及、进步及完善程度，以及威胁汽车强制责任保险的良性运营，最终可能肇致汽车民事责任强制性保险实行之倒退。显然，这些都与车辆交通事故强制责任保险制度的宗旨相背离。

笔者认为，澳门现行汽车民事责任强制性保险制度尚处在不太成熟的阶段，为了保证这一制度的顺利普及、落实、发展及完善，也为了降低保费的标准，澳门机动车强制责任保险应借鉴域外一些国家或地区的立法经验，如参照日本的立法例，[①] 将给付范围严格限定在人身损害，从而将财产损失的给付责任排除在汽车民事责任强制性保险之外，即将财产损失归属于给付责任除外事由。澳门可以通过推行汽车责任商业任意保险的形式解决财产损失的赔付问题，对受害第三人的财产损失予以保障，等到澳门的汽车民事责任强制性保险制度运行发展态势稳健良好，再重新将受害第三人的财产损失给付责任纳入汽车民事责任强制性保险保障范围之内。

---

① 李薇：《日本机动车事故损害赔偿法律制度研究》，法律出版社，1997，第91~92页。

（三）仅有每起事故的赔偿限额，但未明确规定每起事故中对每人赔付数额的限制

根据《修正汽车民事责任之强制性保险制度》第 6 条（保险金额之最低限额）的规定，"一、汽车民事责任保险金额之最低限额载于成为本法规组成部分之附件 I 之表内。二、如凭司法裁定，损害赔偿系以定期金形式支付，保险人赔偿之义务在实际价值上不超过保险金额之最低限额，该定期金应根据澳门货币暨汇兑监理署通告内为以分期缴付终身定期金之人寿保险所定之技术基础而确定"。而澳门第 8/2011 号行政法规《修改关于〈修订汽车民事责任强制保险法定制度〉的十一月二十八日第 57/94/M 号法令》附件一汽车民事责任保险的最低金额表（11 月 28 日第 57/94/M 号法令第 6 条第 1 款所指）是对第 57/94/M 号法令相关条款的修订。澳门第 8/2011 号行政法规附件一除了规定按车辆类别来区分每年的责任限额，同时也规定了每一起事故的责任限额，其是对每一起事故中所有受害第三人总的赔偿限额，以车辆类别（如具备辅助发动机的脚踏车、轻型摩托车及农业牵引车、轻型机动车辆及重型摩托车；属的士的轻型机动车辆及属于不论配备驾驶员与否的出租车的轻型机动车辆、集体客运重型机动车辆、集体货运重型车辆、重型货车及工业牵引车、体育比赛等类型）来划分，但是不论受害第三者人数的多少，都将难以保证受害第三人在责任保险中获得基本保障，尤其是在重大交通事故中。从计算保费的角度来考量，必须有每次车辆道路交通事故损失和每个受害人的全部责任才能更准确地核算保费，因此，在保险条款中除了应明确每一次交通事故保险人应予以赔付的最低限额，还应明确规定每次交通事故中每一个受害人，即保险人应予以赔付的最低限额。到目前为止，澳门第 8/2011 号行政法规《修改关于〈修订汽车民事责任强制保险法定制度〉的十一月二十八日第 57/94/M 号法令》明确规定了每一次交通事故保险人应予以赔付的最低限额（按不同类型的车辆来区分），但具体到每一位受害人即保险人应赔付的最低限额则没有规定。澳门第 8/2011 号行政法规规定集体客运重型机动车辆发生交通事故对乘客造成损害的，对每名乘客的保险金额为 20 万澳门元，对非乘客的第三人造成损害则没有规定对每一位受害人的最低赔付额，除此之外，对其他类型的车辆亦没有相关规定。缺乏相关规定可能肇致的结果是，保险给付只是简单地将损害赔

偿责任限额分配给每一位受害人,这样极不利于对受害第三人的权利保障。故而,笔者建议立法者在规定车辆道路交通事故损失的全部责任限额的同时,也对每一位受害人的全部责任限额加以确定,一是为了更准确地核算保费,二是强化对受害人利益之保护。

(四) 强制性责任保险所承保的交通肇事的发生地范畴应扩展

澳门第 27/97/M 号法令《设立在澳门地区求取及从事保险业务之新法律制度》指出,汽车民事责任是"承保因在公共道路上使用汽车而引致损害之保险,包括货运风险"。[①] 例如,澳门第 3/2007 号法律《道路交通法》第 86 条（投保义务）第 1~2 款规定,"一、机动车辆及其挂车按补充法规的规定购买民事责任保险后,方可在公共道路上通行。二、就所购买的每项保险应发出经依法核准式样的证明文件,而车辆在公共道路上通行时,驾驶员应带备该证明文件"。又如,第 57/94/M 号法令《修正汽车民事责任之强制性保险制度》第 1 条（范围）规定,"机动车辆及其挂车,须在被许可之保险人处设有在其使用过程中对第三人引致损害之民事责任保险后,方得在公共道路通行"。根据以上规定可知,强制性的责任保险保障只是指"公共道路"上的道路交通事故,即限定于发生在"公共道路"的事故。如本书第一章所探讨过的那样,依据《澳门民法典》第 496 条（由车辆造成之事故）第 1 款,"实际管理并为本身利益而使用任何在陆上行驶之车辆之人,即使使用车辆系透过受托人为之,亦须对因该车辆本身之风险而产生之损害负责,而不论该车辆是否在行驶中",澳门立法概括地规定了道路交通事故之发生地点必须是在陆地上,而没有限定"在道路上",更没有限定在"公共道路"上。对于陆地上的非"公共道路"上发生的机动车辆或挂车的交通肇事,是否就不受强制性责任保险的保障呢?澳门法律对此没有明确的规定,这很容易在司法实践中造成困惑。所以,笔者建议将澳门第 3/2007 号法律《道路交通法》第 86 条（投保义务）第 1~2 款、第 57/94/M 号法令《修正汽车民事责任之强制性保险制度》第 1 条（范围）及澳门第 27/97/M 号法令《设立在澳门地区求取及从事保险业务之新法律制度》保险项目表第三节中强制性责任保险所承保交通肇事的发生地之范围由"公

---

① 参见澳门第 27/97/M 号法令《设立在澳门地区求取及从事保险业务之新法律制度》保险项目表第三节。

共道路"扩展至"陆地上",一是为了立法的统一,二则为了强化对受害人的保护。

第二节 汽车保障基金制度

一 汽车保障基金（FGA）简介

理论上,上述的以风险责任为主导,配合自1983年起颁布实施的车辆第三者责任强制保险制度所共同组成的确保受害人损害可以实际得到赔偿的法制应该是相当完美的。但任何一种法律制度的设计都无法避免其自身的局限性,再完美的强制责任保险制度也不是无懈可击的。再者,因为强制责任保险的保险人承担保险责任的前提或基础是存在一个有效的保险合同,保险人是根据这个有效的保险合同来承担车辆保险责任的,所以在实践中仍可能发生以下情形,肇致交通事故受害人的权利无法得到基本的保障,从而使受害人的损害无法获得填补,如交通事故肇事汽车不明（如因驾驶者交通肇事逃逸引致肇事汽车无法查知）；车辆驾驶人或所有人对肇事车辆违法未投责任保险,而且加害人没有赔偿能力；责任保险合同无效（如因损害系投保人故意促使保险事故发生从而导致责任保险合同无效）；车辆虽已投保强制保险,但责任保险人被宣告破产或其自身暂时失去清偿能力；保险公司不愿意承保；等等。此时如果只依赖强制责任保险制度给予及时补救,受害人的合法权益仍然得不到有效的保障。[①] 因此,鉴于第三者责任强制保险可能出现的缺失或局限性,不可能穷尽社会中可能存在的或将要发生的种种复杂关系,其对受害第三人损害之填补的有效性可能无法完全顾及,为了确保交通事故受害人的损害能及时、有效地得以弥补或者受害人得到全面救助,汽车保障基金制度[②]作为补偿机制应运而生。

[①] 笔者在这里并没有否认机动车第三者责任强制保险的重要性,只是在这种场景,它的确发挥不了作用。

[②] 《设立游艇民事责任强制保险之法律制度》（12月13日颁布第104/99/M号法令）生效后,为将汽车保障基金的保障范围扩大至适用于该法令内所述的游艇类型于事故对第三人造成损害的赔偿,原"汽车保障基金"的名字修改为"汽车及航海保障基金"。但在这里,为了本书的需要,笔者在下文仍称之为"汽车保障基金"。

第六章 社会化赔偿机制

(一) 域外对交通事故救助基金制度的简介

当发生交通肇事时，为了保证交通事故受害人在特定的情况下能及时有效地得到救治或得到补偿和救助，德国[①]、英国、法国[②]、日本[③]、韩国、新西兰[④]、加拿大安大略省、美国纽约州[⑤]、南非[⑥]、中国大陆及中国台湾地区[⑦]等国家和地区都设立了道路交通事故社会救助基金制度。这里值得强调的是，关于涉及欧盟道路交通事故社会救助基金制度的规定，要参阅1959年4月20日的《关于有关机动车民事责任之强制保险的欧洲公约》、1990年5月14日的《第三汽车责任保险指令》，以及1990年11月8日的指令等。透过一系列的指令及国内立法，欧盟很多成员国都建立了机动车损害赔偿基金，规定在一些保险力所不逮的情况下，受害人可以从处于补

[①] 《德国义务保险法》第12条规定了机动车事故损害赔偿基金，"立法者的意图在于，当受害人由于《义务保险法》第12条第1款第1～3项原因而不具有或者无法实现损害赔偿请求权时，以该条的规定对交通事故受害人提供保护"。参见〔德〕马克西米利安·福克斯《侵权行为法》，齐晓琨译，法律出版社，2006，第277页。

[②] 法国机动车强制责任保险的候补制度被称为"机动车担保基金"。机动车担保基金的来源有"保险公司年度机动车责任保险保费的0.1%、脱保者所交纳的罚款、赔偿明显不足或赔偿延迟的保险公司所交的罚款以及对交通事故责任人的追偿所得"。参见郭左践《机动车强制责任保险制度比较研究》，中国财政经济出版社，2008，第97页。

[③] 日本于1955年颁布的《机动车损害赔偿保障法》第71～72条规定，如肇事后逃逸、机动车保有者不能确定，受害人未能请求损害赔偿等情况时，政府进行机动车损害赔偿的保障事业，以对受害人损害的填补。参见李薇《日本机动车事故损害赔偿法律制度研究》，法律出版社，1997，第11～15页。

[④] 新西兰于1974年实施的《意外事故补偿法》设立了意外事故特别补偿基金。根据《意外事故补偿法》，若发生囊括交通事故在内的意外事故，受害人可从该基金获得意外事故补偿资金，而基金的来源涵盖汽油税收和机动车执照费用等。

[⑤] 美国的纽约州、密歇根州等设立了未获清偿判决基金（Unsatisfied Judgement Fund）。纽约州为此设立了机动车意外事故赔偿组织（The Motor Vehicle Accident Indemnification Corporation），参见 Alan I. Widiss, *Widiss' Uninsured and Underinsured Motorist Insurance*, Cincinnati: Anderson Publishing, 1992, 另外请参阅http://www.mvaic.com/。

[⑥] 南非于1996年正式颁布了现行的《道路交通事故基金法》（Road Accident Fund Act, 1996），于2005年实施《交通事故社会救助基金政府修改法案》（Road Accident Fund Amendment Act, 2005），又于2008年颁布了《交通事故社会救助基金政府管理规章》（Road Accident Fund Regulations, 2008）。

[⑦] 中国台湾地区于1987年成立了"财团法人汽车交通事故特别补偿基金制度"，2005年对《强制汽车保险法》进行了修正，规定了汽车交通事故特别补偿基金制度。另外，参见中国台湾地区《强制汽车责任保险法》和《财团法人汽车交通事故特别补偿基金管理办法》。

充角色的基金处得到人身损害赔偿。

（二）澳门汽车保障基金制度简介

澳门早在1983年就通过12月26日第53/83/M号法令《设立隶属澳门发行机构之汽车保证基金》建立了汽车保障基金制度，以保障在责任主体赔偿和强制保险因故无法发挥功能等特殊情形下交通肇事受害方之利益。现行的道路交通事故汽车保障基金制度作为道路交通事故损害赔偿保障制度的一个重要组成部分，是根据《修正汽车民事责任之强制性保险制度》第23条第1款的规定而创立的，赋予适用于《修正汽车民事责任之强制性保险制度》所规定的特殊情形下交通事故所造成的损害支付赔偿[①]作为交通事故受害人的最终保障，以保证交通事故受害人在特定的情况下能及时、有效地得到补偿和救助。[②] 与第53/83/M号法令相比，现行的《修正汽车民事责任之强制性保险制度》以进一步发展和完善交通事故汽车保障基金为立法目的。鉴于生命权或身心健康权是公民最基本的人权，也是保障公民其他权利的前提和基础，为保证公民的基本人权，同时也是顺应国际社会的呼吁和要求，[③] 澳门政府将社会救助上升为一种法律责任，设置、创立了道路交通事故社会救助之汽车保障基金制度，对公民的基本人权进行保障，努力尝试建立一个稳定、健全、有效的社会救济机制，旨在补充第三者责任强制保险制度在一些场合下出现的空白，其构成了交通肇事损害赔偿保

---

① 《修正汽车民事责任之强制性保险制度》第四章中规定了道路交通事故汽车保障基金制度。另外，值得指出的是，根据12月13日第104/99/M号法令《设立游艇民事责任强制保险之法律制度》第20条第1款的规定，"汽车保障基金"改称为"汽车及航海保障基金（FGAM）"，其范围现扩大至游艇造成之上述类似情况，但本书只探讨汽车保障基金制度（FGA）。

② 其他国家及地区也存在类似的制度，如英国的"汽车保险人协会"、美国纽约州的"汽车交通事故补偿基金"、德国的"补偿基金"、日本的"政府汽车损害赔偿保障事业"以及中国台湾地区的"汽车交通事故特别补偿基金"。尽管名称不尽一样，但功能大抵相同。

③ 联合国1976年《经济、社会、文化权利国际公约》第9条规定："本公约缔约各国承认人人有权享受社会保障，包括社会保险。"根据澳门第45/78号法律《核准追认关于经济、社会及文化等方面权利的国际公约》，该公约自1978年起适用于澳门特别行政区。而澳门第15/2001号行政长官公告《有关〈经济、社会与文化权利国际公约〉将继续适用于澳门特别行政区》进一步确认了其在中华人民共和国政府于1999年12月20日对澳门恢复行使主权后的适用。

障制度的基础。从功能上看，汽车保障基金承担的是一种社会救助职能，[1]具有显著的社会公益性。汽车保障基金的主要任务在于交通事故发生后，当责任保险制度运作上有盲点或疏漏时，如交通事故责任者未投责任保险且无赔偿损害的财力时，由该基金出面负责填补受害人的人身损害或财产损失，体现了一种对人权的尊重和保障。为避免在此类情形下被害人的损害无法获得填补，其保障的对象原则上与车辆第三者责任强制保险相同，但保障内容上具有从属性与补充性。11月28日颁布的第57/94/M号法令第39条规定，由澳门金管局负责管理"汽车保障基金"的运作。[2] 鉴于汽车保障基金的性质，其主要功能包括收取及支付意外事故的赔偿金，同时作为受害人权利之代位人，在事后对赔偿义务人进行代位追偿。

如上所述，汽车保障基金制度是为了填补强制汽车责任保险的缺口而创设的，它作为一种配套的辅助设施而存在。该制度与机动车第三者责任强制保险制度有诸多不同之处。首先，该制度与机动车第三者责任强制保险的性质不同，后者是一种强制性的商业保险，而该制度对受害人的补偿并不以保险合同为依据，其性质并非保险，而是出于对受害者人权进行保护的角度进行的一种社会救济或援助。其次，它们性质的不同也引致了它们身份的不同，与责任保险人不同的是，该制度并不与汽车保有人、所有人或驾驶人一并承担连带责任。[3] 汽车保障基金制度对交通事故受害人得到充分保护具有的重要意义是不言而喻的，它是对机动车第三者责任强制保险制度存在的空白之重要补充或必要辅助制度。[4]

---

[1] 对于社会救济或社会救助之概念，德国《社会法典》第9条的规定可能会给我们提供一些方向或视角，根据该条的规定，社会救济是指"对不能以自己的能力为其提供生活费用或者在特殊生活状况下不能自助，也不能从其他方面获得足够救济的人，获得与他的特殊需要相适应的人身和经济帮助的资格，以使他有能力自助，能够参与社会生活，使其合乎人道的生活得到保障"。参见史探径《社会保障法研究》，法律出版社，2000，第328页。
[2] 保险监察处须支援该基金的行政运作，并就财务及预算管理方面提供一切所需要的协助。
[3] 另外，汽车保障基金作为一项由澳门政府主导的公益基金，除了性质和身份不同于车辆第三者责任强制保险外，在运行和管理上也必然与责任强制保险存在一些不同。对此，参见《修正汽车民事责任之强制性保险制度》第29~39条之规定。
[4] 《修正汽车民事责任之强制性保险制度》第24~26条对道路交通事故社会救助基金的适用情形及来源做了明确规定。

二 汽车保障基金的特征

汽车保障基金作为和汽车民事责任强制保险并行的制度，两者基本上保持了立法的同步，汽车保障基金主要有如下特征。

（一）汽车保障基金的主管机构以及法律属性

1. 汽车保障基金的主管机构

汽车保障基金对于交通事故受害人之保护具有相当重要的作用，其具体运行过程中必须通过一定的管理机构对其实施调节和管理，鉴于此，《修正汽车民事责任之强制性保险制度》对汽车保障基金的管理机构进行了明确规定，以有利于汽车保障在整个澳门地区统筹工作之开展。根据该法令第29条，汽车保障基金的管理机构有三个，分别为行政管理委员会、监察委员会及咨询委员会。同法令第30～35条分别对行政管理委员会、监察委员会及咨询委员会之组成、权限和运作做了具体规定。

2. 汽车保障基金的法律属性

汽车保障基金是否具有独立的法人资格，是否具有诉讼当事人之地位，是公法人还是私法人，对于汽车保障基金制度能否实现其目的相当关键。与中国台湾地区《强制汽车责任保险法》所规定的汽车交通事故特别补偿基金作为财团法人具有私法法人性质不同，根据《修正汽车民事责任之强制性保险制度》第23条第1款之规定，"汽车保障基金（葡文缩写为FGA），为在汽车民事责任强制保险方面设立，且拥有行政、财政及财产自治权之公法人"，可知立法赋予了汽车保障基金独立的法人资格，汽车保障基金具有公法人的法律主体地位，具备诉讼当事人之地位，以处理相关损害赔偿、代位追偿等事项，此与德国的立法例相同。[①] 这种立法例主要以汽车保障基金的性质为视角，鉴于汽车保障基金具有社会公益性质，澳门政府作为推进社会救助的主导力量具备筹集雄厚资金的能力，澳门政府应当是汽车保障基金的主要责任人，故而有必要交由政府主导汽车保障基金之运行，从而相应地

---

① 德国汽车救助基金的管理也是由官方机构负责，由联邦法务部长为主管监督长官，由基金内设的董事会和行政委员会负责管理。

赋予汽车保障基金以公法人之性质。[1]

但同时根据《修正汽车民事责任之强制性保险制度》第 23 条第 3 款的规定，"在涉及汽车保障基金之权利及义务之行为及合同方面，汽车保障基金受私法管辖"，可知汽车保障基金作为公法人，虽具有社会公益性质，但其承担的损害赔偿责任等救助义务和其所享有的代位追偿权等究其本质仍是私法上之权利与义务关系，而非公法关系，故而将涉及汽车保障基金的法律争议纠纷作为民事案件来处理，根据澳门民法进行相应调整。例如，根据该法令第 25 条（代位及诉）之规定可知，汽车保障基金管理机构作为受害人权利之代位人，能以独立法人的身份通过民事诉讼向交通事故之侵权责任人行使追偿权，追偿其向受害人所支付的损害赔偿。反之，若受害人或其他利害关系人对汽车保障基金的处理事项持有异议，可以"汽车保障基金"为被告，透过民事诉讼或仲裁方式加以解决。

简言之，澳门地区的《修正汽车民事责任之强制性保险制度》明确规定了道路交通事故汽车保障基金为公法性质的组织或机构，且规定了其有权行使或履行具有私法性质之权利与义务。

（二）汽车保障基金的资金来源

澳门汽车保障基金的资金来源来自法律强制性规定。汽车保障基金要充分发挥其作用的一个重要前提就是其具有充足的资金来源，否则便形同虚设，无法使交通肇事之受害人得到及时、有效的救助。鉴于此，《修正汽车民事责任之强制性保险制度》第 26 条第 1 款和第 27 条第 1 款对汽车保障基金的来源做了详细规定。该法令第 26 条第 1 款规定，"下列者为汽车保障基金之资源：a）由每一保险人支付之款项，该款项相应于上年内承保'汽车'直接保险中扣除退还保险费及撤销保险后之纯保险费之一百分率，而该百分率由训令订定；b）根据上条规定向汽车保障基金作偿还之结余；c）任何分配予其之收入；d）以上数项所指收入投资之结余"。同法令第 27 条第 1 款则对其他来源做了规定，"为使汽车保障基金能履行可能超出其司库

---

[1]《修正汽车民事责任之强制性保险制度》第 23 条第 2 款规定了汽车保障基金的职能，"在下列情况下，汽车保障基金有权限对受强制保险约束之车辆造成事故而引致之死亡或身体侵害，作损害赔偿：a）不知悉责任人或不受有效或产生效力之保险保障；b）保险人被宣告破产"。

部可动用资金之承诺,汽车保障基金得向保险人要求获取不超过上年承保'汽车'直接保险中扣除退还保险费及撤销保险后之保险费总数之1%"。

(三) 汽车保障基金的保障范围

车辆强制责任保险保障的是受害人的人身损害和财产损失,作为强制责任保险之辅助制度的汽车保障基金也应充分发挥保护受害人之人身损害和财产损失之效用,以为受害人提供基本保障为宗旨,鉴于此,澳门地区规定汽车保障基金的保障范围与强制责任保险的保障范围基本一致。故而,与汽车强制责任保险的规定相同,汽车保障基金的保障范围不仅仅限于受害人的人身损害,对于财产损失,汽车保障基金亦负赔偿责任。只是对于道路交通事故肇致的人身损害和财产损失之赔偿,同澳门地区的车辆强制责任保险一样,《修正汽车民事责任之强制性保险制度》第28条规定了汽车保障基金的优先赔偿次序,"第十五条所指之优先赔偿可适用于汽车保障基金规定,亦适用于汽车保障基金",[①]优先补偿受害人的人身损害。

另外,要考量汽车保障基金给付与其他损害赔偿给付的竞合关系。汽车保障基金是仅在受害人从其他渠道均无法获得赔付或者救助无门时才给予的最后救济。赔偿义务人对受害人所享有的主张减少或免除损害赔偿范围之抗辩,汽车保障基金可据此来对抗受害人。同时,为避免双重受偿,享有请求权利之人自损害赔偿义务人(侵权责任主体或保险人)处获得赔偿的,汽车保障基金在对受害人进行赔付时应予以扣除,如有应扣除而未扣除的,汽车保障基金有权向受害人追偿,请求返还应扣除部分。

(四) 对汽车保障基金责任限额的规定

《修正汽车民事责任之强制性保险制度》对法定条件下汽车保障基金的责任限额做出了规定,这是非常重要的。首先,同保险人一样,汽车保障基金所负的损害赔偿责任并不以交通事故责任主体的过错为构成要件,属于风险责任。其次,交通事故社会救助基金不是无限额的社会救助,作为高度危险的交通工具之车辆一旦发生交通肇事,其引致的损害赔偿费用可能相当巨大,其救助上限的规定直接影响到汽车保障基金的救助能否持

[①] 《修正汽车民事责任之强制性保险制度》第15条第1款(优先赔偿)规定,"凡涉及本法规所指之保险合同,将优先对身体侵害赔偿保险金"。

续运行。无论汽车保障基金的资金有多么充足，如果不对其设定一个合理的责任限额，可能会导致汽车保障基金所承担的责任过重，使基金不堪重负，面临严重亏损。基于上述理由，汽车保障基金的风险应置于一个合理的范围内，以保障汽车保障基金的有效运行和最大限度地保护受害人之合法权益。上述法令给汽车保障基金之义务设定了一个责任限额。

根据《修正汽车民事责任之强制性保险制度》第6条（保险金额之最低限额）第1款所规定之"汽车民事责任保险金额之最低限额载于成为本法规组成部分之附件Ⅰ之表内"，以及该法令第23条（性质及目的）第4款所规定之"汽车保障基金在每起事故中之赔偿限额，系根据本法规附件Ⅰ所载表订定之数额确定"，可知汽车保障基金的损害赔偿义务及范围依据道路车辆交通事故损害赔偿责任主体应承担的责任范围来确定，而赔偿金额的上限额度与保险人赔付的上限额度相同，给予与强制责任保险给付同等水准的赔偿，不足部分由交通肇事责任人填补，以给受害人所受之损害提供最及时、基本的补偿。

（五）汽车保障基金的适用要件

与保险公司支付赔付费用等履行其应当履行的保险合同义务不同，汽车保障基金给付救济费用等并不是基于《澳门商法典》第962条所规定之保险合同，也不需要汽车保障基金与加害人或受害人之间订立某种合同明确保障基金救济的条件，从而履行特定的合同义务。汽车保障基金对受害人的救济完全出于法律的强制性规定，以实现社会救助的职能。汽车保障基金所承担的损害赔偿责任，究其实质是在汽车交通事故赔偿债务人之外，当交通肇事之受害人在穷尽所有救济方法后，其所受损害仍无法得以补救时，由法律另设别的债务人代替汽车交通事故应负损害赔偿责任者负担补偿受害人的责任，以便及时、有效地保障受害人的合法权益。基于此，汽车保障基金对受害人之救助行为完全源于法律的强制性规定，其救助行为在适用对象上具有某种选择性或限制性，即要得到汽车保障基金的赔偿必须满足一定的条件或要求，不是所有受害人均适用汽车保障基金之救助。汽车保障基金赔付补偿受害人的条件为，第一，肇事车辆之持有人对受害人的损失承担侵权责任，以有交通事故致人损害为前提；第二，不能从侵权责任人或车辆强制责任保险人那儿得到赔偿，具体来说，在汽车保障基金之适用要件的具体设定上，《修正汽车民事责任之强制性保险制度》第23条第2款规定，"在下列情况下，汽车保障基金有权限对受强制保险约束之车辆造成事故而引致之死亡或身体侵害，作损害赔偿：a）不知悉责任人或不受有效或产生效力之保险保障；b）保险人被宣告破产"。符合上述任何条件之一者，或者因为肇事机动车无法查明，其是否参加了机动车第三者责任强制保险不明确；或者车辆未参加机动车第三者责任强制保险或保险合同未生效；或者车辆虽已参加机动车第三者责任强制保险，但保险期间已过或保险合同已终止等情形；或者保险人被宣告破产等情形，肇致受害之第三人未能依《修正汽车民事责任之强制性保险制度》之规定向保险人请求保险给付的，可在本法令规定的保险金额范围内向汽车保障基金请求损害赔偿，这基本上覆盖了澳门汽车强制性责任保险之外的受害人。《修正汽车民事责任之强制性保险制度》第24条则规定了哪些情况不属于汽车保障基金的救助范围。

（六）受害人的直接请求权利

如前所述，强制责任保险突破了合同相对性原则，强制责任保险的受害第三人对保险人有直接请求权利，而汽车保障基金之救助并不以合同为基础，受害人亦被赋予直接请求汽车保障基金救助的权利，受害人的直接请求权利不是源于当事人约定的合同债权，而是产生自法律的规定，以切实保障受害人的合法权益和强化道路交通事故汽车保障基金作用的发挥。《修正汽车民事责任之强制性保险制度》第25条第3款规定，"受害人得直接对汽车保障基金提起诉讼，汽车保障基金有权使强制投保人及共同责任人参与诉讼"，赋予了受害人请求汽车保障基金的相应诉权，在《修正汽车民事责任之强制性保险制度》第23条第2款所规定之交通肇事的特殊情形下，受害人可以直接请求汽车保障基金赔付，即受害人享有针对汽车保障基金的直接请求权利，以启动汽车保障基金补偿程序保障对事故受害第三人的及时救助，汽车保障基金管理机构无正当理由拒绝履行赔付义务的，应承担相应的法律责任。受害人在面对汽车保障基金不作为时，尽管如前所述汽车保障基金是公法人，但根据《修正汽车民事责任之强制性保险制度》第23条第3款之规定，受害人可依此对其提起民事诉讼，而非行政诉讼。

（七）除外责任

汽车保障基金给付的除外责任，是指汽车保障基金对车辆交通事故造成的损失，在《修正汽车民事责任之强制性保险制度》第 23 条第 2 款所规定之特殊情况下，依据法律规定，在此范围内不负补充给付责任的情形，但除此之外，汽车保障基金不得任意援引其他理由拒绝补充给付。汽车保障基金的公益性和补充给付性决定了其补充给付的情况是常态，而给付除外事由则必须严格依照法律之规定。

依据《修正汽车民事责任之强制性保险制度》第 24 条（不受保险保障之情况）的规定，"一、汽车保障基金不负责对涉及下列人士之死亡或身体侵害作赔偿：a）第四条第一款所指人士；b）在上条第二款 a 项之前提下，而被受强制保险约束之车辆运送之人士。二、汽车保障基金亦不保障抢劫、盗窃或窃用车辆之正犯、从犯或包庇人以该车辆造成事故而引致之对其本身之人身损害，亦不保障虽知悉车辆为非正当占有而自愿乘搭之乘客之损害"，[①] 可知汽车保障基金针对上述特定的受害人遭受的损害的基金给付责任被排除。比较本章第一节所探讨的强制责任保险除外责任（《修正汽车民事责任之强制性保险制度》第 3 条第 3 款和第 4 条之规定）和汽车保障基金除外责任，立法例对后者的限定更为苛刻，最大限度地保护了受害第三人，如在《修正汽车民事责任之强制性保险制度》第 4 条第 2 款 b 项到 f 项之规定的情况下，"b）在运送、上货或卸货过程中对被保车辆运输之财货造成之损害；c）因上货及卸货而对第三人造成之损害；d）违反《道路法典》有关运输之规定而运送乘客时，对其造成之损害；e）直接或间接由原子蜕变或聚变、人工粒子加速或放射现象所引致之爆炸、热能释放或辐射造成之损害；f）在体育比赛及与比赛有关之正式练习中造成之损害，但按本法

[①] 《修正汽车民事责任之强制性保险制度》第 4 条（除外责任），"一、保险之保障不包括对下列人士造成之任何损害：a）车辆驾驶员及保险单权利人；b）所有根据上条第一款之规定，尤其是因共有被保车辆而责任受保障之人士；c）上两项所指人士之配偶、直系血亲尊亲属、直系血亲卑亲属或其所收养者，及直至第三亲等之其他血亲或与其共同居住或由其供养之直至第三亲等之姻亲；d）在执行职务时发生交通事故且应对该事故负责任之法人或公司之法定代理人，以及替被保险人服务之雇员、散工及受托人；e）因与上数项所指人士有联系，而根据《民法典》之规定有权要求赔偿之人士。二、保险之保障亦不包括下列之任何损害：a）对被保车辆本身造成之损害……"。

规规定有特定保障者除外",强制责任保险不包括上述任何损害,但汽车保障基金必须囊括这些损害。这是因为汽车保障基金作为一种特殊的救济途径,是受害第三人在穷尽其他救济途径后仍无法弥补所受损害时,才不得不请求汽车保障基金给予救济。再者,为了实现汽车保障基金之保障受害人的损害能得到基本、迅速的补偿之立法目的,相对于交通事故强制责任保险,澳门更为严格地限制了汽车保障基金对受害第三人的损害赔偿请求之抗辩。

(八)汽车保障基金的代位追偿权

汽车保障基金的给付责任实质上是一种代偿责任,与保险法上的代为追偿权相似。代位追偿权是汽车保障基金的重要权利,汽车保障基金之代位权能否充分行使和实现是弥补保障基金资金不足的重要举措之一,是基金维持收支平衡的核心所在,是保障基金顺利运行的坚实基础。依据《修正汽车民事责任之强制性保险制度》第23条第3款之规定,"在涉及汽车保障基金之权利及义务之行为及合同方面,汽车保障基金受私法管辖",可知汽车保障基金在行使追偿权中引发的诉讼问题,澳门现行立法并没有将汽车保障基金的诉讼权和普通的民事追偿权区别开来。根据《澳门民法典》第562条(受害人权利之让与)的规定,"如损害赔偿因任何物或权利之丧失而产生者,则应负责任之人在作出支付行为之时或其后,得要求受害人向其让与受害人对第三人所拥有之权利",可知受害人一旦接受汽车保障基金的交通事故赔付救助,就不能再次向侵害人请求损害赔偿,就要放弃或让与其对交通肇事责任人所享有的请求权利,或者受害人之权利在其受补偿的范围内已经法定地移转给汽车保障基金,以避免汽车保障基金代位追偿时可能出现的追偿不能之状况,同时避免受害人得到双重受偿或因受侵害而获利。再者,汽车保障基金负担补偿受害人之责任,既不是基于其自身的侵权行为,也非源于其与交通事故之加害人或受害人之间的合同义务,其只是基于社会救助替代汽车交通肇事最终责任主体承担损害赔偿责任。所以在汽车保障基金担负补偿受害人之责任后,其应对侵权行为损害赔偿责任人享有对已支付给受害人之赔偿金额追偿的权利。

首先,在《修正汽车民事责任之强制性保险制度》第23条第2款所规定之特殊情形下,受害人可以直接向汽车保障基金申请赔偿,之后再由汽车保障基金行使代位追偿权。具体来说，根据《修正汽车民事责任之强制性保险制度》第 25 条（代位及诉）的规定，"一、当汽车保障基金对受害人支付损害赔偿后，将为受害人权利之代位人，且有权享有法定迟延利息及就在赔偿之支付及征收过程中之开支获得偿还。二、在保险人破产之情况下，汽车保障基金仅对保险人而言为受害人权利之代位人。三、受害人得直接对汽车保障基金提起诉讼，汽车保障基金有权使强制投保人及共同责任人参与诉讼。四、受强制保险约束之人士如未投保，得由汽车保障基金根据第一款之规定对其提起诉讼，如事故有其他责任人，上指人士有权就其所付之款项向其他责任人求偿"，此条明确了基金的代为追偿权，规定了汽车保障基金的管理机构作为受害人权利之代位人，能以独立法人的身份向交通肇事最终责任人行使追偿权，追偿其向受害人所支付的损害赔偿。例如，在肇事者驾驶车辆逃逸而该车辆是否参加了汽车民事责任强制保险尚不明确的情形下，由汽车保障基金先行赔偿受害人的抢救费、丧葬费等，对事后查明该逃逸车辆已参加汽车民事责任强制保险，依法应由保险公司承担赔偿保险责任的，汽车保障基金在赔付相关费用后，其管理机构有权向保险人追偿。汽车保障基金的公法人性质决定了基金的代位追偿权之特殊性，汽车保障基金的管理机构作为追偿主体，是代表澳门社会公共利益的行政管理机构，其追偿行为在体现汽车保障基金之合法权益的同时，也诠释了社会公共利益。

其次，对于代位追偿的范围，一般而言，汽车保障基金应在其给予交通事故受害人的损害赔偿金额范围内向赔偿义务人进行代位追偿，因此其追偿范围应以赔付受害人的金额为标准。但同时值得指出的是，根据《修正汽车民事责任之强制性保险制度》第 25 条（代位及诉）第 1 款的规定可知，汽车保障基金代位追偿的金额并不以其所做的损害赔偿数额为限，因为自汽车保障基金做损害赔偿时起至追偿请求之日的利息及所支出的其他费用，如交通事故伤残鉴定、交通事故现场勘验等费用都可以在汽车保障基金向赔偿义务人代位追偿时一并请求赔偿，该法令对此持肯定态度。

最后，对于代位追偿之对象，汽车保障基金行使代位追偿权的对象主要是赔偿义务人（根据非合同民事责任法或相关的法律来判定），不限于交通事故责任人，还应包括责任保险人，保险人亦是依法应对受害人承担损害赔偿责任之人，在特殊情形下，追偿的对象甚至可以是受害人；肇事车辆不受有效或产生效力之保险保障的，代位追偿的对象为交通事故责任人。另外，当汽车保障基金因肇事车辆无法查明而向受害人进行损害赔偿后，在最终查明该肇事车辆属于已投保强制保险车辆时，汽车保障基金应以保险人为追偿对象，强制保险人应按保险合同承担相应给付保险金的义务，否则就可能构成《澳门民法典》第467条规定之不当得利，当然，若最终查明该肇事车辆为未投保车辆，仍要以交通事故责任主体为追偿对象。故而，汽车保障基金追偿对象的外延应涵盖交通事故责任人及其责任保险人。另外，《修正汽车民事责任之强制性保险制度》第25条（代位及诉）第2款也旗帜鲜明地指出，"在保险人破产之情况下，汽车保障基金仅对保险人而言为受害人权利之代位人"，即肇事车辆投保的，若该保险人破产失去偿付能力，不能以交通事故责任人为追偿对象，汽车保障基金在保险金内承担赔付责任的，在其履行赔付责任后，有权向该保险人行使追偿权，通过破产还债程序实现其债权。再者，在特定情形下，汽车保障基金代位追偿的对象甚至不排除是受害人自身，其向受害人行使追偿权亦是源于《澳门民法典》第467条规定之不当得利。汽车保障基金作为一种候补制度，只有在受害人穷尽所有救济手段，仍然无法从赔偿义务人得到损害赔偿时，或受害人得到的损害赔偿没有达到汽车保障基金法定最低赔偿额度时，汽车保障基金才承担赔付责任。如果受害人获得汽车保障基金的赔付后，又从赔偿义务人那里得到损害赔偿，此时，受害人从汽车保障基金得到的赔付就构成了不当得利，汽车保障基金对此有《澳门民法典》第470条规定之不当给付之请求返还的权利。

总而言之，作为公法人的汽车保障基金在行使其对受害人赔付权利的同时，也必须被赋予行使基金的代位追偿权利，其目的不仅在于维持基金的合理运行，以防止汽车保障基金的资金被滥用，对交通肇事责任人进行偿还有利于遏制交通事故侵权行为的发生。[1]

---

[1] 〔美〕路易斯·卡普洛、〔美〕斯蒂文·沙维尔：《公平与福利》，冯玉军、涂永前译，法律出版社，2007，第91~161页。

三 澳门汽车保障基金制度存在的主要问题和发展，以及完善该制度之立法建议或法律思考

如前所述，为了更加迅速、有效地保障交通事故中受害者的权益，增强交通事故肇事者的赔偿能力，澳门在立法中规定对车辆实施车辆强制保险制度。而针对肇事车辆未投保、逃逸或保险人破产等情形，澳门设立了汽车保障基金制度，其作为车辆强制责任保险制度的有力补充，有利于弥补车辆第三者责任强制保险的不足，更全面地保护交通事故受害人的利益。澳门对受害人的保护采用了车辆强制责任保险制度和交通事故保障基金等制度相结合的方式，表现出体系性和多样性的特征，但汽车保障基金这一制度在澳门的实践过程中仍然存在一些亟待解决的问题及盲点，由此可能会肇致一部分亟待汽车保障基金救济的交通事故受害人游离在该基金的保障之外。对于目前所存在的问题该如何解决，笔者认为，不仅要看澳门现在的具体情况，还应当积极采纳域外相关汽车保障基金制度的先进立法经验，"它山之石，可以攻玉"，努力汲取适合澳门现状的优秀立法原则和内容。笔者建议从以下几个方面着手来发展和完善澳门汽车保障基金制度。

（一）汽车保障基金制度的发展和完善，必须以健全的机动车强制责任保险制度为前提

从功能上讲，汽车保障基金作为强制责任保险制度的补充性制度，在受害人保障方面起着辅助作用。汽车保障基金制度的行之有效和健康运行必须以强制责任保险的高投保率为基础，汽车保障基金制度的发展和完善必须以健全的机动车强制责任保险制度为前提。如本章前面所述，汽车保障基金的主要来源仍是从车辆第三者责任强制保险费中按照一定比例提取的资金，由此可知汽车保障基金是以强制责任保险的高投保率为支撑的。所以，如何更好地贯彻落实强制投保，不仅对强制责任保险作用之发挥起着至关重要的作用，也是保障汽车保障基金来源充足的关键。

（二）扩大汽车保障基金的资金来源渠道

如前所述，《修正汽车民事责任之强制性保险制度》第 26 条第 1 款和第 27 条第 1 款对汽车保障基金的来源做了规定。一旦发生交通事故，不管是对

交通肇事者还是受害人来说所肇致的损失常常是非常巨大的,汽车保障基金制度作为集合风险、分散损失的一种理性选择,其资金是汽车保障基金制度建设的核心,如何筹集到巨额的汽车保障基金是关键所在,但如上介绍,目前汽车保障基金的资金来源仍十分有限。就目前而言,澳门汽车保障基金的资金来源主要是从车辆强制责任保险的保险费中提取的,所以在很大程度上,相当于把基金的支付风险又转嫁给保险人承担,基金一旦发生亏损,基金和保险人都将面临严重的给付危机。如果将汽车保障基金对车辆强制责任保险的提取比例定得太高,将肇致车辆强制责任保险的保险费率呈现较大幅度的提高,从而可能间接打击投保人的投保积极性,使车辆持有人穷尽各种方法规避投保车辆第三者责任强制保险,最终可能会导致汽车保障基金的收支状况进一步恶化,因为更多的受害人只能通过汽车保障基金的渠道来弥补其因交通事故所遭受的损失。再者,因为汽车保障基金的救济对象有一部分是因没有投保强制责任保险之车辆所产生交通肇事造成人身损害或财产损失的受害第三人,其损失本该由应投保而未投保的车辆所有人或其他交通肇事责任主体来承担,却因出现《修正汽车民事责任之强制性保险制度》第23条第2款所规定之特殊情形,转而由那些履行投保车辆强制责任保险义务的投保人共同承担。鉴于上述理由,从车辆第三者责任强制保险的保费中提取的比例必须合理且不能太高,否则会造成社会不公。另外,作为车辆强制责任保险制度的补充,汽车保障基金发挥着相当重要的作用,但在实践中仍有不少如未投保机动车肇事、机动车肇事后逃逸及保险人被宣告破产等情形发生,需要汽车保障基金提供大量的资金进行救济和赔偿,现有的基金来源渠道比较狭窄,通过以上方式所能筹集到的资金是不够的,可能无法保障受害人的现实需要。为保证汽车保障基金运行稳定及财务安全,以使交通肇事受害人获得足额且及时的赔付,汽车保障基金必须进一步拓宽资金来源,主要应从《修正汽车民事责任之强制性保险制度》第26条第1款c项"任何分配予其之收入"这样一个兜底条款中另辟蹊径来筹集资金,以使汽车保障基金有充足的资源保证其良性、高效地运转,发挥其应有的作用。

1. 澳门政府对汽车保障基金进行财政和税收分担补助义务

鉴于澳门政府对宪法赋予公民之基本生存权利的保障负有不可推卸的责任,故建立了汽车保障基金这样一种社会救济性质的公益性基金制度,

第六章 社会化赔偿机制

政府具有通过居民收入再分配来筹集资金的职能，因而其在基金的运行和管理中处于主导地位，其有义务维持汽车保障基金的基本运行，其中至少包括维持或满足汽车保障基金的资金平衡或需求，但这不能完全依赖机动车持有人及保险公司承担汽车保障基金的全部来源，否则难以解决交通事故所可能肇致的严重社会问题。在参考侵权责任法原理之适用的前提下，即依照既定的汽车保障基金的资金征收标准，自强制责任保险保费提取的资金及其他渠道筹集的资金总额不足以赔付已确定的符合条件之受害人要求的损害赔偿额度的，澳门政府应按照每年财政和税收的比例或固定数额，向汽车保障基金拨付所需资金，在一定程度上补充汽车保障基金的资金不足，以保证受害人得到救济。

举例来说，新西兰政府对车辆征收2%的汽油税，并把其作为无过失保险机制（适用于1972年）的基金。[①] 一般而言，汽车油耗量越大，说明其在道路上行驶的里程越长，其发生交通事故的概率也就越高，换言之，汽车所耗费的汽油量与其发生交通事故的概率是成正比的，所以，要求耗费汽油量高的汽车承担更多的汽车保障基金份额也是有据可依的。对此，中国澳门可以借鉴新西兰的做法，澳门可以在当前已经征收汽油税的条件下，从汽油税中抽取一定比例的资金充实到汽车保障基金中，这种处理方式还可能使投保人因其驾驶车辆出行成本的增加而减少驾驶，从而间接使交通肇事率降低。

当然，汽车保障基金最为主要的来源还是强制责任保险保费收入提取的一定比例，因为交通肇事而产生的损害理应由车辆持有人分担，由车辆持有人缴纳的保险费所涵盖的基金分担额为主，基金的来源若以政府财政和税收为主要来源，必然会肇致由全体纳税人来承受特定的利用车辆之人所产生的损害之不公平情形的发生。尽管政府财政和税收并不是汽车保障基金的主要支撑，但澳门政府对汽车保障基金的兜底无疑是对保护受害第

[①] 在道路交通损害赔偿法领域，相当引人关注的立法是新西兰1972年《意外事故补偿法》（The Accident Compensation Act 1972），该法实行无过失责任原则。严格来说，新西兰的完全无过失机制的适用范围已经远远超越交通事故，它适用于所有因意外事故肇致的身体受到伤害或死亡的事故。按照该法，设立意外事故补偿基金和意外事故补偿委员会，包括交通事故在内的任何意外事故之受害人，无论事故发生有无过失，均可遵照法定程序向意外事故补偿委员请求赔偿。

三人利益的一个有力保障。

2. 从交通违法罚款或其他相关罚款收入中提取一定比例的资金，或从车辆年检税费收入中提取一定比例

鉴于交通违法行为（未办理车辆交通事故责任保险①、违反超车规则②、违反方便他人超车的义务③、超速驾驶④、不遵守停车义务⑤、无牌驾驶⑥、

---

① 澳门第 3/2007 号法律《道路交通法》第 86 条（投保义务）规定："一、机动车辆及其挂车按补充法规的规定购买民事责任保险后，方可在公共道路上通行。二、就所购买的每项保险应发出经依法核准式样的证明文件，而车辆在公共道路上通行时，驾驶员应带备该证明文件。三、违反第一款规定者，科处罚款澳门币 3000 元。四、违反第二款规定者，科处罚款澳门币 300 元。"

② 《道路交通法》第 38 条（一般规定）规定，"一、应从车辆右方超车。二、违反上款规定者，科处罚款澳门币 900 元"。第 39 条（例外）规定，"一、如拟超越的车辆的驾驶员已表明其右转操作，且在车行道最左侧让出空间，则应从该车左方超车。二、违反上款规定者，科处罚款澳门币 900 元"。第 104 条（在人行横道超车）规定，"一、驾驶时在有信号标明的人行横道之前或之内超车者，科处罚金澳门币 600 元至 2500 元。二、累犯者，科处罚金澳门币 1200 元至 5000 元及禁止驾驶两个月至六个月"。

③ 《道路交通法》第 41 条（方便他人超车的义务）规定："一、如无障碍物阻挡，驾驶员应方便他人超车，并应尽量靠左行驶，或在第三十九条第一款所指情况下应尽量靠右行驶，而在未被超越的情况下不应加速。二、如车行道的可用宽度、凹凸程度或保养状况不容许安全超车，重型汽车、工业机器车及慢驶车辆应减速或停车，以方便他人超车。三、违反本条规定者，科处罚款澳门币 600 元。"

④ 《道路交通法》第 31 条（一般车速限制）规定："一、车辆必须遵守补充法规订定的一般最高车速限制，但亦须遵守因应交通状况而以适当信号另订的最高或最低车速限制。二、驾驶员超过上款所指最高车速限制，视为超速。"澳门法律为车辆驾驶制定了相应的车速限制（如轻型汽车与重型电单车的最高时速一般为 60 千米/小时，轻型电单车为 40 千米/小时，重型汽车则为 50 千米/小时），若有人不顾他人安全而超速驾驶，即属于违法。《道路交通法》第 98 条（超速）规定，"一、驾驶轻型摩托车、重型摩托车或轻型汽车车速超过规定的最高车速限制 30km/h 以下者，又或驾驶重型汽车车速超过规定的最高车速限 20km/h 以下者，科处罚金澳门币 600 元至 2500 元。二、驾驶轻型摩托车、重型摩托车或轻型汽车车速超过规定的最高车速限制 30km/h 或以上者，又或驾驶重型汽车车速超过规定的最高车速限制 20km/h 或以上者，科处罚金澳门币 2000 元至 10000 元及禁止驾驶六个月至一年……"。

⑤ 《道路交通法》第 99 条（不遵守停车义务）规定："一、驾驶员不遵守指挥交通的红灯或交汇处强制停车信号所规定的停车义务，科处罚金澳门币 1000 元至 5000 元。二、累犯上款所指轻微违反者，科处罚金澳门币 2000 元至 10000 元及禁止驾驶两个月至六个月。三、驾驶员不遵守指挥交通的人员所规定的停车义务，科处罚金澳门币 600 元至 2500 元。四、累犯上款所指轻微违反者，科处罚金澳门币 1200 元至 5000 元及禁止驾驶两个月至六个月。"

⑥ 《道路交通法》第 95 条（无牌驾驶）规定："一、不具备所需驾驶资格而在公共道路上驾驶机动车辆或工业机械车者，科处罚金澳门币 5000 元至 25000 元。二、累犯者，科处最高六个月徒刑或罚金澳门币 10000 元至 50000 元。"

不让行人先行①，又或醉酒驾驶或受麻醉品或精神科物质影响下驾驶②等）是容易酿成交通意外、引致交通事故产生或造成交通事故受害人受到损害的重要原因之一，所以笔者建议从违反澳门第 3/2007 号法律《道路交通法》或《修正汽车民事责任之强制性保险制度》等规定所受罚款处罚中提取一定比例的资金纳入汽车保障基金。例如，《道路交通法》第 103 条（不让行人先行）规定，"一、违反第三十七条规定者，科处罚金澳门币 600 元至 2500 元。二、累犯者，科处罚金澳门币 1200 元至 5000 元及禁止驾驶两个月至六个月"。③ 又如，《修正汽车民事责任之强制性保险制度》第 41 条（不当使用保险文件）规定，"不当使用临时保险凭证或民事责任保险卡者，科处澳门币九百元之罚款"。可以利用上述惩罚交通违法行为所得的部分罚款资金或其他相关罚款收入，或从车辆年检税费收入中提取一定的比例充实到汽车保障基金中，这样既有利于矫正交通事故违法行为所肇致的不利后果，还诠释和维护了社会正义理念，拓宽了汽车保障基金的来源渠道。

3. 增加社会募集渠道

汽车保障基金的另一重要融资渠道是社会各界的捐赠与赞助。作为政府主导和统筹的公益性基金，汽车保障基金的募集方式和渠道是相当广泛的，其社会募集渠道或者通过基金管理机构直接募集；或者可以通过一般大众直接以货币、实物等形式募捐，然后将实物拍卖或折价销售等方式来筹集，也可以通过慈善机构直接募集；或者由政府通过发行汽车保障基金的政府债券或彩票等方式进行募集，所得款项全部或部分纳入汽车保障基

---

① 《道路交通法》第 103 条规定。
② 醉酒驾驶是交通意外的常见原因。按照《道路交通法》第 90 条的规定，"一、任何人在公共道路上驾驶车辆而其每公升血液中的酒精含量等于或超过 1.2 克，如其他法律规定无订定较重处罚，则科处最高一年徒刑及禁止驾驶一年至三年。二、任何人受麻醉品或精神科物质的影响下在公共道路上驾驶车辆而其服食行为依法构成犯罪者，亦科处上款所定的刑罚。三、过失者，亦予处罚"。此外，考虑到道路使用者的安全，执法人员（如警员）有权对驾驶员进行呼气酒精测试，如驾驶员拒绝检查，还有可能触犯《澳门刑法典》第 312 条的违令罪。
③ 按照《道路交通法》第 37 条的规定（驾驶员遇行人时的处理方法）："一、接近有信号标明的人行横道时，如该人行横道由交通灯或执法人员指挥车辆通行或人、车通行，驾驶员即使获准前进，亦应让已开始横过车行道的行人通过。二、接近有信号标明的人行横道时，如该人行横道非由交通灯或执法人员指挥车辆通行，驾驶员应减速或于必要时停车，以便让正在横过车行道的行人通过。三、驾驶员转向时应减速或于必要时停车，以便让正在其拟驶入的道路路口处横过车行道的行人通过，即使该处无人行横道亦然。"

金账户，以上这些都可以作为基金的稳定来源。增加基金的社会募集渠道能进一步解决汽车保障基金的资金短缺问题，以满足受害人之需求。

4. 其他方式

关于基金的资金来源，可以学习域外推行的先进经验做出一些有益的创新性尝试，例如可通过立法规定允许一定比例的车辆的特殊号牌进行公开拍卖、公开竞价，所得款项全部纳入汽车保障基金，以扩大汽车保障基金的资金来源。另外，若在交通肇事肇致受害人死亡的损害赔偿中，受害人的身份无法确定，可以通过立法规定由汽车保障基金作为辅助赔偿权利人，在一定期限内由其替代该身份不明的受害人保管其所得之损害赔偿金，若至期限届满，受害人之身份或其近亲家属或其继承人的身份仍不明，损害赔偿金充入汽车保障基金中，这样可以积累更多的汽车保障基金以充实基金之资金来源。

(三) 关于澳门汽车保障基金给付限额的评析

《修正汽车民事责任之强制性保险制度》第23条第4款规定，"汽车保障基金在每起事故中之赔偿限额，系根据本法规附件I所载表订定之数额确定"。而澳门第8/2011号行政法规《修改关于〈修订汽车民事责任强制保险法定制度〉的十一月二十八日第57/94/M号法令》附件一汽车民事责任保险的最低金额表（11月28日第57/94/M号法令第6条第1款所指者）则是对第57/94/M号法令相关条款的修订。同强制责任保险的责任限额一样，第8/2011号行政法规附件一除了规定按车辆类别来区分每年的基金给付限额，同时也明确了每一起事故基金承担之限额，其是每次事故中所有受害第三人总的基金给付最低限额，以车辆类别来划分，但是不管每起事故中出现多少受害人（只是规定当集体客运重型机动车辆发生交通事故对乘客造成损害的，具体给付到每一位乘客），都难以保证每一位受害人在汽车保障基金中获得基本保障，尤其是在死伤严重的特大交通事故中。再者，如前所述，汽车保障基金的来源渠道并不是很宽广，而根据《修正汽车民事责任之强制性保险制度》第23条第2款之规定，出现"不知悉责任人或不受有效或产生效力之保险保障；保险人被宣告破产"等情形时，车辆所造成的事故后果都转由汽车保障基金承担，汽车保障基金可能会面临不小的给付压力，一旦发生亏损，可能引发严重的基金支付危机。鉴于以上这些理由，笔者建议立法者对每个人基金救助的具体数额都加以确定，以便于把握基金支出数额和运作情况，更准确地掌控汽车保障基金之预算，解除严重亏损之隐患，加强对受害人利益之保护。

（四）确定对汽车保障基金的代位追偿权之诉讼时效

汽车保障基金管理机构在给付赔偿金额后，其代位行使请求权利对于损害赔偿义务人的请求权利时效应从何时开始起算，即汽车保障基金的代位追偿权之诉讼时效应从何时开始起算，是应与受害人请求权利的诉讼时效一致，还是自汽车保障基金赔付之日及知悉或应知悉交通肇事侵权人或其他赔偿责任人的身份之日起计算，《修正汽车民事责任之强制性保险制度》对此没有明文规定。

汽车保障基金所享有行使追偿之权利同样应受诉讼时效的限制，否则不利于督促汽车保障基金及时行使其享有之债权，但澳门缺乏对汽车保障基金代位追偿权利诉讼时效之规定。理论上，汽车保障基金对交通肇事侵权人或其他赔偿责任人的债权是受让于受害人对以上主体的权利，属于《澳门民法典》第562条所规定之受害人所享有的债权之让与，而原则上，债权之让与只是债的主体发生变化，而债之内容不变，或者至少汽车保障基金作为代位追偿权人的债权内容不应大于受害人让与之权利。但若依据这一原则来确定汽车保障基金的代位追偿权利的诉讼时效起算点，将会损害对汽车保障基金合法权益之保护。因为汽车保障基金在赔付受害人后，受害人才知悉肇事逃逸者的身份，但汽车保障基金并不知悉交通肇事逃逸者的身份，且受害人并没有将此消息告知汽车保障基金，直到受害人对侵权人的诉讼时效期届满，汽车保障基金才知悉或应知悉交通肇事逃逸者的身份，此时如果汽车保障基金的代位追偿权之诉讼时效与受害人请求权利的诉讼时效一致，汽车保障基金将丧失对该交通肇事侵权人或其他赔偿责任人（包含其保险公司）之追偿权，汽车保障基金的利益将不可避免地遭受损失，这非常不利于汽车保障基金的健康运行，继而有损受害人合法权益之保障。因此，笔者认为，汽车保障基金代位追偿权的诉讼时效应自其赔付受害人之日及知悉或应知悉交通肇事侵权人或其他赔偿责任人的身份之日起算。

（五）汽车保障基金缺乏对高收入人群救济的限制和对低收入人群等弱势群体的特殊救济规定

如前所述，车辆强制责任保险制度是以投保人对受害第三人造成损害的责任为标的的,而在车辆交通肇事中,可能会出现《修正汽车民事责任之强制性保险制度》第23条第2款所规定的特殊情形肇致强制责任保险无能为力的,或受害人在遭遇救助无门的情况下引入汽车保障基金制度。明确汽车保障基金的社会公益性质并且将符合救济条件的受害人归入汽车保障基金的救济范围,能保障受害人得到及时救助,最大限度地保障需要救济的受害人之生命权、身心完整权或其他权利,为其提供最为基本的补偿。所以,汽车保障基金有限的资金更加应当提供给那些急需救济资金的受害人。因此,立法者是不是可以考虑对年收入高于一定水准的高收入群体的社会救济设定一定限制,如可规定低收入者、老年人及残疾人等弱势群体可以得到汽车保障基金的全额救助,但高收入人群不能获得全额救助,可根据不同收入水准按照不同的比例给予救助,因为对社会贫困群体的救济更为迫切,同时也是防止高收入群体耗尽汽车保障基金资金的一项措施。但澳门《道路交通法》和《修正汽车民事责任之强制性保险制度》都没有对此做出规定,这样可能会削弱公益基金对社会弱势群体救济之应有目的。再者,根据《中华人民共和国澳门特别行政区基本法》① 第38条之规定,"……妇女的合法权益受澳门特别行政区的保护。未成年人、老年人和残疾人受澳门特别行政区的关怀和保护",作为由澳门政府主导的公益基金,汽车保障基金有义务对低收入者、妇女、未成年人、老年人及残疾人等弱势群体的救济有所倾斜,采用特殊的保护救济措施。遗憾的是,无论是《道路交通法》还是《修正汽车民事责任之强制性保险制度》都未能对此进行相应的立法举措创建,都没有对高收入人群和低收入者、妇女、未成年人、老年人及残疾人等弱势群体订立不同的救济标准。对此,笔者建议澳门的汽车保障基金制度引入南非交通事故救助②中对交通肇事中的受害人按不同的收入水准设立不同的基金救济标准这一举措,其中主要是对高收入人群

---

① 1993年3月31日第八届全国人民代表大会第一次会议通过——1993年3月31日中华人民共和国主席令第3号公布自1999年12月20日起实施。

② 南非现行的《道路交通事故基金法》(Road Accident Fund Act, 1996)颁布于1996年,其后又通过2005年颁布的《交通事故社会救助基金修正案》(Road Accident Fund Amendment Act, 2005),对其进一步进行修订,2008年又出台了《南非交通事故社会救助基金政府管理规章》(Road Accident Fund Regulations, 2008)。参见 South Africa Government Online, http://www.gov.za,最后访问日期:2016年10月20日。

和弱势群体订立不同的救济标准，对年收入超过一定收入水准的进行部分救济，即规定高收入水准之受害人不能得到全额救济，以保障汽车保障基金能够用于救济那些更需要救济的低收入人群或其他弱势群体。而对于社会特殊的弱势群体，尤其是未成年人、老年人和残疾人，对其救济应有所倾向，以体现对未成年人、老年人和残疾人的特别保护。

（六）对汽车保障基金赔付程序进行明确规定

交通事故发生后，事故受害人能否得到及时、有效的救济，汽车保障基金介入的时间和其做损害赔偿赔付的速度或效率，在救助受害人方面起着十分重要的作用。基金的运作必须有一个规范的程序，拖沓推诿的程序终将失去建构汽车保障基金的立法初衷。但澳门《道路交通法》和《修正汽车民事责任之强制性保险制度》都未对汽车保障基金补偿给付时须遵循的具体程序做出明确规定，对基金的赔付程序等一些细节问题的法律依据之缺失可能会对给予受害人及时赔付的实效大打折扣，会延缓或阻碍受害人第一时间获得基金给付，从而使汽车保障基金的运行存在较大的隐患，这不利于对交通事故弱势群体的救济和保护，也不利于汽车保障基金的管理机构工作效率之提高。

汽车保障基金的管理机构在确认受害人对基金的直接请求权利的同时，也必须对受害人申请基金赔付或救助的程序加以规范，因为并不是所有的交通事故损害赔偿都能进入汽车保障基金的救济范畴，其要经过一个申请—审批—执行的过程，即由需要得到救济的交通肇事之受害人或其继承人向汽车保障基金行政管理委员会或及其受托人（如所委托的保险公司）提出申请，并同时提交相关的有效证明文件，对本人所遭受的与交通事故损害后果有《澳门民法典》第557条所要求的因果关系等情况加以证明，并对其满足《修正汽车民事责任之强制性保险制度》第23条第2款所规定的要件之一加以说明，并由受托人（如受托的保险人）对受害人或其继承人提交的相关证明材料进行调查核实，如澳门道路交通事故处理部门的要求、受害第三人所持法院的裁判文书等，再将其呈交汽车保障基金行政管理委员会进行审查，汽车保障基金行政管理委员会对满足条件者予以批准后，再对受害人给付损害补偿。另外，基于汽车保障基金必须以确保交通肇事之受害人迅速得到该基金的赔付为前提，同时要明确规定该基金的赔付期限，体现基金快速支付损失和尊重保护生命权或身心健康权的宗旨，并且在迟延给付时，相关人员必须承担法律责任，以彰显建构汽车保障基金应有之意义。

（七）汽车保障基金应拓宽受害人的救济范围

根据《修正汽车民事责任之强制性保险制度》第 24 条第 1 款 a 项之规定，[①] 被保险人等的近亲家属或家庭成员是汽车保障基金的除外责任。笔者认为，汽车保障基金受害人的救助范畴有进一步扩展的空间和必要。汽车保障基金是澳门政府出于保护交通事故中受害第三人的公共政策目的，是为弥补强制责任保险制度力所不逮而设立的，其本身并不属于商业保险，承担的是一种社会救助职能，是澳门政府基于保障交通事故受害人基本人权的角度对其实施的社会救济，具有显著的社会公益性，而且在基金管理机构的选择上，由公法机构对其直接进行管理。笔者认为，设立汽车保障基金的立法初衷在于及时救济在道路交通事故中处于特殊情形下急需救助的受害人的健康乃至生命，不应过多责问受害人的身份，将被保险人的近亲家属或家庭成员与其他乘客差别对待，故建议汽车保障基金将交通事故中的车辆驾驶人、保险单权利人及汽车运行共用者或任何其他责任主体并且遭受人身伤害的家庭成员归入基金保护的范围，但家庭成员这类特殊的乘客只有在遭受人身损害时才能获得基金的保障，要将家庭成员所遭受到的财产损失排除在外，以维护受害人的合法权益和维护对社会公平正义理念之追求，充分实现汽车保障基金的社会公益属性。

（八）将财产赔偿排除在汽车保障基金给付范围之外

作为汽车强制责任保险制度的一个重要环节或内容，同机动车强制责任保险的规定一样，汽车保障基金承担的给付范围包括身体伤害责任和财产损失两种，给付范围非常广。尽管根据《修正汽车民事责任之强制性保

---

① 参见《修正汽车民事责任之强制性保险制度》第 24 条第 1 款 a 项的规定："一、汽车保障基金不负责对涉及下列人士之死亡或身体侵害作赔偿：a) 第四条第一款所指人士。"同一法令第 4 条（除外责任）第 1 款："一、保险之保障不包括对下列人士造成之任何损害：a) 车辆驾驶员及保险单权利人；b) 所有根据上条第一款之规定，尤其是因共有被保车辆而责任受保障之人士；c) 上两项所指人士之配偶、直系血亲尊亲属、直系血亲卑亲属或其所收养者，及直至第三亲等之其他血亲或与其共同居住或由其供养之直至第三亲等之姻亲；……"

险制度》第 28 条（优先赔偿）的规定,①给付有优先次序和顺位，但将财产损失纳入汽车保障基金的给付范围占用了该基金为社会大众提供的有限之救助资源是毋庸置疑的。再者，汽车保障基金的作用绝非万能，而且相对于汽车强制责任保险，其能为社会提供的基金资源更加有限，汽车保障基金要同时对受害人的人身损害和财产损失进行有效救济实属不易，过度地分散汽车保障基金保障的能力显然会肇致其给付力量被削弱。另外，汽车保障基金实质上承担的是一种社会救济的职能，具有显著的社会公益性。从这一视角考虑，汽车保障基金只能代替侵权责任人或保险人对需要救济的交通肇事受害人提供最低限度的补偿给付，而不是为了取代机动车强制责任保险或侵权责任主体承担所有的责任，将过多的责任加在汽车保障基金身上，不利于其基本作用的发挥。给付财产损失在一定程度上会削弱汽车保障基金的功能，也会让机动车强制责任保险或侵权责任主体产生依赖心理，这本身不利于机动车强制责任保险的发展和完善，也不利于发挥侵权责任法的功效。

基于此，笔者认为，澳门可以借鉴前述欧盟的做法，将澳门汽车保障基金的给付范围严格地限定在人身损害，而不应包括受害人的财产损失。原因在于，一是车辆强制责任保险已将受害人的财产损失纳入赔偿范围，当然，正如上述所探讨的，笔者也建议将财产赔偿排除在车辆强制责任保险赔付范围之外；二是为了更好地发展澳门现行汽车民事责任强制性保险制度，不能过于加重投保人的保费负担，亦要少占用汽车民事责任强制性保险的资源；三是为了强化汽车保障基金在某些特定情形下对道路交通事故受害人的生命的拯救或人身伤害赔偿之作用，基于其本身所具有的社会救济的性质，更应侧重于对生命权和身心完整权的保障。

---

① 《修正汽车民事责任之强制性保险制度》第 28 条（优先赔偿）规定："第十五条所指之优先赔偿可适用于该基金之规定，亦适用于汽车保障基金。"

第七章 结论

综上所述,笔者从澳门现行道路交通事故的概念、交通事故归责原则及构成要件入手,对澳门车辆交通事故的现行法律制度做了比较全面的分析和评价,同时也通过对域外交通事故损害赔偿法律制度的比较研究,认识到了澳门道路交通事故损害赔偿立法同域外法律制度相比所具有的优势和存在的不足或缺陷。澳门没有制定专门的道路交通事故损害赔偿法,虽然《澳门民法典》对道路交通肇事这一侵权损害赔偿做了规定,但只做了一个原则性规定,无法涵盖道路交通事故损害赔偿的一些具体问题。再者,澳门在民法典中大篇幅列举式地规范道路交通肇事这一特殊侵权行为,在立法技术上也并不现实和成熟。德国、法国、日本等典型的成文法域都采用了在民法典之外对道路交通事故进行专门立法的体例,对有效控制本法域之交通公害及保护交通事故受害人之合法权益起到了相当关键的作用。而澳门人口密度高,车辆密度也处于世界之最,道路异常狭窄,道路交通事故的矛盾日益突出,鉴于目前交通事故的严峻形势,进行专门的立法是澳门解决道路交通事故问题现实而迫切的需要。而澳门第3/2007号法律《道路交通法》并不是解决道路交通事故损害赔偿问题的专门立法,笔者认为,澳门应当借鉴德国、法国、日本等国的立法经验,在民法典之外积极探索制定澳门专门的道路交通事故损害赔偿法,以此来规范因交通肇事引发之侵权,完善道路交通事故损害赔偿及社会化赔偿机制,以最大限度地保障受害人利益之救济,同时也兼顾车辆持有人或驾驶人的利益,此立法也将有助于澳门在交通事故处理方面更快地与国际接轨。当然,这一特别的立法应建立在《澳门民法典》的基础之上,并在吸收澳门第3/2007号法

第七章 结论

律《道路交通法》先进内容的前提下，对道路交通事故的基本要素、责任主体（尤其是特殊情形下的责任主体）、归责原则、免责事由、救济对象及侵权损害赔偿等问题进行更科学、详尽的规定，使之成为澳门道路交通事故侵权损害赔偿制度的核心法律规范，同时进一步完善规范第三者责任强制保险和汽车保障基金的《修正汽车民事责任之强制性保险制度》（11月28日第57/94/M号法令）及其他相关立法。基于以上考虑，本书对澳门道路交通事故民事责任制度的若干重要问题做了粗浅的理论探讨，并对其未来改革提出方向性和策略性的建议与具体的修正方案，希望能抛砖引玉，以期对相关制度的健全和完善提供参考，乃至对其专门立法有所裨益，以减少或遏制澳门交通公害之困扰。在写作过程中，经过研究，本书主要提出了以下结论或观点。

本书第一章探讨了对道路之界定，笔者认为，澳门《道路交通法》或澳门以后的车辆侵权损害赔偿法中，对道路的定义应与《澳门民法典》第496条第1款的规定一致，不应对交通肇事所发生的场所做限定，只要是车辆在陆地上所造成的事故都应施以风险责任。同时，值得指出的是，道路交通事故发生的地点必须是在陆地上，空中运输、海上运输中所发生的交通事故不属于道路交通事故。对于车辆之诠释，澳门《道路交通法》第3条没有涵盖火车、有轨电车等，但《澳门民法典》第496条第1款所规定之"陆上"车辆显然囊括了火车、有轨电车等，由此可见立法没有得到统一。本书赞成将有轨电车、火车等所发生的交通事故归属于道路交通事故，尽管澳门目前尚没有火车、有轨电车，但根据《中华人民共和国澳门特别行政区政府2013年财政年度施政报告》，轻轨列入政府规划中。[①] 笔者主张，澳门《道路交通法》或在澳门以后的车辆侵权损害赔偿法中，对车辆的定义和其范围应与《澳门民法典》第496条第1款的规定一致，涵盖借助铁轨运行的机动车辆（有轨电车、火车等）。

本书第二章中指出，澳门对于道路交通事故中雇佣驾驶人的归责原则之更改存在比较严重的漏洞。《澳门民法典》第496条第3款是对《葡萄牙民法典》第503条第3款的修改，将《葡萄牙民法典》所规定的雇佣驾驶

---

① 参见《中华人民共和国澳门特别行政区政府2013年财政年度施政报告》第117页。

人过错推定的归责方式改为了风险责任（responsabilidade pelo risco），尽管驾驶人比车辆持有人多一个免责事由。《澳门民法典》第496条第1款所说的"为本身利益而使用"目的是排除受托之驾驶人的风险责任，可是第496条第3款却规定了受托之驾驶人的风险责任，《澳门民法典》第496条第1款和第3款的规定互相矛盾，可能会肇致司法实践中适用上的矛盾。对于受托之驾驶人所适用原则之更改，笔者认为，通过本书第二章对澳门侵权行为归责原则体系的介绍和分析，在车辆侵权纠纷中，根据《澳门民法典》第493条规定，车辆所有人或使用人，即委托人将为机动车的实际控制人（受托之驾驶人），即受托人承担替代或担保责任。而《澳门民法典》第496条第1款规定，在受委托之驾驶人执行职务发生交通事故的情形下，车辆所有人或使用人选任、监督、指示受托之驾驶人从事活动，所有人或使用人享有对车辆的"实际管理"权限，受托之驾驶人是为所有人或使用人的利益而从事的职务活动，所有人或使用人是利益之归属者，因此受托之驾驶人执行职务中造成他人人身或财产损害，理应由所有人或使用人承担责任。综上，无论是依据《澳门民法典》第493条所规定之委托人之责任，还是按照《澳门民法典》第496条第1款所规定之道路交通侵权责任，受托之驾驶人都无法成为风险责任的主体。故而，笔者建议将《澳门民法典》第496条第3款所规定之风险责任改为过错推定责任，改为"为他人驾驶车辆之人，须对因该车辆所造成之损害负责，但倘能证实驾驶人没有过错者除外"，[①]当受托人因其实际驾驶机动车，若根据过错推定责任原则，受托人对交通事故之发生有故意或过失时，委托人可以向其追偿驾驶员的全部或者部分责任。当然，对受托之驾驶人不在执行职务时所产生的交通肇事，仍按《澳门民法典》第496条第1款所规定之风险责任处理，可在第496条第3款增添上"但若驾驶人不在执行其作为受托人之职务，则应按第1款之规定负责"。[②]

本书第三章中对交通事故致人损害的民事责任构成要件的研究指出了

[①] 参考《葡萄牙民法典》第503条第3款前半部分。参见《葡萄牙民法典》，唐晓晴等译，北京大学出版社，2009，第89页。

[②] 参考《葡萄牙民法典》第503条第3款后半部分。参见《葡萄牙民法典》，唐晓晴等译，北京大学出版社，2009，第89页。

第七章 结论

构成要件中需要厘清的地方，构成要件理论也有进步的空间，如第一个构成要件——损害行为人的自愿事实，即交通肇事行为。与损害行为人的自愿事实相关的第一个因素是行为发生之工具——车辆要件。对于车辆要件，其所涵盖的范围应与《澳门民法典》第496条第1款的规定一致，应包括借助铁轨运行的机动车辆（有轨电车、火车）等，尽管澳门目前尚没有火车、有轨电车，但根据《中华人民共和国澳门特别行政区政府2013年财政年度施政报告》，轻轨列入政府规划中。① 又如，与损害行为人的自愿事实相关的第二个因素是对侵权行为发生的地点——"道路"的界定。《澳门民法典》第496条第1款特别表明"陆上"，目的是将它与水面、空中的交通事故予以区别。再者，它亦超越了澳门《道路交通法》所规定的真正意义上的"道路"，因道路交通事故发生的地点必须是在陆地上，所以没有对场所做出限定，事故发生地不仅涵盖公路，甚至还囊括铁路。据此可知，在交通中发生的事故，并不仅限于道路上发生的交通事故，笔者认为，不管是道路上的交通事故还是道路外的交通事故，只要是车辆肇事引起的，即凡是交通事故发生在车辆与行人或其他主体之间的，或车辆与车辆之间的，都应按道路交通事故处理，在司法裁判过程中都应实行风险责任原则。再者，根据澳门现行法律的规定，不管道路的平陡、宽窄、直弯及是否封闭，都应实行风险责任原则。笔者主张，对侵权行为发生地之界定，澳门《道路交通法》或在澳门以后的车辆侵权损害赔偿法中，对道路的定义应与《澳门民法典》第496条第1款的规定一致，不应对交通肇事所发生的场所做限定，只要是车辆在陆地上所造成的事故都应施以风险责任。

就因果关系而言，适当因果关系理论在澳门仍具有支配性地位，虽然大陆法系国家或地区仍主要采取适当因果关系说，澳门在侵权责任的因果关系理论上也是将适当因果关系理论作为通说，但适当因果关系也不是完美的，有越来越多的学者对该理论提出了挑战和批评，提出以其他许多因果关系理论来加以修正、补充、完善，法规目的说就是其中的代表之一。适当因果关系理论在德国的状况是盛极而衰，继之而来的是目前日益流行的法规目的说或法律目的保护说。法规目的说理论为适当因果关系的困境

---

① 参见《中华人民共和国澳门特别行政区政府2013年财政年度施政报告》第117页。

提供了一种思考路径或方向，其主张对于侵权行为人之行为所导致的损害是否应负赔偿责任之认定应通过研究侵权行为法之保护目的或立法原意或意义来加以判断决定，即主张直接根据法律规范的内容与目的来判断行为与损害之间的关系。法规目的说认为，适当因果关系说存在的判断标准比较抽象、不确定，探究适当因果关系的必要条件与适当性仍不能准确把握责任的成立和难以界定损害赔偿的具体范围，因而需要对因果关系做一个非合同民事责任法之立法原意和法律保护目的之政策考量或价值判断，以限制和补充其不足之处，而其中一个重要部分就是对"法律规范之目的"（fim da norma legal）所保护的真正利益之考察，据以剔除或确认对损害应承担责任的行为或事件。综合采用了法规目的说之各国或各地区的立法，其法律规范之目的主要运用以下三个视角作为其判断筛选之依据：①侵权人必须补偿的仅是法律所要保护的那些人，原告必须属于规则设想的那类人；②侵权人补偿原告的仅是被违反的规则所要避免的损失，损失必须属于规则设想的类型；③侵权人仅在他造成了规则禁止发生的那些损失时负责任，特定的行为（作为或不作为）必须属于规则设想的类型。而对澳门侵权责任行为法因果关系之认定，因为法规目的说也有自己难以解决的问题，不能以法规目的理论取代适当因果关系理论，但同时我们不能否定适当因果关系理论也有缺陷，所以在侵权责任因果关系的认定遭遇瓶颈时，借鉴某些成功经验仍是有必要的，如以法规目的说作为辅助工具，对法官可以进行价值判断有重要意义，以弥补适用适当因果关系说这一单一判断方式的缺陷和不足，更好地解决侵权责任构成中因果关系认定的问题。

本书第三章对在特殊情况下，交通事故致人损害的民事责任之责任主体的确定中指出，在一般情况下交通事故责任主体判定的基础上，对车辆交通事故特殊情况下的损害赔偿责任主体的类型化进行研究。因为在车辆交通事故损害赔偿纠纷中，车辆所有人与驾驶人或使用人既可能是同一人，亦有可能不是同一人。当驾驶人驾驶别人的车辆发生事故，即车辆所有人与驾驶人不属于同一人时，根据《澳门民法典》之物权法篇，因车辆所有权所涵盖之占有、使用、收益及处分的权能相分离情况之发生也屡见不鲜，使交通事故民事责任的承担主体存在多元化和复杂化，所以，交通事故行为主体未必就是承担车辆交通肇事损害赔偿责任主体。故而，道路交通事

第七章 结论

故发生后，在判定道路交通事故损害赔偿责任主体时，要针对权属要素不同的分离状态区别不同的情况，责任主体可能会涉及多方主体，他们之中谁才是真正的侵权损害赔偿责任主体或前面笔者所说的"持有人"，法律没有给予明确而全面系统的规定，理论界和司法界也存在较大的分歧，所以有必要通过《澳门民法典》第496条第1款规定之"实际管理"与"为本身利益而使用"这两个对道路交通事故赔偿主体的基本判断基准，具体问题具体分析，对车辆交通事故特殊情况下的损害赔偿责任主体的类型化进行研究。

1. 委托关系中道路交通肇事责任主体的确定[①]

道路交通事故肇致他人人身或财产受损，一般情况下车辆持有人或赔偿义务人就是直接侵权行为人，如在机动车驾驶人与所有人为同一人时，驾驶人完全符合"实际管理"与"为本身的利益而使用"的判定基准，为当然的责任主体。但在车辆所有人与驾驶人分离的状态下，驾驶人是行为主体，当机动车驾驶人驾车发生交通事故，即机动车驾驶人是受机动车所有人或使用人委托或是法人的工作人员，即机动车所有人或使用人与受托人之间存有委托关系。这种情形相当特殊，它既属于《澳门民法典》第493条规定之委托人之责任，也属于《澳门民法典》第496条规定之道路交通侵权责任，这两种责任形式同时存在于一种侵权行为中。故而，在机动车车主与驾驶人分开的场合下的责任认定，既应遵循《澳门民法典》第493条规定之委托人之责任，也应充分引入《澳门民法典》第496条第1款所规定之"实际管理"和"为本身利益而使用"的双重标准，以使责任的认定符合法律对公平正义理念之追求。所谓委托人之责任，是指委托人对受托人实施不法行为给他人造成的损害承担的责任，委托人之责任采取的是风险责任，其法律后果是加害人与责任人相分离，赔偿义务人不是直接的致害人，机动车侵权纠纷中，根据《澳门民法典》第493条之规定，机动车所有人或使用人，即委托人将为机动车的实际控制人（受托之驾驶人）承担替代或担保责任。而《澳门民法典》第496条第1款规定，在受委托之驾驶人执行职务发生交通事故的情形下，车辆所有人或使用人选任、监督、

[①] 或说职务行为中交通事故的责任主体。

指示受托之驾驶人从事活动，所有人或使用人享有对车辆的"实际管理"权限，受托之驾驶人是为所有人或使用人的利益而从事的职务活动，所有人或使用人是利益之归属者，因此，受托之驾驶人执行职务中造成他人人身或财产损失的，理应由所有人或使用人承担责任。综上，无论是依据《澳门民法典》第493条规定之委托人之责任，还是按照《澳门民法典》第496条第1条规定之道路交通侵权责任，受托之驾驶人都无法成为风险责任的主体。

再者，如本书在交通肇事致人损害的归责原则部分所探讨的，根据《葡萄牙民法典》第503条第1款之规定，车辆所有人或使用人基于风险责任承担侵权责任，而对于受托之驾驶人，《葡萄牙民法典》第503条第3款规定了过错推定的归责方式，实行举证责任倒置，正如Antunes Varela指出的，"驾驶者如果证明自己没有过错的话，则不用负责"；[1] 如果驾驶者不能证明自己没有过错，其应当与车辆所有权人一起向受损害第三人承担连带责任。[2] 但与葡萄牙不同的是，依照《澳门民法典》第496条第3款的规定，不仅车辆所有人或使用人要承担（客观）责任，受托之驾驶人也要承担风险责任，只是和车辆所有人或使用人相比，受托之驾驶人多了一项抗辩事由，即其虽然在执行职务的过程中，但车辆没在行驶的情况下，受托之驾驶人可以免责。如Antunes Varela所说，《葡萄牙民法典》第503条第1款，即《澳门民法典》第496条第1款中所规定的"为本身利益而使用"这个要件正是为了"排除像受托人那样，不是为了本身利益，而是为了他人（委托人）利益或受他人指令而使用车辆之人的客观责任"。[3] 以出租车公司的驾驶员为例，公司驾驶员的行为是职务行为，驾驶员为公司驾驶计程车，该机动车的运行仍由机动车所有人或使用人意思支配，即车辆的运行支配权由委托人控制，受托人仅仅是遵照机动车所有人或使用人意思行事，履行的是职务行为，同时，驾驶员将所得利润上交，即因驾驶机动车

---

[1] 〔葡〕João de Matos Antunes Varela：《债法总论》（第十版）（第一卷），唐晓晴译，未出版，第465页。

[2] 参见《葡萄牙民法典》第503条。

[3] 〔葡〕João de Matos Antunes Varela：《债法总论》（第十版）（第一卷），唐晓晴译，未出版，第465页。

的运行利益也由公司独自获得，尽管公司每月给驾驶员发放工资，但驾驶员的工资只是其劳动力价值的体现，并不是运行利益的体现，发生事故后由计程车公司所委托之驾驶人承担风险责任显然有失公平，而且《澳门民法典》第 496 条第 1 款和第 3 款本身就存在冲突。笔者认为，在受委托之驾驶人执行职务致他人损害的场合，《澳门民法典》第 496 条第 3 款将受托之驾驶人纳入风险责任之内是令人难以接受的。

在澳门没有改变《澳门民法典》第 493 条（委托人之责任）第 1 款规定的情况下，其所采用的机动车车主承担委托人之责任的认定模式应与葡萄牙的一样，在受托之驾驶人执行职务致他人损害的场合，机动车车主或使用人对机动车的运行具有支配和控制的权利，其作为委托人因受托之驾驶人的驾驶行为而享有运行利益，对其适用风险责任原则，机动车车主或使用人即委托人是承担损害赔偿责任的主体，将为机动车的实际控制人（受托之驾驶人）即受托人承担替代或担保责任，而对非机动车受托之驾驶人则不能适用风险责任，仅对其适用过错推定责任。受托人因其实际驾驶机动车，若根据过错推定原则判定受托之驾驶人在履行职务时存有过错，根据《澳门民法典》第 493 条（委托人之责任）之规定，车辆所有人或使用人与受托之驾驶人承担连带赔偿责任，车辆所有人或使用人在为受托人承担替代或担保责任后，可向受托之驾驶人追偿。

另外，值得指出的是，在机动车受托之驾驶人因其自主驾驶行为导致发生道路交通事故的情况下，责任认定亦应通过充分引入"实际管理"和"为本身利益而使用"的双重标准来判定，受托之驾驶人的擅自驾驶行为不属于执行职务的范围，其享有对车辆的实际管理权，同时也是为自己的利益而从事活动，故受托之驾驶人应为交通肇事损害赔偿之责任主体，其应为自己造成他人人身或财产损失承担责任。

2. 租赁、借用情况下的责任主体

机动车所有人将车辆出租或出借给他人使用，其或基于利益或基于信任关系（精神层面）而自主支配其车辆的使用权，在此情况下，车辆所有人、承租人和借用人都是"实际管理"支配者，同时也是"为本身利益而使用"车辆，是运行利益的归属者。笔者认为，在澳门发生道路交通肇事，出租人、承租人和出借人、借用人应承担连带损害赔偿责任。

对于机动车租赁期间发生道路交通事故致人损害的，对赔偿责任主体的确定依然是根据"运行支配"和"运行利益"的双重标准来判断。租赁的车辆导致交通事故的，损害赔偿责任主体为该出租人，其应与承租人承担连带责任，这是因为出租人与租用人都是运行支配和运行利益的归属者。作为租用人来讲，显而易见，其当然获得车辆的运行支配和运行利益。在租赁汽车发生交通肇事的情况下，对于出租人，其将车辆出租给承租人使用，表面上看似已丧失对车辆的运行支配权，但实质上是基于利益关系自主支配其车辆的使用权，其正是通过将车辆租用给他人的处分行为来行使其对车辆的运行支配权。同时，出租中的出租人同样也是运行利益的归属者，如 Antunes Varela 所说的，"车辆既为承租人之利益，亦为出租人之利益而使用"，他们都"对车辆进行实际管理"，所以，如果在车辆租用的情形下发生交通事故，出租人应与租用人共同向受害人承担连带责任。

值得注意的是，以上所说的租赁主要是指不提供驾驶服务的机动车出租的情形，在租赁人或租赁公司不配备驾驶员的光车租赁的情况下，当租赁汽车发生交通肇事时，因其是为了出租人和承租人的共同利益而从事运营活动，从而造成他人人身和财产损害，应当由出租人和承租人共担风险，租赁车辆肇事的民事责任主体是承租人和租赁人或租赁公司，由两者承担连带责任。而对于提供驾驶服务的机动车之整车租赁的情形，租赁经营人与承租人约定提供租赁汽车及驾驶员之驾驶服务，虽然名为机动车租赁，但实际上已不属于法律意义上的机动车租赁关系，实际上它是《澳门民法典》第1080条所规定之提供劳务合同，"提供劳务合同，系指一方在有或无回报之情况下，负有义务将自己智力或劳力工作之特定成果交予他方之合同"，进一步而言，带驾驶人的出租之性质属于提供机动车服务的承揽合同，是一种融租赁于一体的特殊的承揽合同，由出租人提供车辆驾驶服务，而承租人支付报酬，其应当适用承揽合同之规定。而承租人不对车辆享有"实际管理"支配权和车辆使用之所得利益，因此，在租赁公司配备驾驶员的情况下，机动车所有人或使用人仍为车辆租赁人或租赁公司，其对车辆享有"实际管理"支配权，且"为本身利益而使用"车辆，当被租赁的车辆发生交通事故致人损害时，租赁车辆肇事的民事责任主体仍是出租人（租赁公司），应由车辆的车主依照委托人之责任承担损害赔偿责任，不应由承租人承担赔偿责任。

除了出租人和承租人之间的车辆租赁，现代社会生活中也会出现出借车辆的情形。对于使用借贷，根据《澳门民法典》第1057条的规定，机动车借用是指机动车所有权人将机动车在约定时间内交给借用人使用的行为。作为借用人，其当然获得车辆的运行支配和运行利益。对于出借人，其正是通过将车辆借用给他人的处分行为来行使其对车辆的运行支配权。同时，有偿与无偿仅仅是物质利益等有形利益的体现。的确，使用借贷既然为无偿合同，出借人对借用行为不具有可期待的物质利益，则其与借用人之间必定存在亲属、雇佣或朋友等紧密关系，出借人仍然能够获得基于心理感情的因素而产生相应之无形利益，如人际关系的和谐，又如可以巩固积累社会关系，为将来得到物质利益打好基础，或者将乐于助人视为一种精神享受，所以出借人也同样获得运行或使用利益。如果所有人将自己所有的车辆以无偿的方式长期或者短期出借给借用人使用，此情况下出借人也并未丧失车辆的运行支配权，其仍是运行利益的归属者，所以其仍要承担连带赔偿责任。简言之，车辆出借人和借用人都是车辆的运行支配者，同时也是运行利益的归属者。所以，在车辆借用情形下发生交通事故的，出借人应与借用人共同向受害人承担连带赔偿责任。总之，借用他人机动车发生交通事故造成第三人损害的，出借人（车辆所有人）与借用人（使用人）应当承担连带责任。车辆出借人对损害发生没有过错的，其向受害人赔偿后，有权向借用人追偿。再者，如果使用借贷中借用人为复数，根据《澳门民法典》第1067条的规定，"借用人为两人或两人以上者，各借用人之债务为连带债务"，借用人之间也是连带债务关系。另外，借用人如果擅自将车辆出借或出租，借用人与车辆所有人、实际使用人一并承担连带责任。最后，对于租赁、使用借贷关系的双方当事人之间的权利义务，可以按照合同或契约之约定来予以认定。

3. 车辆送交寄托期间的责任主体

对于寄托，《澳门民法典》第1111条规定，"寄托系指一方将动产或不动产交付他方保管，而他方于被要求返还时将之返还之合同"。而根据《澳门民法典》第1113条（受寄人之义务）a项的规定，"受寄人有下列义务：a) 保管寄托物……"，可知机动车受寄人应承担对车辆进行安全保管之义务。且按照《澳门民法典》第1115条之规定，"受寄人未经寄托人许可，无权使用寄托物，亦不得将该物交予他人保管"，这意味着受寄人未经寄托人同意，原则上不得使用保管物，受寄人也不得将车辆交给他人保管或许可第三人使用保管物，但当事人另有约定的除外。如果受寄人违反以上相关义务，需要承担侵权责任。再者，在寄托的情形下，车辆所有人或使用人失去了对车辆的"实际管理"支配权，也不是处于"为本身利益而使用"车辆的状态，因此，如果受寄人在未经寄托人同意的情况下擅自驾车肇事，作为实际占有人，受寄人仍然是"实际管理"支配者和"为本身利益而使用"车辆之人，是事实上能够控制机动车危险的人，如果在车辆交付寄托期间发生交通事故，理应由受寄人自己承担损害赔偿责任。

4. 抢劫、盗窃、盗用车辆驾驶情形下的责任主体

如果抢劫、盗窃、盗用的车辆发生交通事故（如有人抢劫车辆后，驾车逃走时撞伤路人），按照《道路交通法》的相关规定，被抢劫、盗窃、盗用之车辆的所有权人不承担责任，而应由抢劫、盗窃、盗用车辆并以该车辆造成交通事故之人承担赔偿责任。之所以要将机动车抢劫、盗窃、盗用驾驶人确认为当然的责任主体，是因为根据《澳门民法典》第496条第1款之规定，车辆造成之事故应当由那些对车辆实际管理并为本身利益而使用（即使是透过受托人做出的）车辆之人负责。抢劫、盗窃、盗用驾驶人是事故发生的直接诱因，符合"实际管理"的标准，同时，抢劫、盗窃、盗用驾驶人是为谋取个人不法利益而抢劫、盗窃、盗用机动车驾驶的，也符合"为本身的利益而使用"之标准。此时抢劫、盗窃、盗用车辆等犯罪行为人的犯罪行为中断了车辆合法所有权人或车辆使用人等对车辆运行的支配，机动车与所有人处于分离状态，其无法控制车辆，车辆所有人缺乏对车辆实际的管理，对交通肇事根本无力控制，同时车辆所有人不能为了本身的利益而使用车辆，既不享有运行利益，也切断了车辆运行利益的合法归属。机动车所有人不是交通事故的致害人，与损害结果没有因果关系。再者，车辆被他人抢劫、盗窃、盗用，车辆所有人自己也是受害人，抢劫、盗窃、盗用车辆者与车辆所有人并不存在任何合同或身份关系，所有人对于车辆脱离其控制处于不知情状态，对车辆丧失占有并非基于其意愿，车辆是为他人违背其意志而滥用的，基于此，车主或车辆使用人等已经没有

第七章 结论

理由承担客观责任了，否则明显与法律所追求的价值相背离。简言之，车辆被抢劫、盗窃、盗用后发生交通事故致人损害的，由抢劫、盗窃、盗用人等肇事人承担民事损害赔偿责任，而车辆所有人或使用人不承担损害赔偿责任或者说他们的责任已被剔除。当然，这里并不排除保险公司的先行赔付责任，如果车辆投了强制责任保险，根据《修正汽车民事责任之强制性保险制度》第3条第2款及第16条b项，保险公司在车辆强制保险责任限额范围内要对受害第三人先予赔偿，在赔偿之后，保险公司有权向交通事故赔偿义务人追偿。再者，值得指出的是，《澳门民法典》第498条规定，如果交通事故归责于受害人或第三人，或是因车辆运作范畴之外的不可抗力所肇致的，这属于交通事故侵权责任的免责事由，抢劫、盗窃、盗用车辆之正犯及从犯并以该车辆造成交通事故者的责任同样可以基于这些免责事由而被排除。例如，损害系由行人一方故意碰撞的，抢劫、盗窃、盗用车辆并以该车辆造成交通事故之人无须承担责任。[①]

机动车辆被盗窃时，监管者丧失监管身份和义务，由盗窃人承担风险责任或无过错责任，这是德国、法国、卢森堡、奥地利、希腊、葡萄牙和其他绝大部分欧洲国家法律制度所持的观点。综上所述，澳门对此也持同样的立场，但若机动车所有人或使用人对于车辆的被盗存有明显或重大过失，间接引致损害的发生，如不锁车门、不拔发动机钥匙等过失，可能客观上存有一种被认为是"容忍"盗窃驾驶的行为，此时是否应承担相应的过错责任，《澳门民法典》和澳门《道路交通法》没有对此进行规定，存在司法空白。对于被盗机动车肇事后的损害赔偿责任主体的认定问题，澳门立法倾向于由被盗者独自承担责任。但在实务中是否要考量车辆所有人或使用人的过错，进而判定其承担相应的法律责任？笔者认为，从有利于保护受害人的合法权益之视角出发，日本判例的做法可供借鉴。笔者认为，被盗机动车发生道路交通事故时，盗窃、盗用人应当承担民事责任，但当机动车所有人或使用人对机动车的管理存在瑕疵或过失时，则该机动车所有人或使用人应当承担损害赔偿责任，应当与盗窃、盗用人承担连带责任，

[①] 《澳门民法典》第498条规定："第四百九十六条第一款及第三款所定之责任，仅在就事故之发生可归责于受害人本人或第三人时，或事故系由车辆运作以外之不可抗力原因所导致时，方予排除，但不影响第五百条之规定之适用。"

只是其对受害人承担责任后,对盗窃、盗用车辆之人有追偿权,① 理由如下。

首先,车辆所有人或使用人因管理过失导致车辆被盗窃后,如车辆保管不善而被他人盗窃驾驶导致发生交通事故的,此时看似车辆所有人或使用人已经丧失了其对车辆的"实际管理"支配权,亦不能"为本身利益而使用"车辆,其责任表面上应根据《澳门民法典》第498条所规定之归责于第三人之免责事由而排除,但其对车辆的"实际管理"支配权是否完全丧失取决于其在管理上是否已尽了合理限度范围内或者相当的管理注意义务。机动车本身是一种对人身、财产安全构成巨大风险的危险源,机动车所有人或使用人承担着相当大的管理防范和安全注意义务,以尽可能地避免其车辆因管理上的轻率行事或其他纰漏等而引致交通事故。前面已探讨过,"实际管理"支配权不单单是指直接的、现实的管理支配,亦涵盖间接的、潜在的、抽象的管理支配,或者是对车辆运行拥有"实际管理"支配控制权之可能性。而对于"为本身利益而使用"车辆,这种利益或者是物质利益,抑或是精神利益,甚至囊括对运行利益的获得具有某种可能性。若机动车所有人或使用人等因其管理上具有明显的瑕疵或过失而丧失对车辆的"实际管理"支配权,而不能"为本身利益而使用"车辆,机动车所有人或使用人对车辆的"实际管理"支配权的丧失或脱离的主要原因固然是因为第三人(盗车人)的介入行为肇致的,但同时机动车被盗也是因机动车所有人或使用人自身的主观过错行为而引致的,其对车辆的保管未尽应有的注意义务,所以对于被盗车辆发生交通事故的,机动车所有人或使用人也应该为自己的主观过错行为负责,因为在正常情况下,机动车所有人或使用人本应享有对车辆的"实际管理"支配权,亦可"为本身利益而使用"车辆,所以在被盗车辆发生交通肇事时,仍应视为机动车所有人或使用人对车辆具有"实际管理"支配权和享有车辆使用之可得利益,故而应按照《澳门民法典》第500条的规定,机动车所有人或使用人与盗车人承担连带赔偿责任。

其次,让车辆所有人或使用人与盗窃驾驶人承担连带赔偿责任能增强

---

① 笔者认为,并不需要细化机动车被盗而发生道路交通事故后,车辆所有人或使用人与盗窃者之间如何分配损害赔偿责任的问题。

对无辜受害人的赔偿能力。虽然在这种情况下，车辆所有人或使用人本身可能就是受害者（因车辆被盗），但相比较来说，受害第三人是更为无辜的受害人。让车辆所有人或使用人与盗窃驾驶人承担连带赔偿责任，在实践中有助于对受害人进行及时救助，而车辆所有人或使用人为避免因自己车辆管理上的瑕疵或不当肇致车辆被盗而对难以预料的后果承担连带责任，会不断增强其对车辆的管理防范和安全注意义务，减少车辆事故损害发生之概率，对维护社会公平正义和社会稳定起到相当大的促进作用。

5. 擅自驾驶情形下的责任主体

受雇人以外之第三人擅自驾驶他人车辆发生交通事故的，擅自驾驶者负有赔偿责任；又或者交通事故是在受托之驾驶人于履行职务期间外（违背或不存在持有人之意志）使用车辆而肇致的，则驾驶者按照《澳门民法典》第496条第1款之规定独立承担风险责任，此时，驾驶者已不再是以一个雇佣受托人的身份（《澳门民法典》第496条第3款）为他人驾驶车辆。这里值得指出的是，尽管根据《澳门民法典》第496条第3款之规定，驾驶者（作为受托人）承担的也是风险责任，但该条款与第496条第1款不同的是，车辆之所有人及持用人是车辆之固有风险的制造者，① 其他不同之处在于，如作为受托人的驾驶者比其擅自驾驶多一个抗辩事由，即第496条第3款所规定的"为他人驾驶车辆之人，须对因该车辆本身之风险而产生之损害负责，但该人虽在执行职务，而车辆不在行驶中者除外"。总之，不管是不存在委托关系的他人擅自驾驶，还是受托人于履行职务期间外使用车辆而导致交通事故，擅自驾驶者负有赔偿责任是毋庸置疑的，有疑问的是车辆所有人或使用人是否应承担损害赔偿责任。笔者认为，一般情况下，当车辆由第三人自行驾驶时，如受托之驾驶人于履行职务期间外使用车辆而导致交通事故的，或者受托人以外第三人擅自驾驶的，车主或车辆使用人的责任可以被排除，因为根据《澳门民法典》第496条第1款所规定之判断标准，某人只有在"实际管理"与"为本身利益而使用"车辆时才需

---

① 车辆之所有人及持用人是车辆之固有风险的制造者，身份是委托人，也是受托人所负之赔偿债务的担保人，根据《澳门民法典》第496条第1款和第3款，当受托之驾驶人在执行职务行为发生交通肇事的，委托人和受托人都基于风险责任承担连带责任。当然，笔者对于受托人担负风险责任持否定态度。

承担风险责任，而上述情形下，车辆所有人或使用人显然已对车辆失去了"实际管理"支配权，也不是"为本身利益而使用"车辆，自然不应承担损害赔偿责任。但在车辆所有人与擅自驾驶人存在特定身份关系等特殊情况下，车辆所有人可能要承担其他民事责任，如未成年之女儿 B 将其妈妈 A 的汽车钥匙偷走，驾车过程中发生交通肇事致受害人 C 死亡，所有人 A 也应承担基于其与 B 亲子关系而产生的亲权责任。

6. 交通肇事系基于车辆故障时的责任主体

车辆运行中出现故障在所难免，但故障可能源于车辆所有人或使用人怠于保养义务而产生，也有可能源于生产商或工厂的质量瑕疵问题，如果是前者，即机动车故障之产生不是因机动车固有的设计、构造的故障或瑕疵，而是因机动车所有人或使用人对可能发生的故障应预见到而未预见到，或者机动车所有人或使用人已预见但疏于履行车辆安全隐患之排除的义务。不管故障是在运行前已被发现，还是在运行中发生的，此时对于因车辆故障发生交通事故的责任主体，根据《澳门民法典》第 496 条第 1 款之规定，仍是由车辆所有人或使用人承担风险责任，因为车辆所有人或使用人对车辆拥有"实际管理"权，是"为本身利益而使用"车辆，且车辆所有人或使用人有保持车辆良好状况之义务，其负有排除车辆故障的责任，如机动车需定期检查、更换刹车装置等，其在车辆运行开始前应详细查看车辆刹车、方向盘或轮胎等是否处于良好的适行状态中，可能的情形是车辆有明显故障但车辆所有人或使用人没有发现，或者其未能及时排除故障而肇致交通事故。如果是后者，即若是因车辆构造、设计上等产品瑕疵肇致受害人人身伤害及缺陷产品以外的其他财产损害，或者加重交通事故损害后果的话，如因车辆品质缺陷所致的车辆转向或因轮胎品质问题突然爆胎所致的车辆失控肇致交通事故，或因安全带、安全气囊等品质未达标加重交通肇事损害后果的，机动车所有人或使用人无法发现或者预料车辆构造、设计上之故障或瑕疵，从性质上说，这属于车辆的产品质量问题，根据《澳门商法典》第 85 条第 1 款的规定，"作为生产商之商业企业主不论有否过错，均须对因其投入流通之产品之瑕疵而对第三人所造成之损害负责"，生产者应对产品缺陷致损承担无过错责任，即这里的车辆生产商也是责任主体之一，也应当被认定为赔偿主体承担赔偿责任。对于车辆构造、设计上的缺陷而造成交通事故的,此时受害人的请求权利发生竞合,可以按照侵权责任主张请求权利,亦可以根据产品责任主张请求权利,即受害人可以向车辆所有人或使用人请求赔偿,车辆所有人或使用人在赔偿之后,可以向车辆的生产制造者追偿;受害人亦可以直接追究车辆生产制造者的产品缺陷致害责任;或者向两方当事人请求损害赔偿。

　　7. 送修期间车辆致使交通事故的发生

　　对于送修的车辆在送修期间发生交通事故,交通事故的赔偿主体之判定,若车辆送交修理,车辆所有人或使用人作为送修人,其与维修人是《澳门民法典》第1133条所规定之承揽合同关系,[①] 车辆所有人或使用人基于该汽车维修合同之约定,将车辆交付给修理人。同时,基于两者之间存有的合同关系可知,包含在修理必要范围内的试车及使用均由修理人负责。依照修理合同之约定,修理人仅负有修理义务,并无使用的权利,车辆所有人或使用人也因此失去了对其车辆的实际控制和运行支配,亦不能"为本身利益而使用"车辆,而修理人则依据相应的合同并因对车辆的修理、维护对车辆产生了暂时短期内的"实际管理"支配权,事故发生的危险在其掌控之中,而车辆的运行利益也归属于修理人。因此在这种情况下,修理人在基于维修目的而试驾或运行车辆的过程中发生交通事故造成他人损害的,一般而言,根据《澳门民法典》第496条第1款所规定之"实际管理"与"为本身利益而使用"的判断标准,应由修理人承担车辆的交通事故赔偿责任,车辆所有人或使用人不承担责任。

　　笔者认为,除以上源于维修目的而试车或使用车辆的过程中发生交通事故之一般情形外,若非出于维修目的而试车或使用车辆,修理过程中可能发生的道路交通事故的情况还有两种应区别对待。第一,如果修理人员是经车辆所有人或使用人的同意使用车辆(非基于维修目的),这时同上述《澳门民法典》第1057条所规定之使用借贷的处理方式一样,应由车辆所有人或使用人和车辆发生交通事故时之驾驶人承担连带责任。第二,在修理过程中,若修理人员没有得到车辆所有人或使用人的允许而擅自使用车

---

① 值得指出的是,因机动车维修或护理之瑕疵或不当所产生的质量隐患而引发交通事故的,车辆所有人或使用人应向受害人承担损害赔偿责任,在其承担责任后,可以根据承揽合同向维修人追偿。

辆或者擅自将车辆借给他人使用，这时，机动车所有人或使用人对交通事故的发生非但没有过错，而且其本身可能是受害者，所以机动车所有人或使用人不应当承担责任，责任承担应按上述擅自驾驶情形处理。

8. 转让而未过户登记的情形

实践中，在机动车所有权发生转移时，如果买受人、继承人或受赠人未办理机动车过户登记手续，导致机动车的名义所有人与实际所有人不一致，此时一旦发生交通事故造成他人人身或财产损害，应由谁承担责任？对此，笔者认为，澳门非合同民事责任法支持由实际占有机动车的所有人承担责任，即应由买受人、受赠人、继承人或受遗赠人承担责任，而不是由出卖人、赠与人等承担责任，亦不是由双方承担连带责任。已交付车辆之出卖人或赠与人等之所以不承担民事责任，可以从以下几个角度去考量。

（1）《澳门民法典》和澳门《商业登记法典》遵守物权有因性原则，确立了登记对抗主义。根据《澳门民法典》第402条第1款（具有物权效力之合同）之规定，"特定物之物权，基于合同之效力即足以设定或转移，但法律所定之例外情况除外"，在属于动产范畴之车辆的买卖合同中，应视为基于合同之效力，所有权就发生转移。而对于机动车作为动产之赠与，《澳门民法典》第941条（赠与方式）第2款规定，"动产之赠与，如与赠与物之交付同时作出，则无须任何特别方式；如不与赠与物之交付同时作出，则仅得以书面方式为之"。《澳门民法典》物权法篇第1242条（取得时刻）规定，"所有权在以下所指之时刻取得：a）属合同者，第四百零二条及第四百零三条所指定之时刻；b）属继承者，继承开始之时刻……"。根据上述条款可知，法律未规定登记为车辆所有权转移的必要条件，登记并非物权法意义上的交付行为和所有权转移行为，机动车所有权转移之发生甚至不以交付为必要。

（2）澳门1993年9月13日颁布的有关汽车所有权登记的现行法律制度《核准汽车登记制度》（第49/93/M号法令）第5条（须作登记之事实）第1款a项和b项规定，"一、下列者须作登记：a）所有权及用益权；b）在机动车辆转让合同内规定之所有权之保留及使用权……"。对于登记之目的，澳门《商业登记法典》第1条（登记之目的）规定，"商业登记之目

第七章 结论

的，为公开商业企业主及企业之法律状况，以保障受法律保护之交易之安全"；澳门第49/93/M号法令第1条（登记之目的）亦规定，"汽车登记之主要目的系对有关所有人作认别，以及一般旨在公开对机动车辆之权利"。至于登记之效力，澳门《商业登记法典》第9条（登记之效力）第1款规定，"须登记之事实，即使未登记，亦得在当事人或其继承人间主张，但仅在登记之日后方对第三人产生效力"。《澳门民法典》第403条第2款也规定，"如属不动产或须登记之动产，则仅在有关保留条款已被登记时方可对抗第三人"。而《澳门民法典》第284条（无效及撤销之不可对抗）第1款亦规定，"对涉及不动产或须登记之动产之法律行为宣告无效或撤销，不影响善意第三人以有偿方式所取得之涉及该等财产之权利，但第三人之取得登记须先于无效或撤销之诉之登记，又或先于当事人就法律行为非有效所达成之协议"。由上述条款可知，车辆管理部门的登记只是一种行政管理手段，仅仅是履行行政登记手续，登记之目的在于诠释公示公信原则，以保护善意第三人的利益之对抗要件，不是物权变动的生效要件，登记与否和交通肇事侵权行为没有关联，但不进行登记不得对抗善意第三人。

（3）根据《澳门民法典》第785条第1款的规定，[①] 标的物交付的，标的物意外灭失的风险之责任转移。在车辆买卖或赠与等未履行过户登记手续，但已交付即转移占有的情况下，占有人（受让人或受赠人）对机动车已经具有事实上的支配地位，诠释了"实际管理"之要件，同时占有人也是"为本身利益而使用"车辆，这与标的物意外灭失的风险之责任转移相一致。

（4）根据《澳门民法典》第496条第1款的规定，基于"实际管理"与"为本身利益而使用"的判断标准，机动车因买卖、继承或赠与等原因已交付的，买受人、继承人、受遗赠人或受赠人已取得机动车的占有，并在事实上控制支配该买卖或赠与车辆，同时"为本身利益而使用"该车辆，相应的，在发生车辆交通肇事时，理应由受让人、继承人、受遗赠人或受

[①] 《澳门民法典》第785条（风险）第1款规定："在导致转移特定物之支配权之合同中，或就特定物设定或转移一项物权之合同中，基于不可归责于转让人之原因以致该物灭失或毁损之风险，须由取得人承担。"

赠人承担损害赔偿责任。而对于出卖人、被继承人或赠与人等名义登记人来说，若车辆已交付占有，此时其已丧失了对车辆的"实际管理"支配权，也不能"为本身利益而使用"该车辆，同样，基于《澳门民法典》第496条第1款之规定，在发生车辆交通肇事时，可以免除名义登记人的责任，其不应承担民事责任。当然，这在继承中体现得更为明显、彻底，《澳门民法典》第1871条（时间及地点）规定，"继承于被继承人死亡时在其最后住所地开始"，继承开始时，被继承人已死亡，不可能对车辆拥有"实际管理"支配权，也不可能"为本身利益而使用"该车辆，更不可能为车辆肇事侵权行为承担侵权责任，因为此时被继承人的人格已随着其死亡而终止。①

概言之，机动车所有权转移登记只是履行行政登记手续，而非物权变动的生效要件。依照前述《澳门民法典》第402条第1款之规定，特定物之物权基于合同之效力就足以转移，甚至不取决于交付，不以受让人取得对交易机动车的占有为必要，就已经成为所有人，登记与否更不会影响受让人所有权的取得。再者，按照《澳门民法典》第941条（赠与方式）第2款的规定，受赠人可以基于交付而取得车辆之所有权，但也不以交付为必要，可以书面合同方式为之。所以，在这里值得指出的是，所有权之移转虽不以交付为必要，但受让人或受赠人根据《澳门民法典》第496条第1款之规定承担损害赔偿责任还暗含有一个必要的前提，即交通事故的确是由受让人或受赠人自己或其受托人在使用车辆过程中肇致的，若车辆仍然在出让人或赠与人的控制占有之下，虽依照前述《澳门民法典》第402条和第941条第2款之规定，所有权已经转移至受让方或受赠方，但在交付占有之前发生交通事故致人损害的，根据《澳门民法典》第496条第1款之规定，仍应由出让人或赠与人承担责任，这同样不违背"实际管理"与"为本身利益而使用"的判断标准。

9. 分期付款所有权保留的买卖

对于《澳门民法典》第927条（一期价款之欠付）所规定的分期付款之买卖，根据《澳门民法典》第496条第1款的规定，基于"实际管理"

---

① 《澳门民法典》第63条（人格之开始）规定："一、人格始于完全出生且有生命之时。……"
《澳门民法典》第65条（人格之终止）规定："一、人格随死亡而终止。……"

与"为本身利益而使用"之判断标准,分期付款购买机动车辆发生交通事故的,应由买受人单独承担赔偿责任。而出卖方之所以不承担责任,首先是因为,采取分期付款的方式购车,出卖方约定购买方在一定期间按时支付机动车价款,车辆在完全支付价款前由购买方使用,而出卖方在购买方付清全部车款前保留车辆所有权。此时,对于所有权与使用权分离的情况下责任主体的判定问题,买受人在付清价款前虽不能取得所有权,但是出卖人将机动车供买受人实际占有、运行使用,并获得车辆的运行利益,基于车辆的行驶运营是在买受人的实际控制之下,保留车辆所有权的出卖方已实际脱离了对车辆的"实际管理",其对车辆的管理使用既无实际控制权,其不能支配车辆的行驶和运营,也不能从车辆运行中得到任何利益,因此,在出卖方保留车辆所有权,购买人发生道路交通事故的情形下,保留车辆所有权的出卖方对车辆发生交通事故造成他人损害的不承担责任,而应由购买人承担损害赔偿责任。其次,在所有权保留的分期付款买卖中,出卖方只是名义上的所有人,其保留所有权的主要目的在于确保购车人按期支付价款,其所有权保留的性质属于一种对债权的担保,保障自己的债权能够得到清偿,其保留所有权的行为与交通事故的发生之间不存在因果关系,所有权的效力也只在对方不支付价款等特殊情形下产生,即在买受人违约的情形下取回车辆之权利等,且由于出卖人并没有施加对车辆使用上的管理,该担保内容不具有使用该辆车的利益,出卖方本质上也已丧失对该车辆的"实际管理",亦不是"为本身利益而使用"该车辆,所以出卖方当然不应承担交通事故赔偿责任。

10. 融资租赁情形下的损害赔偿责任主体

澳门的非合同民事责任法中没有规范融资租赁关系中成立侵权责任时的损害赔偿责任主体。在机动车融资租赁发生交通肇事的场合,依"实际管理"与"为本身利益而使用"之判断标准,因融资租赁之承租人对车辆进行占有、使用、收益,所以融资租赁之出租人不承担交通肇事损害赔偿责任。排除出租人赔偿责任的原因在于,首先,融资租赁合同在本质上与《澳门民法典》第969条所规定之普通使用租赁合同有明显不同,"租赁系指一方负有义务将一物提供予他方暂时享益以收取回报之合同",而在融资租赁合同中,出租人是为得到某种经济利益,但是租金并不是按照车辆的运行利益确定的，该租金也并不是承租人对使用该租赁物所付出的对价，所以说其并非是车辆运行所产生的利益，不符合《澳门民法典》第 496 条第 1 款所规定之"为本身利益而使用"之判断标准。其次，对于车辆融资租赁出租人而言，根据《澳门商法典》第 897 条（出租人之法律地位）之规定，"一、融资租赁之出租人尤其有义务：a）取得或使人建造用作租赁之物；b）根据约定之条款及条件交付租赁物；c）提供按租赁物之原定用途之享益……"，可知出租人对承租人负有其占有和使用之义务，让承租人得到车辆的使用权，出租人对机动车并不具有《澳门民法典》第 496 条第 1 款所规定之"实际管理"要件，不拥有事实上的支配地位。根据《澳门商法典》第 889 条（承租人之法律地位）之规定，"一、承租人尤其有义务：……；g）不透过承租人之法律地位之有偿或无偿让与、转租或使用借贷方式，将租赁物供他人全部或部分享益，但法律容许或出租人许可者除外……；j）为租赁物投保，其范围包括租赁物之灭失或毁损，以及因租赁物造成之损害……二、除租赁制度中与本章无抵触之一般权利及义务外，融资租赁承租人特别有下列权利：a）对租赁物之使用及用益；b）按照其权利维护租赁物之完整及对租赁物之享益；c）提起占有之诉，即使针对出租人亦然……"，可知在机动车融资租赁的场合，因融资租赁之承租人对车辆进行占有、使用、收益，承担保管和维修，由于承租人保管、维修或因不当使用而肇致的对第三人损害，根据"实际管理"与"为本身利益而使用"之理论来判断，融资租赁之承租人应承担交通肇事损害赔偿责任，出租人理应对此不承担责任。另外，根据《澳门商法典》第 903 条（风险）之规定，"租赁物灭失或损毁之风险，由承租人承担，但另有约定者除外"，可知租赁物交付占有或使用的，租赁物意外灭失的风险之责任转移。在车辆融资租赁合同已交付即转移占有的情况下，占有人（承租人）对机动车已经具有事实上的支配地位，诠释了"实际管理"之要件，同时承租人也"为本身利益而使用"该车辆，这与风险之责任的转移相一致。融资租赁关系中，租赁物是出租人依照承租人的指示或选择购买的车辆，对于融资租赁之车辆，虽然出租人依然享有机动车的所有权，但其所有权保留的本质可以说只是一种对该租赁物租金收取之担保手段，且由于其并没有对车辆的使用上实施管理行为，如在车辆融资租赁的期间，出租方几乎连承租方是否具有驾驶

第七章 结论

资格也不加考量,其收取的租金之担保内容也并没有包含使用该车辆的利益或收益,出租人并没有享受因该车辆的运行所带来的利益,出租人实质上也已失去对车辆作为租赁物的"实际管理",也不是"为本身利益而使用"车辆,所以对于融资租赁之车辆发生交通肇事的,出租人不应承担侵权损害赔偿责任。

11. 澳门特别行政区政府或公共团体作为交通事故损害赔偿责任主体的探讨

因政府机关或公共团体及其工作人员在履行职务过程中过错违法,或其在道路设施或管理方面存在缺陷或瑕疵,结果导致道路不具备通常所应有的安全性,从而肇致交通事故发生的情况也并不是不存在,只是澳门的法律对此没有明确规定。在道路交通中保障车辆安全行驶,除了车辆持有人要尽安全注意义务,道路设施与设备或道路管理也不能出问题,即道路管理人也要尽其安全保障义务,否则也会肇致交通事故的发生。对于这种情形,笔者认为,维护道路设施设备或履行管理职责以保障车辆行驶安全是道路管理人的重要职责。其未尽该安全保障义务而肇致交通事故发生的,如果将因此产生的损害赔偿责任强加于交通事故中的驾驶人或受害人,都有悖于法律对公平正义理念的追求。笔者亦主张,在政府机关或公共团体及其工作人员履行职务的过程中,因道路设施与管理存在瑕疵或者过错违法而导致交通事故,即事故之发生可归责于政府与公共团体等第三人的行为时,[①] 即使车辆所有人或使用人满足上述《澳门民法典》第496条所规定之"实际管理"与"为本身利益而使用"的二元判定标准,车辆所有人或使用人的侵权行为也不成立,因为在行为人的行为与损害结果之间具有直接引发损害结果独立介入之原因——政府机关或公共团体的瑕疵行为,即第三人的行为作为切断因素,肇致车辆驾驶人或使用人的行为与损害后果之间的因果关系被中断,而政府机关或公共团体及其工作人员在履行职务过程中过错违法,或其在道路设施、管理方面存在缺陷与事故发生具有适当因果关系。对此情形下的责任承担,根据《澳门民法典》第498条的规定,车辆驾驶人或使用人的责任被排除,而政府机关与公共团体应被确立

---

① 政府机关及其工作人员的这些行为在法律意义上应视为政府与其他公法人本身的行为。

为责任主体,其根据《澳门民法典》第 477 条第 1 款①或第 486 条第 1 款②之归责原则来承担责任。

12. 无偿运送的情况下损害赔偿的责任主体

根据《澳门民法典》第 497 条第 1 款的规定,"由车辆造成之损害而产生之责任,其受益人包括第三人及被运送之人",可知对于无偿运送,当无偿搭乘人因交通事故死亡或受到人身伤害时,车辆所有人或使用人作为车辆的运行支配者和运行利益的归属者,要承担损害赔偿责任。对于归责原则,根据《澳门民法典》第 496 条的规定,机动车与行人之间发生损害的适用风险责任,并没有区分是商业性旅客运输还是免费运输,所以无偿搭乘人受损害亦是采用风险责任,即车辆所有人或使用人对无偿搭乘人所受人身损害的发生无论有无过错,都应承担赔偿责任,可知即便在无偿运送之情况下,车辆所有人或使用人仍负有安全、谨慎驾驶的高度注意义务,其不能对他人系因无偿运送而忽视这一义务。只是根据《澳门民法典》第 497 条第 3 款的规定,"如属无偿之运送,有关责任之范围仅涉及对被运送之人造成之人身损害",对于无偿运送的乘客,运送人必须要承担的损害赔偿责任仅限于被运送的人身损害,其对被运送人的财物损害责任被排除。另外,值得指出的是,如果无偿搭乘下,乘客明知车辆所有人或使用人是无证驾驶、酒后驾驶、受麻醉品或精神科物质影响下的驾驶、疲劳驾驶,但仍要求免费搭乘,或者要求免费搭乘禁止载客的车辆,或者教唆驾驶人超速驾驶、超载驾驶,又或者无偿搭乘人所受损害是因其故意跳车等故意行为肇致的,即存在受害人之过错,构成过失相抵原则的事由,此时应根据《澳门民法典》第 564 条(受害人之过错)对车辆所有人或使用人的民事责任进行的限定,按照受害人之过错程度,相应减少或者免除车辆所有人或使用人的赔偿责任。

---

① 《澳门民法典》第 477 条(一般原则)第 1 款规定:"因故意或过失不法侵犯他人权利或违反旨在保护他人利益之任何法律规定者,有义务就其侵犯或违反所造成之损害向受害人作出损害赔偿。"
② 《澳门民法典》第 486 条(由物、动物或活动造成之损害)第 1 款规定:"管领动产或不动产并对之负有看管义务之人,以及对任何动物负有管束义务之人,须对其看管之物或管束之动物所造成之损害负责;但证明其本身无过错,又或证明即使在其无过错之情况下损害仍会发生者除外。"

第七章　结论

13. 在体育竞赛过程中，车辆交通肇事侵权的责任主体

因体育比赛造成观众人员等损害的，笔者认为，基于《澳门民法典》第 496 条第 1 款所规定之"实际管理"与"为本身利益而使用"的判断标准，若因在公共道路上举办机动车速度赛或其他体育比赛而对他人的生命、身体完整性或财产造成损害的，由参赛车辆的所有人或占有人及参赛者承担风险责任。再者，根据《澳门民法典》第 486 条（由物、动物或活动造成之损害）第 2~3 款的规定，"二、在从事基于本身性质或所使用方法之性质而具有危险性之活动中，造成他人受损害者，有义务弥补该等损害；但证明其已采取按当时情况须采取之各种措施以预防损害之发生者除外。三、上款之规定，不适用于因陆上交通事故而产生之民事责任，但有关活动或其所使用之方法，与陆上通行时通常出现之危险相比具特别及更高之危险性者除外"，可知车辆体育比赛活动的组织者或者赛车场的管理人承担过错推定责任。当然，在车辆体育比赛活动上发生交通事故的，首先由保险公司在机动车强制责任保险限额范围内予以赔偿，① 不足部分由上述主体按不同的归责原则承担赔偿责任。②

本书第五章指出了侵权赔偿机制中存在的问题及对其处理之方式，主要体现在以下四个方面。

1. 明确交通事故领域的"预防性法律保护措施"

根据《澳门民法典》第 560 条，交通肇事责任主体承担非合同民事责任的方式以恢复原状为原则，不能恢复原状时，或恢复原状虽为可能，但不足以弥补受害人全部的损害或恢复原状使责任主体的负担过重，则以填

---

① 澳门第 3/2007 号法律《道路交通法》第 87 条（体育比赛的保险）规定："机动车辆体育比赛或正式练习的举办者须先购买所需保险，以承保参赛车辆的所有人或占有人及参赛者因该等车辆导致的事故所造成的损害而应承担的民事责任，方可获准在公共道路上举行机动车辆体育比赛或正式练习。"

澳门《修正汽车民事责任之强制性保险制度》（11 月 28 日第 57/94/M 号法令）第 5 条（体育比赛之保险）亦规定："一、每次机动车辆之体育比赛及与比赛有关之正式练习，须在机动车辆设有保险后方得进行，该保险保障主办者、车辆所有人、持有人及驾驶员因车辆造成事故而负之民事责任。二、在不妨碍上条规定之情况下，上款所指保险之保障不包括对参与者、有关辅助组、参与者及辅助组所使用车辆造成之损害，及对主办实体、服务人员或任何协助者造成之损害。"

② 关于机动车强制保险责任，笔者在本书的第六章社会化赔偿机制部分进行过重点探讨。

补受害人的实际损失为准,通过承担非合同民事责任,尽量使受害人的民事权利恢复至受侵害之前的状态,所以非合同民事责任最为根本的属性在于其补偿性,其基本目的在于使当事人所受损害得到赔偿。但预防也是现代侵权行为法的重要功能,在交通事故侵权形态日趋复杂、多样,侵权责任法的保护范围日益扩展的形势下,侵权责任的承担方式应呈现多样性和灵活性,预防性保护措施能充分实现侵权责任的抑制(或预防)功能。侵权责任被认为是一种广义的非合同民事责任,不能将侵权行为的法律效果始终囿于传统民法单一的损害赔偿救济方法上,交通肇事侵权责任的承担方式在强调以非合同民事责任的同质救济原则的同时,也应凸显侵权法律制度之事前预防功能,以适应时代的需求,从而更有效地维护受害人的合法权益。基于此,笔者认为,在道路交通事故领域可以效仿澳门3月11日第2/91/M号法律《环境纲要法》第35条第1款之规定,规定道路交通肇事损害赔偿承担的方式之一是消除起因。消除起因是指行为人的交通行为对他人的人身、财产安全等合法权益造成损害或可能造成损害,换言之,即加害人的行为可能或将要导致某种损害结果的出现时,处于威胁或危险中的人有权要求行为人采取措施消除其起因,而为防止交通事故侵害由加害人必须采取的措施。对于行人或乘客的生命权来说,"预防性保护措施也许甚至应被看作是唯一有效的法律救济措施",[1]只有依赖于事先预防以避免侵害发生,才能最大限度地保护权利人之利益。道路交通肇事领域应明确把预防功能作为交通事故侵权责任的首要功能,以达到对加害行为的抑制之目的。

2. 明确人身损害方面的具体项目和基准

道路交通事故损害赔偿的范围可以分为人身损害赔偿和财产损害赔偿两部分,后者按"差额法"比较好界定,但对前者的界定并不容易。对于道路交通事故中人身损害的赔偿问题,《澳门民法典》和澳门第3/2007号法律《道路交通法》都没有规定统一的标准,《澳门民法典》第558条第1款只是抽象地规定,"损害赔偿义务之范围不仅包括侵害所造成之损失,亦包括受害人因受侵害而丧失之利益",而对于相应损失的赔偿项目,即具体

---

[1] 〔德〕克雷斯蒂安·冯·巴尔:《欧洲比较侵权行为法》(下),焦美华译,张新宝审校,法律出版社,2001,第169页。

的赔偿范围和赔偿计算方法并没有给出明确的界定。在澳门第3/2007号法律《道路交通法》及其他法律法规中也没有对交通肇事人身损害的赔偿项目进行明确界定，这显然不利于保护受害人的权利。笔者认为，应按照《澳门民法典》的相关规定，明确界定交通肇事人身损害赔偿的具体范围和计算标准。

3. 非财产性损害赔偿方面

精神损害赔偿有以下几个值得完善的方面。

（1）因物之毁损或永久灭失同样可能会遭受精神损害

根据《澳门民法典》第489条（非财产之损害）的规定，精神损害赔偿的保护范围并没有仅限定在侵害他人的人身权益上，也包括侵害财产权益的情形，即财产权益受侵害时也可以请求精神损害赔偿，但不是都会遭受精神损害，"只要基于其严重性而应受法律保护者"。在交通事故案件中，道路交通肇事中受害人遭受的人身损害按程度来分级，但《澳门民法典》和澳门《道路交通法》对财产损害都没有做出具体标准之规定，这同样取决于对"严重性"的判断。受害人在身心完整权遭受交通事故损害的同时，也可能会出现一些物品毁损或永久灭失的情况，或仅出现财产损害，物之毁损或永久灭失同样可能会遭受精神损害，但显然不是以物品的贵贱来判定，亦不能以财产的毁损程度来划分，因为对于财产损害有相应的财产损害赔偿。对于财产损害后果"严重性"的判定，笔者认为，侵害特定财产权而产生精神损害的，如具有人格象征等特定意义的纪念物品，如乘客包里唯一的一张已故亲人的照片因交通肇事侵权行为而永久灭失或毁损，可能会给受害人带来巨大的精神痛苦，若仅以金钱之等价赔偿方式赔偿可能难以平复受害人所遭受的精神创伤，受害人可以请求精神损害赔偿。

（2）赋予受害人近亲家属在受害人的身心健康权严重受损时的非财产损害赔偿请求权利

根据《澳门民法典》第489条，道路交通事故受害人的非财产损害的适用对象，即享有非财产损害赔偿请求权利之主体，既包括道路交通事故中直接遭受损害的自然人，即依法享有精神损害赔偿请求权利的直接受害人（即受害人本人），也包括在受害人本人死亡时的间接受害人。按照《澳门民法典》第489条第2款，间接受害人主要是指道路交通事故人身损害中造成死亡的受害人的近亲家属，包括受害人的配偶、子女、与受害人有事实婚姻关系之人及受害人的父母等，该条款仅规定了在直接受害人死亡的情况下间接受害人的精神损害赔偿请求权利，对于受害人没有死亡的情形，非财产损害并没有反射到《澳门民法典》第489条第2款所规定之主体上，即这些人并不具有精神损害赔偿请求权利。笔者认为，《澳门民法典》第489条第2款所规定之主体在交通肇事中受害人没有死亡的情形也应享有精神损害赔偿请求权利。澳门终审法院在2009年12月17日合议庭裁判第32/2009号上诉案中非常巧妙地回避了父母是否享有因未成年人受伤而请求精神损害赔偿权利这一问题。笔者认同该案初级法院所说的，"《澳门民法典》第489条第2款只规定了父母对于子女的死亡，享有非财产损害之赔偿请求权"，该条款只是规定了在死亡的情形中，相关受害人才享有请求精神损害赔偿权利。笔者亦赞同中级法院所说的，"父母承受的痛苦应该得到补偿，在有些情况下，他们承受的痛苦甚至比未成年人承受的更多"。鉴于此，笔者主张，对于道路交通事故间接受害人（即受害人的近亲家属）所造成的精神损害也应包括以下情形，如对于在道路交通事故中直接受害人毁容、成为植物人、精神病人（禁治产人或准禁治产人）或因肢体残疾而丧失基本生活自理能力而需要对受害人长期照料的近亲家属等间接受害人，以上后果势必会严重影响受害人的家庭生活，间接受害人因此而遭受的精神痛苦也应给予"非财产性反射损害"的补偿或救济。

4. 强迫性金钱处罚

大陆法系的损害赔偿主要以同质补偿为原则，所以传统上没有惩罚性损害赔偿之概念，一般也都不承认英美法上的惩罚性损害赔偿，但法院或法学界逐渐开始关注惩罚性损害赔偿这一制度。在澳门，侵权损害惩罚性损害赔偿制度是缺失的，原则上不承认非合同民事责任法的惩罚功能。诚然，根据《澳门民法典》第333条可知，在绝对权利遭到侵犯时，即在澳门侵权行为法中也可以适用强迫性金钱处罚。[①] 据此可知，侵权损害赔偿的数额除了以受害人的实际损失为准的补偿性损害赔偿（包括直接损失和间

---

① 根据《葡萄牙民法典》第829-A条之规定，强迫性金钱处罚仅适用于不履行义务的情况。请参阅《葡萄牙民法典》第829-A条。

第七章 结论

接损失）外，表面上看也规定有强迫性金钱处罚。无论在合同责任领域，还是在侵权责任领域，其制裁功能似乎通过强迫性金钱处罚得到了确认。但是令人遗憾的是，强迫性金钱处罚单纯是为了强迫债务人履行债务而设定的，这个债务或者来自合同之债，或者来自笔者这里所说的交通肇事侵权之债，其只是一种强制债务人履行债务的惩罚措施，不关乎这个侵权行为本身的损害赔偿之债。[1] 虽然侵权民事责任以损害的补偿性为目标，并不像刑事责任那样重在惩罚性，但在一些交通肇事的损害后果极为严重或行为人主观上恶意为之的特殊情形下（如酒后、受麻醉品或精神科物质影响下驾车或飙车），笔者认为，可以考虑采用适度的惩罚性金钱处罚以威慑侵权行为人和制裁恶意侵权行为。同时，适度的惩罚性金钱处罚在交通肇事侵权领域有其适用的空间，其彰显了侵权行为法的惩罚功能，对于遏制交通事故侵权行为的发生有相当重要的意义，尤其是对一些不法行为人恶意伤害他人，或因具有可责难性的重大过失伤害他人生命权或身心完整权的交通肇事行为，如醉酒驾驶、服食麻醉品或精神科物质后驾驶及飙车肇致严重的道路交通事故，如果仅规定赔偿受害人所遭受之实际损害，而不加以惩罚性损害赔偿，可能并不足以遏制恶意交通肇事侵权行为。对这类不法行为若不在补偿实际损害之外加以惩戒，这在某种程度上其实放纵了加害人的恶意交通行为，也大大降低或扼杀了受害人维护自己权利的积极性和主动性。只有实际的损害赔偿不仅可能会使交通事故受害人得不到应有的救济，还可能使受害人的合法权益难以得到有效的保护，更为重要的是，仅靠传统的补偿性损害赔偿可能对加害人的威慑不足，不足以阻却此类行为的再次发生或加重，难免会再度造成严重的交通事故损害恶果。所以，笔者认为，中国澳门可以参照美国《路易斯安那州民法典》对机动车交通事故侵权行为实施惩罚性损害赔偿来制定中国澳门的车辆肇事侵权责任的惩罚性损害赔偿制度，因故意或重大过失引致交通肇事侵害他人生命权或身心完整权的，法院可以酌情考虑在判决侵权行为人在赔偿受害人之实际损害（即补偿性赔偿）之外，判决加害人支付给受害人惩罚性损害赔偿金。

随着两大法系的不断发展和互相渗透、融合，大陆法系正逐步接受英

---

[1] 唐晓晴：《预约合同法律制度研究》，澳门大学法学院，2004，第 120~122 页。

美法系的惩罚性损害赔偿制度，惩罚性损害赔偿制度在侵权领域中确立是一个大趋势，澳门也应顺应这个趋势建立惩罚性损害赔偿制度。对于交通事故侵权民事法律所追求的价值来说，不可否认，对受害人的补偿是相当重要的，但这并不意味着，在交通肇事侵权领域，对加害人的惩罚就是不必要的或应予以排斥的。在道路交通事故中，预防、补偿和惩罚都是必要的，只是要在三者之间分清主次，应以预防、补偿为主，惩罚为辅。当然，在肯定惩罚性损害赔偿对性质恶劣的道路交通肇事的威慑和警诫作用的同时，笔者认为，应对惩罚性损害赔偿的适用条件做出某种限制，因为并不是所有的道路交通肇事侵权行为都适用惩罚性损害赔偿制度。限制条件涵盖以下三个方面：第一，要求行为人具有主观过错，限于故意或重大过失；第二，损害仅限于生命权、身心完整权等人身权利，不包括财产损害；第三，应对惩罚性损害赔偿数额做出明确限定，不能超过一定的限度，可以将其限定在一定比例内，或者规定一个最高数额上限，又或者两者并用，双管齐下，以防赔偿数额过高。当然，法官对惩罚性损害赔偿数额的确定还要依据原告所遭受之实际损失、被告的财产状况及其他处罚之运用等进行综合考量。对于惩罚性损害赔偿金额之计算，笔者认为可以在补偿性赔偿基础之上来确定，惩罚性损害赔偿是高于补偿实际损害之部分。

本书第六章社会化赔偿机制第一节中研究了对于健全和完善澳门车辆强制责任保险制度的立法建议，主要表现在以下几个方面。

1. 扩大受害人的范围

从7月9日第7/83/M号法律到11月28日第57/94/M号法令，澳门受害第三人的范围经历了一个由窄到宽的过程，澳门的车辆强制责任险制度的承保范围在扩大。澳门一开始只保障车辆以外的受害第三人，但现在，受害人的范围扩展至机动车内的乘客，现行法律将在交通事故中受到人身伤害或财产损害的乘客划入了投保人和保险人以外的受害第三人的范围。尽管如此，通过以上对比可知，中国澳门关于受害第三人的范围相对于欧盟、日本及中国台湾地区界定的范围而言还是比较狭窄的，如在澳门立法中，拷问受害人之身份，仍将被保险人的近亲家属或家庭成员与其他乘客区别对待，对前者不给予保险给付。这种区分既不符合国际立法的趋势，不利于保护交通事故受害人的权益，也违反了第3/2007号法律《道路交通法》和第57/94/M号法令《修正汽车民事责任之强制性保险制度》的立法本意。笔者认为，中国澳门可以借鉴欧盟、日本及中国台湾地区的立法例，将在交通事故中的车辆驾驶人、保险单权利人及汽车运行共用者或者任何其他责任主体并且遭受人身伤害的家庭成员（《修正汽车民事责任之强制性保险制度》第4条第1款c项）纳入受害第三人的范围，强制责任保险应该覆盖更多的人群。只是家庭成员这类特殊的乘客只有在遭受人身损害时才能获得类似于受害第三人的保险保障，但仍将家庭成员所遭受到的财产损害赔偿剔除在外，以突出对受害第三人之人身利益的保护，充分实现车辆交通事故强制责任保险的社会功能。

2. 将财产赔偿排除在承保范围之外

对于汽车民事责任强制性保险的承保范围，笔者认为，澳门现行汽车民事责任强制性保险制度尚处在不太成熟的阶段，为了保证这一制度的顺利发展及完善，以降低保费标准，澳门机动车强制责任保险应借鉴域外一些国家或地区的立法经验，将给付范围严格限定于人身损害，从而将财产损失的给付责任排除在汽车民事责任强制性保险之外，即将财产损失归属于给付责任除外事由。澳门可以通过推行汽车责任商业任意保险的形式解决财产损失的赔付问题，对受害第三人的财产损失予以保障，等到澳门的汽车民事责任强制性保险制度运行发展态势稳健良好，再重新将受害第三人的财产损失给付责任纳入汽车民事责任强制性保险保障范围之内。

3. 应明确规定每起事故中对每人赔付数额的限制

鉴于澳门第8/2011号行政法规《修改关于〈修订汽车民事责任强制保险法定制度〉的十一月二十八日第57/94/M号法令》明确规定了每一次交通事故保险人应给付的最低限额（按不同类型的车辆来区分），但具体到每一位受害人即保险人应赔付的最低限额则未有规定。澳门第8/2011号行政法规规定集体客运重型机动车辆发生交通事故对乘客造成损害的，对每名乘客的保险金额为20万澳门元，对非乘客的第三人造成损害则没有规定对每一位受害人的最低赔付额，除此之外，对其他类型的车辆亦没有相关规定。缺乏相关规定可能肇致保险给付只是简单地将损害赔偿责任限额分配给每一位受害人，这样极不利于对受害第三人的权利保障。所以，笔者建议立法者在规定车辆道路交通事故损失的全部责任限额的同时，也对每一位受害人的全部责任限额加以确定，一是为了更准确地核算保费，二是强化对受害人利益之保护。

4. 强制性责任保险所承保的交通肇事的发生地范畴应扩展

对于强制性责任保险所承保的交通肇事的发生地，笔者建议将澳门《道路交通法》第86条（投保义务）第1~2款、《修正汽车民事责任之强制性保险制度》第1条（范围）及澳门第27/97/M号法令《设立在澳门地区求取及从事保险业务之新法律制度》保险项目表第三节中强制性责任保险所承保交通肇事的发生地之范围由"公共道路"扩展至"陆地上"。

再者，通过本书第六章第二节中对于汽车保障基金制度的剖析，笔者建议从以下几个方面着手来发展和完善有关制度。

1. 汽车保障基金制度的发展和完善必须以健全完善的机动车强制责任保险制度为前提

鉴于道路交通事故汽车保障基金的主要来源仍是从车辆第三者责任强制保险费中按照一定比例提取的资金，可知汽车保障基金是以强制责任保险的高投保率为支撑的。故而，如何更好地贯彻落实强制投保不仅对强制责任保险作用之发挥起着至关重要的作用，也是保障汽车保障基金来源充足的关键。

2. 扩大汽车保障基金的资金来源渠道

为保证汽车保障基金运行稳定及财务安全，以使交通肇事受害人获得足额且及时的赔付，汽车保障基金必须进一步拓宽资金来源，主要应从《修正汽车民事责任之强制性保险制度》第26条第1款c项"任何分配予其之收入"这样一个兜底条款中另辟筹集基金资金的途径，保障汽车保障基金有充足的资源能良性、高效地运转，发挥其应有的作用。第一，澳门政府对汽车保障基金进行财政和税收分担补助义务。第二，从交通违法罚款或其他相关罚款收入中提取一定比例的资金，或从车辆年检税费收入中提取一定比例。第三，增加社会募集渠道。第四，关于汽车保障基金的资金来源，还可以利用其他方式，如可以学习域外推行的先进经验做出一些有益的创新性尝试，通过立法规定允许一定比例的车辆的特殊号牌进行公开拍卖、公开竞价，所得款项全部纳入汽车保障基金，以扩大其来源。

3. 关于澳门汽车保障基金给付限额的评析

根据《修正汽车民事责任之强制性保险制度》第23条第4款之规定，

以及澳门第8/2011号行政法规《修改关于〈修订汽车民事责任强制保险法定制度〉的11月28日第57/94/M号法令》附件一汽车民事责任保险的最低金额表（11月28日第57/94/M号法令第6条第1款所指者）对此之修订可知，同强制责任保险的责任限额一样，第8/2011号行政法规附件一除了规定按车辆类别来区分每年的基金给付限额，同时也明确了每一起事故基金承担之限额，其是以车辆类别来划分对每次事故中所有受害第三人总的基金给付最低限额，但是不管每起事故中出现多少受害人（只是规定当集体客运重型机动车辆发生交通事故对乘客造成损害的，具体给付到每一位乘客），都难以保证每一位受害人在汽车保障基金中获得基本保障。鉴于此，对于澳门汽车保障基金给付限额，笔者建议立法者对每个人基金救助的具体数额都加以确定，以便于把握基金支出数额和运作情况，更准确地掌控汽车保障基金之预算，解除严重亏损之隐患，加强对受害人利益之保护。

4. 确定对汽车保障基金的代位追偿权之诉讼时效

汽车保障基金管理机构在给付赔偿金额后，其代位行使请求权利对于损害赔偿义务人的请求权利时效应从何时开始起算，即汽车保障基金的代位追偿权之诉讼时效应从何时开始起算，是应与受害人请求权利的诉讼时效一致，还是自汽车保障基金赔付之日及知悉或应知悉交通肇事侵权人或其他赔偿责任人的身份之日起计算，《修正汽车民事责任之强制性保险制度》对此没有明文规定。对于汽车保障基金的代位追偿权之诉讼时效，为了汽车保障基金健康运行及保障受害人的合法权益，笔者认为，汽车保障基金代位追偿权的诉讼时效应自其赔付受害人之日及知悉或应知悉交通肇事侵权人或其他赔偿责任人的身份之日起算。

5. 汽车保障基金缺乏对高收入人群救济的限制和对低收入人群等弱势群体的特殊救济规定

车辆强制责任保险制度是以投保人对受害第三人造成损害的责任为标的的，而在车辆交通肇事中，可能会出现《修正汽车民事责任之强制性保险制度》第23条第2款所规定的特殊情形肇致强制责任保险无能为力的，或受害人在遭遇救助无门的情况下引入汽车保障基金制度。明确汽车保障基金的社会公益性质并且将符合救济条件的受害人归入汽车保障基金的救济范围，能保障受害人得到及时和最为基本的救助，最大限度地保障需要救济的受害人之生命权、身心完整权或其他权利。所以，汽车保障基金有限的资金更加应当提供给那些急需救济资金的受害人。鉴于此，笔者建议澳门《道路交通法》或《修正汽车民事责任之强制性保险制度》对交通肇事中的受害人按不同的收入水准设立不同的基金救济标准，其中主要是对高收入人群和低收入者、妇女、未成年人、老年人及残疾人等弱势群体订立不同的救济标准，规定对有高收入来源之受害人的救济额度进行限制，即规定高收入水准之受害人不能得到全额救济，以保障汽车保障基金能够用于救济那些更需要帮助的低收入人群或其他弱势群体。而对于社会特殊的弱势群体，尤其是未成年人、老年人和残疾人，对其救济应有所倾斜，以体现对他们之特别保护。

6. 对汽车保障基金赔付程序进行明确规定

鉴于澳门《道路交通法》和《修正汽车民事责任之强制性保险制度》都未明确规定在汽车保障基金补偿给付时须遵循的具体程序，笔者建议，汽车保障基金的管理机构在确认受害人对基金的直接请求权利的同时，也必须对受害人申请基金赔付或救助的程序加以规范，因为并不是所有的交通事故损害赔偿都能进入汽车保障基金的救济范畴，其要经过一个申请—审批—执行的过程，即由需要得到救济的交通肇事之受害人或其继承人向汽车保障基金行政管理委员会或及其受托人（如所委托的保险公司）提出申请，并同时提交相关的有效证明文件，对本人所遭受的交通事故损害后果与有《澳门民法典》第557条所要求的因果关系等情况加以证明，并对其满足《修正汽车民事责任之强制性保险制度》第23条第2款所规定的要件之一加以说明，并由受托人（如受托的保险人）对受害人或其继承人提交的相关证明材料进行调查核实，如澳门道路交通事故处理部门的要求、受害第三人所持法院的裁判文书等，再将其呈交汽车保障基金行政管理委员会进行审查，汽车保障基金行政管理委员会对满足条件者予以批准后，再对受害人给付损害补偿。

7. 汽车保障基金应拓宽受害人的救济范围

根据《修正汽车民事责任之强制性保险制度》第24条第1款a项之规定，被保险人等的近亲家属或家庭成员是汽车保障基金的除外责任。笔者认为，设立汽车保障基金之立法初衷在于及时救济在道路交通事故中处于特殊情形下急需救助的受害人的健康乃至生命，不应过多责问受害人的身份，将被保险人的近亲家属或家庭成员与其他乘客差别对待，故建议汽车保障基金将交通事故中的车辆驾驶人、保险单权利人及汽车运行共用者或任何其他责任主体并且遭受人身伤害的家庭成员归入基金保护的范围，只是家庭成员这类特殊乘客在遭受人身损害时才能获得基金的保障，其所遭受到的财产损失排除在外，以维护受害人的合法权益和维护社会公平正义理念之追求。

8. 将财产赔偿排除在汽车保障基金给付范围之外

汽车保障基金承担的给付范围有身体伤害责任及财产损失两种，给付范围非常广，尽管根据《修正汽车民事责任之强制性保险制度》第28条（优先赔偿）的规定，给付有优先次序和顺位，但将财产损失纳入汽车保障基金的给付范围占用了该基金为社会大众提供的有限之救助资源是毋庸置疑的。基于此，笔者认为，澳门可以借鉴欧盟的做法，将澳门汽车保障基金的给付范围严格地限定于人身损害，而不应该包括受害人的财产损失，原因在于，一是车辆强制责任保险已将受害人的财产损失纳入赔偿范围，笔者也建议将财产赔偿排除在车辆强制责任保险赔付范围之外；二是为了更好地发展澳门现行汽车民事责任强制性保险制度，不能过于加重投保人的保费负担，亦要少占用汽车民事责任强制性保险的资源；三是为了强化汽车保障基金在某些特定情形下对道路交通事故受害人的生命拯救或人身伤害赔偿之作用，基于其本身所具有社会救济的性质，更应侧重于对生命权和身心完整权的保障。

归纳起来，本书主要提出了以下拙见。

（1）《道路交通法》或在澳门以后的车辆侵权损害赔偿法中，对车辆的定义和范围应与《澳门民法典》第496条第1款的规定一致，应囊括借助铁轨运行的机动车辆（有轨电车、火车）等。

（2）不管是依据《澳门民法典》第493条所规定之委托人责任，还是按照《澳门民法典》第496条第1款所规定之道路交通侵权责任，受托之驾驶人都无法成为风险责任的主体。故而，笔者建议将《澳门民法典》第496条第3款所规定的受托之驾驶人的风险责任改为过错推定责任。

（3）对侵权行为发生地的界定，澳门第3/2007号法律《道路交通法》或在澳门以后的车辆侵权损害赔偿法中，对道路的定义应与《澳门民法典》第496条第1款的规定一致，不应对交通肇事所发生的场所做限定，只要车辆在陆地上所造成的事故都应施以风险责任。

（4）就因果关系而言，在适当因果关系理论具有支配性地位的同时，以法规目的说作为辅助工具，以弥补适用适当因果关系说这一单一判断方式的缺陷和不足，更好地解决侵权责任构成中的因果关系认定问题。

（5）对于在特殊情况下交通事故致人损害的民事责任之责任主体的确定，应在一般情况下交通事故责任主体的判定的基础上，对车辆交通事故特殊情况下的损害赔偿责任主体进行类型化研究，主要区分以下情况进行探讨，即委托关系中道路交通肇事责任主体的确定；租赁、借用情况下的责任主体；车辆送交寄托期间的责任主体；抢劫、盗窃、盗用车辆驾驶情形下的责任主体；擅自驾驶情形下的责任主体；交通肇事系基于车辆故障时的责任主体；送修期间车辆致使交通事故的发生；转让而未过户登记的情形；分期付款所有权保留之买卖；融资租赁情形下的损害赔偿责任主体；澳门特别行政区政府或公共团体作为交通事故损害赔偿责任主体；无偿运送的情况下损害赔偿之责任主体；在体育竞赛过程中，车辆交通肇事侵权的责任主体。

（6）对于侵权赔偿机制中存在的问题及处理方式，体现在以下四个方面。第一，应明确交通事故领域的"预防性法律保护措施"；第二，应明确人身损害方面的具体专案和基准；第三，在非财产损害赔偿方面，应赋予受害人近亲家属在受害人的身心健康权严重受损时的非财产损害赔偿请求权利；第四，侵权损害赔偿在以同质补偿为原则的同时，澳门可以通过对机动车交通事故侵权行为实施惩罚性损害赔偿来制定澳门车辆肇事侵权责任的惩罚性损害赔偿制度，因故意或重大过失引致交通肇事侵害他人生命权或身心完整权的，法院可以酌情考虑在判决侵权行为人在赔偿受害人之实际损害（即补偿性赔偿）之外，判决加害人支付给受害人惩罚性损害赔偿金。

（7）本书第六章社会化赔偿机制第一节中对健全和完善澳门车辆强制责任保险制度的立法建议主要表现在以下几个方面：第一，应扩大受害人之范围；第二，将财产赔偿排除在承保范围之外；第三，在规定每起事故之赔偿限额的基础上，应明确规定每起事故中对每人赔付数额的限制；第四，强制责任保险所承保的交通肇事的发生地范畴应扩展，应将强制责任保险所承保的交通肇事的发生地范围由"公共道路"扩展至"陆地上"。

（8）对于汽车保障基金制度，笔者建议从以下几个方面着手来发展和完善澳门道路交通事故汽车保障基金制度：第一，汽车保障基金制度的发展和完善必须以健全完善的机动车强制责任保险制度为前提；第二，应扩大汽车保障基金的资金来源渠道；第三，对于澳门汽车保障基金给付限额，笔者建议立法者对每个人基金救助的具体数额都明确加以确定，以便于把握基金支出数额和运作情况，以更准确地掌控汽车保障基金之预算；第四，确定对汽车保障基金的代位追偿权之诉讼时效；第五，汽车保障基金应包含对高收入人群救济的有所限制和对低收入人群等弱势群体的特殊救济规定；第六，应对汽车保障基金赔付程序进行明确规定；第七，汽车保障基金应拓宽受害人的救济范围；第八，将财产赔偿排除在汽车保障基金给付范围之外。

参考文献

一 中文文献

（一）专著、学位论文

陈聪富：《侵权归责原则与损害赔偿》，北京大学出版社，2005。

陈聪富：《因果关系与损害赔偿》，北京大学出版社，2006。

陈聪富：《因果关系与损害赔偿》，北京大学出版社，2006。

程啸：《侵权行为法总论》，中国人民大学出版社，2008。

邓成明等：《中外保险法律制度比较研究》，知识产权出版社，2002。

段里仁：《道路交通事故概论》，中国人民公安大学出版社，1997。

弗莱明：《民事侵权法概论》，香港中文大学出版社，1992。

管满泉：《道路交通事故损害赔偿》，中国人民公安大学出版社，2009。

郭左践：《机动车强制责任保险制度比较研究》，中国财政经济出版社，2008。

胡雪梅：《"过错"的死亡——中英侵权法宏观比较研究及思考》，中国政法大学出版社，2004。

江朝国：《强制汽车责任保险法》，元照出版有限公司，2006。

江朝国：《强制汽车责任保险法》，中国政法大学出版社，2006。

江平、米健：《罗马法基础》，中国政法大学出版社，2004。

李昊：《纯经济上损失赔偿制度研究》，北京大学出版社，2004。

李青武：《机动车责任强制保险制度研究》，法律出版社，2010。

李薇：《日本机动车事故损害赔偿法律制度研究》，法律出版社，1997。

李响：《美国侵权法原理及案例研究》，中国政法大学出版社，2004。

李亚虹：《美国侵权法》，法律出版社，1999。

廖焕国：《道路交通事故侵权责任》，法律出版社，2010。

林天来：《交通事故法律研究》，五南图书出版公司，1987。

林伟：《澳门精神损害赔偿制度研究》，华侨大学硕士论文，2004。

刘锐：《机动车交通事故侵权责任与强制保险》，人民法院出版社，2006。

刘锐、曹顺明、李祝用：《中国机动车强制保险制度研究》，法律出版社，2010。

刘万江：《论强制保险和社会救助——对道路交通事故社会救助基金制度的思考》，华东政法大学硕士学位论文，2007。

刘信平：《侵权法因果关系理论之研究》，法律出版社，2008。

马永伟：《各国保险法规制度对比研究》，中国金融出版社，2001。

米也天：《澳门民商法》，中国政法大学出版社，1996。

欧洲侵权法小组：《欧洲侵权法原则：文本与评注》，于敏、谢鸿飞译，法律出版社，2009。

丘聪智：《从侵权行为归责原理之变动论危险责任之构成》，中国人民大学出版社，2006。

丘聪智：《侵权归责原则与损害赔偿》，北京大学出版社，2005。

丘聪智：《新订民法债编通则》（上），中国人民大学出版社，2003。

施文森：《汽车保险及其改进之研究》，三民书局，1991。

施文森、林建智：《强制汽车保险》，元照出版有限公司，2009。

史尚宽：《债法总论》，中国政法大学出版社，2000。

史探径：《社会保障法研究》，法律出版社，2000。

谭新美：《论澳门侵权行为法的归责原则》，《硕士论文集Ⅰ》，澳门大学法学院，2007。

唐晓晴：《预约合同法律制度研究》，澳门大学法学院，2004。

《外国法制史》编写组：《外国法制史资料选编》（上），北京大学出版社，1982。

王伯琦：《民法债编总论》，正中书局，1997。

王军:《侵权法上严格责任的原理和实践》,法律出版社,2006。

王利明:《侵权行为法》,法律出版社,1996。

王利明:《侵权行为法归责原则研究》,中国政法大学出版社,2004。

王利明:《违约责任论》,中国政法大学出版社,2000。

王泽鉴:《侵权行为法》,中国政法大学出版社,2001。

温世扬、廖焕国:《物权法通论》,人民法院出版社,2005。

吴兆祥:《侵权法上的严格责任研究》,博士学位论文,中国人民大学,2001。

徐爱国:《英美侵权行为法》,法律出版社,1999。

徐爱国:《英美侵权行为法学》,北京大学出版社,2004。

杨立新:《道路交通事故责任研究》,法律出版社,2009。

杨立新:《侵权法论》(第三版),人民法院出版社,2005。

杨立新:《侵权法论》(第四版),人民法院出版社,2011。

杨立新:《侵权损害赔偿》(第四版),法律出版社,第2008。

杨立新:《侵权行为法专论》,高等教育出版社,2005。

杨立新:《侵权责任法》,法律出版社,2010。

杨立新:《中华人民共和国侵权责任法草案建议稿及说明》,法律出版社,2007。

杨秀清:《交通事故损害赔偿》,人民法院出版社,2000。

于敏:《机动车损害赔偿责任与过失相抵——法律公平的本质及其实现过程》,法律出版社,2004。

于敏:《日本侵权行为法》(第二版),法律出版社,2006。

于敏:《日本侵权行为法》,法律出版社,1998。

余琳琳:《惩罚性赔偿制度研究及对我国的立法建议》,上海社会科院硕士论文,2006。

曾世雄:《损害赔偿法原理》,中国政法大学,2001。

张民安:《现代法国侵权责任制度研究》,法律出版社,2003。

张新宝:《侵权责任法》,中国人民大学出版社,2006。

张新宝:《侵权责任法原理》,中国人民大学出版社,2005。

张新宝、陈飞:《机动车第三者责任强制保险制度研究报告》,法律出版社，2005。

赵秉志主编《澳门五大法典——澳门民法典》，中国人民大学出版社，1999。

郑玉波：《民商法问题研究（二）》，三民书局，1980。

周楠：《罗马法原论》（下），商务印书馆，2005。

周延礼：《机动车辆保险理论与实务》，中国金融出版社，2001。

朱宣峰、吉峰：《中国赔偿法律实务全书》，科学普及出版社，1995。

〔德〕克雷斯蒂安·冯·巴尔：《欧洲比较侵权行为法》（上），张新宝译，法律出版社，2001。

〔德〕克雷斯蒂安·冯·巴尔：《欧洲比较侵权行为法》（下），焦美华译，张新宝校，法律出版社，2001。

〔德〕克雷斯蒂安·冯·巴尔、〔德〕乌里希·德罗布尼希主编《欧洲合同法与侵权法及财产法的互动》，吴越、王洪等译，法律出版社，2007。

〔美〕理查·A. 波斯纳：《法律的经济分析》（上），蒋兆康译，林毅夫校，中国大百科全书出版社，1997。

〔意〕毛罗·布萨尼、〔美〕弗农·瓦伦丁·帕尔默：《欧洲法中的纯粹经济损失》，张小义、钟洪明译，法律出版社，2005。

〔英〕D. F. 比亚斯、B. S. 马克西尼斯：《侵权法》（第四版），牛津大学出版社印刷所，1999。

〔古罗马〕查士丁尼：《法学总论》，张企泰译，商务印书馆，1997。

〔德〕K. 茨威格特、〔德〕H. 克茨：《比较法总论》，潘汉典等译，法律出版社，2003。

〔葡〕Carlos Alberto da Mota Pinto：《民法总论》，林炳辉等译，澳门法律翻译办公室、澳门大学法学院及法务局，2001。

〔德〕马克西米利安·福克斯：《侵权行为法》，齐晓琨译，法律出版社，2006。

〔德〕黑格尔：《法哲学原理》，范扬、张企泰译，商务印书馆，1979。

〔美〕H. L. A. 哈特、〔美〕托尼·奥诺：《法律中的因果关系》，张绍谦、孙战国译，中国政法大学出版社，2005。

〔葡〕João de Matos Antunes Varela：《债法总论》（第十版）（第一卷），

唐晓晴译，未出版。

〔奥〕H. 考茨欧：《侵权法的统一：违法性》，张家勇译，法律出版社，2009。

〔澳〕彼得·凯恩：《阿蒂亚论事故、赔偿及法律》，王仰光、朱呈义、陈龙业等译，中国人民大学出版社，2008。

〔美〕爱德华·J. 柯恩卡：《侵权法》（影印本），法律出版社，1999。

〔美〕路易斯·卡普洛、〔美〕斯蒂文·沙维尔：《公平与福利》，冯玉军、涂永前译，法律出版社，2007。

〔德〕卡尔·拉伦茨：《德国民法通论》（上、下），王晓晔、邵建东等译，法律出版社，2003。

〔德〕U. 马格努斯，〔西〕M. 马丁-卡萨尔斯：《侵权法的统一：共同过失》，叶名怡、陈鑫译，法律出版社，2009年。

〔德〕迪特尔·梅迪库斯：《德国民法总论》，邵建东译，法律出版社，2000。

〔德〕迪特尔·梅迪库斯：《德国债法总论》，杜景林、卢谌译，法律出版社，2004。

〔德〕乌尔里希·马格努斯：《侵权法的统一：损害与损害赔偿》，谢鸿飞译，法律出版社，2009。

〔美〕美国法律研究院：《侵权法重述第三版：产品责任》，肖永平、龚乐凡、汪雪飞译，肖永平审校，法律出版社，2006。

〔葡〕Manuel Trigo（尹思哲）：《债法概要》（最新修订本），朱琳琳译，杜慧芳校，澳门大学法律系三年级教材，未发行，1997~1998。

〔德〕迪特尔·施瓦布：《民法导论》，郑冲译，法律出版社，2006。

〔荷〕J. 施皮尔：《侵权法的统一：对他人造成的损害的责任》，梅夏英、高圣平译，法律出版社，2009年。

〔荷〕J. 施皮尔：《侵权法的统一：因果关系》，易继明等译，法律出版社，2009。

〔美〕文森特·R. 约翰逊：《美国侵权法》，赵秀文等译，中国人民大学出版社，2004。

〔英〕科林·史密斯：《责任保险》，陈彩芬译，中国金融出版社，1991。

〔美〕肯尼斯·S. 亚伯拉罕、〔美〕阿尔伯特·C. 泰特：《美国侵权法重述——纲要》，许传玺、石宏等译，法律出版社，2006。

〔美〕肯尼斯·S. 亚伯拉罕、〔美〕阿尔伯特·C. 泰特：《侵权法重述》纲要，许传玺、石宏等译，法律出版社，2006。

（二）法律、法规、法典、报告

《澳门民法典》（8月3日第39/99/M号法令核准）

《澳门民事诉讼法典》（10月8日第55/99/M号法令核准）

《澳门刑法典》（11月13日第58/95/M号法令核准，并经第6/2001号法律、第3/2006号法律及第6/2008号法律修改）

《澳门刑事诉讼法典》（9月2日第48/96/M号法令核准）

《澳门法律学刊（特刊）——〈道路交通法〉注释》，澳门法律改革及国际法事务局，2011。

《澳门司法组织纲要法》（第9/1999号法律，本法规的内容已被第265/2004号行政长官批示重新公布）

《澳门特别行政区基本法》（1993年3月31日第八届全国人民代表大会第一次会议通过，1993年3月31日中华人民共和国主席令第3号公布，自1999年12月20日起实施）

《澳门特别行政区政府2013年财政年度施政报告》

《道路交通法》（第3/2007号法律）

《修改关于〈修订汽车民事责任强制保险法定制度〉的11月28日第57/94/M号法令》（第8/2011号行政法规）

《巴西新民法典》，齐云译，中国法制出版社，2009。

《德国民法典》（第二版），陈卫佐译，法律出版社，2006。

《德国民法典》，杜景林、卢堪译，中国政法大学出版社，1999。

《俄罗斯联邦民法典》，黄道秀等译，中国大百科全书出版社，1999。

《法国民法典》，罗结珍译，中国法制出版社，2002。

《荷兰民法典》，王卫国等译，中国政法大学出版社，2006。

《魁北克民法典》，孙建江等译，中国人民大学出版社，2005。

《拿破仑法典（法国民法典）》，李浩培、吴传颐、孙鸣岗译，商务印书馆，2009。

《欧洲侵权行为法草案》，刘生亮译，缪英校，《侵权法评论》第1辑，人民法院出版社，2003。

《葡萄牙民法典》，唐晓晴等译，北京大学出版社，2009。

《日本民法典》，王书江译，中国法制出版社，2000。

《日本民法典》，王书江译，中国人民公安大学出版社，1999。

《瑞士债法典》，吴兆祥、石佳友、孙淑妍译，法律出版社，2002。

《意大利民法典》，费安玲等译，中国政法大学出版社，2004。

《智利共和国民法典》，徐涤宇译，金桥文化出版（香港）有限公司，2002。

《最新阿根廷共和国民法典》，徐涤宇译，法律出版社，2007。

《最新日本民法》，渠涛编译，法律出版社，2006。

(三) 期刊、报纸文章及其他文献

艾林芝：《车辆碰撞的民事责任——以澳门民法典之规定为中心》，《法学论丛》第6期，2007。

陈聪富：《侵权行为法上之因果关系》，《台大法学论丛》第29卷第2期。

陈忠五：《法国交通事故损害赔偿法的发展趋势——以1985年7月5日法律的改革为中心》，《台大法学论丛》第34卷第1期，2005。

陈忠五：《法国侵权责任法上损害之概念》，《台大法学论丛》第30卷第4期，2001。

陈忠五：《论法国交通事故损害赔偿责任的成立要件》，《政大法学评论》第97期，2007。

程啸：《机动车损害赔偿责任主体研究》，《法学研究》第4期，2006。

崔吉子：《析交通事故的损害赔偿责任主体——以韩国机动车运行者责任为中心》，《民商法论丛（第31卷）》，法律出版社，2004。

淡路刚久：《法国的交通事故赔偿法》，载日本交通法学会编《世界交通法》，西神田编辑室，1992。

段昆：《美国的无过失汽车保险》，《保险研究》第11期，2001。

杜慧芳：《澳门民法典所带来的更新》，《澳门大学法学院学生会成立十周年特刊》，澳门大学法学院，2000。

郭丽军：《英国车险业对我国的启示》，《中国保险报》第四版，2001。

侯永康、黄民主：《道路交通事故社会救助基金的建立与运行之构想》，《公安研究》第 3 期，2005。

华蓉晖：《美国强制车险费率制度的特点及其启示——以马萨诸塞州为例》，《上海金融学院学报》第 1 期，2009。

江朝国：《汽车交通事故特别补偿基金之功能及补偿关系之厘清——评台湾高等法院高雄分院 90 年度上易字第 22 号民事判决》，《月旦法学杂志》第 78 期，2001。

李莉娜：《紧急避险：游离于合法与非法之间——兼论澳门法中有关紧急避险的成立与法律后果》，《澳门理工学报》第 9 卷第 4 期，总第 24 期，2006。

李莉娜：《论车辆驾驶人在非公共道路上的侵权责任——从澳门法的规定出发》，《法商研究》第 5 期，2005。

李薇：《日本机动车损害赔偿保障法上的"他人"性研究》，《外国法译评》第 4 期，1996。

梁慧星：《"行人违章撞了白撞"是违法的》，《人民法院报》第 3 版，2001。

梁慧星：《"行人违章撞了白撞"是违法的》，《人民法院报》第 3 版，2001。

梁慧星：《关于中国道路交通事故赔偿的法律制度》，《安徽大学学报》（哲学社会科学版）第 6 期，1995。

廖朵朵：《纯经济性损失的侵权赔偿责任》，《政法学刊》第 22 卷第 4 期，2005。

刘晓红：《机动车交通事故损害赔偿归责原则研究》，《当代法学》第 8 期，2002。

毛瑞兆：《论雇主的替代责任》，《政法论坛》第 3 期，2004。

欧洲侵权法专家小组：《欧洲侵权法基本原则》，于敏译，《环球法律评论》第 5 期，2006。

〔日〕浦川道太郎：《日本法上的惩罚性损害赔偿与制裁性慰谢金》，《法学家》第 5 期，2001。

邱瑞利：《汽车交通事故特别补偿基金制度之运作与检讨》，《月旦法学杂志》第 78 期，2001。

苏仲鹏：《台湾强制汽车责任保险》，《中国保险》第 7 期，2001。

闫仁河：《论侵权损害赔偿责任中的因果关系与过错——一种关系论的考察》，《河南省政法管理干部学院学报》第 21 卷第 6 期，2006。

游斯然：《七国（地区）之强制汽车责任保险制度之比较》，《保险大道》第 61 期，2011。

王旸：《侵权行为法上因果关系理论研究》，载梁慧星主编《民商法论丛》第 11 卷，法律出版社，1999。

于敏：《机动车交通事故损害赔偿责任若干问题研究》，载梁慧星主编《民商法论丛》第 11 卷，1998。

于敏：《机动车损害赔偿与交通灾害的消灭》，载张新宝主编《侵权法评论》第 1 辑，人民法院出版社，2004。

于敏：《机动车损害赔偿责任保险的定位与实务探讨》，《法律适用》第 12 期，2005。

曾世雄：《论相当因果关系说之衰微》，《法学论刊》第 40 期，1965。

张华薇：《道路交通事故归责原则的比较研究》，《中国律师》第 6 期，2001。

张骐：《在效益与权利之间》，《中国法学》第 6 期，1997。

张栓林：《美国机动车辆第三者责任强制保险法规窥察》，《上海保险》第 10 期，1999。

赵明昕：《机动车第三者责任强制保险的利益衡平问题研究》，《现代法学》第 27 卷第 4 期，2005。

朱凯：《惩罚性赔偿制度在侵权法中的基础及其适用》，《中国法学》第 3 期，2003。

朱岩：《当代德国侵权法上因果关系理论和实务中的主要问题》，《法学家》第 6 期，2004。

左传卫：《质疑侵权法中因果关系的二分法》，《法学》第 4 期，2007。

〔德〕克雷斯蒂安·冯·巴尔：《欧洲侵权行为法中的替代责任》，张新宝译，载梁慧星主编《民商法论丛》第 15 卷，法律出版社，2000。

〔奥〕海尔穆特·库齐奥:《欧盟纯粹经济损失赔偿研究》,朱岩、张玉东译,载《北大法律评论》第 10 卷第 1 辑,北京大学出版社,2009。

〔美〕罗伯特·J. 皮斯里:《复合因果关系及赔偿》,林海译,载《哈佛法律评论·侵权法学精粹》,法律出版社,2005。

〔日〕野村好弘:《过失相抵的本质》,载交通事故纷争处理中心编《交通事故损害赔偿的法理与实务》,1984。

二 外文文献

Alan I. Widiss, *Widiss' Uninsured and Underinsured Motorist Insurance*, Anderson Publishing, 1992.

Almeno de Sá, "Traços Inovadores do Direito das Obrigações no Código Civil de Macau – O Princípio da Efectividad dos Direitos do Credor", *Boletim da Faculdade de Direito da Universidade de Macau*, Ano III, n.º 8, 1999.

Antunes Varela, *Das Obrigações em Geral*, Volume I, 10ª Edição, Almedina, 2005.

Candida da Silva Antunes Pires, Viriato Manuel Pinheiro de Lima, *Codigo de Processo Civil de Macau – Anotado e Comentado*, 澳门大学法学院, 2006。

Candida Pires, *Introdução ao Processo Civil*, Faculdade de Direito da Universidade de Macau e Fundação Macau, 1996.

Dario Almeida, *Manual de Acidentes de Viação*, 3ª Edição, Almedina, 1987.

Eurico Heitor Consciência, *Seguro Obrigatório de Responsabilidade Civil Automóvel*, Almedina, 2003.

Eurico Heitor Consciência, *Sobre Acidentes de Viação e Seguro Automóvel-Leis, Doutrina e Jurisprudência*, 3ª Edição – revista e actualizada, Almedina, 2005.

H. S. Antunes, *Responsabilidade Civil dos Obrigados à Vigilância de Pessoa Naturalmente Incapaz*, UCP, 2000.

John Cooke, *Law of Torts*, the 5th edition, Beijing: Law Press, 2003.

John W. deGravelles, J. Neale de Gravelles, "Louisiana Punitive Damages –

A Conflict of Traditions", *Louisiana Law Review* Vol. 70, 2010.

José Carlos Bento da Silva, *Miguel Pacheco Arruda Quental*: *Manuel de Formação de Direito do Trabalho em Macau*, Centro de Formação Jurídica e Judiciária, 2006.

Louis John, *Road Accident Fund Amendment Act & The Challenge Lies Ahead*, the South Africa Press, 2009.

Luís Miguel Urbano:《理由简述》,载《民法典》(葡文版),政府印刷署,1999。

Martins de Almeida, *Manual de Acidentes de viação*, the 3ª Edição, Almedina, 1987.

Mário de Brito, *Código Civil Anotado*, 作者出版, 1972, 第二卷。

Pires de Lima e Antunes Varela, *Código Civil Anotado*, Volume I, 4ª Edição Revista e Actualizada, Coimbra Editora, 1987.

Raoul Colinvaux, *Colinvaux's Law of Insurance*, the 5th edition, Sweet & Maxwell, 1984.

Vaz Serra, "Anotação ao acórdão do STJ de 27 – 11 – 1973", *RLJ*, n.º 107.

The Civil Law (2, 3, 4): *The Enactments of Justinian* Ⅱ (*The Digest or Pandects*). Translated by S. P. Scott, The Central Trust Company Publishers, 1932. http://www.romanlaw.cn.

后 记

随着社会工业化和交通运输的不断发展，汽车数量迅速增长，汽车对我们来说已成为很重要的交通工具。汽车的广泛使用在给人们带来极大便利的同时也产生了许多问题，如交通事故可能会对受害人和社会产生严重的威胁与伤害。如何预防和处理道路交通事故，从民法的视角来看是个至关重要的问题。为了加强对道路交通事故中受害人之保护，除了《澳门民法典》之规定，澳门也出台了一些专门的法律法规。然而，在道路交通侵权责任制度领域仍然存在一些亟待克服的缺点。鉴于此，本书试图通过对道路交通事故侵权责任制度的概述，努力解决其中的一些薄弱环节，以促进道路交通事故侵权责任制度的理论及实践之发展。

澳门道路交通事故民事责任制度研究的相关中文资料比较少，部分资料仍然存在不全或整体缺失的现象。另外，本书以澳门道路交通事故民事责任为研究对象，笔者试图从一个较为宽广的范围对澳门道路交通事故民事责任的多个维度进行研究，涵盖了澳门交通事故致人损害的民事责任的归责原则和构成要件、责任主体、受益人、免责事由、侵权损害赔偿机制及社会化赔偿机制等。进一步而言，笔者力求窥其全貌，几乎从一个整体的角度来研究澳门道路交通事故民事责任，可见本书研究之主体内容本身就很庞杂，研究难度颇大，加上笔者才疏学浅，所以是否有能力驾驭这一研究课题，笔者内心忐忑不安。因为就解决澳门道路交通事故民事责任所面临的诸多困境而言，本书的研究只不过是冰山一角，尤其是在完美制度的设计和博大理论的构建方面，笔者深恐尽管全力以赴，仍力有不逮，担心澳门道路交通事故民事责任制度理论所涉及的范围之广、内容之深是本书所无法容纳的，害怕对问题的研究可能还不够深入，担心本书的讨论仅仅是从表层进行了粗略的分析，没能全面系统、深入地阐述笔者想表达的内容。所以，笔者只能聊以自慰地希望在尽全力搜集整理资料及对一种现实迫切需求的制度进行认真思索后提出的管窥之见，能够为立法者、司法工作人员及相关学术研究人员提供有用的参考。

在本书即将出版之际，回首在澳门七年的求学之路，笔者内心充满了感激，这里要感谢很多帮助过笔者的人。首先，要由衷感谢笔者最为尊敬的澳门民法界巨匠唐晓晴教授，唐晓晴教授无论是在学习上、工作上，还是在生活上，都是笔者的榜样，是笔者努力的目标和方向。在本书写作的过程中，唐教授在百忙之中对笔者不厌其烦地进行了多次指导和帮助，在这里，请允许笔者向导师表达最为诚挚的感谢。此外，笔者还要用最真挚的情感感谢在攻读硕士、博士学位期间培养笔者的澳门大学法学院，感谢澳门大学法学院给予笔者进一步深造的机会，这才得以有出版这本书的机会和可能。毋庸置疑，十年前去澳门大学求学是本书写作的起点。其次，要感谢杨立新教授、刘高龙教授、骆伟建教授、涂广建教授、艾林芝老师、蒋依娃老师，他们给予笔者的批评和指导是对笔者莫大的鼓励与鞭策。本书在数度易稿的过程中得到了各位老师给予的宝贵意见，笔者深感荣幸。另外，还请容许笔者将最诚挚的谢意给予以吴志良博士为首的澳门基金会，感谢澳门基金会对本书的出版所提供的巨大帮助和支持，亦要衷心感谢澳门基金会的李静莹、林文诗女士及其同仁和其他参与筹划与协调本书出版的工作人员，感谢他们的谨慎和一丝不苟，正是因为他们不懈的努力才能将《澳门道路交通事故民事责任研究》一书呈现给大家。最后，感谢笔者的亲人和同学、朋友们，在本书写作的过程中，笔者的亲人一直对笔者照顾有加，并且时常关心本书的进展，感谢他们的惦记和支持。也要感谢笔者的同学和朋友们，尤其是赵斐、张异和、梁静姮、李翀、吴燕妮、梁丽宜、贡丽莉、巩金麟等，感谢他们在本书写作过程中给予笔者的无微不至的关怀，在此一并表示感谢。在今后新的征程中，无论面临多大的困难，笔者都将怀抱着期望、梦想和感激坚定地走下去，"路漫漫其修远兮，吾将上下而求索"！

受笔者自身学识的限制，以及所收集的研究资料丰富度不够，再加上

后 记

本书研究范围与篇幅的限制，还有很多相关的问题本书没有能力涵盖，所论之处可能难免有幼稚和浅薄之嫌，实难对澳门道路交通事故民事侵权责任制度进行更为深入的研究和探索。笔者的研究只能得出一个较为开放性的结论，有些问题仍需在今后的工作和学习中进一步深入思考和研究论证，从而对道路交通事故民事侵权中所遇到的问题提供更具针对性的解决方案，以促使有关制度日臻完善。笔者今后将在这方面做进一步的努力，对于书中的疏漏之处，请读者不吝指正。

吕冬娟

2017年7月于澳门

澳门研究丛书书目

澳门人文社会科学研究文选
  社会卷   程惕洁／主编
  行政卷   娄胜华／主编
  政治卷   余　振　林　媛／主编
  法律卷   赵国强／主编
  基本法卷   骆伟建　王　禹／主编
  经济卷   杨允中／主编
  教育卷   单文经　林发钦／主编
  语言翻译卷   程祥徽／主编
  文学卷   李观鼎／主编
  文化艺术卷   龚　刚／主编
  历史卷   吴志良　林发钦　何志辉／主编
  综合卷   吴志良　陈震宇／主编
新秩序   娄胜华　潘冠瑾　林　媛／著
澳门土生葡人的宗教信仰   霍志钊／著
明清澳门涉外法律研究   王巨新　王　欣／著
珠海、澳门与近代中西文化交流 珠海市委宣传部等／主编
澳门博彩产业竞争力研究   阮建中／著
澳门社团体制变迁   潘冠瑾／著
澳门法律新论   刘高龙　赵国强／主编
韦卓民与中西方文化交流   珠海市委宣传部等／主编

澳门研究丛书书目

澳门中文新诗发展史研究（1938～2008）	
	吕志鹏／著
现代澳门社会治理模式研究	陈震宇／著
赃款赃物跨境移交、私营贿赂及毒品犯罪研究	
	赵秉志　赵国强／主编
近现当代传媒与港澳台文学经验	朱寿桐　黎湘萍／主编
一国两制与澳门特区制度建设	冷铁勋／著
澳门特区社会服务管理改革研究	高炳坤／著
一国两制与澳门治理民主化	庞嘉颖／著
一国两制下澳门产业结构优化	谢四德／著
澳门人文社会科学研究文选（2008～2011）（上中下）	
	《澳门人文社会科学研究文选（2008～2011）》编委会／编
澳门土地法改革研究	陈家辉／著
澳门行政法规的困境与出路	何志远／著
个人资料的法律保护	陈海帆　赵国强／主编
澳门出土明代青花瓷器研究	马锦强／著
动荡年代	黄鸿钊／编著
当代刑法的理论与实践	赵秉志　赵国强　张丽卿　傅华伶／主编
澳门行政主导体制研究	刘倩／著
转型时期的澳门政治精英	蔡永君／著
澳门基本法与澳门特别行政区法治研究	蒋朝阳／著
澳门民事诉讼制度改革研究	黎晓平　蔡肖文／著
澳门人文社会科学研究文选（2012～2014）（上中下）	
	《澳门人文社会科学研究文选（2012～2014）》编委会／编
澳门特别行政区立法会产生办法研究	王禹　沈然／著
全球化与澳门	魏美昌／主编
中葡澳门谈判（1986～1999）	〔葡〕卡门·曼德思／著
	臧小华／译
镜海微澜：黄鸿钊澳门史研究选集	黄鸿钊／著

图书在版编目(CIP)数据

澳门道路交通事故民事责任研究/吕冬娟著. -- 北京：社会科学文献出版社，2018.3
（澳门研究丛书）
ISBN 978 - 7 - 5097 - 7595 - 0

Ⅰ.①澳… Ⅱ.①吕… Ⅲ.①公路运输 - 交通运输事故 - 民事责任 - 研究 - 澳门 Ⅳ.①D927.659.214.4

中国版本图书馆CIP数据核字（2015）第123256号

·澳门研究丛书·
澳门道路交通事故民事责任研究

著　　者／吕冬娟

出 版 人／谢寿光
项目统筹／高明秀　王晓卿
责任编辑／王晓卿　沈　艺　李秀梅

出　　版／社会科学文献出版社·当代世界出版分社（010）59367004
　　　　　地址：北京市北三环中路甲29号院华龙大厦　邮编：100029
　　　　　网址：www.ssap.com.cn
发　　行／市场营销中心（010）59367081　59367018
印　　装／北京季蜂印刷有限公司

规　　格／开本：787mm×1092mm　1/16
　　　　　印　张：28　字　数：442千字
版　　次／2018年3月第1版　2018年3月第1次印刷
书　　号／ISBN 978 - 7 - 5097 - 7595 - 0
定　　价／126.00元

本书如有印装质量问题，请与读者服务中心（010 - 59367028）联系

▲ 版权所有 翻印必究